Begegnungen mit Realsatiristen

Über den Autor

In seinen Büchern soll der Charakter des Schriftstellers zum Ausdruck kommen.

Joachim Endemann ist am 26. Oktober 1953 in Mülheim an der Ruhr geboren. Es begann schon in der ersten Schulzeit, zuerst noch aus einem Gefühl heraus, sich zu äußern, wenn „etwas nicht zu stimmen" schien — ob in der Schulklasse oder im Verhalten von Menschen untereinander. Dann, mit wachsendem Bewußtsein, waren es insbesondere die Diskussionen während der weiterführenden Schulzeit (Fachhochschulreife), die zur Artikulation seiner eigenen Sichtweise beitrugen: es zählte das bessere Argument. Diese Entwicklung setzte sich fort während der beruflichen (Schaufenstergestalter; Krankengymnast) und der (primär fernuniversitären) Studienzeit (*zuerst 4 Semester an der Fernuniversität Hagen, u.a. Sozialwissenschaften, dann in den 80er Jahren 2 Semester Kunstgeschichte, mit dem Schwerpunkt* „Ikonographie", *an der Universität Santiago de Compostela und, nochmals Jahre später, d.h. in den 90er Jahren, 4 Semester* Études germaniques [*inkl.* „Histoire contemporaine allemande"] *im Rahmen eines Fernstudiums am* „Mirail" *in Toulouse, d.h. zu der Zeit, als der Autor in seinem Haus in den französischen Pyrenäen oft lange Monate des Jahres verbringen konnte*). Unter anderem wurden diese Studien begleitet von Übersetzungsarbeiten, wodurch sich das Verständnis von Themenkomplexen und ihrer mehr oder weniger guten Ausleuchtung durch die jeweiligen schriftlich verfaßten Darlegungen festigte. Denn, wie sagt der Autor so treffend: *Geschichte ist das eine, die Schreibung von Geschichte, die Geschichtsschreibung also, ist das andere. Das heißt* „Geschichte" *und* „Geschichtsschreibung" *sind zwei verschiedene Paar Schuhe.*

Ein wesentlicher Ausdruck seines Charakters ist, daß für den Autor in seinem Leben nie „Karrieremachen" von Bedeutung war, sondern statt dessen ein besseres Verständnis von den anderen Menschen und von sich selbst (_*las man einst nicht ohne Grund am Apollon-Tempel in Delphi*: *Gnōthi sautōn* [„Erkenne dich selbst"]?_) — daß sich jenes erschließen möge, was *Anthropos* bedeuten _*kann*_ ...: wozu dann allerdings auch das Wissen von den Bedingungen gehört, daß sich das jedem Menschen innewohnende Potential _*tatsächlich!*_ entfalten kann. _*Hierin!*_ liegt der Ansatz zum Verständnis seiner Bücher.

Joachim H.E. Endemann

Begegnungen mit Realsatiristen

Edition !_*scheuklappenfrei*_! Band 15

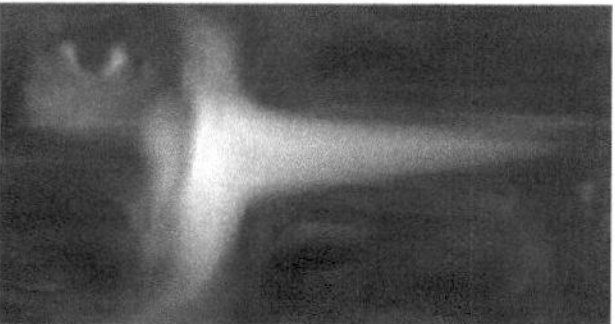

Edition !_*scheuklappenfrei_*!
Band 15

Begegnungen mit Realsatiristen

korrigierte Auflage Juli 2022

Gestaltung: Joachim Endemann
(_Schriftsatz in 9 + 10 pt Corbel_)

Herstellung:

Mybestseller BV, Delftseplein 37,
3013 AA Rotterdam, Niederlande

ISBN: 9789403666532

Die Deutsche Nationalbibliothek verzeichnet diese Publikation in der Deutschen Nationalbibliographie; detaillierte bibliographische Daten sind im Internet über https://dnb.dnb.de abrufbar.

Verzeichnis der *Begegnungen*

Die *Begegnungen* selbst

* * *

Nicht alles ist eine Frage des Meinens, sich in der lobbykratischen Floskel ausdrückend ...: „Da bin ich eben andrer Meinung!". ...: Denn ...: Entscheidend ist zum einen die Plausibilität einer Aussage. Zum anderen, ob sie das — *in sich* — widersprüchliche Interpretieren eines Sachverhaltes und das (_*deshalb*_) bisher — *in sich* — widersprüchliche _*allgemein!*_ dazu Gemeinte ...: da der Meinungsmache dienend ...: „_*So!*_ verhält es sich damit" ...: wenn nicht aufheben, so doch reduzieren kann.

Dementsprechend sind die Aussagen in diesem Buch, abgesehen davon, daß sie quellenmäßig abgesichert sind, von systemisch vertrollten Faktencheckern nicht zu widerlegen ...: demnach ...: höchstens anders zu interpretieren. ...: Einen gegebenen Sachverhalt anders zu interpretieren, bedeutet jedoch nicht, daß deshalb eine bereits erfolgte Interpretation eines gegebenen Sachverhalts neutralisiert werden würde ...: *geschweige auf diese Weise ihre Aussagen widerlegt worden wären* ...: da sich das Anders-Interpretieren eines gegebenen Sachverhaltes in rein subjektiven Grenzen halten müßte ...: zumindest dann ...: erfolgte seine (_*interpretatorische*_) Beurteilung so objektiviert wie genügend recherchiert ...: und eben _*nicht*_ lobbykratie_*systemisch* vertrollt.

* * *

Danksagung

Wie immer habe ich meiner Frau Kirsten Grunau-Endemann für ihre Liebe, ihr akzeptierendes Verständnis und jegliche Unterstützung zu danken, denn ohne dies wäre es mir nicht möglich, meinen Gedanken und Gefühlen eine _*solche*_ sprachliche Form zu geben, daß ich schließlich sagen kann …: Da es _*so!*_ auszudrücken war, ist daran nichts mehr zu verändern. …: warum? …: _*Ist*_ etwas richtig ausgedrückt worden, wird es allein *des*_halb wirkkräftig …: völlig unabhängig davon, wie seine Verkaufszahlen sind.

Der andere bemerkenswerte Mensch, der mich von seinen veröffentlichten Werken und seinen Vorträgen profitieren läßt, ist der Aufklärer Dr. med. Gerd Reuther. Ihm gilt auch mein besonderer Dank dafür, daß ich in dem Ihnen vorliegenden Buch aus seinen Werken maßvoll zitieren durfte.

Gesagt sei dir,
geschlechtsunspezifischer Realsatirist …:
_*Du*_ bist das, was wirklich existiert …:
lobbykratie_*systemischer* Troll,
nicht aber „handelnder Satiriker“ …:
so etwas gibt es nicht …:
daher …:
Satire kann treffend sein,
Realsatire tödlich dann,
wirst _*du*_ virales Phänomen …:
du _*bist!*_ virales Phänomen.

Da sie umgekehrt offenbar schon längst nicht mehr gilt, wird die *autorische Sorge* um den lesenden Menschen nicht mehr geübt.

Das bedeutet:

Im Gegensatz zu der insbesondere in den Bänden der « *Tri*_logischen Sezierung des lobbykratischen Zeitalters » angelegten ...: *zu ihrem besseren, also lediglich* restrisiko_*behafteten Durchsteigen der in ihnen lauernden gefährlichen Gedankengänge* ...: den lesenden Menschen absichernden Layout-Struktur ...: *so daß ihm die nicht* un_*realistische Chance blieb, aus ihnen* ...: unter *Um!*_ständen ...: relativ unversehrt herauszukommen ...: *was nicht gegen den Autor gesprochen hatte, immerhin ging diese auf seine Initiative zurück* ...: verzichtet der Autor in dem Ihnen vorliegenden Buch wieder auf diese Struktur, da er sich sagt ...: soll der lesende Mensch doch sehen, wo er bleibt ...: immerhin ...: seine Bücher wenden sich an (_*mental*_) Volljährige ...: *zu*_mal ...: Das Wahlalter ist aus *polit*_gagigen Gründen auf 16 Jahre herabgesetzt worden.

*Was vor*_bemerkend zu bemerken ist

Die Verarbeitung meiner vor allem in den Monaten Oktober und November 2021 notierten *Begegnungen mit Realsatiristen* hat auch deshalb etwas Bedrückendes, da, also während ich das in jenen Monaten Notierte bis weit in den Mai 2022 hinein zum Text dieses Buches verarbeitete, immer wieder aus den laufenden realsatiristischen Ereignissen zu schöpfen war ...: Das Reden der großen gesellschaftspolitischen Realsatiristen unterscheidet sich eben nicht von dem der durchschnittlichen ...: es wird lediglich weiter verbreitet. Andererseits war es auf diese Weise ohne weiteres möglich, meine anläßlich jener *Begegnungen mit Realsatiristen* geführte Argumentation bis weit in diesen Mai hinein zu erweitern ...: also ...: meinen „Begegnungs-Partnern" das Reden der großen gesellschaftspolitischen Realsatiristen sozusagen mit in den Mund zu legen, da, wie gesagt, niveaugleich. Wodurch übrigens meine Behauptung, daß der „Realsatirismus" eines der vom lobbykratischen System erzeugten Phänomene ist ...: *nämlich die mental-emotionale Lage der Insassen lobbykratischer Staaten spiegelnd* ...: also ...: _kein!_ *unbedeutendes Phänomen ist* ...: bestätigt bzw. unterstrichen wird. ...: Das freut mich nicht, ist aber an dieser Stelle festzustellen, damit verstanden wird, daß meine Argumentation sich immer an dem orientiert, was ist und „dynamisch" in die Zukunft fortgeschrieben wird. Nun, wie dem auch sei.

Gewiß, es gibt jene Realsatiristen, die bloße Statisten sind, da sie — *wegen der von der lobbykratischen Funktionselite gesellschaftspolitisch gesetzten Bedingungen* — gar keine andre Wahl haben, als realsatiristisch zu werden. Im Gegensatz zu diesen gibt es aber Realsatiristen, die ...: zwar tatsächlich auch bloß Statisten seiend, aber da es sich dabei um das Umschlagen eines grundsätzlich zum Lebendigen gehörenden Prozesses handelt ...: Es könnte sich dann nämlich herausstellen, daß ein bisher völlig unauffällig gebliebenes Virus ...: ja ...: *das auf Grund seiner Unauffälligkeit bisher dem menschlichen Wahrnehmen überhaupt entgangen ist* ...: *und das werden unzählbar viele sein* ...: sich wegen den ganzen Lebenszusammenhang betreffender Veränderungen ...: *bspw. ausgelöst durch profitorientiertes Trachten verursachte Fehlentwicklungen* ...: *wie Massentierhaltung, unüberlegtes Verabreichen von Antibiotika usw.* ...: pathologisch auswirkend verändert.

Immerhin sind Viren nicht allein die ältesten Anteile des Lebendigen ...: sozusagen die „Basis-Elemente des Lebendigen" ...: sondern ohne sie wäre es weder zur weiteren Entwicklung des Lebendigen auf der Erde noch zur Entstehung von Arten noch zu ihrer Entwicklung zu Gattungen usw. gekommen.[4]

Vor diesem Hintergrund wäre immer zuerst die Frage zu stellen ...: Was hat sich in der Umwelt verändert, daß das Phänomen einer Virus-Epidemie festzustellen ist? ...: und nicht ...: Welchen pharmazeutischen Stoff setzen wir ein, um das Virus zu „*be*_kriegen"? Denn diese Frage stellt wohl nur ein Zauberlehrling ...: _*der?*_ zugleich im Sinne profitorientierter Kreise funktioniert.

*Und?* ist nicht auch interessant, belegt historische Recherche, daß Impfstoffe erst „erfolgreich" sind, ist das Pathogene eines „Erregers" längst im fortgeschrittenen Abklingen begriffen.[5]

---

[4] In diesem Zusammenhang macht es Sinn, auf einen Video-Vortrag zu verweisen, der aus anthroposophischer Sicht gesprochen ist, die man nicht teilen muß, aber was das „Wesen" der Viren anbelangt, entsprechen die Aussagen dem heutigen Wissensstand: „Die Bedeutung der Viren für Mensch und Natur – Vortrag von Thomas Hardtmuth"; der zugehörige Link: https://youtu.be/BO1xgjeiAno wurde am 8. Dezember 2021 erneut geprüft.

[5] Abgesehen vom Hinweis in der benachbarten Fußnote, sollte der interessierte Mensch sich den YouTube-Videovortrag: „Impfungen — Segen oder Fluch?" des Mediziners und Medizinhistorikers Dr. med. Gerd Reuther ansehen. Auf diesen Vortrag weise ich in einem etwas über zweiminütigen Video hin: „Ohne Aufklärung geht die ganze Chose nicht" (_Link: https://youtu.be/KmIslqzsWWo_). Im Textfeld zu diesem Video finden Sie mehrere Links, die direkt zu einzelnen Positionen in dem Video: „Impfungen — Segen oder Fluch?" führen. Der Text dieses Videos findet sich auf der InternetSite

*Was?* aber sind dann, bspw. Virologen, die sich „nur" für das Pathogene eines Virus interessieren, obwohl doch berechtigt anzunehmen ist, daß _*sein*_ Pathogenes lediglich etwas Potentielles ist, das allein in Abhängigkeit vom Status der Umgebung „virulent" wird, demnach ...: Ausdruck für etwas ins Ungleichgewicht Geratenes ist.

Oder anders gesagt ...:

Die „Virologie" ist die „Wissenschaft von den Viren". Da aber Viren die das Lebendige erst bedingenden „Lebensfragmente" sind ...: *und insofern die ältesten Anteile des Lebendigen seiend*, da sie das sich „Anlagern" von Gensequenzen *art*_spezifisch orientieren, kann jemand, der sich zwar Virologe nennt, aber dann lediglich das (_*potentiell!*_) Pathogene eines Virus untersucht, allein ein Fachidiot sein. ...: denn ...: _*Sind!*_ Viren die das Lebendige erst bedingenden „Lebensfragmente" ...: *und insofern die ältesten Anteile des Lebendigen seiend, da sie das sich „Anlagern" von Gensequenzen art_spezifisch orientieren*, hat man die Frage zu stellen ...: _*Wieso?*_ wird ein Virus pathogen. Und damit hat man den Blick auf die Umweltfaktoren zu richten, die ein Virus erst pathogen werden lassen, und nicht wie gebannt auf ein Virus zu „starren", bspw. ob es mutiert ...: *das tut es* — zumindest meist — *sowieso*.

---

der *Initiative zur Demokratisierung der Meinungsbildung gGmbH*: *Rubikon*; der zugehörige Link: https://www.rubikon.news/artikel/mehr-fluch-als-segen-2 wurde am 8. Dezember 2021 geprüft. Der Vorteil dieses Essays ist, daß die Quellen, die im Video fehlen, angegeben sind; der Nachteil ist, daß die im Video verwendeten Schautafeln fehlen.

Gerd Reuther hat mehrere Bücher zum etablierten europäischen „Gesundheitssystem" sowie zu seiner Geschichte geschrieben. Auf zwei davon möchte ich an dieser Stelle hinweisen: « Der betrogene Patient: Ein Arzt deckt auf, warum Ihr Leben in Gefahr ist, wenn Sie sich medizinisch behandeln lassen », in der vollständig überarbeiteten und aktualisierten Neuausgabe, Riva Verlag, München, 2020; sowie: « Heilung Nebensache: Eine kritische Geschichte der europäischen Medizin von Hippokrates bis Corona », 2. Auflage der Originalausgabe, Riva Verlag, München, 2021.

Das bedeutet ...: sowohl gemeine Virologen als auch ebengleiche Epidemiologen haben den Charakter von Zauberlehrlingen. ...: nun gut ...: _*ohne!*_ Zauberlehrlinge geht für die großen Profitlinge die ganze Chose nicht. ...: und so hat der Pfizer-Spruch ...: „Science will win!" etwas so Groteskes wie Widersinniges ...: „corrupted science will win?" ...: _*Wer?*_ wollte dafür die Daumen drücken.

Wenn also diejenigen, die behaupten, das natürliche Klima retten zu wollen, diesen Zusammenhang ...:

Viren / Entstehung der Arten / Spezies Mensch

nicht „sehen", können die _*ebenfalls*_ bloß (_*analog!*_) mechanistisch auf etwas starren, das _*ohne*_ die Umweltfaktoren gar nicht existent wäre ...: das natürliche Klima ...: als Ergebnis *inter!*_agierender Faktoren ...: und ...: was weit schlimmer ist ...: die falschen Lösungen von _*jenen!*_ in die Praxis umsetzen lassen, die das allein aus „`profit_*werten*' Überlegungen" heraus tun ...: während die mit erhobenem Zeigefinger (_*analog!*_) ...: „science will win!" ausstoßen.

Sieht man aber, daß Viren ...: als die das Lebendige erst bedingenden Lebensfragmente ...: *und insofern die ältesten Anteile des Lebendigen seiend, da sie das sich* „Anlagern" *von Gensequenzen* art_*spezifisch orientieren* ...: allein dann krankmachend werden, „stimmt" in der Umwelt ...: *der natürlichen wie der gesellschaftlichen* ...: etwas Wesentliches nicht ...: könnte man profitorientierte Politik nicht mehr betreiben ...: da das nicht „bloß" ein gravierender Widerspruch wäre, sondern tatsächlich verhinderte, daß auf spezies_*relevante* ... also ...: _*existentielle!*_ Fragen adäquat zu antworten wäre.

*Aber?* wie sollte es in einer Lobbykratie möglich sein, die präsente Pandemie für eine *tief*_greifende gesellschaftspolitische Umorientierung globalen Ausmaßes zu nutzen. ... nun ...: In einer _*veritablen*_ Demokratie wäre das keine Frage ...: und zwar deshalb keine, da die präsente Fehlentwicklung sich überhaupt nicht ereignen könnte, geschweige sich überhaupt ereignet hätte.

Unter „veritabler Demokratie" ist natürlich das zu verstehen, was meist zwar als „direkte Demokratie" bezeichnet wird, dann aber i.d.R. ungenügend definiert ...: *bzw. völlig unzureichend erklärt* ...: und mit der abschließenden Bemerkung versehen wird, daß die für „unsere Zeit" nicht praktikabel wäre. ...: Das ist aber eine Behauptung, deren alleiniger Zweck es ist, jegliches weitere Nachdenken über den tatsächlichen gesellschaftspolitischen *Ist*_Zustand in den sogenannten westlichen Demokratien sowie darüber, was denn *Direkte Demokratie* ...: also ...: *wirkliche* Demokratie ...: tatsächlich bedeuten könnte, zu verhindern und denjenigen, der solches Nachdenken anregen will, abfällig als „Schwurbler" zu bezeichnen oder sonstwie zu stigmatisieren.[6]

Wer also das Profitsystem nicht ändern will ...: *und wer will das von SPD / GRÜNEN / FDP / AfD / DieLinke / CDU / CSU schon?* ...: der muß ein guter ...: *selbstverständlich geschlechts*_un_*spezifischer* ...: Märchenerzähler sein. ...: allerdings ...: Märchenonkel und entsprechende Tanten können ihr „großes Märchen" ...: *man nennt's auch* „Narrativ"...: nicht ohne zuhör_*geneigtes* Publikum erzählen.

Ende der Exkursion

Nun, nicht einmal eine lobbykratische Funktionselite kann es sich leisten konstant ein Meter und fünfzig über dem Boden der Masse der Menschen ...: *im ihr etwas aufs Auge drückenden Sinne* ...: zu reden und zu agieren. Genau an dem Punkt kommen dann jene Realsatiristen ins Spiel, die ich „lobbykratie_*systemische* Trolle" nenne ...: diese sind sozusagen das Bindeglied zwischen dieser „Elite" und der Masse der Menschen, die in einer lobbykratischen

[6] Was Direkte Demokratie bedeutet und was sie benötigt, findet der interessierte Mensch in: « Sie fragen noch, wie die ›Verhältnisse‹ liegen? » erläutert. Dieser seltene Mensch möge diesbezüglich dort mit Aspekt 2: „Was eine Passage in Chestertons: 'The Man who was Thursday: A Nightmare' offenbart" beginnen, da diese Passage einen Einblick in etwas eröffnet, das in doppelter Hinsicht aufschlußreich ist, und Aspekt 32: „Die erste Demonstration der unbewußten Real-Satiriker ereignete sich am 19. Mai 2019", dort die Seiten 337 ff., beginnend mit: „folgendes ist keine politische Geschmacksfrage", sowie die Seite 669, beginnend mit: „Also sei zum Abschluß nicht allein die Frage wiederholt: Was spricht noch gegen Direkte Demokratie, spricht nichts für die simulierte Demokratie des lobbykratischen Systems ...[...]?".

Gesellschaft die Rolle eines statistischen Realsatiristen spielt. Denn die Aufgabe lobbykratie_*systemischer* Tolle ist es, das von den promi_*nenten* Realsatiristen Abgesonderte ...: *so es sich um das allen Insassen eines lobbykratischen Staates aufs Auge zu Drückende handelt* ...: derartig zu verbreiten, daß es sich im Fühlen und Denken ...: *und damit im Wahrnehmen* ...: der Insassen eines lobbykratischen Staates verankert, demnach ihre Aufgabe die „gesellschaftspolitischer Katalysatoren" ...: *in diesem Fall also* ...: „lobbykratie_*systemischer* Katalysatoren" ist.

Durch die Art und Weise wie „Nachrichten" bzw. „Informationen" von ...: *man kann es nicht mehr anders sagen* ...: lobbykratischen Propaganda-Organen verbreitet werden, glaubt ...: bspw. ...: die Masse der deutschen Realsatiristen genau zu „wissen", daß ...: *seitdem die experimentellen Impfstoffe in der SARS-CoV-2-Pandemie ohne zureichend gesicherte Erkenntnisse an ganzen Bevölkerungen ausprobiert werden* ...: die „Ungeimpften" das „üble Problem" seien ...: *verantwortlich für überlastete Intensivstationen* (_*die es wegen* „Covid-19" *aber gar nicht gegeben hat* ...: *worauf im Rahmen der* Begegnungen *noch zurückzukommen ist*_) *und für die in Altenheimen an diesem Virus Sterbenden* ...: *und sogar verantwortlich dafür, daß die experimentellen Impfstoffe, die an zu Versuchskaninchen gemachten Bevölkerungen ohne weiteres Nachdenken* ...: *getrieben allein von Profitinteressen und unterstützt von politischen und* „wissenschaftlichen" *Karrieristen* ...: des!_*halb nicht mehr zureichend wirkten, da die* „Ungeimpften" unter andren ebenso verursachten, daß das SARS-CoV-2 mutiere. ...: Im Laufe dieser *Begegnungen* wird aber — *u.a.* — weiter deutlich werden, daß es sich dabei um eine _*ekelerregende!*_ Stigmatisierung einer Minderheit handelt, die das _*eklatante!*_ Versagen der gesellschaftspolitisch Verantwortlichen ...: *also* _nicht!_ *allein* *der politisch Verantwortlichen* ...: _*verdeckt!*_ halten soll ...: um nicht zu sagen ...: verdeckt halten muß! ...

Was noch weiter vor den *Begegnungen* selbst nicht *un*_bemerkt bleiben sollte

Da Sie darauf bestehen, gleich mitten hinein ins Treiben zu wollen ...: da meinend ...: dort spiele sich das Leben ab ...: was aber nur stimmte ...: meinten Sie's nackt ...: *und dann im überlebenden Sinne* ...: erlauben Sie mir, Ihr Meinen mit dem Realen zu koppeln ...: Dieses Buch erzählt von schwerer kollektiv sich ereignender Krankheit in den zu lobbykratischen Staaten mutierten Gesellschaften des „Westens" ...: keine Krise ...: die zu hoffen erlaubte, Erneuerung stände an ihrem Ende ...: zu retten ist da nichts mehr ...: keine Hoffnung setzende. ...: hingegen ...: Seit nun mehr als 30 Jahren empfange ich zu dem hier zu Sagenden und in meinen andren Büchern bereits Gesagten die dies bestätigenden Signale ...: Es ist _*nicht!*_ so, daß ich die „selektiv" empfangen _*wollte*_ ...: ich erlaube mir nur nicht, sie *schön!*_zureden oder gar *weg!*_zudrücken ...: sind *ein!*_deutige ...: einzig änderbar durch _*Sie!*_ ...: _*dann!*_ ...: verstehen _*Sie*_ sich als subjektiver Faktor, der kollektiv erkennt und dann ebengleich zur überlegten Tat schreitet ...: da das Ziel erfaßt ...: daß nämlich _*einzig!*_ jenseits der Tamtamparteien des lobbykratischen Systems ein _*konstruktiver!*_ Neuanfang gelingen kann ...: vom Prinzip her gesehen ...: dem Impuls der Gilets-Jaunes-Bewegung gleich.[7]

---

[7] Siehe dazu: « Le rayon des Lumières: Quelques remarques sur ›l'Empire de la Paix‹ orwellien nomme l'UE », geht es in diesem Buch doch darum, einen konstruktiven Ausweg aus dieser seltsamen politischen Entität zu skizzieren.

Deshalb stelle ich dem Kern dieses Buches ...: als Teil dieser mit „Was *vor*_bemerkend zu bemerken ist" betitelten Vorrede noch „einleitende Aspekte" voran, von denen der erste mit ...: „Im Reiche der hochtrabenden geschlechtsunspezifischen Zauberlehrlinge" übertitelt ist.

Im Reiche der hochtrabenden geschlechtsunspezifischen Zauberlehrlinge

Im Reiche der andre stigmatisierenden, systemischen Apologeten „experimenteller Anti-Covid-19-Impfstoffe", von denen der vermeintlich beste nicht einmal über eine *_zulässige!_* „Notzulassung" verfügt ...: *da können die selbsternannten oder* _bezahlten!_ *Selektiv-Faktenchecker noch so sehr* auf!*_jaulen, denn bloßes gegenteiliges Behaupten wäre* lügen!*_gleich* ...: wird so getan, als hätte es niemals „Arznei"-Skandale gegeben, wäre „Pharma-Mafia" eine exotische Bezeichnung oder als sei die Benennung „Impfdurchbrüche" *_kein_* Nonsens.

Um Ihrem mir zwar unverständlichen und möglicherweise mit Stirnrunzeln garniertem Staunen eine jedenfalls *_dieses_* Runzeln glättende Orientierung für jenes zu geben, welches mit ...: „über keine zulässige Notverordnung verfügen" gemeint ist ...: sind Sie eingeladen zur *Sechsundzwanzigsten Begegnung*: _Was?_ *mag das* — nach realsatiristischem Muster — *hysterisch forciert weitere* 'Maßnahmen' *Fordern verdecken* zu wechseln, um dort die *dies*_bezügliche, mit ...: „lesen, verstehen, *nach*_denken" betitelte Passage auf den Seiten 456 bis 58 aufzusuchen, die Ihnen allerdings die Antwort auf die Frage ...: *_Wieso?_* ist *_das!_* kein Thema ...: *_nicht!_* erspart ...: *ob*_wohl dazu *_schon_* anzumerken ist ...: es handelt sich dabei bloß um eine rhetorische (*_Frage_*).

*Wie?* sollte man solche geschlechtsunspezifischen, es anders Sehende stigmatisierenden, systemischen Apologeten nennen, deren *experimentell-impf*_befürwortendes Meinen offenbar „bauchrednerische Qualität" hat ...: also ...: _*ob!*_ allen faktisch fragwürdigen Treibens der gesellschaftspolitisch Verantwortlichen ...: und das sind keineswegs geschlechtsunspezifische Politiker allein, sondern ...: *sozusagen sich in direkter Nachbarschaft mit* alpha_*journalistisch die öffentliche Meinung Machenden und andren* Spin_*Doktorischen befindend* ...: genauso Märchenschaftler ...: *die im Mäntelchen (_profitorientierter!_)* „Wissenschaft" mimisch seriös einherschreiten ...: _*vielleicht?*_ systemische Trolle ...: da so genügend genau auf _*alle!*_ großen (_*relevanten!*_) Entscheidungsträger wie auf _*all!*_ jene kleinen ...: *die* social_*medial trollen und* ...: ge_*fühlt* ...: *in sich wohl* „mickriges Glücksgefühl" *aufkommen* „fühlen" ...: *können diese eine inhaltliche Aussage eines andren* ver_*schwätzen* ...: gleicherweise weisend.

Denn zur allgemeinen Verduselung ...: *was zwar durchaus systemisch folgerichtig ist* ...: weist man lieber auf Skeptiker des realsatiristischen Tuns im Reiche der hochtrabenden geschlechtsunspezifischen Zauberlehrlinge hin ...: da die ...: *so die lobbykratische Narrativ-Behauptung* ...: _*allein!*_ durch ihr Skeptischsein belegten, daß es sich bei ihnen lediglich um Verschwörungs_*thetiker* (_*o.ä.*_) handeln könne. ...: aber ...: das bedeutet _*nicht!*_ ...: daß den Verduslern ...: *wenigstens an* _dieser!_ *Stelle* ...: nicht zu sagen sei ...: Realsatiristisches Tun ...: _*ihr!*_ Tun ...: kann tödlich sein. ...: denn ...: Solches „Tun" ...: *abgesehen davon* ...: *daß es aktionistisches ist* ...: bedeutet eben nicht, daß die Verdusler ...: *die zwar gewiß hervor!_ragende systemische Trolle sind* ...: *Realsatiristen sind sie schließlich alle* ...: „'handelnde' Satiriker" wären ...: Ein Satiriker würde _*niemals!*_ grund_*los* Scheiße reden ...: wohingegen ...: Ein Realsatirist das, was er nicht nur redet, sondern dann mit_*unter* sogar *tat!*_sächlich naht_*los* tut, zwar auch nicht grundlos redet bzw. tut ...: denn ...: wovon soll der _*leben?*_ ...: sein Karrierefenster ist ökonomisch knapp bemessen ...: _*aber!*_ ...: das Realsatiristische daran muß ihm *un*_bewußt bleiben. ...: denn ...: *und das genauso geschlechts*_un_*spezifisch betrachtet* ...: Es kann keinen *selbst!*_bewußten Realsatiristen geben ...: realsatiristisches Reden oder „Handeln" ereignet sich *un!*_bewußt.

Natürlich, Sie verlangen nach einem Beispiel. ...: deshalb ...: aus diesem Grund ...: denn ...: *wenn schon, denn schon* ...: soll Ihnen ein taugliches ...: *und* des!_*halb exemplarisches* ...: gegeben werden.

ZITAT_[...] Es gibt eindeutige Hinweise darauf, daß die Wirksamkeit des Impfstoffs [_VE: *vaccine effectiveness*_] gegen COVID-19 in allen Altersgruppen nach der zweiten Impfstoffdosis abnimmt.[...] Die geringere VE ist zum Teil auf die nachlassende Immunität und zum Teil auf das Auftreten der neuen Delta-Variante zurückzuführen. In seinem Antrag [_*auf Zulassung des Pfizer / BioNTech-Impfstoffs für junge Menschen*_] verwies Pfizer auf „real world data" [_*von mir in An- und Abführungszeichen gesetzt*_] aus Israel, die zeigen, daß der durch den Impfstoff hervorgerufene Schutz gegen COVID-19 bei Personen im Alter von 16 bis 17 Jahren ähnlich abnimmt wie bei Personen im Alter von 18 Jahren und älter. [...]_ZITATENDE[8]

---

[8] Quelle: FDA (_U.S. *Food and Drug Administration*_) Review Memorandum; Date: December 8, 2021 ; To: The File ; From: Peter Marks, MD, PhD (CBER/OD) ; Applicant name: Pfizer, Inc., on behalf of Pfizer and BioNTech; Application Number: EUA 27034 ; Product: Pfizer-BioNTech COVID-19 Vaccine ; Subject: CBER assessment of a single booster dose of the Pfizer-BioNTech COVID-19 Vaccine (0.3 mL) administered to individuals 16 to 17 years

(_Originaltext: [...] There is clear evidence that vaccine effectiveness (VE) against COVID-19 is waning for all adult age groups post-2nd dose of the vaccine.5 The reduced VE is partially due to the waning of immunity and partially to the emergence of the new Delta variant. In its submission, Pfizer referenced real world data from Israel indicating that the waning of vaccine-induced protection against COVID-19 is similar in individuals ages 16 to 17 years as it is in individuals ages 18 years and older. [...]_)[9]

Aus diesem „Überprüfungsbericht" der FDA vom 8. Dezember 2021 geht also, u.a., hervor, daß die FDA auch der Meinung ist ...: *vermutlich deshalb, da sie die ihr von dem von ihr an sich zu prüfenden Hersteller gegebene* „Information" *lediglich übernommen hat* ...: daß Pfizer die Abnahme der Wirksamkeit seines „Impfstoffs" damit „erklärt", daß diese durch Nachlassen der Immunität und „zum Teil" auf das Auftreten der „Delta-Variante" zurückzuführen sei.

An dieser Stelle sei darauf aufmerksam gemacht, daß Indien dem „Impfstoff" von BioNTech / Pfizer keine Zulassung erteilt hat. Die Begründung findet sich einerseits darin, daß dieses Pharma-Konzern-Gespann sowie der Pharma-Konzern Moderna ZITAT_*Der indischen Regierung die Bedingung gestellt hätten, ihre Impfstoffe nur dann zu liefern, wenn eine Entschädigungsklausel unterzeichnet würde. Das bedeutet, daß* [_diese_] *Unternehmen nicht zur Verantwortung gezogen und nach indischem Recht belangt*

---

of age after completion of a primary vaccination series with the Pfizer-BioNTech COVID-19 Vaccine or COMIRNATY.

Die zitierte Stelle findet sich auf der Seite 7 dieses Dokumentes, das als PDF-Datei gedownloadet werden kann; der zugehörige Link:

https://www.fda.gov/media/154869/download wurde am 8. März 2022 erneut geprüft. (_Eigene Übersetzung.)

[9] Siehe die Quellenangabe in Fußnote 8.

werden [_könnten_], *wenn es zu Nebenwirkungen* [_käme_] *oder jemand nach der Einnahme des Impfstoffs* [_stürbe_]._ZITATENDE[10]

Der andere Grund liegt darin, daß Pfizer es abgelehnt hatte, und wohl Moderna ebenso, auf die Forderungen der indischen Arzneimittelbehörde einzugehen, daß der „Impfstoff" von BioNTech / Pfizer in einer in Indien durchzuführenden Studie erst belegen müsse, daß ihr „Impfstoff" keine Nebenwirkungen zeige, die aus indischer Sicht als nicht akzeptabel angesehen würden.[11] Anstatt auf diese Forderung einzugehen, habe sich Pfizer ZITAT_*auf Genehmigungen berufen, die es in Ländern wie Deutschland oder den Vereinigten Staaten erhalten hatte.*_ZITATENDE[12]

Nun, vielleicht sollte von der EU-Kommission verlangt werden, den Geheimvertrag, den diese von Lobbykraten besetzte Kommission mit dem Pharma-Konzern Pfizer abgeschlossen hat ...:was auch für Moderna & Co gilt, offenzulegen? Warum? Da, u.a., genau diese Entschädigungsklausel Gegenstand dieses Geheimvertrages zwischen der EU-Kommission und Pfizer & Co ist, und diese Klausel bedeutet, daß diese Unternehmen nicht zur Verantwortung gezogen könnten, wenn es zu Nebenwirkungen käme oder jemand nach der Einnahme des Impfstoffs stürbe. Nach

---

[10] Zitiert nach dem indischen Nachrichtensender in englischer Sprache The World is One News (WION); Meldung vom 18. Februar 2022: „Why were Pfizer and Moderna vaccines not available in India? Health minister responds"; der zugehörige Link: https://www.wionews.com/india-news/why-were-pfizer-and-moderna-vaccines-not-available-in-india-health-minister-responds-454466, wurde am 8. März 2022 erneut geprüft.

[11] Quelle: Reuters vom 5. Februar 2021: „Pfizer drops India vaccine application after regulator seeks local trial" (_„Pfizer zieht Antrag für Impfstoff in Indien zurück, nachdem die Aufsichtsbehörde eine heimische Studie verlangt"_); der zugehörige Link:
https://www.reuters.com/article/health-coronavirus-india-pfizer-idUSKBN2A50GE wurde am 8. März 2022 erneut geprüft.

[12] Quelle: Online-Ausgabe der *Berliner Zeitung*, Meldung vom 3. März 2022; der zugehörige Link:
https://www.berliner-zeitung.de/news/studie-zu-impffolgen-gefordert-pfizer-zieht-antrag-auf-notfallzulassung-zurueck-li.214983.amp wurde am 8. März 2022 geprüft.

welchem Recht _*nicht*_ zur Verantwortung gezogen? Nach belgischem Recht. ...: Ist es seltsam, daß belgisches Recht gilt, wenn die EU-Kommission mit diesem Pharma-Konzern einen Vertrag abschließt? An sich schon, aber nicht in lobbykratischen Zeiten ...: Pfizer hat seine Hauptproduktionsstätte in Belgien ...: Rhetorisch gefragt ...: Wie mögen dann Richter entscheiden, wenn einer der großen Arbeitgeber Belgiens strafrechtlich belangt werden könnte?

Wie gesagt, aus diesem „Überprüfungsbericht" der FDA vom 8. Dezember 2021 geht hervor, daß die FDA, so wie Pfizer der Meinung ist ...: wie gesagt ...: *vermutlich deshalb, da sie die ihr von dem von ihr an sich zu prüfenden Hersteller gegebene* „Information" *lediglich übernommen hat* ...: daß Pfizer die Abnahme der Wirksamkeit seines „Impfstoffs" damit „erklärt", daß diese durch Nachlassen der Immunität und „zum Teil" auf das Auftreten der „Delta-Variante" zurückzuführen sei. ...: nun ...: Das mag für eine etablierte Märchenschaft eine nachvollziehbare bzw. völlig ausreichende Behauptung sein, ist jedoch für eine _*Wissenschaft*_ eine seltsame bzw. *un!*_zulässige Aussage ...: aber ...: für eine lobbykratisch funktionierende Behörde nicht, oder etwa nicht? ...: _*allerdings!*_ ...: Zum einen ist es _*keine!*_ Erklärung, sagt man, daß nach einer Impfung die Immunität abnehme, da zuerst geklärt werden müßte ...: _*wieso?*_ die abnimmt ...: und ...: _*wieso?*_ bereits nach wenigen Monaten. ...: zum andren ...: Daß für die Abnahme der Wirksamkeit des profitorientiert produzierten mRNA-basierten „Impf-Initialstoffes" ...: denn mehr ist es tatsächlich nicht ...: *immerhin übernehmen körpereigene Zellen die eigentliche Produktion* ...: *wie es sich für ein nach betriebswirtschaftlichen Kriterien hergestelltes* „Produkt" *gehört.*

(_*Das* „versteht" *jeder Insasse einer nach betriebswirtschaftlichen Kriterien funktionierenden menschlichen Gesellschaft auch* _sofort!_ ...: *Den Hohepriestern der Lobbykratie sei's gedankt, daß es dafür den gehörig zugehörenden Begriff gibt* ...: „Outsourcing"._)

Zum weiteren ...: also ...: „zum Teil", die „Delta-Variante" verantwortlich gemacht wird ...: diese „Variante" grassiert bereits seit der _*ersten!*_ Hälfte des Jahres 2021 in Europa und den USA ...: und ...: _*gegen Ende!*_ des Jahres 2021 diese Abnahme weiterhin und jetzt auch erweitert ebenso für „16- und 17-Jährige" gilt ...: da vom Hersteller „geprüft" ...: In einem Antrag, der von Pfizer vor dem 8. Dezember 2021 gestellt worden ist, und seit einigen Wochen behauptet wird, man erwarte im Februar 2022 ...: was heute (_am 9. Januar 2022_) oder „gestern" vom lobbykratischen deutschen Gesundheitsminister schon wieder abgeschwächt wurde ...: „im Laufe des Jahres" (_*oder so*_) ...: einen „angepaßten" mRNA-basierten „Impf-Initialstoff" für die sogenannte „Omikron-Variante", von der seit November 2021 die Rede ist ...: vorher aber ...: eben seit _*langen!*_ Monaten ...: fast ausschließlich von der „Delta-Variante" ...: für die es offenbar keinen „angepaßten" mRNA-basierten „Impf-Initialstoff" gegeben hat ...: *ob!*_wohl in dem Geheimvertrag mit der EU steht, daß es innerhalb von spätestens 100 Tagen einen „neu justierten" mRNA-basierten „Impf-Initialstoff" geben müsse ...: womit Pfizer / BioNTech & Co übrigens werben ...: soll schließlich _*der*_ „mRNA-Clou" sein ...: maßgeschneiderter „Impf-Initialstoff" ...: sozusagen für jede Virus-Variante ...: _*Ob?*_ etwa *des!*_halb die Fachidioten der Virologie bei den „Varianten" dieses Virus (_*aus der Familie der Coronaviren*_) behaupten, daß es sich dabei um verschiedene Viren handeln würde? ...: Fachidiotisch praktizierte „Virologie" scheint offenbar ein vornehmes Betätigungsfeld für geschlechtsunspezifische Zauberlehrlinge zu sein ...: _*aber!*_ ...: um es zu wiederholen ...: Was bedeutet es tatsächlich, daß die „Virologie" die „Wissenschaft von den Viren ist"?[13]

---

[13] Siehe die Seiten 39-41, beginnend mit: „Oder anders gesagt: [...]".

Exkursion

In einer „Demie", ob nun als *En-*, *Epi-* oder als *Pan-* auftretend, sind es in erster Linie *Epi*_Demiologen, die gefragt sind ...: nicht aber in jenem Reiche der geschlechtsunspezifischen Zauberlehrlinge ...: Herr Prof. Drosten ist Virologe, Herr Prof. Wieler ist Mikrobiologe, Herr Prof. Lauterbach ist Gesundheitsökonom.

Wobei „Gesundheitsökonomie" sozusagen die Leer-Basis jener Wirtschaft ist, die das Wesen der Gesundheit, die sich ...: *_ihm!_* wesens*_typisch* ...: in einem konkreten Menschen ereignet ...: somit ...: *_nicht!_* in von profitorientierten Kreisen aufgestellten „medizinischen Leitlinien" Ausdruck finden kann ...: zum Verschwinden brachte ...: „Gesundheitswirtschaft". ...: und ...: *_dafür!_* steht Herr Lauterbach ...: moralinsaures Reden mag das zwar verdecken helfen.

Wenn der aktuelle lobbykratische Gesundheitsminister Deutschlands, Herr Lauterbach, sagt, daß die Pharmaindustrie durch das Herstellen von Impfstoffen praktisch nichts verdienen könne, wie dieser das mit Blick auf die fragwürdigen „Anti-Corona-Impfstoffe" behauptet hat ...: obwohl gerade diese „Stoffe" für solche Firmen höchst lukrativ sind[14] ...: stimmt das allein unter der Bedingung, daß lediglich diejenigen geimpft werden, die eine Impfung (*_mit einem* _tatsächlich!_ *brauchbaren Impfstoff_*) benötigen ...: *_dann!_* mag das Verkaufen eines Impfstoffes wohl nicht sonderlich lukrativ sein ...: *des!*_halb war die Herstellung von Impfstoffen „einst" in der Tat ein „Nischenmarkt" ...: und *des!*_halb ist das Impfen möglichst aller Altersgruppen einer Bevölkerung ...: aus profitorientierter Sicht ...: „so wichtig!" ...: setzt sich also Herr Lauterbach so vehement für eine Pflicht ein ...: die die Masse der Menschen *_zwingt!_* ...: sich gegen das SARS-CoV-2 mit nicht nur ungeeigneten, sondern auch gefährlichen „Impfstoffen" impfen zu lassen ...: folgt er damit der Behauptung, die der Chef des Pfizer-Konzerns Mitte des Jahres 2021 hat verlauten lassen ...: „Es wird wohl auf eine Impfplicht hinauslaufen". ...: Der Chef eines Pharmakonzerns gibt also die politische Richtung vor ...: das ist in einer Lobbykratie gewiß nicht ungewöhnlich ...: in einer Demokratie wäre genau das aber *_nicht!_* möglich.

Was? schließen *_Sie!_* daraus.

---

[14] Siehe dazu das YouTube-Video: „Lauterbach: 'Mit Impfstoffen wird die Pharma nicht reich'"; der Link zu diesem Video:
https://youtu.be/WwH9gun1K28 ist am 19. Januar 2022 geprüft worden.

So kommt es, daß ...: *unter* _solchen!_ *Bedingungen* ...: ein mRNA-Impf-Initialstoff *_des!_*halb noch einmal weit lukrativer ist, da die eigentliche Produktion des Impfstoffs von den Körperzellen desjenigen Menschen übernommen wird, der mit einem mRNA-Impf-Initialstoff geimpft wurde. ...: es sei wiederholt ...: wie weiter oben bereits angemerkt ...: Bei mRNA-basierten Impfstoffen handelt es sich tatsächlich bloß um mRNA-basierte „Impf-Initialstoffe".

...: und ...: *_Was?_* ist von Impfstoffen überhaupt zu halten ...: die ...: wie die mRNA-basierten „Impf-Initialstoffe" ...: tatsächlich weit unter der anfänglich von den Herstellern (_!_) behaupteten Wirksamkeit liegen ...: die ...: *_ohne!_* daß das von *un!_*abhängiger Seite überprüft worden wäre ...: mit ...: bspw. für den BioNTech / Pfizer-Stoff ...: „95 Prozent" angegeben wurde ...: und diese ...: *von* un!*_abhängiger Seite* _nicht!_ *überprüfte* ...: Behauptung allein auf einer von dem Pharmakonzern Pfizer durchgeführten Studie ...: in deren Phase-III getrickst worden war ...: basierte. ...: denn: *_Ist?!_* anzunehmen, daß eine solche überragende Wirksamkeit innerhalb kürzester Zeit so drastisch abnimmt ...: Mitte 2021 wurde jedenfalls die Wirksamkeit der bisherigen mRNA-basierten Impf-Initialstoffe mit irgendwo zwischen 40 und 50 Prozent liegend angegeben: ... „BioNTech / Pfizer" ca. 40 Prozent und „CureVac" ca. 47 Prozent; lediglich „Moderna" soll darüber gelegen haben.[15]

Darf? man diese Impf-Kampagne ...: bspw. unter dem Motto ...: *„_boostern!_ _boostern!_ _boostern!_"* ...: überhaupt noch fortsetzen ...: will man sich nicht dem Verdacht aussetzen, von profitorientierten Kreisen dafür bezahlt zu werden, die Bevölkerung in die Irre zu führen ...: beziehungsweise ...: *_Ist?!_* eine Impf-Kampagne nicht spätestens dann abzubrechen, wenn sich ...: also ...: *neben dem offenbaren Fakt, diese mit* un!*_ausgereiften und wirkmäßig* un!*_genügenden Impfstoffen zu unternehmen* ... sich der Verdacht zu erhärten scheint, daß es sich bei diesen „Impfstoffen" um Substanzen handelt, die in ihren Folgewirkungen nicht abzuschätzen ...: sprich ...: gefährliche, wenn nicht gar lebensbedrohende Substanzen sind.

---

[15] Bezogen auf „Curevac" siehe:

https://www.aerzteblatt.de/nachrichten/124783/Curevac-Impfstoffkandidat-weniger-wirksam-als-erhofft; bezogen auf die andren genannten siehe:

https://www.cnbc.com/2021/07/23/delta-variant-pfizer-covid-vaccine-39percent-effective-in-israel-prevents-severe-illness.html sowie:

https://www.reuters.com/business/healthcare-pharmaceuticals/moderna-may-be-superior-pfizer-against-delta-breakthrough-odds-rise-with-time-2021-08-09/. Diese Links wurden am 8. März 2022 erneut geprüft.

Diesbezüglich sei auf die Ergebnisse von obduzierten Leichen Verstorbener hingewiesen, die mit einem der in Deutschland zugelassenen mRNA-basierten Impf-Initialstoffe geimpft wurden. Denn diese Ergebnisse lassen den Pathologen Prof. Schirrmacher fordern, daß durch obligatorische Obduktion geklärt werden müsse, ob ein Zusammenhang mit der „Anti-Corona-Kampagne" bestehe, stirbt ein Mensch relativ zeitnah nach der Impfung mit einem der mRNA-basierten Impf-Initialstoffe.[16]

Auch sei auf die Ergebnisse von Pathologen aufmerksam gemacht, die (_*mit den ihnen zur Verfügung stehenden Mitteln!*_) aus ihrer Sicht den Nachweis geführt haben, daß ein ursächlicher Zusammenhang zwischen dem Verabreichen eines mRNA-basierten Impf-Initialstoffs und dem Tod eines damit geimpften Menschen hergestellt werden kann.[17]

Die geleistete Arbeit dieser Pathologen, und genauso jene, die vom oben genannten Pathologen Schirrmacher geleistet wird, wird bspw. von den selbsternannten „Korrektoren" des Vereins „correktiv.org" in Mißkedit gebracht, und zwar nach deren üblichen Methode ...: die Faktenlage selektiv zu checken ...: nämlich ...: _*niemals!*_ die Stichhaltigkeit der von „Freunden politischer Spezial-Maßnahmen" aufgestellten Behauptungen zu überprüfen ...: wodurch sie sich allerdings als Zensoren für jene Kreise outen, die nicht an Aufklärung interessiert sein können. Dabei ist vor dem Hintergrund der profitgeleiteten Skandale gerade dann höchste Vorsicht geboten, geht es um die Begründung von „politischen Maßnahmen", die ...: *vom Ergebnis* ...: die Interessen profitorientierter Kreise ...: in _*diesem*_ Fall der Pharmaindustrie ...: bedienen.

Immerhin ist es so, daß, will man die Obduktionsergebnisse, bspw. des Pathologen Schirrmachers oder der Pathologen der „Pathologen-Konferenz" korrekt kritisieren, die Aufforderung an unabhängige Pathologen

---

[16] Siehe dazu: „Chef-Pathologe pocht auf mehr Obduktionen von Geimpften", in: Online-Ausgabe der „Die Süddeutschen Zeitung" vom 1. August 2021; der zugehörige Link:

https://www.sueddeutsche.de/wissen/wissenschaft-heidelberg-chef-pathologe-pocht-auf-mehr-obduktionen-von-geimpften-dpa.urn-newsml-dpa-com-20090101-210801-99-647273?print=true wurde am 20. Januar 2022 geprüft.

[17] Siehe dazu im Internet unter: „Pathologen-Konferenz"; der zugehörige Link:

https://www.pathologie-konferenz.de/ wurde am 20. Januar 2022 geprüft.

gehen müßte, diese Aussagen zu widerlegen ...und überhaupt ...: daß man ...: *wenigstens ab jetzt!* ... alle Leichen derjenigen Menschen obduziert, die relativ zeitnah nach einer „Anti-Corona-Impfung" verstorben sind ...: aber nicht dadurch, daß man andere Pathologen ...: *denen man per se Seriosität zuspricht* ...: lediglich sagen läßt ...: diese Aussagen seien „nicht wissenschaftlich" oder „nicht belegbar".[18]

...: und überhaupt ...: _*Ist?!*_ es etwa kein schlechter Witz, daß diejenigen, die andre wegen vermeintlicher „Unwissenschaftlichkeit" kritisieren, sich bei ihren Aussagen ...: *anstatt* _selbst!_ *seriöse Untersuchungen anzustellen* ...: auf die Behörde „Robert-Koch-Institut" verlassen, die aber ihre Aussagen auf völlig ungesicherte Daten stützt. ...: _*und?*_ ...: Ist es nicht ebenso ein schlechter Witz, daß eben jene, die andre wegen vermeintlicher „Unwissenschaftlichkeit" kritisieren, sich nicht nur auf die Datenjongleure des „Robert-Koch-Instituts" stützen, sondern ebenso auf die gleicherweise fragwürdig Daten nutzende, bzw. diese „in Augenschein nehmende" Behörde „Paul-Ehrlich-Institut", die nämlich von den höchstens 10 Prozent an sie gemeldeten Verdachtsfällen „schwerwiegender Nebenwirkungen" ...: *wozu bspw. der* „Tod durch Impfen" *gehören kann* ...: lediglich einigen nachgeht, um diese dann, über ihre „Sicherheitsberichte" _*so*_ zu veröffentlichen, daß sich ein eher situationsverschleierndes als ein situationserhellendes Bild ergibt?[19] (_*Auch darauf ist noch zurückzukommen.*_)

---

[18] Es sei jedem, der sich einen Begriff von der Fragwürdigkeit „medizinischer Wissenschaft" machen will, das folgende Buch von Gerd Reuther zur Lektüre empfohlen: « Heilung Nebensache: Eine kritische Geschichte der europäischen Medizin von Hippokrates bis Corona », 2. Auflage der Originalausgabe, Riva Verlag, München, 2021.

Und speziell bezogen auf den in Deutschland geübten Umgang mit der SARS-CoV-2-Epidemie, möchte ich noch auf folgendes podcast-Interview mit Gerd Reuther aufmerksam machen, das sich ab der Minute 22:05 damit auseinander setzt, und zwar im Rahmen der Besprechung des in dieser Fußnote genannten Buches. Der zugehörige Link, der auf Minute 22:05 dieses podcast-Interviews: „Heilung Nebensache — Die Irrungen der Medizin" eingestellt ist und der am 20. Januar 2022 geprüft wurde, ist folgender:

https://youtu.be/OBPK1SaKowk?list=LLYs5FAjlYzSfVIN-xexvMFmw&t=1325.

[19] Siehe dazu: „Das Massensterben: Die viel gepriesene Sicherheit der mRNA-Spritze gegen Covid ist mehr als fragwürdig"; der zugehörige Link:

https://www.rubikon.news/artikel/das-massensterben wurde am 20. Januar 2022 geprüft.

Und wenn Herr Lauterbach im oben verlinkten Video behauptet, er sei „bekannt dafür", daß er „pharmakritisch" sei, ist das ebenso „schlicht und ergreifend" gelogen ...: dieser Herr hat sich ...: ZITAT_sobald er seinen [_seltsamen_] Professorentitel_ZITATENDE erhalten hatte ...: ZITAT_massiv für Medikamente des Pharmariesen Bayer AG eingesetzt_ZITATENDE ...: was lediglich _*ein*_ Beispiel für seine Lobbytätigkeit ist.[20]

Ende der Exkursion

...: nun ...: _*Was?*_ ist glaub_*würdig* ...: daß Pfizer / BioNTech jetzt für die „Omikron-Variante" einen „angepaßten" mRNA-basierten „Impf-Initialstoff" „entwickeln" werden, den sie offenbar für die „Delta-Variante" nicht entwickelt haben ...: _*oder?*_ ...: daß das große Lügen lediglich in die nächste Runde geht.

...: übrigens ...: Die neue Verschleierungsmethode ...: *um Wissenschaftlichkeit zu suggerieren* ...: hat die Bezeichnung ...: „real world data" ...: Die lobbykratisch funktionierenden Apologeten solcher „Datenerhebungen" behaupten nämlich, daß es eine „höhere Stufe" der Evidenz geben müsse, die solche Figuren, die sich (_*geschlechtsunspezifische!*_) „Wissenschaftler" nennen, tatsächlich aber befangen, also eigentlich korrupt sein müssen ...: *was heutzutage verniedlichend als* „Interessenkonflikt" *bezeichnet wird* ...: also ...: zumindest im Kopf ...: als

---

[20] Siehe dazu bspw. Gunter Frank, « Der Staatsvirus: Ein Arzt erklärt, wie die Vernunft im Lockdown starb », 2. Auflage, Achgut Edition, Berlin, 2021, die Seite 132.

„Der Virus" ist übrigens kein Druckfehler, sondern vom Autor bewußt gewählt worden, und zwar wohl nicht allein, um den Eindruck zu vermeiden, das ganze Bevölkerungen atemlos machende Virus sei bloß deshalb existent, da es „Staatseigentum" sei. Denn, m.E., ist „der Staatsvirus" eher als sich im Rahmen dieser Epidemie etablierende „Variante" bzw. Update des lobbykratischen Systems zu verstehen.

„vierte Stufe der Evidenz" bezeichnen ...: und das ...: *ob!*_wohl doch durchs Sammeln von „real world data" das Wissenschaftliche an solchem Sammeln *weg*_gefiltert wird ...: da „real world data" bedeutet, daß an Vergleichsgruppen gewonnene, reproduzierbare Studienergebnisse _*keine!*_ Rolle mehr spielen, die man aber benötigt, um möglichst sichergehen zu können, daß bei sachgerechter Anwendung eine „Arznei" keinen Schaden verursacht, bzw. ihr Nutzen tatsächlich weit überwiegt. ...: überdies ...: „An Vergleichsgruppen gewonnene, reproduzierbare Studienergebnisse" bedeutet ...: korrekterweise! ...: nicht allein vollständige „Verblindung" aller an einer solchen Studienanordnung Beteiligten ...: und ...: daß zwei zufällig, aber repräsentative Gruppen ausgewählt werden ...: eine, die den Wirkstoff und eine, die ein Placebo bekommt ...: _*sondern!*_ ...: daß es zum einen eine dritte Gruppe geben muß ...: die weder den zu untersuchenden Wirkstoff noch ein Placebo bekommt ...: da _*erst so!*_ erkennbar wird ...: was die jedem Menschen eigen seienden Selbstheilungskräfte vermögen ...: _*sowie!*_ ...: zum andren ...: es eine vierte Gruppe geben muß, in der die Selbstheilungskräfte angeregt werden ...: also durch das biologische Kommunikationssystem des Menschen ...: *üblicherweise als* „Immunsystem" *oder sogar martialisch als* „Abwehrsystem" *bezeichnet* ...: stärkende Mittel bzw. Verordnungen ...: beispielsweise durch fieberfördernde Maßnahmen und Bettruhe, später dann Bewegung in frischer Luft sowie ausgewogene Ernährung. ...: gewiß ...: Genau das darf in einer lobbykratisch organisierten Gesellschaft keine Rolle spielen, da geschäftsschädigend ...: denn ...: _*Welche?*_ medizinische Behandlung ist schon evidenzbasiert.[21]

---

[21] Siehe dazu Gerd Reuther, « Heilung Nebensache: Eine kritische Geschichte der europäischen Medizin von Hippokrates bis Corona », 2. Auflage der Originalausgabe, Riva Verlag, München, 2021.

...: anders ...: also ...: *jen*_seits verschwörungs_*thetischer* Überlegungen ...: ist kaum erklärlich, daß sich ganze Bevölkerungen zu Versuchskaninchen machen lassen ...: Offenbar tut eine Bevölkerung das dann freiwillig, ist sie mehrheitlich realsatiristisch geworden ...: und das gilt für alle nach betriebswirtschaftlichen Kriterien funktionierenden ... somit ...: lobbykratischen Gesellschaften.

...: nun ja ...: _*Wie?*_ sollte das geschlechtsunspezifischen Zauberlehrlingen auch anders als am Arsch vorbeigehen ...: _*ist!*_ es für solche doch spezifisch, sich einen Dreck um die Folgen ihres Schwätzens und aktionistischen Tuns zu scheren.

Joachim Endemann
Bosa (OR)
Juli 2022

Schwadengleiches Meinen

Wo Daten nicht vorhanden oder die Datenlage unzureichend ...: *keine Zeit dafür verwendet wird* ...: denn ...: _diese_ *ist* _dort!_ *Geld* ...: *sie zu erheben oder zu verbessern* ...: *statt dessen das Jonglieren mit ihnen fleißig übend* ...: was leicht ...: *da brauchbare nicht umfangreich* ...: produziert das schließlich virtuose Daten-Jongleure ...: zumal in jenen Gegenden ...: *in denen Lügen und Meinen wie sich verwebende Nebelschwaden zieh'n* ...: gefragt ...: da _*dort*_ die Marktkonformreduzierten ...: also jene ...: die ...: *ob!*_wohl selbst *In!*_Sassen lobbykratischer Gebilde ...: hochtrabend blicken und meinen ...: selbst!_*verständlich* ...: *dann* _nicht!_ *auf sich selbst blicken und* selbst!_*verständlich* ...: *insgeheim* ...: wie eh und je ...: *von sich selbst so überzeugt wie* selbst!_*zufrieden* meinen ...: mit jonglierten Daten *ab*_zuspeisen sind ...: grund_*los* ergeben sich hochtrabendes Blicken auf und Meinen über andre eben nicht.

*Was?* aber mag das mit jenem viralen Narrativ zu tun haben, das seit dem Jahre 2020 kollektiv die Gehörgänge durch_*weht* und nun ...: zwei Jahre später ...: das Jahr 2022 zu schreiben ist.

Immerhin ist es so ...: daß ...: durchwehen erst wahrheits_*verarmte* Schwaden die Gehörgänge der Masse der Menschen stetig ...: es nicht dabei bleibt ...: _*ist!*_ die „wahrheitsverarmte schwadige Last" recht hoch ...: da dann Schwaden auf Schwaden solcher Schwaden bis ins Hirn wehen ...: so daß es möglich wird ...: „Dinge" wahrzunehmen, die _*ohne!*_ solches Schwadenziehen nicht zu bedenken wären ...: allerding ...: im Wechselzug _*jenes*_ ...: *durchziehen solche Schwa-*

den gewohnterweise das Gehirn ...: nicht oder nicht mehr klar *wahr!*_zunehmen und ebengleich zu *be!*_denken ist ...: welches _*ohne!*_ wahrheitsverarmte Schwaden klar auszumachen _*wäre*_ ...: demnach ...: _*jenes*_ nicht auszumachen ...: *das erst die Schwaden machen* ...: Pro_*dukt* von nebelgleichen Schwaden ist.

Das ist wohl poetisiert gesprochen,
ereignet sich jedoch real ...: Ein Beispiel,
da exemplarisch, sei gegeben.

Auf jenem virtuellen Kanal, der sich behaupteterweise im Kampfe — _*sozusagen im Feuer stehend!*_ — gegen Fake News befindet, und _*allein!*_ *des*_halb ...: *so die Behauptung* ...: bezahlte Zensoren an seiner Seite hat[22] ...: gibt es ...: und es sei wiederholt ...: *das ist jetzt lediglich ein Beispiel, da es so gut als exemplarisches zu verwenden ist* ...: eine Video-Serie, die sich „Chefarztvisite" nennt, so daß jeder, der dieser „Visite" folgt, zu wissen glaubt ...: _*hier!*_ wird *hoch!*_preisig und *des!*_halb *glaub!*_würdig informiert ...: *zumal das noch unterstrichen wird*

---

[22] Das sogenannte NetzDG, das am 30. Juni 2017 im Rahmen der 244. Bundestagssitzung, also direkt vor der Sommerpause verabschiedet worden war, lieferte dazu die Blaupause.

Unter welchen Umständen dieses Gesetz verabschiedet und was für eine Antwort dazu vom „Auskunfts- und Rechercheservice" des Deutschen Bundestages gegeben wurde ist in meinem Buch: « Die *tri*_logische Sezierung des lobbykratischen Zeitalters », Band III, Teilband 2, „Schlußwort: Schlußsatz I: 'Kein Klärungsbedarf mehr'" sowie a.a.O. im Anhang IV: „Dokumentation einer eMail-Korrespondenz, die in der 244. Sitzung des Bundestages erfolgte Abstimmung zum Entwurf des NetzDGs betreffend" dokumentiert.

...: rechts im Bilde prangt die Sponsoren-Phalanx ...: *folgerichtig in diese auch solche eingereiht, die für* „'richtiges' öffentliches Meinen" *zuständig sind* ...: und deren (_*im Auftrag*_) redenden Macher offenbar ...: wie gleicherweise die bei Qualitätsmedien gewohnterweise die öffentliche Meinung Machenden ...: durch jene Phase der (_*normalen*_) Adaptation eines Virus an jenen Wirt, den es für sein weiteres Dasein als (_*an sich!*_) adäquat „erkannt" hat, die ...: *also diese Phase* ...: in diesem Fall „Omikron" genannt ...: in höchste Not gebracht werden ...: ihr mit selektiv gewählten Info-Schnipseln gespicktes Narrativ, das offenbar *profit*_wertes Treiben bemänteln soll ...: *alles andre ist vor dem Hintergrund der tatsächlichen Faktenlage* _nicht!_ *glaubhaft* ...: in spiralig wabernden wahrheitsverarmten Schwaden und immer facettenreicher ...: *da lugend Widersprüchliches hastig zu verdecken ist* ...: info-selektioniert wiederholend erzählen ...: damit es stetig über den Gehörgang der Masse der Menschen in deren Hirn schwade ...: so daß Gemeinsamkeit im Wahrnehmen von „Dingen" möglich werde ...: die _*ohne!*_ solches Schwadenziehen *un!*_möglich zu bedenken wären ...: „öffentliches Meinen" *dann genannt* ...: *kein neues Phänomen zwar* ...: denn ...: *Wie anders die Masse der Menschen einer Massengesellschaft im machtelitär genehmen Sinne zusammen*_binden*?* ...: also ...: Da ist dann beispielsweise von jener Variante „Delta" die Rede, die ...: so meint einer von den Meinungsmachern jener Serie ...: *tatsächlicher Medizintechniker oder als Arzt verkleidet* ...: im Gegensatz zur alarm-narrativ_*zersetzenden* „Omikron" ...: noch „absolut tödlich"gewesen wäre ...: was „Delta" *tat!*_sächlich _*nicht!*_ war ...: wohl infektiöser, aber nicht „tödlicher" als die Ursprungsvariante ...: die noch in „Bergamo" gewütet haben soll. ...: denn ...: Das sogenannte SARS-CoV-2 ...: in seiner „deltösen Variante" ...: _*konnte!*_ ...: *mußte aber nicht, und damit so, wie jene* „Wild-Variante" *auch* ...: für Menschen mit schweren Vorerkrankungen tödlich sein ...: meist alte Menschen, die ...:

meist! *in Pflegeheimen* ...: die heißen so ...: *de*_hydriert in ihrer eignen Scheiße lagen ...: und viele wohl weiterhin in solchen Heimen liegen ...: interessierte sich bisher ...: *und* _weiterhin!_ *nicht* ...: keine Sau von denen, die heute das „profitorientierte Wort" führen ...: pauschal gesagt ...: Für etwa 15 Prozent von ihnen ...: also dann in der Regel für Menschen mit schweren Vorerkrankungen ...: konnte eine Infektion mit _*diesem!*_ Virus tödlich sein ...: demnach: 85 Prozent _*dieser*_ Menschen blieben ...: gewiß ...: *zum Glück!* ...: trotzdem lebend ...: Für gesunde Menschen aber blieb in der Regel eine Infektion so folgenlos wie ein Schnupfen ..: offenbar ...: Dieses Virus ist _*kein!*_ Killervirus ...: ob nun in seiner „Wild-Variante" oder dann später als „Delta" zirkulierend ...: *übrigens immer passiv* ...: *sozusagen mitreisend unterwegs seiend* ...: *wobei es durchaus die Frage ist* ...: „Reist" *es wirklich mit Aerosolen mit?* ... _oder?_ ...: *gelangt es von einem Menschen zum andren* _allein!_ *via Niesen oder Sputum in Tröpfendosis*.

Randständig sei bemerkt ...: an _*der*_ Tatsache, daß es praktisch ausschließlich Menschen mit schwerwiegenden Vorerkrankungen sind, für welche die Infektion mit dem als „SARS-CoV-2" bezeichneten Virus tödlich sein _*kann*_ ...: änderte sich nichts dadurch, daß sie geimpft wurden ...: geimpft oder ungeimpft ...: es sind und bleiben primär diejenigen gefährdet, die an schwerwiegenden Vorerkrankungen leiden. ...: und so ist es geradezu lächerlich ...: *und eben jenen wahrheitsverarmten Schwaden gleich* ...: wird von Apologeten des Impfens behauptet, daß ...: _*wenn*_ ein geimpfter Mensch auf die Intensivstation gebracht werden muß oder nach dem Impfen stirbt, es sich *da*_bei um einen „betagten mit schweren" Vorerkrankungen gehandelt habe ...: ja ...: wie gesagt ...: daß gilt von Beginn dieser Epidemie an ...: für geimpfte wie ungeimpfte Menschen ...: und das unabhängig davon, um welche „Virus-Variante" es sich handelt bzw. handelte ...: demnach ...:

auch „Omikron" wird einen tödlichen Verlauf _*dann!*_ bewirken _*können!*_ ...: sind selbst die Symptome eines Schnupfens für einen altersschwachen und mit schweren Krankheiten belasteten Menschen schon zu viel ...: denn ...: nicht anders verhält es sich in der „Adaptationsphase 'Omikron'" (_des gemeinten Virus_) ...: sie ereignet sich gleicherweise in geimpften wie ungeimpften Menschen ...: nämlich ...: in der Regel symptomatisch milde.

*Ist?* dieser ...: wie gesagt ...: an sich normale Anpassungsprozeß zwischen einem Virus ...: *als Basis-Element des Lebendigen* ...: und „'seinem' Wirt" ...: für das präsente Narrativ ...: *so profitorientiert wie* _dem_ Narrativ *dienlich seiend* ...: welchem? ...: „mehr Diktatur wagen!" ...: etwa _*kein?!*_ Fiasko ...: um nicht zu fragen ...: _*Ist?*_ dieser ...: wie gesagt ...: an sich normale Anpassungsprozeß zwischen einem Virus ...: *als Basis-Element des Lebendigen* ...: und „'seinem' Wirt" ...: etwa _*kein?!*_ Graus für die Lobbykratie, die sich dringend updaten muß ...: *daher von seiten systemischer Trolle das vermehrte Reden über* ...: „mehr Diktatur wagen!" ...: da sich seine „Basis" ...: *das Profitsystem* ...: ohnehin (_*wieder einmal!*_) in existenzieller Krise befindet ...: was seine kleinen und großen Apologeten realsatiristisch macht.

... Aber „Long Covid"!
Nun, es gibt auch „Long Flu" ...

Das ist deshalb hier randständig noch gesagt, da jene, die sich ansonsten einen feuchten Kehricht um das scherten und scheren, welches durch jenes „ersetzt" worden ist, das man „Gesundheitswirtschaft" nennen muß ...: das Wesen der Gesundheit eines _*konkreten!*_ Menschen ...: da es ...: *so wie* _sein!_ *Wesen selbst* ...: von einer Vielzahl von Faktoren abhängig ist, von denen _*keiner!*_ in von profitorientierten Kreisen definierten „medizinischen Leitlinien"

> (_*die immer solche der* „Gesundheitswirtschaft" *sind* ...: *also den* „Dienstleistern", *z.B.* „Ärzten", *als den Filialleitern der Pharma- und Medizingeräteindustrie, nützlich sind, selten aber ihren Kunden*_)

aufscheint, sich plötzlich (_*vermeintlich*_) für langzeitliches Befinden andrer ...: *ob jung oder alt* ...: interessieren ...: da es offensichtlich ums Impfen mit Stoffen geht, die zwar Fake-Charakter haben, aber *dauer!*_haft für Großanleger à la Gates _*höchst*_ lukrativ und ...: *zumindest auch* ...: lukrativ für Filialleiter der Pharmaindustrie sind ...: _*so*_ von den systemischen Trollen nur sichergestellt bleibt ...: daß die Gehörgänge der Masse der Menschen wahrheitsverarmte Schwaden stetig durchwehen ...: also ...: _*ist!*_ die „wahrheitsverarmte schwadige Last" bleibend hoch ...: da auf diese Weise Schwaden auf Schwaden solcher Schwaden ins Hirn der Masse der Menschen ...: bleibend ...: wehen ...: Angst bringt Menschen immer kollektiv auf Linie ...: das erlaubt eine Pandemie sogar auf höchst subtile Weise ...: „*anti*_epidemische Maßnahmen" erscheinen jedem als rational ...: Alles eine Frage überzeugend erzählten Narrativs ...: und sei's inhaltlich auch _*noch*_ so *ir!*_rational. ...: und das steht mit „Omikron" _*an sich!*_ nun in Frage ...: Daher das hektische „Formulieren" oder ebengleiches „Vortragen" mit konsterniertem Blick der systemischen Trolle, um das profitwerte ...: also ...: systemrettende Narrativ _*so*_ zu „modifizieren", daß die „systemische Richtung" beibehalten bleibt ...: *da!*_für sind systemischen Trolle schließlich da ...: und ...: gewiß ...: Bei der blindwütigen Reaktion der Westlichen auf seit dem 24. Februar 2022 erfolgende Zerstörung _*ihrer!*_ „Militärplattform 'Ukraine'" durch Militäreinheiten der Russischen Föderation ...: letztlich von der imperialistischen Führungsmacht der Westlichen und ihren Vasallen verursacht ...: nämlich ...: durch den blutigen Putsch in Kiew im Februar 2014 und dem seitdem im Osten der Ukraine sich ereignenden Krieg ...: kann sozusagen „naht_*los*“ und erleichtert auf den „politischen Maßnahmen“ aufgebaut werden ...: beziehungsweise ...: bruch_*los* das Lügen fortgesetzt werden. ...: nun ...: An jener Narrativerzählung ist wohl nicht nur *_etwas_* schief.

...: *_Ob?_* aber „Omikron“ etwa Ausdruck „viraler Weisheit“ ist ...: natürlich ...: das ist hier richtigerweise in An- und Abführungszeichen gesetzt ...: aber ...: Es kann schon sein, daß das globale biologische Kommunikationssystem ...: dessen menschlicher Teil als „Immunsystem" bezeichnet wird ...: *_trotz!_* der ganzen zauberlehrlinggleichen Impferei ...: längst zu einem „Modus vivendi“ zwischen diesem Virus und der Spezies Mensch geführt hat ...: immerhin ...: *_Was?_* andres als dieses sollte die Aufgabe eines solchen Systems sein ...:

sind! Viren die Basis-Elemente des Lebendigen.[23] ...: denn ...: Während jenen Narrativerzählern, die man genauso als Märchenschaftler bezeichnen kann ...: also ...: wie jene „Wissenschaftler“ auch, die „Virologen“ sein sollen ...: *ob*_wohl sie bloß auf jenes starren, das zwar als „pathogenes Potential“ bezeichnet werden kann, durch ein Virus aber lediglich dann in Erscheinung tritt ...: *allerding damit nicht das Virus selbst ...: zumindest nicht so ohne weiteres* ...: sind die natürlichen und wahrscheinlich auch die sozialen Bedingungen dazu „günstig“ ...: will sagen ...: *aus menschlicher Perspektive* ...: *un*_günstig ...: denn ...: so es sich nicht um einen

---

[23] In diesem Zusammenhang macht es Sinn, erneut auf einen Video-Vortrag zu verweisen, der aus anthroposophischer Sicht gesprochen ist, die man, wie gesagt, nicht teilen muß, aber was das „Wesen“ der Viren anbelangt, entsprechen die Aussagen dem heutigen Wissensstand: „Die Bedeutung der Viren für Mensch und Natur – Vortrag von Thomas Hardtmuth“; der zugehörige Link: https://youtu.be/BO1xgjeiAno wurde am 8. Dezember 2021 geprüft.

geschlechtsunspezifischen Fachidioten handelt ...: Ein Virologe müßte nicht nur _*darum!*_ wissen, daß Viren die Basis-Elemente des Lebendigen sind ...: ein „no virus!“ demnach spezies_*genozidales* Unterfangen wäre ...: sondern ...: für diesen die _*erste!*_ Frage zu lauten hätte ...: _*Wieso!?*_ wird ein _*Basis!*_Element des Lebendigen für eine bestimmte Spezies überhaupt zu einem epidemischen Problem.

Zwar lustig, allerdings vom Redenden _*so!*_ nicht gemeint ...: da von seinem Mitredenden später dann behauptet ...: „Das Virus ist als Omikron trügerisch!“ ...: *es also jederzeit in* „deltöser Variante“ *zurückkehren könne* ...: behauptete faktenwidrig jener ...: daß „Bergamo“ sozusagen das Werk von „Delta“ gewesen wäre ...: um immer noch Gehörgangoffenen von der „absolut potentiellen Tödlichkeit“ dieses Virus ...: *eben schwadengleich* ...: zu berichten. ...: natürlich ...: Der deutsche Hohepriester des Warnismus' hätte dafür ...: daß „das Virus als Omikron trügerisch“ sei ...: dann die märchenschaftliche Begründung gleich mitgeliefert ...: aber ...: da der nicht anwesend war ...: wurde diese erst Anfang März 2022 sozusagen *ab*_geliefert ...: also ...: ZITAT_Dafür, daß das Virus als Omikron trügerisch ist, gibt es eine völlig genügende 'anekdotische Evidenz'_ZITATENDE ...: die von Spezialisten ...: für was? ... käme ...: allerdings ...: Zwischen „Bergamo“ und „Delta“ lag etwa ein Jahr.

Nun, aus diesem Beispiel geht unschwer hervor, daß von _*jener*_ Seite schwerwiegend gefaket wird, die (_*schwadengleich*_) behauptet ...: Nachrichten faket die „andre“ Seite ...: man bedenke aber ...: nicht erst jetzt ...: *wo das Virus sozusagen seine* „virale Weisheit“ *zeigt* ...: Das Faken von Informationen ist notwendig, da nicht anders mehr die recht wenigen genehme lobbykratische Richtung beizubehalten ist.

...: oder anders gefragt ...: _*Gehören?*_ nicht Pfizer / BioN-Tech & Co in den Fokus, sowie jene, die in ihren Diensten stehen ...: ob nun Politik oder öffentliche Meinung in deren Sinne machen. ...: und ...: _*Fühlt?*_ sich kein geschlechtsunspezifischer Wissenschaftler beleidigt, wenn bei solchem *un!*_wissenschaftlichen Treiben ...: verschleiert unter der Phrase ...: „real world data" ...: jemand von diesen wagt ...: „science will win" zu tönen ...: und behauptet man nicht ...: daß Frau Merkel ...: „von Haus aus" ...: Wissenschaftlerin sei? ...: _*Wie?*_ kann es dann sein, daß sie sich von Daten-Jongleuren _*beraten?*_ ließ ...: und offenbar dazu _*keine!*_ relevanten Fragen hatte. ...: oder ...: _*Wie?*_ glaubhaft kann es sein, daß ein Prof. *Lauter*_Bach gleich zu Beginn des „epidemischen Geschehens" ...: *und unverdrossen fortgesetzt* ...: seine ...: *auf von Jongleuren zusammenjonglierten Daten* (_!_) *abgestützten* ...: „anekdotisch evidenzbasierten" Prognosen abgab ...: dieser Hohepriester des Warnismus' _*jetzt?*_ ...: *fürs neue Jahr 2022* ...: aber veranlaßt habe ...: so kürzlich (_*vermutlich um den 24. Dezember 2021*_) von ihm persönlich behauptet ...: die Datenlage zu verbessern.

...: nun ...: all das wohl nicht ungewöhnlich, nicht besorgniserregend ...: _*dort!*_ ...: wo wahrheitsverarmte Meinungsschwaden ziehen ...: _*andernfalls!*_ ....: ließe man so etwas den gesellschaftspolitisch Verantwortlichen _*nicht!*_ durchgehen ...: da würde gefragt ...: _*bis!*_ zur Beantwortung durch die politisch *Ver!*_Antwortlichen. ...: so oder so ...: beziehungsweise *des!*_halb ...: Arme Hirnvernebelte, ich nenne euch Realsatiristen! ...: _*allerdings!*_ ...: Was Realsatiristen betreiben, kann tödlich sein.

Wo der Irrtum liegt

Herrscht *_jenes_* Meinen allgemein, daß Demokratie durch das *Ab*_schaffen *an*_geblicher Demokratie *ab*_geschafft würde, muß dieses ein *irr*_tümliches Meinen sein, da solches allgemeines Meinen daher rührt, daß angebliche Demokratie von meinungmachenden Kreisen als „*tat*_sächliche" *be*_zeichnet wird. Solange solches *irr*_tümliches Meinen allgemein kur*_siert*, *er*_scheint solches bequem, da auf diese Weise *_jenes_* ...: das längst präsent ist ...: *fort*_gesetzt *deo*_doriert *be*_mänteln zu müssen *_nicht_* mehr *not*_wendig zu sein *er*_scheint ...: Lobbykratie.

Das nicht länger reibungs*_ver_*lustig tun zu müssen, *_scheint_* ein doppelter Erfolg des von den Hohepriestern der betriebswirtschaftlichen Gesellschafts*_Doktrin* ...: *natürlich hehr* ...: *ge*_führten heiligen Kampfes zu sein ...: nämlich ...: daß heutzutage *so*_wohl allgemein verstanden, als auch *eben*_so allgemein *ge*_meint wird, daß das mit der ökonomischen Effizienz *_Inline-sein-Müssen_* ein *un*_bedingtes *gesamt*_gesellschaftliches Müssen sei ...: ja ...: daß solches allgemeines „Verstehen" und „Meinen" Aus*_Druck* einer ultimativ *auf*_geklärten ...: demnach ...: einer aus allgemein „wissenden" *In*_sassen bestehenden betriebswirtschaftlich *ver*_faßten menschlichen Gesellschaft *_w ä r e_* ...: und so ist es *_kein_* Zufall, daß Sprüche nun zu hören sind wie ...: „mehr Dikta*_tur* wagen" ...: *da*_von ...: *wenn auch noch verholen* ...: war übrigens bereits Anfang der 2010er Jahre in Deutschland die Rede ...: zu jener Zeit also ...: als aus Herrn Sarra*_zin* Projektionistisches geflossen kam ...: begierig aufgegriffen und verbreitet von Satelliten machtelitärer Kreise, was der vom deutschen Establishment gewollten afd_*ischen Weg*_Ebnung höchst dienlich war.[24]

Es ist genau *des*_halb, daß eine *viel*_zitierte Phrase keineswegs das ihr von Anfang an *an*_haftende *Ab*_surde verliert, behauptet eine der gesellschaftspolitisch verantwortlichen Personen „unserer Tage" ...: *die aus diesem Grund eine selbstverständlich geschlechts*_un_*spezifische ist* ...: *Ob*_wohl wir in einer Demokratie leben, sollten wir mehr Demokratie wagen ... da derjenige ...: der _*so*_ spricht ... das zwar aus der Perspektive einer *an*_geblichen tun kann, aber ...: *scheuklappen*_be_*freit* gesehen ...: _*Wie?*_ sollte es täuschungs_*los* möglich sein, in einer *an*_geblichen Demokratie „mehr" Demokratie *tat*_sächlich wagen zu können ...: _*ist*_ es für Demokratie typisch, daß in ihr _*mehr*_ Demokratie zu wagen *ab*_surd wäre. ...: denn ...: Demokratie existiert _*oder*_ existiert nicht ...: _*niemals!*_ jedoch ...: „mehr" oder „weniger".

Und so dient solches Schwätzen dem *fort*_gesetzten *Ver*_schleiern dessen _*doch*_ ...: welches längst existent ist ...: eben Lobbykratie ...: als Ergebnis ubiquitären Korrumpiertseins ...: *primär im Kopf* ...: _also!_ ...: *eigenes Denken betreffend* ...: da das andernfalls ...: _*diese*_ so *eigen*_geruchlich wie *un*_bemäntelt zu lassen ...: aus demokratie_*perspektivischer* Sicht zu

---

[24] Zum „projektionistischen Problem", bzw. zum Problem mit kollektiv auftretenden Projektionisten, siehe in: « Die *tri*_logische Sezierung des lobbykratischen Zeitalters », Band III « ›Ich stimme nicht zu!‹ Gesellschaftspolitische Lesungen über den Neowilhelmoliberalismus und seine Konsequenzen », Teilband 1, Lesung 13: „Alles läuft bestens für ˋunsereˊ Eliten, oder?", die Seiten 358+f.

sehr zum Himmel *stän*_ke ...: was *macht*_technisch verpöntes ...: also ...: _*nicht!*_ machtelitär konformes Nachdenken *be*_fördern könnte ...: _*das!*_ aber können Machtelitäre _*nicht!*_ mögen ...: denn ...: _*Was?*_ ist die „Aufgabe" von die öffentliche Meinung Machenden ...: bspw. in Medien_*Konzernen* textlich *Mit*_Arbeitenden ...

An sich lächerlich, doch hinweisend

An sich lächerlich, da es aber bezeichnend auf etwas in weiten Teilen der Bevölkerung tatsächlich Fehlendes hinweist, über das zu verfügen die lobbykratie_*systemischen Spin*_Doktoren, also jene, die fürs Machen der öffentlichen Meinung zuständig sind, nicht müde werden hinzuweisen, da es ein spezifisches Merkmal westlicher betriebswirtschaftlicher Gesellschaften sei ...: was? ...: Selbstverständlich sowohl die freiheitliche Verwendung des Geistes als auch das daraus resultierende Denken, soll's jetzt, da auf dieses weithin Fehlende so exemplarisch hinweisend, verdeutlicht werden.

> Es sagte jemand zu mir: ZITAT_*Wenn* _ich_ *wissen will, was Realsatire genau ist, schlag ich das im Wörterbuch nach ... ist effizienter, als daß ich mir das von* _dir_ *erklären lasse.*_ZITATENDE

Abgesehen davon, daß ich dem das gar nicht erklären wollte, da sich aber sein gerade zitiertes Meinen aus einem offensichtlich eingeschränkten Definitionshorizont eines Begriffes, der von mir zudem in einem erweiterten, nämlich kollektiven und eben nicht individuellen Zusammenhang verwendet wird, und sich andernfalls ein Aneinandervorbeireden ergeben hätte ...: *das sich dann trotzdem ergeben hatte* ...: das üblicherweise in die Floskel ...: „da bin ich eben andrer Meinung" mündet ...: obwohl das ...: also ...: „da bin ich andrer Meinung" ...: *_dann_* gar nicht der Fall sein könnte, sind dazu die Voraussetzungen ...: *für eine eigene Meinung, die sich am Faktischen orientiert* ...: nicht gegeben ...: das bedeutet ...: Verwendet jemand in einer auf einen konkreten Sachverhalt oder ein auffälliges Phänomen bezogenen Diskussion Begriffe falsch oder versteht nicht, daß diese von einem anderen richtig verwendet werden ...: *das ist es ja oft, was* ...: „da bin ich andrer Meinung" *erst zu einer Floskel verkommen läßt* ...: ist es richtig, seine Bedeutung ...: hier ...: *die Bedeutung des Begriffs* „Realsatire" ...: zu erläutern und wieso der in einem erweiterten Zusammenhang verwendet werden kann bzw. sollte.

Denn es ist nun einmal so, daß es Begriffe gibt, die entweder nicht im Wörterbuch stehen, wofür es verschiedene Gründe geben kann, bspw. dann dort nicht stehend, wurden die gerade oder vor einiger Zeit erst geschaffen, wie bspw. der Begriff „Lobbykratie", oder nicht _*derartig*_ im Wörterbuch stehen, daß sie, bspw. vor dem Hintergrund der real existierenden Lobbykratie, ihre (_*richtige!*_) Verwendung finden könnten ...: ist ja nicht alles nur eine „Frage der Meinung".

Übrigens wurde der Begriff „Lobbykratie" von mir vor langen Jahren geschaffen, und zwar wird der mittlerweile auch von andren verwendet, dann allerdings wie üblich ...: *das heißt unzureichend* ...: da entweder nicht genügend *durch*_reflektiert, weil lediglich übernommen, oder auf diese Weise versucht wird, dem an sich interessiert-neugierigen Menschen zu suggerieren, daß damit das Thema adäquat abgehandelt worden sei, so daß dieser an sich interessiert-neugierige Mensch ...: *spreche ich in einem entsprechenden Zusammenhang von* „Lobbykratie" ...: meint ...: da der ja über diesen Begriff von solchen ...: *die den lediglich übernommen hatten* ...: „unterrichtet" worden war ...: er wisse dazu alles ...: und *des*_halb ...: ich ihm nichts erzählen könne ...: worauf_*hin* dieser dann das Thema mehr oder weniger elegant wechselt ...: *wo*_durch er allerdingt belegt, daß er um das Entscheidende an der Bedeutung des Begriffs „Lobbykratie" nicht weiß ...: denn ...: „Lobbykratie" ...: *die in westlichen Staaten, bspw. in dem als EU bezeichneten Staatenverbund realisiert ist* ...: bedeutet ...: bezogen auf diese Staaten bzw. diesen Staatenverbund kann längst nicht mehr von Demokratie gesprochen werden ...: *was übrigens durch den politischen Umgang mit der SARS-CoV2-*

Pandemie eindrucksvoll bestätigt wird ...: immerhin ...: Es geht ums richtige Benennen ihres Gesellschaftssystems ...: _*Oder?*_ glauben _*Sie*_ ...: in einer Lobbykratie könnte es möglich sein, mehr Demokratie zu wagen ...:

> ... „Mehr Demokratie wagen" ...: ? ...: das war einmal die Aussage eines deutschen Bundeskanzlers gegen Ende 1969, die bis heute rhetorisch nachwirkt.

Das Absurde daran ist nicht, daß diese Phrase bis heute rhetorisch nachwirkt ...: das ist eher bezeichnend für die, die sie verwenden. ...: denn ...: emotionslos betrachtet ...: Es handelt sich dabei um eine widersinnige Phrase ...: entweder man lebt in einer Demokratie ...: dann muß nicht „mehr Demokratie gewagt" werden ...: oder man lebt nicht in einer Demokratie ....: dann kann man aber auch nicht „mehr Demokratie wagen" ...: höchsten ...: es „mal" mit „Demokratie" versuchen ...: also ...: „wir wollen mal Demokratie wagen" ...: wobei dann ja wohl die Frage wäre ...: _*Wer?!*_ sagt das und wieso. ...: demnach ...: Es ist absurd ...: wird behauptet ...: wir lebten in einer Demokratie und *des!*_halb müsse man mehr Demokratie wagen.[25]

---

[25] Und wie's um jenes steht, das mit Demokratie direkt gekoppelt ist, nämlich „Emanzipation", habe ich in meinem Buch: « Sie fragen noch, wie die ›Verhältnisse‹ liegen? », dort im Vorwort, das mit „Perspektivische *An*_Sicht betitelt ist, unter: „Befinden wir uns in einer Krise der Emanzipation?" ausgedrückt. Diese Frage ist dort deshalb rhetorisch gestellt, da es sich bei dieser „Krise" tatsächlich allein um einen *emanzipatorischen Salto mortale* handeln kann.

...: wie dem auch sei ...: Um den „mental-emotionalen Hintergrund" der real existierenden Lobbykratie _*angemessen*_ zu benennen, habe ich vor einiger Zeit den Begriff „Realsatirismus" geschaffen ...: Es ist völlig verständlich, daß _*dieser*_ Begriff bisher keinen *Nieder*_Schlag in einem der ein_*schlägigen* Wörterbücher gefunden hat.

Zwar ist es richtig, daß das Schaffen eines neuen Begriffes, oder einen bereits existierenden Begriff *er*_weitert zu definieren, allein dann berechtigt sein kann, ist das Benennen eines Sachverhalts oder Phänomens mit den bisher als dafür anerkannt geltenden und dazu tendenziell zu verwendenden Begriffen nicht mehr adäquat möglich, bzw. der bisherige Definitionshorizont solcher Begriffe dazu nicht zureichend. Das gilt bspw. für meine Begriffsschöpfung „Realsatirismus".

Wird eine ganze menschliche Gesellschaft nach betriebswirtschaftlichen Kriterien organisiert, bildet sich früher oder später eine Herrschaftsform aus, die als Lobbykratie bezeichnet werden kann, da es in ihr derartig zu primärer Bedienung partikularer Machtinteressen kommt, wie es — *bezüglich seiner Hauptkunden* — für einen einzelnen Wirtschaftsbetrieb üblich ist. Dieses lobbykratische Verfaßtsein trifft (_*zumindest*_) auf den bürgerlichen Staat in seiner heutigen Verfassung zu. ...: trifft das aber auf den heutig verfaßten bürgerlichen Staat zu ...: ist es zweifelhaft ...: ob er _*jemals*_ tatsächlich ...: also ...: _*substantiell!*_ ...: und nicht lediglich mit einem Label versehen ...: bspw. „repräsentative Demokratie" ...: demokratisch verfaßt gewesen ... da er sich dann nicht hätte lobbykratisch entwickeln können ...: _*vorausgesetzt!*_ ...: man nimmt _*nicht!*_ an ... Demokratie sei teilbar. ...: demnach ...:

*Ausschließlich!* jenes ist als Demokratie zu bezeichnen, das man „direkte Demokratie" nennt.[26]

Mit dem nach betriebswirtschaftlichen Kriterien Organisieren der bürgerlichen Gesellschaft geht kollektives Reduzieren des Menschlichen einher ...: wegen der nach betriebswirtschaftlichen Kriterien organisierten (_*bürgerlichen*_) Gesellschaft einhergehenden *Weg*_Filterung wesentlicher Elemente des menschlichen Wesens, wodurch sich eine kollektive Gemütslage der Insassen einer lobbykratisch organisierten Gesellschaft ausbildet, die als „realsatiristisch" zu bezeichnen ist ...: da ...: *wegen des kollektiven Reduzierens des Menschlichen* ...: das Denken, Fühlen, Wahrnehmen, Verhalten und nonverbale wie verbale Ausdrücken der Masse der Insassen einer lobbykratisch organisierten Gesellschaft ebenso reduziert werden ...: folglich ...: der einzelne Mensch ...: *je milieubedingt spezifisch* ...: neurotisiert sein muß. Den so entstehenden „kollektiven mental-emotionalen Komplex" ...: also ...: *die Art und Weise des der Masse der Menschen einer lobbykratischen Gesellschaft eigenseienden Denkens, Fühlens, Wahrnehmens, Verhalten, verbal und nonverbal Ausdrückens betreffend* ...: bezeichne ich als „Realsatirismus".

---

[26] Was „Direkte Demokratie": tatsächlich also „Demokratie", denn „Demokratie" bedarf keines Attributs: sie existiert oder sie existiert nicht, anbelangt, bzw. was zur praktischen Umsetzung direkt-demokratischer (_sprich: *tatsächlich demokratischer*_) Angelegenheiten gehört und warum, siehe in: « Sie fragen noch, wie die ›Verhältnisse‹ liegen? », nämlich — *was das Verschleiernde anbelangt* — insbesondere in Aspekt 2: „Was eine Passage in Chestertons: 'The Man who was Thursday: A Nightmare' offenbart", und — *das eigentlich Praktische betreffend* — a.a.O. die Seiten 337+ff., beginnend mit: „folgendes ist keine politische Geschmacksfrage", sowie a.a.O. die Seite 669, beginnend mit: „Also sei zum Abschluß nicht allein die Frage wiederholt: Was spricht noch gegen Direkte Demokratie, spricht nichts für die simulierte Demokratie des lobbykratischen Systems [...]?".

...: das bedeutet ...: Da sich in der Lobbykratie das Denken, Fühlen, Wahrnehmen, Verhalten und sich verbal und nonverbal Ausdrücken der Masse der Menschen auf realsatirische Weise ereignen, kann man bspw. sagen ...: Das „realsatirische `Handeln´" einer einzelnen Person oder Personengruppe geschieht im Rahmen des im Prozeß der Lobbykratisierung auftretenden Phänomens eines kollektiven ... nämlich ...: *gesamtgesellschaftlich* — Realsatirischgewordenseins. ...: übrigens ...: Diese Art des „Handelns" ...: *ob_*wohl dann tautologisch ...: läßt sich deshalb auch als „aktionistisches `Handeln´" bezeichnen, da es sich dabei um ein „So-tun-als-ob-Handeln" handelt.

Und, da zu einem kollektiven Phänomen geworden (*_das ich an anderer Stelle als* „dadaistisch-surreales Phänomen" *bezeichnet habe*[27]_) ...: *andernfalls wäre* „Realsatirismus" *eine sinnlose Begriffsschöpfung* ...: bedeutet dieses kollektive Phänomen, daß die Masse der Menschen zwar realsatirisch wird, bzw. offenbar wieder geworden ist ...: bedeutet ...: *das Realsatirische /* „Realsatiristische" *in einer Gesellschaft ist kein neues Phänomen* ...: aber ...: da gezwungenermaßen ...: denn es sind die herausragenden (_promi*_nenten_*) Realsatiriker / „Realsatiristen", die die Gesetze und Verordnungen nach Blaupausenvorlage „ausformulieren" ...: *soweit man das dann noch so bezeichnen kann, da eigentlich bloßes Abschreiben seiend* ...: und der Masse der Menschen zur Befolgung aufs Auge drücken ...: sie ...: *die Masse der Menschen* ...: allein die Rolle

[27] Siehe dazu: « Die *tri_*logische Sezierung des lobbykratischen Zeitalters », Band II: « Zwischenrufe in satirisch-politischen Variationen oder Reale Betrachtungen dadaistisch-surrealer Phänomene in der Lobbykratie », und in diesem Zusammenhang dort insbesondere die Seiten 29-32, beginnend mit: „Dadaismus ≠ Dada = Neoliberalismus".

eines realsatirischen Statisten spielt. ...: demnach ...: es wäre tief falsch ...: behauptete jemand ...: Realsatirismus und Emanzipation kämen im Gleichschritt daher ...: als „gelebter Ausdruck `progressiver´ gesellschaftlicher Entwicklung".

...: übrigens ...: Die Verwendung des Begriffs „Realsatire" wäre ebenso nicht erlaubt, hätte ich ihren Bedeutungshorizont nicht erweitern können ...: zur Bezeichnung eben jenes kollektiven Phänomens, das seine Ursache im dominanten Gesellschaftssystem findet ...: nämlich ...: wie bereits ausgedrückt ...: im nach betriebswirtschaftlichen Kriterien funktionierenden bürgerlichen Gesellschaftssystem ...: allein *des!*_halb ist es ...: daß sich jenes ausbilden konnte, welches als Lobbykratie ...: demnach ...: als simulierte Demokratie zu bezeichnen ist.

...: nun ...: zugegeben ...: Es wäre nicht gut, wollten zumindest große Teile einer zu realsatirischen Statisten gewordene Bevölkerung das „Heft des Handelns in die Hand nehmen" ... _*Ob?*_ es dann doch besser wäre, daß die herausragenden (_*die* promi_*nenten*_) Realsatiristen dieses „Heft" weiterhin in Händen hielten. ...: wie man diese Frage auch immer beantworten will ...: Durch das realsatirische Treiben der gesellschaftspolitisch Verantwortlichen ist ...: _*erneut!*_ ...: etwas entstanden, das man zwar nicht so bezeichnen muß, aber so bezeichnen kann ...: ein lobbykratie_*systemisch* induziertes Dilemma.

Aus dem in diesem Abschnitt Ausgedrückten geht bereits hervor, daß Begriffe lediglich dann richtig verwendet werden können, besteht einvernehmliche Klarheit über ihre Bedeutung. Andernfalls redete man aneinander vorbei und meinte dann noch, daß man eben *anderer Meinung* sei ...: Wie es zwar in einer realsatirisch / „realsatiristisch" gewordenen Gesellschaft üblich zu sein scheint ...: da das die einvernehmliche Floskel dafür ist ...: weiß man zu einem gegebenen Sachverhalt oder sich zeigenden Phänomen nichts Erhellendes beizutragen.

...: hinweisend sei angemerkt ...:„Realsatirismus" ist mit dem inhaltlich eng verbunden, das in Band II der *Tri_*logischen Sezierung des lobbykratischen Zeitalters ausgedrückt ist, nämlich in der Einführung, die mit: „Anstatt einer Einführung — Ein *An_*Ruf" betitelt ist.[28] Und zwar deshalb, da ich dort begründe, wieso ich mir erlaube, die durch eine Lobbykratie verursachten Phänomene als *dadaistisch-surreale* zu bezeichnen, was seine Begründung wiederum darin findet ...: also ...: *daß ich das begründe* ...: daß jemand ...: *so wie jener* ...: *den ich zu Beginn dieses Abschnitts zitiert habe*[29] ...: meinte, daß es nicht „zulässig" sei, diese Phänomene als „dadaistische" bzw. „surreale" zu bezeichnen. ...: Da das aber falsch ist, wird das an der genannten Stelle erläutert ...: zumal ...: Diese Begründung ist keine Beleidigung für einst aufrechte Dadasophen oder Surrealisten ...

---

[28] Siehe: « Die *tri_*logische Sezierung des lobbykratischen Zeitalters », Band II: « Zwischenrufe in satirisch-politischen Variationen oder Reale Betrachtungen dadaistisch-surrealer Phänomene in der Lobbykratie ».

[29] Erinnern Sie sich, in welchem Abschnitt des Ihnen vorliegenden Buches Sie sich befinden? Nun, bevor Sie blättern müssen: es ist der Abschnitt, der beginnend auf der Seite 70 mit: „An sich lächerlich, doch hinweisend" betitelt ist und der genauso noch wie der sich diesem Abschnitt anschließende zum Einführungsteil des Ihnen vorliegenden Buches gehört.

Was? zeichnet einen geschlechtsunspezifischen Realsatiristen insbesondere aus

Ab wann wird ein Mensch zu einem Realsatiriker? Ab wann wird das zum gesellschaftspolitischen Problem? Was unterscheidet dann einen geschlechtsunspezifischen Realsatiriker von einem geschlechtsunspezifischen Satiriker? ...: nun ...: *_da_* ein Realsatiriker meint ...: *da glaubend klug und weise zu sein* ...: *_ihn!_* zu betrügen *_nicht!_* möglich sei ...: wird *_das!_* zum gesellschaftspolitischen Problem ...: *_ist!_* die ganze Bevölkerung realsatirisch geworden ...: demnach ...: Ein wesentlicher Unterschied zum geschlechtsunspezifischen Satiriker besteht darin, daß einem zu einem Realsatiriker gewordener Mensch, sein realsatirisches Tun *un_*bewußt bleibt ... bleiben muß ...: es also *_keinen!_* Menschen gibt, der *be_*wußt realsatirisch ... also ...: ein *be_*wußter Realsatiriker wäre. ...: hingegen ...: Ein Mensch wird genau *da_*durch zu einem geschlechtsunspezifischen Satiriker, daß er das ihn umgebende gesellschaftspolitische Geschehen *be_*wußt zu dem *ver_*arbeitet, das man Satire nennt, was ihm wegen seiner *eigen_*tümlichen ...: nämlich ...: *denkend_*erfühlenden Wahrnehmungsweise überhaupt erst möglich ist ...: *dem_*zufolge Satire bewußt*_los* zu schaffen *_nicht!_* möglich ist. ... es folglich falsch wäre, glaubte da jemand, daß ein Realsatiriker ...: oder gar die Begriffsschöpfung „Realsatirist“ ...: einen „handelnden Satiriker“ *be_*zeichnen wollte.

...: aber ...: da es mir nicht ums Verwirren geht ...: denn *_das_* überlasse ich den großen Realsatirikern des lobbykratischen Zeitalters ...: schlage ich vor ...: Anstatt die Begriffe „Realsatire“, „Realsatiriker“ und das zugehörige Attribut „realsatirisch“ zu verwenden ...: *_so!_* es ums Bezeichnen eines *_kollektiven_* Prozesses geht ...: nämlich vorzüglich um jenen ...: der sich in einer betriebswirtschaftlich organisierten ...: *und* des!_*halb erst zu einer lobbykratisch werden könnenden* ...: menschlichen Gesellschaft ereignet ...: den Begriff „Realsatirismus" zu verwenden ...: und entsprechend ...: ein in diesem Sinne zeigendes Verhalten als „realsatiristisch" ...: sowie ...: die dieses Verhalten Zeigenden als (_*geschlechtsunspezifische*_) „Realsatiristen" zu bezeichnen.

...: wollte man aber für den geschlechtsunspezifischen Begriff „Realsatirist" lieber geschlechtsunspezifischer „realsatiristischer `Akteur´" verwenden, müßte „Akteur" dauerhaft in An- und Abführungszeichen gesetzt bleiben, da ein geschlechtsunspezifischer „Realsatirist" ...: *als Realsatirist* ...: nicht bewußt handelt ...: selbstverständlich ...: Das Realsatiristische an einem Verhalten bleibt demjenigen unbewußt, der es zeigt ...: es ist eben _*nicht!*_ so ...: Ein Realsatirist ...: *oder von mir aus auch ein Realsatiriker* ...: ist kein „handelnder Satiriker" ...: da ...: im fundamentalen Gegensatz zum „Handeln" eines realsatiristischen Menschen ...: *als Realsatirist!* ...: ein Satiriker seine Satire _*immer!*_ bewußt erschafft, niederschreibt und ...: *mitunter* ...: auf die Bühne bringt.

...: von einem „realsatiristischen Aktionisten" zu sprechen wäre allerdings tautologisch, da sowohl ein geschlechtsunspezifischer Realsatirist stets *un*_bewußt realsatiristisch ist als auch ein Aktionist eben nicht agiert ...: sondern ...: „Aktion" lediglich simuliert ...: was ihm ebenso *un*_bewußt bleibt. ...: demnach ...:: beiden ihr realsatiristisches Verhalten oder Ausdrücken bzw. ihr aktionistisches „Tun" nicht bewußt ist ...: also ...: Ein Realsatirist ist sich über das von ihm gezeigte realsatiristische Verhalten oder Ausdrücken genausowenig bewußt wie ein Aktionist sich darüber bewußt ist, daß er sich selbst und ...: *was gravierender ist* ...: anderen gegenüber Handeln simuliert. ...: das ist es, was einerseits einen Realsatiristen von einem *Satiriker* und andererseits einen Aktionisten von einem

Aktivisten fundamental trennt ...: Ein Satiriker verarbeitet bewußt jenes, welches er ausdrücken will ...: Ein Realsatirist drückt in seinem realen Tun, Reden, Schreiben usw. etwas in einer Weise unbewußt aus, das sein reales Tun realsatiristisch werden läßt ...: als Ausdruck der *lobbykratie*_induzierten „kollektiven Gemütslage" ...: und ...: im Gegensatz zu einem (_*geschlechtsunspezifischen*_) Aktivisten ...: dem es in seinem Handeln eben nicht um „tamtamistischen Mehrwert" geht ...: ist genau dieser „tamtamistische Mehrwert" für einen (_*geschlechtsunspezifischen*_) Aktionisten typisch. ...: demnach ...: „Aktionist" ist eine besondere Bezeichnung für einen „Realsatiristen", für den das ihm (_un_*bewußt bleibende*_) ...: simulierte ...: Handeln charakteristisch ist.

Wie bereits angesprochen, kann die Masse der Menschen einer lobbykratischen oder, da synonym, realsatiristischen Gesellschaft lediglich als realsatiristischer Statist bezeichnet werden. Denn es ist in einer lobbykratischen bzw. realsatiristischen Gesellschaft nicht vorgesehen, daß die Menschen in Masse, kollektiv also, zu Akteuren ihres eigenen Lebens würden ...: was ja deshalb gar nicht ohne weiteres möglich wäre, sind erst von den (_promi_*nenten*_) Realsatiristen zumindest große Teile einer solchen Gesellschaft zu realsatiristischen Statisten gemacht worden. ...: und so ist festzustellen ...: Das real existierende lobbykratische System ist _*ohne*_ eine „spezifische Realsatire" nicht denkbar ...: offenbar ...: *da Phänomen betriebswirtschaftlich organisierter, also lobbykratisch gewordener Gesellschaften* ...: Das „spezifisch Realsatirische" spiegelt sich in dem vorherrschenden Narrativ einer solchen lobbykratisch organisierten Gesellschaft wider. ...: zur Verdeutlichung sei ein Satz zitiert, in dem der von den Hohepriestern dieser *säkular*_monotheistischen Religion als entscheidend behauptete dogmatische Glaubenssatz ausgedrückt ist ...: « Das Regierungshandeln nimmt keinen Einfluß auf den ›Markt‹, sondern ausschließlich auf die gesellschaftlichen Bedingungen, wodurch in der Bevölkerung ein ›marktkonformes‹ Verhalten dauerhaft erzeugt wird. »[30] ...: denn ...: das in diesem Satz Ausgedrückte bedeutet in der Praxis ...: In einer lobbykratisch organisierten Gesellschaft verankert sich dieses realsatirische Narrativ in jedem Menschen auf spezifisch neurotische Weise ...: da diesem Narrativ im alltäglichen Leben zu folgen lediglich menschlich reduziert ...: *gleichbedeutend mit ...: marktkonform getrimmt* ...: möglich ist.

...: das ist deshalb so, da diese besondere Art der Realsatire Ergebnis der Gemütslage jener Intellektuellen ist, aus denen sich die Funktionselite des lobbykratischen Systems rekrutiert ...: das bedeutet ...: Alle bürgerlichen Intellektuellen ...: *da von Haus aus den Kader des bürgerlichen Systems stellend* ...: können potentieller Teil der Funktionselite der sich zum lobbykratischen System *ent_*wickelt ...: *so man das als* „Entwicklung" *bezeichnen will* ...: habenden bürgerlichen Gesellschaft sein.

...: die Politiker zählt man zwar meist nicht zu den Intellektuellen ...: aber ...: *und abgesehen davon, daß es immer eine gewisse Begriffsunschärfe gibt* ...: in diesem Fall insbesondere *des_*halb ...: „Funktionselite" hat alles andre als mit dem schönen Begriff *fine fleur* zu tun *...: der im Französischen verwendet wird, will man diejenigen benennen, die als der eigenen Gesellschaft als* „Blüte" *erwachsen gelten ...: künstlerisch, handwerklich, geistesarbeiterlich* ...: also ...: Politiker sollte man

---

[30] Dieser Satz, der die Ideologie des Neoliberalismus´ in seiner ganzen Tragweite spiegelt, findet sich in: « Die *tri_*logische Sezierung des lobbykratischen Zeitalters », Band I: « Es werde *mehr* Licht! Mehr Demokratie wagen in der Lobbykratie? Untersuchung über die Konsequenzen der bürgerlichen Real-Demokratie », Teilbände 1-3, hier Teilband 1: „Die Benennung: Hintergrundausleuchtung zweier ideologischer Begriffe, zu denen jeder etwas meint ...", Kapitel 1: „Erläuterung des Begriffs `Neoliberalismus´", Seite 59.

unbedingt dann dazu zählen, hat sich ein lobbykratisches System erst etabliert ...: denn ...: Geschlechtsunspezifische Politiker gehören elementar zu seiner Funktionselite. ...: gewiß ...: es stimmt zwar ...: Es sind immer Intellektuelle, die den geschlechtsunspezifischen Politikern die Handlungsblaupausen fürs gesellschaftspolitische Handeln liefern ...: aber ...: da für die Gesamtheit der Funktionselite eines lobbykratischen Systems gilt ...: Das Tun wird dann zu aktionistischem ...: also ...: zu einem „so-tun-als-ob-Tun" ...: geht es darum, die Beibehaltung der ideologisch bestimmten Gesellschaftsentwicklung sicherzustellen ...: *das bedeutet* ...: Im lobbykratischen System wird Politik ...: *gleicherweise wie das* „Trachten und Streben" *der lobbykratischen Intellektuellen* ...: auf das Verwenden semantischer Tricks reduziert, da dies aus dem bereits zitierten „neoliberalistischen Satz" resultiert ...:

> « Das Regierungshandeln nimmt keinen Einfluß auf den ›Markt‹, sondern ausschließlich auf die gesellschaftlichen Bedingungen, wodurch in der Bevölkerung ein ›marktkonformes‹ Verhalten dauerhaft erzeugt wird. »

...: und da das lobbykratische System diese „funktionselitäre Gemütslage" erzeugt ...: was die davon Betroffenen ...: beispielsweise ...: spezifisch realsatirische Sätze sagen ...: und ...: mitunter sogar schreiben läßt ...: halte ich es für angebracht, diese lobbykratie-typische Realsatire als „Realsatirismus" zu bezeichnen. ...: das genügt natürlich nicht ...: deshalb habe ich Anfang des Jahres 2021 die Sache sozusagen rund gemacht ...: und so kann ich seitdem die Begriffsgarnitur ...: „realsatiristisch / Realsatirist / Realsatirismus" verwenden ...: demnach ...: die bisher für dieses Phänomen verwendete Begriffsgarnitur ...: „realsatirisch / Realsatiriker / Realsatire" ...: nicht mehr zu gebrauchen notwendig ist ...: zumal ...: da ...: „Realsatire" längst verwendet wird ...: aber ...: bisher nicht zur Bezeichnung eines lobbykratie_*induzierten* ...: und *des!*_halb sich kollektiv bemerkbar machenden ...: Phänomens ...: hatte diese „`alte´ Begriffsgarnitur" doch bei lobbykratischen Intellektuellen Verwirrung gestiftet ...: wie einmal mehr weiter oben in dem Abschnitt ...: „An sich lächerlich, aber da hinweisend" ...: und vor allem in der *Vermeintlich letzten Begegnung*: „... meinen und antworten ..." deutlich wird.

...: und so sei betont ...: Nicht die Begriffs-Garnitur ..: „realsatiristisch / Realsatirist / Realsatirismus" ist absurd ...: sondern ...: das ...: was sie benennt. Denn sie erlaubt eines der spezifischen Phänomene ...: *der ins Absurde abdriftenden bürgerlichen Gesellschaftsformation* ...: besser zu bezeichnen als es mit der Begriffs-Garnitur: „Realsatire / realsatirisch / Realsatiriker" ...: wobei ich „Realsatiriker" ebenfalls geschlechtsunspezifisch verwenden würde ...: möglich ist ...: schon allein deshalb, da es ...: *wegen der unzureichenden Wörterbuch-Definition von* „Realsatire" ...: leicht zu Mißverständnissen kommt.

...: das bedeutet auch...: Sagt der von mir an sich geschätzte Henning Venske, daß es sich beim Verwenden des Begriffs „Realsatire", um etwas Widersinniges handele, da es sich ja um keine real praktizierte Satire handeln würde, er dann irrt, meint er ...: *so wie allgemein gemeint* ...: der Begriff „Realsatire" stehe für eine sich real ereignende Satire. ...: denn ...: Das Schaffen einer Satire setzt einen sie *_bewußt!_* schaffenden Menschen voraus ...: eben einen Satiriker. ...: „Realsatirisches" benennt aber eben *_nicht!_* das bewußte Treiben eines Menschen ...: sondern ...: daß sein Treiben realsatirische Züge aufweist, die ihm ...: in seinem realsatirischen Treiben ...: *un!_*bewußt bleiben ...: wohingegen ...: ein Satiriker würde solches Treiben auf *_bewußte!_* Weise zu einer Satire verarbeiten. ...: wie weiter oben bereits festgestellt ...: Es gibt *_keinen!_* Menschen, der bewußt Realsatire schaffen würde, da das bewußtes „realsatirisches Handeln" voraussetzte. ...: es ist *des!*_halb, daß man _*nicht!*_ sagen kann ...: Ein Realsatiriker sei ein handelnder Satiriker ...: wohingegen ...: wie gesagt ...: ein Satiriker seine Satire _*immer!*_ nur bewußt schaffen kann ...: auf der Basis der ihm *eigen*_seienden Gemütslage ...: die aus besonderer Bewußtseinslage ...: *auf Grund* eigen_*tümlichen Fühlens und Denkens* ...: resultiert ...: und ...: zu besonderer Wahrnehmungsweise ...: *auf Grund* eigen_*tümlich Gefühlt-Gedachtem* ...: führt.

Wie gesagt, zwar ist der Realsatirismus nur eines der zahlreichen *dadaistisch-surrealen Phänomene* ...: die nicht erst die Lobbykratie gebiert ...: aber es scheint doch eines zu sein, das nicht ubiquitär vorhanden wäre ...: gäbe es dieses System nicht. ...: denn ...: zwar ist es richtig ...: *dadaistisch-surreale Phänomene* sind in allen staatlich organisierten Gesellschaften zu beobachten, deren Art des gesellschaftspolitischen Organisierens ...: und damit ihr gesellschaftspolitisches Funktionieren ...: *sich im konkreten Denken, Fühlen, Wahrnehmen, Verhalten und sich verbal und nonverbal Ausdrücken der Masse der Menschen zeigend* ...: von einer Machtelite und deren Satelliten (_*Funktionselite*_) bestimmt werden. ...: daraus ergibt sich ...: Das „realsatirische `Handeln´" einer einzelnen Person oder Personengruppe geschieht im „Dunstkreis" des im Prozeß der Lobbykratisierung der bürgerlichen Gesellschaft auftretenden Phänomens eines kollektiven ...: *nämlich* ...: gesamtgesellschaftlich Realsatirischgewordenseins.

...: um es weiter zu verdeutlichen ...: Zu den Satelliten bzw. zur Funktionselite machtelitärer Kreise gehören geschlechtsunspezifische Politiker in entsprechenden Tamtam-Parteien ...: bezogen auf Deutschland sei zur Illustration bloß der aktuell bekannteste Block genannt ...: *CDUCSUSPDFDPGRÜNE-AFD*die*LINKE* ...: dann ...: geschlechtsunspezifische *Spin*_Doktoren ...: die in als Thinktanks bezeichneten *Denk*_Panzern zu spezifischen Encounter-Gruppen zusammengebunden einsitzen ...: sowie ...: geschlechtsunspezifische *Alpha*_Journalisten ...: also ...: *neben anderen schreibenden Mitarbeitern der* Medien_*Konzerne* ...: und ...: geschlechtsunspezifische Kultur_*Betriebler* ...: um nur Beispiele für Kultur_Betriebler zu geben ...: ob nun als Teilnehmer von Talk-Shows oder diese leitend ...: ob als solche, die Bücher vorstellen, indem sie sie in die sprichwörtliche Tonne hauen ...: ob „philosophisches Quartett" Spielende ...: dazwischen ...: *also unter den Politikern, Wissenschaftlern, Journalisten und Kultur*_Betrieblern ...: tummeln sich noch Feigenblatt-Intellektuelle.

...: das bedeutet ...: Dadaistisch-surreale Phänomene sind in staatlich organisierten Gesellschaften _*dann*_ zu beobachten, handelt es sich bei ihnen tatsächlich um Staaten, die nach betriebswirtschaftlichen Überlegungen organisiert sind, und nur _*deshalb*_ „bürgerliche Staaten" heißen, da der Denkhorizont des im 19. Jahrhundert dominant gewordenen Teils des sogenannten Bürgertums von betriebswirtschaftlichen Überlegungen bestimmt wurde und dies ...: *von Zeit zu Zeit geupdatet* ...: bis heute gilt. ...: und ...: _*Dies*_ ist in Nationalstaaten besonders augenfällig ...: _*trotz*_ „substantieller Verschleierung" ...: schon die Bezeichnung „Nationalstaat" ist irreführend.[31] ...: denn ...: *macht*_instrumental handelt es sich bei

[31] Zum Problem des Nationalstaates siehe in: « Die *tri*_logische Sezierung des lobbykratischen Zeitalters », Band I: « Es werde *mehr* Licht! Mehr Demokratie wagen in der Lobbykratie? Untersuchung über die Konsequenzen der bürgerlichen Real-Demokratie », Teilbände 1-3, Kapitel 13: „Die Welt als `Hinterhof´ der Machteliten oder Der Nationalstaat als grundlegendes Problem für Frieden"; Kapitel 15: „Menschenrechte, Völkerrecht und das Konstrukt des Nationalstaates"; Kapitel 16: „Die `Nationalitätenfrage´, die Ukraine und die `Elite´ des `Westens´"; Kapitel 17: „Die `Nationalitätenfrage´, die Ukraine und die `Elite´ des `Westens´: Ein Resümee".

Daß dieses Problem — also: der „Nationalstaat als Problem" — durch politische Entitäten à la EU alles andere als aufgehoben wird, verdeutlicht

solchen Staaten lediglich um ein Update des alten machtelitären Herrschaftsprinzips ...: beziehungsweise ...: es handelt sich hierbei um von Zeit zu Zeit erfolgende „gesellschaftspolitische Updates", die von den *systemischen* Intellektuellen ...: *eben heute den lobbykratischen* bzw. lobbykratie_*systemischen Intellektuellen* ...: ausformuliert und mit dem Spruch ...:: „Wir brauchen ein neues Narrativ" vorbereitet werden ...: mit mehr oder weniger *tief*_wirkender Geschichtsklitterung einhergehend ...: Man vergleiche diesbezüglich das Treiben rechtsradikaler Professoren, die vom deutschen Establishment mit der Behauptung geschützt werden ...: deren Faktenverhunzung sei Ausdruck von „Freiheit der Wissenschaft" ...: Geschichtsklitterung als _*Ausdruck?*_ von „Freiheit der Wissenschaft" ...: wohl kaum ...: hingegen ...:: Das deutsche Establishment _*will!*_ das so ...: _*Was?*_ aber mag geschehen, will jemand etwas „Hegemoniales", fehlt diesem dazu die notwendige _*eigene*_ Substanz.

Diese Entwicklung ...: *das Realsatiristischwerden der bürgerlichen Gesellschaft ist gemeint* ...: läßt sich übrigens seit dem Ende des Kalten Krieges sehr gut verfolgen. ...: Das Spezifische am Realsatirismus ist nämlich, daß die *da*_von mental befallenen Intellektuellen ...: *und das sind in den selbsternannten* „Elitestaaten" *dieser Welt quasi alle* ...: tatsächlich der Meinung sind, daß ein lobbykratisches System mit einem demokratischen System vereinbar sei ...: beziehungsweise ...: daß

---

a.a.O. das Kapitel 18: „Eine kurze Beschäftigung mit der Frage nach der neoliberalen Strategie des 'Westens' und der Funktion seiner Medien bei der Vermittlung dieser Strategie".

lediglich von Zeit zu Zeit an bestimmten „gesellschaftspolitischen Stellschräubchen" herumgedreht werden müsse ...: sozusagen ...: im „systemnachjustierenden" Sinne.[32]

...: zu dem Spezifischen am Realsatirismus ...: um es wiederholt zu sagen ...: *daß die* da_*von mental befallenen Intellektuellen* ...: *und das sind in den selbsternannten* „Elitestaaten" *dieser Welt quasi alle* ...: *tatsächlich der Meinung sind, daß ein lobbykratisches System mit einem demokratischen System vereinbar sei* ...: beziehungsweise ...: *daß lediglich von Zeit zu Zeit an bestimmten* „gesellschaftspolitischen Stellschräubchen" *herumgedreht werden müsse* ...: sozusagen ...: *im* „systemnachjustierenden" *Sinne* ...: sei ein Beispiel gegeben ...:

> ZITAT_[...] Könnte die Besinnung auf das Lebensnotwendige, die uns das Corona-Virus aufzwingt, in demokratischen Staaten zu politischen Mehrheiten führen, die stärker das langfristige Wohl aller Menschen und zukünftiger Generationen zur politischen Handlungsgrundlage machen als nur das einzelner, jetzt lebender Interessengruppen? So sehr ich das wünsche, bin ich doch äußerst skeptisch, daß es so kommen wird. Schon die Ergebnisse, die die Finanzkrise 2008 / 2009 gezeitigt hat, stimmen mich pessimistisch. Wer hätte damals gedacht, daß der Neoliberalismus innerhalb kürzester Zeit fröhliche Urständ feiern würde, obwohl sich viele seiner grundlegenden Annahmen als vollkommen falsch er-

---

[32] Übrigens ist in: « Die *tri*_logische Sezierung des lobbykratischen Zeitalters », Band III: « ›Ich stimme nicht zu!‹ Gesellschaftspolitische Lesungen über den Neowilhelmoliberalismus und seine Konsequenzen », Teilbb. 1+2, das sich aktuell Ereignende auf dem Weg in die Düsternis bereits vorweggenommen ...: natürlich nicht, daß dazu ein Virus ...: sozusagen ...: mißbraucht würde ...: Es kann schließlich nur ums Aufzeigen der gesellschaftspolitischen Tendenz in den selbsternannten „Elitestaaten" dieser Welt gehen ...: und diese Tendenz ist eine faschistoide.

> wiesen hatten? Wer hätte gedacht, daß das Primat der Politik gegenüber der Finanzwelt durch geeignete institutionelle Vorkehrungen nicht ein für alle Mal durchgesetzt würde? [...]_ZITAT-ENDE[33]

...: ja ...: _*Wer?*_ hätte das überhaupt denken _*dürfen!*_ ...: der nicht davon ausgeht, daß das, was hier ...: *also nicht allein in der gerade zitierten Passage* ...: als „demokratische Staaten" bezeichnet wird ...: nur deshalb welche wären, da das so behauptet wird ...: _*Ist?*_ nicht der Inhalt erst zu prüfen ...: auch wenn die Verpackung so verheißend ist. ...: es ist umgekehrt ...: _*Handelte!*_ es sich bei jenen Staaten, deren ...: *aus ihrer Sicht* ...: fortschrittliche Vertreter ...: wie selbstverständlich ...: der Meinung sind ...: _*ausgerechnet!*_ ...: _*sie*_ ständen den „Elitestaaten" der Welt vor ...: *dies übrigens Ausdruck einer alten* „Gemütslage" ...: tatsächlich um demokratische Staaten ...: _*wäre*_ genau das _*nicht!*_ möglich ...: also ...: _*weder!*_ das Etablieren des Neoliberalismus' _*noch!*_ sein *Re*_etablieren nach seinem offensichtlich erneuten Scheitern.[34] ...: denn ...:

---

[33] Quelle: Online-Ausgabe des Wirtschaftsmagazins *Makroskop*, erster Teil eines zweiteiligen Essays von Friederike Spiecker: „Strukturwandel im Zuge der Corona-Krise" vom 27. April 2020; der zugehörige Link: https://makroskop.eu/strukturwandel-im-zuge-der-corona-krise-1/ wurde am 2. Dezember 2021 geprüft.

[34] Was „Direkte Demokratie": tatsächlich also „Demokratie", denn „Demokratie" bedarf keines Attributs: sie existiert oder sie existiert nicht, anbelangt, bzw. was zur praktischen Umsetzung direkt-demokratischer (_sprich: *tatsächlich demokratischer*_) Angelegenheiten gehört und warum, siehe in: « Sie fragen noch, wie die ›Verhältnisse‹ liegen? », nämlich — *was das Verschleiernde anbelangt* — insbesondere in Aspekt 2: „Was eine Passage in Chestertons: 'The Man who was Thursday: A Nightmare' offenbart", und — *das eigentlich Praktische betreffend* — a.a.O. die Seiten 337+ff., beginnend mit: „folgendes ist keine politische Geschmacksfrage", sowie a.a.O. die Seite 669, beginnend mit: „Also sei zum Abschluß nicht allein die Frage wiederholt: Was spricht noch gegen Direkte Demokratie, spricht nichts für die simulierte Demokratie des lobbykratischen Systems [...]?". ...: im übrigen ...:

*Was?* ist der Neoliberalismus ...: nichts anderes als das durchtheoretisierte Update des alten Profitsystems ...: unter Verwendung gewisser Regeln ...: *die es erlauben* ...: Demokratie zu simulieren.[35]

Was übrigens „alte Gemütslage" betrifft ...: Diese findet ihre „Basis" in dem, welches ich als „deutsche Ideologie" bezeichne, die sich aus zwei Ideologien zusammensetzt ...: einmal aus dem, das als „klassische Indologie" bezeichnet wird und zum anderen aus dem, das alle bürgerlichen Intellektuellen mehr oder weniger kennen ...: aus dem deutschen Idealismus ...: dazu siehe zum einen in: « Ist der Monotheismus von seiner Anlage her ein elementarer Faktor der Gewalt? », dort das Kapitel 7 ...: zum andren jene Passage, in der es um das menschliche Bewußtsein geht ...: allerdings ...: das ...: *das menschliche Bewußtsein betreffend* ...: wird erst später möglich sein, da diese Passage in jenem Buch zu finden ist ...: *als Teil meines letzten Buchprojektes* ...: das noch nicht fertig geschrieben ist.

Ich finde es übrigens fahrlässig, den Eindruck zu erwecken, demokratische Staaten würden richtig verstandenen gesellschaftlichen Fortschritt *be_* oder gar *ver_*hindern. Wenn auch verschleiernd, so doch durchblickend lassend, war schon Anfang der 2010er Jahre, wenn ich mich richtig erinnere, ein Essay mit ...: „Lahme Dame Demokratie" betitelt.[36] ...: und

---

Der Hintergrund für das notwendig zu Tuende sowie für das notwendig zu Tuende selbst ist in: « Die *tri_*logische Sezierung des lobbykratischen Zeitalters », Band I, Teilband 4, ausreichend skizziert.

[35] Was gemeint ist und wo das Problem liegt, wird in: « Sie fragen noch, wie die ›Verhältnisse‹ liegen? », dort in Aspekt 5: „Der Brexit als Ausdruck 'momenthafter' Demokratie" deutlich.

[36] Tatsächlich ist dieser Essay von Herfried Münkler: „Lahme Dame Demokratie: Kann der Verfassungsstaat im Systemwettbewerb noch bestehen?" in der Zeitschrift *Internationale Politik — Das Magazin für globales*

„heute" wird ...: hierbei die SARS-CoV-2-Pandemie nutzend ...: *die allein wegen* _fortgesetzten!_ *politischen Versagens zu einem* „existentiellen Problem" *gemacht wird* ...: mit genau dem Titel ...: „Mehr Diktatur wagen"[37] Stimmung für die Anwendung eines „reaktionären Hebels" zu machen ...: der den Ausnahmezustand erstmals einführt, um diesen dann ...: *wie in Frankreich bereits seit Oktober 2017* ...: *zwar aus anderen Gründen eingeführt* ...: dauerhaft gesetzlich zu verankern. ...: gewiß ...: die Übertitelung dieses Artikels fand seinen Niederschlag zu jener Zeit im täglichen „politischen Sprachgebrauch" _*noch*_ nicht ...: aber ...: Grüne ...: und andre behaupteterweise „fortschrittliche Kräfte in der Lobbykratie ...: werden da schon die passenden Formulierungen finden ...: denn ...: Die vom Realsatirismus mental Befallenen sehen die „Sache mit der Demokratie" offenbar anders.[38]

Den anderen Aussagen von Friederike Spiecker kann ich übrigens nicht nur zustimmen, sondern ich bin auch davon überzeugt, daß sie in einer tatsächlich demokratischen Gesellschaft zügig umzusetzen wären ...: _allerdings ...: Frau Spiecker und Herr Flassbeck ...: *die beide als ökonomisches Wissenschaftsteam wertvolle Essays und Bücher schreiben* ...:

Denken in der Ausgabe Mai / Juni 2010 erschienen; der zugehörige Link zur Online-Ausgabe dieser Zeitschrift:

https://internationalepolitik.de/de/lahme-dame-demokratie wurde am 2. Dezember 2021 erneut geprüft.

[37] Siehe den am 9. Februar 2021 in der *Süddeutschen Zeitung* veröffentlichten Beitrag von Thomas Brussig: „Mehr Diktatur wagen"; der zugehörige (_*kostenpflichte*_) Link: https://www.sueddeutsche.de/kultur/corona-diktatur-thomas-brussig-1.5199495?reduced=true wurde am 2. Dezember 2021 geprüft.

[38] Was den „blindfleckigen Blick" der Realsatiristen auf das, was ihnen als Demokratie erscheint, anbelangt, siehe die *Ab*_gehende Begegnung: „Mit _*geschultem*_ Realsatiristen-Blick auf 'Demokratie'" *ge*_blickt.

sollten sich vielleicht einmal die scheuklappenbefreite Frage stellen ...: wieso von dem, das sie richtigerweise fordern und bestens begründen können, nichts verwirklicht wird ...: *daß* „scheuklappenbefreites Fragenstellen" *keineswegs bedeutet, etwas nicht subjektiv wahrzunehmen* ...: _wie?_ *sollte das menschenmöglich sein* ...: *wird im weiteren Verlauf des Ihnen vorliegenden Buches erläutert werden*. ...: und zwar selbst _*dann!*_ nichts verwirklicht wird ...: behaupteten politische Tamtamisten selbst noch in gewissen Momenten des Wahlkrampfes ...: es _*sofort!*_ umzusetzen ...: _*nach*_ dem „Sieg über den Gegner" (_?_) ...: also ...: *es bis zum Gewähltsein behauptend* ...: da sich dazu dann die „Koalitionskonstellation" *un*_glücklicherweise *un*_geeignet zeigend ...: das _*überhaupt!*_ umzusetzen.

...: nun ...: daß die gesellschaftspolitischen Verhältnisse andere sind ...: *eben lobbykratische und keine demokratischen* ...: weiß ich nicht erst seit heute ...: aber mich interessiert einzig, ob Vorstellungen ...: *die eine konstruktive gesellschaftspolitische Entwicklung auszulösen versprechen* ...: _*an sich*_ utopisch ...: oder ...: allein deshalb nicht als realistisch gelten könnten ...: da die bestehenden Verhältnisse ...: die lobbykratischen Verhältnisse ...: ihre Umsetzung verhindern. ...: denn ...: daß solche ...: _*an sich*_ realistischen ...: Vorstellungen in die Praxis umgesetzt werden ...: hängt immer von der Masse der Menschen ab ...: hingegen ...: _*weder*_ vom Weihnachtsmann _*noch*_ von den Tamtam-Parteien ...: beziehungsweise ...: von den in diesen tätig seienden Tamtamisten in den Lobbykratien dieser Welt ab ...: da diese *da*_zu da sind ...: genau das zu verhindern ...: *des!*_halb nenne ich diese ja „Tamtam-Parteien" und „Tamtamisten". ...: und daß die mit Intellektuellen allein nicht umsetzbar sind ...: also ...: *die an sich realistischen Vorstellungen, hin zu einer tatsächlichen Demokratie* ...: ist auch eine Binsenweisheit ...: und zwar schon deshalb, da die meisten Intellektuellen auf der falschen Seite stehen ...: Immerhin erhalten diese in der Regel ihre bewußtseinsmäßigen Prägungen in systemkonform Bildung vermittelnden Institutionen ...: *deren Curricula die studentisch zu beschreitenden Denkbahnen entsprechend konform vorprägen* ...: was dem schnellmerkenden Opportunisten karrieregebende Orientierung ist.

Man darf sich keinen Illusionen hingeben und glauben, daß mit dem existierenden System eine so *inner_*gesellschaftspolitische wie *inter_* gesellschaftspolitische Prozeßentwicklung auszulösen möglich wäre, die als sich sowohl *global_*flächendeckend als auch *vertikal_*entfaltend ...: also ...: *die Entwicklung des Bewußtseins betreffend* ...: als konstruktive bezeichnet werden könnte. ...: Wer *_das_* glauben wollte, hätte in den letzten dreißig Jahren überall hingeschaut, nur nicht *dort_*hin, wo es notwendig gewesen wäre ...: und da das so ist, ist der Realsatirismus sogar als folgerichtiges *_innergesellschaftliches_* „Entwicklungsprodukt" des lobbykratischen Systems zu bezeichnen.[39]

Was es mit dem, das man „Bewußtsein" nennt, und damit mittelbar auch dem, das als „Ich" bezeichnet wird, sowie jenem, das erst noch richtig zu benennen wäre ...: „Materia" ...: auf sich ...: *und miteinander zu tun* ...: hat ...: möchte ich, u.a., an passender Stelle in meinem letzten Buchprojekt ...: allerdings ...: *_nicht!_* im „philosophisch-idealistischen" Sinne *ent_*wickeln.

---

[39] Wo die „demokratischen Hebel" anzusetzen sind, um bspw. die Staaten in der EU zu veritablen demokratischen Staaten umzubauen, siehe das Manifest: « Le rayon des Lumières — Quelques remarques sur ›l'Empire de la paix‹ orwellien, nommé l'UE ».

...: also läßt sich sagen ...: Realsatirismus ist ins Humorlose gesteigerte Realsatire, die ...: da Ergebnis einer ...: *sich in* _jedem_ *ihrer Insassen zwar individuell* ...: *aber* _stets!_ *unbewußt bleibend auswirkenden* ...: nach betriebswirtschaftlichen Kriterien organisierten ... also ...: einer lobbykratischen Gesellschaft ...: _*allein*_ kollektiv auftritt ...: den vom Realsatirismus Befallenen nicht einmal durch _*direkten*_ Hinweis auf ihr realsatiristisches Denken, Fühlen, Reden, Schreiben und Tun ... kurz ...: *ihr Verhalten* ...: selbst auffällig werden könnte. ...: Es demnach bloß ein realsatiristisches Meinen wäre, glaubte ein Realsatirist ein „handelnder Satiriker" zu sein ...: da meinend ...: es drücke sich in seinem ...: *stets unbewußten realsatiristischen* ...: Verhalten „gelebte Satire" aus.

Die *Begegnungen* selbst

Erste Begegnung:
„Zur rechten Zeit" *ein wenig*
„verbalen Wind" *erzeugen*

Leicht lassen sich so fragwürdige wie verdeutlichende Sätze _*dann*_ in Artikeln finden, geht es bürgerlichen Intellektuellen des lobbykratischen Zeitalters ...: nun ja ...: *wie eh und je* ..: in diesen lediglich darum, ein wenig „verbalen Wind" ...: _*allerdings!*_ ...: „zur rechten Zeit" ...: zu erzeugen. Denn diese Intellektuellen, die ...: *da wesentlich fürs lobbykratische Zeitalter* ...: wohl richtig als „lobbykratische Intellektuelle" zu bezeichnen sind ...: lassen lieber die Masse der Menschen Schaden nehmen, als daß sie jenem politischen ...: sprich ...: *lobbykratischen* System, das _*sie*_ selbst sowie die Masse der Menschen erst ...: *durch* _sie_ *bedingt* ...: denn ...: _*sie!*_ sind die *Meinung*_Machenden und die Wortführer des von _*ihnen!*_ Meinunggemachten ...: zu „lobbykratie_*systemischen* Trollen" werden läßt ...: angemessenen Schaden zufügen wollten ...: von ihm nähren sie sich ...: _*allerdings!*_ ...: auf Kosten der Masse der Menschen.

Am 22. September 2021 wurde in der Online-Ausgabe des Wirtschaftsmagazins Makroskop ein Artikel mit dem Titel: „Wenn `Europa´ zur Religion wird" veröffentlicht, der dem lesenden Menschen offenbar suggerieren soll(te), daß mit der dann am 26. September 2021 erfolgten Stimmabgabe der Masse der Insassen des lobbykratischen Staates Deutschland ein Wahlkrampf ...: *den der Autor selbstverständlich als* „Wahlkampf" *bezeichnet, da es schon vor langer Zeit üblich geworden ist, nicht jenes verbal korrekt zu benennen, welches faktisch präsent ist* ...: zu Ende gegangen wäre, der weit bedeutender als jener Wahlkrampf gewesen sei, der mit den Wahlen zum EU-Parlament im Mai 2019 sein Ende gefunden habe.[41]

Zu dem Titel dieses Artikels: „Wenn `Europa´ zur Religion wird" will ich lediglich anmerken, daß in diesem zumindest statt „Europa" ...: *selbst wenn es in An- und Abführungszeichen gesetzt wurde* ...: „Idee Europa" hätte in An- und Abführungszeichen gesetzt stehen müssen, da sich darin (_*in dieser* „Idee"_) nicht etwas widerspiegelt, das historisch begründbar wäre ...: *zumindest nicht* _konstruktiv_ *historisch begründbar*

---

[41] In: « Sie fragen noch, wie die ›Verhältnisse‹ liegen? » arbeite ich, u.a., meine im Rahmen dieses Wahlkrampfes mit Apologeten des orwellianischen Gebildes EU geführte Auseinandersetzung auf. In ihrer Argumentationsführung erkenne ich Parallelen mit jener, die den Tenor in den *Begegnungen mit Realsatiristen* bestimmt.

Meine Erkenntnis aus jenen wie diesen Diskussionen liegt einmal darin, daß ich meine Behauptung, die ich bereits vor Jahren aufgestellt und dann in meinem ersten veröffentlichten Buch: « Es werde *mehr* Licht! Mehr Demokratie wagen in der Lobbykratie? Untersuchung über die Konsequenzen der bürgerlichen Real-Demokratie » im Vorwort zu Papier gebracht habe, was etwa so zusammenzufassen ist: „Die westlichen Intellektuellen sind mental fertig, ihr mitunter eloquent Dahergeredetes oder -geschriebenes ist inhaltsleer ...: Inhaltsvolles wird von diesen demnach als 'ideologisches Argumentieren' verunglimpft", wiederholt tendenziell bestätigt finde ...: Denn allein tendenzielle Abnahme des argumentativen Niveaus könnte ich ausmachen.

Das, also, ob ich meine Behauptung, daß die westlichen Intellektuellen mental fertig seien, vielleicht zu revidieren hätte, war überhaupt einer der Gründe fürs Führen jener in: « Sie fragen noch, wie die ›Verhältnisse‹ liegen? » geführten Diskussionen und denen in dem Ihnen vorliegenden Buch geführten. Wie gesagt: persönlich kann ich lediglich eine tendenzielle Abnahme des argumentativen Niveaus ausmachen.

...: *wenn es sich nicht gar um eine substanzlose Idee handelt* ...: und diese „Idee" in der Tat zu einem Religionsersatz geworden ist.

Karl der Große, der in Frankreich Charlemagne heißt, gilt gemeinhin als derjenige, der Europa erstmals vereinigt habe. Das ist glatt gelogen. Nicht deshalb glatt gelogen, daß es sich bei diesem Karl nicht um den ersten, sondern vielleicht bloß um den zweiten oder dritten „Einiger Europas" gehandelt hätte, sondern deshalb gelogen, da es überhaupt nicht die Absicht dieses Karls gewesen war, „Europa" zu einigen. Die Absicht Karls des Großen bzw. Charlemagnes ... *als Vertreter des offen weltlichen Teils der sich in einem großen Teil Europas spezifisch etablierenden feudalen Macht* ...: war es, im Verein mit dem Klerus ...: *also mit der behauptet nicht-weltlichen Macht der sich in Europa spezifisch etablierenden feudalen Macht* ...: wieder das Weströmische Reich zu errichten.[42] Das wird bereits aus der Losung des Siegelrings ersichtlich, den Karl der Große — *den Charlemagne* — seit seiner Kaiserkrönung im Jahre 800 trug ...: „Renovatio Romani Imperii" (_„Erneuerung des Römischen Reiches"_).

Auch später, also in der weiteren (_*verschriftet auf uns gekommenen*_) historischen Abfolge, hat es in Europa keinen Herrscher gegeben, der sich die „Vereinigung Europas" zum Ziel gesetzt hätte ...: folglich ...: ebenso Karl IV. (_1316-1378_) nicht. Und zwar deshalb nicht, da die „elitäre Erinnerungsspur" lediglich das Römische Reich ...: realistischerwei-

---

[42] Zum Spezifischen des europäischen Feudalismus siehe in: « Ist der Monotheismus von seiner Anlage her ein elementarer Faktor der Gewalt? », den auf der Seite 589 beginnenden exkursiven Anhang I: „Von der Etablierung des Feudalismus', der Rolle der christlich-monotheistischen Glaubensvorstellung und den Sachsenkriegen".

se das Weströmische Reich ...: sein konnte ...: denn ...: Eine herrschende Klasse gedenkt nicht, das „gemeine Volk" an ihren Ränkespielen _*aktiv*_ zu beteiligen.

...: übrigens ...:

Den vollkommen korrekten Begriff „Volk", zur Bezeichnung der Bewohner eines staatlichen Territoriums, so er nicht unzulässigerweise „mythisch aufgeladen" wird, nur deshalb nicht mehr zu verwenden, da die deutschen Intellektuellen mit der von den Nationalsozialisten verursachten „Entseelung" nicht fertig werden ...: die einen wollen ihn wieder unzulässigerweise „mythisch aufladen" ...: die andren ihn völlig aus dem Sprachgebrauch verbannen ...: zumal ...: es ist nicht einzusehen ...: wieso alle anderen Völker, bspw. das französische oder das italienische, meinen sollten, ihre Begriffe für „Volk", also bspw. „peuple" oder „popolo" für die traditionellen Bewohner ihrer Länder, nicht mehr verwenden sollten. ...: ZITAT_Die Bewohner einer historischen Landschaft konnten sich über Jahrhunderte aneinander gewöhnen, entwickelten auf diese Weise eine entsprechende Bewußtheit von Zugehörigkeit durch ähnliche Erlebnisweisen und begannen sich mählich (_*verhaltensmäßig wie sprachlich*_) von Bewohnern anderer Landschaften zu unterscheiden. Eine „historische Landschaft" ist demnach ein Teil der Erdoberfläche, die in ihren Bewohnern ein Gefühl von Heimat dadurch erzeugt, daß sich bei ihnen, u.a. wegen ihrer besonderen Räumlichkeit und ihrer besonderen klimatischen Bedingungen, in der Zeitlichkeit eine vorherrschende Gemütsart, und damit einhergehend, eine vorherrschende Mentalität entwickeln, was Zusammengehörigkeit suggeriert. Es handelt sich hierbei also um einen über einen langen Zeitraum verursachten Gewöhnungsprozeß. Und da dieser historische Prozeß in einer bestimmten Landschaft stattfindet, nennt man diese eine „historische Landschaft". Solche Prozesse liegen _*jeder*_ gesellschaftlichen Entwicklung zugrunde, deren Vollendung mit dem Begriff „Volk" bezeichnet wird. Das heißt die Geschichte eines Volkes läßt sich zwar mythisch verfassen, was dann nicht problematisch wird, bleibt bewußt, daß ein „Volk" realiter lediglich historisch faßbar ist._ZITATENDE _[43]

...: wie dem auch sei ...:

> Die Völker Europas zu vereinen wäre ein entweder gelogenes oder vergebliches Unterfangen, ginge das nicht von den Völkern selbst aus ...: *konkret dann von jenen praktiziert, die von der Masse der Menschen* _explizit_ *und* _allein_ *fürs Realisieren* _dieses!_ *Vorhabens als dazu grundsätzlich geeignet erkannten Persönlichkeiten ...: da ausgewiesen so kompetent wie gemeinwohlorientiert ...: per Referendum in einen Pool bestimmt, aus dem* _dann!_ *per politischem Losverfahren die dazu notwendige Anzahl solcher Persönlichkeiten für* _dieses!_ *Vorhaben transparent bestimmt worden wäre, sowie der* _dann_ *erfolgenden ...: transparent zu* ver_*folgenden ...: Realisierung* _dieser!_ *in der Tat von den Völkern getragenen ...: und allein* des!_*halb zu tragenden ...: Idee.*[44]

Und so kommt es, daß die _*heutigen*_ machtelitären „europäischen Köpfe" (_*unterstützt von ihren intellektuellen Mägden und Knechten, nämlich ihren Satelliten*_) von der „Idee Europa" heimgesucht werden ...: Dieses „Heimgesuchtwerden" aber nur zu verstehen ist, stellt man in Rechnung, daß es die machtelitären Kreise und ihre Satelliten

---

[43] Quelle dieses Zitats: « Die *tri*_logische Sezierung des lobbykratischen Zeitalters », Band I: « Es werde *mehr* Licht! Mehr Demokratie wagen in der Lobbykratie? Untersuchung über die Konsequenzen der bürgerlichen Real-Demokratie », Teilbände 1-3, die Seite 402.

[44] Was es mit dem politischen Losverfahren auf sich hat, findet sich in: « Sie fragen noch, wie die ›Verhältnisse‹ liegen? » erläutert, nämlich auf der Seite 337, beginnend mit: „folgendes ist keine politische Geschmacksfrage". Aber gegen Ende des Ihnen vorliegenden Buches werden bereits genügend Hinweise gegeben, damit Sie sich einen Begriff davon machen können, was das *politische Losverfahren*, als elementarer Teil der Direkten Demokratie, bedeutet. Siehe dazu die Seiten 607-11, beginnend mit: „Demokratischen Mindeststandards genügte es hingegen erst ...".

sind, die _*ihre!*_ „Idee Europa" ...: *als sogar von Karl dem Großen* (_dem Charlemagne_) *schon gedacht* ...: der Masse der Menschen als ihnen nützlich seiend verkaufen _*müssen*_ ...: da es sich bei ihrer fixen Idee tatsächlich um ...: _*ihr!*_ machtelitäres, allein dem dauerhaft abzusichernden Erhalt _*ihrer!*_ Macht dienendes Projekt handelt. ...: denn ...: wie es so ist ...: _*Ohne*_ die Masse der Menschen fehlte diesen machtelitären Kreisen die Masse ...: *da über keine eigne substantiell verfügend.* ...: demnach ...: wird's aus heutiger Perspektive betrachtet ...: und angenommen ...: diese „Idee" wäre eine tatsächlich „alte Absicht" gewesen ...: die Völker Europas als Ganzes zu vereinigen ...: Die ...: *von sie umnebelnden Schwaden befreite* ...: „Idee Europa" war in der Praxis _*immer!*_ blutig erkauft ...: aber ...: _*nie!*_ von bleibendem Erfolg gekrönt ...: bereits nach wenigen Jahrzehnten war diese heute Karl dem Großen — *dem Charlemagne* — zugesprochene „erste ideelle Zielsetzung" gescheitert [...].[45]

Also kann die konstruktive Umsetzung der „Idee Europa" erst erfolgen, ist in den Staaten Europas Direkte Demokratie eingeführt und sind ...: *damit einhergehend* ...: die aktuellen Machtverhältnisse im Sinne Direkter Demokratie transformiert worden ...: zumal ...: Die praktische Umsetzung einer machtelitär bestimmten „Idee Europa" ist dem Realisieren tatsächlicher Emanzipation des menschlichen Wesens _*substantiell!*_ schädlich.

Aber an dieser Stelle geht es lediglich darum, das offenbare Anliegen des Autors von: „Wenn `Europa´ zur Religion wird" prägnant zu skizzieren ...: nämlich ...: *aus seiner darin am 22. September 2021 ausgedrückten Perspektive* ...: _den_ Eindruck

[45] Siehe im exkursiven Anhang I von: « Ist der Monotheismus von seiner Anlage her ein elementarer Faktor der Gewalt? », die Seite 617.

erwecken zu wollen, daß der am 26. September 2021 enden werdende (_*aus heutiger Perspektive* ...: kaum noch erinnerbar, *geendet habende_*) große Wahlkrampf bedeutender wäre (_bzw. *gewesen wäre_*) als jener im Mai 2019 zu Ende gegangene ...: und um *des_*halb seiner damit verbundenen Besorgnis Ausdruck zu geben ...: denn ...: das bedeutet tatsächlich ...: In diesem Artikel drückt sich einmal mehr die intellektuelle Misere der lobbykratischen Intellektuellen in den Grenzen des orwellianischen Gebildes EU aus.[46]

...: daß das so ist ...: also ...: *daß die intellektuelle Misere der lobbykratischen Intellektuellen manifest ist* ...: wird im nachfolgenden an lediglich dreien der sich in diesem Artikel zuhauf finden lassenden, so fragwürdigen wie dies verdeutlichend formulierten Zitierungen gezeigt. ...: das ist mir deshalb möglich, da solche Artikel den bürgerlichen Intellektuellen des lobbykratischen Zeitalters überhaupt dazu dienen ...: *übrigens wie eh und je* ...: ein _*wenig*_ „verbalen Wind" zu erzeugen ...: so sie „spüren", daß „es dazu Zeit sei" ...: vorzüglich in der Phase endender Wahlkrämpfe ...: oder vor „Entscheidungen", die etwas mit einer „Richtung" zu tun haben sollen ...: dabei gibt es in lobbykratischen Gesellschaften nur eine Richtung ...: mag die auch ...: *da opportun* ...: krummwegig daherkommen. ...: denn ...: um es zu wiederholen ...: Diese Intellektuellen, die ...: *da wesentlich fürs lobbykratische Zeitalter* ...: wohl richtig als „lobbykratische Intellektuelle" zu bezeichnen sind ...: lassen lieber die Masse der Menschen Schaden nehmen, als daß sie jenem politischen ...: sprich ...: lobbykratischen System ...: das _*sie*_ selbst _*sowie*_ die Masse der Menschen ...: *durch _sie!_*

---

[46] Daß die EU ein orwellianisches Gebilde ist, wird besonders deutlich in: « Die *tri_*logische Sezierung des lobbykratischen Zeitalters », Band III: « ›Ich stimme nicht zu!‹ Gesellschaftspolitische Lesungen über den Neowilhelmoliberalismus und seine Konsequenzen », Teilbände 1+2, sowie in: « Sie fragen noch, wie die ›Verhältnisse‹ liegen? ».

erst …: zu „lobbykratie_*systemischen* Trollen“ macht …: angemessenen Schaden zufügen wollten …: von ihm nähren sie sich … _*allerdings!*_ …: auf Kosten der Masse der Menschen.

> ZITAT_[…] Merkel […] hat […] die großen Krisen gemeistert …: Finanzkrise, Eurokrise, Flüchtlingskrise, zuletzt auch die Coronakrise._ZITATENDE[47]

Nun, wer das transitive Verb „meistern“ verwendet, um jenes zu umschreiben, welches eine Frau Merkel …: *gewiß nicht allein!* …: politisch angerichtet hat …: ist sich entweder nicht darüber im klaren, was „etwas meistern“ benennen soll …: oder …: er will letztlich doch lediglich „helfen“, einen irreführenden Eindruck aufrechtzuerhalten. Denn nicht einmal mit jenem wäre das von Frau Merkel …: *gewiß nicht allein!* …: politisch *An*_gerichtete richtig umschrieben, welches man in der Medizin „Defektheilung“ nennt …: zumal …: das orwellianische Gebilde EU anlagemäßig selbst *defekt*_beladen ist …: was …: da nicht einmal ein Versuchen zu erahnen ist …: dieses konstruktiv zu korrigieren …: zu chronisch schwärender Verkrüppelung menschlicher Gesellschaft führen muß …: also …: EU-multifaktoriell sich auswirkend …: da sich nun einmal auf EU-Ebene ereignend.[48]

---

[47] Quelle: „Wenn Europa zur Religion wird“. Der Link zur Quelle: https://makroskop.eu/34-2021/wenn-europa-zur-religion-wird/ wurde am 20. November 2021 geprüft.

[48] Es sei der Hinweis wiederholt: daß die EU ein orwellianisches Gebilde ist, findet sich insbesondere in: « Die *tri*_logische Sezierung des lobbykratischen Zeitalters », Band III sowie in: « Sie fragen noch, wie die ›Verhältnisse‹ liegen? » verdeutlicht.

…: immerhin …: schon seit langen Jahren werden jene Figuren, die auf den verschiedensten Gebieten „Verantwortung `ausüben´" …: also …: richtigerweise gesagt …: *Un_Verantwortung* ausüben …: ob *alpha_*journalistisch, *spin_*doktorisch, kultur*_betrieblich*, verwaltungs*_technisch* oder eben auch politisch …: nicht nach Kompetenzkriterien …: sondern …: sozusagen …: nach *In_*Kompetenzkriterien ausgewählt …: von wem? …: sei randständig rhetorisch gefragt …

> Was es bedeutet, werden Personen nach Inkompetenzkriterien, also nach „lobbykratiekonformen Kriterien" …: *in einer Lobbykratie geht es ja lediglich darum, daß Politik nach betriebswirtschaftlichen Kriterien praktiziert wird und dazu genügt es, daß die von Lobbyisten Politikern gereichten Blaupausen in entsprechenden Gesetzen und Verordnungen ihren gehörigen Niederschlag finden* …: *die* „Agenda 2010" *wäre exemplarisch zu nennen* …: auf an sich verantwortungsvolle Positionen gehievt …: ist unschwer an der in den …: *nach Selbsteinschätzung* …: „Elitestaaten" der Welt …: ihren Ursprung (*_also diese Selbsteinschätzung_*) im „eurozentristischen Wahrnehmen" habend …: *man könnte es auch als ein aus narzißtischer Basis* …: *diese wiederum selbst bedingt durch* …: kollektiv …: *mangelhaft verankerte Identität* …: *erwachsenes Wahrnehmen nennen* …: _demnach_ …: inklusive der von der US-Funktionselite …: praktizierten Politik erkennbar. …: da genügte es bereits, den eignen Kopf von den Propaganda-Schwaden …: *die von promi_*nenten *systemischen Trollen in die Köpfe der Insassen der lobbykratischen Staaten stetig geweht werden* …: zu befreien …: *_sowie_* die Scheuklappen abzulegen …: um dann …: *da eine exemplarische* …: die Frage zu beantworten …: *_Wäre?!_* die sich am 24. Februar 2022 überschlagende Entwicklung in der Ukraine vermeidbar gewesen. …: *be_*freit von diesen ganzen Medien der Nachdenk-*Ver_*Hinderung wäre nämlich diese Frage mit einem eindeutigen …: *_Ja!_* zu beantworten.

…: um es zu wiederholen …: Bereits seit langen Jahren werden jene Figuren …: die auf den verschiedensten Gebieten „Verantwortung `ausüben´" …: nach *In_*Kompetenzkriterien ausgewählt ...: auf kommunaler Ebene *ein_*setzend und sich bis in die Spitze der EU *fort_*setzend ...: womit dann konkret Frau von der Leyen gemeint wäre ...: die es liebt ...: ihre abgelesenen Redemanuskripte mit ...: „Viva Europa!" zu beenden ...: was durchaus der Einübung des „Schlachtrufs" eines von der EU-Funktionselite geprägten ...: *von den EU-Insassen gewünscht werden sollenden* ...: EU-Nationalismus' zu verstehen ist ...: für den die Masse der Menschen in den Staaten der EU dann ihre Knochen hinhalten soll ...: für *_diese!_* Funktionselite und die dahinterstehenden EU-machtelitären Kreise.

Was das zweite Beispiel ...:

> ZITAT_Für EU-Kommissionschefin Ursula von der Leyen wäre [*_eine FDP in der Regierung_*] eine größere Gefahr als eine schwache, durch einen Koalitionsvertrag gefesselte Linke_ZITATENDE[49]

anbelangt, ist zwar das diesbezüglich zu Frau von der Leyen zu Sagende gerade ausgedrückt worden, hingegen nicht das die Partei „Die Linke" Betreffende ...: nämlich ...: Es gibt nicht *_ein_* Beispiel dafür, daß diese Partei *_jemals_* ein relevantes Problem fürs real existierende lobbykratische System dargestellt hätte ...: X-fach bewiesen und kann exemplarisch belegt werden.[50]

---

[49] Quelle: „Wenn Europa zur Religion wird". Der Link zur Quelle: https://makroskop.eu/34-2021/wenn-europa-zur-religion-wird/ wurde am 20. November 2021 geprüft.

[50] Siehe dazu bspw. in: « Die *tri_*logische Sezierung des lobbykratischen Zeitalters », Band I: « Es werde *mehr* Licht! Mehr Demokratie wagen in der Lobbykratie? Untersuchung über die Konsequenzen der bürgerlichen Real-Demokratie », Teilband 4: « Der Lösungsweg: Überlegungen zur Überwindung der real existierenden Lobbykratie », die Seiten 156 bis 60, beginnend mit: „Kleiner politischer Aufguß aus dem neoliberalen Jetzt".

...: aber ...: gewiß ...: Phrasen wie ...: ZITAT_*eine schwache, durch Koalitionsvertrag gefesselte Linke*_ZITATENDE erlauben bei ihren potentiellen Wählern oder bei ihren Anhängern sowie bei jenen ...: *für die überhaupt* „Rote-Socken-Kampagnen" *geführt werden* ...: die Illusion aufrechtzuerhalten, daß die Partei „Die Linke" ...: wäre sie nur erst stark ...: und ...: *des!*_halb ...: *zumindest dann* (_vermeintlich_) *schwieriger* ...: koalitionsvertragsmäßig zu „fesseln" ...: bleiben wahlkrampfrelevant ...: einzig _*das!*_ sollen sie ja auch.

Als drittes _*schwerwiegendes*_ Beispiel dafür, wie *fehl*_informierend dieser Artikel ist, sei noch folgendes gegeben ..:

> ZITAT_Diese Wahl ist wichtiger als
> die Europawahl 2019 [...]._ZITATENDE[51]

...: denn ...: _*Was?*_ bedeutet eine solche Behauptung vor _*dem*_ Hintergrund, daß das EU-Parlament _*das*_ Demokratie-Simulationsorgan des orwellianischen Gebildes EU ist.[52] ...: unter anderem ...: daß ein solches Fehlinformieren eine Beleidigung für jeden gesellschaftspolitisch informierten Menschen ist ...: und ...: daß so der zwar politisch nicht informierte ...: *aber an sich interessierte Mensch* ...: weiterhin politisch verdummt wird ...: beziehungsweise ...: verdummt gehalten bleibt. ...: _*Oder?*_ sollte der Autor es etwa selbst nicht besser wissen ... _*gar?*_ ...: ihm das nicht auffallen ...: da realsatiristisch geworden. ...: nun ...: so oder so ...: Aus _*solchem*_

---

[51] Quelle: „Wenn Europa zur Religion wird". Der Link zur Quelle: https://makroskop.eu/34-2021/wenn-europa-zur-religion-wird/ wurde am 20. November 2021 geprüft.

[52] Es sei der Hinweis wiederholt: daß die EU ein orwellianisches Gebilde ist, findet sich insbesondere in: « Die *tri*_logische Sezierung des lobbykratischen Zeitalters », Band III sowie in: « Sie fragen noch, wie die ›Verhältnisse‹ liegen? » verdeutlicht.

Fehlinformieren wird die intellektuelle Misere der sich auf der ideologischen Gedankenbahn des lobbykratischen Zeitalters (_*mental*_) bewegenden bürgerlichen ...: demnach ...: lobbykratischen Intellektuellen ...: *einmal mehr!* ...: exemplarisch deutlich.

...: folglich ist an diesem Artikel erkennbar, daß ebenso jenes auf seinen Autor zutrifft ...: wenn auch selbstverständlich in Abwandlung ...: was auf den eingangs seines Artikels erwähnten Herrn Sonneborn zutrifft ...: Wer im lobbykratischen Zeitalter als Satiriker ins „`politische´ Geschäft" einsteigt, wird früher oder später zum Realsatiristen.[53] Denn, wie eingangs dieses Buches bereits *be*_merkt: „Realsatirist" heißt keineswegs zu einem „handelnden Satiriker" geworden zu sein, da ein Realsatirist jenes *un*_bewußt tut, welches ein Satiriker durch spezifische Beobachtung *be*_wußt zu einer Satire *ver*_arbeitet.[54]

---

[53] Das zum realsatiristischen Verhalten des Herrn Sonneborns zu Sagende, habe ich in der *Vermeintlich letzten Begegnung* ausgedrückt (_siehe dort die Seiten 595-97._).

[54] Siehe das im Eingangsabschnitt: „Was *vor*_bemerkend zu bemerken ist" sowie im Abschnitt: *Vermeintlich letzten Begegnung*: „... meinen und antworten ..." Erläuterte.

Zweite Begegnung:
Der Zuspruch realsatiristischer Anhänger

Da sich im Reden, Handeln und Fühlen ausdrückend, bestätigt beispielhaft der unter realsatiristischen Anhängern der SPD aufflackernde Zuspruch ...: *der anläßlich des Endes des großen Wahlkrampfes im September des Jahres 2021 zu vernehmen war* ...: einmal mehr den realsatiristischen Charakter der deutschen Gesellschaft selbst ...: immerhin rekrutieren sich die Mitglieder dieser tamtamistischen politischen Partei aus unterschiedlichen „Schichten" der präsenten deutschen Lobbykratie ...: es genügt an dieser Stelle ...: *das zu verdeutlichen* ...: einen kleinen Strauß Stilblüten dieses Zuspruchs zu binden ...:

„furchtbar dankbar";
„Ihr seid super!";
„allerbeste Arbeit geleistet!";
„rot gewählt!";
„produktive Spannung";
„stärkste Fraktion: Hammer!";
„ein großer Tag für die SPD";
„faire Chancen";
„faire Löhne".

...: denn ...: jede einzelne dieser Stilblüten genügt offenbar ...: realsatiristisch Gewordene vergessen zu lassen ...: daß ...: *als Ergebnis eines* (_weiteren_) *schweren Wahlkrampfs* ...: die SPD im September 2021 lediglich 25,7 Prozent der abgegebenen Stimmen auf sich „vereinigen" konnte ...: zwar ...: 5,2 Prozentpunkte mehr als 2017 und gleichwenig wie 2013 ...: allerdings ...: mehr als 2009 ...: 23 ...: demnach ...: ähnlich wenig wie 1953 ...: 28,8 Prozent. ...: hingegen ...: Für mich liegt es weiterhin auf der Hand ...: Es könnte allein sehr jungen Menschen und solchen mit schlechtem Gedächtnis möglich sein ...: *zu meinen* ...: Die SPD hatte und hat nichts mit dem zu tun, das seit Anfang der 2000er Jahre treibende Politik war und geblieben ist ...: immerhin ...: ich bin weder das eine noch habe ich das andre.

...: und da offenbar der Realsatirismus gesellschaftspolitisch bestimmend geworden ist ...: nämlich ...: *als emotionaler Ausdruck der Lobbykratie* ...: finde ich ebenso bestätigt ...: Der Eintritt ins lobbykratische Zeitalter ist jetzt als _*tatsächlich*_ vollzogen anzusehen ...: *des!*_halb machte es keinen Sinn ...: gute Besserung zu wünschen.[55]

---

55 Wieso ich den Begriff „Realsatirismus" geschaffen habe, was dieser bedeutet und wieso er als „emotionale Basis" einer lobbykratischen Gesellschaft anzusehen ist, findet sich weiter oben in den Passagen von: „Was *vor*_bemerkend zu bemerken ist" erläutert.

Dritte Begegnung:
Charakterzüge eines Inquisitors sind jedem lobbykratischen Troll eigen

Der den sich in langer Kolonne dahinschleppenden lobbykratisch vertrollten Arrièregardisten vorreitende Realsatirist *Bii* wendete sich …: *gemäß seiner Art* …: wichtigtuerisch um …: um sich an seines_*gleichen* zu wenden …:

> ZITAT_Ich glaube, daß die Spätfolgen von Kopfbällen bei Fußballern, ähnlich wie bei Kopftreffern von Boxern, häufiger und schwerwiegender sind als die Spätfolgen von Corona-Impfungen._ZITATENDE

…: dieser Realsatirist sagte das in Bezug auf die persönliche Entscheidung des Fußballspielers Joshua Kimmich, sich mit den hochgelobten mRNA-Impf-Initialstoffen nicht gegen SARS-CoV-2 impfen lassen zu wollen.

An dieser Stelle geht es nicht darum, ob er das gut oder schlecht begründet hatte. Hingegen darum, daß an folgendem Kommentar deutlich gezeigt werden kann, was dabei herauskommt, sind die handelnden Politiker, die Masse der Journalisten, die Masse der Kulturbetriebler, die Masse der *Spin*_Doktoren und offenbar auch die Masse der Wissenschaftler zu Realsatiristen geworden, die den als Statisten „mitspielenden" Realsatiristen …: _dies!_ *ist die Masse der Insassen eines lobbykratischen Staates* …: in eine hysterische Grundhaltung treiben. …: denn …: wie der folgende Kommentar zeigt, gefallen sich solche Hysterisierten der in Statistenrolle seienden Realsatiristen darin, den geschlechtsunspezifischen Inquisitor zu spielen …: auf die Bemerkung einer anderen …: *wenn auch offenbar noch mit einem gewissen eigenen*

Überlegungspotential ausgestatteten ...: Realsatiristin ...: die da sagte ...:

> ZITAT_Es gibt keine Impfpflicht ...warum gesteht ihm das keiner zu ... nur weil er prominent ist?_ZITAT ...

> Dazu ist randständig zu bemerken ...: Bis heute (_*März 2022*_) gibt es diese Impfpflicht nicht. Und daß es so unlogisch wie medizinisch / wissenschaftlich mehr als nur fragwürdig und bedenklich ist, eine Impfpflicht einzuführen ...: *also einen Impf_*Zwang ...: wenn es offensichtlich ist, daß es bisher keinen adäquaten Impfstoff gegen das SARS-CoV-2 gibt ...: und wahrscheinlich auch ...: *wegen der Mutationsfreudigkeit dieses Virus* ...: keinen adäquaten geben kann ...: von dem also gesagt werden könnte ...: er schütze den Geimpften und dieser könne andre nicht mehr anstecken ...: wird im weiteren Verlauf dieser *Begegnungen mit Realsatiristen* deutlich werden.

...: also ...: auf die Bemerkung ...: ZITAT_*Es gibt keine Impfpflicht ...warum gesteht ihm das keiner zu ... nur weil er prominent ist?*_ZITATENDE erwiderte die ausgewiesene Realsatiristin *Hii* ...:

> ZITAT_Nein, weil er tagtäglich in einer Mannschaft spielt / trainiert und somit Kontakt zu vielen Menschen hat, für die er jeden Tag eine potentielle Gefahr ist. Würde er allein im stillen Kämmerlein vor sich hin werkeln, könnte er solange er will, ungeimpft bleiben._ZITATENDE

...: nun ...: Da Herr Kimmich mit anzunehmenderweise Gesunden trainiert, kann für diese keine Gefahr von einem Ungeimpften ausgehen. Überdies wird behauptet, daß diese Gesunden alle geimpft wären ...: also ...: die „virale Gefahr" könnte allein den Ungeimpften betreffen ...: vorausgesetzt ...: Menschen wären mit einem Stoff geimpft worden, der diese mit hoher Wahrscheinlichkeit tatsächlich schützte ...: denn ...:

Für den, der gesund ist, stellt das SARS-CoV-2 keine Bedrohung dar. ...: hingegen *_kann!_* es eine Bedrohung für denjenigen darstellen, der an schweren Vorerkrankungen leidet wie bspw. einer Störung des biologischen Kommunikationssystems (*_allgemein als* „Immunsystem" *bezeichnet_*), Diabetes mellitus, Bluthochdruck oder / und Herz-Kreislauf-, Lungen-, Nieren-, Leber-, Krebs- und / oder schweren neurologischen Erkrankungen ...: das betrifft vor allem potentiell Menschen über 60 ...: mit solchen gefährdeten Menschen trainiert Herr Kimmich aber nicht. ...: im übrigen ...:

Wäre? es nicht seltsam ...: anzunehmen ...: daß jemand, der gegen ein Virus geimpft wurde, trotzdem dieses von jemandem, der nicht geimpft wurde, nicht nur vermittelt bekommen könnte, sondern das sogar bei ihm zu Infektionskomplikationen führen könnte ...: *ob?*_wohl ...: wie gesagt ...: er dagegen geimpft wäre. ...: und falls das der Fall wäre ...: *_Was?_* sagte das dann über die hochgelobten mRNA-„Impfstoffe" aus ...: die zumindest in den meisten EU-Staaten nur noch verimpft werden ...: BioNTech / Pfizer scheint jedenfalls bloß noch eine potentielle Wirkung von etwa 40% zu haben.[56]

---

[56] Quelle: „Israel says Pfizer Covid vaccine is just 39% effective as delta spreads, but still prevents severe illness"; der zugehörige Link:

https://www.cnbc.com/2021/07/23/delta-variant-pfizer-covid-vaccine-39percent-effective-in-israel-prevents-severe-illness.html. Diese Meldung wurde am **23. Juli 2021** verbreitet. Dann, am 25. November 2021, war sogar zu lesen: „Steigende Infektionszahlen: Israel fürchtet fünfte Welle"; der Link zu dieser Quelle:

https://www.tagesschau.de/ausland/asien/israel-corona-welle-101.html.

Anstatt also darüber nachzudenken, ob man vielleicht einen falschen Ansatz verfolgt, sprach man in Israel lieber von einer vierten „Booster-Impfung", wie aus einer Meldung der *Jüdischen Allgemeinen* vom 22. November 2021 hervorgeht: „Vierte Impfung ist nur eine Frage der Zeit" (*_allerdings*

…: deshalb meinen Experten …: *von denen man heutzutage allerdings nicht mehr weiß, von wem die tatsächlich bezahlt werden* …: daß „Geboostert" werden müsse …: nach 6 Monaten. …: natürlich …: das liegt alles an der „Delta-Variante" …: so die Behauptung …: denn …: „Delta" ist der gut zu merkende Buchstabe des griechischen Alphabets …: kommt jedem leicht über die Lippen …: „Ist ja klar, wenn man's mit der Delta zu tun hat!" …: _*Und?*_ seit wann spricht man in der EU von dieser Variante …: soviel ich weiß …: seit Anfang 2021 …: jetzt haben wir November 2021 …: _*Ob?*_ das nachdenklich stimmen könnte. …: aber …: so die nächste Behauptung …: Es liegt _*vor allem!*_ an den Ungeimpften.

Exkursive Reflexion im März 2022

„Jetzt haben wir November 2021" [_*das heißt im November 2021 schrieb ich das*_] …: „Jetzt" jedoch …: *während ich diesen Text redigiere* …: haben wir März 2022 …: Keiner redet noch von „Delta" …: da „Omikron" ebensogut zu merken ist …: wobei …: Im heuchlerischen Westen, zur Verschleierung des eignen (_*traditionell!*_) so lügenhaften Redens wie üblen Tuns …: um nur ja keine kritischen Fragen …: *die* „pandemisch-politischen Maßnahmen" *betreffend* …: beantworten zu müssen …: _*spätestens!*_ seit dem 24. Februar 2022 Rußland — *wieder!* — für all das verantwortlich gemacht wird, was *ur!*_sächlich auf dem Konto der Hybris westlicher Gesocks-Elite mit _*dem!*_ Vermerk zu verbuchen ist …: „UNVERZEIHLICH" …: denn …: _*was?*_ geschähe …: gäbe es im Westen tatsächlich so etwas wie „Qualitätsmedien" …: würden die dann doch *un!*_beirrt …: und bis zu ihrer Beantwortung, kritische Fragen zu den „politischen 'Corona'-

---

*meinte man am 22. November noch, daß das vielleicht in einem Jahr der Fall sein könne*_); der Link zu dieser Quelle:

https://www.juedische-allgemeine.de/israel/die-vierte-impfung-ist-nur-eine-frage-der-zeit/. Alle Links in dieser Fußnote wurden am 5. Dezember 2021 geprüft.

Maßnahmen" ...: _*sowie!*_ ...: zu der nach dem Kalten Krieg gegen Rußland gerichtet praktizierten Politik des Westens ...: aus der ...: also ...: *in Reaktion darauf* ...: am 24. Februar 2022 eine _*rein!*_ auf militärische Ziele gerichtete Operation Rußlands in der Ukraine resultierte ...: da der heuchlerische Westen _*partout!*_ nicht verstehen wollte, daß die Einverleibung der Ukraine durch die NATO das Überschreiten der Roten Linie bedeuten würde ...: _*so*_ also weit Schlimmeres verhindert wurde ...: und übrigens ...: *Es waren und sind die ukrainischen Einheiten, die Zivilisten als Schutzschilde mißbrauchten und mißbrauchen, schwere Waffen in Wohngebieten platzierten und platzieren, von wo aus sie dann wahllos in Wohngebiete im Donbass schossen und schließen* ...: seit 8 Jahren ...: *so* ...: _heute!_ ...: *russisches Gegenfeuer provozieren wollen* ...: *um* _dann!_ *Aufnahmen zur Verwertung durch die westliche Propaganda-Maschine zu schießen.* ...: aber ...: Zu dieser russisch-militärischen Zielsetzung gehört ebenso etwas, das im Westen überhaupt nicht begriffen wird ...: *Ent!*_Nazifizierung der Ukraine ...: _*heute!*_ ...: Bandera, dessen Name _*heute!*_ nicht nur viele Straßen im ukrainischen Westgebiet tragen, hat nicht allein in Polen Greuel-Taten zu verantworten, die seinen Namen bis heute in Polen *un*_ rehabilitiert lassen ...: sondern ...: genauso in damals von Nazi-Deutschland besetzten sowjetischen Gebieten ...: Greueltaten, die selbst die SS erschauern ließen ...: und das ...: *die* Ent!_Nazifizierung *der Ukraine* ...: erscheint _*dem*_ hoch notwendig, der um die _*heutige!*_ Situation in der Ukraine ...: *deren faschistoide Entwicklung nach ihrer Unabhängigkeit von der in Auflösung begriffenen Sowjetunion im Jahre 1991 ihren Anfang nahm* ...: weiß ...: damit nicht in Europa in der Tat ...: _*heute!*_ ...: ein neues Nazi-Reich entsteht ...: denn ...: Es ist eben nicht so, daß am 24. Februar 2022 ein von Rußland vom Zaun gebrochener Krieg in der Ukraine ausgebrochen wäre, da der mit dem vom Westen lancierten Putsch in Kiew im Januar und Februar 2014 begonnen hatte ...: vom Prinzip her sich gleichfalls auf aggressiv-nationalistische und neofaschistische Gruppen stützend wie das einst im Kalten Krieg in Europa agierende ...: *letztlich von der CIA gesteuerte* ...: paramilitärische „Stay-behind-Netzwerk" ...: das weniger dazu geeignet war, nach einer _*behauptet!*_ ...: *tatsächlich aber völlig unrealistisch* ...: zu erwartenden Invasion der Sowjetunion nach Westeuropa als Guerrilla-Armee zu funktionieren, als daß es dazu gedacht war, Politiker oder einflußreiche Persönlichkeiten auszuschalten ...: sprich ...: zu töten, so diese nicht im Sinne des US-Imperiums in Westeuropa Politik machen wollten ...: machen Sie sich kundig. ...: Und diese neofaschistischen und aggressiv-nationalistischen Gruppen blieben über acht Jahre tötend aktiv ...: vom heuchlerischen Westen unbehelligt ...: kleingeredet ...: Mindestens 14.000 Menschen wurden so getötet ...: viele davon Frauen, Kinder, Alte ...: erschossen von Scharfschützen ...: einfach so ...: viele von den Einwohnern dort flüchteten nach Rußland ...: nicht zu den Westlichen. ...: Nicht allein dies interessierte die _*jetzt!*_ aufheulenden lobbykratischen Intellektuellen und Politiker des Westens ...: die das dortig Kriegerische erst seit dem 24. Februar ...: *gewohnt* _selektiv!_ *wahrnehmen* ...: nicht oder völlig unzureichend. Zum systematischen Vernichtungsversuch der russischsprachigen Bevölkerung im Donbass durch neofaschistische und aggressiv-nationalistische ukrainische Gruppen, meinte dann ein Herr Scholz ...: *der aus meiner Sicht als Bundeskanzler allein deshalb schon erpreßbar ist, da er in den Wirecard-Skandal verwickelt ist* ...: sinngemäß ...: daß das zu behaupten ...: also ...: *es handle sich um einen systematischen Vernichtungsversuch der russischsprachigen Bevölkerung im Donbass durch Ukrainische*, lächerlich sei. ...: nun ...: Es genügt eben nicht, Kränze dort abzulegen, wo andre um ihre gestrigen Toten trauern, für deren Tod man symbolisch verantwortlich ist ...: *da ja behauptend, die Kontinuität deutscher Geschichte zu repräsentieren* ...: wenn man sich nicht für die _*Lebenden!*_ interessiert ...: *denen ein vergleichbares Schicksal der betrauerten Toten in Aussicht steht* ...: läßt man diese _*nicht!*_ nur allein ...: _*sondern!*_ ...: *ver!*_lacht sie und ihre toten Lieben ...: _*unserer!*_ ...: Tage noch.

Ende dieser exkursiven Reflexion im März 2022

...: ist nüchterne
Betrachtung noch erlaubt?

*Ist?* nicht vielmehr davon auszugehen, daß es sowieso immer wieder zu Infektionen mit diesem Virus kommen wird, aber ein Mensch ...: *soweit gesund* ...: sich davon genauso wieder gut erholt. ...: _*genügte?*_ es dann nicht, die tatsächlich Gefährdeten zu schützen. ...: deshalb ...: Würde jemand an solchen schweren Vorerkrankungen leiden, sollten diese mit adäquaten pharmazeutischen Mitteln, die vielleicht nur symptomatisch wirkende wären, behandelt werden. ...: natürlich - ...: _*Ist!*_ ein ausgereifter Impfstoff vorhanden, sollte der wohl bei Menschen mit schweren Vorerkrankungen verimpft werden ...: es ist aber die Frage ...: ob es gut sein kann, nutzt man eine Pandemie, um ein Serum mit einem neuen Wirkansatz an ganzen Bevölkerungen auszuprobieren ...: da die dann unmerklich den Charakter von Versuchskaninchen *an*_nehmen.

...: und überhaupt ...: _*Was?*_ für eine Vorstellung vom Lebendigen haben jene Figuren eigentlich, die weiterhin lediglich auf die Inzidenz schielen. ...: _*Was?*_ käme wohl dabei heraus, würden die Mitglieder einer Bevölkerung darauf getestet werden, welche biologischen Erreger sich in ihrem Körper aktuell *auf*_hielten ...: _*ohne!*_ sie tatsächlich krank zu machen. ...: _*Ob?*_ dann vielleicht allgemein deutlich würde, daß das eigene biologische Kommunikationssystem (_*allgemein als* „Immunsystem" *bezeichnet*_) ständig damit beschäftigt ist, sich nicht nur unentwegt mit biologischen „Erregern" auseinanderzusetzen ...: sondern ...: dies auch müßte ...: um „geupdatet" zu bleiben. ...: und ...: _*Was?*_ bedeutete es dann ...: setzte sich das eigene biologische Kommunikationssystem _*nicht!*_ mehr selbständig mit biologischen „Erregern" auseinander. ...: Die Beantwortung dieser Frage ist deshalb relevant, da es so ist, daß mRNA-„Impfstoffe" auf das biologische Kommunikationssystem des Menschen direkt Einfluß nehmen ...: sie setzen wirkmäßig *intra_*zellulär an. Und eine dadurch möglicherweise ausgelöste Veränderung beträfe eben nicht jenes, was selbst manche geschlechtsunspezifische Immunologen behaupten ...: daß der Punkt dieser Veränderung darin bestände, daß dem Körper durch das Impfen die Kenntnis von für ihn neuen Antigenen geboten würde. ...: denn ...: Das wäre unter einer „Veränderung des biologischen Kommunikationssystems" des Menschen genau *_nicht!_* zu verstehen ...: denn ...: *_das!_* allein könnte ...: *und sollte!* ...: der Grund fürs Impfen überhaupt sein ...: und das war auch immer der Grund ...: zumindest der vordergründige. ...: *_hingegen!_* ...: *_Was?_* mag der Grund dafür sein, daß die Wirksamkeit eines *intra_*zellulär wirkenden Impfstoffs in kurzer Zeit so rapide abnimmt? ...: Eine Variante bzw. Mutation eines Virus? ...: möglich ...: allerdings ...: ich erinnere mich ...: Der Chef von BioNTech sagte noch Ende des Jahres 2020 ...: sein Impfstoff sei so konzipiert, daß auch eine Vielfalt an Oberflächenveränderungen des SARS-CoV-2 seine Wirksamkeit nicht beeinträchtige ...:

> ZITAT_[...] wir wissen auch — *das haben wir schon überprüft* — daß die Antikörper, die wir induzieren, und auch die T-Zellen, die wir induzieren, auch an vielen anderen Stellen des Virus andocken können, die jetzt nicht mutiert sind. Dementsprechend sind wir zunächst einmal zuversichtlich, daß Immunantworten, die durch unseren Impfstoff bedingt werden, in der Lage sein könnten, auch dieses Virus zu neutralisieren. Das haben wir in der Vergangenheit auch für andere Virusvarianten gezeigt. [...]_ZITATENDE[57]

---

[57] Quelle: „SWR-Aktuell", Interview vom 21. Dezember 2020: „BioN-Tech-Chef Sahin trotz Virus-Mutation zuversichtlich"; der Link: https://www.swr.de/swraktuell/rheinland-pfalz/mainz/interview-ugur-sahin-biontech-corona-impfstoff-eu-zulassung-100.html zur Quelle wurde am 5. Dezember 2021 erneut geprüft. Am 12. März 2022 wurde bei einer wiederholten Link-Prüfung festgestellt, daß dieser Link nicht mehr funktioniert, bzw. der Hinweis zu lesen ist: „Fehler 404 — Seite nicht gefunden".

Seit Mitte 2021 empfiehlt Pfizer aber eine dritte Impfung. Warum? Zum einen, weil man jetzt mehr Daten hat. Und zum anderen? ...: nun ...: ich will nicht polemisch werden, da Menschen mit inquisitorischem Charakter die üble Angewohnheit haben, jenen „gewisses" schnell zu unterstellen, welches diese ...: *entsprechend gewendet* ...: profitorientierten Unternehmen offenbar niemals unterstellen würden. ...: Fakt ist jedenfalls ...: _*Wären*_ alle Studien tatsächlich _*vor!*_ der Impfstoffzulassung abgeschlossen gewesen, wüßte man jetzt um diese ...: *und wahrscheinlich noch um ganz* _andere!_ ...: Problematik!

Und so könnte vor dem Hintergrund des politischen Treibens vielleicht noch die folgende Bemerkung interessant sein ...:

> ZITAT_[...] richtige Kontrolle können wir nur erreichen, wenn wir es tatsächlich schaffen, mindestens 60 bis 70 Prozent der Bevölkerung zu erreichen, um dann eine deutliche Kontrolle der Pandemie zu bewirken._ZITATENDE[58] ...: im übrigen ...: In dem von der Tagesschau aufgezeichneten Interview, spricht der Chef von BioNTech davon, daß nach etwa 12 Monaten eine Auffrischung notwendig sein könne.[59]

Zumindest tendenziell, und die hier zitierten Stellen ...: eine weitere hier auf der Seite 119 ...: finden sich genauso in einem Video vom 21. Dezember 2020, dessen Link folgender ist: https://www.tagesschau.de/multimedia/video/video-799679.html; der Titel ist inhaltlich gleichlautend: „'Wir sind zuversichtlich' Biontech-Chef Sahin zur Wirksamkeit des Impfstoffes trotz mutiertem Coronavirus"; der zugehörige Link wurde ebenfalls am 12. März 2022 geprüft.

[58] Siehe die angegebene Quelle in Fußnote 57.

[59] Dies ist auch das Video, das ich als Ersatz für den Beleg des hier Zitierten verwende (_siehe die Fußnote 57_):
https://www.tagesschau.de/multimedia/video/video-799679.html.

Welche? „Kontrolle" wird demnach angestrebt, sind bereits ca. 60 Prozent der deutschen Bevölkerung (*_es gibt auch die Zahl von 80 Prozent_*) geimpft.

> *_Ist?_* nicht sowieso anzunehmen, daß ein Virus, das nun seit fast zwei Jahren bekannt durch die Welt „reist" ...: *was es übrigens* „selbstgesteuert" *nie tut* ...: *es* „reist" *sozusagen nur mit seinem* „Wirt", *der es dann, bspw. per Husten-Tröpfchen weitergibt* ...: längst körperlichen Eingang in zumindest einen großen Teil der Welt-Bevölkerung gefunden hat[60]
>
> ...: und ...: *_Heißt?_* höhere Infektiosität tatsächlich schwererer Verlauf einer Infektion? Beispielsweise sind Schnupfenviren hoch infektiös ...: aber ... *_Wer?_* würde verlangen, daß immer nach Beginn der kalten Jahreszeit die Bevölkerung auf „Schnupfenviren" gescreent würde.

---

[60] Dafür, daß Viren größere Distanzen, und dann noch so, daß sie pathogenes Material übertragen, via Aerosole bewältigen könnten, gibt es keine Evidenz. Selbst bei kürzeren Distanzen: max. 2 Meter scheint es so zu sein, daß die via Aerosole transportierte Viruslast nicht ausreicht, jemanden zu infizieren. Eine Übertragung von genügend infektiösem Virusmaterial mittels Aerosole, bspw. während einer Konversation zwischen zwei Menschen ist nicht wahrscheinlich. Die Übertragungswahrscheinlichkeit scheint erst dann relevant zu sein, wird Virusmaterial mittels Tröpfchen übertragen.

Definition: Aerosole sind alle festen und / oder flüssigen Partikel in einem Gas (z.B. Luft), die eine Größe von etwa 1 nm bis 100 µm aufweisen (_1 nm = 10^{-9} m; 100 µm = 10^{-4} m_). „Tröpfchen" haben im Durchschnitt eine Größe von 100 Nanometer bis 1 Millimeter.

Quellen:

„Is the coronavirus airborne? Experts can't agree"; der zugehörige Link: https://doi.org/10.1038/d41586-020-00974-w wurde am 12. März 2022 geprüft.

„SARS-CoV-2 Aerosol Mechanisms"; der zugehörige Link: https://aerosol-soc.com/covid-19/ wurde ebenfalls am 12. März 2022 geprüft.

…: und so finde ich es bemerkenswert, wie schnell Leute …: *die sich wahrscheinlich für aufgeklärt und sogar für Demokraten halten* …: *aber nüchtern betrachtet* …: *den Charakter eines geschlechtsunspezifischen Inquisitors haben* …: offenbar auch dafür plädieren würden …: daß jemand …: *obwohl der sich nur selbst schaden könnte* …: *so er mit Vorerkrankungen schwer belastet wäre* …: wollte der sich nicht impfen lassen …: wegzusperren wäre …: _*ohne!*_ mit der Wimper zu zucken …: Solche Realsatiristen nenne ich lobbykratie_*systemisch* Vertrollte! …: und davon gibt es offenbar viele. …: oder anders gesagt …: Es gibt Menschen, die es für demokratiekonform halten, daß profitorientierte Unternehmen mit behaupteterweise souveränen Staaten Verträge abschließen, die ausschließlich für diese Unternehmen vorteilhaft sind, die die Bevölkerungen solcher Staaten aber nicht einsehen dürfen …: es sich bei diesen Verträgen also um Geheimverträge handelt …: *ob!*_wohl behauptet wird …: gerade _*diese!*_ Staaten wären demokratische. …: _*denn!*_ …: Verträge, die in der Regel _*keiner*_ von den Bewohnern von Staaten, die von sich behaupten, demokratische zu sein …: *und dieses auch alle in solchen Staaten Lebenden* des_*halb zu wissen glauben* …: *da man ihnen gesagt hat* …: _sie_ *würden in einem demokratischen Staat leben* …: einsehen darf …: sind mit Demokratie _*nicht!*_ vereinbar …: selbst dann nicht vereinbar …: handelt es sich beim „politischen Funktionsmuster“ solcher Staaten lediglich um das, was man „repräsentative Demokratie“ benennt, der von den hervor_*ragenden* lobbykratie_*systemischen* Trollen zwar noch das „politische Mäntelchen `liberale Demokratie´“ umgehängt worden sein mag. …: im Gegensatz dazu …: Solche Geheimverträge sind ohne weiteres _*dann*_ möglich, handelt es sich um Staaten, in denen Demokratie lediglich simuliert wird, wie bei aufmerksamer Betrachtung des gesellschaftspolitischen Treibens in solchen Staaten deutlich wird, die ...: *wie selbstverständlich* ...: als „Demokratien" bezeichnet werden ...: mitunter auch als „westliche Demokratien".[61]

...: nach dem, was von solchen Menschen zu hören ist, nämlich von Empörten über den Widerstand dagegen, sich pauschal mit einem experimentellen Impfstoff ...: *einem Impfstoff dessen Wirkungen gerade erst an ganzen Bevölkerungen ausprobiert werden* ...: impfen lassen zu müssen ...: *denn darauf läuft schließlich das ganze politische Verordnen hinaus* ...: *von dem vom Hersteller anfangs behauptet wurde, daß er bis zu 95% erfolgreich gegen das SARS-CoV-2 wirke, obwohl die damaligen Daten* ...: *und die heutigen Daten schon gar nicht* ...: überhaupt *nicht ermöglichten, diese Behauptung seriös aufzustellen* ...: *und von dem jetzt schon* ...: *unter anderem* ...: *gesagt werden kann, daß sein Verimpfen bei den geimpften Menschen zu einer gefährlichen Illusion von Geschütztsein führt* ...: *_hätten!_* diese

---

[61] Siehe dazu das in meinen Büchern Dokumentierte...: so bspw. in: « Die *tri*_logische Sezierung des lobbykratischen Zeitalters », Band I ...: Wobei an dieser Stelle schon durch den bloßen Verweis auf die im Vorwort dieses Bandes abgedruckte Passage aus dem 1931 erschienenen Buch *Tragic America* von Theodore Dreiser und seiner gedanklichen Gegenüberstellung mit dem, was sich in den sogenannten „westlichen Demokratien" insbesondere seit dem Ende des Kalten Krieges ereignet, genügend deutlich werden, wie wenig das gesellschaftspolitische Geschehen in den sogenannten „westlichen Demokratien" mit dem zutun haben kann, was als „Demokratie" zu bezeichnen *_wäre_* ...: bzw. wie sich das gesellschaftspolitisch ausdrücken würde, handelte es sich dabei um tatsächliche Demokratien ...: Siehe *_dazu_* wiederum: « Sie fragen noch, wie die ›Verhältnisse‹ liegen? », dort auf den Seiten 337 und folgende, beginnend mit: „folgendes ist keine politische Geschmacksfrage" ...: und in: « Die *tri*_logische Sezierung des lobbykratischen Zeitalters », Band III, Teilband 2, Anhang II: „Beleg für die Behauptung, daß die EU ein antidemokratisches Gebilde ist", da es darin um das CETA-Abkommen geht.

„Empörten" offenbar auch keine Probleme damit, diejenigen einsperren zu lassen, die es für nicht demokratiekonform halten, daß gesunde Menschen sich mit einem Impfstoff impfen lassen müssen, der in keiner Weise als ausgereift ...: *_also!_* ...: nicht als mit bloß vernachlässigbaren Nebenwirkungen behaftet gelten könnte ...: sowie ein Impfstoff ist, von dem man noch nichts über seine Langzeitauswirkungen auf die Spezies Mensch wissen kann ...: *_und!_* ...: der *_nicht!_* verhindert, daß man durch seine Impfung weiterhin potentieller Überträger *_des_* „Erregers" bleibt, gegen den dieser Impfstoff wirken soll ...: demnach ...: es geradezu fahrlässig ist, behaupten die deutschen politischen Verantwortlichen, daß man als Ungeimpfter ...: *obwohl getestet* ...: bspw. nicht in ein Altenheim gehen dürfe, um enge Verwandten zu besuchen ...: ein Geimpfter hingegen schon ...: *_sowie!_* ...: erst durchs Geimpftsein die demokratischen Grundrechte zurückzuerlangen wären ...: *ob!_*wohl (*_in einem demokratischen Staat gilt_*) ...: Demokratische Grundrechte dürfen in *_keinem!_* Fall aufgehoben werden.

Exkursion

Von den Apologeten des Impfens ...: *_oder?_* sollte ich sagen ...: *von den von Pharmakonzernen mittelbar oder unmittelbar Gekauften* ...: ist beschwichtigend zu hören ...: *begierig dann von den* lobbykratie*_systemisch Vertrollten aufgegriffen und nachgeplappert* ...: daß es keine durch Impfstoffe bewirkten Langzeitwirkungen gäbe. ...: nun ...: abgesehen davon, daß das nicht einmal für die bisherigen Impfstoffe *_so_* zu sagen ist ...: ist das zu behaupten tollkühn ...: sagen diese Apologeten und die nachplappernden lobbykratie*_systemischen* Trolle das bezogen auf eine „Impfstoff-Methode", die wirkmäßig *intra_*zellulär angreift und die in der SARS-CoV-2-Pandemie *_erstmals!_* in einem an sich unverantwortlichen Experiment an ganzen Bevölkerungen *aus!_*probiert wird ...: *_Das!_* widerspricht allen bisher geltenden wissenschaftlichen Untersuchungsstandards.

Da aber zumindest indirekte Langzeitfolgen nicht auszuschließen sind, wurde eine Studie, bezogen auf die herkömmlichen Impfmethoden mit abgeschwächten oder Totimpfstoffen, aus dem Jahre 1999 mit folgendem Titel versehen ...: „Public should be told that vaccines may have long term adverse effects" (_„Die Öffentlichkeit sollte darüber informiert werden, daß Impfstoffe langfristige negative Auswirkungen haben können."_).[62] ...: es ist erst einmal nicht ungewöhnlich, daß diese Studie wiederum angegriffen wurde[63] ...: allerdings scheint sich doch zu bestätigen, daß es solche verzögert und mittelbar auftretenden Folgen geben kann ...: „Association between type 1 diabetes and hib vaccine [_Haemophilus influenzae type B vaccine_]. Causal relation is likely." (_„Zusammenhang zwischen Typ-1-Diabetes und Hib-Impfstoff [_Haemophilus influenzae-Typ-B-Impfstoff_]. Ein kausaler Zusammenhang ist wahrscheinlich."._)[64] ...: Es sei auch darauf hingewiesen, daß wissenschaftliche Studien immer unterschiedlich interpretiert werden können ...: _*und*_ es muß bedacht werden ...: _*wer!?*_ gibt sie in Auftrag.[65]

Ende dieser Exkursion

---

[62] Quelle dieser Studie: *The British Medical Journal*; der Link zu dieser Studie: https://www.bmj.com/content/318/7177/193.1.full wurde am 5. Dezember 2021 geprüft.

[63] Quelle: *National Library of Medicine*, PubMed.gov: der zugehörige Link: https://pubmed.ncbi.nlm.nih.gov/10346786/ wurde am 5. Dezember 2021 erneut geprüft.

[64] Quelle: *National Library of Medicine*, PubMed.gov: der zugehörige Link: https://pubmed.ncbi.nlm.nih.gov/10531116/ wurde am 5. Dezember 2021 erneut geprüft.

[65] Sieh dazu: „Klinischen Studien der Pharmaindustrie kann man nie vertrauen"; der zugehörige Link: https://multipolar-magazin.de/artikel/studien-nie-vertrauen wurde am 12. März 2022 erneut geprüft.

...: _*Ein!*_ Bedenkliches an dem gerade Erwähnten ...: *die verbreitete Bereitschaft der Menschen, jene zu stigmatisieren, die nicht einsehen, sich pauschal mit einem experimentellen Impfstoff* ...: also ...: *einem Impfstoff, dessen Wirkungen gerade erst an ganzen Bevölkerungen ausprobiert werden* ...: *impfen lassen zu müssen betreffend* ...: ist ...: Vor dem Hintergrund so fragwürdiger und völlig unzureichend objektiviert begründbarer „politischer Maßnahmen", weiterhin _*der*_ Illusion zu unterliegen, man lebe in einer Demokratie ...: die sogar eine „stabile" sei ...: da vom „Rechtsstaat" geschützt ...: *ob!*_wohl ...: *bei randständiger Beobachtung* ...: gerade in dieser Epidemie das weitere Demontieren der dreisäuligen Gewaltenteilung ohne weiteres *offen!*_sichtlich wird ...: und selbst bei dieser Demontage noch unterstützt von jenen, die behaupten, die eigene Bevölkerung über das gesellschaftspolitische Geschehen *wahrheits*_gemäß zu unterrichten ...: und zu _*diesem*_ Zweck ihrem „heiligen Tun" nachkämen ...: _*welchem?*_ ...: die Meinungsfreiheit zu retten ...: also ...: gegen die Verbreiter von FakeNews zu kämpfen ...: denn es sei deshalb, daß sie ihre „Correktoren" hätten und zur Zensur greifen müßten.[66]

Aber bereits vor dieser Pandemie war längst gut erkennbar, daß das überhaupt nicht der Fall sein kann ...: *wenigstens in einer* „repräsentativen Demokratie" *zu leben und von solchen*

---

[66] Wer hinter solchen lobbykratischen Zensoren steckt, wird in einem Artikel von Thomas Röper deutlich: „Eine Meldung und ihre Geschichte: 'Faktenchecker fordern von YouTube strengere Zensurmaßnahmen'"

https://www.anti-spiegel.ru/2022/eine-meldung-und-ihre-geschichte-faktenchecker-fordern-von-youtube-strengere-zensurmassnahmen/ wurde am 13. März 2022 erneut geprüft.

umgeben zu sein. ...: um dazu ein adäquates Beispiel zu geben ...: *_Werden_* Verträge zwischen politischen Gebilden und profitorientierten Pharma-Konzernen ...: *die sich von ihren bezahlten* _Wissenschaftlern?_ *bestätigen lassen, daß ihre Produkte* „unbedenklich" sind ...: *was dann vom Aufsichtspersonal der im Sinne solcher Konzerne funktionierenden* „Arzneimittelbehörden" *lobbykratischer Staaten* ...: *behaupteterweise der Überwachung der von Pharmafirmen für die* „Gesundheitswirtschaft" *produzierten Waren dienend* ...: un!*_bedenklich übernommen wird* ...: *_geheim_* abgeschlossen, so daß die Bevölkerungen in, bspw. den Mitgliedstaaten der EU, nicht einmal wissen, daß *_sie!_* es sind, die sämtliche Risiken werden tragen müssen, aber nicht über den Inhalt solcher Verträge ...: *bspw. über die in ihnen formulierten Haftungskonditionen* ...: informiert werden ...: *da die Rechte der Eigner und Anleger solcher Firmen* un!*_bedingten Vorrang vor den Rechten der Insassen lobbykratischer Gebilde haben* ...: ist *_das!_* nur *_ein!_* weiterer Beleg für den simulativen Charakter der westlichen Demokratien. ...: *_denn!_* ...: Daß der am 20. November 2020 zwischen der EU und Pfizer / BioNTech geschlossene Vertrag ...: *der allgemein nicht einsehbar ist* ...: demnach ...: *ein Geheimvertrag ist* ...: sei lediglich an dieser Stelle zur Unterstreichung *_des_* Faktes genannt, daß all jene à la TTIP abgeschlossenen Verträge vergleichbarer ...: nur eben ...: *sozusagen* ...: „globaler Art" sind ...: demnach ...: Geheimverträge *_nicht!_* erst seit heute demokratischen *Mindest*_Standards *wider!*_sprechen.[67]

---

[67] Siehe dazu in: « Die *tri*_logische Sezierung des lobbykratischen Zeitalters », Band III: « ›Ich stimme nicht zu!‹ Gesellschaftspolitische Lesungen über den Neowilhelmoliberalismus und seine Konsequenzen », Anhang II: „Beleg für die Behauptung, daß die EU ein antidemokratisches Gebilde ist".

Und da das so ist, übertreibe ich nicht, bezeichne ich solche „Empörten“ als den lobbykratie_*systemischen* Trollen zugehörend ...: denn ...: es gibt kleine lobbykratie_*systemische* Trolle, die bspw. ihre unterdrückte Aggressivität bei Facebook „trollen“, und es gibt große lobbykratie_*systemische* Trolle, die bspw. als *Alpha*_Journalisten so systemkonform wie massenwirksam „trollen“.

Nun, jedenfalls ist es so ...: Es ist unerheblich, meinen ...: *ob kleine oder große* ...: lobbykratie_*systemische* Trolle, ihr Meinen sei tatsächlich mit Demokratie vereinbar ...: _*ist!*_ es dadurch offensichtlich, daß solches Meinen niemals mit Demokratie vereinbar sein kann ...: _*wagen!*_ es politische Verantwortliche nicht nur überhaupt Geheimverträge mit profitorientierten Firmen abzuschließen, sondern ist zudem die Haftungs_*Last* solcher in irgendwelchen Hinterzimmern ausgekungelten Verträgen von der von den lobbykratie_*systemischen* Medien *des!*_informiert gehaltenen Bevölkerung zu tragen ...: _*ist*_ doch das Abschließen von Geheimverträgen per se _*nicht!*_ mit Demokratie vereinbar ...: und das schon allein deshalb nicht, da dann den Bevölkerungen politischer Gebilde durch den Inhalt von Geheimverträgen etwas *ab*_verlangt werden kann, um das sie nicht wissen ...: ihnen also das Abzuverlangende und allein Profitinteressen Dienende durch bei lobbykratie_*systemischen* Medien *an!*_gestellten lobbykratie_*systemischen* Trollen als ganz normaler Vorgang verkauft werden muß ...: bspw. sich mit einem Impfstoff impfen zu lassen, dessen Wirksamkeit offenbar weit geringer ist als zu Beginn behauptet ...: von _*wem?!*_ behauptet ...: vom Hersteller ...: „95 Prozent!“. ...: vergleiche hierzu die im Juni 2021 bestätigte, lediglich 48%ge Wirksamkeit von Curevac.[68] ...: denn ...: da Curevac ein mRNA-Impfstoff ist, erlaubt das den Schluß, daß dies ebenso für die anderen mRNA-Impfstoffe von Pfizer / BioNTech und Moderna gilt, wenn man die kürzlich vom israelischen Gesundheitsministerium gegebene Aussage hinzunimmt, daß die Wirksamkeit des Pfizer / BioNTech-„Impfstoffs" eher bei 40% liege ...: und dem man in Israel deshalb versuchte mit einer dritten Impfung entgegenzuwirken. ...: _*Wieso?*_ also _*nicht*_ annehmen, daß die euphorisch behauptete 95%ge Wirksamkeit des Impfstoffs von BioNTech / Pfizer von Anfang an falsch war und tatsächlich bei lediglich 40 bis 50% liegt, wenn der mRNA-„Impfstoff" von Curevac bei _*bestätigten!*_ 48% Wirkfähigkeit liegt. ...: Was bedeutet in diesem Zusammenhang überhaupt eine 95%ige Wirksamkeit? ...: „Eine 95%-Wirksamkeit bedeutet eigentlich recht wenig" ...:

> ZITAT_In der geimpften Interventionsgruppe wurden bei 8 Probanden die vorher definierten Kriterien für Covid-19 erfüllt; hierzu zählen beispielsweise Fieber, Husten, Atemnot, Kopfschmerzen, Muskelschmerzen, Verlust des Geschmacks- oder Geruchssinns. In der nicht geimpften Kontrollgruppe gab es hingegen 162 Probanden, die für Covid-19 charakteristische Symptome gezeigt haben. Aus dem Verhältnis von 8 zu 162 ergibt sich eine relative Wirksamkeit von 95 Prozent. Wohlgemerkt: bei einer Gesamtzahl von etwa 36.500 Studienteilnehmern. Schon an diesem Wert sieht man, daß die Zahl der erkrankten Studienteilnehmer — *das primäre Zielkriterium* — in beiden Gruppen gering war. Man

---

[68] Quelle: aerzteblatt.de, Meldung vom 17. Juni 2021: „Curevac: Impfstoffkandidat weniger wirksam als erhofft"; der Link: https://www.aerzteblatt.de/nachrichten/124783/Curevac-Impfstoffkandidat-weniger-wirksam-als-erhofft wurde am 6. Dezember 2021 erneut geprüft.

sollte deshalb immer die zugrundeliegenden Zahlen kommunizieren._ZITATENDE[69]

...: unter anderem bedeutet das, bzw. wird so deutlich, daß die geschlechtsunspezifischen politischen Verantwortlichen, ob sie nun Merkel, von der Leyen, Scholz, Spahn, Baerbock, Lindner, Lauterbach oder sonstwie heißen, weder im Interesse der eigenen Bevölkerung noch der Bewohner der EU-Mitgliedstaaten als Ganzes Politik betreiben, sondern ausschließlich im Interesse partikularer Profitinteressen ...: in _*diesem!*_ Fall derjenigen, die den Pharmakonzernen gehören ...: *und im Fall der blindwütigen, nicht erst seit dem 24. Februar 2022 gegen die Russische Föderation gerichteten „Politik" der Westlichen wird das sogar haarsträubend deutlich*. ...: Vor dem Hintergrund der in dem zwischen der EU und Pfizer / BioNTech geschlossenen Geheimvertrag vereinbarten Regelungen, ist es nicht weit hergeholt, daß der verschleierte Impfzwang vor allem eines zum Ziel hat ...: „Alles zu tun", um die durch den Vertrag mit Pfizer / BioNTech eingegangenen Verpflichtungen zu erfüllen ...: nämlich ...: in _*diesem!*_ Fall ...: die Profite derjenigen zu sichern, denen das Pharma-Gespann Pfizer / BioNTech gehört ...: machen Sie sich kundig ...: Bei Pfizer hat es Tradition, in an sich schwerwiegenden Gerichtsverfahren verwickelt zu seien.

---

[69] Quelle: *Monitor Versorgungsforschung.de*: „Eine 95%-Wirksamkeit bedeutet eigentlich recht wenig": die zitierte Stelle findet sich auf der Seite 9 dieses Interviews. Der Link:

https://www.monitor-versorgungsforschung.de/Abstracts/Kurzfassungen-2021/MVF-02-21/PDF-Artikel-2021_2/MVF0221_Ludwig zu dem Interview mit Prof. Dr. med. Wolf-Dieter Ludwig, dem Vorsitzenden der Arzneimittelkommission der deutschen Ärzteschaft, wurde am 6. Dezember 2021 erneut geprüft.

Vor dem Hintergrund, daß eine Infizierung mit dem SARS-CoV-2 eine fast ausschließliche Gefährdung für Menschen mit schweren Vorerkrankungen darstellt ...: _diese!_ *demnach angemessen zu schützen sind* ...: sagte Frau Merkel am 11. August 2021 in einer mündlichen Erklärung ...: *zur Rechtfertigung der von* _ihr_ *aufgestellten Forderung* ...: nämlich die Freiheitsrechte einer großen Anzahl von Menschen, die aus verschiedenen Gründen bisher nicht bereit sind, sich wegen des SARS-CoV-2 mit _*experimenteller!*_ Methode impfen zu lassen ...: es sich *dem!*_nach um ein verfassungsfeindliches Vorhaben handelt ...:

> ZITAT_Es gibt ja auch 'ne Diskussion, daß jeder dann damit leben muß, mit den Folgen, wenn er sich oder sie sich nicht impfen läßt. Ok. Aber wir müssen auch an die denken, die dann in den Krankensch... [_*das andre war akustisch nicht zu verstehen;* Anm.d.A._] die Arbeit tun, und eine Überlastung des Gesundheitssystems muß ausgeschlossen werden._ZITATENDE[70]

...: nun ...: abgesehen davon, daß Frau Merkel es war, die jene Studie aus dem Jahre 2012 völlig ignoriert hatte ...: die _*sie!*_ als Kanzlerin selbst in Auftrag gegeben hatte ...: und aus der hervorgeht, daß mit einer SARS-CoV-2-ähnlichen Pandemie zu rechnen sei[71] ...: sie also ...: *im Verein mit den andren*

---

[70] Quelle: YouTube-Video: „CORONA-HAMMER FÜR UNGEIMPFTE: Merkels knallharte Covid-Regeln — Schnelltests bald kostenpflichtig"; der Link: https://youtu.be/_9F3YkgPizI wurde am 6. Dezember 2021 geprüft.

[71] Auf meiner WebSite *NetzKolumnist.com* habe ich am 25. März 2020 die von der Bundesregierung unter Kanzlerin Merkel in Auftrag gegebene Analyse, die im Jahre 2012 unter Federführung der Behörde „Robert-Koch-Institut" durchgeführt wurde und Anfang 2013 der Bundesregierung und dann dem Deutschen Bundestag übergeben worden war, in den wesentlichen Punkten unter dem Titel: « Risikoanalyse aus dem Jahre 2012, eine

gesellschaftspolitisch Verantwortlichen ...: politisch nichts veranlaßte, um _*beizeiten!*_ entsprechende gesellschaftliche Vorbereitungen zu treffen ...: das heißt unspezifisch ...: *Prophylaxe, Entwicklung, Produktion und Lagerung von Schutzmitteln, potentiellen Medikamenten, Datenerhebung usw.* ...: zu veranlassen ...: belegt dieser gerade zitierte Satz nicht nur, daß relevante gesellschaftspolitische Positionen besetzende Personen wie diese ...: die Menschen in eine Phantom-Diskussion zwingen, die wohl nicht nur daher rührt, daß sie, wie es ein Herr Wolfgang Kubicki zwar treffend sagte ...: „in ihrer Angstblase gefangen" sind ...: _*sondern!*_ ...: solche Personen vor allem einer Agenda folgen, die alles andre als so gemeinwohlorientiert wie freiheitsliebend ist. ...: denn ...: *und das jetzt vor dem Hintergrund des von Frau Merkel und anderen, bspw. einem Herrn Lauterbach, selbst Behaupteten gesagt* ...: Wenn es _*so*_ ist, daß in der Regel Menschen, die an einem Immundefekt, an Diabetes mellitus, Bluthochdruck oder / und Herz-Kreislauf-, Lungen-, Nieren-, Leber-, Krebs- und / oder schweren neurologischen Erkrankungen leiden ...: *das trifft potentiell auf jene zu, die über 60 Jahre alt sind* ...: eher ...: also ...: *nicht unbedingt* ...: mit einem schweren Verlauf rechnen müssen, so diese sich mit einer Variante des SARS-CoV-2 infiziert haben, es aber gerade diese Menschen sind, die bereits als geimpft oder zumindest das persönliche Umfeld betreffend als genügend geschützt anzusehen sind ...: _oder?_ *sollten diese etwa immer noch nicht genügend geschützt sein, bspw. dadurch nicht, daß*

SARS-CoV-2-ähnliche Pandemie betreffend » veröffentlicht. Der zugehörige Link:

https://netzkolumnist.com/risikoanalyse-aus-dem-jahre-2012-eine-sars-cov-2-aehnliche-pandemie-betreffend/. Dieser Auszug findet sich im Anhang des Ihnen vorliegenden Buches unter dem genannten Titel: « Risikoanalyse aus dem Jahre 2012, eine SARS-CoV-2-ähnliche Pandemie betreffend ». Der Link zu dieser Analyse selbst:

https://dserver.bundestag.de/btd/17/120/1712051.pdf wurde am 6. Dezember 2021 erneut geprüft.

sie auch weiterhin in Altenheimen de_*hydriert in ihrer eigenen Scheiße liegen* ...: dieser Bevölkerungsteil wurde als erster geimpft ...: *so jedenfalls die Behauptung* ...: hingegen *hoch*_wahrscheinlich alle andren ...: *die demnach als gesund zu bezeichnen sind* ...: keinen schwerwiegenden Infektionsverlauf haben werden, so diese sich mit einer Variante des SARS-CoV-2 infiziert hätten ...: kann ...: *mit Verstand gesprochen* ...: *_nicht!_* damit zu rechnen sein, daß es zukünftig *_wegen!_* „Covid-19" zu einer Überlastung des Gesundheitssystems kommen könnte ...: zumal ...: nach fast zwei Jahren ...: die Masse der Bevölkerung bereits eine „gewisse Bekanntschaft" mit diesem Virus und seinen Varianten gemacht ...: also ...: das biologische Kommunikationssystem (_„Immunsystem"_) des Menschen bereits eine gewisse Kenntnis von diesem „Erreger" *_haben_* dürfte. ...: auch wenn anzunehmen ist, daß es in *_jeder_* kalten Jahreszeit eine gewisse Infektionszunahme geben wird ...: da das nun einmal die „Atemwegsviren-Saison" ist.

Wer aber ...: *vor dem Hintergrund der bereits ab dem Jahr 2013 potentiell möglichen gesellschaftspolitisch veranlaßbaren Vorkehrungen* ...: im Jahre 2021 die Ergebnisse der bisherigen „politischen Maßnahmen" ...: *also jene, die von Anfang 2020 an durchgeführt wurden* ...: sorgfältig analysiert und somit aus den gemachten Fehlern ...: *je* bei!_*zeiten* ...: Konsequenzen gezogen *_hätte!_* ...: wozu dann genauso gehörte, die chronische ...: *da bereits vor dieser Epidemie bestanden habend* ...: Überlastungssituation in den Altenheimen und auf den Intensivstationen in den Krankenhäusern ...: *_dies!_* insbesondere mit Blick auf die dort je Pflegenden gesprochen ...: *bei!*_zeiten energisch korrigiert hätte ...: beispielsweise ...: durch ein Wert!_*Schätzen* der dort Arbeitenden, das sich nicht in zynischem Applaudieren *er*_schöpfte, sich hingegen in deutlicher Verbesserung der Arbeitsbedingungen *aus*_drückte, wozu ebenso eine angemessene Entlohnung *ge*_hörte ...: nun ...:

*derjenige!* bräuchte sich um die Situation in der kalten Jahreszeit, in der viele Viren …: *so eben auch das SARS-CoV-2* …: „Saison" haben …: keine Sorgen zu machen …: und also _*nicht!*_ …: *da von all dem gerade Gesagten tatsächlich* _nichts!_ *erfolgt ist* …: die Bevölkerung …: *um auf diese Weise vom tatsächlich praktizierten* Un!_*Verantwortlichen abzulenken* …: *so man es* _zusätzlich!_ nicht noch anders bezeichnen wollte …: _*erneut!*_ in Panik versetzen.

Exkursion

Nun, das im letzten Abschnitt Ausgedrückte entspricht nicht dem, das von gesellschaftspolitischer Seite …: *nicht allein von Frau Merkel nicht* …: veranlaßt worden ist.

Auf was das seit November 2021 dann alarmistische Aufflammen von schon despotisch zu nennenden Anwandlungen, verbunden mit kindischen Schuldzuweisungen …: „Ihr seid schuld!"[72] …: *womit die* „rücksichtslosen 'Ungeimpften'" *gemeint waren* …: berechtigt vermutend zurückzuführen ist, wird zwar im weiteren Verlauf des Ihnen vorliegenden Buches noch deutlich werden …: an dieser Stelle aber …: *da so zudem das systembedingt Korrumpierende deutlich werdend* …: sei bereits bemerkt …: Zwar ist die „Corona-Datenlage eine Katastrophe" …: die Vergütung für Leichenschau und Bestattung einer verstorbenen Person …: deren Totenschein auf „Todesursache `Covid-19´" ausgestellt ist …: sind es aber nicht …: bereit, mit einem Bein im Gefängnis zu stehen …: sollten _*Ärzte?*_ dann zwar schon sein …: *allerdings* …: je mehr mitmachen …:

---

[72] So lautete die Headline eines ekelhaften *T-Online*-Artikels; der zugehörige Link:
https://www.t-online.de/nachrichten/panorama/id_91187168/corona-ungeimpfte-sind-schuld-wenn-ein-lockdown-kommt-.html wurde am 8. Dezember 2021 geprüft.

ZITAT_Seit dem 1. Januar 2020 wird die Leichenschau neu vergütet – so ist es in der Fünften Änderungsverordnung zur Gebührenordnung für Ärzte (GOÄ) festgehalten. Demnach soll eine vorläufige Leichenschau mit 110,51 Euro vergütet werden (Nr. 100 GOÄ), die endgültige Leichenschau mit 165,77 Euro (Nr. 101 GOÄ). Daneben sind künftig sogenannte „Unzeitenzuschläge (F bis H) anrechnungsfähig. An die Stelle des Wegegeldes tritt bei Entfernungen ab 25 Kilometern die Reiseentschädigung nach § 9 GOÄ. Ein Erschwerniszuschlag in Höhe von 27,63 Euro ist bei Leichen mit unbekannter Identität oder bei besonderen Todesumständen vorgesehen. Kritik gilt der Einhaltung von Mindestzeiten (20 Minuten für die vorläufige, 40 Minuten für die endgültige Leichenschau)._ZITATENDE[73]

Was im Zusammenhang mit der SARS-CoV-2-Epidemie einem Gerichtsmediziner bei der Leichenschau aber seltsam erscheinen könnte ...:

ZITAT_Bei Leichenschauen zeigt sich, daß viele Verstorbene, denen als Todesursache „Covid-19" im Totenschein attestiert wurde, eine andere Todesursache gehabt haben dürften. „Ich hielt es für geboten, auf diesen Umstand hinzuweisen und die beobachteten Tatsachen zu vermitteln", sagt Dr. Dietmar Benz. „Schließlich haben die Zahlen der an Covid-19 verstorbenen Menschen unmittelbare Auswirkung auf die getroffenen epidemiologischen und politischen Entscheidungen. Ich stehe ja als Rechtsmediziner sozusagen am Ende des Corona-Geschehens und habe den letzten Blick auf die Verstorbenen. Und was ich dabei täglich sehe, läßt erhebliche Zweifel aufkommen und gibt Anlaß für eine genauere Analyse." [...]

Welches sind die Fälle, in denen Dr. Benz und seine Kollegen Covid-19 als Todesursache nicht bejahen können, obwohl auf dem Totenschein Covid-19 eingetragen wurde? „Dazu muß ich zunächst ausführen, daß das Durchschnittsalter der von mir untersuchten, als SARS-CoV-2 positiv in den Leichen-Papieren bezeichneten Personen, bei etwa 84 Jahren liegt. Die Lebenserwartung in Deutschland liegt bei rund 81 Jahren. Unter Berücksichtigung der aus den Todesbescheinigungen hervorgehenden, häufig unvollständig ausgefüllten Kausalketten zum Todesgeschehen, sowie unter Einbeziehung meiner Untersuchungsbefunde, kann ich sagen, daß die meisten aller über etwa 80 Jahre alten als Covid-19 deklarierten Verstorbenen

---

[73] Der Link zur Quelle: https://www.aerzteblatt.de/archiv/210912 wurde am 8. Dezember 2021 geprüft.

schwere, meist mehrfache Vorerkrankungen aufgewiesen haben, die alleine für sich geeignet sind, das todesursächliche Geschehen zu erklären." [...]

Was bedeutet das für die Zahl der an Covid-19 verstorbenen Menschen? Dietmar Benz: „Beim Großteil dieser Gruppe ist eine SARS-CoV-2-Infektion mit den Folgen einer Covid-19 Erkrankung auch wegdenkbar, um das todesursächliche Geschehen zu erklären. Das Leben dieser Menschen dürfte auch ohne eine Infektion zu Ende gewesen und der Tod auch unabhängig von einer Infektion eingetreten sein."

Was ist mit der Gruppe der unter 80-Jährigen? Dietmar Benz: „Diese Gruppe macht bei meinen Fallzahlen etwa 20 % aller positiv Verstorbenen aus. Auch hier legen die sichtbaren Befunde in Verbindung mit den Eintragungen in den Leichenpapieren nahe, daß in den meisten Fällen schwere Vorerkrankungen vorliegen und diese mit der Todesursache Covid-19 konkurrieren können. Vereinzelt sehe ich in dieser Gruppe auch Verstorbene mit Geburtsjahren in den 50er oder noch seltener 60er Jahren, bei denen Covid-19 oder Covid-19-Pneumonie als Todesursache vermerkt ist. Hier liegen so gut wie immer schwere Risikofaktoren wie massives Übergewicht, ein Krebsleiden im Endstadium oder beispielsweise eine Leberzirrhose vor. Ich sehe aber keinen Fall, bei dem sich ein Mensch aus voller Gesundheit das Virus einfängt und nach einer Woche tot ist." [...]

„Aber um nicht zu spekulieren, müßte man tun, was auch schon vor langer Zeit mein Kollege Professor Püschel vom UKE in Hamburg angeregt hat: Wir müßten einfach alle Leichname, denen in den Totenscheinen Covid-19 als Todesursache attestiert wurde, obduzieren. Das wäre der Goldstandard. Dann hätten wir eine klare Sicht auf die Dinge. Wir könnten beurteilen, wie viele Tote tatsächlich auf das Konto von „Corona" gehen. Ich sehe aber in der nun schon langen Zeit von politischer Seite keine ergriffenen Maßnahmen, die Klarheit über die tatsächlichen Todeszahlen durch das Virus schaffen sollen. Abschließend kann ich zu meinen vorangegangenen Aussagen noch hinzufügen, daß diese sich auch in Einklang bringen lassen mit einem Bericht des Statistikers Göran Kauermann in Focus online vom 31.01.2021, in dem er darstellt, daß in 2020 von einer nennenswerten Übersterblichkeit nicht ausgegangen werden kann." [...]

„Medizinisch, epidemiologisch und damit auch politisch, ist ein anderer Umstand sehr interessant: Jetzt, wo wir so viele Covid-19-Deklarierte haben, sehen wir gleichzeitig gar keine Fälle von Influenza mehr und erstaunlicherweise auch fast keine normale Pneumonie mehr. Und das waren in den letzten Jahren konstant häufige Todesursachen bei uns. Die sind nun angeblich verschwunden? Gerade die Pneumonie ist bei den immobilisierten oder teilimmobilisierten Bewohnern der Altenheime letztlich eine der häufigsten Todesursachen gewesen. Nun soll das alles COVID-19 sein?" [...]_ZITATENDE[74]

...: nun ...: auch für den gemeinen _*Undertaker*_ lohnt es sich, ist der Totenschein auf ...: „Todesursache `Covid-19´" ausgestellt ...: da's kaum nur aufs dann sofort herbeizitierte „schwarze Schaf" zutreffen dürfte, da das dann „lukrativen Mitnahmeeffekt" *aus*_zulösen *er*_laubte ...: Der Mehraufwand für ZITAT_1x Bodybag / Arbeitsaufwand 2,5 h / Vollschutz-Set / 1x Desinfektionsmittel / fachgerechte Entsorgung_ZITATENDE kann offenbar mit ZITAT_497,50 EUR_ZITATENDE abgerechnet werden. So daß sich für den ZITAT_Basispreis Feuerbestattung ohne städt. Gebühren_ZITATENDE und ZITAT_von uns für Sie vermittelte Leistungen_ZITATENDE wie ZITAT_Einäscherung (OA) Krema Köln, amtsärztliche Untersuchung Krema Köln_ZITATENDE und die ZITAT_von uns für Sie verauslagten Beträge: Totenbescheinigung, Sterbeurkunde (1.)_ZITATENDE und für ZITAT_2 weitere Sterbeurkunden_ZITATENDE, ohne weiteres eine ZITAT_gesamte Leistung einschließlich Auslagen_ZITATENDE von ZITAT_2.773,49 EUR_ZI-

---

[74] Quelle: „Die Corona-Datenlage ist eine Katastrophe – die meisten `positiv´ Verstorbenen weisen andere Todesursachen auf"; der Link zur Quelle:

https://laufpass.com/gesellschaft/die-corona-datenlage-ist-eine-katastrophe-die-meisten-positiv-verstorbenen-weisen-andere-todesursachen-auf/ wurde am 8. Dezember 2021 geprüft. Für die Freundlichkeit, aus diesem Bericht zitieren zu können, bedanke ich mich herzlich bei der *Laufpass*-Redaktion!

Wer den Betreiber des Regionalmagazins *Laufpass*: *Das Regionalmagazin für Bremerhaven, Cuxhaven und drumrum* als „unseriös" o.ä. bezeichnen wollte, sollte sich mit folgendem Artikel: „Kritiker soll in wirtschaftlichen Ruin getrieben werden", der auf: *CORONA DOKS — Wenig beachtete Informationen* erschienen ist, konfrontieren, da sich dann vom allgemein verbreiteten, ein abweichendes Bild ergibt. Der Link zu dieser Quelle:

https://www.corodok.de/kritiker-wirtschaftlichen-ruin-getrieben/ wurde ebenfalls am 8. Dezember 2021 geprüft.

TATENDE ergeben kann ...: also ...: 497,50 EUR mehr als ohne „Todesursache 'Covid 19'" ...: ZITAT_*Die Verstorbene war nach den Aufzeichnungen des Pflegeheimes sanft entschlafen, hatte keine COVID-Symptome, keinen positiven Test und wurde dennoch als COVID-Fall deklariert. Ergebnis: ein falsch ausgestellter Totenschein, ein COVID-Toter für das RKI, Mehrkosten für die Einäscherung in Höhe von 497,50 Euro und eine Anzeige gegen den falsch beurkundenden Arzt.*_ZITATENDE[75]

...: und da es in diesen Rahmen gehört, sei an dieser Stelle bereits auf ein anderes skandalöses Vorkommnis hingewiesen, auf das in der *Siebenundzwanzigsten Begegnung* noch weiter einzugehen ist ...: ZITAT_Covid-19: Researcher blows the whistle on data integrity issues in Pfizer's vaccine trial_ZITATENDE (_„Covid-19: Forscherin deckt Ungereimtheiten bei der Datenerhebung in der Impfstoffstudie von Pfizer auf"_) ...: Das bedeutet: mindestens in der Phase III der „Notzulassung" des BioNTech / Pfizer-Impfstoffes ...: *und* ...: _mindestens!_ *diesen Impfstoff betreffend* ...: ist getrickst und geschlampt worden ...: was weiterhin bedeutet ...: _*Diese*_ Studien-Phase III, deren „Ergebnisse" für die „Aufsichtsbehörden" Basis ihrer weiteren Entscheidungen wurde ...: _*sowie!*_ ...: für die schreibenden Mitarbeiter der Medien_*Konzerne* als „klarer" Beleg für die Effektivität der westlichen Pharma-Industrie genommen und gefeiert wurde ...: hat _*keine!*_ Gültigkeit. ...: das müßte ...: *als* _eine!_ *der daraus resultierenden* ...: Die Konsequenz nach sich ziehen, diesen „Impfstoff" *un!*_verzüglich vom Markt zu nehmen ...: nicht auszuschließen also ...: daß das hysterische Tamtam, das um die Veröffentlichung dieser Nachricht herum am 2. November 2021 einsetzte ...: *und zu dem u.a. das so unlogische wie kindische Stigmatisieren ungeimpfter Menschen gehörte* ...: von _*diesem*_ skandalösen Vorkommnis herrührt. ...: dieses aufgedeckte „Vorkommnis" ist allerdings nicht allein politischer Natur ...: sondern ...: genauso wissenschaftlicher und medizinischer Natur ...:

---

[75] Quelle: *Laufpass*: *Das Magazin für Nachdenkliche in bewegten Zeiten*, „Falsch ausgestellte Totenscheine: Tausende Ärzte mit einem Bein im Knast?"; der zugehörige Link:

https://laufpass.com/corona/gefaelschte-totenscheine-tausende-aerzte-mit-einem-bein-im-knast/ wurde am 13. März 2022 erneut geprüft. Für die Freundlichkeit auch diese Passage zitieren zu können, bedanke ich mir bei der *Laufpass*-Redaktion herzlich!

Es waren noch andere (_*geschlechtsunspezifische*_) Forscher, die darum wußten, sich aber nicht trauten, das mit ihrem Namen öffentlich zu machen, da sie ...: *glaubhaft anzunehmen* ...: Angst um ihre „Reputation" in der „Wissenschaftsgemeinde" hätten. ...[76]

Ende dieser Exkursion

...: ginge es also um die Gesundheit ...: *gemeint ist sowohl die physische als auch die psychische Gesundheit* ...: der Bevölkerung ...: *beziehungsweise der Bevölkerungen* ...: beispielsweise auch um jenen Teil, der tatsächlich gesund ist ...: *nämlich über ein funktionierendes biologisches Kommunikationssystem zu verfügen, das man allgemein als* „Immunsystem" *bezeichnet* ...: ob_*wohl es doch niemals um* „Immunität" *gehen kann, sondern allein um ein Ausbalancieren von* „Innen und Außen" *der verschiedenen biologischen Subjekte eines zusammenhängenden Ganzen* ...: *gemeint ist das Lebensgefüge auf der Erde* ...: würde man nicht verlangen, daß sich gesunde Menschen prophylaktisch impfen lassen müßten, handelt es sich um einen „Erreger", der alles andre als ein Killervirus ist ...: Gesunde Menschen mögen sich zwar mit dem SARS-CoV-2 infizieren, erkranken dann aber offenbar ...: *wenn überhaupt* ...: nicht sonderlich ...: hingegen ...: vor allem Menschen mit nicht mehr intaktem biologischen Kommunikationssystem ...: was _*dann*_ besonders anzunehmen ist, leiden Menschen an Vorerkrankungen wie Immundefekten, Diabetes mellitus, Bluthochdruck, Herz-Kreislauf-, Lungen-, Nieren-, Leber-, Krebs-

---

[76] Die Quelle dieser Nachricht: *The British Medical Journal*; der zugehörige Link:
https://www.bmj.com/content/375/bmj.n2635 wurde am 8. Dezember 2021 geprüft.

und / oder schweren neurologischen Erkrankungen ...: damit ist aber mehrheitlich bei älteren und alten Menschen zu rechnen ...: Es macht demnach Sinn, eine geeignete Behandlungsmethode auf diese Menschen zu beschränken. Ob ein Impfstoff ...: *ob mRNA-Impfstoff oder konventioneller* ...: dann das Mittel der Wahl sein kann, ist damit noch nicht gesagt.[77] Und es scheint auch so zu sein, daß vielversprechende Medikamente bald zur Verfügung stehen.[78] Das ist erfreulich ...: allerding ...: Auf die müßte nicht erst gewartet werden, da, objek-

---

[77] Es sei in voller Länge wiederholt, da es nicht genug zu betonen ist ...: Der interessierte Mensch sollte sich den YouTube-Videovortrag: „Impfungen — Segen oder Fluch?" des Mediziners und Medizinhistorikers Dr. med. Gerd Reuther ansehen. Auf diesen Vortrag weise ich in einem etwas über zweiminütigen Video hin: „Ohne Aufklärung geht die ganze Chose nicht" (_Link: https://youtu.be/KmlslqzsWWo_). Im Textfeld zu diesem Video finden Sie mehrere Links, die direkt zu einzelnen Positionen in dem Video: „Impfungen — Segen oder Fluch?" führen. Der Text dieses Videos findet sich auf der InternetSite der *Initiative zur Demokratisierung der Meinungsbildung* gGmbH: *Rubikon*: https://www.rubikon.news/artikel/mehr-fluch-als-segen-2. Der Vorteil dieses Essays ist, daß die Quellen, die im Video fehlen, angegeben sind; der Nachteil ist, daß die im Video verwendeten Schautafeln fehlen.

Gerd Reuther hat mehrere Bücher zum etablierten europäischen „Gesundheitssystem" sowie zu seiner Geschichte geschrieben. Auf zwei davon möchte ich an dieser Stelle hinweisen: « Der betrogene Patient: Ein Arzt deckt auf, warum Ihr Leben in Gefahr ist, wenn Sie sich medizinisch behandeln lassen », in der vollständig überarbeiteten und aktualisierten Neuausgabe, Riva Verlag, München, 2020; sowie: « Heilung Nebensache: Eine kritische Geschichte der europäischen Medizin von Hippokrates bis Corona », 2. Auflage der Originalausgabe, Riva Verlag, München, 2021.

[78] Siehe bspw. hier: „IMBA researchers may have found the `Achilles' heel' of SARS-CoV-2 virus" (_„IMBA-Forscher haben möglicherweise die „Achillesferse" des SARS-CoV-2 gefunden"_); der zugehörige Link: https://www.news-medical.net/news/20210810/IMBA-researchers-may-have-found-the-Achilles-heel-of-SARS-CoV-2-virus.aspx wurde am 8. Dezember 2021 geprüft. (_„IMBA" steht für: „Institut für Molekulare Biotechnologie der Österreichischen Akademie der Wissenschaften"._)

tiv betrachtet, längst ein preiswertes Medikament weltweit erhältlich ist, das übrigens von jeder dazu geeigneten Fabrik massenhaft hergestellt werden könnte, da sein Patent längst abgelaufen ist. ...: daß es aber nicht als gegen eine SARS-CoV-2-Infektion geeignet zu sein behauptet wird, hängt mit einer nicht erst in dieser Pandemie deutlich werdenden Verflechtung von Profitinteressen, Wissenschaft und Politik zusammen ...: _*wer?*_ will also, daß Menschen geholfen wird ...: Oder anders gefragt ...: _*was?*_ für eine Gesellschaft hätten wir, ließe sich die Masse der Mediziner und Wissenschaftler nicht (_*zumindest im Kopf*_) korrumpieren ... HALT ...: *träumen verboten!*[79]

---

[79] Bezogen auf jenes Medikament haben an dieser Stelle drei Quellenangaben zu genügen:

1. „Global trends in clinical studies of ivermectin in COVID-19"; Link: http://jja-contents.wdc-jp.com/pdf/JJA74/74-1-open/74-1_44-95.pdf.
2. „Ivermectin: a multifaceted drug of Nobel prize-honoured distinction with indicated efficacy against a new global scourge, COVID-19"; Link: https://www.sciencedirect.com/science/article/pii/S2052297521000883.
3. „The FDA-approved drug ivermectin inhibits the replication of SARS-CoV-2 in vitro"; Link: https://www.sciencedirect.com/science/article/pii/S0166354220302011.

Alle Links wurden am 11. Dezember 2021 geprüft.

Nachdenklich machen sollte ebenso der erneute Hinweis darauf, daß man: „Klinischen Studien der Pharmaindustrie nie vertrauen kann"; der zugehörige Link: https://multipolar-magazin.de/artikel/studien-nie-vertrauen wurde ebenso am 11. Dezember '21 geprüft.

…: und stellt sich vor diesem Hintergrund nicht die …: *nun ja* …: rhetorische Frage …: _*Wieso?*_ checken „Faktenchecker" nicht einmal das Offensichtliche, hingegen allein jenes …: also …: *tendenziös* …: das profitorientierten Kreisen nützlich ist …: *beziehungsweise* …: deren Tun und Trachten verschleiern hilft?[80] …: nun …: mindestens so wichtig wie die Verabreichung eines adäquaten Medikaments …: *denn das gilt immer!* …: ist die therapeutische Umgehensweise mit einer durch dieses Virus ausgelösten Erkrankung …: und diese Umgehensweise ist immer abhängig davon, wie der Patient für sich selbst einschätzt, was ihm als „gut" erscheint.[81] …: das bedeutet …: In einem vernünftig funktionierenden Gesundheitssystem würde das medizinische Personal im Einzelfall abwägen, welche Behandlungsmethode zum Einsatz kommen sollte …: _*und!*_ …: diese Abwägung würde …: *so möglich* …: _*immer!*_ mit der konkret *be*_troffenen Person erfolgen.

---

[80] Erneut sei auf den folgenden Artikel von Thomas Röper verwiesen: „Eine Meldung und ihre Geschichte: 'Faktenchecker fordern von YouTube strengere Zensurmaßnahmen'"; der zugehörige Link:

https://www.anti-spiegel.ru/2022/eine-meldung-und-ihre-geschichte-faktenchecker-fordern-von-youtube-strengere-zensurmassnahmen/ wurde am 13. März 2022 erneut geprüft.

[81] Diesbezüglich möchte ich auf die YouTube-Videoaufzeichnung eines Vortrags aufmerksam machen, der am 21. April 2021 im Rudolf-Steiner-Haus in Stuttgart gehalten wurde: „Die Corona-Krise — Vortrag von Philipp Busche". Sein vorrangiges Thema sind die Erfahrungen von Personen, die einen schweren Verlauf ihrer SARS-CoV-2-Infektion hatten und die Umgehensweise damit aus Sicht der anthroposophischen Medizin. Der zugehörige Link: https://youtu.be/yJy3BE9eWSI?list=LL wurde am 8. Dezember 2021 erneut geprüft.

...: daß es sich bei SARS-CoV-2 nicht um ein „Killervirus" handeln kann, belegt übrigens die als hochgefährlich deklarierte „Delta-Variante" dieses Virus ...: Die Infektiosität mag hoch sein, die schwerwiegenden Krankheitsverläufe sind jedoch nicht bedeutsamer als sie es bei den andren Varianten dieses Virus sind.[82]

---

[82] Siehe in diesem Zusammenhang das Interview, das Dominik Feusi mit dem Biologen, emeritierten Professor und ehemaligen Direktor des Instituts für Immunologie der Universität Bern im März 2021 geführt hat und das am 24. März 2021 in der Online-Ausgabe des schweizerischen Satiremagazins *Nebelspalter* veröffentlicht wurde ...: „`Es ist kein Killervirus. Der Staat arbeitet mit Angst und Druck.´ Der Immunologe Beda Stadler hat Corona überstanden. Ein Gespräch über das Virus, den Bundesrat und das Masketragen." Der Link zu dieser Quelle: https://www.nebelspalter.ch/%C2%ABes-ist-kein-killervirus%C2%BB wurde am 10. Dezember 2021 erneut geprüft.

Unter anderem gibt es auch eine interessante Video-Aufzeichnung eines Interviews mit Beda Stadler vom 12. August 2021, das allerdings im „SommerTalk" des Aargauer Regionalmagazins *ArgoviaToday* auf Schwyzerdütsch geführt wurde: „Immunologe Beda Stadler: `Maskentragen ja, aber ...´". Der zugehörige Link:

https://www.argoviatoday.ch/schweiz/immunologe-beda-stadler-maskentragen-ja-aber-143357199 wurde ebenfalls am 10. Dezember 2021 erneut geprüft.

Zu diesem Video schreibt die Redaktion des Aargauer Regionalmagazins *ArgoviaToday* ...: ZITAT_Der bekannteste Immunologe der Schweiz ist wohl gleichzeitig auch der umstrittenste Immunologe. Zu Beginn der Pandemie hat Beda Stadler mit seinen kontroversen Aussagen polarisiert. Dann verlor er nach einer Hirnoperation fast sein Leben und erkrankte auch noch selber an Corona [_*durch eine Infektion mit dem SARS-CoV-2, die er sich in diesem Zusammenhang im Spital zugezogen hatte*; Anm.d.A._]. Inzwischen sei der Professor im Ruhestand wieder ganz der Alte. «Zu fest der Alte», findet seine Frau, witzelt Beda Stadler im Interview. Er genießt den Ruhestand und schlug dafür auch ein Angebot aus, in die wissenschaftliche Taskforce des Bundesamts für Gesundheit einzutreten._ZITATENDE

Es ist immer wieder davon zu lesen, daß Beda Stadler „umstritten" sei ...: das stimmt aber nur unter der Bedingung, daß eine selbst fragwürdige Sichtweise zur allgemeingültigen erklärt wurde.

...: wenn es auf einigen Intensivstationen zu einer Überlastungssituation wegen der Zunahme an schweren SARS-CoV-2-Verläufen kommt, was ebenso von Influenza-Infektionen her bereits seit langem bekannt ist, nämlich zu Beginn der „Hochsaison der Atemwegsviren" ...: *also in der kalten Jahreszeit vorkommend* ...: dann ist das vor allem darauf zurückzuführen, daß das deutsche Gesundheitssystem auf Profit getrimmt wurde, bzw. weiterhin getrimmt wird. Mit dieser Entwicklung ist aber besonders ein Name und ein Begriff verbunden ...: Karl Lauterbach / „Fallpauschale".

Es war dieser Herr, der der damaligen Gesundheitsministerin Ulla Schmidt das im Jahre 2003 eingeführte „Fallpauschalen-System (_G-DRG_)" als Weg aus der Misere des Gesundheitssystems empfahl ...: seitdem scheint an diesem System lediglich noch „herumreformiert" werden zu dürfen; keinesfalls darf es aber durch ein „daseinfürsorgliches Gesundheitssystem" ...: *das übrigens auch im Sinne einer marktwirtschaftlich organisierten Gesellschaft wäre* ...: ersetzt werden ...: allerdings ...: dann lassen sich die vielschichtigen, durch Profittrimmung verursachten Probleme ebenso nicht konstruktiv bewältigen. ...: auf das „Fallpauschalen-System" und diesen Herrn ist noch zurückzukommen.[83] ...: übrigens ...: *_Ist?_* es nicht komisch, daß in der „Viren-Saison" 2020 / 21 von „Grippe" überhaupt keine Rede war, obwohl man schon seit langen Jahren weiß, daß die jedes Jahr auftritt ...: *_oder?_* wurden die auf einer Intensivstation deshalb Behandelten im „Befund" *_mal eben_* „pauschal" als ...: „wegen Corona behandelt" bezeichnet und so die an sich am Influenza-Virus Verstorbenen ...: *_mal eben_* „pauschal" zu „Corona-Toten" umdeklariert ...: *_wer?_* will es wissen, wurden und werden nur selten Obduktionen durchgeführt ...: und: ZITAT_[...] *die* [_normale_]

Speziell zur „Delta-Variante" siehe: „Experts: Delta not likely causing more 'breakthrough' COVID cases, and maybe asymptomatic cases shouldn't count"; der zugehörige Link: https://sfist.com/2021/07/22/delta-not-causing-more-breakthrough-covid-cases-expert-say-and-maybe-asymptomatic-cases-shouldnt-count/ wurde am 6. Dezember 2021 erneut geprüft.

[83] Siehe dazu die *Dreißigste Begegnung*: „*_Und?_* dann noch Lauterbach seine Qualifikation absprechen", die auf der Seite 498 beginnt.

Pneumonie ist bei den immobilisierten oder teilimmobilisierten Bewohnern der Altenheime [...] *eine der häufigsten Todesursachen* [...]_ZITATENDE ...: aus dieser Bevölkerungsgruppe rekrutieren sich aber die meisten der wegen einer SARS-CoV-2-Infektion Intensivhospitalisierten und auch die meisten an dieser Infektion Verstorbenen. ...: _*Sollte?*_ etwa die Annahme, daß die an sich häufige Todesursache „Pneumonie" dem SARS-CoV-2 sozusagen in die Schuhe geschoben wird, bloß eine verschwörungs_*thetische* sein?[84] ...: Hinweis ...: solche Überlegungen sind allein schon deshalb alles andre als abstrus, da die gesellschaftspolitisch (_*geschlechtsunspezifischen*_) Verantwortlichen nicht mehr vertrauenswürdig sind ...: sie werden und wurden nicht nach Kompetenzkriterien, sondern nach *In*_Kompetenzkriterien in Hinterzimmern von Karnevalsvereinen und vergleichbaren Etablissements ausgekungelt ...: da es in lobbykratischen Staaten um die primäre Bedienung von Profitinteressen geht ...: und dazu eignen sich nun einmal Inkompetente, denen man Blaupausen in die Hand drückt, die sie dann „zum Sprechen" bringen ...: das wird in dieser „Pandemie" nur besonders *augen*_fällig ...: beziehungsweise ...: _*könnte!*_ augenfällig werden.

Nun, aus meiner Sicht handelt es sich bei den Mutationen des SARS-CoV-2 um welche, zu denen es ...: *soweit erforderlich* ...: im Rahmen eines Adaptationsprozesses zwischen einem bestimmten Virus und dem biologischen Kommunikationssystem, bspw. der Spezies Mensch _*immer*_ kommt ...: und deshalb ist es plausibel anzunehmen, daß dieses Virus „den Weg" der anderen Viren aus der Corona-Viren-Familie „nimmt" ...: nämlich ...: daß es sich „auf dem Wege" zu einem Schnupfenvirus „befindet".

[84] Wie diese „Seltsamkeit" einzig sinnig zu erklären ist, wird aus der Exkursion deutlich, die auf der Seite 133 beginnt. Das obige Zitat ist dieser Exkursion entnommen.

Wer vor diesem Hintergrund immer noch _*jenes*_ einschränken will, das man „demokratische Grundrechte" nennt, hat anderes im Sinn als die Gesundheit der Masse der Menschen. Und vor _*diesem*_ Hintergrund erscheint mir _*die*_ Schlußfolgerung nicht mehr gewagt, daß insbesondere die politischen Verantwortlichen in Deutschland diese Pandemie dazu nutzen wollen, verschleiert eine Ausnahmesituation zu *ver*_stetigen. Jedenfalls lassen die am 10. August 2021 in geschlossener Runde als „beschlossen" behaupteten Maßnahmen das vermuten ...: die oben zitierte Aussage von Frau Merkel unterstreicht das.

In diesem Zusammenhang schrieb ich am 11. August 2021 ...:

Dazu wird der kommende Bundestagswahlkrampf die Begleitmusik liefern. Gefolgt von einer inszenierten Phase ...: *wie schon im Anschluß an die beiden zurückliegenden Bundestagswahlen praktiziert* ...: in der es über Monate keine neue Bundesregierung geben wird ...: die bis dahin geschäftsführende wird aber in der Lage sein, den „Pandemie-Notstand", der tatsächlich ein Ausnahmezustand ist, noch einmal um drei Monate zu verlängern ... bis dann ...: so wie in Frankreich bereits im Oktober 2017 geschehen ... *wenn dort auch auf andre Weise begründet eingeführt* ...: der Ausnahmezustand Gesetz werden wird. ...: oder anders gesagt ...: Politischer Umgang mit einer Pandemie, der wie eine Roadmap zur Realisierung einer lobbykratiekonformen Diktatur anmutet ...: _*Wie?*_ sagte Frau Merkel vor einigen Jahren doch ...: „Wir müssen die Gesetze ändern" ...: und ...: „Wir müssen die Demokratie marktkonform machen". ...: nun ...: ZITAT_[...] beide Aussagen ...: „Wir müssen die Gesetze ändern" und ...: „Wir müssen die Demokratie marktkonform machen" ...: besagen zusammengenommen ...: die bürgerlich-demokratischen Gesetze sind nun derartig zu ändern, daß der gesellschaftliche *Ist*_Zustand mittels des „neoliberalen Funktionsmechanismus'" *un*_widerruflich gesellschaftsbestimmend bleibt, dieser Zustand also festgeschrieben wird, wodurch jede dynamische Gesellschaftsentwicklung verhindert wird ...: folglich ein ...: unser Geschlecht als Ganzes betreffender ...: Degenerationsprozeß eingeleitet wird. [...]_ZITATENDE.[85]

...: natürlich ...: die geschlechtsunspezifischen politischen Verantwortlichen, haben nicht *aus*_schließlich die Interessen partikularer Profit_*Nehmer* im Blick ...: sondern ...: *da sie das davon gar nicht trennen können* ...: genauso die eigenen ...: denn ...: _*beispielsweise!*_ ...: _*Wie?*_ sollte man andernfalls seine eigenen Schulden gestemmt bekommen ...: _*oder?*_ für die zahlreichen Mitglieder der eigenen Familie Zukunftsvorsorge betreiben können ...: _*und?*_ für all jene etwas tun, die aus _*solchem*_ politischen Tun ebenso persönlichen Nutzen ziehen ...: also ...: *ab*_gesehen von eben jenen großen partikularen Profit_*Nehmern*.

Es sei noch einmal unterstrichen ...: Der Geheimvertrag der EU-Kommission mit Pfizer / BioNTech bedeutet, daß alle Risiken des Vertragsgegenstandes von den EU-Mitgliedstaaten ...: also ...: *von den Menschen in diesen Staaten* ...: zu tragen sind ...: und daß es sich bei dem Kern dieses Vertragsgegenstandes um einen Impfstoff handelt, dessen Wirkungen zur Zeit an den Bevölkerungen ausgetestet werden ...: sein kurzfristiges und langfristiges Wirkspektrum wird also an den Bevölkerungen erst erprobt ...: _*ohne!*_ vorherige Informierung und _*ohne!*_ angemessene medizinische Begleitung, die dann zwingend ist, befindet sich ein Medikament ...: *in diesem Fall ein Impfstoff* ...: erst in der Erprobungsphase.[86]

---

[85] Quelle dieses Zitats: « Die *tri*_logische Sezierung des lobbykratischen Zeitalters », Band III « ›Ich stimme nicht zu!‹ Gesellschaftspolitische Lesungen über den Neowilhelmoliberalismus und seine Konsequenzen », Teilband 1, Lesung 10: „Es bedarf schleunigst der Änderung des Grundgesetzes — zur Deckung der praktizierten Politik“, die Seite 251.

[86] Siehe diesbezüglich das Video: „CORONA — Insider spricht Klartext! (PCR, Inzidenzen, Impfungen)“. Das Video ist sehr gut strukturiert, und im Textteil sind viele interessierende Punkte aufgeführt, auf die bloß zu klicken ist, um zur entsprechenden Phase des Videos zu kommen. Der zugehörige Link: https://youtu.be/QsyYP2_zBYI?list=LL wurde am 10. Dezember 2021

...: das bedeutet ...: Die Bevölkerungen sind unwissentlich zu Versuchskaninchen gemacht worden ...: und das nicht einmal zum Zwecke wissenschaftlichen Erkenntnisgewinns ... denn ...: Die Wissenschaft kann nur noch eine korrumpierte sein, da von Wissenschaftlern, die bei profitorientierten Konzernen angestellt sind, Forschung allein unter _*der*_ Prämisse erfolgen kann, daß die Ergebnisse profitorientiert verwertbare sein _*müssen!*_ ...: demnach ...: die Bevölkerung dieser Welt dient der Befriedigung partikularer Profitinteressen ...: gewiß, das ist nichts Neues ...: _*und!*_ ...: _*sollte?*_ deshalb nicht mehr bemerkt werden.

Vor diesem erweitert ausgeleuchteten Hintergrund sei ebenso auf _*den*_ Fakt hingewiesen, daß die Regierung Merkel ...: u.a. ...: BioNTech ...: *und damit mittelbar auch Pfizer* ...: am 9. September 2020 eine Fördersumme in Höhe von 375.002.291,08 EUR bewilligt hat, die rückwirkend zum 1. Februar 2020 verwendet werden konnte. Im Jahre 2020 wurden von Pfizer / BioNTech von dieser Summe 326.896.810,60 EUR abgerufen. Diese Summe wurde den genannten

---

geprüft. **Update:** Dieses Video wurde von den Zensoren bei YouTube gelöscht. Was glauben Sie, welche Gründe es dafür geben könnte, wenn die Ursache für diese Zensur keine fachlichen Mängel sein können? Dieses Video kann jetzt auf der Odysee-Plattform (_https://odysee.com/_) abgerufen werden. Der zugehörige Link:

https://odysee.com/@MarcFriedrich7:8/cullen:e?r=GZnDhT-MoavrmXWQ2f5njtBdUarAfwvVp wurde am 25. Januar 2022 geprüft.

Vor _*diesem*_ Hintergrund sei auf die *Sechsundzwanzigste Begegnung* hingewiesen, da der BioNTech / Pfizer-„Impf-Initialstoff" sofort vom Markt genommen werden müßte, was wahrscheinlich für den andren mRNA-„Impf-Initialstoff" ebenso gilt.

profitorientierten Unternehmen *aus!*_drücklich als nicht rückzahlbar zur Verfügung gestellt.[87]

> Am Rande sei gefragt ...: _*Hätte?*_ es sich dann nicht von selbst verstehen müssen, daß ...: *so wie es die Oxforder Wissenschaftler von AstraZeneca verlangt hatten* ...: solange diese Pandemie grassiert, den Impfstoff zum Selbstkostenpreis zu produzieren.

...: nun ...: für jene Menschen ...: die es für normal halten ...: daß profitorientierte Firmen mit politischen Gebilden, bspw. der EU, Geheimverträge abschließen und diese Verträge ausschließlich für solche Firmen von Vorteil sind ...: hingegen ...: für jene nicht einsehbar sind ...: *denn es sind Geheimverträge* ...: die alle Risiken solcher Verträge zu tragen haben ...: wird es wohl jenseits ihres Vorstellungshorizontes liegen ...: Daß eine gemeinwohlorientierte Forschung, also eine, die gesellschaftliche Fragen sachlich und nicht primär nach profitorientierten Kriterien stellt und beantwortet, weit preiswerter ist als eine gesellschaftlich existentiell bedeutsame Forschung partikularen Profitinteressen zu überlassen ...: denn ...: _*Was?*_ könnte besser sein als das Ergebnis gemeinwohlorientierter Forschung, bspw. in Form eines Impfstoffs, dann von betriebswirtschaftlich orientierten Firmen in Lizenz produzieren zu lassen ...: also ...: so produzieren zu lassen, daß alle sicherheitsrelevanten Produktionsbedingungen kontrolliert erfüllt bleiben ...: _*und*_ ...: der Impfstoff mit kleinem Gewinn hergestellt und vertrieben würde.

---

[87] Quelle: „Deutscher Bundestag Drucksache 19/26324; 19. Wahlperiode; 1. Februar 2021, Antwort der Bundesregierung auf die Kleine Anfrage der Fraktion der FDP: `COVID-19-Impfstoffbeschaffung von Bund und EU´". Der zugehörige Link:

https://dserver.bundestag.de/btd/19/263/1926324.pdf wurde am 10. Dezember 2021 geprüft.

...: es sei ebenso auf den, auf den ersten Blick seltsam erscheinenden Fakt hingewiesen, daß der Geheimvertrag zwischen der EU und Pfizer / BioNTech nach belgischem Recht abgeschlossen wurde. Diese Seltsamkeit läßt sich aber erklären ...: und zwar so erklären ...: daß dadurch erneut deutlich wird, daß wir es längst nicht mehr allein in den USA mit einer kriminellen Verquickung von Politik, Konzerninteressen und Massenmedien zu tun haben ...: Das Pharma-Tandem Pfizer / BioNTech wollte eigentlich, daß der Geheimvertrag mit der EU nach sogenannt „internationalem Recht" abgeschlossen würde, da dann vor einem sogenannten Investitionsgericht, also vor einem Sondergericht Rechtsstreitigkeiten auszutragen wären.

Drei rhetorische Frage ...: _*Muß?*_ in einem Staat, bzw. in einem Staatenverbund wie der EU, darauf aufmerksam gemacht werden, daß Sondergerichtsbarkeit mit demokratischen Grundregeln nicht vereinbar ist. ...: _*Was?*_ mögen wir dann aber haben, ist genau das, also Sondergerichtsbarkeit, übliche Praxis. ...: oder anders gefragt ...: _*Wer?!*_ will hier wen verarschen und _*wer?!*_ läßt sich hier verarschen.

...: nun ...: solche sogenannten Investitionsgerichte gibt es seitdem es sogenannte Freihandelsverträge à la TTIP gibt ...: aktualisiert im CETA-Vertrag.[88]

[88] Siehe in diesem Zusammenhang: « Die *tri*_logische Sezierung des lobbykratischen Zeitalters », Band III, Teilband 2, Anhang II: „Beleg für die Behauptung, daß die EU ein antidemokratisches Gebilde ist", da es darin um das CETA-Abkommen geht.

...: die EU-Kommission wollte das im Fall des Geheimvertrages mit Pfizer / BioNTech aber wohl deshalb nicht, da ...: falls etwas aus diesem Vertrag ruchbar würde ...: in der Öffentlichkeit sofort die völlig richtige Assoziation mit CETA hergestellt werden würde, mit nachfolgendem Widerstand in Teilen der Bevölkerungen in den EU-Mitgliedstaaten. ...: _*Warum?*_ sollte dann aber der Vertrag wenigstens nach belgischem Recht abgeschlossen werden ...: also ...: im Klagefall ein belgisches Gericht zuständig sein. ...: was nicht nachvollziehbar ist, handelt es sich um einen Vertragsabschluß zwischen der politischen Entität EU und einem profitorientierten Unternehmensverbund. ...: tatsächlich ist das ...: *aus profitorientierter Sicht!* ...: recht einfach zu verstehen ...: In Belgien befindet sich nicht nur der EU-Pharma-Hauptproduktionsstandort von Pfizer ...: _*Wie?*_ aber mag ein Gericht entscheiden, dessen Richter vom König ernannt werden ...: *die aus einer von Provinzräten und dem Parlament erstellten Liste ausgewählt wurden* ...: hängen viele Arbeitsplätze vom Ausgang eines Verfahrens ab, in dem der potentielle Verlierer zugleich einer der ganz großen Arbeitgeber ist und die Provinzräte und Parlamentsabgeordneten dort ihre wichtigen Wahlkreise haben, wo die großen Pharmakonzerne in Belgien produzieren lassen-

...: eine weitere Seltsamkeit besteht darin, daß diese „Partner" geheimvertraglich vereinbart haben, daß, falls sich eine Passage ihres an den Bevölkerungen der EU-Mitgliedstaaten vorbei ausgekungelten Vertrages als illegal erweisen sollte, es genüge, daß eine solche illegale Passage durch eine legale ersetzt werden würde ...: allerdings so ...: daß der Kern der illegalen Passage inhaltlich möglichst erhalten bleibe ...: und daß eine illegale Passage nicht bedeuten könne, daß der ganze Geheimvertrag null und nichtig wäre. ...: mehr noch ...: _*Ist*_ eine illegale Passage erst einmal in eine sprach-textlich legale *um*_formuliert worden, wird so getan, als sei sie von Anfang an legal gewesen.

...: Es ist vor diesem Hintergrund ...: *da dieser nicht erst seit diesem EU-Pfizer/BioNTech-Geheimvertrag ausleuchtbar ist* ...: daß ich die Bewohner der EU-Mitgliedstaaten als Insassen bezeichne ...: nämlich ...: als Insassen von lobbykratischen Staaten ...: beziehungsweise bezogen auf die EU ...: als Insassen eines Dachverbandes lobbykratischer Staaten ...: welche _*noch!*_ das Mäntelchen simulierter Demokratie tragen ...: beziehungsweise ...: der Dachverband lobbykratischer Staaten „EU" selbst eines solchen Mäntelchens schon nicht mehr bedurfte, da dieser von Beginn seiner Existenz an ...: *von 1993 an* ...: von seiner ganzen Anlage her nichts anderes als ein „technokratisches Elitenprojekt" ist ...: und wenn man es genau nimmt ...: Dieses „Elitenprojekt" sucht die europäischen bürgerlichen Eliten bereits seit Anfang des 20. Jahrhunderts heim ...: so entsprachen beispielsweise die deutschen Kriegsziele in den beiden Teilen des großen Krieges des 20. Jahrhunderts ...: *zu denen übrigens immer auch die Ukraine gehörte* ...: in etwa der Größenordnung der heutigen EU.[89]

...: nun ...: vor diesem jetzt tatsächlich ausreichend ausgeleuchteten Hintergrund ...: Diejenige Person, die immer noch meint und gebetsmühlenartig davon redet, daß wir in einem Staat leben würden, dessen gesellschaftspolitische Struktur eine sogenannt repräsentative Demokratie sei ...: ist _*dann*_

---

[89] Siehe dazu auch den auf der Nachrichten-Plattform *German-Foreign-Policy.com* erschienenen Bericht: „Machtkampf mit Tradition: Außenministerin Baerbock besucht Kiew zum 30. Jahrestag der Aufnahme diplomatischer Beziehungen. Deutsch-ukrainische Kooperation ist seit über 100 Jahren Teil des Machtkampfs gegen Moskau."; der zugehörige Link:

https://www.german-foreign-policy.com/news/detail/8812 wurde am 14. März 2022 erneut geprüft.

als geschlechtsunspezifischer lobbykratie_*systemischer* Troll zu bezeichnen ...: _*ist!*_ nicht mehr von der Hand zu weisen, daß es Verträge zwischen profitorientierten Firmen und politischen Vertretern dieses Staates gibt ...: *demnach der zwischen der EU-Kommission und Pfizer / BioNTech geschlossene lediglich ein Beispiel ist* ...: von deren Inhalt die Bevölkerung nichts wissen darf.

...: übrigens ...: es gibt sehr viele lobbykratie_*systemische* Trolle ...: sowohl in Deutschland als auch in der EU ...: und gewiß ...: nicht allein dort ...: jedenfalls ...: *und jetzt davon abgesehen, daß das höchst bedenklich ist* ...: Die Existenz lobbykratie_*systemischer* Trolle belegt ...: *da massenphänomenal auftretend* ...: einmal mehr den realsatiristischen Charakter lobbykratischer Staaten ...: staatlich exemplarisch ...: der realsatiristische Charakter der deutschen staatlichen Gesellschaft ...: suprastaatlich exemplarisch ...: der realsatiristische Charakter des monströsen politischen Gebildes EU. ...: andererseits ...: _*Wie?*_ sollte das anders sein, sind die massenphänomenal auftretenden lobbykratie_*systemischen* Trolle ein Ausdruck einer realsatiristisch gewordenen staatlichen Gesellschaft, da eine solche Gesellschaft ...: *als Ganzes* ...: im Sinne betriebswirtschaftlicher Regeln funktioniert. ...: denn ...: deren Staatsstruktur ...: bzw. bezogen auf die EU ...: deren *Supra*_Staatsstruktur ...: die tatsächlich allein für eine Lobbykratie adäquat sein können ...: *wie an solchen Geheimverträgen exemplarisch deutlich wird* ...: werden von den lobbykratie_*systemischen* Trollen ...: wenn nicht gar als typisch für Demokratie ...: so doch als mit Demokratie _*vereinbar!*_ angesehen. ...: und das Ergebnis? ...: nun ...: Das Ergebnis solchen politischen Treibens kann lediglich eine hysterisierte Gesellschaft sein.

Im Rahmen dieser „Begegnung" meinte der Realsatirist *Mee* zu einer Aussage von Herrn Lauterbach, die von einem anderen, anders realsatiristisch gelagerten Diskutanten, wenn auch nicht wortwörtlich, so doch völlig genügend wiedergegeben worden war ...: ging es doch allein um den Tenor der Aussage dieses Herrn Lauterbach ...:

> ZITAT_Von wegen korrekt zitieren, Karl Lauterbach hat gesagt: „Klar ist aber, daß DIE MEISTEN Ungeimpften von heute bis dahin ENTWEDER geimpft, genesen ODER leider verstorben sind, denn das Infektionsgeschehen mit schweren Verläufen betrifft vor allem Impfverweigerer", sagte der SPD-Politiker._ZITATENDE

*Vielleicht?* überlegen Sie, Herr *Mee*, zu wenig, was jemand, in diesem Fall ein Herr Lauterbach schreibt bzw. verlauten läßt. ...: andernfalls müßte Ihnen das so widersprüchliche wie widersinnige _*und*_ suggestive ...: allein auf Alarmismus abstellende Argumentieren dieses Herrn sofort auffallen ...: der zumindest von der *Berliner Zeitung* ...: *und Sie sind es, der selbst aus dieser Quelle zitiert* ...: exakt _*so!*_ zitiert wird ...:

> ZITAT_Er [_*gemeint ist jener Herr Lauterbach*; Anm.d.A._] betonte erneut die Bedeutung von Impfungen. „Klar ist aber, daß die meisten Ungeimpften von heute bis dahin [_*Herr Lauterbach meinte den 21. März 2022*; Anm.d.A._] entweder geimpft, genesen oder leider verstorben sind, denn das Infektionsgeschehen mit schweren Verläufen betrifft vor allem Impfverweigerer", sagte der SPD-Politiker._ZITATENDE[90]

---

[90] Quelle: *Berliner Zeitung*: „Karl Lauterbach: Ungeimpfte bis März geimpft, genesen `oder leider verstorben´"; der zugehörige Link: https://www.berliner-zeitung.de/news/corona-notlage-epidemische-lage-ampel-karl-lauterbach-li.191526 wurde am 10. Dezember 2021 geprüft.

...: denn es ist _*nicht!*_ die Frage, ob jemand ein „Nichtgeimpfter" ...: *wir kennen ja nur noch* „Geimpfte" *und* „Nichtgeimpfte" ...: oder gar ein „Impfverweigerer" ist ...: ob er an SARS-CoV-2 bzw. an einer seiner Varianten stirbt ...: _*sondern!*_ ...: *aus!*_schließlich ...: ob jemand ...: *von extrem seltenen Ausnahmen abgesehen* ...: an schweren Erkrankungen leidet, die deshalb sein Leben abrupt beenden könnten, da ein solcher Menschen einer zusätzlichen Belastung durch die Infektion mit diesem Virus ...: *oder bspw. auch mit einem Influenza-Virus* ...: ausgesetzt ist. ...: solche Erkrankungen wären ...: Eine Störung des biologischen Kommunikationssystems (_*allgemein als* „Immunsystem" *be-zeichnet*_), Diabetes mellitus, Bluthochdruck oder / und Herz-Kreislauf-, Lungen-, Nieren-, Leber-, Krebs- und / oder schwere neurologische Erkrankungen ...: dies betrifft vor allem (_*potentiell!*_) Menschen über 60 ...: und da gesunde Menschen mit diesem Virus ohne weiteres „umgehen" können ...: *so wie mit einem Influenza-Virus auch* ...: kann es demzufolge *aus!*_schließlich Sinn machen, jene Menschen zu impfen, die an solchen beispielhaft genannten Erkrankungen leiden ...: ob die so hochgelobten mRNA-„Impf-Initialstoffe" dazu die richtigen sind, ist damit allerdings noch nicht beantwortet.

Vierte Begegnung:
Das die Frauen Merkel und Thunberg Trennende und das Verwandtschaftliche der Merkel_*isten und* Thunberg_*isten*

Es erzählte der Realsatirist *Laa* ...:

> ZITAT_Pünktlich zum Start der Koalitionsverhandlungen protestierten heute [_am 23.10.2021; Anm.d.A._] in Berlin gut mehrere tausend Demonstranten für strengere Klimaziele in den Koalitionsverhandlungen. Hauptorganisator war *Fridays for Future*, unterstützt wurde der Klimastreik von einer Vielzahl an Bündnissen, darunter *Greenpeace*, *Attac* und der *WWF*._ZITATENDE

...: während der Realsatirist *Laa* das sagte, hielt er eine vermutlich photogeshopte Montage hoch, welche die „Amalgamierung" der Gesichtszüge von Frau Merkel und Frau Thunberg mit _*der*_ Bemerkung versehen zeigt ...: „deutsch-schwedische Mutation entdeckt". ...: einzig auf die Aussage, daß es „pünktlichen Protest" gegeben habe, erschien mir *da*_rauf ein Antworten allein _*so*_ passendes zu sein ...:

...: geschlechts_*un*_spezifisch gesehen ...: Zumindest haben beide ein Meter und fünfzig über dem Boden schwebende ...: ideologisch ähnlich geprägte Anhänger. Wenn auch _*ein*_ optischer Unterschied zwischen diesen Anhängern wohl darin besteht, daß die geschlechtsunspezifischen ...: *zudem selbstredend mit* Schäuble_*isten so* ver_*schränkt wie* be_*schränkt* ...: Merkel_*isten* bereits so langjährig wie folgenreich nachwirkend ...: *sich im* „Isten_*haften*" *ihrer Namengeberin* aus_*drückend* ...: nämlich ...: *im von ihr* ...: und _*hier!*_ ...: in Kohlscher Kontinuität stehend ...: stil_*prägend gewordenen gesellschaftspolitischen* Aus_ *und* Platt_*Sitzen* ...: etabliert sind ...: da ...: *lediglich beispielsweise sei's jetzt gesagt* ...: meinend ...: _*ihre!*_ Galionsfigur habe die EU gerettet ...: _*hingegen*_ ...: die geschlechtsunspezifischen Thunberg_*isten* noch nicht ...: *da* wohl „prophetisch" *zu wissen meinend* ...: _*ihre!*_ Galionsfigur würde erst „später" als Klima_*Retterin* massenhaft *er*_kannt ...: wie solches Meinen für „Prophetische" nicht ungewöhnlich ist.

...: wie mag es aber überhaupt möglich sein, etwas retten zu können, das ...: *ob EU, ob* „Klima" ...: Ergebnis von Faktoren ist? ...: folglich ...: _*Solches?*_ Retten lediglich — *wie üblich* — aktionistisch vorzugaukeln möglich wäre ...: demnach ... beispielsweise ...: _*Ein?*_ ... *aktionistisch folgerichtiges* ...: windigluftig „Ding" à la „Klimaministerium" wohl als (_*ein nächstes!*_) Klimaxisches des üblich aktionistischen Treibens von bloß im *Weg*_Projizieren groß seienden Bürgerlich-Wattierten einzuschätzen möglich wäre.[91]

...: _*Eine?*_ weitere Verwandtschaft zwischen *Merkel*_isten und *Thunberg*_isten ...: nun ...: Ihr *Un!*_verständnis von dem, welches demokratische Prozesse sind.

> ...: durchaus ...: Da sind jene, die sich _*ideell*_ der *Gilet-Jaunes-Bewegung* zugehörig fühlen, weit mehr richtungweisend ...: denn ...: *im krassen Gegensatz zu den* Fridays-for-Future-*Aktionisten* ...: _*Weder*_ eine Frau Merkel _*noch*_ einen Herrn Altmaier hätten diese als Ansprechpartner „gesehen".[92]

---

[91] Auf den Seiten 158+f. gibt es eine Anmerkung zum „Klimaministerium", das zu der Zeit, als ich diesen Teil des Ihnen vorliegenden Buches schrieb, in den Koalitionsverhandlungen zwischen SPD, Grünen und FDP, die dann am 7. Dezember 2021 zur ersten „Ampel-Koalition" auf „Bundes-Ebene" führte, zu etablieren diskutiert worden zu sein schien, wie zumindest aus öffentlichkeitswirksamen Verlautbarungen zu schließen war.

[92] Herr Altmaier war zu der Zeit Wirtschaftsminister als Fridays-for-Future-*Aktionisten* ...: „kein CO_2 mehr!" skandierten. ...: In der Zeit vom 26. Dezember 2018 und dem 17. Januar 2019 habe ich ein Manifest verfaßt, das den *Gilet Jaunes* gewidmet ist: es beinhaltet alles, um einen Austritt aus dem

...: am Merkel_*istischen* bzw. Thunberg_*istischen* läßt sich übrigens erkennen ...: also ...: *bei scheuklappenfreier* Be_*Obachtung des bereits von der lobbykratischen Funktionselite etablierten wie des erst noch von ihr zu etablieren* ge_*wollten gesellschaftspolitischen Geschehens* ...: daß Realsatirismus ins Humorlose gesteigerte Realsatire ist ...: *da stets kollektiv auftretend* ...: *folglich unterstrichen werden muß* ...: Weder kann das eine noch das andre etwas mit Satire gemein haben ...: _*ist*_ es doch Ausdruck einer so schweren wie unbewußt bleibenden „projektionistischen Krise" Bürgerlich-Wattierter.[93]

...: zumal es aktionistisches Tun bleiben _*muß!*_ ...: höhere Klimaziele zu fordern ...: ist man ...: *als Staat* ...: tatsächlich weit *da*_von entfernt ...: _*dem*_ schon weit fortgeschrittenen ...: also ...: *ihm helfend* ...: entgegen_*geritten* zu sein ...: welches alle *ent*_sprechend (_*aktionistisch!*_) Beseelten aus ihrem Munde locker *ent*_lassen ...: „das Klima!".[94] ...: _*Ob?*_ es daher

---

„orwellianischen Imperium des Friedens" EU (_*konstruktiv*_) zu realisieren: « Le rayon des Lumières — Quelques remarques sur ›l'Empire de la paix‹ orwellien, nommé l'UE ».

[93] Daß „scheuklappenfreies Beobachten" keineswegs bedeutet, etwas nicht subjektiv wahrzunehmen ...: _wie?_ *sollte das menschenmöglich sein* ...: wird im weiteren Verlauf des Ihnen vorliegenden Buches noch erläutert werden.

Zum „projektionistischen Problem", bzw. zum Problem mit kollektiv auftretenden Projektionisten siehe in: « Die *tri*_logische Sezierung des lobbykratischen Zeitalters », Band III « ›Ich stimme nicht zu!‹ Gesellschaftspolitische Lesungen über den Neowilhelmoliberalismus und seine Konsequenzen », Teilband 1, Lesung 13: „Alles läuft bestens für `unsere´ Eliten, oder?", die Seiten 358+59.

[94] Deutschland hinkt alle Jahre wieder seinen vollmundig propagierten, und dabei andren den mahnenden Zeigefinger zeigend, „Klimazielen"

kommt, daß bürgerlich-wattierte Aktionisten meinen, sie bezeichneten jenen als „Klimaleugner" treffend, der ihnen bei ihrem aktionistischen Tun ...: denn mehr ist es nicht ...: den Spiegel vorhält.

Entsprechend vergleichbar ...: *nur anders herum* ...: realsatiristisch sind dann jene, die ...: ebenso ernsthaft ...: *nur anders herum* ...: meinen, man sei ...: *als Staat* ...: *und diese nur-anders-herum-Realsatiristen meinen damit* ...: Deutschland ...: die natürliche Umwelt betreffend tatsächlich so weit vorne, daß es geradezu als „Doofland" zu bezeichnen wäre, wollte man hier in der Tat nicht nur höhere Klimaziele setzen ...: *demnach* ...: und nicht bloß ...: also ...: *wie üblich* ...: der Masse der Menschen werbewirksam eine die natürliche Umwelt betreffende deutsche Vorreiterrolle *vor*_gaukeln ...: *wofür aktuell die Erfindung eines* „Klimaministeriums" *als exemplarisch gelten könnte* ...: sondern ...: diese Ziele auch in angemessener Zeit _*tatsächlich*_ praktisch erfüllen wollte.

Nun, ein eigenständiges „Klimaministerium" ist es am 8. Dezember 2021 dann auch nicht geworden ...: was insofern sogar sinnig ist, da das natürliche Klima eben _*keine*_ „eigenständige Sache" ist, sondern das Ergebnis von *wechsel*_seitig und *inter*_aktiv wirkenden ...: „umweltrelevanten Faktoren", die es ...: *je nach ihrem wechselseitigen und interaktiven Zusammenwirken* — erst zum Ergebnis haben. ...: denn ...: Seit diesem Datum ist das *Bundesministerium für Wirtschaft und Energie* in ...: *Bundesministerium für Wirtschaft und Klimaschutz* umbenannt worden ...: _*allerdings!*_ ...: mit *er*_weiterten Befugnissen, die ihm zum einen vom *Bundesministerium für Digitales und Verkehr* ...: nämlich ...: „Computerspiele" betreffend ...: zum andren vom *Bundesministerium für Umwelt, Naturschutz, nukleare Sicherheit und Verbraucherschutz* ...: nämlich ...: „Klimaschutz" betreffend ...:

---

hinterher. Geben Sie dazu in der Suchzeile Ihres Internet-Browsers die Suchbegriffe: „Deutschland", „Klimaziele" und „verfehlt" ein.

übertragen worden sind. ...: Zu seinen Aufgabengebieten gehört aber *_nicht!_* die internationale Klimapolitik.[95]

...: denn es ist nun einmal so ...: Weder ist jemand ein Leugner des natürlichen Klimas, weiß er darum, daß es lediglich Ergebnis von umweltrelevanten Faktoren sein kann ...: demnach ...: für sich genommen nicht existent ist ...: folglich ...: eine direkte Einflußnahme aufs Klima menschenunmöglich ist ...: noch könnte jemand überzeugend ...: *eben nicht aktionistisch, auf umweltrelevante Faktoren* _konstruktiv_ Einfluß nehmen ...: der ...: *da lobbykratiebedingt hysterisiert* ... mit „prophetischem Zeigefinger" ...: auf alte Menschen ...: weist ...: die ihm ...: _da?_ *solches Fingerweisen wohl Ergebnis prophetischen Wissens _wäre?_* ...: *seine Zukunft geraubt hätten* ...: *_handelt!_* es sich um einen Prozeß, der erst in Jahrzehnten erkennen ließe, ob ein hysterisch initiierter Einflußnahme_*Versuch!*_ tatsächlich zu *_konstruktiver!_* Klimaänderung führte und nicht allein zu neuer Geldanlage_*Möglichkeit* in von „Anlage_*Notstand*" geprägten Zeiten ...: und der sich als Kind eines „mit SUV ausgestatteten Haushaltes" zuerst zum Kindergarten, dann zur Schule, in eine der solche *Verzieh*_Anstalten umgebenden Tempo-30-Zonen mit überhöhter Geschwindigkeit karren ließ, um sich dort aus solchem SUV ...: *vorzüglich von dessen der Straße* zu_*gewandten* _Seite!_ ...: zerren ließ ...: weil seine geschlechtsunspezifisch „Erziehungsberechtigten" ...: *da arbeits- oder urlaubsmäßig neurotisiert gehetzt* ...: ihren „Yoga-Hilfskurs" nicht verpassen „durften" ...: wohlstandsverwahrlost wie jener dann zu jenem wurde ...: *um welches er zu*

---

95 Quelle: wikipedia.de; die hier verwendeten Aussagen basieren auf dem am 10. Dezember 2021 abgerufenen Eintrag: „Bundesministerium für Wirtschaft und Klimaschutz".

jener *Zeit selbst noch nicht wissen konnte* ...: und das ihm ...: *da unbewußter* _Verwebungsprozeß_ ...: auf _*sein*_ daseinsmäßiges „Ewig" verborgen bleiben muß ...: _*weil!*_ alle beteiligt Verantwortlichen ...: *nach altem Muster* ...: allein groß im *Weg*!_projizieren waren ...: und sind. ...: Woran einmal _*mehr*_ zu erkennen wäre, daß Realsatirismus ins Humorlose gesteigerte Realsatire ist ...: da ...: *wie längst wiederholt gesagt* ...: allein so *un*_bewußt wie kollektiv *auf*_tretend ...: demnach ...: Realsatiristisches _*nichts!*_ mit Satire zu tun haben kann.

Warum auch immer, ließ nun der
Realsatirist *Laa* verlauten ...:

> ZITAT_Im übrigen sehe ich Frau Merkel sehr, sehr kritisch. Als Klimakanzlerin hat sie komplett versagt_ZITATENDE

...: es ist bloß ein weiterer realsatiristischer „Gesichtspunkt", sagt jemand, er würde eine Person „sehr, sehr kritisch sehen", um dann ...: _soll's?_ *etwa als ein sich allein auf eine* „Sparte" *begrenzbares Beispiel gemeint gewesen sein* ...: hinzuzufügen ...: diese Person habe in einer *be*_stimmten „Sparte" ihrer Verantwortung „komplett versagt" ...: _*Läßt?*_ sich aber die Verantwortung einer Person in „Sparten" aufteilen ...: *von denen zudem die einen wesentliche die anderen aber lediglich unwesentliche* _wären_ ...: _*wenn?*_ diese Person (_*zumindest vordergründig*_) ...: *auf Grund der ihr zugesprochenen Position* ...: sowohl die _*ganze*_ gesellschaftspolitische Richtung als auch deren Entwicklung bestimmt ...: das ist zumindest _*der*_ Grund, wieso es in Deutschland die Position eines (_*geschlechtsunspezifischen*_) Kanzlers überhaupt gibt ...: _*Kann?*_ man dann sagen, daß eine in ...: *diese Richtung und deren Entwicklung* (_zumindest vordergründig_) *bestimmende* ...: Position gehievte Person in _*einer?*_ „Sparte" ihrer *Gesamt*_

Verantwortlichkeit ...: *bspw. als* „spartenmäßige `Klimakanzlerin´" ...: „`komplett´ versagt" habe ...: *hin?*_gegen in einer andren „Sparte" ihrer *Gesamt*_Verantwortlichkeit ...: *bspw. als* „spartenmäßige `Austeritätskanzlerin´" ...: aber nicht ...: _*oder?*_ ...: in _*dieser*_ „Sparte" etwa „bloß *`teil*_komplett´" versagt. ...: _*Wird?*_ eine gewisse Beschaffenheit des natürlichen Klimas für die Existenz der Spezies Mensch sowie der anderen heute existierenden Lebewesen als entscheidend angesehen oder nicht. ...: Wenn aber die Sorge für den Erhalt einer für die heute lebenden Arten existentiell seienden Beschaffenheit des natürlichen Klimas zu den „wesentlichen Sparten" der *Gesamt*_Verantwortlichkeit einer die ganze gesellschaftspolitische Richtung (_*zumindest vordergründig*_) bestimmenden Person gehört ...: und ...: versagt sie in dieser wesentlichen „Sparte" ihrer gesellschaftspolitischen *Gesamt*_Verantwortlichkeit ...: hat diese die ganze gesellschaftspolitische Richtung (_*zumindest vordergründig*_) bestimmende Person _*nicht!*_ „spartenmäßig `komplett´ versagt" ...: _*sondern!*_ ...: sie hat dann bezogen auf ihre gesellschaftspolitische *Gesamt*_Verantwortlichkeit *ver!*_sagt.

...: sicherlich wäre es töricht zu glauben, daß eine einzelne Person ...: *die die gesellschaftspolitische Richtung eines Landes bestimmt* ...: die Entwicklung des Erdklimas wesentlich beeinflussen könnte ...: aber ...: _*handelte*_ es sich dabei eben nicht um eine optische Täuschung ...: nämlich ...: lediglich vermeintlich die Geschicke _*des*_ Landes zu bestimmen, der eine Person _*optisch*_ als die gesellschaftspolitische Richtung bestimmende Person vorsteht ...: also ...: _*Handelte!*_ es sich bei dieser Person um die tatsächlich von der Bevölkerung per *politischem Losverfahren* bestimmte Person, die zu _*dem*_ damit verbundenen Zweck *be!*_stimmt wurde ...: *und eben nicht gewählt* ...: *nachdem andre in irgendwelchen Hinterzimmern von Karnevalsvereinen oder ähnlichen Etablissements diese der*

Bevölkerung als zu wählende Person ausgekungelt hatten ...: _*müßte!*_ sie alles in ihrer Macht Stehende tun, dazu positiv beizutragen ...: _*und!*_ das völlig transparent zu tun ...: so daß die Bevölkerung über _*jeden!*_ Entwicklungsschritt solchen zielgerichteten Tuns _*stets!*_ im Bilde wäre ...: immerhin ...: Es geht um etwas, das *global!*_gesellschaftlich existentielle Bedeutung hat.[96] ...: Zumindest das tendenzielle Gegenteil trifft / traf ...: *gewiß nicht allein, aber* _dennoch!_ ...: insbesondere auf Frau Merkel zu. ...: denn ...: Es ist für preußisierte Deutsche so typisch wie üblich, mit dem erhobenen Zeigefinger auf andre zu weisen, anstatt sich mit diesem ...: *im Verein mit dem zugehörigen Daumen* ...: an die _*eigene!*_ Nase zu fassen ...: Man muß die das natürliche Klima betreffenden und in Deutschland unternommenen Maßnahmen vor _*dem*_ Hintergrund sehen, daß für die Berechnung einer potentiellen Reduktion des sogenannten „Treibhausgases" CO_2 als Basisjahr 1990 genommen wird ...: Es war ab dem Jahre 1990, daß es zu einer so automatischen wie drastischen CO_2-Reduktion allein durch den „mauerfallbedingten" Abbau der ostdeutschen Industrie und des ostdeutschen Energiesektors kam ...: dazu bedurfte es _*keiner!*_ „klima-politischen Anstrengung".[97]

---

[96] Weiter unten ist erläutert, was in einem modernen staatlichen Gebilde unter „politischem Losverfahren" zu verstehen ist, siehe dazu die Seiten 608-11, beginnend mit: „Ach, _*Sie?*_ finden das *politische Losverfahren* genauso lächerlich [...]".

[97] Im folgenden seien einige Quellen aufgeführt, die direkten bzw. mittelbaren Aufschluß über die traditionell praktizierte „deutsche Augenwischer-Politik" in der „Sparte `natürliches Klima´" geben:

1. „Germany's greenhouse gas emissions and climate targets"; Link: https://www.cleanenergywire.org/factsheets/germanys-greenhouse-gas-emissions-and-climate-targets.

...: vor diesem Hintergrund aber könnte ich diese Person nicht mehr bloß „sehr, sehr kritisch sehen". Denn „sehe" ich jemanden kritisch, könnte ich ihm lediglich geringer oder stärker ausgeprägte „Verhaltensfehler", aber ihm nicht „`komplettes´ Versagen" vorwerfen, da es dann nicht mehr genügte, ihn „kritisch zu sehen" ...: *selbst dann, sähe ich ihn* „sehr, sehr kritisch" ...: hingegen ...: es *_nun!_* allein angemessen wäre, für seine sofortige Entlassung, bzw. für seine Entfernung vom entscheidungsbefugten Posten zu plädieren. ...: *Des!_*halb ...: also ...: *bezogen auf die sechzehn Jahre lang qua Amt die politische Richtung bestimmt* ...: *realiter* aus!_ *und* platt!*_gesessen* ...: *habende und* des!*_halb mit entsprechender Entscheidungsbefugnis ausgestattet gewesene* ...: *in längst nicht* „bloß" *einer* „wesentlichen Sparte" *versagt habende Frau Merkel* ...: antwortete ich dem Realsatiristen *Laa* auf seine zitierte Bemerkung hin angemessen kurz ...: *_Auch!_* als ...: *wie Sie es sagen* ...: „Klimakanzlerin" hat sie versagt. ...: Immerhin war *_nicht!_* sie es, die den Euro „gerettet" hatte ...: soweit man überhaupt sagen kann, daß der „gerettet" wäre ...: ganz im Gegenteil ...:

---

2. „Deutschland hinkt seinem Klimaziel hinterher"; Link: https://www.sueddeutsche.de/wirtschaft/klimawandel-deutschland-hinkt-seinem-klimaziel-hinterher-1.3702329.

3. „Prädikat `unzureichend´"; Link: https://www.german-foreign-policy.com/news/detail/8739/.

Wie bereits bemerkt: Sie können diesbezüglich selbst googlen.

4. „Die Glasgower Klimakonferenz (I)"; Link: https://www.german-foreign-policy.com/news/detail/8750/.

5. „Die Glasgower Klimakonferenz (II)"; Link: https://www.german-foreign-policy.com/news/detail/8763/.

Alle aufgeführten Links wurden am 12. Dezember 2021 geprüft.

Es steht *EU*_weites gesellschaftspolitisches Siechtum an ...: zumindest ist zu sagen ...: Den desolaten Zustand der EU hat sie zwar nicht allein, aber wesentlich *mit!*_zuverantworten ...: war doch _*sie!*_ nun einmal über einen sehr langen Zeitraum die Kanzlerin _*des!*_ Staates der EU, der ...: *in entscheidenden Phasen!* ...: _*wesentlich!*_ die politische Ausrichtung dieses „Dachverbandes europäisch lobbykratischer Staaten" bestimmt hat ...: aber ...: zugleich US-amerikanischer Vasall war _*und!*_ ist ...: was ...: *seit dem 24. Februar 2022* ...: nun die EU offensichtlich als Ganzes selbst geworden ist. ...: und ...: Die Machtelite und deren Satelliten dieses Staates wollten das _*erneut!*_ ...: *hat doch dieses Streben lange Tradition* ...: lediglich die Methode hat sich geändert ...: Das *dies!*_bezüglich _*erneute*_ zauberlehrlinghafte Versuchen setzte bereits unmittelbar nach dem Ende des Kalten Krieges ...: *und ab dann sich mählich beschleunigend* ...: wieder ein.[98]

...: gewiß ...: Frau Merkel konnte bequem auf dem „aufbauen", das andre als „Fundament" gelegt hatten ...: bspw. auf der „Agenda 2010" ...: und ...: ich leugne nicht, daß sie offenbar in der Bevölkerung sehr beliebt ist ...: aber ...: _*Muß?*_ mich das sonderlich interessieren, handelt es sich bei dieser Beliebtheit um eine von interessierten machtelitären Kreisen gepushte ...: _*sage?*_ ich etwa ohne Grund ...: Die bürgerlichen ...: heutzutage ...: die lobbykratischen Intellektuellen sind mental fertig. ...: und ...: wie es eben mit lobbykratischen Intellektuellen so ist ...: Frau Merkel hat ihnen über fast 16 Jahre

---

[98] Siehe dazu in: « Die *tri*_logische Sezierung des lobbykratischen Zeitalters », Band III « ›Ich stimme nicht zu!‹ Gesellschaftspolitische Lesungen über den Neowilhelmoliberalismus und seine Konsequenzen », Tb 2, Lesung 19: „Die Zerstörung des europäischen Einigungsprozesses durch Neoliberalismus und *Neo*_Wilhelminismus", dort ab der Seite 622, beginnend mit: „Exemplarische Beispiele kontraproduktiver Konsequenzen deutscher Machtpolitik".

das genauso verschleiern zu können ermöglicht wie diese ihr das Nichtssagende ihres ...: *über Floskulöses nicht hinauskommenden* ...: Redens verschleierten ...: da man aber so etwas ohne weiteres eine „opportunistische *Win-win*-Situation" nennen kann, bedeutet dies auch ...: Der lobbykratische Staat ist als „opportunistischer Staat" seiner Machtelite und ihrer Satelliten zu verstehen.

> Frau Merkel ist aus meiner Sicht die exemplarische Opportunistin ...: Gäbe es die Ex-DDR heute noch, wäre Frau Merkel die im Herbst 2021 ihren Rücktritt verkündet habende Staatsratsvorsitzende der DDR gewesen ...: sie hätte keinen Grund gehabt, die DDR zu verlassen ...: *alle Karrierewege standen ihr offen* ...: wer sagt da, ich spräche aus Neid? ...: also, bitte ...: dazu _*kein!*_ Wort mehr.

...: nun ...: Wem selbst nicht mehr einfällt als denjenigen, der den Aktionismus jener kritisiert, die mehr neurotisiert als inhaltlich korrekt über das natürliche Klima, das Spurengas CO_2 usw. reden[99] ...: *sich beispielsweise in Sprüchen wie* ...: „kein CO_2 mehr!" *äußernd* ...: als „Klimaleugner" oder als „unterbelichtet" zu bezeichnen ...: oder sogar meinend ...: jede Kritik an diesem Aktionismus wäre bereits Beleg dafür genug, daß diese jungen Leute alles genau richtig machten, da sie „dumme alte `weiße Männer´ zur Weißglut" brächten ...: betreibt nichts andres als jene, die junge Leute per se verunglimpfen ...: sind diese davon beseelt, das „Klima retten" zu wollen ...: nur andersherum. ...: aber davon abgesehen ...: Ich

---

[99] Siehe bspw.: „Viel Wind um Nichts: Die prognostizierte Zunahme von Stürmen bleibt aus"; der zugehörige Link:

https://www.wattenrat.de/wp-content/uploads/2018/02/Viel-Wind-um-nichts_Puls_2010.pdf wurde am 12. Dezember 2021 geprüft.

„Energiewende — Traum, Alptraum oder Notwendigkeit?"; der zugehörige Link:

https://knutloeschke.files.wordpress.com/2012/04/vorlesung-15_1_2014-mit-folien.pdf wurde ebenfalls am 12. Dezember 2021 geprüft.

finde es in der Tat *be_un_ruhigend*, höre ich, daß es Menschen geben soll, denen dieser Aktionismus für sie wie ein „religiöses Erweckungserlebnis" wäre ...: denn ...: es ist lediglich einerseits, daß mich so etwas lachen macht.

Jetzt aber *er_*griff der würdige Realsatirist *Haa* das Wort, um mich *end!_*lich ... wenn auch *ab_*seitig ...: aber ...: _was?_ *macht das schon* ...: *auf_*zuklären.

> Das nachfolgend Zitierte habe ich bewußt unkorrigiert gelassen, d.h. genauso hatte sich Herr *Haa aus_*gedrückt, obwohl doch bloß vom mit von ihm ...: *wohl aus seiner Sicht sorgfältig* ...: *Ab_*geschriebenem *be_*schriebenen Blatt *ab_*gelesen ...:
>
> ZITAT_den 12.12.2015 das Übereinkommen von Paris. Inkrafttreten 4.11.2016. Ratifikation 195 Länder. Warum? ; unter 1,5 Grad bleiben, (Begrenzung des Anstiegs der globalen Durchschnittstemperatur auf deutlich unter 2°C über den vorindustriellen Niveau.) Die Gleichgewichte werden künstlich aus den alten Gleichgewichten genommen, beim ignorieren des Maximalem für dieses Gleichgewicht. Das neue Gleichgewicht ist knapp 10 Jahre vor der Vollendung (ein unumkehrbarem Fakt, egal wie lange es dauert, es passiert). Dieser künstlichen Beschleunigung geht ein 6. Artensterben voraus, dem sich der weit verbreitete, verantwortliche, entwickelte Säuger kaum entziehen kann. MfG (demzufolge ist ein Scherz auch manchmal ein Ausdruck verschiedener Zustände des Bewußtseins, möglicherweise deswegen auch unverhofft auch ziemlich ehrlich, die Basis ist nicht der Humor, es sei, man hat keine Schmerzgrenze)_ZITATENDE

Da aber *ab_*seitig ...: also ...: _nicht!_ *dem von mir Ausgedrückten folgend, sondern lediglich* ...: allerdings ...: wie üblich ...: *reflexhaft* er_*widert*, beendete ich diese „Begegnung" mit zwei Bemerkungen ...:

1. Im Gegensatz zu meiner Rede, die eine sinnige ...: *und keineswegs* „leugnende" ...: Antwort auf das vom Realsatiristen *Laa* Geredete ...: hingegen _*nicht!*_ auf die von ihm *hoch*_gehaltene geschmacklose, vermutlich photogeshopte Montage, welche die „Amalgamierung" der Gesichtszüge von Frau Merkel und Frau Thunberg mit _*der*_ Bemerkung versehen zeigt ...: „deutsch-schwedische Mutation entdeckt" ...: ist ...: läßt sich das von _*Ihrer*_ Erwiderung auf meine nicht sagen ...: Woran mag das aber liegen?

   Nun, glücklicherweise ist auf die Beantwortung dieser wichtigen gesellschaftspolitischen Frage ...: *wieso jemand nicht in der Lage ist, auf eine kontextuelle Bemerkung hin, kontextuell zu antworten* ...: nicht zu warten ...: denn ...: *abgesehen davon, daß die erfahrungsgemäß sowieso nicht erfolgte* ...: _*diese*_ Frage habe ich bereits *des*_halb angemessen an andrer Stelle beantwortet, da es sich um ein gesellschaftspolitisch *be*_denkliches ...: *da kollektiv auftretend* ...: Phänomen handelt, das keineswegs allein jene Blabla_*isten* betrifft ...: *wie mainstreamdurchtränkt* ...: also ...: *lobbykratisiert Meinende meinen* ...: die in social_*medialen* Foren ...: *als selbst lobbykratisiert Meinende* ...: das mainstreamig *Vor*_geplapperte *nach*_plappern ...:und das nicht einmal _*humorig!*_ ...: also ...: *blabla*_istisch *daher*_ und *wider*_reden.[100]

2. Lobbykratische Klima-Aktionisten wissen „natürlich" ...: Nicht allein wegen der „Rettung des Erdklimas", sondern ebenso wegen der „Menschenrechte", die zufälligerweise immer dort zu verteidigen sind ...: oder ...: um für diese behaupteten Rechte _*dort*_ kämpfen ...: zu lassen ...: wo die Interessen der Machteliten jener Staaten liegen, in denen sie ...: diese Aktionisten ...: „demnächst" die Funktionselite dieser Machteliten stellen wollen ...: sind eben_*dort* noch Kriege gegen die „Unwilligen" zu führen. ...: *des*_halb ist es wohl, daß diese Aktionisten genauso „natürlich" wissen, daß es dann zwar „Kollateralschäden" gibt, diese aber ...: *wegen der* „Ret-

[100] Siehe dazu auch die *Vermeintlich letzte Begegnung*: „... meinen und antworten ...".

tung des Erdklimas" ...: *wegen der* „Menschenrechte" ...: _vielleicht?_ *lediglich die einer gewissen* Elite ...: „natürlich" in Kauf zu nehmen sind.

Nun, solche sich verwirrende Argumentationsführung der bürgerlichen bzw. lobbykratischen Intellektuellen ergibt sich im lobbykratischen Zeitalter ...: *in dem wir _leben!_* und das „mental-emotional" sozusagen jenes des Realsatirismus' ist ...: „natürlicherweise". ...: _*Wer?*_ wollte sich da noch wundern, daß die aus Realsatiristischem resultierenden Konsequenzen ...: im Gegensatz zu jenen einer ehrlichen Satire ...: *schwer!*_wiegende ...: ja ...: mit!_*unter* gar ...: tödliche sind.[101]

...: im übrigen ...: Die Realsatiristen des lobbykratischen Systems sind darauf hinzuweisen, daß ich bereits alles Notwendige skizziert habe, um auf so adäquate wie konstruktive Weise eine tatsächliche ...: *sowohl das* _natürliche!_ *wie das _Klima betreffende* ...: „gesellschaftspolitische Neujustierung" zu realisieren.[102]

---

[101] Siehe diesbezüglich auch die *vor*_letzte Begegnung: „Die Menschenrechtsheuchler".

[102] Siehe dazu in: « Sie fragen noch, wie die ›Verhältnisse‹ liegen? » die Aspekte der „Perspektive 3: `Läßt sich das Klima leugnen?´" sowie in der „Perspektive 2: `Diskussionen mit Apologeten der lobbykratischen EU´", den „Aspekt 32: `Die erste Demonstration der unbewußten Real-Satiriker ereignete sich am 19. Mai 2019´", dort die Seiten 337 und folgende, beginnend mit: „folgendes ist keine politische Geschmacksfrage", sowie a.a.O. die Seite 669, beginnend mit: „Also sei zum Abschluß nicht allein die Frage wiederholt: Was spricht noch gegen Direkte Demokratie, spricht nichts für die simulierte Demokratie des lobbykratischen Systems?".

Fünfte Begegnung:
Vom lobbykratischen Narrativ: „Brexit_*bedingt*!"

Die ursprünglich vom Realsatiristen *Kaa* sofort weitergebene und dann von seinem Kollegen *All ver*_spreadete ...: *da mit ihrem begierigen Zuspruch durch die Masse der Realsatiristen* _sicher_ *zu rechnen war* ...: realsatiristische Meldung des virtuellen Medien-Blattes „T-Online" ...: *das bis 2015 zu jenem Konzern gehörte, der* ...: im Verein mit andren deutschen Konzernen ...: *politischen Vertretern* ...: *bspw. US-amerikanischen Kongreßabgeordneten* ...: *mit* _der_ *Absicht Geld in den Hintern steckt, daß die nur ja* ...: zur Absicherung der Exportabhängigkeit deutscher Konzerne ...: *Gesetze verhindern helfen, da andernfalls deutsche Konzerne* ...: wie bspw. BASF, Bayer, Boehringer, Fresenius, Siemens, Deutsche Telekom ...: *Umsatzeinbußen zu befürchten hätten* ...: *käme es* ...: mittels solcher Gesetze ...: *zu Investitionen in den Klimaschutz oder in soziale Sicherungssysteme* ...: daß es nun in Großbritannien zu einer Versorgungskrise käme, die „Brexit_*bedingt*" sei.

...: dazu erlaubte ich mir auf die davon völlig abweichende Faktenlage aufmerksam zu machen ...: Diese Versorgungskrise hat nur insofern etwas mit dem Brexit zu tun, daß nun strukturelle Probleme offensichtlich werden wie bspw. die fehlenden 100.000 LKW-Fahrer, die vor allem deshalb fehlen, da während der EU-Mitgliedschaft die billigsten LKW-Fahrer, zum Beispiel aus Polen, britische LKWs gefahren hatten, was wiederum eine negative Lohnspirale in Bewegung gesetzt hat ...: allerdings nicht allein in Großbritannien, sondern genauso in der EU als Ganzes ...: Das Problem einer Versorgungskrise betrifft demnach nicht Großbritannien allein ...: in Großbritannien wird das nur eher sichtbar.[103]

...: um die Faktenlage zu verdeutlichen, und so diese realsatiristische *T-Online*-Meldung ...: *die zwar in der realsatiristischen EU* ...: *und somit auch in Deutschland* ...: *begierig aufgegriffen wurde* ...: ad absurdum zu führen, zitierte ich dann einen von *German-Foreign-Policy.com* veröffentlichten Bericht ausführlich ...:

> ZITAT_[...] Eine [...] Versorgungskrise wie aktuell in Großbritannien droht wegen des kontinuierlich zunehmenden Mangels an Lkw-Fahrern auch Deutschland und der EU. Das besagen Einschätzungen von Branchenexperten. Im Vereinigten Königreich waren nach ersten Schwierigkeiten bei der Belieferung von Supermärkten nun am vergangenen Wochenende [_*gemeint sind der 25 und 26. September 2021*; Anm.d.A._] die Benzinvorräte von wohl zwei Dritteln aller Tankstellen zur Neige gegangen; trotz erster Anzeichen einer Erholung dauert der Mangel an. Experten weisen darauf hin, daß in der Bundesrepublik fast ebenso viele Lkw-Fahrer fehlen wie in Großbritannien — und es werden mehr. Das ist auch in den Ländern Ost- und Südosteuropas der Fall, die einen beträchtlichen Teil des Lkw-Frachtverkehrs in der EU abdecken. Ursache des Fahrermangels sind — *wie in Großbritannien* — Dumpinglöhne und miserable Arbeitsbedingungen, mit denen in der EU allgemein meist Arbeitskräfte aus Europas östlicher und südöstlicher Peripherie abgefunden werden.[...]

---

[103] Siehe dazu auf der bei lobbykratischen Intellektuellen ungeliebten, aber scheuklappenfrei faktenorientiert auf die Bestrebungen deutscher machtelitärer Kreise blickenden Nachrichtenplattform *German-Foreign-Policy*.com: „Bayer & Co. vs. Biden"; der zugehörige Link: https://www.german-foreign-policy.com/news/detail/8758/ wurde am 13. Dezember 2021 geprüft.

In Großbritannien führt der Mangel an Lkw-Fahrern, der bereits seit geraumer Zeit für Probleme sorgt, seit dem vergangenen Wochenende zu großen Schwierigkeiten in der Benzinversorgung. [...] Branchenexperten sagen für die kommenden Tage eine erste Entspannung voraus. [...] Bestehen bleibt jedoch der Mangel an Lkw-Fahrern, der auf rund 100.000 Personen geschätzt wird [...]. Zum Teil ist er durch die Covid-19-Pandemie bedingt; 2020 konnten aufgrund der Lockdowns 25.000 Lkw-Fahrprüfungen weniger abgelegt werden als 2019.[...] Die Hauptursache sind allerdings die miserablen Arbeitsbedingungen, die vor allem Jüngere abschrecken; das Durchschnittsalter wird mittlerweile mit 55 Jahren angegeben. [...]

Für Deutschland berichten Branchenverbände von einer Personallücke, die sich auf 60.000 bis 80.000 Fahrer beläuft. Für Polen ist von bis zu 120.000 die Rede. Zu den Ursachen trägt in der Bundesrepublik laut Berichten in gewissem Umfang die Aussetzung der Wehrpflicht bei: Die Bundeswehr, heißt es, bilde mit 10.000 Lkw-Fahrern im Jahr nur noch halb so viele aus wie zuvor.[...] Als Haupthindernis beim Anwerben neuer Fahrer gelten allerdings auch in Deutschland die niedrigen Löhne sowie die miserablen Arbeitsbedingungen. So sind Lkw-Fahrer in der Praxis oft mehrere Monate lang von ihren Familien getrennt, müssen zahlreiche Überstunden machen und in ihren Fahrerkabinen übernachten: „Lkw als Wohnort, Autobahnraststätten als Zuhause", hieß es vor kurzem in einem Bericht.[...] Hinzu kommen oft starker Pünktlichkeitsdruck, gesetzeswidrige Ausbeutungspraktiken der Speditionen sowie unzulängliche gesetzliche Rahmenbedingungen bei einer gleichzeitig eher rudimentären Durchsetzung geltender Gesetze mittels Kontrollen; überlange Arbeitszeiten etwa werden, wie berichtet wird, immer noch häufig durch gezielte Manipulationen an den Tachometern verschleiert und allzu oft nicht aufgedeckt. [...]

Möglich ist die Aufrechterhaltung von Dumpinglöhnen und miserablen Arbeitsbedingungen dank der EU. Die Voraussetzungen dafür schafft das kaum veränderte Wohlstandsgefälle in der Union in Verbindung mit dem Binnenmarkt und der Arbeitnehmerfreizügigkeit. So greifen Konzerne aus Deutschland in steigendem Maß auf Dienstleistungen von Lkw-Firmen mit Sitz in Ost- und Südosteuropa zurück, weil dort die Löhne und die Lohnnebenkosten erheblich niedriger sind; auch westeuropäische Speditionen haben Ableger in den östlichen und südöstlichen EU-Mitgliedstaaten gegründet. [...]

Die systematische Ausbeutung ost- und südosteuropäischer Lkw-Fahrer gelingt auch deswegen, weil es mehreren Staaten der Region gelungen ist, den Frachtverkehr auf der Straße zu einer Säule ihrer Wirtschaft auszubauen. [...] Die weitreichende Festlegung der Länder Ost- und Südosteuropas auf wirtschaftlich abhängige Tätigkeiten mit oft schlechter Entlohnung und miserablen Arbeitsbedingungen führt zuweilen zu Exzessen, die öffentliche Aufmerksamkeit erregen. Das gilt nicht nur für die Situation von Lkw-Fahrern aus Ost- und Südosteuropa, sondern auch für ost- und südosteuropäische Arbeitskräfte in der deutschen Landwirtschaft, in deutschen Schlachtbetrieben und in der deutschen 24-Stunden-Pflege [...].

Allerdings zeigt der Mangel an Lkw-Fahrern auch in Deutschland und Polen, daß das System an seine Grenzen stößt. [...] Angeworben werden Fahrer längst nicht mehr nur aus der Ukraine und Moldawien, sondern auch aus Weißrußland oder aus Kasachstan, zuweilen sogar aus den Philippinen. Dennoch läßt sich der Bedarf unter den Bedingungen von Dumpinglöhnen und miserablen Arbeitsbedingungen nicht mehr decken. Das liegt womöglich auch daran, daß die Bedingungen anderswo besser sind als in der EU: Philippinische Fahrer beispielsweise berichten, sie seien in Saudi-Arabien besser behandelt worden als in Europa.[...] Mit Blick auf den Lkw-Fahrermangel auch in Deutschland urteilt der Vorstandssprecher des Bundesverbandes Güterkraftverkehr Logistik und Entsorgung, Dirk Engelhardt, mutmaßlich werde „in Westeuropa die gleiche Situation" eintreten wie zur Zeit in Großbritannien, „nur etwas zeitversetzt": „Wir warnen davor, daß wir auch in Westeuropa sehenden Auges in einen Versorgungskollaps laufen."[...] [...]

Großbritannien, das seinerseits Niedriglohnpersonal traditionell stark aus seinen früheren Kolonien rekrutiert, hat mit dem Austritt aus der EU auch Abschied vom Niedriglohnimport aus Ost-

und Südosteuropa genommen. [...] Bereits im Sommer wurde berichtet, erste Unternehmen böten Lkw-Fahrern deutliche Lohnerhöhungen an.[...] Jetzt dringt auch die Regierung darauf, den Fahrern „mehr zu zahlen, statt den Markt nur mit billiger Arbeit zu überfluten"; sie gerät dadurch in Konflikt mit der auf Lkw-Transporte angewiesenen Industrie.[...] Die Auseinandersetzungen dauern an. [...]_ZITATENDE[104]

...: da eine solche Richtigstellung für eine realsatiristisch gewordene Gesellschaft schlecht, wenn nicht gar ...: *insbesondere für die deutsche* ...: überhaupt nicht aushaltbar ist, konnte es nicht ausbleiben, daß sich der an eigentümlicher Charakterschwäche leidende Realsatirist *Kuu* nicht allein so melden konnte, wie es von Realsatiristen sowieso nicht anders zu erwarten ist ...: *reflex*_denkend und dementsprechend die Faktenlage selektiv „checkend" ...: sondern ...: *und hier kam seine besondere Charakterschwäche zum Ausdruck* ...: sogar im direkt verleumderischen Sinne ...:

ZITAT_welche Faktenlage? ... Vielleicht diese hier: „`german-foreign-policy.com´ — Versuch einer Demaskierung."_ZITATENDE[105]

...: womit er allerdings zugleich ein exemplarisches Beispiel für oberflächliches und *un*_redliches Recherchieren von jener Seite

---

[104] Quelle: *German-Foreign-Policy.com*: „Die Versorgungskrise am Horizont". Der zugehörige Link:

https://www.german-foreign-policy.com/news/detail/8719/ wurde am 13. Dezember 2021 geprüft.

[105] Der zugehörige Link:

https://schauungen.de/Forumsarchive/forum53379/messages/140835.htm?fbclid=IwAR1e3I93MPZJbeEU1fkM8dM7Xu_HCkO-dItf444CYYFduufs3eoKUPP7AdyQ wurde am 13. Dezember 2021 geprüft.

...: *der er sich offenbar zugehörig fühlt* ...: bot ...: die von sich behauptet, allein am „Checken von Fakten", am Nachweisen von unsauber, krude oder „*alu*_hutlich" verbreiteten Nachrichten interessiert zu sein ...: *ob*_wohl doch Faktenchecken ...: *und zwar nicht allein in propagandistischen Zeiten wie diesen* ...: nur bedeuten kann ...: _*sämtliche!*_ verbreiteten Nachrichten auf ihren Wahrheitsgehalt hin zu überprüfen ...: *egal von wem sie verbreitet werden* ...: Eine Nachricht gewinnt nicht dadurch per se an Plausibilität, daß sie von einem als seriös _*geltenden*_ Medium verbreitet wird ...: und ...: _*Kann?*_ das überhaupt zu glauben sein, hat die Masse der Menschen es vorwiegend mit Konzernen ...: mit Medien_*Konzernen* ...: zu tun, die für das Verbreiten von Informationen zuständig sind, die aber _*im Sinne!*_ machtvoller Partikularinteressen funktionieren. ...: Es ist nicht ohne Grund, daß die sogenannt westlichen Staaten _*spezifisch*_ organisierte Massengesellschaften sind ...: Jede Massengesellschaft benötigt ein möglichst viele ihrer Mitglieder verbindendes Band, das man „öffentliche Meinung" nennt ...: und in den spezifisch organisierten Massengesellschaften der westlichen Staaten übernehmen das Schaffen dieser „Meinung" Medien_*Konzerne*, die ...: *wie alle Konzerne dieser Staaten* ...: profitorientiert sind. ...: Es geht dann beim Verbreiten von Informationen nicht mehr darum, ob ihr Wahrheitsgehalt möglichst hoch ist ...: sondern ...: ob sie möglichst „profit_*werte*", bzw. dem Profitsystem förderliche oder es erhaltende sind. ...: das führt dazu, daß gesellschaftspolitisch Relevantes betreffende Informationen eben nicht nach Wahrheits_*ge*_halt, sondern nach System_*er*_halt, bzw. nach Möglichkeiten der gesellschaftspolitischen „Entwicklung" im profitorientierten Sinne *be*_urteilt werden ...: was für die Schaffung von „öffentlicher Meinung" ...: bzw. dem auf diese Weise dem System-*er*_halt, bzw. der „Erzeugung" von Möglichkeiten der gesellschaftspolitischen „Entwicklung" im profitorientierten Sinne zu spezifischer Beantwortung folgender Fragen führt ...: _*Welche?*_ Nachrichten sind zu verbreiten ...: _*Welche?*_ sind es nicht ...: _*Wie?*_ sind sie zu verbreiten ...: und ...: _*Warum?*_ sie verbreiten ...: _*Warum?*_ sie nicht verbreiten ... sowie ...: _*Warum?*_ sie _*so*_ und _*nicht*_ anders verbreiten. ....: das wird insbesondere in *un*_wägbaren und Krisensituation augen_*fällig* ...: was schon seit langem in den sogenannt westlichen Staaten in Wahlkrampfzeiten zu beobachten ist ...: nämlich ...: das _*dann!*_ Unkritischwerden der in Medien_*Konzernen* als schreibende Mitarbeiter Beschäftigten, geht es ums mediale *Ab!*_stützen der *grund!*_sätzlich beizubehaltenden neoliberal-ideologischen „Möglichkeiten der gesellschaftspolitischen `*Ent*_wick(e)lung´" ...: _*gilt*_ in Zeiten überhaupt, wird ein Gesellschaftssystem existentiell in Frage gestellt ... oder ...: stellt sich ein Gesellschaftssystem _*selbst!*_ existentiell in Frage ...: nämlich vom eigenen Establishment erfolgend, dem es offenbar nicht mehr genügt, weiterhin sein lobbykratisches Gesellschaftssystem über das Mäntelchen simulierter Demokratie bedeckt zu halten ...: nicht effizient genug ...: *da ständig nach* „Kompromissen" *zu suchen ist, welche die gesellschaftspolitische „Ent*_wick(e)lung" *im profitorientierten Sinne nicht tangieren dürfen* ...: wie dies aktuell aufs westliche Gesellschaftssystem zutrifft ...: Eine Pandemie kann dazu vorzüglich „verwendet" werden ...: die Masse der Bevölkerung ...: *so* des_*orientiert* (_und deshalb des_organisiert_) *wie sie ist* ...: läßt sich leicht dazu bringen, _*selbst*!_ zu fordern ...: „wagt mehr Diktatur"! ... das ist *macht*_technisch bequem. ... Dann aber kann es mit der durch die Medien_*Konzerne* erfolgenden ...: *die ihnen wie selbstverständlich zugesprochen* ...: „seriösen Berichterstattung" der Masse der Menschen nicht weit her sein, oder etwa nicht? ...: _*immerhin!*_ ...: Es läßt sich nicht leugnen, daß seit dem 24. Februar 2022 das hier gerade Ausgedrückte eindrucksvoll unterstrichen wird ...: die „Qualitätsmedien" erweisen sich als das, was sie immer waren ...: Organe des Profitsystems ...: und ...: deren Mitarbeiter folgen einer system_*trolligen* Vorstellung von Meinungsfreiheit.

---

*Allerdings!* ...: Es ist nicht so, daß es mich freut, diese Ergänzung beim Redigieren dieses Buches (_*am 16. März 2022*_) machen zu müssen ...: sie dient allein der Blickschärfung ...: _*Oder?*_ wundert es Sie nicht, daß unisono ein Bild von Rußland gezeichnet wird, das dann keine realistischen Züge zeigen kann ...: „berichtet" man von hinter den Sieben Bergen seiner phantasierten Vorstellungen aus ...: denn ...: es genügte die Frage zu stellen ...: War die sich ab dem 24. Februar 2022 entwickelnde Situation in der Ukraine vermeidbar? ...: sie ist *ein!*_deutig zu beantworten ...: Ja!

...: nun ...: vor diesem *aus*_geleuchteten Hintergrund ist dem Realsatiristen *Kuu* bezüglich der „Quelle" seines oben Zitierten, die ihm offenbar als Beleg fürs „Faktenchecken" gilt, nicht nur deshalb zu antworten, da es sich bei seinem vermeintlich selbst „Gecheckten" tatsächlich um _*mehr!*_ als „nur" falsch Gechecktes handeln muß ...: Dieser Realsatirist bedient sich der widerlichen Methode des Verbreitens von FakeNews_*artigem der*_artig, daß ein öffentlichkeitswirksames Aufrechterhalten eines falschen Eindrucks ermöglicht wird. Dies aber so, daß behauptet werden kann, es habe sich um ein Versehen gehandelt ...: „kann ja mal passieren". ...: Tatsächlich wird auf diese Weise aber der üble Versuch unternommen, eine unabhängige und sauber recherchierende Nachrichtenplattform *da*_durch in Mißkredit zu bringen, daß einfach _*mal* *eben_* eine substanzlose Behauptung verbreitet wird, die als „Beleg" fürs _„Entlarven"!_ ...: _„Demaskieren"!_ *einer* „dubiosen Quelle" ausgegeben wird ...: und überdies ...: Diese „Beleg-Behauptung" nicht aus der Auseinandersetzung mit dem Eigentlichen ...: *in diesem Fall* ...: *dem von mir Zitierten* ...: heraus resultiert ...: hingegen ...: aus einer *ab!_*seitig aufgestellten Behauptung ...: die ja erst selbst einer Prüfung zu unterziehen wäre ...: _*wollte*!_ man tatsächlich „Fakten checken" ...: das zu tun lobbykratische Intellektuelle allein ...: *von sich selbst* ...: behaupten zu tun. ...: zudem ...: Auf diese Weise wird von der eigentlichen Fragestellung abgelenkt ...: in diesem Fall ...: _*Warum?*_ — *rhetorisch gefragt* — wird in den Mainstreammedien etwas verbreitet ...: beispielsweise ...: Der „Brexit ist schuld!" ...: das mit dem Faktischen nichts zu tun hat. ...: oder anders gesagt ...: Herr *Kuu*, versuchen Sie eigene Sätze zu formulieren, da es dann sein könnte, daß Sie weniger selbst fragwürdige „Adressen" als Quellen angeben müßten, die entweder zumindest Unzureichendes aussagen oder gar FakeNews_*artiges* absondern.

...: um es zu verdeutlichen ...: Bezogen auf jene Faktenlage, die offenbar aus propagandistischen Gründen nicht allein von *T-Online* bewußt verschleiert wird, hatte ich einen Bericht von *German-Foreign-Policy.com* so ausreichend zitiert, daß der lesenkönnende Mensch sich einen Eindruck von dem verschaffen kann, welches die tatsächlichen Ursachen für eine Situation sind, die lobbykratie_*systemisch*, nicht aber „brexit-bedingt" ist ...: nämlich ...: Das sich gegenseitig im Bezahlen von Dumpinglöhnen *Unter_*bieten, um auf diese Weise möglichst viel Profit aus jedem unter solchen Bedingungen gezwungenermaßen arbeitenden Menschen herauszuholen ...: *wohl!_*gemerkt ...: in der EU ...: deren Funktionselite behauptet aber, daß alles im Sinne der Insassen dieses orwellianischen Gebildes rechtsverbindlich geregelt sei ...: Aber man schaue nur, welche „hübschen Formulierungen“ wie bspw. „zivilgesellschaftliches Forum“ es in den „Parodie-Kapiteln 22, 23 und 24 jenes Vertragswerks gibt, das CETA-Abkommen heißt …:

> ZITAT_[…] Vor dem längst Praxis seienden Hintergrund des aufziehenden lobbykratischen Zeitalters, erscheinen Formulierungen wie sie bspw. in den Kapiteln 22, 23 und 24 des CETA-Abkommens stehen, eher eine Parodie auf die tatsächlichen Verhältnisse zu sein, betrachtet man allein die in Deutschland geltenden Arbeitsbedingungen, sich in Begriffen wie „Niedriglohnsektor“, „Leiharbeitssektor“, „Werksvertragssektor“ und kosmetischer Mindestlohn ausdrückend — ganz zu schweigen von der sozialen Knute HARTZ IV.[…]
>
> Auch wird dem Leser des Kapitels 22 der deutschen CETA-Version: „Handel und nachhaltige Entwicklung“, in den Artikeln 22.1-5, bspw. etwas von „Zivilgesellschaft“ erzählt, wobei der Artikel 22.5 sogar mit: „Zivilgesellschaftliches Forum“ übertitelt ist. Nun, _*haben* die daran teilnehmenden Organisationen, wie …: Zitat_*unabhängige, repräsentative Arbeitgeber, Gewerkschaften, Arbeitnehmervereinigungen, Unternehmensverbände, Umweltverbände sowie gegebenenfalls andere Organisationen der Zivilgesellschaft*_Zitatende …: „gegebenenfalls andere Organisationen der Zivilgesellschaft“? … etwa solche NGOs, wie der jetzt lediglich stellvertretend genannte „'Pulse of Europe' e.V.“, vielleicht?[…] …: aber das neoliberale Credo längst verinnerlicht und funktionieren entsprechend im marktkonformen Sinne (_*wie sie bei jeder Gelegenheit in der Öffentlichkeit belegen*_) …: _*will* man mir nicht erzählen, daß dabei etwas anderes als jenes herauskommen kann, von den stetig zugegenseienden Lobbyisten im Auftrag „unabhängiger, repräsentativer Arbeitgeber“ sowie entsprechender „Unternehmensverbände“ Empfohlene, oder? (_*Dabei letztlich von über Wahlkrämpfe in Regierungsverantwortung* ge_*drückte Personen unterstützt.*_) […]._ZITATENDE[106] …:

---

[106] Siehe in: « Die *tri*_logische Sezierung des lobbykratischen Zeitalters », Band III « ›Ich stimme nicht zu!‹ Gesellschaftspolitische Lesungen über den Neowilhelmoliberalismus und seine Konsequenzen », Teilband 2, Anhang II: „Beleg für die Behauptung, daß die EU ein antidemokratisches Gebilde ist“, die Seiten 882+f.

...: das bedeutet ...: die Faktenlage wird aus dem von mir zitierten *German-Foreign-Policy.com*-Bericht deutlich ...: und ...: _*alle!*_ seine Aussagen sind belegt ...: will sagen ...: _*keine!*_ stammt aus kruder Quelle.

Anstatt sich also auf _*diese*_ berichteten Fakten zu beziehen, die als Antwort auf den offensichtlich propagandistischen *T-Online*-Text zu verstehen sind, beweisen Sie mit _*Ihrer*_ Verlinkung, daß Sie eine so seriös wie unabhängig arbeitende Informationsplattform in ein Licht stellen wollen, das bei einer das Nachdenken und die eigene Beobachtung längst eingestellt habenden Person, _*den*_ Eindruck erwecken _*soll!*_ ...: es handele sich bei *German-Foreign-Policy.com* um eine fragwürdige Internetplattform. ...: nun ...: so etwas tut jemand dann, wird er dafür bezahlt ...: *wäre also ein* lobbykratie_*systemischer Troll, der sich seine moralische Armseligkeit* „vergüten" *läßt* ...: _*oder*_ ...: er „argumentiert" aus projektionistischer Perspektive heraus. ...: Was das „projektionistische Problem" bzw. das Problem mit kollektiv auftretenden Projektionisten ist, habe ich an anderer Stelle unter dem Titel ...: „Das Ausmaß der Projektion" erläutert.[107]

...: um dennoch auf die aufgestellte Behauptung desjenigen einzugehen, auf dessen Behauptung Sie verlinken, nämlich, daß die von *German-Foreign-Policy.com* kommenden Aussagen fragwürdig wären ...: Da diese Behauptung aus dem

---

[107] Siehe in: « Die *tri*_logische Sezierung des lobbykratischen Zeitalters », Band III « ›Ich stimme nicht zu!‹ Gesellschaftspolitische Lesungen über den Neowilhelmoliberalismus und seine Konsequenzen », Teilband 1, Lesung 13: „Alles läuft bestens für `unsere´ Eliten, oder?", die Seiten 358+f.

Jahre 2005 stammt, kann angenommen werden, daß diese jemand aufgestellt hat, dessen Blick (_*zumindest!*_) zu jener Zeit ein *un*_geschärfter war …: _und?_ *heute* (_im Jahre 2021_) *ein geschärfter wäre?* …: denn …: wer sich das politische Geschehen seit dem Ende des Kalten Krieges objektiviert ansieht, kann …: _ohne!_ *die Faktenlage zu verdrehen* …: ohne weiteres feststellen …: Bezogen auf das deutsche staatliche Gebilde, gibt es eine Entwicklung hin zu dem, welches ich als „Neowilhelmoliberalismus" bezeichne und an andrer Stelle begründet habe …: daß es sich nämlich dabei einmal um ein Update dessen handelt, welches sich um 1871 herum zu konstituieren begann und mit „Wilhelminismus" umschrieben werden kann …: nämlich …: als Ausdruck dessen, das ich als „Preußisierung der Deutschen" bezeichne …: und der Amalgamierung mit dem, das „Neoliberalismus" tatsächlich …: _also!_ …: *nicht als Schlagwort* …: bedeutet. …: Wer sich diese Entwicklung objektiviert ansieht, kann zu keinem andren Schluß kommen. …: Das bedeutet auch, daß meine eigenen Aussagen, die noch vor einigen Jahren von den meisten als falsch bezeichnet wurden, mehr und mehr durch das sich _*real!*_ Ereignende bestätigt werden …: zur Klarstellung …: *lieber würde ich mich irren*.

Wer den Eindruck hat oder vermittelt, daß

> ZITAT_die deutsche Politik […] nicht an […] \`Großmachtbestrebungen´ leidet, sondern am genauen Gegenteil, am nahezu völligen Fehlen der Vertretung deutscher Interessen_ZITATENDE

…: wie derjenige meint, dessen Behauptung für den Realsatiristen *Kuu* ein „\`recherchierter´ Beleg" für die „Fragwürdigkeit" der Nachrichtenplattform *German-Foreign-Policy.com* ist, kann diesen Eindruck allein dann haben ...: *oder diesen vermitteln* ...: so er entweder die Faktenlage verdreht ...: oder ...: *da bisher seine für bürgerliche Intellektuelle typischen Scheuklappen nicht abgelegt hat oder sie nicht ablegen kann* ...: diese gar nicht erkennt ...: denn ...: _*Als?*_ was wollte man ...: beispielsweise ...: die Etablierung des größten Niedriglohnsektors bezeichnen ...: wenn nicht ...: *unter den Bedingungen eines fehlfunktionierenden Eurosystems* ...: als politisches Machtinstrument ...: um sich so ...: *nämlich auf unlautere Weise* ...: einen Wettbewerbsvorteil vor allem *den*_jenigen gegenüber zu verschaffen ...: die selbst Mitglieder des Eurosystems sind ...: *da die dann nicht* _mal eben_ *ihre Währung abwerten können* ...: was sich bei diesen *folgen!*_reich *de!*_industrialisierend auswirkt. ...: im übrigen ...: Das Folgenreiche dieses Mitte der 2000er Jahre von deutscher Seite initiierten „Präkarisierungsprojekts" klingt in dem *German-Foreign-Policy.com*-Bericht an, aus dem ich zitiert habe ...: gewiß ...: Das Wahrnehmen solchen Anklingens setzt eigenes Nachdenken und Beobachten voraus ...: und was das deutsche machtelitäre Streben und Trachten anbelangt, verweise ich auf eines meiner Bücher.[108]

...: _*überdies*_ ...: diese „Quelle" des Realsatiristen *Kuu* ...: *wegen des oben zitierten Eindrucks* ...: kann nicht um das deutsche machtelitäre Problem wissen ...: nämlich ...: Die fehlende eigene Substanz bei spezifischer Mentalitätslage ...: immerhin

---

[108] Siehe das bereits erwähnte: « Die *tri*_logische Sezierung des lobbykratischen Zeitalters », Band III, Teilband 2, Lesung 19: „Die Zerstörung des europäischen Einigungsprozesses durch Neoliberalismus und *Neo*_Wilhelminismus", dort ab der Seite 622, beginnend mit: „Exemplarische Beispiele kontraproduktiver Konsequenzen deutscher Machtpolitik".

liegt _*darin!*_ der tiefere Grund für zwei verlorene Weltkriege. ...: Diese Mentalitätslage resultiert letztlich aus jenem, welches ich als „deutsche Trinität des Sonderbaren" bezeichne ...: was „deutsche Trinität des Sonderbaren" sagen will, habe ich an andrer Stelle ausgedrückt.[109]

...: und da sich daran ...: also ...: am Fehlen eigener Substanz sowie an dieser spezifischen Mentalitätslage ...: *da sich diese durch die spezifische deutsche Nationalstaatsbildung* _erstmals_ *ausprägte und deshalb zu einer bleibenden* _nicht_ *originären* „Identitätsstiftung" *führte* ...: nichts geändert hat ...: verursachte das ein Update, das unter der Bezeichnung „Nazismus" bekannt ist ...: und ...: verursacht seit dem Ende des Kalten Krieges ein zweites gesellschaftspolitisches Update, das ich als „Neowilhelmoliberalismus" bezeichne.[110] ...: immerhin ...: Die Ausgangslage (_*nach dem Ende des Kalten*

---

[109] Da die an sich unverändert wirkkräftige „deutsche Trinität des Sonderbaren" Ergebnis der deutschen Ideologie ist ...: die „deutsche Ideologie" besteht aus der „klassischen `Indologie´" und dem „deutschen Idealismus", findet sie sich in den richtigen Zusammenhang eingebettet, d.h. in einem der Bände meines letzten großen Buchprojekts, das als „Gerüst" zwar schon existiert, aber wegen des dringlichen Schreibens des Ihnen vorliegenden Buches erneut zu unterbrechen war ...

Übrigens ist in meinem Buch: « Ist der Monotheismus von seiner Anlage her ein elementarer Faktor der Gewalt? » über eine lange Passage von dem die Rede, das überhaupt zur Begründung der Pseudowissenschaft „klassische Indologie" ...: und in der Folge zum Phantasieprodukt „Arier-Mythos" ...: geführt hat. Siehe dazu in: a.a.O., Kapitel 7: „Der lange Schatten des Kolonialismus´ oder Einige Fakten zur Geschichte der Menschen in Bhâratavarsha", dort ab der Seite 436, beginnend mit: „Vedânta bedeutet: `den Veden angehängte Schriften´".

[110] Siehe zum „Wilhelminismus" und seinem Update insbesondere: « Die *tri*_logische Sezierung des lobbykratischen Zeitalters », Band III « ›Ich stimme nicht zu!‹ Gesellschaftspolitische Lesungen über den Neowilhelmoliberalismus und seine Konsequenzen », Teilband 2.

*Krieges_*) war für die deutsche Machtelite keine einfache ...: Wem eigene Substanz fehlt ...: *und wer bereits zweimal versucht hat, eine weltbeherrschende Stellung zu ergattern* ...: kann nicht einfach so weiter machen, wie er es zum Erreichen dieses Zieles unternommen hat ...: _*Das!_* ist der Grund, wieso die deutsche Politik außenpolitisch vielfach nur im Windschatten andrer mitsegeln konnte ...: und das eigentlich auch weiterhin nur kann. ...: das ist deshalb so folgenreich, da das in ein „Fahrwasser" führt, aus dem man nicht mehr herauskommt ...: und ...: In _*diesem_* „Fahrwasser" befinden wir uns. ...: das bedeutet ...: Das Ziel ist nicht aufgegeben worden ...: das zu glauben, wäre ein fataler Irrtum. ...: _*Daher!_* kommt es übrigens, daß es *German-Foreign-Policy.com* überhaupt gibt ... also ...: nicht zu hoffen, daß ein solches Streben politisch nicht mehr bestimmend würde ...: sondern ...: mit objektiviertem Blick zu beobachten ...: _*ob_* es ein solches Streben weiterhin gibt.

...: übrigens ...: _*Was?_* zeichnet einen Staat aus, dessen Wirtschaft auf Export getrimmt ist. ...: da Sie darauf nicht antworten werden, da Sie es nicht wissen ...: denn ...: wüßten Sie es, würden Sie anders argumentieren ...: will ich diese Frage beantworten, zumal damit dann auch beantwortet ist, was die *Kauder_*welsch sprechende EU ...: *als lobbykratischer Staatenverbund* ...: sein _*soll!_* bzw. sein wird ...: Ein staatliches Gebilde ...: *dessen Wirtschaft auf Export getrimmt ist* ...: _*ist!_* anlagemäßig aggressiv. ...: das ist zwangsläufig so ...: da es andren ständig Marktanteile abjagen muß. ...: Zwar ergeben sich daraus _*immer!_* schwerwiegende Konsequenzen ...: aber diese sind von besonderer „Qualität" ...: verfügt ein solches Gebilde zum einen nicht über genügend eigene Substanz ...: *ist also elementar auf andere Staaten angewiesen* ...: bspw. auf die der EU ...: *dazu gibt es ein EU-Strategiepapier, das Anfang der 2010er Jahre veröffentlicht wurde und dessen relevante*

Passagen ich an anderer Stelle untersucht habe.[111] ...: und zum andren ...: sind dessen Machtelite und ihre Satelliten weiterhin von „spezifischer" Mentalität geprägt. ...: Beides trifft auf die deutsche Machtelite und ihre Satelliten in Politik, *spin*_doktorischer Wissenschaft, Medien_*Konzernen* und Kulturbetrieb zu. ...: Das zeigt sich seit dem 24. Februar 2022 geradezu exemplarisch in den gegen Russen, die russische Kultur und die Russische Föderation gerichteten kakophonischen Tiraden, die einer Propaganda aus übelster deutscher Vergangenheit gleichen ...: als wäre es ein Reich des Bösen ...: angeführt vom personifizierten Bösen ...: und genau daran läßt sich erkennen ...: _*wo*_ die Bösen *tat!*_sächlich sitzen. ...:

> Wegen dieser Ereignisse und der vom sogenannten Westen verbrochenen Verdrehung der Faktenlage sowie der sich aus der von den Westlichen nach dem Ende des Kalten Krieges ausgelösten international-politischen Entwicklung ...: bzw. der *da*_bei verfolgten Politik und den sich *da*_raus ergebenden folgenreichen Konsequenzen ...: so daß die deutsche Machtelite und ihre Satelliten ...: einerseits ...: _*wegen!*_ der ihr fehlenden eigenen Substanz ...: mitlaufen muß ...: und andrerseits ...: wie eh und je ...: *un!*_bedingt dabei sein will ...: _dann!_ *aber ganz vorne dabei* ...: habe ich diesem Buch zwei weitere „realsatiristische Begegnung" hinzugefügt ...: *Wiedergängerische Begegnung* und ...: _Sie?_ *verlangen eine Zuguterletzt-Begegnung*.

---

[111] Siehe dazu in: « Die *tri*_logische Sezierung des lobbykratischen Zeitalters », Band I: « Es werde *mehr* Licht! Mehr Demokratie wagen in der Lobbykratie? Untersuchung über die Konsequenzen der bürgerlichen Real-Demokratie », Teilbände 1-3, Kapitel 18: „Eine kurze Beschäftigung mit der Frage nach der neoliberalen Strategie des 'Westens' und der Funktion seiner Medien bei der Vermittlung dieser Strategie".

...: nun ...: damit ist am Beispiel des Realsatiristen *Kuu* exemplarisch bewiesen ...: Den lobbykratie_*systemischen* Trollen geht es ...: *anstatt um tatsächliches Faktenchecken* ...: je nachdem ...: um bloß „selektives Checken" ...: oder / und um möglichst öffentlichkeitswirksames Verleumden anderer ...: beziehungsweise ...: sie möglichst öffentlichkeitswirksam in Mißkredit zu bringen.

...: und da es für Realsatiristen offenbar normal ist ...: eigenes Nachdenken nicht mehr zu üben ...: *da Gewohntes in Frage stellen könnend* ...: *was als unbehaglich empfundenes sich Exponieren nach sich ziehen könnte* ...: also ...: *unbequem* ...: deshalb Realsatiristen das ihnen von interessierten Kreisen beigebrachte ...: also ...: *un*_eigene *Reflex*_Denken ...: *da bequem und angenehm* ...: lieber üben ...: da ...: *den interessierten Kreisen nützlich* ...: Gewohntes nicht in Frage stellend ...: *was als* un_*behaglich empfundenes sich Exponieren nach sich zu ziehen* ver_*unmöglichte* ...: andernfalls wären sie ja als lobbykratie_*systemische* Trolle überhaupt nicht zu gebrauchen ...: konnte es _*nicht!*_ ausbleiben, daß sich schließlich auch die Realsatiristin *Üül* aus der Deckung traute ...: in der sie normalerweise verharrt ...: da doch aus *reflex*_denkender Perspektive der „Fall ...: `Brexit_*bedingt*!´" ...: als klar erscheinen mußte ...: nämlich ...: auf eine nicht zu widerlegende Feststellung ...: in diesem Fall ...: daß diese Versorgungskrise _*nichts!*_ Substantielles mit dem Brexit zu tun hat, sowie auf die andren belegten Widerlegungen des EU-lobbykratischen Narrativs ...: „Brexit_*bedingt*!" ...: *reflex*_haft _*kurz*_ zu antworten ...: da nun einmal faktengestützt Gesprochenes lobbykratie_*systemische* Trolle nicht beeindrucken _*kann!*_ ...: da das ...: *zur Rettung eigenen trolligen* „Seins" ...: sie nicht beeindrucken _*darf!*_ ...: zumal aus reflexdenkender ...: also ...: *spezifisch scheuklappenbehafteter Perspektive in einer von einem*

*Realsatiristen gegebenen kurzen Antwort kaum etwas auf ihn zurück_*lallen *könnendes* Ver*_fängliches zu liegen scheint* ...:

ZITAT_Nö, aber gar nicht._ZITATENDE

...: da im mich von dieser Begegnung endlich entfernenden Vorübergehen begriffen, beantwortete ich das hingegen *an_*gemessen kurz ...:

Ihre kurze *Lall_*Antwort ...: „Nö, aber gar nicht" ...: bedarf an sich der Beantwortung nicht ...: da sie aber das eigentliche Problem perspektiverweiternd zu verdeutlichen erlaubt ...: Diese Versorgungskrise ...: *selbstverständlich objektiv betrachtet ...: nicht einfach von EU_*lern *propagandistisch* „unterfüttert" ...: also ...: bloß gemeint ...: Es soll sogar Leute geben, die fallen immer noch auf den Propagandatrick herein ...: Erzähle den „eignen" Leuten, wie schlecht es woanders ist, dann meinen diese „eignen" Leute, so es ihnen ebenso ergeht ...: „ist ja *_klar!_* ...: haben mal wieder die `andren´ verbrochen" ...: somit analog ...: Der in der aktuellen „multiplen Pandemie" tendenziös ...: *„_Ihr!_* Ungeimpften *_seid!_* schuld" zum öffentlichen Thema gemachte Pflegenotstand in deutschen Krankenhäusern und Altenheimen kann jedenfalls nichts mit der sogenannten Gesundheitsreform in der ersten Hälfte der 2000er Jahre ...: also ...: mit den von Herrn Lauterbach geforderten und dann tatsächlich von der damaligen Gesundheitsministerin Frau Schmidt umgesetzten ...: _allein!_ *profitorientierten Kreisen nützlich seienden* ...: „Reformen" ...: letztlich ...: *so wie die* „Agenda 2010" *auch* ...: blaupausig von der Bertelsmann-Stiftung geliefert ...: zu tun haben ...: *hin!_*gegen ...: sozusagen

…: *typischerweise bereits weit im Vorfeld* …: _*allein!*_ „Brexit_*bedingt*“ bewirkt worden sein …: oder etwa nicht?[112]

[112] Im weiteren Verlauf des Ihnen vorliegenden Buches ist auf diesen Herrn, der seit Anfang Dezember 2021 Bundesgesundheitsminister ist, verschiedentlich noch — *und insbesondere dann in der Dreißigsten* Begegnung, *die auf der Seite 498 beginnt* — zurückzukommen.

Sechste Begegnung:
*Wie?* sollte im Dunst der Nebelkerzen die eigne Nase zu finden sein

Vor dem Hintergrund des gesellschaftspolitischen Umgangs mit der SARS-CoV-2-Epidemie in Deutschland, wies einer der gemeinen Realsatiristen darauf hin, daß eines der angesehensten deutschen Vorhersage-Institute es praktisch „bewiesen" habe, daß es vor allem die Anhänger „rechter Parteien" seien, die sich nicht impfen lassen wollten. Dieser Realsatirist meinte damit vor allem jene tamtamistische politische Partei ...: also ...: _eine!_ *aus dem Spektrum der tamtamistischen Parteien des deutschen lobbykratischen Systems* ...: die in der ersten Hälfte der 2010er Jahre vom deutschen Establishment ins Leben gerufen worden war, um der deutschen Gesellschaft einen *der*_artigen „Meinungs_*Spin*" geben zu können, daß ...: *vorerst auf krummem, da auf geradem Wege* _noch nicht!_ *möglich* ...: denn ...: *„_Wir!_* sind mehr" ...: also ...: *„_Keinen!_* Millimeter nach rechts" ...: *so das* selbst_*beruhigende und fürs Fenster geschwätzte Narrativ* ...: rechte Politik leichter zu praktizieren wäre ...: Das ist in machtelitär geführten Staaten normal ...: in Deutschland „aktuell" aber ...: *wegen gewisser Ereignisse in der ersten Hälfte des 20. Jahrhunderts* ...: noch etwas kompliziert ...: das heißt ...: bis zum 22. Februar 2022 war das ...: _allerdings!_ ...: *mit* (_längst schon_) *abnehmender Tendenz noch so* ...: was ...: bspw. Ende der 1990er Jahre darin zum Ausdruck kam ...: also ...: im politischen Akt dieses „noch etwas Komplizierte" zu berücksichtigen ...: daß ...: *als der Angriffskrieg gegen Serbien zu führen war* ...: da der ...: *wie die Masse der Menschen der deutschen Gesellschaft* ...: _wegen!_ *propagandistischer Meinungsmache mittels deutscher Qualitätsmedien und als friedensbeseelt geltender Politiker* ...: *un!*_gefragt „wußte" ...: geführt werden _*mußte*_ ...: das Wort „Krieg" noch tabu war ...: es deshalb euphemistisch

...: „robuster humanitärer Einsatz" hieß ...: Dies eine *zeit*_genehm verwendbare Floskel ...: *so wie bspw. jene, die dann Anfang der 2000er Jahre zeit*_genehm *höchst brauchbar lautete* ...: „Deutschland wird am Hindukusch verteidigt!" ...: die offenbar ebenso für den Krieg in Afghanistan bestens zu verwenden war ...: an dem die „Bundeswehr" ...: _besser?_ *vielleicht* „Kriegswehr" ...: von 2001 bis 2021 _*wesentlich!*_ beteiligt gewesen und wodurch jenes Land in einen _*schlimmeren!*_ Zustand versetzt wurde, als ihn die Menschen dort vorher schon zu ertragen hatten[113] ...: _*Ist*_ es aus Sicht dieses Establishments doch hohe Zeit ...: zu was? ...: _*Mehr!*_ Diktatur zu wagen ...: da ...: _*wegen!*_ falschen Richtungseinschlags ...: und *ob!*_wohl man's wissen konnte ...: nun fürs gewohnte Durchfahren ...: sozusagen ...: die „weltpolitischen Wasser" *un*_geeignet sind. ...: jedenfalls ...: Dank dieser seltsamen Umfrage eines der angesehensten deutschen Vorhersage-Institute ...: der Masse der Bevölkerung nun das „weltpolitische Problem" ...: *das* ...: unter andrem! ...: tat_*sächlich der* un!_*bedingt von den deutschen Qualitätsmedien zu verschweigenden Art und Weise sowie den Gründen für den politischen Umgang mit der SARS-CoV-2-Epidemie zugrunde liegt* ...: was ...: *dieses* „weltpolitische Problem" ...: übrigens durch das _*hysterische!*_

---

113 Siehe dazu bspw.:

„Bilanz von 18 Jahren: Neue Belege für westliche Kriegsverbrechen in Afghanistan überschatten Debatte um schnelleren Truppenabzug." Der Link zur Quelle:

https://www.german-foreign-policy.com/news/detail/8449/.

„Abzug aus Afghanistan: Die NATO beendet ihren 20-jährigen Krieg am Hindukusch und läßt ihr Einsatzgebiet in katastrophalem Zustand zurück." Der Link zur Quelle:

https://www.german-foreign-policy.com/news/detail/8588/.

„Der Zwanzigjährige Krieg"; der Link zur Quelle:
https://www.german-foreign-policy.com/news/detail/8645/.

Die drei Links in dieser Fußnote wurden am 20. Dezember 2021 geprüft.

Reagieren der Westlichen auf das von der Russischen Föderation schließlich am 22. Februar 2022 erfolgte militärische Vorgehen *an*_sich (_*ebenso*_) *er*_sichtlich wird ...: *nämlich* ...: die vom Westen _*direkt!*_ gegen die Russische Föderation gerichtete „militärische Plattform `Ukraine´" zu zerstören ...: übrigens ...: dies erst _*nach!*_ dem Einsetzen der am 17. Februar 2022 mit Wissen des Westens erfolgten massiven Offensive des vom Westen reichlich mit Söldnern und Waffen versehenen ukrainischen Militärs gegen die sich nach dem am 11. Mai 2014 in der Ostukraine ...: also dort ...: *erst* _nach!_ *dem Blutbad auf dem Maidan in Kiew* ...: abgehaltenen Referendum als separat verstehenden, mehrheitlich russisch-sprachigen Republiken Lugansk und Donezk, die dann ...: schließlich ...: *wegen dieser am 17. Februar 2022 massiv erfolgten Offensive des ukrainischen Militärs* ...: am 21. Februar 2022 von der Russischen Föderation anerkannt wurden ...: folglich ...: _*Einer!*_ der Hauptgründe für diese russische militärische Operation der vom Westen komplett ignorierte, tatsächlich aber bereits seit _*acht Jahren!*_ währende Bürgerkrieg in der Ukraine ist ...: wobei sich die Ursache für diese militärische Operation überhaupt im *fort!*_gesetzten Ignorieren ...: ja ...: Negieren der seit dem Ende des Kalten Krieges von russischer Seite immer wieder angemahnten Sicherheitsinteressen durch den Westen findet ...: somit ...: _*diese!*_ militärische Operation als _*schließliche!*_ russische Reaktion auf dieses *fort!*_gesetzte Ignorieren bzw. Negieren legitimer russischer Sicherheitsinteressen durch die Westlichen zu verstehen ist ...: und dieses Anmahnen des Berücksichtigens berechtigter Sicherheitsinteressen wurde von russischer Seite immer unter Hinweis darauf wiederholt ...: _*wo!*_ die Rote Linie sei ...:nämlich ...: _*keinesfalls!*_ Beitritt der Ukraine zur NATO ...: _*keinesfalls!*_ Aufrüsten der Ukraine ...: _*keinesfalls!*_ in der Ukraine biologische Waffenlabore unter Kontrolle des Pentagons zu betreiben ...: _*keinesfalls!*_ Atomwaffen im Besitz der Ukraine ...: all dies aber tatsächlich von Westlichen praktiziert bzw. dem Kiewer Regime ermöglicht wurde ...: beziehungsweise ...: *noch kurz vor diesem 22. Februar* ...: vom ukrainischen Präsidenten „alternativ" gefordert wurde ...: wenn schon keine NATO-Mitgliedschaft, dann der Ukraine Atomwaffen eigen sein müßten ...: für die durchaus Knowhow und — *recht schnell* — modernisierbares Material in der Ukraine noch aus sowjetischer Zeit existieren, so daß ...: sozusagen als „Starter-Kit" ...: in kurzer Zeit ohne weiteres Raketen (*_zumindest_*) mit „schmutzigen Köpfen" gen Rußland zu justieren wären ...: *zumal der Westen traditionell bei solchen Sauereien gern behilflich ist.* ...: *_also!_* ...: Durch das hysterische Reagieren der Westlichen auf das von der Russischen Föderation schließlich am 22. Februar 2022 erfolgte ...: *rational völlig nachvollziehbare* ...: militärische Vorgehen ...: auch das alte Begehren der deutschen Machtelite und ihrer Satelliten deutlich erkennbar wird ...: „Rußland ruinieren!", wie die deutsche Außenministerin mit so üblem wie hysterisierten Unterton ausstieß und ein Bundeskanzler ebengleich kicherte, als er auf die Verbrechen jener hingewiesen wurde, die von jenen gegen die Separatisten im Donbass ...: aus neonazistischer Verachtung der russisch-sprachigen Mehrheit dort ...: über 8 Jahre verübt wurden ... also ...: beispielsweise ...: Neben dem Verbot, die eigene Sprache in der Öffentlichkeit überhaupt sprechen zu dürfen ...: *was schwere psychische Konsequenzen zur Folge hat* ...: wurde ihnen vielfach auch ...: *einfach so* ...: die Rente vorenthalten ...: oder ... um oft tödliches Drangsalieren zu erwähnen ...: das von ...: *dort stationierten Nazi-Bataillonen zugehörend* ...: ukrainischen Heckenschützen ...: *einfach so* ...: geübte wahllose Schießen auf Passanten und das stetige unter Terrorsetzen der Bevölkerung, so daß auf diese Weise von ukrainischen Faschistoiden und Nationalisten ...: *wenn nicht sogar genauso von westlichen Söldnern* ...: im Donbass bisher um die 14.000 Menschen ermordet wurden ...: und ...: *_Genauso!_* sind es ukrainische Faschistoide und Nationalisten sowie „westliche Berater" ...: die bestimmen ...: sozusagen à la „Stay-behind" ...: was das vom Westen installierte Kiewer Regime ...: und somit auch ein ukrainischer Präsident ...: *ob der nun halber oder voller Jude sei* ...: zu tun und zu lassen haben. ...: *_also!_* ...: Vorerst das alte deutsche machtelitäre Begehren im *_eigenen_* Land dadurch *up_*zudaten und *ab_*zusichern ...: die Masse „ihrer" Insassen nun endlich geneigt zu machen ...: zu was? ...: den Weg Richtung „mehr Diktatur" ...: *_selbst!_* ...: zu bejahen ...: demnach ...: *_dies!_* für die Masse der Insassen des deutschen lobbykratischen Staates „meinungsspin*_tauglich*" zu benennen war ...: und jetzt die sich nach zwei Jahren durch schikanöse „politische Maßnahmen" in der Masse der Menschen kollektiv anstauende psychische Energie ...: *so machtpolitisch opportun* ...: einmal innerstaatlich gegen böse „Ungeimpfte" ...: *die auch* „mal" (_und schnell_) *andre sein können* ...: sich zu entladen ... um dann ...: also ...: das (*_eigentlich gewollte_*) „andre Mal" ...: *und* _nun!_ *regelrecht* reflex_getrieben, gegen das ...: *bereits seit dem eigenen preußisiert-machtelitären Streben kollektiv in den Köpfen fest verankert und von den Nazis auf die rassistische Spitze getrieben* ...: schon immer böse Rußland ...: *mit Unterstützung so williger wie billiger Propaganda durch die* „eignen" *Qualitätsmedien* ...: zu richten ...: so daß bloß noch ...: *sozusagen* „pandemisch" *_oder_* „russophob" ...: die in den Insassen des deutschen lobbykratischen Staates angestaute psychische Energie ...: also ...: *je nachdem* ...: zur aggressiven Entladung zu switchen ist. ...: demnach: *_Nicht!_* das aus offenbar ideologischen Gründen ...: sprich ...: „Austeritätspolitik" ...: nicht unternommene gesellschaftspolitische *Vor_*bereiten auf diese zu erwarten gewesene Epidemie[114] ...: *_nicht!_* das die ganze Gesellschaft nach der Pfeife

---

[114] Siehe im Anhang des Ihnen vorliegenden Buches: « Risikoanalyse aus dem Jahre 2012, eine SARS-CoV-2-ähnliche Pandemie betreffend ».

profitorientierter Kreise jetzt sogar in schnellerer Drehung Tanzen lassen …: _*nicht!*_ die hanebüchene Genehmigungspraxis für insbesondere _*einen*_ Impfstoff …: da vom deutschen Establishment gemeint, der sei eine „Goldgrube" und die läge in Deutschland …: allein _*daher!*_ das Nichtwollen, die Patente freizugeben …: _*denn!*_ …: auf der „Waage der `Wert´-Ermittlung" wiegen Menschenleben nun einmal nichts[115] …: _*oder*_ …: nun geswitcht …: _*Nicht!*_ das …: bspw. sich gegen die Russische Föderation richtende machtpolitische Besoffensein der Westlichen …: _*sondern!*_ …: nun erneut geswitcht …: „der Ungeimpfte" sei das „Problem", da der es *ab*_lehne, sich mit einem experimentellen Impfstoff impfen zu lassen …: obwohl doch tatsächlich rational, da ihn dieses Virus gar nicht existentiell *be*_droht, hingegen …: *potentiell …: wohlgemerkt,* _nicht!_ *grundsätzlich* …: die sogenannten Vulnerablen …: und der ungeimpfte Mensch tatsächlich _*nicht!*_ ansteckender ist als ein geimpfter. …: _*beziehungsweise*_ …: nun erneut geswitcht …: „der Russe" sei das „Problem", da der es *ab*_lehne nach den vom Westen aufgestellten (_*wechselhaften*_) Regeln zu tanzen und dazu kakophonisch _*mit*_singen zu sollen. …: nun …: Da aber auf diese Weise das Stigmatisieren …: *und* _so!_ *das weitere Verbergen des systemisch bedingten Problems* …: für die Zauberlehrlinge des lobbykratischen Systems eine leichte Übung ist …: *und da in*

---

[115] Siehe dazu bspw.: „Europa zuerst: Die EU und ihre Mitgliedstaaten blockieren nach ihrem ersten Impfstoff-Exportstopp weiterhin die Ausweitung der Vakzin-Produktion per Freigabe der Patente"; der Link zur Quelle:
https://www.german-foreign-policy.com/news/detail/8544/.

„Globale Impfstoffrivalitäten: Berlin lehnt die Patentaussetzung für Covid-19-Impfstoffe weiterhin ab. Washington verfolgt mit der Forderung nach Lizenzfreigabe geostrategische Ziele"; der Link zur Quelle:
https://www.german-foreign-policy.com/news/detail/8593/

Die beiden Links in dieser Fußnote wurden am 20. Dezember 2021 erneut geprüft.

propagandistischen Zeiten dem Reflex_*Denken* un_*gemein förderlich seiend* ...: bot sich *vor_*züglich in Deutschland der „Ungeimpfte" ...: *wegen gewisser Ereignisse in der ersten Hälfte des 20. Jahrhunderts* ...: besonders _*dann!*_ für die Übernahme der Rolle des Sündenbocks an ...: so man ihn nur mit einem „gewissen" politischen Rechts zusammenbinden konnte ...: Mit einem „Rechts" also, das in den anderen tamtamistischen Hauptparteien CDU / Grüne / CSU / DieLinke / FDP / SPD _*nicht?*_ zu finden wäre. ...: allerdings ...: und _*andererseits*_ ...: den geschlechtsunspezifischen *Vor_*Rednern der AfD ...: *sozusagen einmal mehr* ...: durch die Art und Weise des politischen Umgangs mit der, bezogen auf Deutschland ...: SARS-CoV-2-Epidemie ...: man könnte es auch komplettes politisches Versagen nennen, da seit dem Ende der zweiten Jahreshälfte 2021 _*ein*_ Ergebnis davon die Spaltung der deutschen Gesellschaft ist ...: in „Geimpfte" und „Nichtgeimpfte" ...: also ...: in „Gute" und „Böse" ...: und so erneut _*mal eben*_ den geschlechtsunspezifischen *Vor_*Rednern der tamtamistischen AfD ...: *sozusagen einmal mehr politisch gratis* ...: „Argumentationsfutter" bereitgestellt worden ist ...: und auf diese Weise der vom deutschen Establishment _*gewollte!*_ „gesellschaftspolitische Rechtsdrall" weiter genährt und so nicht bloß unterhalten bleibt ...: sondern ...: sogar noch beschleunigt wird ...: _*immerhin!*_ ...: Es sind ...: *neben den sowieso geführten* „kleinen" ...: erst noch die großen Kriege des 21. Jahrhunderts zu führen ...: und _*hier!*_ kommt die neue „Switch-Möglichkeit" zum Tragen ...: bestens geeignet, die gerade „epidemisch" erzeugte ...: *und mit psychischer Energieaufladung einhergegangene* ...: Spaltung der Gesellschaft in alten ...: *so mental wie emotional spezifisch abdunstenden* ...: Einheitsstrom zu lenken ...: nämlich ...: nun neu ausgerichtet ...: somit ...: *gesamt_*gesellschaftlich aggressiviert „*rechts_*drallig" ...: gegen den propagandistisch reflexhaft *un_*heimlich gemachten Slawen ...: den „Russen" ...: also ...: den Feind zu lenken ...: damit der Masse der Menschen es nicht offenbar werde ...: was? ...: _*Wer!*_ der tatsächliche sich gegen *global*_friedliche und *global*_gesellschaftlich prosperierende Entwicklung richtende Feind ist ...: wer? ...: Die Machtelite und ihre Satelliten im _*eignen!*_ Land.

Nun, genau dies ...: also ...: *den* AfD_*lern einmal mehr politisch gratis* „Argumentationsfutter" *durch die tatsächlich praktizierte Politik, die* ...: gewiß ..: _*lediglich?*_ unter andrem ...: *erst Realsatiristen in Masse gebiert* ...: *bereitzustellen* ...: _sowie!_ *das so dem deutschen Establishment den von ihm gewollten* „gesellschaftspolitischen Rechtsdrall" *weiterhin Nähren und so Unterhalten* ...: ja ...: *gar noch beschleunigen zu können möglich bleibt* ...: bemerkte der Realsatirist *Eem* offenbar nicht, da er zu dem Ergebnis dieser Umfrage (_*eines der angesehensten deutschen Vorhersage-Institute*_) lediglich ...: *wie es unter Realsatiristen dann doch so üblich ist* ...: *reflex*_gedacht bemerkte ...:

> ZITAT_Wer rechte Parteien wählt, hat die Kontrolle über sein Leben bereits verloren. Das beweisen die Querdenker, Impfgegner und die Schwurbler doch jeden Tag wieder. Zu keinem vernünftigen Denkvorgang in der Lage, abhängig vom schwachsinnigen Gefasel ihrer Gurus, getrieben von nicht nachvollziehbaren Ängsten, keinem Argument zugänglich und bereit zur verantwortungslosen Gefährdung anderer sowie zur sinnlosen Selbstgefährdung und Selbstvernichtung._ZITATENDE

...: Vor dem Hintergrund des folgenreichen gesellschaftspolitischen Umgangs mit der (_*bezogen auf Deutschland*_) SARS-CoV-2-Epidemie in der real existierenden Lobbykratie hat Ihre Aussage etwas Realsatiristisches an sich. Daß Sie das selbst nicht merken, ist nicht ungewöhnlich, da das Attribut realsatiristisch fürs Realsatiristischgewordensein einer _*ganzen!*_ menschlichen Gesellschaft steht. ...: denn ...: _*Wer?*_ von den realsatiristisch Gewordenen sollte Ihnen berichten können, daß es sich bei der AfD lediglich um _*eine!*_ der Tamtam-Parteien des lobbykratischen Systems handelt ...: und *des!*_halb lediglich ein anders gläubiger Realsatirist ...: *bspw. Sie* ...: meinen könnte, daß, wählte man nur eine andre der Tamtam-Parteien, das rettende Ufer des Guten irgendwie schon zu erreichen wäre ...: beziehungsweise ...: „die Kontrolle über sein Leben" zu erhalten oder gar zurückzugewinnen wäre. ...: Das bedeutet übrigens auch ...: Das Realsatiristische haben _*Sie*_ mit den AfD_*Affinen* gemeinsam ...: *ob*_wohl ...: also ...: *vom realsatiristischen Treiben wenigstens* _etwas_ *zu erahnen* ...: es schon genügte, ließe man einige der von den promi_*nenten* Realsatiristen *ab*_gelassenen Sprüche von Anfang 2020 an scheuklappen_*befreit* Revue passieren. ...: Und so mag es sein, daß der geschlechtsunspezifische *Der*_jenige, der heute ...: *schlagzeilen*_trächtig ge_*faselt* ...: realsatiristische Sprüche wie ...: „Pandemie der Ungeimpften!" *nach*_faselt ...: da er so einmal mehr zu wissen glaubt ...: _*jetzt!*_ aber seien die Schuldigen *aus*_gemacht ...: wohl tatsächlich ...: *einmal mehr* ...: nicht merkt, daß er selbst an demjenigen leidet, welches er anderen Realsatiristen per se unterstellt ...: denn ...: _*Wie?!*_ sollte im Dunst der Nebelkerzen die eigne Nase zu finden sein.

Das quittierte dieser Realsatirist so ...:

> ZITAT_Sie tun mir aufrichtig leid. Sortieren Sie Ihre Gedanken und bringen Sie diese einigermaßen geordnet vor. Vielleicht kann man dann ordentlich diskutieren. Zur Zeit sehe ich hier keinen Ansatz._ZITATENDE

...: meine Gedanken? ...: die sind bestens sortiert, Herr *Eem* ...: Etwas ist nicht deshalb falsch, weil _*Sie*_ es nicht verstehen. ...: nach dieser kleinen Vorbemerkung, Herr *Eem* ...: Zwar sind medizinische und wissenschaftliche Fragestellungen immer auch gesellschaftspolitische und deshalb besteht die Gefahr, sie je nach politischer Blickrichtung beantworten zu wollen, anstatt *sach*_bezogen ...: sachbezogen würde in diesem Fall, bspw. folgende Fragen zu stellen bedeuten ...: Wen betreffen _*primär*_ die symptomatisch _*gravierenden*_ Folgen einer Virus-Infektion und warum? ...: und ...: Was ist zu tun, damit diese Folgen so weit abgesenkt werden können, daß sie für die Betroffenen nicht mehr lebensbedrohende sind?

...: übrigens ...: Solche Fragen sachbezogen zu beantworten ist in einem profitorientierten Gesellschaftssystem an sich nicht möglich. Denn in einem solchen System muß die Aufgabenstellung stets so definiert werden, daß ...: *obwohl medizinisch* _nicht!_ *notwendig* ...: möglichst alle Mitglieder einer Gesellschaft zu „versorgen" sind ...: *bspw. mit einem Impfstoff* ...: da andernfalls kein Profit zu machen wäre. ...: aber ...: da wir nicht nur in einem profitorientierten System leben, sondern in ihm auch akuter Anlage_*Notstand* herrscht, kann es nicht überraschen, daß eine ganze Bevölkerung in Alarmzustand ...: *bspw. in einen epidemischen* ...: zu versetzen _*und!*_ ...: nach Möglichkeit ...: zu halten ist.

In einer Lobbykratie kommt noch hinzu, daß solche Fragen realsatiristisch beantwortet werden. Denn in einem real existierenden lobbykratischen System ...: *in dem wir leben* ...: kann es lediglich Tamtam-Parteien geben, von denen ...: *bezogen auf Deutschland* ...: die AfD bloß eine aus der Reihe der dort bekannten ist, als da wären ...: CDU-CSU-GRÜNE-SPD-AFD-FDP-DIE.LINKE ...: hier aufgeführt mit Bindestrich ...: da ...: die Grenzen schwimmen.

Um ein Beispiel zu geben ...: Ein exemplarischer Ausdruck von Realsatirismus ist es, meinen geschlechtsunspezifische Vertreter oder Wähler von Tamtam-Parteien, insbesondere dann mit dem Finger auf geschlechtsunspezifische Vertreter oder Wähler einer bestimmten Tamtam-Partei weisen zu müssen, geht es um medizinische und / oder wissenschaftliche

Fragen ...: da das bedeutet ...: Wer das tut ...: entweder ...: *zumindest politisch* ...: dumm ist ...: und zwar selbst dann, so dieser ...: also ...: *zumindest politisch* ...: (*_geschlechtsunspezifisch_*) intelligent aus der Wäsche gucken kann ...: *und dann bloß ein* „unbewußter Hilfs-Influencer“ *von fragwürdigen gesellschaftspolitischen Entwicklungen wäre* ...: oder ...: nun konkret gesagt ...: bewußt *da*_zu beitragen will, daß Kritik am gesellschaftspolitischen Umgang mit der aktuellen Epidemie bzw. Pandemie von vorherein stigmatisiert wird. ...: demnach ...: *_Sie_* können sich aussuchen, wem Sie näherstehen wollen.[116]

...: immerhin ist es so ...: Wissenschaft *_muß!_* sich dadurch auszeichnen, den Kenntnisstand in einem bestimmten Wissensgebiet kontrovers zu diskutieren, da andernfalls der Blick auf das vermeintlich richtig Erkannte verengt und damit dann dogmatisch wird ...: von den Folgen weiß die Wissenschaftsgeschichte zu erzählen. Dementsprechend hat es fatale gesellschaftspolitische Folgen, richtet man den Fokus lediglich auf *_eine_* wissenschaftliche Meinungs_*Richtung*. Da es dann bspw. nicht ausbleibt, daß junge Wissenschaftler sich nicht mehr trauen, eine vom Dogma abweichende Meinung zu äußern ...: immerhin befinden sie sich erst in der wissenschaftlichen Ausbildung und Karriere machen wollen sie auch. Vor diesem Hintergrund könnte es einleuchten, daß es tatsächlich gemeingefährlich wird, überläßt man wissenschaftliche Forschung Profitinteressen, da das die Wissenschaft korrumpiert

[116] Ein ähnliches „Stigmatisierungsmuster“ konnte ich übrigens bezogen auf den letzten EU-Parlaments-Wahl_Krampf ...: *d.h. in der ersten Jahreshälfte 2019* ...: feststellen. Das habe ich in: « Sie fragen noch, wie die ›Verhältnisse‹ liegen? » verarbeitet.

…: korrumpieren muß! …: Das hat man in der EU — *und damit auch in Deutschland* — zugelassen.

In diesem Zusammenhang
sei randständig angemerkt …:

Anfang der 1980er Jahre u.f.Z. erzählte mir eine sachverständige Person unter vier Augen …: Ungewöhnlich wäre es nicht, daß medizinische Praxen vielfach den Charakter von medizintechnischen oder / und pharmazeutischen Filialen entsprechender Konzerne hätten. …: ok, das sagte mir diese Person in der Schweiz …: kann also für Deutschland nicht gelten …: denn in Deutschland gibt es keine Korruption …: da dort eine Hand die andre wäscht …: zugegeben …: Ich leugne nicht, daß es tatsächlich ärztliche Praxis gegeben hat und noch gibt …: *gemeint ist* _ausschließlich!_ *ein dem konkreten Menschen zugewandtes* Be_*Handeln* …: *ihn also* _so!_ *zu behandeln, wie er es für sich selbst* „gut" *hält* …: *so er wach* „in sich hineinhorchen" *kann* …: *gemeint ist demnach ein* dünkel- und *so-tun-als-ob-verstehen-freies Behandeln* …: *das also ein mit den* Selbst_*Heilungskräften* mit_*handelndes Behandeln wäre* …: die Regel ist das aber offenbar *nie!*_mals gewesen …: zumindest im europäisch geprägten Teil der Welt.

*Sollte?* es etwa sein, daß _*Sie*_ diesbezüglich gedenken, sich nicht weiterhin den eigenen Blick *ab*_stumpfen zu lassen, hingegen ihn zu schärfen, Herr *Eem*. Falls ja, erscheint mir dazu …: *neben eigenem scheuklappenbefreitem Beobachten* …: ein bereits erwähntes Buch von Gerd Reuther bestens geeignete zu sein …: « Heilung Nebensache: Eine kritische Geschichte der europäischen Medizin von Hippokrates bis Corona ».[117]

Nun, zwar glaube ich nicht, daß das Winken mit dem Zaunpfahl das eigene Nachdenken noch befördern könnte …: dazu ist der realsatiristische Prozeß bereits zu weit fortgeschritten …: dennoch sei damit kurz *ge*_wunken, denn immerhin sind die hochgelobten „Anti-Covid-19-Impfstoffe" auf schwerwiegende Weise betroffen …: und damit mittelbar all jene *mit*_gemeint, die ….: *aus welchen* _wirklichen!_ *Gründen auch immer* …: seit der zweiten

---

[117] Erschienen im Jahre 2021 in der 2. Auflage der Originalausgabe des Riva Verlags in München.

Jahreshälfte 2021 mit inquisitorischem Zeigefinger und Blick behaupten, daß diejenigen, die sich mit einer dieser „Substanzen", die nach Art eines Zauberlehrlings an ganzen Bevölkerungen ausprobiert werden …: *da deren* „Wirkqualität" *mit* „real world data" un!*_bestreitbar belegt sei* …: nicht impfen lassen wollten, so „*un!*_solidarisch" wie „*gemein!*_gefährlich" wären …: somit …: *wenn überhaupt noch Menschen seiend* …: den Charakter eines Mörders hätten. …: _*Wie?*_ aber sollte das sein, werden diese „Daten" _*nicht!*_ nach Evidenz-Kriterien …: hingegen …: nach dem Profit förderlichen Kriterien nicht einmal „erhoben", sondern sozusagen …: *je nachdem* …: nach ihrem Verimpfen die Wirkungen _*mal eben*_ so …: _*mal eben*_ anders …: eben …: _*je nachdem*_ …: folglich …: nicht *re*_produzierbar *ge*_sammelt. …: _*Wie?*_ sollte es dann noch komisch erscheinen, daß die sich im Körper der _*so*_ geimpften Menschen ereignenden Prozesse wissenschaftlich nicht begleitet werden …: zumal das unter solchen …: „real world data" …: Bedingungen sowieso nicht möglich wäre. …: und …: _*Wer?*_ wollte das auch wissen, geht's …: *nüchtern betrachtet* …: *aus!*_schließlich um den Profit. …: denn …: Wäre es anders, überließe man das Produzieren von Arzneimitteln Firmen lediglich in Lizenz …: _*und!*_ …: das dazu notwendige Erforschen und Entwickeln überließe man ihnen überhaupt nicht … _*sondern!*_ …: das fände in so transparent wie in demokratisch abgesicherten Forschungs- und Entwicklungseinrichtungen statt.[118] …: und …: ginge es wenigstens jetzt so konstruktiv wie fachlich akzeptabel zu …: Der BioNTech / Pfizer-Impfstoff müßte _*sofort!*_ vom Markt genommen werden.[119]

… *Sozusagen eingeschoben sei zu* „gewunken" *angemerkt* …: und …:

_*Ob?*_ gegen Ende dieser Randanmerkung deutlich wird, wieso ich jetzt das dazu folgende überhaupt erwähne …:

---

[118] John P. A. Ioannidis, *Why most published research findings are false* [_*Warum die meisten veröffentlichten Forschungsergebnisse falsch sind*_], PLoS Medicine, August 2005, Band 2, Thema 8, e124; der zugehörige Link: https://journals.plos.org/plosmedicine/article?id=10.1371/journal.pmed.0020124 wurde am 18. März 2022 erneut geprüft.

[119] Siehe dazu die *Sechsundzwanzigste Begegnung*: _*Was?*_ mag das — *nach realsatiristischem Muster* — hysterisch forciert weitere 'Maßnahmen' Fordern verdecken.

Nur weil im online abrufbaren *Spiegel* „Zwiebelfisch-Abc" unter „gewinkt / gewunken" zu lesen ist, daß die Konjugation von „winken" im Partizip seines Perfekts „gewinkt" sei, demnach „gewunken" „strenggenommen ein Irrtum" wäre, bedeutet das nicht, daß das auch stimmt.

Denn „winken" ist ein „starkes Verb" (_*wie bspw. auch die Verben* „binden", „sinken" oder [_das heutzutage zu einem „schwachen Verb" gemachte!_] „hinken"_). Deshalb bildet es seine Vergangenheitsform (_*als Partizip des Perfekts*_) mit Vokalwechsel (_„Ablaut"_) seiner Stammsilbe ...: „-wi-" zu „-wu-", weshalb es derselben Ablautreihe wie bspw. „binden", „sinken" ...: *und an sich auch* „hinken" ...: angehört ...: „*ge*_bunden", „*ge*_sunken", „*ge*_wunken" und an sich ...: *ge*_hunken" ...: heutzutage aber „gehinkt", da, wie gesagt, zu einem „schwachen Verb" *ge!*_macht ...: nämlich der Ablautreihe III a.

Nun, zwar kann angenommen werden, daß zu jener Zeit, als sich das starke Verb „winken" sprachlich *aus*_formte, es als Partizip Perfekt mitunter bereits „gewinkt" gesprochen wurde. Aber es wäre dann, so wie es heute noch der Fall ist ...: also ...: im Gegensatz zu der „`Zwiebelfisch ABC´-Behauptung" Bastian Sicks (_„Der Dativ ist dem Genitiv sein Tod"_) stehend ...: falsch und ...: „strenggenommen" ...: „gewunken" einzig richtig. Da aber selbst der *Duden* meint, daß es „*ge*_wunken" oder „*ge*_winkt" heißen kann, soll an dieser Stelle ...: _*dies!*_bezüglich ...: der „strenge Zeigefinger" _*nicht!*_ erhoben bleiben ...

*Wieso?* erwähne ich das an dieser Stelle *ab*_seitig erscheinen Müssende überhaupt. ...: Weil hier eine vergleichbare ...: *wenn auch selbstverständlich qualitativ völlig andre* ...: Fehlentwicklung festzustellen ist wie in der vermeintlich einzig richtigen Vorgehensweise, hat man es mit einem ..: _*neuen?*_ ...: Virus zu tun, das sich tatsächlich in Adaptationsphase mit seinem ...: _*ob?*_ man das überhaupt noch so sagen kann ...: „Wirt" ...: *in diesem Fall der Spezies Mensch* ...: befindet ...: und zwar möglicherweise deshalb in dieser Phase befindet, da „etwas" in der evolutionären Entwicklung des Gesamtzusammenhangs der Natur _*hier!*_ auf der Erde ...: *im Sinne von* „evolutiver Balance" ...: nicht mehr stimmt ...: *ob allein vom Menschen ausgelöst, sei dahingestellt* ...: und noch hinzukommt ...: Beide als richtig angesehenen Behauptungen ...: allein „gewinkt" _*ist!*_ zu verwenden / „allein Geimpfte _*verdienen!*_ es, `Mensch´ genannt zu werden" ...: sind im einen Fall wohl vernachlässigbar falsch, im andren aber *schwer!*_wiegend folgenreich falsch ...: da zudem noch kollektiv stigmatisierend ...: und _*so!*_ gesellschaftlich _*höchst!*_ gefährlich wirkend.

Ende des in diesem Zusammenhang
randständig Angemerkten

Dieser Prozeß ...: *daß eine Hand die andre wäscht* ...: hat sich allerdings nicht allein ...: *in Deutschland* ...: fortgesetzt, sondern längst ...: *nicht allein in Deutschland* ...: auf andre gesellschaftspolitisch relevante Bereiche übertragen.

...: das bedeutet ...: Es müßte erst noch der Nachweis geführt werden, wer von den gesellschaftspolitisch Verantwortlichen _*nicht!*_ im Hintern profitorientierter Kreise steckt. ...: wobei ...: Dieser Nachweis könnte möglicherweise schwieriger zu führen sein als der umgekehrte. Und was die hier thematisch relevante ...: je nach Perspektive ...: *epi*_demische / *pan*_demische Entwicklung anbelangt ...: folgendes aus dem Jahre 2008 stammende Video, das keineswegs von einem systemstürzenden Magazin veröffentlicht wurde, gelte heute wohl als systemfeindlich ...: beziehungsweise würde „öffentlich-rechtlich" erst gar nicht mehr produziert werden ...: „Das Pharmakartell".[120]

---

[120] Die Dokumentation: „Das Pharmakartell" wurde 2008 vom politischen TV-Magazin *Frontal21* (_seit Ende Juli 2021: *Frontal*_) des *Zweiten Deutschen Fernsehens* ausgestrahlt und ist heute als YouTube-Video über folgenden Link abrufbar:

https://youtu.be/JtbqwZFCJfo?list=LL; dieser Link wurde am 18. Dezember 2021 erneut geprüft.

...: wie gesagt ...: Bei beispielsweise eine Epidemie betreffenden Fragen müssen diese in erster Linie nach medizinischen und wissenschaftlichen Kriterien gestellt und dann möglichst korrekt beantwortet werden. Bezogen auf die aktuelle, je nach Perspektive, Epidemie / Pandemie war das aber von Anfang an nicht der Fall ...: ja, nicht einmal im jetzt schon lange zurückliegenden Vorfeld, als man solche Fragen im präventiv möglichen Sinne hätte beantworten _*müssen!*_ ...: und das auch mit der notwendigen Gelassenheit ...: *bei gleichzeitiger interessiert und neugierig machender* ...: notwendiger! ...: *Einbeziehung der Masse der Menschen* ...: gekonnt hätte ... also ...: *nie!*_mals hysterisiert alarmistisch ...: wie es dann geschah und weiterhin galoppierend geschieht.[121]

So ließ, bspw. im Jahre 2020 ein deutscher Virologe *schlagzeilen*_tauglich verlauten, daß das SARS-CoV-2 mutiere. Tatsächlich war das *des*_halb eine lächerliche Aussage, da sie von einem anerkannten Virologen kam ...: *der eigentlich wissen müßte, daß das Mutieren zum alltäglichen Geschäft eines ordentlich funktionierenden Atemwegsvirus gehört* ...: *das ihm aber lediglich dann möglich zu betreiben ist, hat es sich an seinen sogenannten Wirt* _so_ *angepaßt, daß es* (_im komplikationsarmen_) re_*produzierenden Sinne funktionieren kann* ...: *immerhin hängt davon sein Fortexistieren ab* ...: und diese „Aussage" ...: „das SARS-CoV-2 mutiert!" ...: nicht von einem gemeinen Facebooker gepostet worden war. _*Wie?*_ konnte es dann noch eine Rolle spielen, daß derselbe Virologe später sogar behauptete ...: dieses Virus „liegt auf der Lauer" ...: *in Israel* ...: hat der so gesagt ...: muß man sich einmal _*bildlich!*_ vorstellen. ...: _*Oder?*_ bestand etwa die Absicht darin, daß durch solche Sprüche das „virale Geschehen" für jeden „besser"

---

[121] Siehe im Anhang des Ihnen vorliegenden Buches: « Risikoanalyse aus dem Jahre 2012, eine SARS-CoV-2-ähnliche Pandemie betreffend ».

verständlich auszudrücken wäre ...: gewiß ...: Wer in Sachen Panikmache unterwegs ist, mag das so sehen. .... und sinngemäß meinte im April oder Mai 2021 der Hohepriester des Warnismus' ...: *der Herrn Spahn Anfang Dezember 2021 bundesministeriell abgelöst hatte* ...: „Der Impfschutz währt ein ganzes Jahr!" ...: also ...: sozusagen „natürlich" ...: *insbesondere bezogen auf den BioNTech / Pfizer-Impf-Initialstoff meinte der das* ...: *der ja als* „Rolls Royce" *unter den das SARS-CoV-2* „besiegen" *werdenden Impfstoffen gilt* ...: Donnerwetter! ...: nun gut ...: _*diese*_ „Zuversicht" hat sich wenige Monate später bereits selbst bei den großen Zauberlehrlingen gelegt ...: aber ...: *scheuklappenbefreit betrachtet* ...: wie es mit Zauberlehrlingen nun einmal so ist ...: das Eigentliche verstehen sie niemals ...: _*Ob?*_ ihnen etwa *des*_halb so leicht das Verleumden und Stigmatisieren andrer in den Sinn und dann *eben*_gleich so leicht über die Lippen kommt.

...: und so folgten nun realsatiristisch geflügelte Sprüche Schlag auf Schlag, von denen manche sogar fast ein halbes Jahr als richtig gelten konnten ...: da die Zauberlehrlinge es von ihrem „Elixier" nicht anders wußten ...: *woher auch?* ...: valide Studien hat es nie gegeben ...: *warum auch?* ...: hat man ganze Bevölkerungen zum Üben, nicht wahr? ...: bald schon aber, kam *dies*_bezüglich ...: die diese hier zitierte letzte Behauptung korrigierende Behauptung von jener Person ...: *zu jener Zeit noch den Bundesgesundheitsminister spielend* ...: *von der wiederum böse Zungen behaupteten, diese müsse sehen, daß sie ihre Verschuldung weiterhin jongliert bekäme* ...: *was aber in Wahrheit kein Grund zur Sorge zu sein scheint* ...: *wie andre gutunterrichtete böse Zungen zu berichten wußten* ...: die jedenfalls kurz vor ihrem ministeriellen *Ab!*_tritt meinte ...: daß das „Boostern" für alle zur Regel werden müsse. ...: sehen Sie, Herr *Eem* ...: Es ist vor _*diesem!*_ Hintergrund, daß Ihre Aussagen realsatiristische sind.

ZITAT_Ich habe von der Wahl rechter Parteien abgeraten und bekomme von Ihnen ein Konglomerat teilweise zutreffender Äußerungen, die aber leider so gar nichts mit dem Thema zu tun haben. Ich brauche Ihnen wohl nicht zu erklären, daß Satire eine bewußte Überzeichnung oder eine auffällige Darstellung des Gegenteils, jedenfalls aber mit dem Ziel, aufzurütteln bzw. zu sensibilisieren ist. Was meine die tatsächlichen Umstände schildernden Ausführungen zu rechten Parteien mit Satire zu tun haben soll, wissen wohl nur Sie. Jedenfalls verfehlen Ihre ellenlangen Ausführungen insoweit das Thema._ZITATENDE

...: sehen Sie, Herr *Eem* ...: entweder Sie irren sich fundamental oder Sie wollen einen falschen Eindruck erwecken ...: Sie antworten auf eine Umfrage eines der angesehensten deutschen Vorhersage-Institute ...: nämlich ...: es „praktisch bewiesen" zu haben, daß es vor allem Anhänger der AfD seien, die sich nicht impfen lassen wollten ...: _„praktisch bewiesen"?!_ ...: *handelt es sich um eine* Vorher*_sage, wie sie einst, da ihre Domäne, von Orakeln gegeben wurde*.[122]

...: diese so dumme wie gefährliche Aussage macht die persönlich zu treffende Entscheidung, sich bspw. einer Medikation, einer physikalischen Therapie oder einer Impfung zu unterziehen oder nicht, für denjenigen zu einem Spießrutenlauf, der mit andren über seine persönliche Entscheidung spricht, bspw. sich nicht impfen lassen zu wollen, da damit *_dann!_* eine Stigmatisierung einhergeht, wird nicht aus medizinischen Gründen, sondern aus profitorientierten Gründen medial breit angelegt *be*_hauptet, daß bspw. der Fokus *_allein_* aufs Impfen aller zu legen sei und dazu Impfstoffe verwendet

[122] Sie erinnern sich an die Eingangspassage dieser *Begegnung* die auf der Seite 188 beginnt und die in diesem Zusammenhang *_vielleicht?_* noch einmal durchzulesen wäre.

werden müßten, von denen man überhaupt noch nicht wissen kann, welche langfristigen Folgewirkungen sie insbesondere dann haben werden, handelt es sich um Impfstoffe, die den Körper *an*_regen, die ihm injizierten Elemente eines Virus in seinen Zellen _*so!*_ zu produzieren, wie es in Fabriken geschieht ...: übrigens ...: Dies folgt Profitmaximierungsüberlegungen wie sie für eine nach betriebswirtschaftlichen Kriterien organisierte menschliche Gesellschaft ...: also für eine lobbykratische Gesellschaft ...: typisch sind ...: da normalerweise eine Pharma-Firma jenes in ihren Fabriken produzieren müßte, das ihr erst erlaubte daraus „ihr" Impfserum herstellen zu können ...: *für die Pharma-Firma kostenaufwendig!* ...: es aber genau das ist, was durch mRNA-Impf-Initialstoffe von körpereigenen Zellen übernommen wird ...: *für die Pharma-Firma kostenreduzierend!* ...: _*allerdings!*_ ...: mit nur zu ahnenden schwerwiegenden Folgen ...: bspw. für einen _*konkreten*_ Menschen, der einer solchen Impfung _*nicht!*_ bedurfte ...: und für die menschliche Spezies als Ganzes _*dann!*_ ...: erfolgt das im großen Stil ...: _*also!*_ kollektiv ...: denn ...: _*wie?*_ mögen die martialisch „Killer" genannten körpereigenen Zellen darauf reagieren.[123]

---

[123] ZITAT_Natürliche Killerzellen (NK-Zellen) machen etwa 10-15% der Lymphozyten im menschlichen Blut aus. Sie werden zum angeborenen Immunsystem gezählt, weil sie unmittelbar virusinfizierte Zellen oder Tumoren eliminieren können. Im Gegensatz zur spezifischen Immunabwehr, die hauptsächlich von T- und B-Zellen gestellt wird, benötigen NK-Zellen für ihre Funktion keine vorherige Sensibilisierung._ZITATENDE _ Quelle: Medizinische Hochschule Hannover, „Natürliche Killerzellen — NK-Zellen: Wichtige Zellen der angeborenen Immunität"; der zugehörige Link: https://www.mhh.de/kliniken-und-spezialzentren/kir/forschung/ag-jacobs/nk-zellen wurde am 26. Dezember 2021 geprüft.

Daß sich die natürlichen „Killerzellen" (_NK-Zellen_) gegen jene Körperzellen als *_Ganzes!_* richten, in denen der „Bauplan" des Spikeproteins des SARS-CoV-2, der mittels eines mRNA-Impf-Initialstoffes in sie gelangt ist, diese Körperzellen zur Produktion dieses Spikeproteins anregt, wird damit zusammenhängen, daß die NK-Zellen deshalb diese Körperzellen als fremd identifizieren, da es sich dabei um den vom SARS-CoV-2 völlig abgelösten „Bauplan" für sein Spikeprotein handelt. Denn durch diese völlige Ablösung von diesem Virus ist es für die NK-Zellen nicht mehr erkennbar, daß dieser „Bauplan" natürlicherweise *_nicht!_* von Körperzellen verwendet wird .... Erst durch die Impfung mit einem mRNA-Impf-Initialstoff werden Körperzellen veranlaßt, diesen „Bauplan" zu verwenden, um eine körperfremde Substanz ...: *das Spikeprotein dieses Virus* ...: so zu produzieren, als wäre es eine körpereigene Substanz. ...: das bedeutet ...: Dadurch, daß dieser „Bauplan" sozusagen von seinem Träger ...: diesem Virus ...: „gereinigt" worden ist, identifizieren die NK-Zellen jene Körperzellen ...: *die durch die Impfung mit einem mRNA-Impf-Initialstoff zu Produzenten dieses Spikeproteins geworden sind* ...: als körperfremd. Sind aber körpereigene Zellen von den NK-Zellen als körperfremd identifiziert worden, richtet sich dieser Teil (*_die NK-Zellen_*) des biologischen Kommunikationssystems (_„Immunsystems"_) gegen den Träger dieses Systems, also gegen *_den_* Menschen selbst, der mit einem mRNA-Impfstoff geimpft worden ist.

Nun, für profitorientierte Firmen ist es lukrativ, daß Körperzellen den *_teuren!_* Teil der Produktion eines Impfstoffes selbst übernehmen, der andernfalls nicht nur von solchen Firmen übernommen werden müßte, sondern es auch länger dauern würde, bis er tatsächlich produziert wäre ...: *deutliche Kostenreduktion!* ...: In einem lobbykratischen Gesellschaftssystem versteht das jeder sofort.

...: also ...: Das biologische Kommunikationssystem eines mit einem mRNA-Impf-Initialstoff geimpften Menschen *_kann!_* sich gegen diesen Menschen selbst richten. Das scheint auch schon zu geschehen, wird aber als unabhängig von der Impfung mit einem mRNA-Impf-Initialstoff verursacht behauptet ...: *Wo?_*gegen wiederum ein „pharmazeutisches Gegenmittel" zu „entwickeln" wäre ...: *_Vielleicht?_* auch auf mRNA-Basis ...: *_oder?_* „genügte" dann doch *_regelmäßige!_* (_„konventionelle"_) Cortison-Gabe.

Ende dieser Exkursion

Ist! also nicht aus medizinischen Gründen, sondern aus profitorientierten Gründen die Bevölkerung über eine breit angelegte, die tatsächliche Sachlage *_nicht!_* abbildende Medienkampagne dahingehend *in_*doktriniert worden, daß der Fokus aufs Impfen aller zu legen sei und dazu Impfstoffe verwendet werden müßten ...: *von denen man überhaupt noch nicht wissen kann, welche langfristigen Folgewirkungen sie haben werden* ...: und verbindet das mit *_der_* Behauptung, daß *der_*jenige, der sich mit solchen *_experimentellen!_* Impfstoffen nicht impfen lassen will, sich unsolidarisch verhalten würde und sogar indirekt als Mörder zu bezeichnen wäre, da er ...: *im Gegensatz zum* „Geimpften" ...: andre anstecken könne ...: *_dies!_* die so *fahr!_*lässige wie *un!_*zutreffende Behauptung ...: verankert sich dieses „Narrativ" in den Köpfen der Masse der Menschen, so daß *der_*jenige ...: *es sei wegen des grobfahrlässigen Verhaltens aller gesellschaftspolitisch Verantwortlichen* ...: also ...: _nicht!_ *allein der geschlechtsunspezifischen Politiker* ...: _wiederholt!_ ...: der von seiner persönlich zu treffenden Entscheidung ...: *sich impfen zu lassen oder nicht* ...: *_dann!_* von denjenigen, die im Profitinteresse über eine breit angelegte ...: *_nicht!_* die tatsächliche Sachlage *ab_*bildende Medienkampagne indoktriniert wurden ...: *und das ist die überwiegende Mehrheit* ...: entsprechend stigmatisiert und zu einem „Teil" eines „politischen Gruppenproblems" gemacht wird. ...: das bedeutet ...: Man versucht Menschen, die für sich eine persönliche Entscheidung getroffen haben, in diesem Fall, sich nicht impfen zu lassen ...: *abgesehen jetzt von* *denen, die gar nicht geimpft werden können* ...: pauschal einer bestimmten politischen Richtung zuzuordnen, und suggeriert auf diese Weise, daß eine weitere Auseinandersetzung über die Frage ...:: Impfen oder nicht impfen ...: absurd wäre ...: denn alle „wissen" ...: _*Wer*_ AfD wählt ist ein Nazi und Nazis sind offenbar „Impfverweigerer". ...: Sie, Herr *Eem*, nehmen bitte zur Kenntnis, daß ich persönlich _*nichts!*_ mit dieser Partei zu tun habe ...: Sowie haben _*Sie!*_ zur Kenntnis zu nehmen ...: _*Wieso!*_ ich es normalerweise ablehne, das überhaupt zu erwähnen, hängt zum einen damit zusammen, daß es mir gegen den Strich geht ...: _*glauben!*_ mickrige Charaktere, den geschlechtsunspezifischen Inquisitor spielen zu müssen. ...: zum andren damit zusammen, daß ...: wer kein funktionaler Analphabet ist ...: aus meinen Aussagen *er*_lesen kann, daß ich _*weder!*_ mit dieser tamtamistischen Partei _*noch!*_ mit einer anderen der tamtamistischen Parteien des lobbykratischen Systems etwas zu tun haben kann ...: und tatsächlich ...: nichts zu tun haben _*darf!*_ ...: will ich scheuklappenfreie Aussagen zu gesellschaftspolitisch relevanten Prozessen machen.

...: das aber nur am Rande, da es in diesem Zusammenhang *da*_rum nicht geht, hingegen ...: _*ausschließlich!*_ ...: um die Frage ...: Ist Impfen per se richtig oder nicht?! Und diese Frage läßt sich schon normalerweise eher mit „nein" als mit „ja" beantworten ...: da ...: *scheuklappenbefreit betrachtet* ...: begründet anzunehmen ist, daß es nur wenige durch Erreger verursachte Erkrankungen gibt, denen mit einer Impfung erfolgreich beizukommen wäre.[124]

---

[124] Der interessierte Mensch sollte sich den YouTube-Videovortrag: „Impfungen — Segen oder Fluch?" des Mediziners und Medizinhistorikers Dr. med. Gerd Reuther ansehen, auf den ich bereits hingewiesen habe.

…: im Falle des SARS-CoV-2 ist es jedenfalls eine persönliche Entscheidungsfrage, ob man sich impfen lassen will oder nicht. …: Warum? …: Deshalb, da das SARS-CoV-2 allein ein Problem für die sogenannten Vulnerablen, für die Gesunden aber in der Regel keines ist. …: hinzukommt …: Ein mit den gegen dieses Virus wirken sollenden *_experimentellen!_* Impfstoffen Geimpftsein bedeutet nicht, es selbst nicht mehr auf andre Menschen übertragen zu können …: und zwar derartig …: wie es durch Ungeimpfte möglich sein kann …: die sogenannte Virenlast im menschlichen Rachenraum ist bei geimpften und ungeimpften Menschen praktisch gleich. …: wer dann aber …: bspw. eine solche „Umfrage" als Beleg …: *_und!_ …: in der Folge* …: als Begründung dafür nimmt …: „Maßnahmen" gegen „Ungeimpfte" zu fordern …: *die auf Zwangausübung hinauslaufen* …: der will diese Pandemie dazu nutzen, zukünftig mehr Diktatur zu *_etablieren_* …: *_denn!_* …: ein mehr davon zu wagen wäre es dann schon längst nicht mehr.

Wäre? es tatsächlich bloß dann möglich, sich die nachfolgenden Fragen zu stehen, nähme man die objektiv festzustellenden gesellschaftspolitischen Ungereimtheiten seit Anfang der 2010er Jahre „lediglich" aus verschwörungs*_thetischer* Perspektive wahr …: also …: *_Wer?_* braucht eine panische Bevölkerung und warum …: *_Wer?_* zieht Nutzen daraus, daß eine ganze Bevölkerung hysterisiert auf ein Virus starrt …: das man übrigens selbst mit bewaffnetem Auge nicht sehen, also, dessen Existenz allein anzunehmen ist. …: Jedenfalls erscheint es mir seltsam, daß …: obwohl doch …: *so ja die Behauptung* …: dieses Virus ganz gefährlich sei …: der Kurs auf großen Krieg unverdrossen beibehalten bleibt.

…: der neue geschlechtsunspezifische deutsche Kriegsminister, in Gestalt einer Frau Lambrecht, wird jedenfalls am 19. Dezember 2021 so zitiert …: ZITAT*_Wir müssen Putin ins Visier* *nehmen*_ZITATENDE ...: und insbesondere mit Blick auf die Ukraine, wo der sogenannte Westen seit dem Ende des Kalten Krieges eine Situation erzeugt hat, die für Rußland nicht akzeptabel sein kann ...: im übrigen ...: ebenso nicht für die Masse der Ukrainer selbst[125] ...: meint diese deutsche Kriegsministerin ...: ZITAT_Ganz klar ...: *Der Aggressor ist Rußland.* [_Nun müsse man_] *alle Möglichkeiten ausschöpfen, um eine Eskalation zu stoppen. Dazu gehört auch die Drohung mit harten Sanktionen*_ZITATENDE ...: und insbesondere mit Blick auf *North Stream* 2 meint die deutsche Kriegsministerin ...: ZITAT_*Wir müssen den gesamten Instrumentenkasten nutzen, den wir haben*_ZITATENDE ...: in direktem Zusammenhang damit sagt die deutsche Kriegsministerin dann das bereits Zitierte ...: ZITAT_*Wir müssen Putin und sein Umfeld ins Visier nehmen.*_ZITATENDE[126] ...: neben der Gefährlichkeit solchen dummen und verdummenden zynischen _*Schwätzens!*_ ...: _*hat?*_ nicht _*auch das!*_ etwas Realsatiristisches ...: _*Wer?!*_ benötigt *North Stream 2* ...: die Russen _*oder?!*_ die völlig verblendeten EU_*ler*. Jedenfalls gibt es für Rußland kein Problem, andre Abnehmer für sein Erdgas zu finden. ...: und ...: Herr *Eem* ...: _Sie?_ *verstehen, wieso ich es nicht mehr für angemessen*

---

[125] Siehe dazu in: « Die *tri*_logische Sezierung des lobbykratischen Zeitalters », Band I, Teilbände 1-3, Kapitel 16: „Die `Nationalitätenfrage´, die Ukraine und die `Elite´ des `Westens´"; Kapitel 17: „Die `Nationalitätenfrage´, die Ukraine und die `Elite´ des `Westens´: Ein Resümee"; Kapitel 18: „Eine kurze Beschäftigung mit der Frage nach der neoliberalen Strategie des `Westens´ und der Funktion seiner Medien bei der Vermittlung dieser Strategie".

[126] Quelle dieser vom 19. Dezember 2021 stammenden Aussage: „Erstes Interview mit der Neu-Verteidigungsministerin Lambrecht", Bild.de; der zugehörige Link:

https://www.bild.de/politik/inland/politik-inland/erstes-interview-mit-neu-verteidigungsministerin-lambrecht-wir-muessen-putin-ins-78584768.bild.html wurde am 21. Dezember 2021 geprüft.

halte, in Bezug auf Deutschland von einem geschlechtsunspezifischen „Verteidigungsminister" *zu sprechen.*

...: nun, der Punkt ist ...: Die selbsternannten „Elitestaaten" der Welt haben sich im gesellschaftspolitischen Umgang mit einem Virus als das geoutet, was sie schon immer waren ...: Die _*größten!*_ Heuchler aller Zeiten ...: die _*Gierigsten!*_ aller Zeiten ...: die _*Rücksichtslosesten!*_ aller Zeiten ...: die _*Hinterhältigsten!*_ aller Zeiten. ...: Das Problem für die Machteliten dieser „Elitestaaten" ...: *und die deutsche Machtelite und ihre Satelliten stehen hier in der ersten Reihe* ...: *denn* _sie!_ *glauben, nicht nur dieser Reihe anzugehören, sondern an deren Spitze zu gehören* ...: ist, daß ihr Einfluß in der Welt rapide schwindet ...: das ist einerseits gut ...: andrerseits ein weltbedrohendes Problem ...: da diese Machteliten und ihre in Politik, *spin*_doktorischer Wissenschaft, Medien_*Konzernen* und Kultur_*Betrieb* tätigen Satelliten damit _*konstruktiv!*_ umzugehen _*nicht!*_ befähigt sind ...: mit andren Worten ...: _*Diese!*_ Machteliten und ihre Satelliten benötigen _*dringend!*_ Krieg. ...: _*Ist*_ dazu eine völlig verängstigte und hysterisierte, sündenbock_*suchende* Bevölkerung _*etwa kein?*_ Vorteil ...: immerhin ...: auf diese Weise wird in den Menschen psychische Energie angestaut ...: man muß diese dann „lediglich" *der*_artig entladen, daß die einem nicht selbst in die Fresse schlägt ...: _*aber*_ ...: _*Was?*_ mag der Grund dafür sein, weshalb es ...: *nicht erst seit heute* ...: so etwas wie „psychologische Kriegsführung" und Propaganda gibt.

...: nun ...: wie dem auch sei ...: Diese Umfrage ...: *auf die Sie mit jenem Zitierten meinten antworten zu müssen* ...: hat keinen satirischen Charakter ...: *also eben keinen polemisch-kritischen bzw.* „überzeichnenden" ...: sondern ...: sie suggeriert lediglich einen Nexus, der mithelfen soll, eine persönliche Entscheidung zu stigmatisieren, um so das Nachdenken darüber zu *ver*_hindern, ob der bisher praktizierte gesellschaftspolitische Umgang mit einem Virus adäquat ist oder nicht und welcher stattdessen als adäquat anzunehmen wäre. ...: daran anknüpfend ...: *andernfalls wäre Ihre Aussage nicht kontextbezogen* ...: stellen Sie dann ebenfalls ...: *also* ...: _so!_ *wie andre auch* ...: eine *un*_zulässige Verbindung zwischen einer *_tamtamistischen!_* politischen Orientierung und *_allein!_* medizinisch bzw. human-(_!_)-wissenschaftlich zu beantwortenden Fragen her ...: und das im *_realsatiristischen!_* Kontext der Stigmatisierung ...: „Pandemie der Ungeimpften!". ...: deshalb ist (*_für mich!_*) Ihre Behauptung ...: *Sie wollten nur* „von der Wahl rechter Parteien abraten" ...: alles andre als überzeugend ...: und sie ist selbstverständlich nicht satirisch ...: denn ...: *_vor_* dem von mir geschilderten Hintergrund ist sie realsatiristisch ...: *realsatiristisch bedeutet jedenfalls nicht satirisch*. Zumal dies im auf allen Kanälen im Rahmen des „pandemischen Kontextes" *_realsatiristisch!_* Diskutierten lediglich die entsprechenden Reflexe bedient, die geradezu verhindern, dort hinzuschauen, wo man aktuell verschärft hinschauen müßte ...: *Sie erinnern sich an das, was ich eingangs* „unserer `Begegnung´" *sagte?*[127] ...: selbstverständlich bezieht sich *allein darauf!_* meine Antwort ...: _also!_ ...: *diesen unzulässigen Nexus vor dem Hintergrund des* (_realsatiristisch!_) *Diskutierten im Rahmen des* „pandemischen Kontextes" *betreffend* ...: alles andre wäre absurd, da dann nicht kontext_*bezogen*.

Herr *Eem*, Sie können *da*_von ausgehen, daß ich „unseren Austausch" *da*_zu *„miß*_brauche", den *seh*_fähigen, hör*_fähigen* und lese*_fähigen* ...: also ...: den *ver*_ständigen Menschen zu *ver*_schärftem *Hin*_sehen anzuregen ...: *das ist der eigentliche Grund, wieso ich überhaupt die* „Begegnungen" *mit Ihresgleichen gesucht habe* ...: *_allerdings!_* ...: primär dorthin,

---

[127] Siehe die Seite 188.

wohin der Blick ...: *im gegebenen Kontext!* ...: zu wenden ist ...: natürlich ...: das tue ich auf meine Weise ...

Dieser Erwiderung erneut ausweichend, meinte der Realsatirist *Eem* noch ...: ZITAT_*Sie beklagen den zweifelsfrei gegebenen Lobbyismus der Parteien. Da Sie aber keine Lösung anbieten, beende ich unseren Austausch hiermit.*_ZITATENDE

...: _*Ich?*_ „beklage" den „Lobbyismus" der Parteien ...: wie kommen Sie denn darauf? ...: _*Sie?*_ meinen das möglicherweise deshalb, da Sie „Lobbyismus" mit „Lobbykratie" verwechseln. ...: nun ...: wer „Lobbyismus" mit „Lobbykratie" verwechselt, weiß nicht, was Lobbykratie bedeutet ...: demnach ...: _*welche*_ Konsequenzen eine solche *Kratie* nach sich zieht ...: *ob*_wohl der politische Umgang mit der SARS-CoV-2-Pandemie das bereits genügend deutlich macht. ...: _*möglicherweise?*_ deshalb auch verwechselt, da er den Begriff „Lobbykratie" entweder bisher nicht gehört hat oder zwar von gehört, aber dann von Leuten erzählt bekommen, die selbst davon lediglich den Begriff aufgeschnappt haben ...: Es soll sogar welche geben, die ...: *flugs diesen Begriff verwendend* ...: dazu irgendetwas geschrieben haben ...: _*wie?*_ informativ könnten solche Bücher sein. ...: im Gegensatz dazu habe ich „Lobbykratie" korrekt definiert bzw. erläutert.[128] ...: das bedeutet ...: Ich spreche nicht von „Lobbyismus" ...: ich spreche von „Lobbykratie" ...: denn ...: Wer _*nicht!*_ der Meinung ist, daß das aktuelle gesellschaftspolitische Geschehen Ausdruck eines so normalen wie unabwendbaren Prozesses wäre ...: dem wird bereits das ...: *im Rahmen* _dieser_ „Begegnung" *von mir Ausgesagte* ...: als für diese *Kratie* genügend exemplarisch

---

[128] Siehe dazu: « Die *tri*_logische Sezierung des lobbykratischen Zeitalters », Band I: « Es werde *mehr* Licht! Mehr Demokratie wagen in der Lobbykratie? Untersuchung über die Konsequenzen der bürgerlichen Real-Demokratie », Teilbände 1-3 + 4.

Aufgezeigtes gelten können …: beispielsweise sei lediglich daran erinnert, daß es die Lobbykratie ist, die erst …: selbst_*verständlich* „bloß" *unter andrem* …: Tamtamparteien bedingt …: *da*_zu genügte „Lobbyismus" nicht.

…: übrigens …: _*Ein*_ Merkmal eines lobbykratisch strukturierten Staates ist, daß seine Insassen meinen, in einer Demokratie zu leben …: obwohl das gar nicht geht. …: Daß die das meinen können …: also …: jetzt abgesehen von dem eigentlich für jeden in der SARS-CoV-2-Pandemie offensichtlich gewordenen, so einseitigen …: *beziehungsweise* …: *fehl*_seitigen wie warnistischen „Informieren" über dieses Virus, über die situative Entwicklung, über die …: *nach alter Methode* …: als alternativlos verkauften „politischen Maßnahmen" …: dies alles auf Tiefgeschoßniveau kakophonisch von „medialen Programmen" begleitet …: _*und!*_ …: dann noch potenziert …: *ja,* _*so*_ *sogar facettenreicher offensichtlich geworden* …: nämlich …: in der tatsächlich nach den Regeln der psychologischen Kriegsführung so bewußten wie bösartigen *Des!*_Information über und _*Hetze!*_ gegen die Russische Föderation im Rahmen der …: objektiv gesehen …: vollkommen nachvollziehbaren …: ja …: sogar notwendigen Operation des russischen Militärs in der _*keineswegs!*_ souveränen …: geschweige …: demokratischen Ukraine …: da seit dem Jahre 2014 unter Kontrolle der Westlichen stehend …: und eine militärische Operation ist es deshalb, da es ums Ausschalten rein militärischer Objekte geht …: _*nicht!*_ um die Zerstörung ziviler Einrichtungen …: *was* …: hingegen …: *für das Militär des Westens* _übliche!_ *Praxis ist* …: oder um eine Okkupation der Ukraine …: _*immerhin!*_ …: Die Ukraine sollte den Westlichen als militärische Plattform für einen in absehbarer Zeit geplanten Angriff der Westlichen auf die Russische Föderation dienen …: „Defender 2021" kann man …: *so von den Strategen des Westens wenigstens gedacht* …: als eine der letzten Kriegsvorbereitungsmanöver der

Westlichen gegen die Russische Föderation *_und_* Weißrußland verstehen ...: *_also!_* ...: abgesehen von der jetzt offensichtlich gewordenen (*_aber immer schon bestanden habenden_*) massenmeinungsmanipulativen Rolle der lobbykratischen Medien ...: die ...: *nach Selbsteinschätzung* ...: „Qualitätsmedien" sind gemeint ...: scheint mir ...: *zumindest mittelbar* ...: das Meinen der Insassen lobbykratischer Staaten ...: *_also!_* ...: in einer Demokratie zu leben ...: ob!*_wohl das gar nicht geht* ...: auf ein lobbykratiebedingtes Phänomen zurückzugehen, das ich „Realsatirismus" nenne ...: *auch davon klingt etwas in meinen Aussagen im Rahmen* „`unserer´ Begegnung" *an,* Herr *Eem* ...: aber keine Sorge ...: auch den von mir geschaffenen Begriff „Realsatirismus" habe ich korrekt definiert ...: denn ...: das gehört sich so. ...: von dieser *Fehl*_Einschätzung ...: und wohl gemerkt ...: dieser sitzen Menschen auf, die sich für sozusagen __ aufgeklärt halten ...: rührt es ja her, daß der Spruch ...: „mehr Demokratie wagen!" doppelt absurd ist. ...: wieso doppelt absurd? ...: einmal deshalb, da es in einer Lobbykratie lediglich eine simulierte Demokratie geben kann ...: da kann man *_real!_* nicht „mehr Demokratie wagen" ...: zum andren deshalb, da es in einer Demokratie nicht weniger absurd wäre, sagte jemand ...: *„_Wir!_* wollen jetzt '*_mehr!_* Demokratie wagen'". ... denn ...: *Demo*_kratie existiert oder existiert nicht. ...: hingegen ...: In einer Lobbykratie ist der Spruch ...: „Mehr *Dikta*_tur wagen!" nicht absurd ...: warum? ...: da in der Entwicklungskonsequenz einer real existierenden Lobbykratie liegend ...: als Ausdruck der ins Absurde abdriftenden bürgerlichen Gesellschaft.

...: davon abgesehen ...: Die bürgerliche Gesellschaft ist demokratisch nicht denkbar, da die „identitäre Erinnerungsspur" der Bürgerlichen in der Struktur der *vor*_bürgerlichen Gesellschaft, also in der Feudalgesellschaft ihren Ursprung hat und weiterhin wurzelt ...: und die war ständisch organisiert ...:

wobei die letztliche „Machtbegründung" im „Gottesurteil" lag, wodurch die weltlichen Herrschaftsverhältnisse ...: *durch den offen* „weltlichen Herrscher" *und verschleiert* „geistlichen Herrscher" *bzw.* „Stellvertreter Gottes" *symbolisiert, aber je mit realer Macht ausgestattet* ...: festgeschrieben wurden und es blieben. ...: und da die Französische Revolution unvollendet geblieben ...: wegen der sich zu jener Zeit ...: *als Reaktion darauf* ...: konstituierenden ...: *bis heute existenten* ...: Politischen Reaktion ...: wurde in der daraus sich entwickelnden bürgerlichen Gesellschaft lediglich das „Gottesurteil" durch das „Markturteil" ersetzt. ...: Auf einer solchen, die eigene Gesellschaft ideologisch „begründenden `Basis´" ...: *der Markt bestimmt über seine* „unsichtbare Hand" *die gesellschaftspolitische Entwicklung* ...: kann aber Demokratie _*nicht!*_ gelebt werden ..: sie gerät entweder zur „Demokratur" oder „Diktatrie", bzw. zur „simulierten Demokratie" oder zur „optischen Demokratie", in der es ...: *je nachdem* ...: „mal nach Orwell, mal nach Huxley riecht". ...: demnach ...: Demokratie harrt noch der Verwirklichung ...: *Darauf komme ich in einer andren* „Begegnung" *zurück* ...: und überhaupt ...: *das habe ich an andrer Stelle bereits ausreichend skizziert.*

...: Sie behaupten dann, ich würde „keine Lösung anbieten", und das sei es, was Sie veranlassen würde, „unseren Austausch" zu beenden. ...: nun ...: abgesehen davon, daß ich damit einverstanden bin ...: Es wäre zu viel verlangt, wenn Aussagen ...: _*meine!*_ Aussagen ...: die dem Perspektivwechsel _*hin!*_ zu dem dienten, das in den Fokus des allgemeinen Interesses gehörte ...: also ...: *ebenso in den Fokus einer Gruppe* ...: _Ihrer!_ *Gruppe* ...: *die fakten*_widrig *von sich behauptet* ...: _ihre!_ *Mitglieder kämen zusammen, um* „Satire&Politik" *zu bearbeiten* ...: und das auf eine Aussage hin, die „unsere `Begegnung´" überhaupt erst ermöglicht hatte ...: diente diese Aussage ...: _Ihre!_ *Eingangsaussage* ...: doch eher dem

Zudecken des eingangs dieser „Begegnung“ aufscheinenden Problemkomplexes ...: will sagen ...: _*meine*_ Aussagen überdies noch eine „Lösung“ für die existente ...: *demokratiefeindliche!* ...: Lobbykratie mitzuliefern hätten ...: also ...: sie zu beseitigen hätten. ...: _*Oder?*_ wollten Sie eine _*solche?!*_ „Lösung“ ...: *die wohl eher ein* „skizzenhafter Plan“ *zu sein hätte* ...: gern in _*einem?!*_ Satz ausgedrückt haben ...: der selbstverständlich ein kurzer zu sein hätte. ...: _*Genügte?*_ es dann schon, in solchem kurzen Satz ein _*ganzes eingängiges?!*_ „Schlagwort“ ...: *oder vielleicht zwei* _ganze?!_ *eingängige* ...: unterzubringen.

...: aber ...: wenn Sie das schon so „sicher“ behaupten ...: Woher wollen Sie das wissen? Haben Sie etwa meine Bücher gelesen? ...: haben Sie natürlich nicht ...: denn ...: _*hätten!*_ Sie die gelesen, könnten Sie das nicht mehr _*mal eben*_ SO behaupten. ... also ...: _*das!*_ ist nicht das Problem. ...: welches dann? ...: _*nun!*_ ...: Das (_*mehr oder weniger*_) eloquent verpackte Fertigsein der heutigen bürgerlichen Intellektuellen. Was allerdings nicht überraschen darf ...: wieso? ...: In einer Lobbykratie kann es primär lediglich „lobbykratisch transformierte“ bürgerliche Intellektuelle geben ...: *das ist an sich normal, da für alle* machtelitären Kratien *geltend* ...: allerdings ...: in _*diesem!*_ Fall doch fatal.

Siebte Begegnung:
„Gier“ aus realsatiristischer Sicht

> ZITAT_Vielleicht ist aber Gier der Wesenszug des Menschen, der ihn monetär erfolgreich macht? Also nicht Reichtum macht gierig, sondern der Gierige hat den Schlüssel zum etwaigen finanziellen Reichtum in der Hand?_ZITATENDE,

meinte Herr *Waa*. ...: da aber an _*dem*_ vorbeigehend ...: was den menschlichen Entwicklungsprozeß so problematisch werden lassen _*kann*_ ...: wollte ich das nicht unkommentiert lassen ...: Herr *Waa*, Ihre Behauptung ...:

> ZITAT_*Vielleicht ist aber Gier auch der Wesenszug des Menschen, der ihn monetär erfolgreich macht? Also nicht Reichtum macht gierig, sondern der Gierige hat den Schlüssel zum etwaigen finanziellen Reichtum in der Hand?*_ZITATENDE,

ist eine, die sich zirkelmäßig selbst ad absurdum führt ...: denn ...: _*wäre*_ die „Gier“ ein „Wesenszug des Menschen“, müßten alle den Schlüssel zum etwaigen finanziellen Reichtum in der Hand halten. Das ist aber nicht der Fall, da „Gier“ nicht nur nicht _*der*_ „Wesenszug“, sondern überhaupt kein Wesenszug des Menschen ist ...: schon allein deshalb, da das menschliche Wesen von seiner Anlage her plastisch ist. ...: *hingegen* ...: _*Wegen*_ dieser Plastizität und _*der*_ Möglichkeit, psychische Energie zu konzentrieren, kann „Gier“ ...: *als Ausdruck eines bestimmt gearteten Egoismus'* ...: treibend werden, bzw. treibend *ge*_macht werden ...: *ja* ...: offenbar sogar zum „kulturellen Prinzip“ erhoben werden ...: nämlich von den Ideologen des „gierigen Systems“ ...: man nennt's auch „Profitsystem“ ...: aber ...: das ist abhängig von den „gesellschaftspolitischen *Trieb*_Kräften“ einer menschlichen Gesellschaft ...: also ...: in wessen Hand sie sich befindet ...: „Gesellschaftspolitische Triebkräfte“ folgen jedenfalls keinem Naturgesetz ...: sie ergeben sich aus *Macht*_Interessen, die gesellschaftlich bestimmend werden.

Herr *Waa* beantwortet das so ...:

> ZITAT_ Zumindest in unserem kulturellen Umfeld, gilt die Gier als Wesenszug des Menschen (Gier bzw. Habsucht ist ja auch aus dem religiösen Sichtwinkel her eine der sieben Todsünden). Gier ist ja auch nicht nur im Negativen verortet, sondern hat auch Vorteile. Menschen entwickeln dadurch einen Antrieb etwas — *Außergewöhnliches* — zu erreichen. Was wäre z.B. die Wissenschaft ohne die Gier des Wissenschaftlers, eine Lösung für Probleme zu finden? Auch aus angelsächsisch / amerikanischer Sicht, hat jeder Mensch den Schlüssel für etwaigen Reichtum in der Hand. Das ist Grundlage jedes amerikanischen Denkens und manifestiert den „amerikanischen Traum" schlechthin.
>
> Allein „gierig" zu sein, heißt natürlich nicht finanziell erfolgreich zu sein — dazu bedarf es eben etwas mehr, das sollte auch jedem einleuchten. ... Und Gier, ist nicht gleichzusetzen mit Egoismus, wie Sie es folgern. Auch, wenn sie von Naturgesetzen schreiben, ist Gier kein menschlicher Wesenszug. [_*Hier meint Herr* Waa *wahrscheinlich:* _nicht_ *allein ein menschlicher Wesenszug;* Anm.d.A. ...: *denn er meint* ...:_] In der Tierwelt ist Gier auch vorzufinden, was dann wieder einem „Reflex" aus dem Naturell des Überlebens folgt._ZITATENDE

...: ? ...: „Grundlage jedes amerikanischen Denkens" ...: „Aus dem `Naturell´ des Überlebens"? ...: Es ist schlecht, stellt jemand eine Behauptung auf und will sie dann mit „einfachen Worten" erläutern, kommt dabei aber bereits so ins Schleudern, daß eigentlich zuerst gefragt werden müßte ...: „Was will mir dieser sagen? ...: natürlich ...: ich kann versuchen, inhaltlich Angereichertes in einfache Worte zu fassen ...: allerdings muß ich mich _*immer!*_ fragen ...: Werde ich ...: *so ich das will* ...: dem von mir _*selbst!*_ gesetzten Thema _*so*_ gerecht, daß das von mir Gemeinte *tat!*_sächlich zum Ausdruck kommt? ...: also ...: _*Genügt?*_ es, daß jenes von mir in einfache Worte gefaßt wird, das jenes *be*_gründen soll, welches ich ausgesagt habe, wenn dadurch das inhaltlich von mir Gemeinte _*so*_ oberflächlich bleibt, daß der zuhörende Mensch vom damit Gemeinten kaum einen Schimmer gewinnt, so daß er keinen Anhaltspunkt für klärendes Nachfragen hätte. ...: _*Ist?*_ es dann nicht besser ...: eine inhaltlich so komplexe wie korrekte Aussage zu machen ...: auch wenn es dann sein _*kann*_ ...: daß sie nicht von jedem auf *An*_Hieb verstanden wird ...: _*immerhin?*_ ...: diesem dann geholfen werden könnte ...: wollte er nur *nach*_fragen. ...: *dem!*_nach ...: Diese oben zitierte, die *Eingangs*_These des Realsatiristen *Waa* begründen sollende Aussage, ist einmal mehr ein Beleg dafür, daß Versimpeln einem „tiefen Thema" _*nicht!*_ gerecht wird.

Herr *Waa*, Sie schreiben unter andrem ...:

> ZITAT_Zumindest in unserem kulturellen Umfeld, gilt die Gier als Wesenszug des Menschen (_*Gier bzw. Habsucht ist ja auch aus dem religiösen Sichtwinkel her eine der sieben Todsünden*_)_ZITAT-ENDE

...: nun ...: wer vom „Wesenszug des Menschen" redet, diesen dann aber auf einen bestimmten Kulturkreis *ein*_grenzt, ist entweder der Meinung, daß lediglich in seinem „Kulturkreis" Menschen leben ...: oder / und hat das Problem, die definitorische Kurve zu kriegen ...: Da nützt der Verweis auf einen bestimmten „religiösen Sichtwinkel" wenig, insbesondere dann, handelt es sich um einen *mono*_theistischen „Sichtwinkel" ...: *habe dazu ein Buch geschrieben*[129].

---

129 « Ist der Monotheismus von seiner Anlage her ein elementarer Faktor der Gewalt? ».

...: übrigens ...: Wer von „Wesenszug des Menschen" spricht, wenn es um etwas geht ...: *in diesem Fall um* „Gier" ...: das höchstens *Aus!*_Druck von etwas ...: Grund_*legendem* ...: sein kann ...: andernfalls könnte es kein „Zug des Wesens" sein ...: nämlich ...: *in diesem Fall* ...: von _*spezifisch geprägtem*_ Egoismus ..: verwendet Begriffe mißbräuchlich.

...: um Ihre These, die in profitorientierten Gesellschaften ...: *vorzüglich in europäischen bzw. folgenreich europäisch geprägten* ...: also ...: *vorzüglich in der US-amerikanischen* ...: zu jener Zeit verankert wurde, als sich das etablierte, was man als „Protestantismus" bezeichnet ...: freundlich ...: *also* ...: *an*_nehmbar zu machen, behaupten Sie ferner ...: ZITAT_*Was wäre z.B. die Wissenschaft ohne die Gier des Wissenschaftlers, eine Lösung für Probleme zu finden?*_ZITATENDE ...: das besondere Streben eines geschlechtsunspezifischen Wissenschaftlers als „Gier" zu bezeichnen ist ein weiterer Mißbrauch eines Begriffes ...: _*Was!*_ einen echten geschlechtsunspezifischen Wissenschaftler *an*_ treibt, ist „spielerische Neugierde". ...: _*Diese!*_ Neugierde mit jener „Gier nach Neuem" gleichzusetzen, die man als „Sensationsgeilheit" bezeichnen kann, wäre allerdings so fatal wie sie mit „allgemeiner Gier" gleichzusetzen.

...: übrigens ...: Das Problem für einen geschlechtsunspezifischen Wissenschaftler besteht ...: *seit einem schon lange existenten* _Heute!_ ...: darin, daß er in ein Profitsystem eingebunden ist, das lediglich gewisse Forschung honoriert, nämlich profitmäßig verwertbare ...: unter anderem korrumpiert das sein Denken. ...: da aber jede profitorientierte Gesellschaft nach betriebswirtschaftlichen Prinzipien funktioniert ...: _*das!*_ meint „Neoliberalismus" ...: unterliegt die Masse der

Menschen einer solchen Gesellschaft _*ebenso*_ solcher Korrumpierung ...: die Folgen sind vielfältig und im wesentlichen negativ. ...: Und wenn Sie sagen ...: ZITAT_Auch aus angelsächsischer / amerikanischer Sicht, hat jeder Mensch den Schlüssel für etwaigen Reichtum in der Hand. Das ist Grundlage jedes amerikanischen Denkens und manifestiert den „amerikanischen Traum" schlechthin._ZITATENDE ...: sei Ihnen gesagt ...: der _*eigentlich*_ angelsächsische Traum beinhaltet schon noch etwas mehr ...: der britische NHS (_*National Heath Service*_) ...: *was seine Ideensetzung anbelangt* ...: oder der traditionell freie Besuch von Museen im UK ...: weisen beispielhaft auf die Intention hin. ...: *im übrigen* ...: wenn ...: wie Siegmund Freud sagt ...: „Reichtum kein Kinderwunsch gewesen ist" ...: kann der „Antrieb" danach ...: die „Gier" ...: lediglich ein gesellschaftspolitisch erzeugter ...: demnach ...: lediglich ein „sekundärer *An*_Trieb" ...: und *dem*_zufolge ...: _*kein!*_ „Wesenszug" des Menschen sein.

Der Realsatirist *Waa* erwiderte ...:

> ZITAT_„Gier" ist nicht gleichzusetzen mit Egoismus, wie Sie es folgern._ZITATENDE

Ich setze Egoismus nicht mit Gier gleich, sondern, wie ich oben schon sagte ...: „Gier" ist *Aus!*_Druck spezifischen Egoismus' ...: nämlich eines solchen, der von den anderen möglichen Charaktereigenschaften eines Menschen _*nicht!*_ genügend oder sogar gar nicht eingehegt ist ...: das aber ist gesellschaftspolitisch bzw. kulturell *er*_zeugt.

Hinweis ...: „andere mögliche Charaktereigenschaften" ...: will sagen ...: _*Da*_ der Mensch anlagemäßig plastisch ist, ist es entscheidend, welche und auf welche Weise er gesellschaftspolitische ...: _*kulturelle*_ ...: Prägung erfährt. ...: _*Stellt*_ man in Rechnung, daß der Mensch anlagemäßig plastisch ist, geht es nicht mehr um die dumme argumentative

Frontstellung ...: „der Mensch ist `gut´ vs. der Mensch ist `böse´" ...: und das hat große Bedeutung für weitergehende gesellschaftspolitische Überlegungen.

> ZITAT_Auch, wenn sie von Naturgesetzen schreiben, ist Gier kein menschlicher Wesenszug. In der Tierwelt ist Gier auch vorzufinden, was dann wieder einem `Reflex´ aus dem Naturell des Überlebens folgt._ZITATENDE

Wenn Sie schreiben ...: ZITAT_Auch [...] ist Gier kein menschlicher Wesenszug_ZITATENDE ...: wollen Sie wahrscheinlich sagen, daß „Gier" nicht *_allein_* ein „menschlicher Wesenszug" wäre.

...: im übrigen ...: Es kann nur zu falschen Schlußfolgerungen führen, betrachtet man das Verhalten von *Mit*_Wesen ...: *bspw. von jenen, die unter* _heutigen_ *Menschen allgemein als* „Tiere" *bezeichnet werden* ...: aus anthropo_*zentrischer* Sicht ...: was zwar verständlich ist, aber zu falschen Schlußfolgerungen führen *_muß!_* ...: Ein Herr Nietzsche ...: *der wegen besonderer Gemütslage bei heutigen lobbykratischen Intellektuellen höchst beliebt ist* ...: wäre dafür ein trauriges Beispiel.

Auf diesen „vornehmen Herrn" der Politischen Reaktion ist in einem der Bände meines letzten Buchprojekts, und zwar an der dafür gehörigen Stelle, nämlich im Rahmen der Beschäftigung mit der „Deutschen Ideologie", die ihre Wurzeln in dem findet, welches man als „deutschen Idealismus" und als „klassische Indologie" bezeichnet, zurückzukommen.

Den späteren Herrn Friedrich Nietzsche mit dem „deutschen Idealismus" in Verbindung zu bringen, kann nur dem komisch erscheinen, der sich nicht über die eigenartige Wahrnehmungsweise dieses Herrn wundert, da diese, aus meiner Sicht, allein möglich ist, wenn sich jemand in seinem ...: *vorgestellten* ...: „Inneren" ein „Ich" geschaffen hat, dessen „Existenz" nach „idealistischen

Regeln" funktioniert ...: *das bedeutet* ...: nach ideologischen Regeln.

Diese Ideologie wurde übrigens lediglich deshalb möglich, da insbesondere in den Köpfen deutscher Intellektueller seit dem Ende des 18. Jahrhunderts eine tiefe Identitätskrise einsetzte ...: ausgelöst durch die Französische Revolution, der damit (_*konsequenterweise*_) einhergehenden Judenemanzipation und den Verlust der Deutungshoheit des Paulinischen Christentums ...: das bedeutet ...: die Schaffung jener Ideologie ist als Kompensationsversuch dieser Krise zu verstehen ...: die destruktiven Konsequenzen dieses Versuches wirken bis heute fort ...: sich bspw. in Russophobie ausdrückend.

...: _*Denn!*_ ...: jene Wesen sind ...: *im Gegensatz zur Spezies Mensch* ...: _*primär!*_ instinktgesichert ...: folglich ...: „Reflexe" *instinkt*_gesicherter Wesen mit einem _*potentiell!*_ möglichen menschlichen ...: *sekundären bzw. erworbenen* ...: Antrieb ...: bspw. „Gier" ...: *als* _ein!_ *potentiell möglicher Ausdruck spezifisch geprägter menschlicher Plastizität* ...: gleichzusetzen oder bloß in dessen Nähe zu rücken, ist *un!*_zulässig.

An dieser Stelle sei vorausgeschickt ...: Das folgende Zitierte _*dieses*_ Realsatiristen habe ich orthographisch etwas zurechtgerückt und in eckige Klammern gesetzt, da andernfalls das Ungereimte seiner Antwort, die er mir dann sogar schriftlich gab, zu schmerzhaft zu lesen wäre.

Herr *Waa* beantwortete das ...:

ZITAT_ Bevor Sie sich weiter in ihrer Welt verfangen, sollten Sie [...] aber auch für „Theorien", die andere aufstellen, erst einmal offen sein. Was Sie als Fakt sehen, sind [_*andernfalls*_] für mich ebenfalls „nur" Theorien.

Und wenn Sie [_*natürlich?*_] direkt kontern, daß Gier kein Wesenszug eines Charakters ist, [_*ist*_] es schwer [_*möglich*_], auf einer gemeinsamen Grundlage zu diskutieren. Was sollte dann Gier im Charakter eines Menschen sein, wenn kein Wesenszug? Auch wenn Sie abstreiten, daß Gier durchaus positive Seiten beinhalte[_*t*_], wird es schwer zu diskutieren. Denn Gier, wie auch Egoismus sind zwar in der Dialektik mit Negative[_*m*_] behaftet, bringen aber auch vollkommen [_*?*_] positive Seiten hervor. Was wäre ein Künstler, Sportler ohne Gier und Egoismus[_*?*_].

Stellen Sie dies in Frage, stellen Sie unsere [_*die*_] ganze Entwicklung der Menschheit in Frage. [_*Bei*_] Fußballfans geht ja so schön [_*?*_] die Phrase: „Gier nach Erfolg" umher [_*„umher"?*_]. Eine Phrase zwar, die aber den Kern eines Individuum[_*s*_] trifft. Ohne eine gewisse Gier würden Sie sich wohl nicht so [_*ins Zeug legen*_] und Ihre~~r~~ Sicht der Dinge „verteidigen" — was man als Aufmerksamkeitsdefizit bei uns beiden [_*bei „uns beiden"?*_] deuten könnte, würde eine dritte Person dem [_*zwischen uns Gesprochenen*_] beiwohnen. Und eben um dieses [_*unterstellte!*_] „Defizit" auszubügeln, da braucht es eine charakterliche Stärke, die durchaus mit Gier, dem Streben nach Anerkennung[_*,*_] zu tun hat. Ohne die Gier, würde es ein Streben des Willens wohl kaum geben. Fraglich dabei[_*,*_] ob eben die Gier eine Überlebensstrategie aus der Natur heraus ist, oder eben auf Sozialisierung gebaut [_*„gebaut"?*_] ist.

Und wenn für [_*hier müßte anstatt* „für" *sinnigerweise* „Gier" *stehen*_] unmittelbar mit Streben zusammenhängt, was es aus [_*anstatt* „es aus" *müßte sinnigerweise* „sie", *also die* „Gier" *stehen, gefolgt von* „bspw."_] in der Geisteswissenschaft tut [_*tut die* „Gier" _*das?*_ ...: *oder ergibt sich aus einer* „Gier" *nicht ein* spezifisches _„Streben"?_ ...: *was aber eben nicht bedeutet, daß* „Gier" *einem* „Streben" ...: *wesens!*_mäßig *zugrunde läge* ...: *da selbst lediglich Ausdruck eines sekundären Antriebs seiend*_], muß diese[_*s*_] Streben [_*der Realsatirist* Waa, *will durch unsaubere Gleichsetzung*: „Gier" = „Streben", *seine falsche Rede bemänteln, also so, wie es die Widerlichen tun*_] auch positive Elemente beinhalten, sonst wäre der Weg der Menschheit bis hierhin [_*hierher*_] (heute) wohl nicht möglich gewesen und wir hätten uns gegenseitig abgemetzelt (kann sich natürlich noch ändern). [__Wie?_ *sollte seine Schlußfolgerung aus falscher Rede eine andre sein.*_]

Also konnte [_*könnte*_] man behaupten, da[_*ß*_] die Gier nach Frieden und Hoffnung, die Gier nach Zerstören und Disharmonie bisher nicht übertrumpfen konnte._ZITATENDE

...: da mir die allgemein anerkannten, sozusagen unser Geschlecht betreffenden Theorien, die eigentlich bloße Thesen sind und bis auf weiteres bleiben müssen, nicht unbekannt sind ...: *meine Argumentation ist eine Antwort auf solche Thesen* ...: wäre erst einmal zu erwarten, daß *_Sie_* sich mit *_meinen!_* Aussagen beschäftigten. Das setzte allerdings voraus, wenigstens das verstanden zu haben, welches ich durch mein Antworten ...: *in Ihrer Gegenwart!* ...: beschrieben habe. Daß Sie das aber nicht verstanden haben, obwohl es nicht unverständlich ausgedrückt, sondern dem Thema ...: *da ein tiefes* ...: angemessen geschehen ist, belegen Sie durch Ihr schwurbeliges Antworten, das zudem noch mit ...: ZITAT_Bevor Sie sich weiter in ihrer Welt verfangen, sollten Sie [...] aber auch für `Theorien´, die andere aufstellen, erst einmal offen sein_ZITATENDE ...: beginnt.

...: übrigens ...: mich treibt nicht irgendeine „Gier", mich auszudrücken oder mich „[_ins Zeug zu legen_]" ...: sondern ...: *_Habe_* ich den Eindruck, daß lediglich Klischeehaftes oder tatsächlich Falsches ...: *_mal eben_* so abgesondert wird ...: halte ich es für notwendig, das zu berichtigen ...: das läßt sich als „Streben nach *Auf*_Klärung", nicht aber als ...: „Gier nach Aufklärung" bezeichnen ...: denn ...: *_das!_* ist Bedingung für konstruktiven Fortschritt unseres Geschlechts, da allgemein das Nachdenken *be*_fördernd ... und daß *_das_* ...: *_mein_* Streben nach Aufklärung ist gemeint ...: nichts mit „Gier" zu tun hat ...: nichts zu tun haben *_kann!_* ...: wird gegen Ende meiner Antwort deutlich.

...: übrigens ...: was ich mit „geschwurbelt" meine, das sind Sätze wie bspw. dieser ...: ZITAT_*Stellen Sie dies in Frage, stellen Sie unsere ganze Entwicklung der Menschheit in Frage*_ZITATENDE. ...: hören Sie ...: Herr *Waa* ...: damit dieser Satz wenigstens orthographisch richtig ist, müßte er entweder lauten ...: „Stellen Sie dies in Frage, stellen Sie UNSERE ganze Entwicklung ALS

Menschheit in Frage" ...: oder ...: „Stellen Sie dies in Frage, stellen Sie DIE ganze Entwicklung der Menschheit in Frage". Damit wäre Ihr Satz jedoch lediglich orthographisch akzeptabel, inhaltlich bliebe der dennoch blödsinnig. ...: denn ...: selbstverständlich stelle ich nicht die Entwicklung der Menschheit in Frage ...: und zwar schon deshalb nicht ...: da das absurd wäre. ...: hingegen ist richtig ...: Die etablierte VORSTELLUNG ...: _*wie*_ diese Entwicklung erfolgt sei ...: sowie ...: _*die*_ VORSTELLUNG ...: daß diese Entwicklung so evolutiv wie teleologisch erfolgt wäre bzw. erfolgen würde, erscheint mir nicht befriedigend zu sein. ...: Wer jetzt meinte, ich wäre dann wohl ein „Kreationist", sollte nachlesen, was „teleologisch" sagen will. ...: _*hingegen*_ ...: eine der Fragen, die ich mir stelle ...: _*Ist?*_ es möglich auszumachen, ob sich in einem bestimmten Stadium der Entwicklung unseres Geschlechts eine Fehlentwicklung ereignete und könnte die Ursache dafür benannt werden. ...: Vor dem Hintergrund des prähistorisch und historisch sich bereits ereignet Habenden ...: also ...: *soweit wir darum wissen* ...: und dem sich aktuell Ereignenden ...: sind solche Fragen nicht nur legitim ...: sondern ...: sie sind notwendig. ...: und da sie notwendig sind, habe ich das ...: also ...: *was damit zusammenhängt* ...: in einem meiner Bücher bereits skizziert zum Ausdruck gebracht.

> Das drückt sich schon in Überschriften wie ...: „Von gefühlt-gedachter Wahrnehmungsweise, dem Ursprung der Prophetie und dem Werden des \`Religiösen´ als gesellschaftliches Machtmittel" oder in ...: „Der \`Schamanismus´ als Hinweis auf die völlig andere Art und Weise des Wahrnehmens der Prähistorischen" aus. ...: _*Sind?*_ das nicht zum Nachdenken anregende Überschriften ...: jedenfalls ...: durch solche Überschriften wird bereits deutlich, daß ich von „Prähistorischen" und „von „Historischen" spreche ...: und

vermute ...: Die „Historischen“ haben eine Fehlentwicklung (*_unbewußt_*) verursacht ...: die folgenreich bis ins Heute reicht.[130]

...: um Ihre Behauptung ...:

> ZITAT_Ohne eine gewisse Gier würden Sie sich wohl nicht so [*_ins Zeug legen_*] und Ihre [...] Sicht der Dinge „verteidigen“ — was man als Aufmerksamkeitsdefizit [...] deuten könnte [...]_ZITATENDE

...: zu beantworten ...: nun ja ...: Herr *Waa* ...: vorneweg sei erwidert ...: Für denjenigen, der in seine Sätze Phrasen wie ...: ZITAT_*was man als Aufmerksamkeitsdefizit deuten könnte*_ZITATENDE unterbringt, um den Fokus des Interesses von der Qualität des Argumentierens eines andren abzulenken ...: sich so allerdings selbst aus inhaltlicher Diskussion verabschiedend ...: *wie es unter Realsatiristen wohl weitgeübte Praxis ist* ...: da offenbar die eigene Argumentationsschiene zu dürftig ...: *und derjenige bei Fortgang einer inhaltlichen Diskussion nur verlieren könnte* ...: um die Ursache fürs fortgesetzte *_inhaltliche!_* Argumentieren eines andren als aus „niederen Beweggründen“ kommend ...: oder das wegen eines „Defizits“ täte ...: zu „interpretieren“ ...: schließt *der_*artig von sich auf andre, wie es wohl ...: *um einen Reichschen Fingerzeig zu geben* ...: für einen verkappt bzw. eingepanzert *Anal_*Strukturierten charaktertypisch ist.

...: sehen Sie, Herr Realsatirist *Waa* ...: solche ...: *_Ihre!_* ...: Sätze werden üblicherweise von Leuten „gebildet“, die sich bloß auf ihren gewohnten ...: *von andren für sie eingerichteten* ...: Gedankenbahnen „bewegen“ wollen ...: *dem_*nach ...: inhaltlich nichts Erhellendes bzw. zum Nachdenken Anregendes zu sagen wissen ...: *_das!_* ist ja der Grund, wieso ich davon

---

[130] Siehe dazu in: « Ist der Monotheismus von seiner Anlage her ein elementarer Faktor der Gewalt? », Teil 2. Das dort Skizzierte möchte ich in meinem letzten Buchprojekt weiter ausformulieren.

spreche, daß die Masse der bürgerlichen Intellektuellen offenbar mental fertig ist.

...: gewiß ...: wer meint ...: da sich auf seiner gewohnten ...: *von andren für ihn eingerichteten* ...: Gedankenbahn „bewegend" ...: daß es sich bei meinen Aussagen um belanglose handelte, gäbe _*Ihnen*_ wohl _*sofort!*_ und gerne recht. ...: aber ...: Herr *Waa* ...: und *ab*_gesehen davon, daß es sowieso erst *da*_rum gehen müßte, Ihnen _*meine*_ „Sicht der Dinge" darzulegen ...: so ich das _*denn*_ wollte ...: da Sie um die bisher nicht wissen können, ich diese also erst ...: _*nachdem*_ ich diese dargelegt hätte ...: „verteidigen" könnte ...: so ich das _*dann*_ wollte ...: und dazu _*dieser!*_ miefige Ort ...: an dem sich massiert realsatiristisch gewordene bürgerliche (_*lobbykratische*_) Intellektuelle auf optisch aufgehübschten alten Gedankenbahnen begegnen ...: gewiß nicht der richtige wäre ...: antworte ich Ihnen auf dieses von mir Zitierte so ...: _*Daß!*_ dem ...: *also, bezogen auf einen gegebenen Zusammenhang, Dinge aus meiner Sicht darzulegen* ...: keine „Gier" zugrunde liegen kann, läßt sich unschwer an folgendem erkennen ...: _*Gewinne*_ ich den Eindruck, daß dieses Streben ...: *nämlich aufzuklären, da ich im selbstgewählten Dienste der Sophia stehe* ...: fruchtlos bleibt ...: beende ich eine Diskussion ...

Natürlich, dieser *eigen*_tümliche Realsatirist mußte das beantworten ...: da nun einmal in seinen realsatiristischen Kreisen etwas geltend ...:

> ZITAT_Sie bemängeln, da[_ß_] ich mich mit „Ihren" Theorien nicht auseinandersetze, lassen aber gleichzeitig kaum Platz für den im Streitgespräch sitzenden [G]egenüber, mit seinen Theorien. [_oder komplette KORRETUR ...: *Sie bemängeln, daß ich mich mit* „Ihren" *Theorien nicht auseinandersetze, lassen aber im Streitgespräch selbst kaum Platz für die Theorien eines andren.*_] Übrigens, wenn Sie selbst von Theorien sprechen, muß ich anmerken,

da[_ß_] Sie[_,_] trotz [_I_]hrer Vehemenz, also[_,_] von Theorien sprechen, die man widerlegen kann.

Bemängeln Sie dann noch die Orthographie des Gegenüber[_*s*_], wird es sch[_*w*_]er eine Diskussion (dialektisch) sauber fortzuführen, um auf das Bezogene eine Streitkultur aufzubauen. Selbst wenn das hippe Totschlagargument vom Klischeehaften, mit der Behauptung „geschwurbel[_*t*_]" die Runde macht, bleibt die Ernsthaftigkeit ihrerseits [_*meinerseits oder* „ihrerseits" *bezogen auf* „Ernsthaftigkeit"*?*_] auf der Strecke — qualifiziert gerade nicht den Diskussionspartner als ebenbürtig. Somit wird aus einer Position gehandelt (_*diskutiert*_), die das Selbst [_*?*_] als Ausgangspunkt [_*nimmt*_] und [_*aus eigener*_] Überzeug[_*t*_]heit jedweden Einwand des Gegenübers abschmettert. Ergo: Ihre Voreingenommenheit ist nicht minder dickköpfig als meine „Theorien". [__Seit?_ *wann können* „Theorien" *„dickköpfig" sein* …: *sie* „dickköpfig" *zu vertreten, das allein könnte wohl sein.* _Aber?_ *ist es schon* „Theorie", *durch das Hantieren mit einem als Begriff verwendeten Wort* …: *hier* „Gier" …: *menschliches Verhalten monokausal erklären zu wollen …: es wäre höchstens eine These.*_]

Bleiben wir doch einmal beim Ausgangspunkt [_*I*_]hrer Kritik ~~zu~~ [_*an*_] meinem Geschriebenen, da[_*ß*_] Sie eben die Gier nicht als (menschlichen) Wesenszug deuten.

Die Antwort sind Sie aber immer noch auf meine Frage schuldig: Was ist dann Gier, wenn ~~es~~ [_*sie*_] kein Wesenszug eines Menschen ist? — [_*W*_]obei es zur Klärung erstmal, also zur Entschlüsselung [_*?*_] von Gier in Verbindung mit Wesenszug, vollkommen unbedeutend ist, ob Gier deterministisch oder ~~millieubedingt~~ [_*milieubeding*_] als „Wesenszug" einzuordnen ist. Wo verorten [_*?*_] Sie also Gier, wenn ~~es~~ [_*sie*_] kein Wesenszug ist?

Also, da sind Sie immer noch eine Antwort schuldig. Denn, wenn Sie meinen, ich umschiffe Argumente mit geschwurbelten Satzbauten, ist ihr „Geschwurbel" nicht im geringsten brauchbarer als meins — zumal vo[_*m*_] Erklärungsversuch ihres Standpunktes ~~her~~ [_*aus*_], noch zäher und ergüßiger ausgeholt als das von mir [_*V*_]erfa[_*ß*_]te._ZITATENDE

...: leider ...: das konnte nicht unwidersprochen bleiben ...: schon deshalb, da üblicher pejorativer Typik deutscher Intellektueller folgend und aus meiner Sicht diese „Begegnung" anders nicht sinnig zu beenden gewesen wäre, da diese andernfalls nur in weiterer pejorativer Dreck- und Falschaussage geendet hätte ...: immerhin ...: eine These ist nicht dadurch zu widerlegen ...: *wenn auch genau dies von Realsatiristen typischerweise geübt wird* ...: daß man die eigene argumentative Hohlheit schließlich mit der Phrase ...: „Da bin ich eben andrer Meinung" zudeckt. ...: beziehungsweise ...: *was das* „Widerlegen" *von Thesen oder Theorien im humanwissenschaftlichen oder* „biologisch-philosophischen" *Bereich anbelangt* ...: sei dazu jetzt bloß anmerkt ...: nicht alles ist eine Frage des Meinens ...: sich in der grade schon zitierten lobbykratischen Floskel ausdrückend ...: „Da bin ich eben andrer Meinung". ...: *_denn!_* ...: Entscheidend ist ...: *_zum einen_* ...: die Plausibilität einer thetischen oder einer theoretischen Aussage im humanwissenschaftlichen oder „biologisch-philosophischen" Bereich ...: und ...: *_zum anderen_* ...: *_ob!_* sie erlaubt, das bisherige widersprüchliche thetische oder theoretische Interpretieren eines die Spezies Mensch ...: *und damit immer auch das Lebendige als Ganzes* ...: betreffenden Sachverhaltes und bisher allgemein Gemeinten, wenn nicht aufheben, so doch reduzieren kann.

...: nun ...: jetzt aber tatsächlich abschließend ...: da es hier nicht der Ort sein kann, um eine *_solche!_* Diskussion zu führen ...: Es ist weder eine Gruppe, die sich aus nur zwei Personen zusammensetzt, noch eine, die ein *_solches!_* Thema überhaupt zum *_angemessen!_* diskutierten Gegenstand macht bzw. machen wollte ...: *ob*_wohl behauptend ...: *_als?_ bloß ein weiterer Beleg fürs Realsatiristischgewordensein der bür-*

gerlichen (_lobbykratischen_) *Intellektuellen* ...: eine „Satire & Politik“ bearbeitende zu sein.

...: also ...: Herr Realsatirist *Waa* ...: Sie meinen *des*_halb, ich hätte Ihre Behauptung ...:

> ZITAT_Was ist dann Gier, wenn ~~es~~ [_*sie*_] kein Wesenszug eines Menschen ist? — [_*W*_]obei es zur Klärung erstmal, also zur Entschlüsselung [_*?*_] von Gier in Verbindung mit Wesenszug, vollkommen unbedeutend ist, ob Gier deterministisch oder ~~millieubedingt~~ [_*milieubeding*_] als „Wesenszug“ einzuordnen ist. Wo verorten [_*?*_] Sie also Gier, wenn ~~es~~ [_*sie*_] kein Wesenszug ist?_ZITATENDE

...: bisher nicht beantwortet, da Sie das, was ich dazu bisher geschrieben habe ...: *also jenes, das ich abgesehen von meiner letzten Aussage ausgedrückt habe* ...: nicht verstanden haben. Denn darin liegt bereits die Beantwortung Ihrer Frage ...: _*aber*_ ...: da abschließend ...: _*und!*_ ...: im Gegensatz zu Leuten wie Ihnen ...: ich bin bereit das weiter zu verdeutlichen.

...: zum einen ...: Sie verwenden den Begriff „Gier“ auf vergleichbare Weise, wie zum Beispiel der vornehme Herr der Politischen Reaktion ...: *gemeint ist Herr Nietzsche* ...: es tut, redet er vom „Willen zur Macht“ ...: *ob nun wortwörtlich oder nicht, spielt jetzt keine Rolle* ...: ebenso spielt es keine Rolle, ob Sie tatsächlich in der aphoristischen Tradition dieses „vornehmen Herrn der Reaktion“ stehen oder es sich dabei ...: *bei Ihrer Verwendung des Begriffs* „Gier“ *und dem dazu von Ihnen Gemeinten* ...: lediglich um eine Koinzidenz handelt ...: jedenfalls ...: _*Sie!*_ meinen nietzsche_*esk* ...: Sie könnten so etwas wie einen „Kampf“ zwischen verschiedenen Ausprägungen von „Gier“ als Grundlage für Ihre, die Entwicklung der Menschheit betreffende These nehmen ...: beziehungsweise ...: diese

Entwicklung dadurch erklären, daß sie das Ergebnis des „Widerstreits zwischen `positiven´ und `negativen´ Ausprägungen von `Gier´" wäre ...: und damit doch wieder bloß der alten Leier des „Kampfs zwischen `Gut´ und `Böse´" folgend. ...: Es könnte also sein, daß Sie jenes von _*jenem*_ Herrn ...: *das mitunter von andren bereits an_* oder genügten *vor_*gekaut worden war ...: *Vor_*gekaute ...: *sowie dann wahrscheinlich von wiederum andren noch* ...: *nach_*kauen ...: *wenn ihnen das selbst möglicherweise auch* un_*bewußt bleibt* ...: und _*lediglich!*_ „Wille zur Macht" durch „Gier nach Macht" ersetzen ...: was keine intellektuelle Leistung wäre.

...: zum andren ...: *und um ihre Frage ausdrücklich zu beantworten* ...: „Charakterzug" ist etwas andres als „Wesenszug" ...: Im Alltäglichen werden „Charakterzug" und „Wesenszug" zwar mitunter gleichgesetzt, das zu tun ist aber unzulässig, geht's ums _*Wesen!*_ eines Wesen ...: warum? ...: Weil „Charakter" etwas benennt, das sich nicht ergeben könnte, käme es von seiten der natürlichen Umwelt _*und!*_ der gesellschaftlichen Umwelt ...: *in die ein konkreter Mensch hineingeboren wird* ...: nicht zu einer spezifischen Einflußnahme auf das, was jeder Mensch _*wesenhaft!*_ *mit_*bringt. ...: *Ent_*sprechend kann es sein, daß zum Charakter eines konkreten Menschen, jenes gehören _*kann!*_ ...: das Sie als „Gier" ...: *und* _hier_ *kann durchaus zulässig der allgemeiner Auffassung von* „Gier" *gefolgt werden* ...: bezeichnen ...: folglich ...: „Gier" von dem abhängig ist, was von den Faktoren der natürlichen Umwelt _*und!*_ der gesellschaftlichen Umwelt auf einen konkreten Menschen *ein_*wirkt und vor allem ...: ab wann diese Faktoren das tun. ...: Demnach kann „Gier" nichts Wesenhaftes des Menschen (_*als Spezies!*_) sein. ...: überdies ...: Tatsächlich müßte bei einem _*konkreten!*_ Menschen erst noch genau hingeschaut werden, um das „Urteil" ...: „Hat einen von `Gier´ geprägten Charakter" fällen zu können.

…: Was meine die Orthographie betreffende Bemerkung anbelangt …: solche mache ich normalerweise nicht …: schreibt aber jemand nicht nur inhaltlichen Blödsinn …: nämlich das tut, was man heutzutage „schwurbeln" nennt …: *wenn die Behauptung stimmte, daß es sich bei einem* „Schwurbler" *um jemanden handeln würde, der* „Bullshit" *schreibe* …: sondern diesen Blödsinn zudem noch _*so*_ „verkauft", als habe er damit die Argumentationsführung eines andren ad absurdum geführt …: _*dann!*_ tue ich das.

Achte Begegnung:
*Warum?* selbst noch nachdenken, haben jene das längst getan, die dafür bezahlt werden

Das Wochenmagazin *Der Spiegel* meinte fragen zu müssen …:

> ZITAT_Sollten Arbeitgeber wissen, ob ihre Beschäftigten gegen Corona geimpft sind?_ZITATENDE

…: Wie zu erwarten …: Diese Frage zu bejahen, bekam viel Zuspruch von realsatiristischer Seite, denn dort ist es _*dann!*_ nicht üblich eigene Überlegungen zu wichtigen gesellschaftspolitischen Fragen anzustellen, sind die bereits von andren angestellt worden und wurde das Ergebnis …: also …: das *da*_zu Ausgedachte von die öffentliche Meinung Machenden bereits verbreitet …: immerhin sind die es ja …: also …: einmal jene, die sich diesbezüglich etwas im *profit*_orientierten Interesse …: *wie es für eine lobbykratisch organisierte Gesellschaft typisch ist* …: ausgedacht haben …: zum andren jene, die fürs Verbreiten von Ausgedachtem andrer im *profit*_orientierten Interesse …: *wie es für eine lobbykratisch organisierte Gesellschaft typisch ist* …: bezahlt werden …: Der _*Empfänger!*_ von im *profit*_orientierten Interesse solch von andren Ausgedachtem …: *wie es für eine lobbykratisch organisierte Gesellschaft typisch ist* …: aber nicht. …: _*Warum?*_ sich also noch mit dem eignen Nachdenken über wichtige gesellschaftspolitische Fragestellungen *ab*_mühen …: das wäre nämlich folgenreich karriereknickend …: dies!_*bezüglich* ab!_*hängig vom Alter* …: jedenfalls auf _*jeden!*_ Fall die eigene Reputation …: dies!_*bezüglich* un!_*abhängig vom Alter* …: ramponierend …: _*käme*_ man zu einem andren Ergebnis als das die öffentliche Meinung im *profit*_orientierten Interesse …: *wie es für eine lobbykratisch organisierte Gesellschaft typisch ist* …: bestimmende Ausgedachte andrer

…: und …: gedächte das zu verbreiten, da sich auf diese Weise folgenreich exponierend …: inquisitorische Fragesteller wären geschwind an der Seite eines zu einer wichtigen gesellschaftspolitischen Fragestellung nachgedacht Habenden …: *und darüber dann mit andren sprechend* …: _sofort!_ …: _ihn!_ *zu retten* …: sorgenvoll *bei*_seite zu nehmen …: denn …: Nicht auszudenken, gedächten andre sich ebenso etwas andres als das von andren die öffentliche Meinung im *profit*_orientierten Interesse …: *wie es für eine lobbykratisch organisierte Gesellschaft typisch ist* …: bestimmende Ausgedachte auszudenken …: oder etwa nicht?

…: beginnend mit zwei Zitaten, korrigierte ich diese zitierte, lobbykratisch-intellektuelle Fragestellung des genannten Wochenmagazins …:

> ZITAT_[…] Zentrale Frage: Wie viele ungeimpfte Menschen erkranken schwer an Covid-19 – und wie viele geimpfte? […] Um die Pandemielage einschätzen zu können, sind saubere und vollständige Daten nötig. […] Doch genau das geschieht […] in Deutschland […] nicht. […]_ZITATENDE[131]

> ZITAT_Der Anteil der Corona-Toten in Bayern, die vollständig geimpft waren, hat laut Behörden leicht zugenommen. Im Oktober lag er bei etwas weniger als einem Drittel, 108 von 372 Toten waren vollständig geimpft. Der Großteil von ihnen war über 80 und hatte andere Vorerkrankungen._ZITATENDE[132]

---

[131] Quelle: „`Meldung erfolgt per Fax´: Warum in Deutschland niemand weiß, wie viele Geimpfte an Covid-19 erkranken"; der zugehörige Link: https://correctiv.org/faktencheck/hintergrund/2021/11/12/meldung-erfolgt-per-fax-warum-in-deutschland-niemand-weiss-wie-viele-geimpfte-an-covid-19-erkranken/?mc_cid=080d7228c2&mc_eid=05289c349e wurde am 24. Dezember 2021 geprüft.

[132] Quelle: „Geimpfte Coronatote in Bayern, was sind die Gründe"; der zugehörige Link: https://news.upday.com/de/geimpfte-corona-tote-in-bayern-was-sind-die-gruende/ wurde am 24. Dezember 2021 geprüft.

...: abgesehen von dem Fakt, daß es sich ebenso bei den ungeimpften Menschen so verhält, daß die an einer SARS-CoV-2-Infektion Gestorbenen zum weit größten Teil schon betagt sind und schwerwiegende Vorerkrankungen haben, bedeutet das hier mittels zweier Zitate Skizzierte folgendes ...: Wer vor dem Hintergrund des politischen Umgangs mit dieser Pandemie weiterhin behauptet, Menschen, die nicht geimpft sind, sind das Problem, der muß sich fragen lassen ...: Was treibt ihn eigentlich?

...: nun ...: wenn derjenige nicht dafür bezahlt wird, so etwas weiterhin im *profit*_orientierten Interesse zu behaupten ...: *wie es für eine lobbykratisch organisierte Gesellschaft typisch ist* ...: kann es entweder nur Ausdruck von Charakterschwäche sein ...: *bei der es sich dann allerdings nicht um eine leichte handeln könnte* ...: oder um völlige Verunsicherung, die ihren Grund in dem findet, das man als „Alarmismus" bezeichnen kann ...: und es sei an dieser Stelle wiederholt ...: *da für mein Verständnis mit* un!_*faßbarer* _Unverdrossenheit_ ignoriert werdend ...: In diesem Zusammenhang ist insbesondere der folgende Teil des ersten der beiden obigen Zitate bedeutsam ...: ZITAT_[...] Um die Pandemielage [_*im übrigen müßte es* „Epidemielage" *heißen, da sich* _diese_ *Aussage allein auf Deutschland bezieht*; Anm.d.A._] einschätzen zu können, sind saubere und vollständige Daten nötig. [...] Doch genau das geschieht [...] in Deutschland [...] nicht. [...]_ZITATENDE[133] ...: _*denn*_ ...: das bedeutet, daß ...: *ob!*_wohl die gesellschafts-politisch Verantwortlichen ...: also ...: nicht allein die politisch

---

[133] Die bereits genannte Quelle: „`Meldung erfolgt per Fax´: Warum in Deutschland niemand weiß, wie viele Geimpfte an Covid-19 erkranken"; der zugehörige Link:

https://correctiv.org/faktencheck/hintergrund/2021/11/12/meldung-erfolgt-per-fax-warum-in-deutschland-niemand-weiss-wie-viele-geimpfte-an-covid-19-erkranken/?mc_cid=080d7228c2&mc_eid=05289c349e wurde am 24. Dezember 2021 geprüft.

Verantwortlichen, sondern zumindest ebenso auch die *spin*_doktorischen Wissenschaftler sowie die *Alpha*_Journalisten mit ihren schreibenden Mitarbeitern der Medien_*Konzerne* ...: seit Anfang der 2010er Jahre *da!*_rum wissen ...: *oder zumindest darum wissen* _könnten!_ ...: daß eine solche Epi- bzw. Pandemie zu erwarten war ...: nichts veranlaßt wurde, die Gesellschaft darauf *un!*_spezifisch präventiv vorzubereiten.[134] ...: _*Oder?!*_ ...: wäre es etwa nicht das _*mindeste!*_ gewesen, ab dem Zeitpunkt alle Wege zur Meldung bei von „biologischen \`Erregern´" ausgelösten Erkrankungen ...: *um eine potentielle endemische Entwicklung frühzeitig abschätzen zu können* ...: zu überprüfen und eventuell (_*effizient!*_) zu aktualisieren ...: aber ...: _*nicht!*_ an solche Firmen dann die entsprechenden Aufträge zu vergeben, die am besten Schmieren, sondern an jene nur, die diesbezüglich _*tatsächlich!*_ brauchbare ...: und ...: _*vorher!*_ von unabhängiger Seite geprüfte ...: Methoden anzubieten hätten. ...: _*aber!*_ ...: _*nicht!*_ einmal das ist geschehen. ...: denn ...: „Unspezifisch präventive Maßnahmen" hätten natürlich noch weit mehr an _*Tat!*_ bedeutet ...: und zwar je auf lokaler, regionaler, Bundes- und EU-Ebene ...: und auf weltweiter Ebene wären entsprechende „Koordinierungswege" zu überprüfen bzw. zu schaffen gewesen ...: _*wozu?*_ gibt es eine WHO ...: _*etwa?*_ nur noch dazu, daß sie ...: _*ebenso!*_ ...: vor allem im profit_*werten* Sinne funktioniert. ...: und ...: _*Wird?*_ daran nicht auch deutlich, daß die „internationalen Formate" ...: ob nun UNO, IWF, WHO, OSZE, Nobelpreis-Verleihung usw. ...: längst schon korrumpierte sind.

---

134 Siehe dazu im Anhang des Ihnen vorliegenden Buches: « Risikoanalyse aus dem Jahre 2012, eine SARS-CoV-2-ähnliche Pandemie betreffend ».

HINWEIS:

„Unspezifisch präventive Maßnahmen" will sagen ...: Diese „Maßnahmen" hätten dann nur unspezifischer Natur sein können, da zu jener Zeit nicht gewußt werden konnte, wie sich eine solche en-, epi- bzw. pandemisch ausbreitende Virusinfektion auswirken könnte.

Zu diesen „Maßnahmen" hätte bspw. das Bereitstellen von Masken gehört ...: die im übrigen auf lokaler Ebene hätten produziert werden können ...: und zwar ...: *da es an sich ausreichen würde, dazu geeignete Textilien ...: wie insbesondere mehrlagiges Handtuchleinen ...: zu verwenden* ...: in örtlichen Schneidereien / Änderungsschneidereien ...: die dann an die umliegenden Haushalte abgegeben worden wären, so daß diese schließlich pro (_*biologisch erwachsener!*_) Person mit drei solchen Masken ausgestattet gewesen wären ...: das hätte völlig genügt und die Menschen lokal vernetzt ...: aber ...: _*Wer?*_ will so etwas von lobbykratischer Seite schon.

Insbesondere in den Krankenhäusern und Altenheimen hätte es eine so _*unabhängige!*_ wie _*unangemeldete!*_ Überprüfung der dortigen Situation geben müssen ...: Versorgungslage, Intensivbehandlungslage usw. betreffend, und ebenso, was den Besuchsmodus dort anbelangt.

Solche und andre „unspezifisch präventive Maßnahmen" wären dann medial zu begleiten gewesen ...: bspw. im Fernsehen im Rahmen der Nachrichten ...: anstelle der „Börsennachrichten" (_*die so überflüssig wie ein Kropf sind!*_), und in tatsächlich kompetent besetzten Talk-Runden ...: unter _*Ausschluß!*_ von Lobbyisten.

Ebenso hätte spätestens dann eine entsprechende Grundlagenforschung einsetzen müssen, die durchaus möglich gewesen wäre, da es sich beim SARS-CoV-2 um ein Virus aus der Corona-Virus-Familie handelt ...: denn ...: *wie es für* „Familien" *so üblich ist* ...: Coronaviren haben Gemeinsamkeiten ...: andernfalls handelte es sich bei ihnen ja nicht um eine „Familie". ...: Auch die Erfahrungen die seit dem Jahre 2003 insbesondere in China mit dem SARS-CoV-1 gesammelt worden sind, hätten in diese Forschung einfließen müssen ...: wobei dann das Augenmerk auf eine Behandlung mit bisher schon bekannten, für diesen Zweck geeigneten

Substanzen zu richten gewesen wäre.[135] ...: *_allerdings!_* ...: Von der Pharmaindustrie wäre diese Forschung *_nicht!_* durchzuführen gewesen ...: sie hätte an Universitäten erfolgen müssen, bzw. in unabhängigen angegliederten Instituten ...: *_allerdings!_* ...: nur *_dann!_* ...: würden *_keine!_* Querverbindungen zur Pharmaindustrie bestehen.[136] ...: Die spezifische Produktion ...: *also, nach Auftauchen dieses Virus* ...: der als geeignet erkannten Substanzen wäre von dazu geeigneten pharmazeutischen Firmen *_in Lizenz!_* zu übernehmen gewesen. ...: bei alldem wäre jedenfalls immer zu bedenken ...: Es geht um Atemwegsviren, gegen die es ...: *wegen ihrer Mutationsfreudigkeit* ...: eigentlich *_keinen_* adäquaten Impfstoff geben kann.

---

[135] Bezogen auf jenes Medikament haben an dieser Stelle drei Quellenangaben zu genügen:

4. „Global trends in clinical studies of ivermectin in COVID-19"; Link: http://jja-contents.wdc-jp.com/pdf/JJA74/74-1-open/74-1_44-95.pdf;
5. „Ivermectin: a multifaceted drug of Nobel prize-honoured distinction with indicated efficacy against a new global scourge, COVID-19"; Link: https://www.sciencedirect.com/science/article/pii/S2052297521000883;
6. „The FDA-approved drug ivermectin inhibits the replication of SARS-CoV-2 in vitro"; Link: https://www.sciencedirect.com/science/article/pii/S0166354220302011.

Alle Links wurden am 11. Dezember 2021 geprüft.

[136] Denn spätestens der Hinweis, daß man: „Klinischen Studien der Pharmaindustrie nie vertrauen kann", sollte jeden nachdenklich machen. Der zugehörige Link:
https://multipolar-magazin.de/artikel/studien-nie-vertrauen wurde am 25. Dezember '21 erneut geprüft.

...: und ...: also ...: *bevor ich die zitierte, vom erwähnten Wochenmagazin gestellte Frage* _einzig!_ *korrekt beantworte* ...: stellt sich nicht ebenso die Frage ...: _*Was?*_ ist die tatsächliche Absicht einer Gruppe, die den Eingang ihres „Treffpunkts" mit ...: „Satire&Politik — Kabarett, Ansichten&Aussichten" überschriftet hat ...: ist davon in den gehaltenen Vorträgen und den Diskussionen kein Hauch wahrnehmbar ...: aber werden vor allem völlig unkritischen bzw. alarmistischen Vorträgen oder Meldungen zu einer höchst *un*_übersichtlich erscheinenden Sachlage ...: *die Sache mit* „Corona" *ist gemeint* ...: Zeit und Raum gegeben.

...: will ich nicht unterstellen, daß die Betreiber dieses „Treffpunkts" ...: *und wohl andre noch* ...: *denn es ist ja nicht ohne Grund, daß die Meinungsführerschaft* ...: also ...: *Die Führerschaft im* _Machen!_ *der öffentlichen Meinung* ...: *unbedingt von den* (_geschlechtsunspezifischen_) *lobbykratischen Vertretern* ...: also ...: _im Sinne!_ *der beizubehaltenden gesellschaftspolitischen Entwicklungsrichtung* ...: *zurückzugewinnen ist* ...: *schließlich gibt es nicht* _nur!_ *das NetzDG*[137] _nicht!_ *ohne Grund* ...: *ist doch das Erzeugen* „gesellschaftlicher Resilienz" ...: man sage besser ...: *da Ausdruck des realsatiristischen Phänomens* ...: „gesellschaftlicher Indolenz" ...: also ...: *kollektiv nichts mehr zu merken und* ...: als sich daraus ergebende Konsequenz ...: *auf fortgesetzt gesellschaftspolitisch Ungereimtes lediglich noch* ...: *dann machtpolitisch vernachlässigbar* ...:

---

[137] „Gesetz zur Verbesserung der Rechtsdurchsetzung in sozialen Netzwerken (Netzwerkdurchsetzungsgesetz — NetzDG)". _*Wollen?*_ Sie wissen, wie das im Deutschen Bundestag verabschiedet worden ist. Dazu siehe in: « Die *tri*_logische Sezierung des lobbykratischen Zeitalters », Band III « ›Ich stimme nicht zu!‹ Gesellschaftspolitische Lesungen über den Neowilhelmoliberalismus und seine Konsequenzen », Teilband 2, dort auf den Seiten 278+ff.: „Schlußwort: Schlußsatz I: `Kein Klärungsbedarf mehr´."

vereinzelt zu reagieren ...: *überhaupt dringend zu stärken* ...: sprich ...: *durch permanent tendenziöse Nachrichten, Berichte und Talk-Show-Gequatsche mit* „Experten für dieses oder jenes Detail" *komplexer gesellschaftlicher oder / und biologischer Zusammenhänge* ...: *damit das lobbykratische Credo in den Köpfen der Masse der Menschen verankert zu halten bleibt* ...: einst Propaganda genannt ...: und heute ...: _permanente!_ *Propaganda seiend.* ...: will ich also nicht unterstellen, daß die Betreiber dieses „Treffpunkts" ...: *und wohl andre noch,* ...: also ...: die Führerschaft im *_Machen!_* der öffentlichen Meinung, *unbedingt von den* (_geschlechtsunspezifischen_) *lobbykratischen Vertretern* ...: also ...: *_im Sinne!_* der beizubehaltenden gesellschaftspolitischen Entwicklungsrichtung ...: *zurückzugewinnen ist* ...: für das Verbreiten völlig unkritischer bzw. alarmistischer Vorträge oder Meldungen zu einer höchst unübersichtlich erscheinenden Sachlage Zeit und Raum zu geben, bezahlt werden ...:: und *_so!_* zu „systemischen Trollen" werdend ...: *_müßte?_* ich wohl davon ausgehen, daß die Betreiber ...: *neben ihrer sowieso schwerwiegenden Charakterschwäche* ...: selbst *_so_* verunsichert sind, daß sie glauben, sie könnten nichts falsch machen, käuten sie bloß brav das propagandistisch alarmistisch Verlautbarte wieder. ... Jedenfalls wäre damit ...: *und zwar so oder so* ...: daß Ziel der Erzeugung „gesellschaftlicher Resilienz" ...: *wie gesagt, richtiger gesagt* ...: *Erzeugung* „gesellschaftlicher Indolenz" ...: nämlich ...: *kollektiv nichts mehr zu merken* ...: und ...: *als sich daraus ergebende Konsequenz* ...: *auf fortgesetzt gesellschaftspolitisch Ungereimtes lediglich noch* ...: *dann machtpolitisch vernachlässigbar* ...: ver*_einzelt zu reagieren* ...: erreicht ...: womit sich die ...: *machtpolitisch bedeutende* ...: orwellianische Ebene eröffnet_*e* ...: wo's ...: *je nachdem* ...: „mal nach Orwell, mal nach Huxley riecht".

...: wie dem auch sei ...: um schließlich die vom erwähnten Wochenmagazin gestellte Frage _*einzig!*_ korrekt zu beantworten ...: _*Bevor*_ Arbeitgeber aufzufordern wären, ihren Mitarbeitern inquisitorische Fragen zu stellen, müßten erst einmal *die*_jenigen wissen ...: *wer geimpft ist und wer nicht* ...: die es tatsächlich wissen _*müssen!*_ ...: um überhaupt so abgesicherte wie glaubwürdige Aussagen machen zu können, da andernfalls allein ein einmal so und einmal andres Meinen Grundlage für alles praktische Vorgehen wäre ...: beziehungsweise ...: *tat!*_sächlich ist. ...: und ...: _*wer?*_ müßte das wissen ...: unter andrem das „Robert-Koch-Institut" (_„RKI"_) ...: die dortigen Verantwortlichen wissen es aber selbst nicht ...: das bedeutet ...: Man weiß dort _*nicht!*_ ...: _*wer*_ von den geimpften Menschen an „Covid-19" erkrankt und eventuell daran gestorben ist.[138] ...: *viel?*_leicht wissen sie es zwar, veröffentlichen aber falsche, unzureichende oder mißdeutbare Zahlen, mit denen ...: *je nachdem* ...: prima zu jonglieren ist. ...: ist das Vertrauen einmal weg, drängen sich solche Überlegungen ins Gehirn ...

...: man stelle es sich vor ...: Jene autorisierte Stelle, die als erste über gesicherte Daten verfügen müßte ...: *um einerseits so koordiniertes wie angemessenes Handeln überhaupt erst zu ermöglichen und andererseits die Bevölkerung mit* _korrekt!_ *datenbasiertem Wissen und* _nicht!_ *mit irgendeinem Gemeinten zu der Entwicklung einer als epidemisch eingeschätzten Lage zu unterrichten* ...: weiß Ende des Jahres 2021 dazu immer

---

[138] Siehe die bereits erwähnte Quelle: „`Meldung erfolgt per Fax´: Warum in Deutschland niemand weiß, wie viele Geimpfte an Covid-19 erkranken"; der zugehörige Link:

https://correctiv.org/faktencheck/hintergrund/2021/11/12/meldung-erfolgt-per-fax-warum-in-deutschland-niemand-weiss-wie-viele-geimpfte-an-covid-19-erkranken/?mc_cid=080d7228c2&mc_eid=05289c349e wurde am 24. Dezember 2021 geprüft.

noch nichts Genaues. ...: eigentlich nicht glaubwürdig, oder? ...: _*Ist?*_ es dann verschwörungs_*thetisch* angenommen, daß da etwas nicht stimmen kann ...: nämlich ...: vor _*dem*_ Hintergrund, daß es jene Risikoanalyse aus dem Jahre 2012 gibt ...: daß der BioNTech / Pfizer-Impf-Initialstoff über _*keine!*_ valide Phase-III-Studie für die Notzulassung verfügt ...: sowie ...: die Kriegsvorbereitungen gegen Rußland und China unverdrossen fortgesetzt werden ...: *ob!*_wohl doch behauptet wird, daß das SARS-CoV-2 „Killervirus-Qualität" habe ...: *die es objektiv gesehen* _weder!_ *hatte* _noch!_ *hat* ...: und das die Intensivstationen _*wegen*_ des SARS-CoV-2 und seiner Varianten überlastet sein sollen ...: _*nicht!*_ aber _*wegen*_ schon lange vorher bestanden habender „Problem-Zustände" ...: *nicht allein auf Intensivstationen von Krankenhäusern, sondern genauso in Altenheimen* ...: auf die „Gesundheitssystemreform_*en*" ...: sprich insbesondere ...: „Fallpauschale" und Schließung von _*im Umfeld!*_ der Menschen stehenden Institutionen ...: Anfang der 2000er Jahre zurückgehend. ...: mit diesem Skandal wäre dann das fatal Praktizierte verbunden ...: nämlich ...: daß ...: _*hätte!*_ man aus einer zu erwartenden SARS-CoV-2-ähnlichen Pandemie Anfang des Jahres 2013 die richtigen Schlüsse gezogen ...: _oder_ ...: _wollte?_ *man die gar nicht ziehen* ...: die von Figuren wie Merkel und Schäuble für die ganze EU geforderte ...: *und dann praktizierte* ...: Austeritätspolitik _*nicht!*_ zu machen gewesen wäre.

...: schreibt also das genannte lobbykratische Wochenmagazin ...: *beispielsweise* ...: so etwas ...: _*Wäre?*_ es demnach verschwörungs_*thetisch* angenommen, daß das dazu diente, von schwerwiegenden Skandalen sowie von der praktizierten Murks-Politik ...: *um die* _nicht?_ *nur die bei diesem lobbykratischen Wochenmagazin Arbeitenden wüßten* ...: abzulenken ...: _*es?*_ also fortgesetzter Panik- bzw. kollektiver Angstmache diente ...: _*etwa?*_ um die Bevölkerungen für zukünftige

„machtpolitisch entscheidende 'Aktionen'" kollektiv emotional *ab*_zurichten ...: immerhin ...: *durch das* „pandemische Hinundher" *wird in der Masse der Menschen psychische Energie angestaut* ...: *die dann* _so_ *zu entladen ist, daß sie den Machteliten und ihren Satelliten* _nicht!_ *in die Fresse fliegt.* ...: neu ist es jedenfalls nicht, dies zu tun ...: nämlich ...: Bevölkerungen kollektiv emotional *ab!*_zurichten, muß man wieder große Kriege führen ...: da das „System" es so verlangt ...: damit ...: *bei globaler Betrachtung* ...: *_nicht!_* offensichtlich werde ...: wie *in!*_effizient das *_fokussiert!_* effiziente Profitsystem tatsächlich ist. ...: _*Wieso?*_ also vom Arbeitgeber verlangen, daß die Mitarbeiter ihm mitteilen müßten, ob sie geimpft wären ...: während die autorisierte Behörde Informationen verbreitet, denen die Datenbasis fehlen. ...: hingegen ...: Von Arbeitgebern wäre das folgende sicherzustellen ...:

- Was Hygiene anbelangt ...: die sollte zwar sowieso gelten.
- Was Abstandsregeln anbelangt ...: 1 Meter genügt.
- Was das Masketragen anbelangt ...: dann ...: ist dieser Abstand von einem Meter nicht einzuhalten.
- Und wichtig ...: zusätzliche Pausen, um draußen ...: _*ohne!*_ ...: Maske Luft zu holen.

Neunte Begegnung:
„… 90%! …"

Natürlich, ein Realsatirist kennt die „Geschichte" …:

> ZITAT_90% der Bevölkerung waren Nazis,
> die wollten, was die Nazis taten!_ZITATENDE

Aber …: da ich im Auftrag der *Sophia* unterwegs bin …: erwiderte ich das aus einer horizonterweiternden Perspektive, so daß etwas sichtbar werden konnte, das man normalerweise nicht „sieht" …: _*da?*_ es die einen nicht „sehen" wollen und die andren nicht „sehen" dürfen …: Die Ideologie der Nazis konnte _*ohne weiteres*_ auf dem aufbauen bzw. sich aus dem gedanklich bedienen, das als „klassische Indologie" und als „deutscher Idealismus" bezeichnet wird. …: Das eine ist eine Märchenschaft …: aber keine Wissenschaft …: das andere mehr eine „politisch-theologische Ideologie" als eine Philosophie. …: beide …: *da zwei Seiten einer Medaille* …: stellen das dar, welches ich als „deutsche Ideologie" bezeichne. Erst dadurch konnte sich jenes in den preußisierten Deutschen mental festsetzen, das ich „deutsche Trinität des Sonderbaren" nenne …: von dieser „Trinität" …: wenn überhaupt …: *da nicht mehr geläufig* …: ist lediglich der Begriff „deutscher Sonderweg" bekannt. Aber zur „deutschen Trinität des Sonderbaren" gehören ebenso „deutsches Sonderdenken" und „deutsches Sonderfühlen" …: andernfalls wär's ja keine „Trinität" …: und überhaupt …: Wer einen „Sonderweg" beschreitet, tut dies mit entsprechendem Denken und Fühlen. …: übrigens …: Die „deutsche Trinität des Sonderbaren" wirkt bis heute …: *wenn auch geupdatet* …: und das deshalb, da sie die Basis …: bzw. die Begründung fürs deutsche Nationalstaatsbewußtsein wurde. …: es ist wie bei Kindern …: Die ersten bewußt *wahr*_genommenen Eindrücke …: *auf der Basis der ersten* …:

im Uterus sich ereignenden ...: un_*bewußt erfolgenden* Vor_*Bahnungen* ...: wirken *nach*_haltig charakterprägend.[139]

...: das „nazistische Problem“ hat demnach nicht nur eine _*prägende*_ Vorgeschichte, die Anfang des 19. Jahrhunderts beginnt ...: *als Ergebnis dessen, was als Politische Reaktion zu bezeichnen ist* ...: nämlich ...: als Reaktion der alten Machteliten auf die Französische Revolution und die damit einhergehende „Judenemanzipation“ ...: bei gleichzeitigem rapidem Nachlassen der gesellschaftspolitischen Bindungsfähigkeit der christlichen monotheistischen Glaubensvorstellung ..: hin ...: sondern ...: hat auch originär mit dem zu tun, welches man bürgerliche Gesellschaft nennt ...: also ...: mit deren ideologischer Auffassung vom Organisieren einer staatlich verfaßten, sich nach „betriebswirtschaftlichen Kriterien“ richtenden Gesellschaft.

...: deshalb ...: Wenn auf die oben zitierte Bemerkung eines Realsatiristen ...: ZITAT_*90% der Bevölkerung waren Nazis, die wollten, was die Nazis taten!*_ZITATENDE ...: hin die Realsatiristin *Woo* dazu meinte meinen zu müssen ...:

> ZITAT_daß die meisten Menschen einfach in
> einen Strudel mit reingerissen wurden_ZITATENDE

---

[139] Bezüglich der sich im Uterus ereignenden unbewußten Vorbahnung der charakterlichen Prägung eines konkreten Menschen, siehe in: « Die *tri*_logische Sezierung des lobbykratischen Zeitalters », Band I: « Es werde *mehr* Licht! Mehr Demokratie wagen in der Lobbykratie? Untersuchung über die Konsequenzen der bürgerlichen Real-Demokratie », Teilband 4, die Seiten 139-47, beginnend mit: „Aber das Wesen des einzelnen Menschen ist auch plastisch“.

...: ist das eine ähnliche Unkenntlichmachung der Ursachen für den Nazismus wie jene Behauptung, man sei in den ersten Teil des großen Krieges des 20. Jahrhunderts „hineingeschlittert" ...: denn ..: _*Beide!*_ Behauptungen sind _*kindische*_ Versuche, die Ursachen für eine bis heute sich ereignende Katastrophe *un*_kenntlich zu machen ...: von der man durch entsprechende Geschichts_*Schreibung* lediglich zwei ...: „Weltkrieg I" *und* „Weltkrieg II" *benannte* ...: „Spitzen" _*so*_ kenntlich sein läßt, daß sie allgemein als etwas *Un*_Verbundenes wahrgenommen werden, für das niemand verantwortlich sein könne ...: denn ...: Wer in einen „Strudel gerät" oder in etwas „hineinschlittert" kann ja _*nicht*_ für das daraus Resultierende verantwortlich sein ...: oder etwa doch?

...: und in diesen Fällen ...: also ...: *bezogen auf die beiden Teile des großen Krieges des 20. Jahrhunderts* ...: zu behaupten ...: „in einen Strudel geraten" bzw. in etwas „hineingeschlittert" zu sein ...: bedeutet ...: _*jene!*_ aus der Verantwortung zu nehmen, die *so!*_wohl den ersten _*als auch!*_ den zweiten Teil des großen Krieges des 20. Jahrhunderts verursacht hatten. ...: die Masse der Menschen war das jedenfalls nicht ...: Die sogenannten Eliten machten die Stimmung und jubelten weit vorher als erste ...: die normalen Menschen als letzte ...: _*nämlich!*_ ...: ab _*dem*_ Zeitpunkt erst ...: als _*ihnen!*_ ...: _*massenmedial!*_ ...: also ...: _*so!*_ wie heute ...: suggeriert wurde ...: _*ihr*_ ...: _*ihr?*_ ...: Land würde von einem „Aggressor" angegriffen. ...: im übrigen, Frau *Woo* ...: Ich unterstelle Ihnen nicht, daß Sie jene Ursachen bewußt unkenntlich machen wollten ...: objektiv gesehen ist das aber so.

Zehnte Begegnung:
„laßt euch impfen!"

Da omnipräsent, eröffnete ein gewisser Herr *Laa* diese ebenso die SARS-CoV-2-Pandemie betreffende „Begegnung" mit _*der*_ lobbykratie-propagandistischen Absicht ...: das „_*Ihr!*_-seid-schuldig"-Narrativ zu nähren ...:

> ZITAT_Die Kapazitäten auf Intensivstationen sind in Süd- und Ostdeutschland teilweise fast ausgeschöpft. Viele Kliniken bereiten die Verlegungen von Corona-Kranken vor — in mitunter Hunderte Kilometer entfernte Städte._ZITATENDE

...: da angemessen, wiederholte ich das an anderer Stelle bereits Zitierte ...:

> ZITAT_[...] Zentrale Frage: Wie viele ungeimpfte Menschen erkranken schwer an Covid-19 — und wie viele geimpfte? [...] Um die Pandemielage einschätzen zu können, sind saubere und vollständige Daten nötig. [...] Doch genau das geschieht [...] in Deutschland [...] nicht. [...]_ZITATENDE[140]
>
> ZITAT_Der Anteil der Corona-Toten in Bayern, die vollständig geimpft waren, hat laut Behörden leicht zugenommen. Im Oktober lag er bei etwas weniger als einem Drittel, 108 von 372 Toten

---

[140] Die bereits genannte Quelle: „`Meldung erfolgt per Fax´: Warum in Deutschland niemand weiß, wie viele Geimpfte an Covid-19 erkranken"; der zugehörige Link:
https://correctiv.org/faktencheck/hintergrund/2021/11/12/meldung-erfolgt-per-fax-warum-in-deutschland-niemand-weiss-wie-viele-geimpfte-an-covid-19-erkranken/?mc_cid=080d7228c2&mc_eid=05289c349e wurde am 24. Dezember 2021 geprüft.

waren vollständig geimpft. Der Großteil von ihnen war über 80 und hatte andere Vorerkrankungen._ZITATENDE[141]

..: Insbesondere bezogen auf dieses zweite Zitat ist einmal die Feststellung bemerkenswert, daß der „Großteil" der geimpft Gestorbenen „über 80 Jahre alt war und andere Vorerkrankungen hatte" ... denn ...: das gilt für ungeimpfte Menschen genauso. Und es sind vorwiegend wiederum solche Menschen, die in Altenheimen bis zu ihrem Tod dehydriert in ihrer eigenen Scheiße lagen ...: *und das _so_ wohl weiterhin üblich ist* ...: also ...: ihr ...: *irrigerweise allgemein als* „Immunsystem" bezeichnetes ...: biologisches Kommunikationssystem _*chronisch!*_ höchst geschwächt ist.

...: zum andren, da in diesen Zusammenhang gehörend ...: nämlich ...: was die Glaubwürdigkeit der Behauptung ...: „auf den Intensivstationen liegen weit überwiegend Ungeimpfte und `Coronatote´ sind fast ausschließlich Ungeimpfte" ...: anbelangt, ist auch eine Aussage interessant, die anläßlich der Anhörung des Hauptausschusses des Deutschen Bundestages zur angekündigten Aufhebung der „epidemischen Notlage" vom 15. November 2021 vom Präsidenten der Deutschen Interdisziplinären Vereinigung für Intensiv- und Notfallmedizin (_DIVI_) gemacht wurde, der nämlich auf die Frage eines Abgeordneten ...: *ob er wisse, welche der in der Zeit vom 8. bis zum 14. November 2021 auf Intensivstationen Eingewiesenen geimpft und welche nicht geimpft waren*[142] ...: herumdruckste und stammelte ...: deshalb läßt sich seine Antwort kurz zusammenfassen ...: *Das wissen wir nicht.* ...: _*also!*_ ...: *Die?*_jenige

---

[141] Die bereits genannte Quelle: „Geimpfte Coronatote in Bayern, was sind die Gründe"; der zugehörige Link:

https://news.upday.com/de/geimpfte-corona-tote-in-bayern-was-sind-die-gruende/ wurde am 24. Dezember 2021 geprüft.

[142] Diese Zahl belief sich im genannten Zeitraum auf 1.662 Personen.

Stelle, die für das Sammeln solcher Daten verantwortlich ist, weiß nichts darüber zu berichten, ob es hauptsächlich geimpfte oder ungeimpfte Menschen sind, die auf Intensivstationen liegen. ...: nun ...: normalerweise wollte man so etwas nicht glauben ...: _*Wenn?*_ es aber lediglich _*ein*_ Ausdruck für den Normalzustand einer Lobbykratie ...: *sozusagen* ...: für den sich in ihr alltäglich ereignenden Realsatirismus wäre ...: _*wieso?*_ kommt mir da spontan „Stuttgart 21" in den Sinn ...: oder ...: *während ich diese Passage am 22. März des Jahres 2022 redigiere* ...:

> Die lobbykratischen Ideologen des Westens _*wollen*_ Krieg gegen die Russische Föderation, gegen China führen. ...: Ein Beleg dafür, daß die Russische Föderation dem Westen dabei nur zuvorgekommen ist, spiegelt sich eindeutig in der beispiellos aggressiven Reaktion seiner inkompetenten (_*geschlechtsunspezifischen*_) Politiker und als „Qualitätsmedien" bezeichneten privaten Propaganda-Abteilungen auf die am 24. Februar 2022 begonnen habende russische Militäroperation in der Ukraine ...: *die* _letztlich!_ *eine Reaktion auf das konsequente Verschweigen des seit 8 Jahren in der Ukraine geführten Bürgerkriegs durch den* _strukturell aggressiven!_ *Westen* ...: sowie ...: *sein penetrantes Ignorieren berechtigter russischer Sicherheitsinteressen* ...: und überdiese ...: *das existente Nazismus-Problem in der Ukraine aus seiner Wahrnehmung* aus!_*zublenden* ...: *als offenbarer Ausdruck einer psychischen Störung seiner Machteliten und ihrer Satelliten* ...: *ist* ...: wider. ...: Als ein weiterer Beleg dafür, daß die Russische Föderation dem Westen jetzt lediglich zuvorgekommen ist, kann folgender Bericht gelten ...: „Rußland im Militärmaßstab", der am 1. Oktober 2021 von der Nachrichten-Plattform *German-Foreign-Policy.com* veröffentlicht wurde.[143]

[143] Der zugehörige Link: https://www.german-foreign-policy.com/news/detail/8721 wurde am 22. März 2022 erneut geprüft.

…: _*Nein!*_ …: es geht nicht um den von seiner ganzen Anlage her *failed State* Ukraine …: versunken in Korruption …: durchzogen von faschistoiden Terrorgruppen …: und dem ein Präsident vorsitzt, der ein in den *Pandora-Papers* aktenkundiger Komiker und Befehlsempfänger des desolaten Imperiums USA und den von diesem Imperium bezahlten, trainierten und mit Waffen versorgten nationalistischen bzw. faschistoiden Gruppierungen ist.[144] …: Für dieses Imperium übrigens offenbar die EU_*ler* gewillt sind, einen entscheidenden Anteil dieses Krieges in Europa stattfinden zu lassen …: zumal es nicht allein die USA sind …: Bereits im ersten Teil des großen Krieges des 20. Jahrhunderts der begehrliche Blick der deutschen Machtelite auf jenen Teil Europas ruhte, der heute die disparat geschaffene Ukraine bildet …: das hat sich bis heute nicht geändert. …:

Nein, um diesen *failed State* …: *um das Glück der Menschen dort* …: geht es nicht. …: im übrigen …: _*Hat?*_ es nicht etwas Realsatiristisches, meinen quasi unisono …: *wie gleichgeschaltet* …: *und überdies argumentativ auf Tiefgeschoß-Niveau* …: westliche Politfiguren, bei Medien_*Konzernen* angestellte Schreiberlinge und Kulturbetriebler …: daß Rußland mit dem Beginn der Militär-Operation in der Ukraine am 24. Februar 2022 das Völkerrecht gebrochen habe …: *was von mir übrigens nicht geleugnet wird* …: *ob!*_wohl doch dort, wie gesagt, seit 8 Jahren gegen das Völkerrecht verstoßender Bürgerkrieg herrscht.[145] …: und …: _*Wird?*_

---

[144] Siehe dazu die Dokumentation von Yana Lysenko vom 19. Oktober 2021: „Offshore-Geschäfte: Selenskyj und Kolomojskyj in den *Pandora-Papers*"; der zugehörige Link: https://www.bpb.de/themen/europa/ukraine/342240/dokumentation-offshore-geschaefte-selenskyj-und-kolomojskyj-in-den-pandora-papers/ wurde am 22. März 2022 erneut geprüft.

[145] Siehe dazu die folgenden Video-Hinweise:

„Über die Entwicklung der Ukraine-Krise". Dieses Video zeichnet die gesellschaftspolitische Entwicklung in dem disparat geschaffenen politischen Gebilde „Ukraine" bis zu Beginn der russischen Militär-Intervention im Februar 2022 nach …: *Der Blick auf dieses Geschehen erfolgt aus russischer Perspektive, ist aber nicht faktenverdrehend.* …: Diese Entwicklung hatte bereits nach der Unabhängigkeitserklärung der Ukraine Anfang der 1990er Jahre begonnen …: Zur Schaffung einer fragwürdigen „nationalen Identität", wurde zu jener Zeit ein nicht geringer Teil der heutigen Erwachsenen in der

dieses Realsatiristische nicht dadurch noch genährt, daß die Westlichen über Jahrzehnte die berechtigten Sicherheitsinteressen der Russischen Föderation glaubten nicht einmal zur Kenntnis nehmen zu müssen ...: sowie ...: *_Wird?_ dieses Realsatiristische nicht zu einem regelrecht potenzierten* ...: bedenkt man, daß der Westen ...: *so's nur genügend opportun* ...: bei *_jeder!_* Gelegenheit das Völkerrecht selbst brach und bricht. ...: *_also!_* ...: Es geht darum, daß die Oligarchen des Westens mit ihren nach Inkompetenzkriterien „ausgewählten" Funktionseliten ...: *da diese von dem auf den ihnen gereichten Blaupausen Stehenden lediglich insofern wissen müssen, was davon dann von ihnen fürs Publikum abzulesen ist* ...: denn ...: *selbst die nachfolgende praktische Umsetzung des dort Stehenden*

Ukraine nationalistisch und rassistisch indoktriniert, wobei dies unter Rückgriff auf die in den 1940er Jahre eingesetzt habende Faschisierung nicht geringer Teile der ukrainischen Bevölkerung erfolgte. Der Link zu diesem Video:

https://odysee.com/@%D0%95%D0%BA%D0%B0%D1%82%D0%B5%D1%80%D0%B8%D0%BD%D0%B0:8/%C3%9Cber-die-Entwicklung-der-Ukraine-Krise:a.

Übrigens war dieses Video zuerst ausschließlich auf YouTube zu sehen. Den Link gibt es dort noch:

https://www.youtube.com/watch?v=6fokl4ZlMoA&list=LL&index=15.

Klickt man diesen Link an, so bekommt man den Hinweis: ZITAT_*Der folgende Inhalt wurde von der YouTube-Community für einige Zielgruppen als unangemessen oder beleidigend eingestuft*_ZITATENDE. Darunter ist dann, u.a., zu lesen: ZITAT_*Ich habe das verstanden und möchte fortfahren*_ZITATENDE. Klickt man dann aber auf diese Hinweis-Zeile, wird das gewünschte Video nicht abgespielt, sondern es wird irgendein andres Video „angeboten". Nun, das ist nur ein weiteres Beispiel dafür, was das ganze Gerede von freier Entscheidung und Meinungsfreiheit bedeutet ...: *_Sowie!_* der Westen eben *_kein!_* Garant dafür ist.

Zwei Beispiele für die Entstehung und die Entwicklung des heute seit 8 Jahren währenden Bürgerkriegs in der Ukraine:

1. „Ukrainian Agony Der verschwiegene Krieg"; der zugehörige Link: https://youtu.be/sy759dlJWYE?list=LL;
2. „Frontstadt Donezk - Die unerwünschte Republik", der zugehörige Link: https://youtu.be/w5-JPEcMHfg?list=LL.

Alle Links in dieser Fußnote wurden am 22. März 2022 erneut geprüft.

— aber nicht Vorgelesenen — *wird ihnen sicherheitshalber von lobbykratischen Eingeweihten abgenommen.* ...: Für solche nach Inkompetenzkriterien „ausgewählten" Funktionseliten ...: *da man* ...: aus meiner Sicht ...: *zuerst den Blick* dort_*hin zu richten hat, wo im* _eigenen?_ *Land die Chose falschläuft* ...: seien an dieser Stelle exemplarisch die _*komplette!*_ deutsche Bundesregierung und zumindest die Masse der deutschen (_*geschlechtsunspezifischen*_) *Spin*_Doktoren, Alpha-Journalisten und Kulturbetriebler genannt ...: haben sich diese doch _*keinen!*_ zureichenden Begriff von dem gemacht, was eine solche „Sanktions-Orgie" für das eigene Land ...: *die Masse der Menschen dort* ...: selbst bedeutet ...: und zudem noch begleitet von hysterischem Tamtam und Sprüchen von (_*geschlechtsunspezifischen*_) *Spin*_Doktoren, Alpha-Journalisten, Kulturbetrieblern und Politikern ...: worin sich kaum noch gezügelter Haß spiegeln ...: *des!*_halb seien jetzt ...: *da zudem behauptend, eine* „feministische Außenpolitik" *läge ihnen so sehr am Herzen* ...: _*namentlich*_ genannt eine Frau Baerbock ...: haßgeladen ausstoßend ...: „Rußland ruinieren!" ...: und ein Herr Habeck, der vor dem Emir von Qatar einen Bückling macht, um sich von Öl und Gas ...: bisher _*immer!*_ sicher ...: aus der Russischen Föderation kommend ...: unabhängig zu machen ...: als „hoher Vertreter" einer Partei, die vor wenigen Monaten noch die Menschenrechtsverletzungen in Qatar angeprangert hatte ...: denn ...: auch ein Herr Habeck meint ...: „feministische Außenpolitik" sei von seiner Partei prädestiniert zu praktizieren.

> Nun, es geht hier eben nur noch realsatiristisch zu ...: aber ...: *wie gesagt* ...: Realsatire kann tödlich sein.

*Also!* ...: Es geht darum, daß die Oligarchen des Westens mit ihren nach Inkompetenzkriterien „ausgewählten" Funktionseliten ihre letzte Schlacht _*jetzt!*_ schlagen müssen ...: da ihnen die Macht in ihren Händen *zer*_rinnt ...: für konstruktiven Neuanfang eignen sich Oligarchen nun einmal nicht ...: und _*da*_ ihre Funktionseliten _*nicht!*_ nach Kompetenzkriterien ...: _*sondern*_ ...: *wie gesagt* ...: nach *In*_Kompetenzkriterien ausgekungelt wurden und werden, wissen die mit der sich rapide beschleunigenden ...: *von diesen Oligarchen und ihren Funktionseliten* ...: _erneut!_ ...: *in Gang gesetzten* ...: Bewegung Richtung 1. Weltkrieg des 21. Jahrhunderts allein reflexhaft ...: also ...: _*weder!*_ überlegt _*noch!*_ konstruktiv umzugehen.

Nun ...: _*Darin*_ liegt nicht einmal Tragik ...: da _*allein!*_ grandiose Dummheit. ...: _*Anders*_ kann ich jedenfalls die gegen die Russische Föderation ...: *gegen* _alles!_ *Russische* ...: gerichtete „Sanktions-Orgie" der Westlichen _*nicht!*_ verstehen. ...: und anders ist auch nicht die Verblendung der Westlichen zu verstehen ...: denn ...: *scheuklappenbefreit betrachtet* ...: Rußland ist alles andre als isoliert ...: und alle im folgenden aufgezählten Gegenden und Staaten dieser Welt, haben ihre guten Gründe, wieso sie nicht an der Seite des Westens stehen, geht es um solche Sanktioniererei ...: das quasi gesamte Afrika, Südamerika, das gesamte asiatische Festland, mit Ausnahme von Singapur, und hier seien namentlich Indien, Pakistan und China genannt ...: China, das direkt an der Seite Rußlands steht ...: was übrigens auch bedeutet ...: Es ist nicht mehr so, daß Deutschland für Rußland noch von besonderem Interesse wäre ...: Geschäfte wird man wohl irgendwann wieder machen ...: aber es wird _*keine!*_ Partnerschaft mehr möglich sein.

...: Nun ...: um auf das innenpolitische Spezialthema, das sich machtelitär so hervorragend dazu eignet, die Masse der Menschen ...: die Insassen lobbykratischer Staaten ...: _*kollektiv!*_ in Angst zu versetzen und _*kollektiv!*_ in ihr psychische Energie anzustauen ...: *gedacht zur weltkriegerischen Entladung* ...: zurückzukommen. ...: das bedeutet ...: Wer vor dem Hintergrund ungesicherter Datenlage (_!_) weiterhin behauptet, die SARS-CoV-2-Pandemie sei ...: *bezogen auf Deutschland* ...: eine „Epidemie der Ungeimpften", schwätzt nicht nur unverantwortliches Zeug ...: sondern ...: Mit dieser Aussage des Präsidenten der Deutschen Interdisziplinären Vereinigung für Intensiv- und Notfallmedizin (_DIVI_) wird einmal mehr bestätigt, daß die Behauptung ...: *es seien vor allem ungeimpfte Menschen, die auf Intensivstationen eingeliefert würden* ...: beziehungsweise ...: *es vor allem diese wären, die diese als Tote wieder verließen* ...: eine tendenziöse ist ...: _*mehr noch!*_ ...: Offenbar eine Behauptung ist, die _*dem*_ Zweck dient, die ganze Bevölkerung in einer weiterhin profitorientierten Interessen ...: *diesmal in Gestalt von Pharmaunternehmen* ...:

dienenden Situation zu halten ... _*ja!*_ ...: sie solchen Interessen so dauer_*haft* wie *un*_entrinnbar zu unterwerfen. ...: denn ...: *nicht nur* ...: _*Woher?*_ wollte man wissen, wer wegen der SARS-CoV-2-Epidemie als geimpfter oder ungeimpfter Mensch auf einer Intensivstation liegt, bzw. dort dann als geimpfter oder ungeimpfter Mensch stirbt, hat man dazu keine belastbaren Daten ...: _*sondern!*_ vor allem ...: Offenbar selbst darum _*weiß!*_ ...: daß ...: *um eine solche Aussage* _über-haupt!_ *machen zu können* ...: die Daten fehlen.

Wie absurd dann Meldungen zur Lage auf den Intensivstationen ist, macht ...: *vor* _diesem!_ *Hintergrund* ...: das zweite meiner beiden eingangs dieser *Begegnung* gebrachten Zitate exemplarisch deutlich ...: _*Daß!*_ es dabei nämlich offenbar um nichts andres als um Zahlenjongliererei im Sinne einer ...: *niedrigen Absichten dienenden* ...: weiterhin tendenziösen Berichterstattung geht ...: normalerweise aber spricht man dann von Propaganda.

...: und so wies ich schließlich darauf hin, daß ...: _*Wer!*_ vor dem Hintergrund des politischen Umgangs mit dieser Epidemie weiterhin behauptet, Menschen, die nicht geimpft sind, wären das Problem, der muß sich fragen lassen ...: Was treibt ihn tatsächlich? ...: denn ...: wenn derjenige nicht dafür bezahlt wird, so etwas weiterhin zu behaupten, kann es entweder nur Ausdruck von Charakterschwäche sein ...: *bei der es sich allerdings nicht um eine leichte handeln könnte* ...: oder um völlige Verunsicherung, die ihren Grund in dem findet, das als „Alarmismus" zu bezeichnen wäre, der dazu führt, das eigene Denken einzustellen und statt dessen kollektiv zu hoffen, daß jene, die in einer lobbykratischen Gesellschaft beratend tätig sind ...: *dabei unterstützt von jenen, die dies dann zur öffentlichen Meinung werden lassen* ...: schon wissen, was sie reden und ...: _*immerhin!*_ ...: für _*andre!*_ ...: zu tun vorschlagen ...:

dem dann ...: *da inkompetent* ...: von den Entscheidungsträgern gefolgt wird. Deshalb sei an dieser Stelle wiederholt, da in diesem Zusammenhang insbesondere das erste meiner beiden eingangs dieser *Begegnung* gebrachten Zitate bedeutsam ist ...: Die gesellschaftspolitisch Verantwortlichen ...: also *_nicht!_* allein die politisch Verantwortlichen ...: *_wissen!_* seit Anfang der 2010er Jahre darum, daß eine solche Pandemie zu erwarten war.[146]

Ein Herr *Faa* antwortete dann *_direkt!_* auf das von mir Zitierte und daraufhin Gesagte, d.h. er antwortete *_völlig!_* sinnwidrig, wie es, wie man so sagt, von jemandem zu erwarten ist, der eine „Sprechplatte verschluckt" hat ...: *sich aber selbstüberzeugt für aufgeklärt hält* ...: also ...: völlig an dem vorbeiredend, das ich wiederholt zitiert und gesagt hatte ...:

> ZITAT_Doch. Kann man nachlesen. Zeigt die klare Wirkung der Impfung._ZITATENDE

...: *_könnte?_* es vielleicht sein, Herr *Faa*, daß Sie an dem vorbeireden, das ich gerade ...: übrigens ...: wiederholt ausgedrückt habe. ... Daraufhin, sich vielleicht besinnend, meinte dieser Herr *Faa* dann ...:

> ZITAT_Wenn man sieht, daß mehr als zwei Drittel der Bevölkerung geimpft sind, sind die Zahlen doch ein guter Beweis, daß die Impfung hilft. Über 70% der Toten gehörte demnach zu den ca. 30% der Nichtgeimpften. ... ALSO: laßt euch impfen._ZITATENDE

---

[146] Siehe dazu im Anhang des Ihnen vorliegenden Buches: « Risikoanalyse aus dem Jahre 2012, eine SARS-CoV-2-ähnliche Pandemie betreffend ».

Um auf Ihre Behauptung dennoch zu antworten ...: also ...: *ob!*_wohl sie sich auf veröffentlichten Zahlen von Daten stützt, die nicht belastbar sind ...: *und damit auch nicht die Zahl derjenigen* be_*nannt werden kann, die geimpft, ungeimpft oder an einer andren Atemwegsinfektion* ...: *von denen es sehr viele gibt* ...: *oder mit und nicht wegen* _dieser_ *Virusinfektion versterben* ...: ist auf Ihre ...: *wie gesagt* ...: nicht seriös datenabgestützte Behauptung zu antworten ...:

...: nun ...: Dann kann es aber nicht _*so*_ sein, daß eine kleine Gruppe, die sich nicht impfen lassen will, das Problem darstellt. ...: zumal nicht alle, die sich nicht impfen lassen, sich nicht impfen lassen wollen, sondern aus verschiedenen Gründen gar nicht geimpft werden können ...: meist werden dann lediglich Schwangere im ersten Schwangerschaftsdrittel, Menschen, die gegen Komponenten von Impfstoffen allergisch reagieren oder solche Menschen genannt, die wegen akuter Erkrankung mit oder ohne Fieber über 38,5°C sich nicht impfen lassen sollten ...: aber es gehören _*mindestens!*_ auch jene dazu, die in Altenheimen bzw. „Pflegeheimen" liegen ...: und die Leitung solcher Heime vor einer Impfung zurückschreckt ...: da sie um Impfkomplikationen fürchtet ...: die dann ihr Altenheim „leeren" würden ...: platt gesagt ...: die Einnahmen für den Alten- / Pflege-Heimbetreiber unkontrolliert *weg*_brächen ...: die Betriebe der „Gesundheitswirtschaft" stehen _*alle!*_ unter extremem Wettbewerbsdruck ...: wie es sich für eine lobbykratisch organisierte, also nach betriebswirtschaftlichen Kriterien organisierte menschliche Gesellschaft gehört, oder etwa nicht? ...: Die Umwandlung des „Gesundheitswesens" in eine „Gesundheitswirtschaft" wurde und wird von „Gesundheitsökonomen" vorangetrieben ...:

Herr Lauterbach ist Gesundheitsökonom ...: daher rührt der Titel dieses seltsamen Professors.[147]

Lange Exkursion (_*reichend bis zur Seite 287*[148]_)

Was „Verdachtsfälle von Nebenwirkungen und Impfkomplikationen nach Impfung zum Schutz vor COVID-19" anbelangt, gibt es vom „Paul-Ehrlich-Institut", das man übrigens nicht als unbefangen ansehen kann, da es ein staatliches Institut ist ...: *und* „staatlich" *nicht per se* „menschenfreundlich" *bedeutet ...: da es darauf ankommt, wer die Organisierung eines staatlichen Gebildes bestimmt ...: immerhin ist es ein qualitativer Unterschied, ob eine Gesellschaft demokratisch oder lobbykratisch organisiert ist ...: die deutsche Gesellschaft ist* _streng!_ *lobbykratisch organisiert ...: das erkennt man in dieser Epidemie sozusagen lupen*_rein ...: denn ...: _Wer?_ *hat den größten Nutzen davon und wessen Interessen werden* _vehement!_ geschützt, *wenn möglichst die ganze Gesellschaft* (_mittelbar_) *gezwungen wird, sich mit einem* „Stoff" *spritzen zu lassen, dessen* „Impf-Methode" *offenbar ungeeignet ist ...: 1-2-3-4 usw. Impfung innerhalb weniger Monate! ...: und man das am liebsten noch per* „Impfpflicht-Gesetz", *das praktisch nichts anderes als ein Gesetz zur gesamtgesellschaftlich wirksamen Ausübung von Zwang ist ...:* ob!_*wohl es eine ganze Reihe von Möglichkeiten gibt ...: wozu auch das Medikament* „Ivermectin" *gehört, das offenbar gegen das SARS-CoV-2 wirkungsvoll, preiswert und dessen Patentschutz abgelaufen ist. ...:* also ...: Was „Verdachtsfälle von Nebenwirkungen und Impfkomplikationen nach Impfung zum Schutz vor COVID-19" anbelangt ...: Von der staatlichen Behörde „Paul-Ehrlich-Institut" ...: *die man, wie gesagt, nicht als unbefangen ansehen kann, da es sich bei ihr um eine Institution eines lobbykratischen Staates handelt ...: was übrigens für die staatliche Behörde* „Robert-Koch-Institut" *genauso gilt ...:* gibt es einen „Sicherheitsbericht" vom 9. April 2021.[149]

---

[147] Siehe zu diesem Herrn insbesondere die *Dreißigste Begegnung*.

[148] Im Rahmen dieser „langen Exkursion" werden Sie noch auf eine „Abzweig-Exkursion" stoßen ...: lassen Sie sich davon nicht irritieren.

[149] Der Link zu dieser Quelle:

https://www.pei.de/SharedDocs/Downloads/DE/newsroom/dossiers/sicherheitsberichte/sicherheitsbericht-27-12-bis-02-04-21.pdf?__blob=publicationFile wurde am 26. Dezember 2021 erneut geprüft.

Aus diesem Bericht geht u.a. hervor, daß die meisten „schwerwiegenden Nebenwirkungen oder Komplikationen nach Impfung mit den einzelnen COVID-19-Impfstoffen in Deutschland im Zeitraum vom 27.Dezember 2020 bis zum 2.April 2021" vor allem nach der Verabreichung des Impfstoffs von BioNTech / Pfizer (_„Comirnaty"_) auftraten ...: 1.832 von 12.409 gemeldeten Verdachtsfällen ...: das sind 14,8 %. Hingegen kam es nach der Verabreichung des Impfstoffs von AstraZeneca (_„Vaxzevria"_) in 1.378 von 17.170 gemeldeten Verdachtsfällen zu schwerwiegenden Nebenwirken ...: das sind 8 %.

> Hier ist bemerkenswert, daß die Melderate für Verdachtsfälle nach Verabreichung des AstraZeneca-Impfstoffs weit höher lag als im Falle von BioNTech / Pfizer, denn das läßt sich durchaus auf die vorher erfolgte Medienkampagne ...: contra AstraZeneca und pro BioNTech / Pfizer zurückführen. Tatsächlich traten aber die überwiegende Zahl der schwerwiegenden Nebenwirkungen oder Komplikationen nach dem Verimpfen des Serums von BioNTech / Pfizer auf.[150]

In der Zeit vom 27. Dezember 2020 bis zum 2. April 2021 verstarben nach der Impfung mit einem der in Deutschland zu jener Zeit zugelassenen „SARS-CoV-2-Impfstoffe" 407 Menschen. „321 Todesfälle betrafen Personen, die mit [_*dem Impfstoff von BioNTech / Pfizer*_] geimpft worden waren. In sieben Fällen verstarben Personen nach Impfung mit dem COVID-19-Impfstoff [_*von*_] Moderna und in 19 Fällen verstarben Personen nach Impfung mit [_*dem AstraZeneca-Impfstoff*_]."[151]

Das bedeutet ...: 79,9 % der Todesfälle wurden in zeitliche Verbindung mit dem BioNTech / Pfizer-„Impfstoff", hingegen „nur" ca. 4,7 % der Todesfälle wurden in zeitliche Verbindung mit dem AstraZeneca-Impfstoff und ca. 1,7 % in Verbindung mit dem Moderna-Impfstoff gebracht.

---

[150] Die angegebenen Werte von 14,8 % für BioNTech / Pfizer und 8 % für AstraZeneca beziehen sich auf die „Gesamtmeldung" zu dem (_*entsprechenden!*_) Impfstoff. Siehe dazu die Seite 6 des in der Fußnote 149 als Quelle angegeben „Sicherheitsberichts" der Behörde „Paul-Ehrlich-Institut" vom 9. April 2021.

[151] Siehe dazu die lediglich dürre Anmerkung auf der Seite 11 der in der Fußnote 149 angegebenen Quelle.

Übrigens war bei 60 gemeldeten Todesfällen überhaupt nicht angegeben, welcher von den in Deutschland zugelassenen Impfstoffen in Verbindung mit diesen Todesfällen gestanden hatte (*_14,7 % von 407 Todesfällen_*).

> Da es sich um leicht gerundete Werte handelt, ergeben sich etwas mehr als 100 Prozent. Das ist in diesem Zusammenhang aber sowieso nicht wichtig, denn interessant ist, daß ...: *und das gilt nicht allein für diesen Bericht* ...: überhaupt Prozentwerte mit Stellen hinter dem Komma angegeben werden, obwohl die Datenlage nicht zureichend ist und offenbar unklaren Fällen nicht nachgegangen wird, oder diese nicht dokumentiert und Obduktionen in der Regel nicht durchgeführt werden ...: Wer dann Prozentwerte mit Stellen hinter dem Komma angibt, will etwas suggerieren ...: nämlich ...: *_nicht!_* vorhandene Wissenschaftlichkeit.

Dieser zumindest mit der Impfung in zeitlichem Zusammenhang stehende „Sterbetrend" wurde Ende 2021 im „Sicherheitsbericht" der Behörde „Paul-Ehrlich-Institut" bestätigt.[152] ...: allerdings ...: Weder erwähnt noch thematisiert diese Behörde diesen Sachverhalt in diesem am 23. Dezember 2021 veröffentlichten Bericht ...: Von den (*_gemeldeten!_*) 1.919 Todesfällen, die im Zeitraum vom 27. Dezember 2020 bis zum 30. November 2021 in eine zeitliche Verbindung mit einer „Anti-Covid-19-Impfung" gebracht werden mußten, und von diesen wiederum die meisten in zeitlicher Verbindung mit der Verimpfung des „Impfstoffes" von BioNTech / Pfizer stehen, nämlich 1.427, erkennt die Behörde „Paul-Ehrlich-Institut" nicht nur „lediglich" 78 Todesfälle an, sondern findet an dieser Zahl von 78 auch nichts eigenartig. ...: *_Woran?_* mag das liegen, bedenkt man, daß im Jahre 1976 in den USA die Impfkampagne gegen die damals dort grassierende Schweine-Grippe zumindest in 9 Staaten nach drei Sterbefällen, die zeitlich in Verbindung mit dieser

---

[152] Dieser sogenannte Sicherheitsbericht der Behörde „Paul-Ehrlich-Institut" ist als PDF-Datei unter folgendem Link abrufbar:

https://www.pei.de/SharedDocs/Downloads/DE/newsroom/dossiers/sicherheitsberichte/sicherheitsbericht-27-12-20-bis-30-11-21.pdf?__blob=publicationFile& (*_dieser Link wurde am 19. Januar 2022 geprüft_*).

Impfung standen ...: *deren kausale Ursache aber unklar blieb* ...: gestoppt wurde.[153]

Da die lobbykratische Behörde „Paul-Ehrlich-Institut", zu deren Aufgaben es gehören müßte, diesen Sachverhalt zu thematisieren bzw. zu empfehlen, die weitere Verimpfung mit schließlich experimentellen Impfstoffen auszusetzen ...: *eine reguläre Zulassung hat* _keiner!_ *von diesen* „Impfstoffen" ...: *und zumindest der* „mRNA-Impf-Initialstoff" *von BioNTech / Pfizer verfügt nicht einmal über eine valide* „Notzulassung" ...: dieser Aufgabe nicht nachkommt ...: *woran übrigens erkennbar wird,* _wem!_ *diese lobbykratische Behörde verpflichtet ist und wem nicht ...: wie zumindest die gesellschaftspolitisch relevant Verantwortlichen ebenso!* ...: denn ...: _Wie?_ *anders ließe sich die Diskrepanz zwischen deren Reden und Tun, bzw. zwischen dem sich aus einer gegebenen Situation logisch ergebenen zu Schlußfolgernden und dem ir_rationalen „Begründen" des* ...: bezogen auf dieselbe gegebene Situation ...: *dann favorisierten gesellschaftspolitischen Tuns erklären. ...: als kontextbezogenes Beispiel sei darauf verwiesen, daß es* _nicht!_ *rational nachvollziehbar ist, wird das Verimpfen von Substanzen fortgesetzt, obwohl innerhalb kürzester Zeit drittes, viertes usw. Impfen nicht nur kollektiv zu praktizieren verlangt wird, sondern man das am liebsten noch per* „Impfpflicht" *verordnen will, hingegen dies* _allein!_ *irrational zu erklären ist ...: man will ...:* _oder?_ muß man gar, da geheimvertraglich so geregelt ...: *die Interessen profitorientierter Kreise bedienen und schützen* ...: sowie ...: *so offenbar die eigenen Karriere-Interessen gewahrt wissen* ...: oder ...: *man gibt sich* tat!_*sächlich der Illusion hin, daß es von gesamtgesellschaftlichem Nutzen sein könnte, die Interessen profitorientierter Kreise zu bedienen und zu schützen* ...: also ...: Da die lobbykratische Behörde „Paul-Ehrlich-Institut" ...: *zu deren Aufgaben es gehören müßte, den oben skizzierten Sachverhalt zu thematisieren* ...: beziehungsweise ...: _wegen!_ *der tatsächlichen Sachlage ...: zu empfehlen, die weitere Verimpfung mit* (_lediglich!_) *experimentellen Impfstoffen solange auszusetzen, bis evidenzbasierte Daten aus validen Untersuchungsreihen vorliegen* ...: dieser Aufgabe nicht nachkommt, möchte ich an dieser Stelle zum einen auf einen

---

[153] Siehe dazu die Nachricht in der *New York Times* vom 13. Oktober 1976: „Swine flu programm is halted in 9 states as 3 die after shots"; der zugehörige Link: https://www.nytimes.com/1976/10/13/archives/swine-flu-prograrm-is-halted-in-9-states-as-3-die-after-shots.html wurde am 19. Januar 2022 geprüft. — Diese Information habe ich dem Bericht von Klaus König entnommen, der Gegenstand der folgenden Fußnote ist.

Bericht verweisen, der auf der Online-Plattform der *Initiative zur Demokratisierung der Meinungsbildung* gGmbH, *Rubikon*, erschienen ist, da der Autor dieses Berichtes die Fragwürdigkeit des offenbar als „staatstragend" angesehenen „Impf-Narrativs" überzeugend benennt ...: „Das Massensterben: Die viel gepriesene Sicherheit der mRNA-Spritze gegen Covid ist mehr als fragwürdig".[154] Zum anderen auf das bemerkenswerte Verhalten der drei Herausgeber des *British Medical Journal*, Peter Doshi, Fiona Godlee und Kamran Abbasi, die am 19. Januar 2022 (_*erneut!*_) gefordert haben, daß sofort die Rohdaten der von den profitorientierten Firmen Pfizer & Co durchgeführten Studien, die von den zulassenden Behörden als Grundlage für die „Notzulassung" ihrer „Anti- Covid-19-Impfstoffe" genommen wurden, veröffentlich werden, damit diese Daten öffentlich (_*also transparent und unabhängig!*_) überprüft werden können ...: „Covid-19 vaccines and treatments: we must have raw data, now. Data should be fully and immediately available for public scrutiny".[155] ...:

> *Allen Selektiv-Faktencheckern* _müßte!_ *nach Lektüre dieser beiden Leseempfehlungen* _ihre!_ *eigene Methode* ...: nämlich ...: jenes zu „widerlegen", das sie an anderen als verwerflich „erkennen" ...: *selbst* _höchst!_ *fragwürdig vorkommen.*

Eine weitere Seltsamkeit in dem oben erwähnten, am 9. April 2021 veröffentlichten „Sicherheitsbericht" der lobbykratischen Behörde „Paul-Ehrlich-Institut", liegt in folgender Aussage ...:

> ZITAT_Bei der **überwiegenden** Mehrzahl der Personen, bei welchen nicht eine COVID-19-Infektion oder andere Erkrankungen zum Tod geführt hatten, bestanden zum Teil multiple Vorerkrankungen, wie z. B. Karzinome, Niereninsuffizienz, Herzerkrankungen und arteriosklerotische

---

[154] Klaus König, „Das Massensterben: Die viel gepriesene Sicherheit der mRNA-Spritze gegen Covid ist mehr als fragwürdig", *Rubikon*-Ausgabe vom 8. Januar 2022; der zugehörige Link: https://www.rubikon.news/artikel/das-massensterben wurde am 19. Januar 2022 geprüft.

[155] Der zugehörige Link: https://www.bmj.com/content/376/bmj.o102 wurde am 24. Januar 2022 geprüft. Zu diesem Aufruf gibt es zwar einen Korrekturhinweis der Herausgeber, der über nachfolgenden Link einsehbar ist, der aber nichts an der Grundaussage ändert:
https://www.bmj.com/content/376/bmj.o189.

Veränderungen, die **vermutlich** todesursächlich waren. In einzelnen Verdachtsfällen wurden vom Paul-Ehrlich-Institut noch weitere Informationen angefordert._ZITATENDE[156]

Nun ...: die Phrase ...: „vermutlich todesursächlich" bedeutet ...: es wurde keine Obduktion vorgenommen ...: Warum auch, wenn „freihändiges" Meinen bequem ist und für einen „Sicherheitsbericht", der einen an sich *_nicht!_* zulässigen Feldversuch an *un!_*gefragter Bevölkerung ...: *wie es eben für Versuchskaninchen üblich ist* ...: bestimmt genügend ist, oder etwa nicht? ...: da seltsame Aussagen genauso in dem am 23. Dezember 2021 veröffentlichten sogenannten Sicherheitsbericht der Behörde „Paul-Ehrlich-Institut" festzustellen sind, bedeutet das ...: Die als „Sicherheitsberichte" deklarierten „Suppenzettel", können *_genausowenig!_* als valide angesehen werden wie die von den Herstellern der Impfstoffe veranlaßten Studien zur Erlangung der „Notzulassung" für ihre „Impfstoffe".[157]

* * *

---

[156] Hervorhebung von mir. Siehe die Seite 11 des in der Fußnote 150 als Quelle angegeben „Sicherheitsberichts" des „Paul-Ehrlich-Instituts" vom 9. April 2021 und den zugehörigen Link in der Fußnote 149.

[157] Siehe dazu die Stellungnahme der Herausgeber des *BMJ*s, die am 19. Januar 2022 (*_erneut!_*) gefordert haben, daß sofort die Rohdaten der von den profitorientierten Firmen Pfizer & Co durchgeführten Studien, die von den zulassenden Behörden als *_Grundlage!_* für die „Notzulassung" ihrer „Anti-Covid-19-Impfstoffe" genommen wurden, veröffentlich werden, damit diese Daten öffentlich (*_also transparent und unabhängig!_*) überprüft werden können: „Covid-19 vaccines and treatments: we must have raw data, now Data should be fully and immediately available for public scrutiny" (*_der zugehörige Link*:

https://www.bmj.com/content/376/bmj.0102 wurde am 24. Januar 2022 geprüft; zu diesem Aufruf gibt es zwar einen Korrekturhinweis der Herausgeber, der über nachfolgenden Link einsehbar ist, der aber nichts an der Grundaussage ändert: https://www.bmj.com/content/376/bmj.0189_). ...: Und siehe ebenso den in derselben Fachzeitschrift veröffentlichen, für eine Lobbykratie offenbar nicht skandalösen Fakt, da es darauf praktisch keine Reaktionen von seiten der lobbykratischen Staaten gibt, daß in der Phase-III-Studie im Auftrag Pfizers getrickst worden ist (*_der zugehörige Link*:

https://www.bmj.com/content/375/bmj.n2635 *wurde ebenfalls am 24. Januar 2022 geprüft_*).

In der „FACHINFORMATION" der Firma BioNTech[158] finden sich übrigens keine Hinweise auf: „Impfung mit möglicher Todesfolge" ...: *_Ist?_* das verständlich, da es sich dabei um eine Pharma-Firma handelt und diese schließlich Geld verdienen muß ...: versteht doch jeder, oder? ...: allerdings könnte man darauf antworten ...: Wenn die gesellschaftspolitisch Verantwortlichen eines Staates schon meinen, daß es in Ordnung ist, daß Firmen aus der Gesundheit der Menschen Profit für sich und ihre Anleger ziehen können, sollte man die Vertreter solcher Firmen nicht nur nicht sagen lassen ...: ZITAT_daß es wohl auf eine Impflicht hinauslaufen wird_ZITATENDE ...: wie das der Chef von Pfizer Mitte letzten Jahres mal eben so meinte und seit dem die Forderung nach dieser „Pflicht" auch aus dem Munde der gesellschaftspolitisch Verantwortlichen *_vehement!_* zu vernehmen ist ...: *_sondern!_* ...: man hat ebenso die Entwicklung einer Substanz ...: *die dann der Behandlung von Erkrankungen oder Infekten dienen soll* ...: *_nicht!_* profitorientierten Firmen zu überlassen ...: Denn es zeigt sich jetzt, welche fatalen Folgen es hat, überläßt man das solchen Firmen, und begnügt sich sogar damit, die Studienergebnisse solcher Entwicklungen *_ohne!_* eigene bzw. unabhängige Verifizierung als genügend valide anzunehmen.[159] ...: Wenn also in der „FACHINFORMATION" der Firma BioNTech *_nichts!_* von Todesfällen steht ...: bedeutet das *_nicht!_* ...: daß es diese *_nicht!_* gäbe.

Aus diesem Grund ist jetzt noch einmal auf den „Sicherheitsbericht" der lobbykratischen Behörde „Paul-Ehrlich-Institut" (_PEI_) vom 9. April 2021 zurückzukommen. Denn in diesem „Sicherheitsbericht" ist auf der Seite 11 durchaus zu lesen, daß es im Untersuchungszeitraum vom 27. Dezember 2020 bis zum 2. April 2021 407 Todesfälle gegeben habe, die mit dem Verimpfen der damals zugelassenen „Impfstoffe" zusammenhängen ...: deshalb wird im folgenden unter anderem verdeutlicht, bei wie vielen von diesen Toten welcher der damals zugelassenen Impfstoffe verimpft wurde.

---

[158] Abrufbar über folgenden Link:

https://praxis.comirnaty.de/de/public/download-center.html (*_dieser Link wurde am 21. Januar 2022 geprüft_*), die dort von mir gedownloadete PDF-Datei ist folgende: „Fachinformation für COMIRNATY® 30 µg 12+ Jahre Fertiglösung".

[159] Siehe die Seiten 44+ff., beginnend mit: „Im Reiche der hochtrabenden geschlechtsunspezifischen Zauberlehrlinge".

	„Impfstoff"	Tote	Prozentanteil
	BioNTech	321	78,9
	Moderna	7	1,7
	AstraZeneca	19	4,7
	unbekannt	60	14,7
	Tote insgesamt:	**407**	**100 Prozent**

Da aber bekannt ist, daß es eine sehr hohe Dunkelziffer zwischen gemeldeten Verdachtsfällen und tatsächlichen Todesfällen gibt, und berechtigt vermutet wird, daß es nur 5 bis 10 Prozent sind, die dem „PEI" gemeldet werden, ist davon auszugehen, daß die Zahl der tatsächlichen Todesfälle weit höher liegt ...: nimmt man 10 Prozent als gemeldet an, ergibt das **4.070 Todesfälle** die für den oben genannten Untersuchungszeitraum anzunehmen wären.

	gemeldet:	**10 Prozent** der Todesfälle:	**407**
	vermutlich nicht gemeldet:	**90 Prozent** der Todesfälle:	**3.663**
	tatsächlich anzunehmen:	**100 Prozent** der Todesfälle:	**4.070**

„Impfstoff"	Tote 10 %	Prozentanteil	Tote 100 %	Prozentanteil
BioNTech	321	78,9	3.211,23	78,9
Moderna	7	1,7	69,19	1,7
AstraZeneca	19	4,7	191,29	4,7
unbekannt	60	14,7	589,29	14,7
Tote in toto:	**407**	**100**	**4070**	**100**

Rechnet man die zu vermutenden 4.070 Toten, die durch das Verimpfen von offenbar ungenügend erprobten „Impfstoffen" verursacht sein oder damit im Zusammenhang stehen können, auf das ganze Jahr 2021 hoch, wäre für diesen Zeitraum von **16.280 Toten** auszugehen.

Wenn man bedenkt, daß das SARS-CoV-2 kein Killervirus ist, hingegen in erster Linie für Menschen mit schweren Vorerkrankungen und nicht mehr intaktem biologischen Kommunikationssystem gefährlich sein *_kann!_* ...: also ...: *_nicht!_* gefährlich sein muß ...: *_diese!_* folglich zu schützen wären ...: liegt in dem Tod eines Mensch, der bisher gesund gewesen und durch eine solche Impfung den Tod findet ...: Tragik ...: während der Tod eines Menschen, der ...: _wegen!_ *schwerer Vorerkrankungen* ...: an diesem Virus stirbt, zwar auch Leid für die Angehörigen bedeutet ...: aber es kann dann wohl gesagt werden ...: Dieses wäre nicht ungewöhnlich, weiß man, daß es, wie gesagt, diese Menschen sind ...: *denen ein solches Virus gefährlich werden kann* ...: sie aber auch ohne dieses Virus absehbar verstorben wären.

Und wissen die gesellschaftspolitisch Verantwortlichen darum, wäre dann nicht der Finger auf diese zu weisen ...: _*Wieso?*_ habt ihr nicht alles getan, um diese Menschen zu schützen, anstatt die Verantwortung von euch zu weisen und diejenigen dafür verantwortlich zu machen, die dafür nicht verantwortlich sind ...: diejenigen also, die _*ihre!*_ guten Gründe haben, sich überhaupt nicht impfen zu lassen, oder sich nicht mit _*solchen!*_ Seren impfen lassen zu wollen. ...: Es sei daran erinnert, daß seit Anfang der 2010er Jahre die gesellschaftspolitisch Verantwortlichen um die Möglichkeit einer solchen Pandemie wußten ...: « Risikoanalyse aus dem Jahre 2012, eine SARS-CoV-2-ähnliche Pandemie betreffend » ...: Es war also genügend Zeit, eine unspezifische Prävention zu betreiben und eine nicht von Profitinteressen getriebene Forschung einzuleiten ...: Genauso war genügend Zeit, die _*bis heute!*_ verwendete Methode der Datenerhebung bei Infektionen zu überprüfen und sie durch eine effiziente zu ersetzen.[160] ...: und ...: Es gibt viel zu wenige Obduktionen ...: erst diese erlaubten, zu verifizieren, ob jemand an diesem Virus oder an einem andren Erreger gestorben ist ...: _*oder*_ ...: ob die Infektion mit dem SARS-CoV-2 (_*oder einem anderen Erreger*_) „nur" das „Faß lebensbedrohlicher Symptomatik" hat überlaufen lassen.[161]

Zur Verdeutlichung soll wiederholt ein Blick auf den „Sicherheitsbericht der Behörde „Paul-Ehrlich-Institut" vom 23. Dezember 2021 geworfen werden[162], da hier auffällig ist, daß darin u.a. von 1.919 Toten die Rede ist, die in

---

[160] Zur « Risikoanalyse aus dem Jahre 2012, eine SARS-CoV-2-ähnliche Pandemie betreffend » siehe den Anhang des Ihnen vorliegenden Buches. Und was „gute Gründe" anbelangt, sich nicht impfen zu lassen, sei auf einen „Nachdenkseiten-Podcast" mit Christian Felber hingewiesen: „30 Gründe, warum ich mich derzeit nicht impfen lasse"; der zugehöre Link zu diesem YouTube-Video:

https://youtu.be/f5EYGOL7V1g?list=LLYs5FAjlYzSfVINxexvMFmw wurde am 25. Januar 2022 geprüft.

[161] Siehe dazu auch die Seiten 53+f. des Ihnen vorliegenden Buches, beginnend mit: „Diesbezüglich sei auf die Ergebnisse von obduzierten Leichen Verstorbener hingewiesen". Sowie auf den Seiten 134-36 die Passage, die mit: „Was im Zusammenhang mit der SARS-CoV-2-Epidemie einem Gerichtsmediziner bei der Leichenschau aber seltsam erscheinen könnte [...]" beginnt.

Verbindung mit der Verimpfung eines der im Jahre 2021 zugelassenen „Anti- Covid-19-Impfstoffe" gebracht werden können, diese Behörde aber behauptet, davon seien „lediglich" 78 Tote tatsächlich durch eine solche Impfung verursacht. Das kann diese Behörde aber nur behaupten, wenn sie die von ihr genannten 1.919 Toten alle obduziert hat ...: bis zum Beweis des Gegenteils unterstelle ich, daß sie das nicht oder nur stichprobenartig getan hat ...: siehe meinen Hinweis auf eine seltsame Satzkonstruktion.[163] ...: es muß betont werden ...: Es ist die Rede von einem „Sicherheitsbericht", der eine Impf-Kampagne begleiten soll, in der „Impfstoffe" zum Einsatz kommen, um die man ...: *abgesehen von den Herstellerangaben, die aber unzureichend bzw. nichtig sind* ...: immer noch viel zu wenig weiß.

Überdies ist es eine Täuschung der Öffentlichkeit, wenn sogar von „offiziellen 'Faktencheckern'" behauptet wird, daß es sich bei der Zulassung von „Anti-Covid-19-Impfstoffen", um eine reguläre Zulassung handeln würde ...: Es ist eine „Notzulassung" ...: und zwar auf einer Basis, die *un!*_zureichend ...: beziehungsweise ...: *zu!*_mindest bezogen auf den BioNTech / Pfizer-Impf-Initialstoff ...: sogar _*nichtig!*_ ist. ...: zu dieser Täuschung gehört ebenso, daß behauptet wird, die „Zulassung" konnte deshalb so schnell erteilt werden, da die vorlaufenden Hersteller-Studien „parallel" erfolgt wären ...: zunächst ...: zu dieser entweder frechen oder ...: *profitinteressendienlich* ...: nachplappernden Behauptung ist zu sagen: _*Der!*_ Teil der ersten Zulassungsstufe (_Phase I_), nämlich jener, zu dem Versuche an Tieren gehören, hat _*nicht!*_ stattgefunden. Also wurde die zweite Stufe (_Phase II_) bereits begonnen als die erste noch nicht abgeschlossen bzw. ja gar nicht durchgeführt worden war ...: und was die Phase-III-Studie anbelangt ...: die ist _*nicht nur!*_ noch gar nicht abgeschlossen ...: _*sondern!*_ ...: _*zumindest!*_ ...: bei dem Teil dieser Studie ...: *die im Auftrag des Herstellers Pfizer durchgeführt wurde* ...: ist getrickst worden.[164] ...: _*Wurde!*_ aber in einer Studie, die dazu dienen soll, die Zulassungsberechtigung für eine Substanz zu erlangen ...: *die bspw. der Behandlung einer Infektion dienen soll* ...: unsauber gearbeitet ...: gilt die ganze Studie als nichtig ...: demnach ...: Diese zwar optisch

---

[162] Siehe dazu die Seiten 262-65, beginnend mit: „Dieser zumindest mit der Impfung in zeitlichem Zusammenhang stehende 'Sterbetrend' [...]".

[163] Siehe die Seiten 264+f., beginnend mit: „Eine weitere Seltsamkeit in dem oben erwähnten [...]".

[164] Siehe dazu den Bericht: „Covid-19: Researcher blows the whistle on data integrity issues in Pfizer's vaccine trial" im BMJ; der zugehörige Link: https://www.bmj.com/content/375/bmj.n2635 wurde am 25. Januar 2022 überprüft.

effizient anmutende, aber nicht einmal minimalistische ...: _*sondern!*_ ...: fatal *fehl!*_leitende Studienanordnung ...: widerspricht korrektem ...: _*nämlich!*_ ...: wissenschaftlichem, d.h. evidenzbasiertem Forschen und entsprechender Studienanordnung ...: Phase I > Phase II > Phase III ...: also ...: Phase II erst dann, wenn Phase I abgeschlossen und ausgewertet ist ...: Phase III erst dann, wenn Phase II abgeschlossen und ausgewertet ist ...: alles andre _*ist!*_ gefährlicher Hokuspokus. ...: Hinzu kommt eben zumindest die Nichtigkeit der im Auftrag von Pfizer durchgeführten Studie ...: will sagen ...: zu überprüfen wären _*alle!*_ nach dieser offenbar neuen „lobbykratischen Anordnung" durchgeführten Zulassungsstudien.

Die Irreführung wird fortgesetzt, ist in den Medien davon zu lesen, daß soundso viele Menschen „an oder mit dem SARS-CoV-2" gestorben wären. Denn es ist nun einmal so, daß man sich normalerweis bei der Feststellung, woran jemand gestorben ist, an die Regel hält, daß die Grundkrankheit bestimmt, was als Todesursache gilt. ...: _*also!*_ ...: ebenso an diese Regel hält man sich nicht, wurde bei jemandem _*auch*_ das SARS-CoV-2 nachgewiesen ...: *ob!*_wohl die Grundkrankheit, bspw. Krebs, bekannt ist. ... rhetorisch gefragt ...: _Was?_ *mag der Grund dafür sein*

Rechnet man die 407 Toten, die von dieser Behörde für die ersten drei Monate des Jahres 2021 genannt werden, auf fast das ganze Jahr 2021 hoch, ergibt das 1.628 Tote, die zumindest in einen zeitlichen Zusammenhang mit dem Verimpfen der in der EU zugelassenen „Anti-Covid-19-Impfstoffe" gebracht werden können. Offensichtlich lag die Zahl der Toten noch weit darüber ...: 1.919 Tote ...: *laut Bericht dieser Behörde bis zum 30. November 2021*. Wenn man dann noch bedenkt, daß nur 5 bis 10 Prozent der tatsächlichen Todesfälle dieser Behörde gemeldet werden, wäre geschätzt entweder von 16.280 oder von 19.190 Toten für fast das ganze Jahre 2021 auszugehen, die zumindest in einen zeitlichen Zusammenhang mit dem Verimpfen der in der EU zugelassenen „Anti-Covid-19-Impfstoffe" gebracht werden können.

Gewiß, anzunehmen, daß alle Todesfälle, die im Anschluß an die Impfung mit einem der notzugelassenen „Anti-Covid-19-Impfstoffe" direkt zusammenhängen, wäre nicht zulässig spekulativ. Aber es ist ungenügend, meint die Behörde „Paul-Ehrlich-Institut", daß es ausreiche, Sätze wie diesen zu formulieren ...: ZITAT_*Ein Vergleich der Anzahl der gemeldeten Todesfälle im Abstand von einem Tag bis sechs Wochen nach einer COVID-19-Impfung mit der im gleichen Zeitraum statistisch zufällig zu erwartenden Anzahl der Todesfälle* (Daten des Statistischen Bundesamtes) *ergab für keinen der vier bisher in Deutschland eingesetzten COVID-19-Impfstoffe ein Risikosi-*

*gnal.*_ZITATENDE[165] ...: _*Wieso?*_ genügt eine solche Formulierung nicht. Einmal deshalb, da es sich bei den „mRNA-Impf-Initialstoffen" um bisher am Menschen nicht erprobte handelt und es für die „Vektor-Impfstoffe" ...: die zudem wirkmäßig ähnlich ansetzen ...: *beide jedenfalls intrazellulär* ...: bisher nur wenige humanspezifische Erkenntnisse gibt. Zum anderen deshalb, da selbst die Zahl von „nur" 78 Todesfällen in einem Zeitraum von quasi einem Jahr, einen _*Stopp!*_ der Impfkampagne zu empfehlen verlangte. ...: warum? ...: Die Antwort darauf wird weiter unten geben.

Im übrigen datiert die Fassung der oben erwähnten „FACHINFORMATION" der Firma BioNTech vom 9. Dezember 2021. Es findet sich darin folgender abschließender Hinweis ...: ZITAT_*Ausführliche Informationen zu diesem Arzneimittel sind auf den Internetseiten der Europäischen Arzneimittel-Agentur verfügbar.*_ZITATENDE.

Das stimmt zwar, aber wenn man den dort angegebenen Link: https://www.ema.europa.eu/en anklickt, gelangt man bloß auf die Startseite der EMA. Das heißt man muß sich dann erst dorthin durchklicken, wo an einen Teil dieser ...: *dann aber immer noch nicht relevanten* ...: Informationen zu kommen ist ...: *und selbst das wird einem nicht leicht gemacht* ...: Transparenz sieht anders aus! ...: allein das ist schon höchst bedenklich ...: und zeigt einmal mehr, wie die „Verflechtung" zwischen profitorientierten Firmen und jenen ist, die diese Firmen, bzw. deren Produkte, kontrollieren sollen. ...: Da aber diejenigen, die diese Kontrolle ausüben sollen, von politischen Auskungelrunden bestimmt wurden und werden ...: _*müssen!*_ die politisch Verantwortlichen ebenso Teil dieser „Verflechtung" sein. ...: und da die anderen gesellschaftspolitisch Verantwortlichen ...: bspw. die in Medien_*Konzernen* fürs Machen der öffentlichen Meinung zuständig Beschäftigten ...: nur in Ausnahmefällen so recherchieren und ihr Recherchiertes dann veröffentlichen, daß in der Masse der Menschen tatsächlich eigenes Nachdenken über gesellschaftspolitisch relevante Entwicklungen einsetzt ...: kann sich auch kein Nachdenken über jenes in den Köpfen der Masse der Menschen etablieren, das ihr erlaubte, sich einen realistischen Begriff vom Ausmaß der Korruption zu verschaffen, da das sowieso nur in Ausnahmefällen dazu notwendige scheuklappenbefreite Recherchieren von der Masse des unentwegt ausgestoßenen „Info-Mülls" sofort zugemüllt wird ...: daß sich nur ja kein Nachdenken über jenes in den Köpfen der Masse der Menschen etabliere ...: das ihr erlaubte ...: sich einen realistischen Begriff ...: bspw. vom Ausmaß der Korruption, zu verschaffen ...: _*muß!*_ genauso die

[165] „Sicherheitsbericht" der lobbykratischen Behörde „Paul-Ehrlich-Institut" vom 23. Dezember 2021, die Seite 10.

Masse der gesellschaftspolitisch Verantwortlichen ...: also ...: *neben den grade genannten Medien_*Konzern-*Vertretern* ...: die *spin_*doktorischen Wissenschaftler und Kulturbetriebler ...: Teil dieser „Verflechtung" sein ...: die man deshalb (*_zwar etwas sperrig_*) mit ...: „industriell-wissenschafts-medial-politischem Komplex" umschreiben kann ...: *_nämlich!_* ...: als Ausdruck lobbykratieverursachter gesellschaftspolitischer *Ver!_*Filzung.

Wer sich aber diesen weitergehenden Eindruck vom Ausmaß der menschlichen Opfer selbst verschaffen will, die auf das Verimpfen von offenbar nicht nur völlig unausgereiften, sondern genauso gefährlichen „Impfstoffen" zurückzuführen sind, sei auf das Internet-Portal der EMA verwiesen, das allerdings, wie gesagt, ausgesprochen intransparent ist.[166] Dort findet man dann schließlich die in diesem Zusammenhang interessierenden „Verdachtsfälle und Nebenwirkungen" ...: *die wohl auch deshalb in Erkrankungsgruppen aufgeschlüsselt sind, da es insbesondere beim Verimpfen der* „mRNA-basierten Impf-Initialstoffe" *dazu kommt, daß die Produktion des eigentlichen Impfstoffs in* _jeder!_ *Körperzelle erfolgen kann, so daß die damit geimpften Menschen höchst verschieden reagieren* ...: beziehungsweise ...: *sich die* „Nebenwirkungen" *in den verschiedensten Organen bzw. Körpergeweben zeigen können.* ...: das bedeutet ...: Um auf diese Weise, bspw. einen Überblick über das Ausmaß der Todesfälle zu gewinnen, muß man auf jede Erkrankungsgruppe und dort auf jede Untererkrankung klicken, um dann alle Todesfälle zusammenzuzählen. ...: Mein Versuch, mir dort einen solchen Überblick zu verschaffen, war unzureichend, da es ständig zu Störungen kam, was durchaus damit zu tun haben kann, daß dort, wo ich lebe, die Internetverbindung mitunter instabil ist. ...: *_Aber?_* vielleicht können die folgenden Informationen doch unterstreichen helfen, zu welch einem Fiasko die Impfkampagne mit experimentellen „Impfstoffen" geführt hat.

Bei der Auflistung der an die EMA „gemeldeten Verdachtsfälle und Nebenwirkungen"[167] beschränke ich mich an dieser Stelle auf den „Anti-Covid-19-Impfstoff" von BioNTech / Pfizer, da von diesem Hersteller sicher gesagt werden kann, daß sein „Impfstoff" nicht einmal über eine valide „Notzulassung" verfügt, obwohl zu vermuten ist, daß das ebenso für die andren ...: zumindest ...: ähnlich gilt. ...: Das ist der Grund, wieso sich die Herausgeber

---

[166] Der zugehörige Link: https://www.ema.europa.eu/en wurde am 22. Januar 2022 erneut geprüft.

[167] Der Link zu dieser Quelle:

https://www.adrreports.eu/de/search_subst.html#, wurde am 25. Januar 2022 geprüft.

des renommierten *British Medical Journal* (_BMJ_) ...: *die vor einigen Monaten bereits einen Bericht veröffentlicht hatten, aus dem klar hervorgeht, daß in der* „Studien-Phase III", *die im Auftrag von Pfizer erfolgte, getrickst wurde und vermutlich deshalb weiterhin getrickst werden muß, da andernfalls offenbar würde, daß die* „Wirksamkeit" des BioNTech / Pfizer-„Impfstoffs" *eher gegen Null tendiert als* ...: *wie anfangs von diesem Hersteller behauptet* ...: *gegen 95 Prozent* ...: kürzlich im *BMJ* gefordert haben, daß die Rohdaten aller Hersteller für die Studien-Reihen zur Erlangung der „Notzulassung" ihrer „Impfstoffe" zu veröffentlichen wären, um sie von unabhängiger Seite zu prüfen[168]

Da es an dieser Stelle lediglich um die Vermittlung eines Eindrucks geht, beschränke ich mich auf einige von den der EMA gemeldeten Todesfälle, die mit dem „Anti-Covid-19-Impfstoff" von BioNTech/Pfizer in zeitlichem Zusammenhang stehen und zu denen es bei verschiedenen vorliegenden „Erkrankungstypen" gekommen ist.[169]

- Bei „Erkrankungen des Blutes und des lymphatischen Systems": **238** Todesfälle
- Bei „Erkrankungen des Herzens": **2.459**
- Bei „angeborenen, familiären und genetischen Störungen": **52**.
- Bei „Erkrankungen des Ohrs und des Labyrinths": **11**.
- Bei „hormonellen Störungen": **5**.

---

[168] Siehe dazu die bereits erwähnte Quelle: „Covid-19 vaccines and treatments: we must have raw data, now"; der zugehörige Link: https://netzkolumnist.com/bmj_we-must-have-raw-data-now-for-public-scrutiny. Bei dem obigen Verweis auf einen Bericht handelt es sich um denjenigen, auf den ebenso bereits hingewiesen wurde: „Covid-19: Researcher blows the whistle on data integrity issues in Pfizer's vaccine trial" im BMJ; der zugehörige Link: https://www.bmj.com/content/375/bmj.n2635. Beide Links wurde am 25. Januar 2022 überprüft.

[169] Die folgenden Angaben basieren auf den bis zum 15. Januar 2022 gegebenen EMA-Aussagen. Die Anzahl von Todesfällen bei den hier aufgeführten „Erkrankungstypen" habe ich am 22. Januar 2022 der EMA-Datenbank entnommen.

• Bei „Augenkrankheiten“: **38**.
• Bei „Magen-Darm-Erkrankungen“: **673**.
• Bei „allgemeinen Erkrankungen und 'Bedingungen am Verabreichungsort'“ [_bspw. Hirntod, Herztod_]: **4.871**.

Um noch einen Überblick über die Gesamtzahl der bis zum 15. Januar 2022 „in EudraVigilance identifizierten Einzelfälle“ zu geben, die mit den vier bisher in der EU zugelassenen „Anti-Covid-19-Impfstoffen“ in zeitlichem Zusammenhang stehen ...:

- Bis zum 15. Januar 2022 betrug für den **„Anti-Covid-19-Impfstoff“ von BioNTech / Pfizer** die Anzahl der in „EudraVigilance gemeldeten Verdachtsfälle und identifizierten Nebenwirkungen“ **700.510**.[170]

- Bis zum 15. Januar 2022 betrug für den **„Anti-Covid-19-Impfstoff“ von AstraZeneca** die Anzahl der in „EudraVigilance „gemeldeten Verdachtsfälle und identifizierten Nebenwirkungen“ **436.209**.

- Bis zum 15. Januar 2022 betrug für den **„Anti-Covid-19-Impfstoff“ von Moderna** die Anzahl der in „EudraVigilance „gemeldeten Verdachtsfälle und identifizierten Nebenwirkungen“ **205.923**.

- Bis zum 15. Januar 2022 betrug für den **„Anti-Covid-19-Impfstoff“ von Janssen** die Anzahl der in „EudraVigilance „gemeldeten Verdachtsfälle und identifizierten Nebenwirkungen“ **46.762**.

Mit den folgenden „Bemerkungen zur `Sinnhaftigkeit des Impfens bei virusbedingten Atemwegserkrankungen´“ auf der nächsten Seite müssen wir nun auf den auf der Seite 271 gestellten und dort nur teilweise beantworteten Fragekomplex zurückkommen ...: „_*Wieso?*_ genügt eine solche Formulierung nicht“.

---

[170] Quelle:
https://dap.ema.europa.eu/analytics/saw.dll?PortalPages&PortalPath=%2Fshared%2FPHV%20DAP%2F_portal%2FDAP&Action=Navigate&P0=1&P1=eq&P2=%22Line%20Listing%20Objects%22.%22Substance%20High%20Level%20Code%22&P3=1+42325700; dieser Link wurde am 25. Januar 2022 geprüft.

„Abzweig-Exkursion" ...: Bemerkungen zur „Sinnhaftigkeit des Impfens bei virusbedingten Atemwegserkrankungen".

Die folgenden beiden Aussagen zur „normalen" jährlichen Anzahl an in zeitlichem Zusammenhang mit dem Impfen stehenden Todesfällen und zum PCR-Test, gehen auf den Mikrobiologen, Labormediziner und Internisten Prof. Dr. med. Paul Cullen zurück.[171]

> Seit etwa 25 Jahren wird erfaßt, wie viele Tote es durch Impfungen gibt. Daher weiß man, daß es in Deutschland jedes Jahr etwa 20 Meldungen von Todesfällen gibt, die im Zusammenhang mit einer Impfung stehen, bzw. der Verdacht besteht, daß es sich dabei um Todesfälle handelt, die zumindest in einem _*zeitlichen!*_ Zusammenhang mit einer Impfung stehen. Am 23. Dezember 2021 veröffentlichte die lobbykratische Behörde „Paul-Ehrlich-Institut" ihren „Sicherheitsbericht" für den Zeitraum vom 23. Dezember 2020 bis zum 30. November 2021. In diesem „Sicherheitsbericht" wird von 1.919 Todesfällen gesprochen, die im

---

[171] Die Quelle dieser Aussage ist das Video: „CORONA — Insider spricht Klartext! (PCR, Inzidenzen, Impfungen)". Dieses Video befand sich ursprünglich auf der YouTube-Plattform und befindet sich jetzt auf der Odysee-Plattform (_https://odysee.com/_). Der zugehörige Link:

https://odysee.com/@MarcFriedrich7:8/cullen:e?r=GZnDhT-MoavrmXWQ2f5njtBdUarAfwvVp wurde am 25. Januar 2022 geprüft.

Daß dieses Video von den Zensoren bei YouTube gelöscht wurde, kann nicht daran gelegen haben, daß die Aussagen von Paul Cullen fachlich falsch wären. Sondern allein daran, daß die fachlich korrekten Aussagen Cullens in Teilen dem gesellschaftspolitischen Narrativ fundamental widersprechen, bzw. dieses Narrativ in Frage stellen. Denn diese Zensoren arbeiten, wenn sie nicht einen direkten Wink von gesellschaftspolitisch verantwortlicher Seite bekommen, zumindest mittelbar im Auftrag der Bundesregierung. Das bedeutet ...: diese Zensoren können ihren fragwürdigen Job nur deshalb ausüben, da es seit Mitte 2017 das „Netzwerkdurchsetzungsgesetz (_NetzDG_) gibt. ...: Wie dieses Gesetz zustanden gekommen ist, d.h. unter welchen Bedingungen es im Bundestag verabschiedet wurde, ist übrigens Gegenstand des „Schlußsatzes I: 'Kein Klärungsbedarf mehr'" in: « Die *tri*_logische Sezierung des lobbykratischen Zeitalters », Band III: « ›Ich stimme nicht zu!‹ Gesellschaftspolitische Lesungen über den Neowilhelmoliberalismus und seine Konsequenzen », Teilband 2, die Seiten 768-75.

zeitlichen! Zusammenhang mit der Verimpfung eines der in dieser Zeit „notzugelassenen" „Impfstoffe" stehen. Wie gesagt, von diesen 1.919 Todesfällen anerkennt diese Behörde lediglich 78 Todesfälle, die nicht nur zeitlich, sondern zumindest wahrscheinlich *_kausal!_* mit der Impfung in Zusammenhang gebracht werden können.

> (*_In ihrem Bericht vom 9. April 2021 spricht die Behörde allein von 407 Todesfällen, die in zeitlichem Zusammenhang mit der Impfung ständen* ...: erkennt bis zu diesem Zeitpunkt also keinen kausalen Zusammenhang zwischen Todesfällen und erfolgter Impfung._)

Nun ...: selbst wenn man akzeptierte, daß es von den 1.919 Todesfällen „nur" 78 wären, die in einen kausalen Zusammenhang mit der Verimpfung eines der „Anti-Covid-19-Impfstoffe" gebracht werden könnten, wären das immer noch 58 Tote mehr als normalerweise jedes Jahr als in *_zeitlichem_* Zusammenhang mit einer Impfung stehenden Todesfällen gemeldet werden ...: 58 Todesfälle mehr als normal? ...: und das wird *_nicht?!_* zum Anlaß genommen, eine Impf-Kampagne zu stoppen ...: *ob?!_*wohl das bisher dann üblich war. ...: und ...: *wie gesagt* ...: knapp 2.000 (*_gemeldete!_*) Todesfälle stehen zumindest in einem zeitlichen Zusammenhang mit dieser Impf-Kampagne ...: die Dunkelziffer dürfte demnach weit höher sein ...: *_bezogen!_* auf die korrelierenden wie auf die kausalen Todesfälle.

Wenn nun „Selektiv-Faktenchecker" ...: bspw. jene von „correctiv.org" ...: behaupten, daß die Dunkelziffer ...: *die von Fachleuten wie dem Medizinhistoriker Gerd Reuther auf etwa 90 Prozent geschätzt wird* ...: bei dieser Impfkampagne schon deshalb nicht hoch sein könne, da die mit einer medialen Aufmerksamkeit sondergleichen verfolgt würde (*_wurde_*) ...: ist dies *ent_*weder falsch *wahr_*genommen ...: oder ...: bewußt falsch *be_*hauptet ...: denn ...: *_also!_* ...: *richtig verstanden* ...: kann „mediale Aufmerksamkeit" ...: *zumindest in einer Demokratie* ...: nur heißen ...: daß jenes kritisch begleitet wird, das von so allgemeinem wie persönlichem Interesse ist ...: *_Was?_* könnte aber mehr eine solche Begleitung *_verlangen!_* als die persönliche ...: *und da Impfkampagne* ...: auch kollektive physisch-psychisch-mentale Gesundheit der Bewohner eines Staates. ...: Und dies bedeutete genauso, daß dann die Rohdaten der Studien, die zur Erlangung der „Notzulassung" der „Anti-Covid-19-Impfstoffe" durchgeführt wurden ...: im übrigen

...: *von den Herstellern selbst bzw. in deren Auftrag durchgeführt* ...: von Anfang an frei zugänglich gemacht worden wären ...: oder wenigstens jetzt frei zugänglich gemacht würden ...: wie es die Herausgeber des *Britisch Medical Journals* im Januar 2022 forderten.[172] ...: Aber daß diese „mediale Aufmerksamkeit" eben _*keine!*_ kritische ist, sondern die „Anti-Covid-19-Impfkampagne" nicht nur von Anfang an medial _*so*_ begleitet wurde ...: *wie man es von Marketing-Strategen erwartet, um das eigene* „Produkt" *zu pushen* ...: sondern auch eine tendenziöse „Berichterstattung" ist ...: *wie man sie von der Propaganda-Abteilung eines Staates erwarten muß, der sich im Krieg gegen einen* „gräßlichen Feind" *befindet* ...: geht sogar aus dem „Sicherheitsbericht" der Behörde „Paul-Ehrlich-Institut" hervor, der Anfang April 2021 veröffentlich wurde (_*siehe die Seite 4 und die Tabelle 2 auf der Seite 6, in diesem Bericht*_).[173]

---

[172] Siehe dazu den Aufruf der Herausgeber des British Medical Journals: „Covid-19 vaccines and treatments: we must have raw data, now"; der zugehörige Link: https://www.bmj.com/content/376/bmj.o102 ist erneut am 8. Februar 2022 geprüft worden.

Zu diesem Aufruf gibt es zwar einen Korrekturhinweis der Herausgeber, der über folgenden Link einsehbar ist, der aber nichts an der Grundaussage ändert:

https://www.bmj.com/content/376/bmj.o189.

[173] Siehe dazu auf der Seite 261 die etwas eingeschobene Passage, die mit: „Hier ist bemerkenswert, daß die Melderate für Verdachtsfälle [...]" beginnt. Der gemeinte Bericht findet sich in der Fußnote 149 auf der Seite 260.

Siehe in diesem Zusammenhang ebenso die beiden Video-Vorträge auf die wiederholt hingewiesen wurde. Gemeint ist einmal der von Gerd Reuther gehaltene, da er in diesem auch auf die Arbeit der Behörde „Paul-Ehrlich-Institut" zu sprechen kommt. Dieser Vortrag ist deshalb wichtig, da er mit allgemein ...: *auch von Ärzten und jenen, die welche werden wollen*, Geglaubtem zum Impfen konstruktiv aufräumt. Auf diesen Vortrag weise ich in einem etwa zweiminütigen Video hin: „Ohne Aufklärung geht die ganze Chose nicht" (_Link: https://youtu.be/KmIslqzsWWo_). Der Text dieses Videos findet sich auf der InternetSite der *Initiative zur Demokratisierung der Meinungsbildung gGmbH*: *Rubikon*: https://www.rubikon.news/artikel/mehr-fluch-als-segen-2. Der Vorteil dieses Essays ist, daß die Quellen, die im Video fehlen, angegeben sind; der Nachteil ist, daß die im Video verwendeten Schautafeln fehlen. ...: Zum andren sei erneut auf den Video-

I. Übrigens ...:

Die Aussagekraft eines medizinischen Tests hängt davon ab, ob er zielgerichtet verwendet wird ...: das gilt dann auch für den PCR-Test ...: das bedeutet ...: Wer den PCR-Test _*nicht*_ zielgerichtet verwendet, also zur Abklärung eines unklaren Falles, sondern pauschal zum Durchtesten einer ganzen Bevölkerung, bekommt „fasch-positive" Ergebnisse. Dadurch verliert dieser Test, wie alle Tests, die nicht zielgerichtet eingesetzt werden, an brauchbarer Aussagekraft.[174]

Hinzu kommt, daß der PCR-Test für sich allein nicht aussagekräftig ist, da er nur feststellt, daß das Testergebnis: „positiv" heißt. Das bedeutet aber nicht, daß die mit diesem Ergebnis getestete Person ansteckend wäre oder „Symptome" entwickeln würde. Um das festzustellen, bedarf es weiterer Untersuchungen. Es ist auch wenig wahrscheinlich, daß ein ct-Wert von über 25 noch dazu verwendet werden kann, jemanden als mit ansteckungsfähiger Virenlast zu bezeichnen.

Aber das ist noch nicht alles, auf das im Kontext ...: „Sinnhaftigkeit des Impfens bei virusbedingten Atemwegserkrankungen" aufmerk-

---

Vortrag verwiesen, der aus an-throposophischer Sicht gesprochen ist, die man, wie gesagt, nicht teilen muß, aber was das „Wesen" der Viren anbelangt, entsprechen die Aussagen dem heutigen Wissensstand ...: „Die Bedeutung der Viren für Mensch und Natur — Vortrag von Thomas Hardtmuth"; der zugehörige Link: https://youtu.be/BO1xgjeiAno. Thomas Hardtmuth geht darin auch darauf ein, daß es keine Veranlassung gibt, das Impfen per se als erfolgreiche Methode gegen „Erreger" zu propagieren ...: insofern es jedem selbst zu überlassen ist, ob er sich impfen lassen will oder nicht.

Beide Link-Angaben in dieser Fußnote wurden am 8. Dezember 2021 geprüft.

[174] Dazu, daß PCR-Tests dann nicht verwendet werden sollten, wenn man sich ein brauchbares Bild von der SARS-CoV-2-Infektionssituation in der Bevölkerung verschaffen will, siehe auch: *Journal of Infection*: „The performance of the SARS-CoV-2 RT-PCR test as a tool for detecting SARS-CoV-2 infection in the population"; der zugehörige Link:

https://www.journalofinfection.com/article/S0163-4453(21)00265-6/fulltext#relatedArticles wurde am 10. Februar 2022 erneut geprüft.

sam zu machen ist.[175]

*Welche?* Erreger sind eigentlich geeignet, sie als Impfstoff zu verwenden, bzw. gegen sie einen Impfstoff zu entwickeln. Das festzustellen, verwendet man vier Kriterien als Maßstab ...:

1. Erreger muß invariant sein ...: oder sich zumindest nur sehr gering verändern ...: z.B. Masernvirus;
2. Erreger darf nur beim Menschen vorkommen ...: er darf also nicht in die benachbarte „Tierwelt" ausweichen können;
3. Impfstoff muß eine gute Immunität auslösen;
4. Nebenwirkungsprofil muß akzeptabel sein.

II. Übrigens ...:

Wenn ich lese, daß auf *Staten Island* der Nachweis erbracht worden sei, daß sich eine Variante des Rotwilds mit der „Omikron-Variante" des SARS-CoV-2 infiziert habe[176], wäre das eine interessante Entwicklung, die zwar von Alarmisten und Zwangsneurotikern im Sinne von ...: *„_so!_ wird eine* Super-Variante entstehen" interpretiert werden wird, was sie dann noch mit längst schon etablierten Behauptungen wie ...: *„_Varianten!_* eines Virus sind praktisch ein neues Virus" garnieren werden ...: *was zwar für sich genommen selbst dann nicht gilt, wenn man die Menschen mit einem Serum impfen will, das lediglich den Bauplan für Schnipsel des als allein pathogen erkannten (_?_) SARS-CoV-2-Spike-Proteins einer bestimmten Variante enthält* ...: denn ...: Ein Coronavirus bleibt ein Coronavirus, egal wie es an seiner „Spike-Oberfläche" mutiert ...: *_allerdings!_* ...: Für Menschen, die mit einem mRNA-„Impf-Initialstoff" geimpft wurden, bedeutet das wohl in der Tat ...: Wenn das Serum lediglich den Bauplan eines Teils dieses SARS-CoV-2 ...: *das übrigens keineswegs seine* „Wild-Variante" *gewesen sein müßte, als es für unsere Spezies auffällig wurde* ...: *Es geht ja die Behauptung, daß es*

---

[175] Die folgenden Aussagen gehen ebenfalls auf den Mikrobiologen, Labormediziner und Internisten Prof. Dr. med. Paul Cullen zurück. Die Quelle dieser Aussagen findet sich in der Fußnote 171 auf der Seite 275.

[176] Siehe dazu den Vorabdruck ...: „Detection of SARS-CoV-2 Omicron variant (B.1.1.529) infection of white-tailed deer", der am 7. Februar 2022 auf: *bioRxiv — the preprint server for Biology* veröffentlicht wurde; der zugehörige Link:
https://www.biorxiv.org/content/10.1101/2022.02.04.479189v1
wurde am 10. Februar 2022 geprüft.

zweifelsfrei identifiziert worden sei ...: *was aber* „Purifizierung" ...: also ...: völlige Isolierung bzw. „Reinigung" von allen nicht zu diesem Virus gehörenden Elementen ...: *bedeuten müßte, um behaupten zu können, es sei* „isoliert" *worden* ...: *was* _so!_ *eben* _nicht_ *stimmt*[177] ...: also ...: dieses Virus ...: *damals schon* ...: bloß eine der Varianten im Rahmen seines diskontinuierlichen Mutationsprozessen gewesen wäre. ...: oder ...: Das mRNA-Serum sogar nur noch einen gering brauchbaren Teil von dem fabrizierten Bauplan eines Schnipsels des ...: *zur Zeit seines Fabrizierens noch nicht weitermutierten* ...: SARS-CoV-2-Spike-Proteins enthält, so daß das körpereigene biologische Kommunikationssystem nicht mehr weiß, daß diese Information dem zuzuordnen ist, welches als SARS-CoV-2 bezeichnet wird ...: da im weiteren Mutationsprozeß ...: *unter Umständen* ...: vom realen Virus wegmutiert worden ...: woraus sich für das menschliche biologische Kommunikationssystem eine völlige Unkenntnis von einer „Information" eines Basis-Elementes des Lebendigen _*dann!*_ ergeben würde, wurde ein mRNA-„Impf-Initialstoff" verimpft, der eben lediglich jenen Schnipsel des Spike-Proteins enthielte, der in der Folge des Mutationsprozesses *weg*_mutiert worden wäre. ...: Genau _*dies!*_ steht in völligem Gegensatz zu einem konkreten menschlichen biologischen Kommunikationssystem, welches ...: *im Rahmen einer* „Kommunikation" *mit diesem Basis-Element des Lebendigen* ...: mit _*kompletten!*_ ...: *also mit reproduzierfähigen* ...: *so sie mit einem für sie adäquaten* „Wirt" *in Kontakt stehen* ...: Vertretern des SARS-CoV-2 bereits zu tun hatte ...: da dieses biologische Kommunikationssystem dann andere Varianten dieses Virus erkennt ...: also ...: völlig unabhängig davon, ob es an seiner Oberfläche verändert bzw. mutiert ist oder nicht. ...: Wahrscheinlich hängt die schnelle Abnahme der Wirksamkeit der mRNA-Impf-Initialstoffe genau damit ...: *oder zumindest* _mit_ ...: damit zusammen.

Nun, tatsächlich aber ...: nämlich ...: *jenseits alarmistischer und zwangsneurotischer Überlegungen* ...: ist es ein gutes Zeichen, daß sich das SARS-CoV-2 ...: zumindest in seiner „Omikron-Variante" ...: in verschiedenen Spezies reproduzieren kann ...: *wie es offenbar überhaupt für Mitglieder der Coronavirus-Familie nicht* un_*üblich ist* ...: da das bedeutet, daß es nicht allein in _*einer*_ Spezies ubiquitär, sondern spezies_*übergreifend* ubiquitär anzutreffen ist, so daß es für seine weitere Reproduktion nicht unter

---

[177] Siehe den Essay von Konstantin Demeter, Torsten Engelbrecht und Stefano Scoglio: „Das Phantom-Virus", der am 10. Februar 2021 auf *Rubikon.news* veröffentlicht wurde; der zugehörige Link: https://www.rubikon.news/artikel/das-phantom-virus wurde am 6. Februar 2022 erneut geprüft.

„Wirtsdruck" steht ...: also ...: für sein „biologisches Fortkommen" nicht allein auf einen „Wirt" angewiesen ist.

Aber das Ergebnis dieser Studie unterstreicht überhaupt das zu Vermutende ...: Daß das SARS-CoV-2 noch nie auf nur einen Wirt angewiesen gewesen wäre ...: Und damit würde diese Studie übrigens jener These Glaubwürdigkeit _*nehmen*_ ...: deren Vertreter behaupten, daß das SARS-CoV-2 ein labormäßig „geschaffenes" Virus wäre.

Zudem wird mit dieser Studie der oben genannte Punkt 2 unterstrichen:

> „Erreger darf nur beim Menschen vorkommen ...: er darf also nicht in die benachbarte 'Tierwelt' ausweichen können, um gegen ihn einen Impfstoff überhaupt entwickeln zu können."

Mehr noch ...: Dieser Nachweis _*könnte*_ helfen, den Horizont zu weiten ...: _*wären*_ da nicht die Profitinteressen ...: denn ...: _*Diese!*_ sind es, die versuchen werden ...: *im Verein mit* _ihren!_ *Alarmisten und nützlichen Zwangsneurotikern* ...: den „Warnisten"[178] ...: daraus eine _*dauergefährliche*_ Angelegenheit zu machen ...: „Wer sich _*nicht!*_ impfen läßt, unterstützt den 'gräßlichen Feind'" ...: und so werden die Militaristen „wissen", daß das eigentliche „Kriegsfeld" die ganze belebte Natur ist ...: „_*Viren!*_ 'dringen' bis ins Genom vor" ..: also ...: „*da!*_rauf sind die 'Waffen' genchirurgisch zielgenau zu programmieren" ...: _*viral underground!*_ lauert eben überall.[179]

Nun ...: wie dem auch sei ...: Die Meßlatte für Stoffe, die Gesunden verabreicht werden, ist eine andre als die für Kranke ...: sie muß nämlich weit höher liegen ...: das bedeutet ...: _*Soll*_ ein medizinischer Stoff Gesunden verabreicht werden ...: *ob!*_wohl sie ihn nicht benötigen ...: _*muß!*_ die „Unschädlichkeit" dieses Stoffes weit höher als seine potentielle „Schädlichkeit" sein. ...: hingegen ...: bei Kranken ...: deren Prognose ohne die Verabreichung eines medizinischen Stoffes sowieso sehr schlecht ist ...: kann die „Unschädlichkeit" vergleichsweise geringer sein.

Wenn die oben genannten Punkte 1+2 von Coronaviren — *also ebenso vom SARS-CoV-2* — nicht erfüllt werden, können die „Anti-Covid-19-Impfstoffe" auch den Punkt 3 nicht erfüllen.

---

[178] Siehe dazu auf den Seiten 331-33 die „Definition des Warnismus'".

[179] Siehe zu diesem Komplex auch die auf der Seite 513 beginnende *Einunddreißigste Begegnung*: „Zwei Beispiele für den sich in 'Qualitätsmedien' spezifisch zeigenden Realsatirismus".

Und obwohl diese Kriterien allgemein unter Wissenschaftlern bekannt sind, regt sich kein allgemein wahrnehmbarer Widerstand gegen eine Praxis, die solche Kriterien ignoriert ...: Wieso ist das so? ...: _*liegt?*_ etwa Karriereangst vor. ...: Nun, wie auch immer diese Frage zu beantworten ist, das Fazit dieser „Bemerkungen zur 'Sinnhaftigkeit des Impfens bei virusbedingten Atemwegserkrankungen'" lautet ...: Wer in gesellschaftspolitischer Verantwortung steht ...: *ob als geschlechtsunspezifischer Politiker oder bspw. als geschlechtsunspezifischer Wissenschaftler* ...: und keine Veranlassung sieht ...: *wird ihm bekannt, daß Impfstoffe als kausal für den Tod von Menschen in einer Quantität verantwortlich sein könnten, die weit über das Normalmaß hinausgeht* ...: *in diesem Fall um das Vierfache* ...: verdient kein Vertrauen und _*muß!*_ *un!*_verzüglich von allen gesellschaftspolitisch verantwortlichen Positionen *ent!*_fernt werden. ...: HINWEIS ...: Die Forderung dieses Fazits, ist eine, die in einer demokratischen Gesellschaft nicht erhoben werden müßte ...: während sie in einer Lobbykratie erst gar nicht erhoben werden könnte.[180]

> Ende der „Abzweig-Exkursion" ...: Bemerkungen zur „Sinnhaftigkeit des Impfens bei virusbedingten Atemwegserkrankungen".

---

[180] Was „Direkte Demokratie": tatsächlich also „Demokratie", denn „Demokratie" bedarf keines Attributs: sie existiert oder sie existiert nicht, anbelangt, bzw. was zur praktischen Umsetzung direkt-demokratischer (_sprich: *tatsächlich demokratischer*_) Angelegenheiten gehört und warum, siehe in: « Sie fragen noch, wie die ›Verhältnisse‹ liegen? », nämlich — *was das Verschleiernde anbelangt* — insbesondere in Aspekt 2: „Was eine Passage in Chestertons: 'The Man who was Thursday: A Nightmare' offenbart", und — *das eigentlich Praktische betreffend* — a.a.O. die Seiten 337+ff., beginnend mit: „folgendes ist keine politische Geschmacksfrage", sowie a.a.O. die Seite 669, beginnend mit: „Also sei zum Abschluß nicht allein die Frage wiederholt: Was spricht noch gegen Direkte Demokratie, spricht nichts für die simulierte Demokratie des lobbykratischen Systems [...]?".

Im übrigen ist der _*Hintergrund*_ für das notwendig zu Tuende sowie für das notwendig zu Tuende selbst, in: « Die *tri*_logische Sezierung des lobbykratischen Zeitalters », Band I, Teilband 4, ausreichend skizziert.

Da die gesellschaftspolitischen Verhältnisse aber nun einmal andre als tatsächlich demokratische sind, ist es wichtig, daß auf machtpolitisch unabhängige Quellen zuzugreifen möglich ist ...: in diesem Zusammenhang ist eine davon die von Peter F. Mayer und Andrea Drescher betriebene BlogSite ...: *tkp — Blog für aktuelle Ereignisse in Science, Technology & Politik*[181] ...: auch ist dort Meinungsvielfalt über Gastautoren gegeben. ...: Ein in diesem Zusammenhang interessanter Bericht ist der Blog-Eintrag ...: „Nebenwirkungen und Todesfälle durch Impfungen nehmen rasant zu"[182] ...: der vom 5. April 2021 datiert, also kurz vor der Veröffentlichung des „Sicherheitsberichtes" der lobbykratischen Behörde „Paul-Ehrlich-Institut" erschienen ist.

Aus diesem Blog-Eintrag geht hervor, daß der „Europäischen Arzneimittelbehörde" (_European Medicines Agency, abgekürzt „EMA"_) allein bis zum 3. April 2021 **5.993** Todesfälle gemeldet wurden, die zeitlich mit den „Impfstoffen" von BioNTech / Pfizer (**_3.529 oder 58,89 %_**), Moderna (**_1.475 oder 24,61 %_**) und AstraZeneca (**_967 oder 16,14 %_**) korrelieren.[183]

Randbemerkung ...: Wie weiter oben bereits erwähnt, hatte diese Impfkampagne am 27. Dezember 2020 begonnen, und soll offenbar auf unabsehbare Zeit mit immer wieder neuen „Nachimpfungen" fortgesetzt werden ...: ohne die beiden folgenden Fragen zu reflektieren ...:

---

[181] Der zugehörige Link: https://tkp.at/ wurde am 22. Januar 2022 geprüft.

[182] Der zugehörige Link:
https://tkp.at/2021/04/05/nebenwirkungen-und-todesfaelle-durch-impfungen-nehmen-rasant-zu/ wurde am 22. Januar 2022 geprüft.

[183] Die aufgeführten Prozentwerte ergeben zusammen nicht ganz 100 Prozent, da sie gerundet sind und es sich bei den anteiligen Todesfällen selbst um eine Übernahme der gerundeten Zahlen handelt, die in dem oben verlinkten Bericht aufgeführt sind. Das sei nur angemerkt, da es für das, um was es hier geht, nicht relevant ist. ...: um was geht es? ...: *ist das noch eine Frage?* ...: In diesem Fall um die Glaubwürdigkeit der involvierten Behörden, wenn es um die Frage geht ...: _*Auf?*_ welcher Seite stehen die Behörden ...: auf der Seite profitwerter Interessen auf Kosten der Bevölkerung(en) oder ohne Wenn und Aber auf der Seite der Bevölkerung(en) ...: und damit ...: der Gesundheit einer jeden Person.

1. Was können Impfstoffe wert sein, muß ihre „Wirkung" innerhalb kürzester Zeit immer wieder „aufgefrischt" werden?

2. Kann es überhaupt eine durch Impfstoffe bewirkte, erfolgreiche Immunisierung geben, handelt es sich um ein Virus, das ständig mutiert, wie es für Viren typisch ist, die Atemwegsinfektionen auslösen?

Zugegeben ...: das sind zwei rhetorische Fragen, da sich die Beantwortung bereits aus der Passage ...: „Bemerkungen zur 'Sinnhaftigkeit des Impfens bei virusbedingten Atemwegserkrankungen'" ergibt[184] ...: jedenfalls ist es so, daß auf der EU-Ebene diese Verteilung der Todesfälle von dem „Sicherheitsbericht" des „Paul-Ehrlich-Instituts" tendenziell bestätigt wird, den diese lobbykratische Behörde Anfang April 2021 veröffentlicht hat ...: und „tendenziell" bedeutet hier ...: zuungunsten des BioNTech / Pfizer–Impf-Initialstoffs ...: von **407** Todesfällen korrelieren **321** mit der Verimpfung des BioNTech / Pfizer-„Stoffs" (78,9%), **7** mit dem von Moderna (1,7 %) und **19** mit dem von AstraZeneca (4,7 %); während das „PEI" in **60** Fällen von diesen genannten 407 Todesfällen nicht weiß, welcher von den genannten „Impfstoffen" mit diesen in Beziehung steht (14,7 %). ...: wohlgemerkt ...: Dem „Paul-Ehrlich-Institut" werden lediglich 5 bis 10 Prozent der tatsächlichen Todesfälle und Nebenwirkungen gemeldet ...: auch ist es so, daß diese lobbykratische Behörde nur einem Teil der ihr gemeldeten Todesfälle nachgeht ...: und das nach eigenem Ermessen.

Geht man von der realistischen Annahme aus, daß in den anderen Ländern der EU die Dunkelziffer der Todesfälle und Nebenwirkungen vergleichbar der in Deutschland ist, bedeutete das bezogen auf die genannten EMA-Zahlen für das Jahr 2021 ...:

10 %: 5.993 Todesfälle
100%: 59.930 Todesfälle

* * *

Und die Täuschung der Öffentlichkeit wird mit Hilfe der Qualitätsmedien vollkommen ...: Man kann nämlich in solchen Medien lesen, daß man _*live*_ erleben könne, wie insbesondere die mRNA-Impf-Initialstoffe wirkten. So bspw. in einem lärmenden, aber ohne weitere Belege

---

[184] Siehe die Seiten 275-82.

auskommenden Bericht der Online-Ausgabe des österreichischen *Standard* in dem lediglich jenes belegt ist, das sich in seiner Headline spiegelt ...: ZITAT_Zahlen in Israel weisen offenbar auf geringeren Schutz vor Infektionen durch BioNTech / Pfizer hin_ZITATENDE.[185] ...: Es soll an dieser Stelle aber *_nicht_* auf diesen Fakt aufmerksam gemacht werden, da jetzt lediglich verdeutlicht werden soll, was es bedeutet, wenn diejenigen selbst unkritisch sind ...: *wenn ich jetzt nicht davon ausgehen will, daß genau das ihre Aufgabe ist* ...: die Informationen an jene weitergeben, die darauf angewiesen sind, daß es sich dabei um stimmige Informationen handelt, da sie selbst keine Recherche anstellen können. ...: Das folgende Zitat verdeutlicht das genügend ...: ZITAT_[...] *Gerade jetzt, wo sich die hochansteckende Delta-Variante auf der Welt verbreitet, ist Israel der Ort, an dem die Effektivität des Vakzins* _in Echtzeit!_ *beobachtet werden kann.* [...]_ZITATENDE (*_Hervorhebung von mir._*) ...: „In Echtzeit" suggeriert nämlich, daß es nichts besseres fürs Abschätzen eines medizinischen Wirkstoffs geben könne, als die unwissenschaftliche Erhebung von „real world data" ...: im Gegensatz zu einer tatsächlich wissenschaftlichen Erhebung. ...: _Wer?!_ *mag der Wissenschaftsfeind sein.*

Kein Wunder dann, findet man die Behauptung plausibel, „real world data" bedeute „realitätsnahe Erhebung von Daten" ...: um auf diese Weise ...: bspw. die Effizienz von mRNA-Impf-Initialstoffen eindrucksvoll zu belegen ...: gewiß ...: Wenn man ganze Bevölkerungen zu Versuchskaninchen machen kann, dann kann man sich tatsächlich aufwendig evidenzbasierte Studien zur Datenerhebung sparen. ...: Die Bezeichnung „real world data" suggeriert aber etwas, was sie nicht halten kann, und vor allem auch gar nicht halten will ...: da es dabei überhaupt nicht auf Evidenz ...: also auf tatsächlich *nach!*_weisbare Wirksamkeit ankommen kann ...: da so etwas schlecht fürs Geschäft wäre. ...: übrigens: In der Regel wird die Wirksamkeit von Medikamenten oder Impfstoffen sowieso nicht validiert.[186]

---

[185] Der zugehörige Link:

https://www.derstandard.de/consent/tcf/story/2000128443023/zahlen-in-israel-weisen-auf-geringeren-schutz-vor-infektionen-hin wurde am 27. Januar 2022 geprüft.

[186] Zur mangelnden Evidenz medizinischer Behandlungen siehe Gerd Reuther, « Heilung Nebensache: Eine kritische Geschichte der europäischen Medizin von Hippokrates bis Corona », 2. Auflage der Originalausgabe, Riva Verlag, München, 2021, den Abschnitt: „Hippokrates verachtet Zahlen — eine kurze Geschichte medizinischer Evidenz", die Seiten 257-73.

Nun, das ist allerdings nur _*ein!*_ weiterer Ausdruck für die Fahrlässigkeit, mit der experimentelle Impfstoffe an ganzen Bevölkerungen ausprobiert werden. ...: und wenn man dann noch bedenkt, daß entweder gar nicht öffentlich kommuniziert wird ...: oder wenn ...: dann im *ab!*_wiegelnden Sinne ...: daß in der Phase-III-Studie zur Notzulassung des „Impfstoffs" von BioNTech / Pfizer es offenbar nicht mit rechten Dingen zugegangen ist ...: kann ich nur noch feststellen ...: Die Verantwortlichen sind tatsächlich *un!*_verantwortlich[187] ...: das wird schon dadurch belegt, daß diese Kampagne mit experimentellen Impfstoffen ...: *allerdings nicht nur in Deutschland* ...: in der Regel _*ohne!*_ medizinische Begleitung erfolgte und _*weiterhin!*_ erfolgt ...: _*Wie?*_ will man dann aber wissen, was es mit diesen sogenannten Impfstoffen auf sich hat. ...: beziehungsweise ...: auch hier wieder die Frage ...: Auf welcher Datengrundlage werden überhaupt Aussagen über die Wirksamkeit dieser „Impfstoffe" und ihren möglichen Komplikationen gemacht?! ...: ZITAT_Eine 95%-Wirksamkeit bedeutet eigentlich recht wenig_ZITATENDE[188] ...: rhetorisch gefragt ...: Was mag überhaupt von Studien zu halten sein, die von Pharmafirmen veröffentlicht werden?[189]

Zu „real world data", als Verschleierung unwissenschaftlicher Datenerhebung, siehe auch die Überlegungen auf den Seiten 55+56 des Ihnen vorliegenden Buches, die mit: „Die neue Verschleierungsmethode, um Wissenschaftlichkeit zu suggerieren [...]" beginnen.

[187] Siehe dazu die *Sechsundzwanzigste Begegnung*: _*Was?*_ mag das — *nach realsatiristischem Muster* — hysterisch forciert weitere `Maßnahmen' Fordern verdecken.

[188] Einen Hinweis darauf findet sich in: *Monitor Versorgungsforschung.de*: „Eine 95%-Wirksamkeit bedeutet eigentlich recht wenig": die hier interessierende Stelle findet sich auf der Seite 9 dieses Interviews. Diese Stelle findet sich als Zitat auf den Seiten 128+f. des Ihnen vorliegenden Buches. Der zugehörige Link:

https://www.monitor-versorgungsforschung.de/Abstracts/Kurzfassungen-2021/MVF-02-21/PDF-Artikel-2021_2/MVF0221_Ludwig wurde am 6. Dezember 2021 geprüft.

[189] Siehe dazu: „Klinischen Studien der Pharmaindustrie kann man nie vertrauen"; der zugehörige Link:

https://multipolar-magazin.de/artikel/studien-nie-vertrauen wurde am 25. Dezember 2021 erneut geprüft. Siehe dazu auch die *Sechsundzwanzigste Begegnung*: _*Was?*_ mag das — *nach realsatiristischem Muster* — hysterisch forciert weitere `Maßnahmen' Fordern verdecken.

* * *

Ganze Bevölkerungen sind in die Fänge profitorientierter Kreise getrieben worden und die politisch Verantwortlichen haben sich von ihnen völlig abhängig gemacht, was dazu geführt hat, daß man den Bevölkerungen das wohl kaum sagen könnte, wollte man nicht einen Aufstand provozieren ...: zumal erst noch der erste große Krieg des 21. Jahrhunderts zu führen ist ...: _also!_ ...: Die Ungeimpften müssen schon noch das „Problem" bleiben ...: *Wie lange?* ...: bis ein andres, allgemeinverbindlich die öffentliche Meinung dominierendes „Problem" auszumachen ist ...: am besten ein personifizierbares, da dann die eigenen essentiellen Defizite so bequem wie billig zu projizieren sind ...: Putin.

Ende dieser auf der Seite 260 begonnen habenden „langen Exkursion"

Gesunde Menschen, also solche, die über ein intaktes biologisches Kommunikationssystem verfügen ...: *Was allerdings nicht unwesentlich von den gesellschaftlichen und natürlichen Verhältnissen abhängig ist, in denen ein konkreter Mensch lebt* ...: und übrigens ...: _dann!_ *jedenfalls im verschlechternden Sinne auf die eigene Gesundheit wirkend* ...: *hat er lediglich noch Zugang zu den sogenannten Dienstleistungen einer* „Gesundheitswirtschaft", *wie sie in lobbykratischen Gesellschaften* ...: wie bspw. der deutschen ...: *von* „Gesundheitsdienstleistern" ...: *also entweder von* „Ärzten" *selbst angeboten oder sich im zugehörigen* „therapeutischen Rattenschwanz" ...: *meist ebenso irreführenderweise* „Therapie-Angebot" *genannt, findend* ...: *da es in einer* „Gesundheitswirtschaft" _nicht!_ *um tatsächliches Heilen* ...: hin!_*gegen* ...: *um einen möglichst hohen Umsatz an* „Gesundheitsdienstleistungen" *geht* ..: *alles andre anzunehmen wäre Augenwischerei* ...: _wäre!_ *mir übrigens selbst widerfahren, hätte ich nicht dem Ansinnen einer ganzen Meute von* „Ärzten" *widerstanden.* ...: *und wie der Name schon sagt* ...: „Gesundheitswirtschaft" ...: *da können die Standesvertreter der* „Ärzte", *Lobbyisten der Pharma- und medizinischen Geräteindustrie noch so* *seriös und vertrauenswürdig (_scheinend_) in die Kamera gucken* ...: dann *mitunter sagend* ...: „science will win!" ...: *Es geht* _nicht!_ *um die Gesundheit eines konkreten Menschen, um das, was in seiner konkreten Situation* ...: *für* _ihn!_ ...: *tatsächlich* an_*gemessen wäre* ...: *es geht* _primär!_ *ums Verticken, bspw. möglichst vieler* „arzneitherapeutischer Mittelchen", *deren Wirksamkeit von Studien* „belegt" *wird, die von bei den Herstellern selbst angestellten* „Wissenschaftlern" *oder von bei* ...: *im Sinne solcher Hersteller funktionierenden* ...: „Dienstleistern" *arbeitenden* „Wissenschaftlern" *durchgeführt werden.*[190] ...: demnach ...: *Solche* „Wissenschaftler" ...: so man die An- und Abführungszeichen weglassen wollte ...: *als* „Selektiv-Wissenschaftler" *adäquat bezeichnet wären*.

...: also ...: Gesunde Menschen mögen sich zwar auch infizieren, aber sie erholen sich davon wieder gut, ohne hospitalisiert werden zu müssen ...: mag sein, daß ihre Selbstheilungskräfte ...: *denn* _diese!_ *sind es, die oft den erkrankten Menschen selbst noch gegen eine an ihm erfolgende profitorientierte* „Behandlung" *zumindest relativ gesunden lassen* ...: dafür etwas Zeit benötigen ...: vielleicht zur vierzehntägigen Erholung ...: gewiß ...: das ist in einer marktkonform getrimmten ...: ...: einer lobbykratischen Gesellschaft ...: _*nicht!*_ vorgesehen ...: hingegen ...: „*sup*_pressives Behandeln" zur behaupteten „schnellen" Leistungswiederherstellung ...: _*Wer?*_ wollte da noch Zeit finden, den Selbstheilungskräften Förderung zuteil werden zu lassen ...: _*zumal!*_ ...: diese Kräfte stehen in

---

[190] Vgl. Gerd Reuther, « Der betrogene Patient: Ein Arzt deckt auf, warum Ihr Leben in Gefahr ist, wenn Sie sich medizinisch behandeln lassen », in der vollständig überarbeiteten und aktualisierten Neuausgabe, Riva Verlag, München, 2020; sowie derselbe: « Heilung Nebensache: Eine kritische Geschichte der europäischen Medizin von Hippokrates bis Corona », 2. Auflage der Originalausgabe, Riva Verlag, München, 2021.

direkter Konkurrenz zu medizinisch verordneten Behandlungen ...: *stören diese gar*.

> _*Wenn?*_ aber ...: beispielsweise ...: „Long-Covid" daher rührte, daß _*diese!*_ Kräfte ...: *dem Menschen wesensmäßig eigen seiend* ...: also ...: anstatt man sich damit begnügte, sie zu unterstützen, anzuregen oder zu fördern ...: _*sie?*_ aus einer „medizinischen Behandler-Haltung" heraus ...: *die aus dem resultiert, das man als* „europäischen Zwang" ...: *nämlich zu meinen* ...: „etwas tun zu _*müssen!*_" ...: *bezeichnen könnte* ...: durch unterdrückende (_*suppressive*_) Maßnahmen ...: *die dann als* „medizinische *Be*_Handlung" *gelten* ...: _*eher?*_ behindert als unterstützt, angeregt oder gefördert würden ...

...: und ...: wie es mit biologischen Erregern so ist ...: Auch dieses Virus ...: das _*kein!*_ Killervirus ist[191] ...: betrifft vor allem Menschen mit schwerwiegenden Vorerkrankungen bei reduziertem biologischen Kommunikationssystem ...: das sind in der Masse Menschen, die über 60 Jahre alt sind ...: in der Tat

---

[191] Siehe in diesem Zusammenhang das Interview, das Dominik Feusi mit dem Biologen, emeritierten Professor und ehemaligen Direktor des Instituts für Immunologie der Universität Bern im März 2021 geführt hat und das am 24. März 2021 in der Online-Ausgabe des schweizerischen Satiremagazins *Nebelspalter* veröffentlicht worden ist ...: „`Es ist kein Killervirus. Der Staat arbeitet mit Angst und Druck.´ Der Immunologe Beda Stadler hat Corona überstanden. Ein Gespräch über das Virus, den Bundesrat und das Masketragen." Der Link zu dieser Quelle: https://www.nebelspalter.ch/%C2%ABes-ist-kein-killervirus%C2%BB wurde am 10. Dezember 2021 geprüft.

Unter anderem gibt es auch eine interessante Video-Aufzeichnung eines Interviews mit Beda Stadler vom 12. August 2021, das allerdings im „SommerTalk" des Aargauer Regionalmagazins *ArgoviaToday* auf Schwyzerdütsch geführt wurde: „Immunologe Beda Stadler: `Maskentragen ja, aber ...´". Der zugehörige Link:

https://www.argoviatoday.ch/schweiz/immunologe-beda-stadler-maskentragen-ja-aber-143357199 wurde ebenfalls am 10. Dezember 2021 geprüft.

...: _*Diese!*_ müssen bestmöglich geschützt werden. ...: _*Ob?*_ die hochgelobten mRNA-Impf-Initialstoffe dazu die geeigneten sind. ...: objektiv gesehen ...: nichts spricht dafür ...: _*Oder?*_ ist es etwa nicht seltsam, daß ein Impfstoff nicht verhindert, daß ein damit geimpfter Mensch andre anstecken kann. ...: Prof. Thomas Kamradt, der noch bis Ende 2020 Präsident der Deutschen Gesellschaft für Immunologie war, ging bisher davon aus, daß geimpfte Menschen die durch SARS-CoV-2 verursachte Erkrankung nicht übertragen könnten, wobei er sich dabei auf Erfahrungen mit anderen Impfstoffen bezog. In diesem Zusammenhang wird er wie nachfolgt zitiert, wenn er das auch im Dezember 2020 mit Blick auf den Impf-Initialstoff von AstraZeneca sagte, heute aber nicht mehr strittig ist, daß das genauso auf die mRNA-basierten Impf-Initialstoffe zutrifft ...: ZITAT_[...] *die gesellschaftliche Wirkung, die man sich von einem Impfstoff erhofft, daß man selbst nicht erkranken kann und das Virus auch nicht überträgt, ist zumindest nicht zu 100 Prozent gegeben*_ZITATENDE[192] ...: mehr noch ...: Heute läßt sich sagen, daß mit mRNA-basierten Impf-Initialstoffen geimpfte Menschen eine Virenlast im Rachenraum ...: *von wo Viren ausgehustet oder normalrespiratorisch auf andere Menschen übertragen werden können* ...: haben, die nicht geringer ist als bei ungeimpften Menschen ...: ZITAT_*Kliniker und Angehörige der Gesundheitsberufe sollten geimpfte Personen, die sich mit SARS-CoV-2 infizieren, als nicht weniger ansteckend betrachten als ungeimpfte Personen*_ ZITATENDE ...: das liest sich im Original so ...: ZITAT_*Clinicians and public health practitioners should consider vaccinated persons who become*

---

[192] Die Quelle dieser Aussage ist eine Meldung vom 12. Dezember 2020: „Corona-Impfung: Können Geimpfte noch infektiös sein?". Der zugehörige Link:
https://www.rnd.de/gesundheit/corona-impfung-konnen-geimpfte-noch-infektios-sein-5PR7VSAHMNDPFFJVBLUWMFFOVY.html wurde am 27. Dezember 2021 geprüft.

*infected with SARS-CoV-2 to be no less infectious than unvaccinated persons.*_ZITATENDE[193] ...: der einzige Unterschied soll sein, daß die Virenlast bei geimpften Menschen etwas schneller abnimmt ...: entscheidend ist das aber nicht, da es laut Prof. Paul Cullen darauf ankommt, ob jemand ansteckend ist oder nicht.[194] ...: und ...: _*Ist?*_ es etwa nicht seltsam, daß zumindest einer dieser „Impfstoffe", die, wie gesagt, tatsächlich „nur" „Impf-Initialstoffe" sind, über _*keine!*_ valide Zulassungs-Studie verfügt, welche erst die Bedingung für seine (_*so oder so*_) *frag!*_würdige „Notzulassung" wäre.[195] ...: _*Ist?*_ es nicht auch seltsam, daß mit diesen „Impf-Initialstoffen" geimpfte Menschen innerhalb kürzester Zeit „geboostert" werden müssen ...: also ...: _*ohne?*_ weitere Diskussionen innerhalb kürzester Zeit die dritte Dosis gespritzt bekommen. ...: nun ...: um diese Frage erleichtert zu beantworten, sei zum einen an ...: „Bemerkungen zur 'Sinnhaftigkeit des Impfens bei virusbedingten Atemwegserkrankungen'" erinnert[196] ...: zum

---

[193] Die Quelle dieser Aussage: *Transmission potential of vaccinated and unvaccinated persons infected with the SARS-CoV-2 Delta variant in a federal prison, July—August 2021* (_„Juli-August 2021: Übertragungspotential von geimpften und ungeimpften Personen, die mit der SARS-CoV-2-Delta-Variante in einem Bundesgefängnis infiziert waren"_); der zugehörige Link:

https://www.medrxiv.org/content/10.1101/2021.11.12.21265796v1 wurde am 27. Dezember 2021 geprüft.

[194] Die Quelle dieser Aussage ist das Video: „CORONA — Insider spricht Klartext! (PCR, Inzidenzen, Impfungen)". Dieses Video befand sich ursprünglich auf der YouTube-Plattform und befindet sich jetzt auf der Odysee-Plattform (_https://odysee.com/_). Der zugehörige Link:

https://odysee.com/@MarcFriedrich7:8/cullen:e?r=GZnDhT-MoavrmXWQ2f5njtBdUarAfwvVp wurde am 25. Januar 2022 geprüft.

[195] Siehe dazu die *Sechsundzwanzigste Begegnung*: _*Was?*_ mag das — *nach realsatiristischem Muster* — hysterisch forciert weitere 'Maßnahmen' Fordern verdecken.

[196] Siehe dazu die Seiten 275-82.

andren sei jetzt folgendes bemerkt, das man so überschriften könnte ...:

Anpassungsprozeß eines Virus

Was seit Anfang des Jahres 2020 in Europa und der Welt zu erleben ist, ist ein normaler Anpassungsprozeß eines Virus an seinen sogenannten Wirt ...: Es war die „Wild-Variante" ...: _die?_ *aber vielleicht gar nicht seine erste Variante ist* ...: des SARS-CoV-2, die „Bergamo" verursacht hat ...: _*nicht!*_ „Delta" ...: „Delta" gehörte bereits voll zu dieser Anpassungsphase ...: weit infektiöser, aber keineswegs mit schlimmeren Verläufen ...: „Omikron" ist eine weitere, vielleicht sogar die letzte Phase in diesem Anpassungsprozeß ...: noch einmal infektiöser als „Delta" ...: aber ...: *in der Regel* ...: wiederum milder im Verlauf.

Das würde bedeuten ...: Diese „Impfstoffe" haben _*nichts!*_ zu diesem Prozeß beigetragen. ...: Daß die Pharma-Industrie das anders sehen muß, ist zwar verständlich ...: auch all diejenigen, die in ihrem Dienste stehen ...: _*Um?*_ was geht es aber.

Und man kann noch weitergehen ...: _*Ist*_ es bereits zauberlehrlinghaft geglaubt, eine „Immunisierung" via Impfung könne gegen ein Virus möglich sein, das quasi ständig mutiert ...: *wie es für Viren typisch ist, die sogenannte Atemwegsinfektionen auslösen* ...: ist es geradezu *ober*_zauberlehrlinghaft, meinen Wissenschaftler (_?_) ...: sie könnten einen Impfstoff gegen solche Viren entwickeln, indem sie lediglich den Bauplan von „Schnipseln" seiner Oberfläche in Körperzellen schleusen, damit der dort als Vorlage dienen soll, diese (_toxischen!_) „Schnipsel" nachzubauen, damit die Zellen des biologischen Kommunikationssystems des Menschen (_*fälschlicherweise als* „Immunsystem" *bezeichnet*_) diese als körperfremd erkennen ...: was die dann auch tun ...: aber damit haben die ansonsten _*keine!*_ Kenntnis von dem Virus, zu dem solche „Oberflächenschnipsel" gehören. ...: das bedeutet ...: Mutiert dieses Virus solche „Schnipsel" weg, stehen die körpereigenen „Gedächtniszellen" sozusagen im Hemd ...: sie müssen dann erst noch den Prozeß der Anpassung durchmachen ...: also ...: unabhängig von der Impfung ...: daß das jetzt mit „Omikron" offenbar bereits wesentlich leichter ist, sollte dann aber nicht dem Verimpfen dieser „Stoffe" zugeschrieben werden ...: hingegen ...: eben der normalen Anpassung zwischen Virus und dem biologischen Kommunikationssystem des „Wirts". ...: das bedeutet ...: Diese

Anpassung kann einzig sinnig nur auf natürlichem Wege erfolgen ...: Ansteckung → „Kommunikationsphase" → „Genesung" (_*bzw. Abschluß der Anpassung*_). oder anders gesagt ...: Die einzig sinnige Immunisierung ist die durch aktive Auseinandersetzung zwischen menschlichem Körper und Virus.

Diejenigen, deren biologisches Kommunikationssystem geschwächt ist ...: wegen ihres Alters oder krankhaft bedingt ...: sind während einer solchen „epidemischen Zeit" zu schützen.

Gewiß ...: wenn man mit einem bisher unbekannten Virus zu tun hat, sollten sich die, die sich infiziert haben, zurückziehen und ihre Selbstheilungskräfte unterstützen ...: bspw. durch (_*kontrolliert!*_) fieberfördernde Maßnahmen, Ruhe usw. ...: Coronaviren sind allerdings keine neuen Viren[197] ...: und überhaupt ...: Bei Viren von „neu" zu sprechen, nur weil sie „auffällig" werden, ist sowieso Unsinn ...: besser wäre dann nämlich zu fragen ...: Wieso werden sie auffällig?[198]

Ist diese erste Phase einer Epidemie beendet ...: wahrscheinlich nach der „Saison" des entsprechenden Virus ...: *Coronaviren, Influenzaviren und andere atemwegsaffine Viren haben in der kalten Jahreszeit Saison* ...: sollten sich die gesunden Menschen im Sommer ...: wenn diese Viren also relativ abgeschwächt sind ...: nicht mehr gegen ein epidemisch gewordenes Virus schützen ...: da sie sich hierdurch mit diesem ...: *bezogen auf die eigene Spezies jetzt natürlicherweise abgeschwächten* ...: Virus bekannt machen, so daß sie in der kommenden kalten Jahreszeit eine relative Immunität gegen ein solches Virus haben werden ...: tritt es verändert auf ...: wissen die körperlichen Gedächtniszellen dennoch ...: _dies!_

---

[197] Siehe bspw. in: *Current Biology*, „An ancient viral epidemic involving host coronavirus interacting genes more than 20,000 years ago in East Asia"; der zugehörige Link:

https://www.cell.com/current-biology/fulltext/S0960-9822(21)00794-6?_returnURL=https%3A%2F%2Flinkinghub.elsevier.com%2Fretrieve%2Fpii%2FS0960982221007946%3Fshowall%3Dtrue wurde am 27. Januar 2022 erneut geprüft.

[198] In diesem Zusammenhang macht es Sinn, erneut auf folgenden Video-Vortrag zu verweisen ...: „Die Bedeutung der Viren für Mensch und Natur – Vortrag von Thomas Hardtmuth"; der zugehörige Link: https://youtu.be/BO1xgjeiAno wurde am 8. Dezember 2021 geprüft.

ist das Virus, das wir kennen ...: denn es mag zwar in Teilen mutiert sein, aber da sie es als Ganzes kennengelernt haben, wissen sie damit umzugehen ...: genau das ist bei mRNA-Impf-Initialstoffen _*nicht!*_ der Fall.

Wegen der kollektiv erfolgten Anpassung ...: sprich ...: *Ab*_Schwächung eines epidemisch gewordenen Virus ...: wird es schließlich auch den sogenannten Vulnerablen ganz gut möglich, mit diesem Virus zurechtzukommen, das für sie tödlich sein könnte, kämen sie mit diesem unvermittelt in Kontakt. ...: Voraussetzung dafür ist, daß noch genügend Selbstheilungskraft vorhanden ist ...: fehlt diese Selbstheilungskraft, bzw. ist sie nicht mehr genügend, könnte übrigens _*keine*_ Arznei der Welt einen Menschen retten.

Wie gesagt, auf den ersten Blick mögen mRNA-Impf-Intialstoffe etwas Faszinierendes haben ...: sozusagen *genetic-engineering-like* genau _*den*_ Teil des Virus zu treffen, der als pathogenwirkend erkannt wurde. Tatsächlich aber müssen es Zauberlehrlinge sein, die meinen, daß das bei Viren möglich sein könnte, die anlagemäßig instabil sind.

Vielleicht sollten diejenigen, die in der „Gesundheitswirtschaft" arbeiten, oder ihr zuarbeiten ...: wie es gewisse geschlechtsunspezifische Politiker tun ...: _etwa_? ...: *weil die um die Gesundheit der Menschen besorgt wären* ...: erkennen, daß sie die Selbstheilungskräfte noch zusätzlich belasten, meinen die, es müsse unbedingt eine „Behandlung" erfolgen, wo doch „Behandeln" _*allein!*_ darin bestehen sollte, die körpereigenen Kräfte zu fördern und die Vulnerablen *an!*_gemessen zu schützen ...: nun ...: gewiß ...: kein lukratives Geschäft ...: also ...: Ein Horror für „Gesundheitswirtschaftler" wie Pharmafirmen und ihre „klinischen Filialen" ...: _*Um?*_ was geht es.

Aber um die Frage ...: *ob die hochgelobten mRNA-Impf-Initialstoffe dazu die geeigneten wären, diejenigen zu schützen, die einer Impfung bedürfen könnten* ...: freundlich zu beantworten ...: abgesehen davon, daß es dazu erst unabhängiger ...: also ...: *evidenzbasierter!* ...: Studienreihen bedürfte ...: läßt sich noch nicht sagen, ob nicht langfristig mit schwerwiegenden unerwünschten Wirkungen sowohl für die damit geimpften

Menschen als auch für die Spezies Mensch als Ganzes zu rechnen ist ...: immerhin setzen diese Impf-Initialstoffe *intra*_zellulär an und nicht extrazellulär ...: wie es für konventionelle Impfstoffe üblich ist ...: und allein zu diesen gibt es zwar eine gewisse ...: also ...: *evidenzbasierte* ...: Datenlage ...: die allerdings _*nicht!*_ die von den „Freunden der Pharmaindustrie" verbreitete und deshalb allgemein geglaubte Behauptung zu belegen erlaubt ...: daß mittels Impfstoffen eine epidemische oder gar pandemische Situation erfolgreich zu beeinflussen möglich wäre ...: also ...: objektiv betrachtet ...: Das Impfen bis auf wenige Ausnahmen ...: *wenn es nicht gar nur eine ist* ...: *nämlich jene, Pocken betreffende* ...: keineswegs das ist, was Impfbefürworter meist sowieso nur reflexhaft meinen ...: eine „Erfolgsgeschichte".[199] ...: *das bedeutet* ...: Diese sogenannten Impfstoffe sollte man zumindest dann nicht befürworten, erhebt man den Anspruch, *phil*_anthropisch zu sein ...: also ...: sich für eine lichte Zukunft unseres Geschlechtes einzusetzen ...: _*denn!*_ ...: Die mRNA-Manipulationstechnik gibt dem

---

[199] Es kann nicht schaden, den interessierten Menschen erneut auf den YouTube-Videovortrag: „Impfungen — Segen oder Fluch?" des Mediziners und Medizinhistorikers Dr. med. Gerd Reuther hinzuweisen, auf den ich in einem etwa zweiminütigen Video aufmerksam mache: „Ohne Aufklärung geht die ganze Chose nicht" (:Link: https://youtu.be/KmIslqzsWWo_)

Der Text dieses Videos findet sich auf der InternetSite der *Initiative zur Demokratisierung der Meinungsbildung gGmbH: Rubikon*: https://www.rubikon.news/artikel/mehr-fluch-als-segen-2. Der Vorteil dieses Essays ist, daß die Quellen, die im Video fehlen, angegeben sind; der Nachteil ist, daß die im Video verwendeten Schautafeln fehlen.

Speziell bezogen auf den in Deutschland geübten Umgang mit der SARS-CoV-2-Epidemie, möchte ich noch auf folgendes podcast-Interview mit Gerd Reuther aufmerksam machen, das sich ab der Minute 22:05 damit auseinander setzt. Der zugehörige Link, der auf Minute 22:05 dieses podcast-Interviews: „Heilung Nebensache — Die Irrungen der Medizin" eingestellt ist und der am 20. Januar 2022 geprüft wurde, ist folgender:

https://youtu.be/OBPK1SaKowk?list=LLYs5FAjlYzSfVIN-xexvMFmw&t=1325.

„industriell-wissenschafts-medial-politischen Komplex" eine *genetic-engineering-analoge* Methode an die Hand, welche den Zugang zur „orwellianischen Ebene" eröffnet ...: Gewiß, die Masse der Ärzte hat schon immer eine Begründung dafür gefunden, an sich verwerfliches Verhalten mit salbungsvollen Worten zu *ver_*decken.

...: und so ist genauso folgendes legitim überlegt ...: *da wegen dieser Experimentiererei an ganzen Bevölkerungen erst anzunehmen ist, daß dieses Virus so häufig mutiert* ...: denn zwar würde ich normalerweise sagen ...: Es ist gut, wenn ein Virus mutiert, da das ein Ausdruck dafür ist, daß es instabil wird bzw. sich in der Anpassungsphase an seinen „Wirt" befindet ...: *_aber!_* ...: Bei *intra_*zellulär wirkmäßig ansetzenden „Impf-Initialstoffen" kann nicht ausgeschlossen werden, daß durch unkontrolliertes Experimentieren mit mRNA-Impf-Initialstoffen ...: es sei wiederholt ...: *un!_*kontrolliertes Experimentieren ...: *_nämlich!_* ...: dazu ganze Bevölkerungen als Versuchskaninchen rekrutierend ...: wobei dieses *un!_*wissenschaftliche Experimentieren mit dem Begriff ...: „real world data" *ab!_*geschleiert wird[200] ...: *_also!_* ...: es sei wiederholt ...: Dieses *un!_*verantwortliche Experimentieren ereignet sich an ganzen Bevölkerungen ...: *_denn!_* ...: Bei wirkmäßig *intra_*zellulär ansetzenden Impf-Initialstoffen kann *_nicht!_* ausgeschlossen werden, daß erst unkontrolliertes Experimentieren das Mutieren eines Virus *extra!_*ordinär induziert ...: und *_das_* könnte fatale Folgen für die tatsächlich geimpften Menschen wie für die Spezies Mensch als Ganzes haben.[201] ...: und *_sicher!_* wäre dann zu sagen ...: Erst durch dieses

---

[200] Zur Bezeichnung „real world data" siehe bspw. die Passage auf den Seiten 55+f., die mit: „Die neue Verschleierungsmethode, um Wissenschaftlichkeit zu suggerieren ..." beginnt.

[201] Siehe dazu die Exkursion auf den Seiten 37-41, beginnend mit: „Im übrigen halte ich es nicht für möglich, daß ein Wissenschaftler [...]".

zauberlehrlinghafte Tun wurde der normale Anpassungsprozeß zwischen „Lebensfragment“ bzw. „Basis-Element des Lebendigen“ (_*Virus*_) und „Wirtsorganismus“ (_*hier Mensch*_) verhindert bzw. *un!*_zweckmäßig verlängert.[202] ...: zugegeben ...: aus profitorientierter Sicht ...: *zweck!*_mäßig verlängert ...: _Um?!_ *was geht es.*

...: aber davon abgesehen, Herr *Faa* ...: Sie dürfen nicht den Fehler machen, meine Aussagen lediglich selektiv zu „verstehen“, da Sie dann mit Ihrer Antwort an der eigentlichen Problematik vorbeigehen, die ich in meiner Aussage angerissen habe, auf die Sie meinten antworten zu müssen ...: *leider aber sinnwidrig* ...: denn ...: Ein Teil dieser Problematik spiegelt sich im politischen Versagen und dem daraus resultierenden Vertrauens- bzw. Glaubwürdigkeitsverlust der gesellschaftspolitisch Verantwortlichen ...: also ...: *nicht allein der politisch Verantwortlichen* ...: wider. ...: demnach ...: Sie sollten nicht jenes tun, das hier so viele tun ...: *Auf meine Aussagen reflexhaft zu antworten* ...: da können Sie nur verlieren. — konkret ...: Lesen Sie sich den verlinkten Text der ersten Zitierung _*ganz!*_ durch[203]. ...: und wenn Sie dann noch hinzunehmen, daß der

---

[202] Dazu ließe sich noch einiges sagen. An dieser Stelle sei auf den bereits erwähnten Video-Vortrag verwiesen, der aus anthroposophischer Sicht gesprochen ist, die man, wie gesagt, nicht teilen muß, aber was das „Wesen“ der Viren anbelangt, entsprechen die Aussagen dem heutigen Wissensstand ...: „Die Bedeutung der Viren für Mensch und Natur — Vortrag von Thomas Hardtmuth“; der zugehörige Link: https://youtu.be/BO1xgjeiAno wurde am 8. Dezember 2021 geprüft.

Und es sei an die: „Bemerkungen zur 'Sinnhaftigkeit des Impfens bei virusbedingten Atemwegserkrankungen'“ erinnert, die sich auf den Seiten 275-82 des Ihnen vorliegenden Buches finden.

[203] Sie erinnern sich natürlich an diese bereits genannte Quelle: „`Meldung erfolgt per Fax': Warum in Deutschland niemand weiß, wie viele Geimpfte an Covid-19 erkranken“, der zugehörige Link:

deutschen Politik seit Anfang der 2010er (_!_) bekannt ist, daß eine Pandemie zu erwarten war, die mit der aktuellen vergleichbaren ist, dann wird deutlich ...: _*wer!*_ in den Fokus der Kritik gehört. ...: Ich kann mich nicht daran erinnern, daß der Hohepriester des Warnismus', also Herr Lauterbach ...: *so wie all die andren* ...: etwas zu dieser Anfang 2013 dem Deutschen Bundestag übergeben wordenen Analyse hätte verlauten lassen.[204] ...: Ist das _*nicht?*_ seltsam ...: *ob?*_wohl doch fast jeder Satz dieses professoralen Blenders mit ...: „Davor kann ich nur warnen!" eingeleitet oder ausgeleitet wird. ...: _*denn!*_ ...: Eine verantwortungsvolle Politik hätte dann ...:_*unter anderem!*_ ...: *bei!*_zeiten das „epidemische Meldesystem" gecheckt.

...: nun ...: Wer Wissenschaft und Forschung primär Profitinteressen überläßt, der bekommt das geliefert, welches solchen Interessen nützlich ist. ...: Konsequenz? ...: Korrumpierung _*auch!*_ der Wissenschaft. Sich konkret darin zeigend, daß der BioNTech / Pfizer-„Impfstoff" tatsächlich _*ohne!*_ valide Phase-III-Studie zur Erlangung jener ...: *sowieso fragwürdigen!* ...: Notverordnung ist.[205] ... also ...: Fragen Sie sich, _*wieso?!*_ das kein Echo in den Medien und kein darauf einzig folgerichtiges Verhalten der Politik nach sich zieht. ... _*denn!*_ ...: In einer Demokratie wäre das _*der!*_ Skandal an sich ...: in einem lobbykratischen System hingegen nicht.

---

https://correctiv.org/faktencheck/hintergrund/2021/11/12/meldung-erfolgt-per-fax-warum-in-deutschland-niemand-weiss-wie-viele-geimpfte-an-covid-19-erkranken/?mc_cid=080d7228c2&mc_eid=05289c349e wurde am 24. Dezember 2021 geprüft.

[204] Siehe dazu im Anhang des Ihnen vorliegenden Buches: « Risikoanalyse aus dem Jahre 2012, eine SARS-CoV-2-ähnliche Pandemie betreffend ».

[205] Siehe dazu die *Sechsundzwanzigste Begegnung*: _*Was?*_ mag das — *nach realsatiristischem Muster* — hysterisch forciert weitere `Maßnahmen' Fordern verdecken.

Und was Ihre Bemerkung ...:

ZITAT_also: laßt euch impfen!_ZITATENDE

anbelangt ...: Das hat jeder Gesunde *_selbst!_* zu entscheiden ...: zur Information ...: persönlich habe ich mich zweimal mit einem dieser Impf-Initialstoffe impfen lassen. Das aber allein deshalb, da ich meine persönlichen Freiheitsrechte nicht anders zurückerlangen konnte und ich einige (*_impfpflichtige!_*) öffentliche Stätten zu besuchen hatte ...: deshalb hat die Bezeichnung ...: „Impfpflicht" etwas Orwellianisches ...: es *_ist!_* verkappter Zwang. ...: Denn ist jemand gesund, ist das Impfen insbesondere dann Nonsens, handelt es sich um Atemwegsviren![206]

Herr *Faa* beantwortete das wie es sich für selbstüberzeugt Aufgeklärte gehört ...: selbstüberzeugt aufgeklärt zu sein, bedeutet allerdings *_nicht_* per se, es *_tatsächlich_* zu sein ...:

---

[206] Siehe dazu auf den Seiten 275-82 die: „Bemerkungen zur 'Sinnhaftigkeit des Impfens bei virusbedingten Atemwegserkrankungen'" und auf den Seiten 292-94: „Anpassungsprozeß eines Virus".

In diesem Zusammenhang ist zum wiederholten Mal auf den YouTube-Vortrag: „Impfungen — Segen oder Fluch?" des Mediziners und Medizinhistorikers Dr. med. Gerd Reuther, auf den ich in einem etwa zweiminütigen Video aufmerksam mache: „Ohne Aufklärung geht die ganze Chose nicht", hingewiesen; der Link zu diesem Video: https://youtu.be/KmIslqzsWWo.

Der Text dieses Videos findet sich auf der InternetSite der *Initiative zur Demokratisierung der Meinungsbildung gGmbH: Rubikon*: https://www.rubikon.news/artikel/mehr-fluch-als-segen-2.

Ebenso sei nochmals auf das Video hingewiesen, in dem Gerd Reuther, u.a., den Umgang mit der „Corona-Pandemie" aufs Korn nimmt, d.h. ab der Minute 22:05 des podcast-Interviews: „Heilung Nebensache — Die Irrungen der Medizin"; der zugehörige Link:

https://youtu.be/OBPK1SaKowk?list=LLYs5FAjlYzSfVIN-xexvMFmw&t=1325 wurde am 20. Januar 2022 geprüft.

ZITAT_Kleinkinder werden gegen Masern, Kinderlähmung, usw geimpft, obwohl sie gesund sind. Der Sinn einer Impfung ist es, einer möglichen Erkrankung vorzubeugen. Ich bin gesund und laß mich trotzdem gegen Tetanus impfen, ich möchte auch keine FSME durch Zecken bekommen, also laß ich mich impfen. Das Argument: „wer gesund ist" braucht keine Impfung ist so nicht belastbar._ZITATENDE

...: nun ...: Herr *Faa* ...: Sie werfen einiges durcheinander und schließlich in einen Topf ...: _*Wie?*_ könnten Sie dann aber Menschen aufklären oder ihnen gar apodiktisch daherkommende Empfehlungen geben ...: wie es wohl von Pseudo-Aufgeklärten und von tatsächlich profitorientierten Interessen dienenden Trollen typischerweise zu erwarten ist. ...: Da es in der Tat aber um Aufklärung bzw. darum geht, das scheuklappen_*behaftete* bzw. „fixierte Blicken", das die Menschen in „Pro-Leugner" und „Contra-Leugner" polarisiert ...: *als ein Ausdruck jener kollektiven Neurose, die sich im Phänomen des Realsatirismus' manifestiert*[207] ...: in den Fokus des allgemeinen Nachdenkens zu rücken ...: möchte ich in folgender Passage Gerd Reuther zitieren:

ZITAT_[...] **Die Mär vom Impfsegen**

Vom vermeintlichen Segen des Impfgedankens bleibt wenig übrig, wenn man die Ereignisse unbefangen bewertet. Zur Erhöhung der Lebenserwartung haben Impfungen entgegen der Propaganda

---

[207] Wie Sie sich erinnern, eingangs des Ihnen vorliegenden Buches findet sich in den Passagen von: „Was *vor*_bemerkend zu bemerken ist" erläutert, wieso ich den Begriff „Realsatirismus" geschaffen habe, was dieser bedeutet und wieso er als „emotionale Basis" einer lobbykratischen Gesellschaft anzusehen ist. In der *Vermeintlich letzten Begegnung* komme ich darauf noch einmal zurück.

der Gesundheitsbehörden nirgendwo beigetragen.[208] Die „Impferfolge" des 19. und frühen 20. Jahrhunderts lösen sich beim Studium von Zeitzeugenberichten auf.[209] Nahezu alle Annahmen, auf denen Impfungen beruhen, sind seit Jahrzehnten unbelegt oder widerlegt.

---

[208] Siehe Gerhard Buchwald, „Impfen: Das Geschäft mit der Angst", 12. Auflage; Emu-Verlags-GmbH, Lahnstein, 2020. Diese Quellenangabe findet sich in der zum Text des Vortrages von Gerd Reuther: „Mehr Fluch als Segen" gehörigen Endnote 35. Zur Quellenangabe zu diesem Vortrag siehe am Ende dieser Zitierung die zugehörige Fußnote.

[209] Siehe Hans U.P. Tolzin, „Welche Impfrisiken waren 1918 bekannt?", „Impf-Report" 2005, Ausgabe November / Dezember 2005. Diese Quellenangabe findet sich in der zum Text des Vortrages von Gerd Reuther: „Mehr Fluch als Segen" gehörigen Endnote 36. Zur Quellenangabe zu diesem Vortrag siehe am Ende dieser Zitierung die zugehörige Fußnote.

Hier erscheint es mir wichtig, einen kleinen biographischen Abriß des Herausgebers des „Impf-Reports" anzufügen. Die folgenden Angaben sind der Autoren-Seite von Hans U. P. Tolzin auf *Amazon.de* entnommen.

ZITAT_Hans U. P. Tolzin (1958 in Hessen geboren) gilt als einer der bekanntesten Impfkritiker im deutschen Sprachraum. Sein erster gelernter Beruf ist der eines Molkereifachmanns. Diesen Beruf hat er jedoch niemals ausgeübt und später schulte er zum Organisationsprogrammierer um. Als solcher war er u. a. 10 Jahre lang für einen großen Stuttgarter Konzern tätig.

Als Vater von zwei Kindern begann er sich 1999 intensiv mit der Impffrage auseinanderzusetzen und seine Erkenntnisse im Internet und über einen eigenen Newsletter zu publizieren. 2005 startete er die Zeitschrift „impf-report" und seinen eigenen Verlag. Darüber hinaus hält er bis heute Vorträge und Seminare zum Thema Impfentscheidung und Infektionskrankheiten und organisiert fast jährlich das *Stuttgarter Impfsymposium* mit zahlreichen namhaften Referenten. [...]

Die Fragen, die er zu Wirksamkeit, Sicherheit und Notwendigkeit von Impfungen stellt, werden von vielen Menschen als sehr kontrovers und mitunter provozierend empfunden. Die meisten seiner Leser schätzen jedoch die Sachlichkeit und Nachvollziehbarkeit seiner Recherchen.

Doch von noch größerer Bedeutung könnten sich einmal seine medizinhistorischen Forschungen erweisen. Anhand von Originaldokumenten belegt Tolzin, daß bei der Beweisführung bezüglich der angeblichen krankheitsverursachenden Eigenschaften von Erregern nicht immer wissenschaftlich vorgegangen wurde. Somit sei die Frage, welche Rolle Bakterien

Da ist die von Impfbefürwortern immer wieder bemühte „Herdenimmunität", die gegen eine Krankheit nur gewährleistet wäre, wenn mehr als 95 Prozent einer Bevölkerung einen Impfschutz hätten. Wissenschaftliche Daten hierfür fehlen. Seit Jahrzehnten gibt es in Europa Regionen mit einem hohen Anteil ungeimpfter Bewohner wie Universitätsstädte oder Berlin Prenzlauer Berg, ohne daß von dort Epidemien ausgehen. Seit neuestem will die WHO unter Übernahme der Sichtweise von Pharmakonzernen eine „Herdenimmunität" nur noch attestieren, wenn Impfungen erfolgt sind. Ungeimpfte sollen zu Parias degradiert werden.

Alle heute empfohlenen Impfungen richten sich ausschließlich gegen sehr seltene und nur in Einzelfällen schwer verlaufende Krankheiten wie Masern, Mumps oder Röteln. Dazu gehört auch der gefürchtete Tetanus, für den 2001 in Deutschland die Meldepflicht abgeschafft wurde, da pro Jahr keine 10 Menschen erkranken und diese ausnahmslos alt oder gebrechlich sind. Impfpflichten in zahlreichen Ländern haben Krankheiten weder reduziert, noch zum Verschwinden gebracht. Im letzten Jahr vor der Impfpflicht für Masern in Deutschland wurden ganze 515 Fälle gezählt![210] Alle Erkrankungen waren jeweils nahezu verschwunden, als Impfungen eingeführt wurden.[211]

---

und Viren im Krankheitsgeschehen spielen, nicht wirklich geklärt._ZITATENDE Der Link zur Quelle dieses Zitats:

https://www.amazon.de/Hans-U.-P.-Tolzin/e/B00J2O842G%3Fref=dbs_a_mng_rwt_scns_share wurde am 29. Januar 2022 geprüft.

[210] Siehe Robert Koch-Institut, Berlin; der zugehörige Link:

https://www.rki.de/DE/Content/Infekt/Impfen/Praevention/elimination_04_01.html wurde am 9. Januar 2022 geprüft. Diese Quellenangabe findet sich in der zum Text des Vortrages von Gerd Reuther: „Mehr Fluch als Segen" gehörigen Endnote 37. Zur Quellenangabe zu diesem Vortrag siehe am Ende dieser Zitierung die zugehörige Fußnote.

[211] Siehe dazu das Vorwort von Gerhard Buchwald, zur deutschen Ausgabe von Fernand Delarue und Simone Delarue, „Impfungen der unglaubliche Irrtum", F. Hirthammer, München, 1990, die Seiten 9+ff. Diese Quellenangabe findet sich in der zum Text des Vortrages von Gerd Reuther: „Mehr Fluch als Segen" gehörigen Endnote 38. Zur Quellenangabe zu diesem Vortrag siehe am Ende dieser Zitierung die zugehörige Fußnote.

Es ist anhand der Zahlen sogar erkennbar, daß die vorbestehende Abnahme der Fallzahlen durch Massenimpfungen verzögert wurde.[212] Vor kurzem mußte ein Kriegsschiff der US-Marine unter Quarantäne gestellt werden, da nach einer Impfung gegen Masern, Mumps und Röteln alle Besatzungsmitglieder an Mumps erkrankten.[213] Dagegen hat sich maßgeblich durch die Impfungen der Anteil Erwachsener an den früheren Kinderkrankheiten stetig erhöht.

Für häufigere und schwerer verlaufende Erkrankungen fehlen bis heute funktionierende Impfungen. Allen voran die Tuberkulose mit weltweit jährlich circa 10 Millionen Neuerkrankungen und einer Letalität von etwa 15 Prozent. Seit 140 Jahren ist es nicht gelungen, einen wirksamen Impfschutz zu entwickeln. Die sogenannte BCG-Impfung, die dies vor 100 Jahren bewerkstelligen sollte, wurde zwar als „Schutzimpfung gegen Tbc“ angepriesen, hat aber nie vor der Lungentuberkulose bewahrt.[214] Gegen die im Kindesalter am häufigsten tödlichen Infektionen, den Hirnhautentzündungen, gibt es

---

[212] Siehe Gerhard Buchwald, „Impfen: Das Geschäft mit der Angst“, 12. Auflage; Emu-Verlags-GmbH, Lahnstein, 2020. Diese Quellenangabe findet sich in der zum Text des Vortrages von Gerd Reuther: „Mehr Fluch als Segen“ gehörigen Endnote 39. Zur Quellenangabe zu diesem Vortrag siehe am Ende dieser Zitierung die zugehörige Fußnote.

[213] Siehe Dale Brown, „Sailors Stranded at Sea: What This Tells Us About the Mumps Vaccine“, 9.4.2019

[_https://www.thewellnessway.com/sailors-mumps-vaccine/?print-posts=print._] Diese Quellenangabe findet sich in der zum Text des Vortrages von Gerd Reuther: „Impfungen — Segen oder Fluch?“ gehörigen Endnote 40. Zur Quellenangabe zu diesem Vortrag siehe am Ende dieser Zitierung die zugehörige Fußnote.

[214] Siehe „The role of BCG vaccine in the prevention and control of tuberculosis in the United States. A joint statement by the Advisory Council for the Elimination of Tuberculosis and the Advisory Committee on Immunization Practices“, MMWR Recomm Rep. 1996, Apr 26; 45(RR-4):1-18.

[_https://pubmed.ncbi.nlm.nih.gov/8602127/_]

Diese Quellenangabe findet sich in der zum Text des Vortrages von Gerd Reuther: „Impfungen — Segen oder Fluch?“ gehörigen Endnote 41. Zur Quellenangabe zu diesem Vortrag siehe am Ende dieser Zitierung die zugehörige Fußnote.

nur für wenige Erreger ein Impfprodukt.[215] Lediglich 7 Prozent der in der Europäischen Union an Infektionskrankheiten verstorbenen Kinder weisen keinen vorgeschriebenen Impfstatus auf.[216] Die anderen 93 Prozent waren nach den jeweils geltenden Bestimmungen immunisiert, verstarben aber trotzdem. Entweder gibt es keine Impfung oder die Impfungen sind wegen ihrer Risiken nicht empfehlenswert.

Mehr Glaube als Evidenz

Das ganze Impfprinzip steht auf tönernen Füßen. Die Annahme, daß unser Immunsystem nur mit einem Krankheitserreger fertigwerden könne, wenn es diesen als Antigen schon einmal kennengelernt hätte, kann nicht zutreffen. Vor allem bei einem Kontakt, der nicht über natürliche Pforten, sondern per Injektion erfolgt. Viele Mikroben verändern sich im Laufe der Zeit und trotzdem werden Menschen, die mit diesen veränderten Antigenen in Kontakt kommen, nicht krank. Unser Immunsystem braucht keine enzyklopädische Zahl von Begegnungen, sondern kann wie unser Gehirn von Bekanntem auf Unbekanntes schließen.

Die von den Impflobbyisten seit Jahren hochgetriebene Zahl von Impfungen ist weder nötig noch sinnvoll.

Atemwegsviren ändern ständig ihre Oberflächenantigene. Die jährliche Neuzusammenstellung der Influenzatypen für die sogenannte Schutzimpfung reduzierte weder die Krankheitstage noch

---

215 Siehe https://www.sandiegouniontribune.com/news/health/sdut-meningitis-b-vaccine-schedule-doctors-bacterial-2015nov25-story.html. Diese Quellenangabe findet sich in der zum Text des Vortrages von Gerd Reuther: „Impfungen — Segen oder Fluch?" gehörigen Endnote 42. Zur Quellenangabe zu diesem Vortrag siehe am Ende dieser Zitierung die zugehörige Fußnote.

216 Siehe Federico Martinón-Torres et al.: Life-threatening infections in children in Europe (the EUCLIDS Project): a prospective cohort study. Lancet Child Adolesc Health, 2018; Jun, 2(6):404-14 [_https://pubmed.ncbi.nlm.nih.gov/30169282/_]. Diese Quellenangabe findet sich in der zum Text des Vortrages von Gerd Reuther: „Impfungen — Segen oder Fluch?" gehörigen Endnote 43. Zur Quellenangabe zu diesem Vortrag siehe am Ende dieser Zitierung die zugehörige Fußnote.

die Sterblichkeit durch grippeartige Erkrankungen.[217] Im Gegenteil, Krankschreibungen wegen „grippalen Infekten" haben in den letzten Jahrzehnten zugenommen. Und dies, obwohl gleichzeitig die Impfquote gestiegen ist. Dies befeuert die These, daß die Impfungen gegen Influenzaviren bei allenfalls minimalem Schutzeffekt die Anfälligkeit der Geimpften für andere Atemwegsviren erhöhen.

Gerade bei alten Menschen legen Studien seit Jahren nahe, daß alle Impfungen kontraproduktiv sind. Das Immunsystem alter Menschen produziert Antikörper gegen Erreger aus der Jugendzeit der Geimpften.[218] Eine Parallele zum Gedächtnis im Alter. Eine Korrelation der Impfquoten von Menschen über 65 Jahren mit der Häufigkeit von Todesfällen bei „Covid-19" läßt jedenfalls vermuten, daß Impfungen gegen Influenza gerade im Alter das Leben häufig vorzeitig beenden.[219] Ein ursächlicher Zusammenhang zwischen Impfungen im Alter und einem längeren und gesünderen Leben ist nirgendwo herauslesbar.

---

[217] Siehe Statistisches Bundesamt, Wiesbaden;
https://de.statista.com/infografik/13040/woechentliche-influenzafaelle-in-deutschland/. _ Doshi P: Will covid-19-vaccines save lives? Current trials aren't designed to tell us. BMJ 2020; 373:37. Diese beiden Quellenangaben finden sich in den zum Text des Vortrages von Gerd Reuther: „Impfungen — Segen oder Fluch?" gehörigen Endnoten 44+45. Zur Quellenangabe zu diesem Vortrag siehe am Ende dieser Zitierung die zugehörige Fußnote.

[218] Siehe Carole Henry et al.: Influenza Virus Vaccination Elicits Poorly Adapted B Cell Responses in Elderly Individuals. Cell Host Microbe 2019 Mar 13; 25(3):357-66.e6.
[_https://pubmed.ncbi.nlm.nih.gov/30795982/_]
Diese Quellenangabe findet sich in der zum Text des Vortrages von Gerd Reuther: „Impfungen — Segen oder Fluch?" gehörigen Endnote 46. Zur Quellenangabe zu diesem Vortrag siehe am Ende dieser Zitierung die zugehörige Fußnote.

[219] Siehe Eurostat, Brüssel;
ec.europa.eu/eurostat/de/web/products-eurostat-news/DDN-20191209-2_statista.com/statistics/1111779/coronavirus-death-rate-europe-by-country/. Diese Quellenangabe findet sich in der zum Text des Vortrages von Gerd Reuther: „Impfungen — Segen oder Fluch?" gehörigen Endnote 47. Zur Quellenangabe zu diesem Vortrag siehe am Ende dieser Zitierung die zugehörige Fußnote.

Und warum brauchen Impfstoffe zwingend einen Cocktail obskurer Beistoffe und Partikel? Nun, weil die abgeschwächten Krankheitserreger alleine zu keinerlei Reaktion des Immunsystems führen! Antikörper werden erst gebildet, wenn giftiges Aluminiumhydroxid, quecksilberhaltiges Thiomersal, Polysorbat 80, Polyethylenglykol und viele andere organische und anorganische Partikel in das Gewebe gespritzt werden. Wer mag glauben, daß diese Giftmischung zusammen mit unterschiedlichen Erregern zur Bildung jeweils anderer spezifischer Antikörper führt? Diese Giftinjektionen in geringer Konzentration sind nichts anderes als eine Form der wissenschaftlich bis heute ungeklärten Hormesis, die annimmt, daß niederschwellige schädliche Einflüsse die Gesundheit befördern. In den wenigen Vergleichsstudien ist die Gesundheit Ungeimpfter jedoch immer besser![220]

Vertuschte Impfkrankheiten

Es muß immer wieder schwere unerwünschte Reaktionen geben, da alle Impfstoffe massenweise biologisch inkompatible und unabbaubare Fremdkörperpartikel in ungewöhnlicher Zusammensetzung beinhalten.[221] Diese undeklarierten Inhaltsstoffe ähneln Partikeln bei der Müllverbrennung (!) und sollten keinesfalls in Medikamenten enthalten sein, die jemandem injiziert werden. Erreichen diese Partikel das Gehirn, ist mit schnellen toxischen Reaktionen zu

---

[220] Siehe James Lyons-Weiler, Paul Thomas: „Relative Incidence of Office Visits and Cumulative Rates of Billed Diagnoses Along the Axis of Vaccination. Int J Environment Res Public Health 2020; 17(22):8674". Diese Quellenangabe findet sich in der zum Text des Vortrages von Gerd Reuther: „Impfungen — Segen oder Fluch?" gehörigen Endnote 48. Zur Quellenangabe zu diesem Vortrag siehe am Ende dieser Zitierung die zugehörige Fußnote.

[221] Siehe Antonietta M. Gatti, Stefano Montanari: „New Quality-Control Investigations on Vaccines: Micro- and Nanocontamination", Int J Vaccines 2016; 4(1):00072:

https://medcraveonline.com/IJVV/new-quality-control-investigations-on-vaccines-micro--and-nanocontamination.html. Diese Quellenangabe findet sich in der zum Text des Vortrages von Gerd Reuther: „Impfungen — Segen oder Fluch?" gehörigen Endnote 49. Zur Quellenangabe zu diesem Vortrag siehe am Ende dieser Zitierung die zugehörige Fußnote.

rechnen. Gelangen sie in unser Mikrobiom, sind langfristige Beeinflussungen unseres Immunsystems wahrscheinlich.

Eine Sensibilität für Impfschäden ist allerdings bei den wenigsten Ärzten vorhanden. Kein Wunder, daß es keine jährlichen Statistiken über Todesfälle und Impfkrankheiten gibt. Eine faktenbasierte Nutzen-Risiko-Analyse ist nicht möglich, da weder die Häufigkeit impfbedingter Krankheiten und Todesfälle, noch die tatsächlichen Schutzwirkungen für Impfungen bekannt sind.[222] Die Impfstoffhersteller sind seit 32 Jahren einen Nachweis über die Sicherheit ihrer Produkte schuldig geblieben. Der Verdacht auf Impfkrankheiten ist zwar meldepflichtig, dies wird aber weder überwacht noch sanktioniert.

Mit dem drastischen Rückgang von Säuglingsimpfungen im Rahmen der „Corona-Pandemie“ kam es jedenfalls in den USA zeitgleich zu einer Abnahme plötzlicher Todesfälle von Kindern ohne

---

[222] Siehe Dr. Robert Chen, CDC; zitiert nach: Claudia Millwisch, „Ausgangsverbot, Homeoffice, Kontaktverbot, Umarmungsverbot“, Impuls 2020; 18:22-32. _ Mitglied der Ständigen Impfkommission (STIKO) in: *Die Zeit* vom 21. September 2006. Diese beiden Quellenangaben finden sich in den zum Text des Vortrages von Gerd Reuther: „Impfungen — Segen oder Fluch?“ gehörigen Endnoten 50+51. Zur Quellenangabe zu diesem Vortrag siehe am Ende dieser Zitierung die zugehörige Fußnote.

Anmerkung d.A. ...: Wie es beim „RKI“ bzw. der STIKO so üblich ist, gibt es zu jedem Mitglied Hinweise über seine Tätigkeit in der STIKO und eine „Selbstauskunft“. Herr Prof. Dr. Ulrich Heininger ist das „Mitglied der Ständigen Impfkommission“, das in diesem ausreichend tendenziösen ZEIT-Artikel zu Wort kommt. Herr Prof. Dr. Ulrich Heininger hat aber gleich mehrere „Interessenkonflikte“, da er für verschiedene Pharma-Firmen tätig ist ...: im Zusammenhang mit Impfstoffen. Dieses Mitglied gehört seit 2001 der STIKO und auch ihrer „Arbeitsgruppe Covid-19-Impfung“ an. Quelle dieser Anmerkung: „RKI“; der zugehörige Link:

https://www.rki.de/DE/Content/Kommissionen/STIKO/Mitgliedschaft/Mitglieder/Profile/Heininger_Profil.html wurde am 30. Januar 2022 geprüft.

erkennbare Ursachen um ein Drittel.[223] Vorher war die Sterberate von Kindern unter 12 Monaten in den USA um bis zu 76 Prozent im Vergleich zu 19 anderen Industrieländern gestiegen, seit in den 1980er Jahren die Anzahl der Impfungen massiv erhöht wurde.[224] Ein Zusammenhang von Todesfällen und Impfungen ist damit mehr als wahrscheinlich und wurde auch von einem US-Gericht bestätigt.[225]

Wenn man überhaupt das Prinzip einer Stärkung der Immunabwehr durch Stimulation mit krankheitsauslösenden Substanzen für plausibel hält, sollte immer klar sein, daß jede Impfung eine risikobehaftete Maßnahme an Gesunden ist. Entsprechend müssen die Anforderungen an die Produktsicherheit sehr hoch sein. Die aktuellen „Covid-Impfungen" widersprechen diesem Grundsatz eklatant! Bei einer Erkrankung mit einer Sterblichkeit von 0,1 bis 0,2 Prozent

---

223 Siehe Tim Sumpf, „Corona-Lockdown stellt globale Impfstrategie in Frage: Weniger Impfungen = weniger tote Babys?", *Epoch Times* vom 23.10.2020;

https://www.epochtimes.de/wissen/gesellschaft/corona-lockdown-stellt-globale-impfstrategie-infrage-weniger-impfungen-weniger-tote-babys-a3362905.html?utm_source=Meistgelesen&utm_medium=Internal-Link&utm_campaign=ETD.

Diese Quellenangabe findet sich in der zum Text des Vortrages von Gerd Reuther: „Impfungen — Segen oder Fluch?" gehörigen Endnote 52. Zur Quellenangabe zu diesem Vortrag siehe am Ende dieser Zitierung die zugehörige Fußnote.

224 Siehe Ashish P. Thakrar et al., „Child Mortality In The US And 19 OECD Comparator Nations: A 50-Year Time-Trend Analysis", Health Aff (Millwood) 2018 Jan;37(1):140-49. Diese Quellenangabe findet sich in der zum Text des Vortrages von Gerd Reuther: „Impfungen — Segen oder Fluch?" gehörigen Endnote 53. Zur Quellenangabe zu diesem Vortrag siehe am Ende dieser Zitierung die zugehörige Fußnote.

225 Siehe Children's Health Defense Team, „The plausible connection between vaccines and SIDS", 26.6.2018;

https://childrenshealthdefense.org/news/the-plausible-connection-between-vaccines-and-sids/.

Diese Quellenangabe findet sich in der zum Text des Vortrages von Gerd Reuther: „Impfungen — Segen oder Fluch?" gehörigen Endnote 54. Zur Quellenangabe zu diesem Vortrag siehe am Ende dieser Zitierung die zugehörige Fußnote.

kann ein möglicher Nutzen im Einzelfall die unvorhersagbaren Schäden und Todesfälle keinesfalls aufwiegen. [...]_ZITATENDE[226]

Wie gesagt, Herr *Faa*; Sie werfen zumindest einiges durcheinander und dann in einen Topf. ...: denn ...: *selbst wenn man die Aussagen in dieser aufklärenden Zitat-Passage weitestgehend ignorieren will* ...: Bezogen auf dieses Coronavirus liegt der Fall völlig anders als bei den von Ihnen gebrachten Beispielen ...: Masern ...: *quasi invariantes Virus* ...: Tetanus ...: *bakterielle Infektion, gegen die eine Impfung etwa 10 Jahre wirksam sein soll, an der aber, wie aus der gerade zitierten Passage hervorgeht* ...: ZITAT_*pro Jahr keine 10 Menschen erkranken und diese ausnahmslos alt oder gebrechlich sind*_ZITATENDE[227] ...: FSME[228] ...: *da regional auftretend, kann eine Impfung gegen* die „Frühsommer-Meningoenzephalitis" *nur Sinn machen, be-*

---

[226] Zitiert nach dem Text des Vortrags: „Impfungen — Segen oder Fluch?", den Gerd Reuther anläßlich der „Online-Gesundheitstage der GGB" (_Gesellschaft für Gesundheitsberatung GGB e.V., 56112 Lahnstein: https://gesundheitsberater.de/_) am 27.03.2021 gehalten hat. Dieser Text ist auf der Internet-Plattform *Rubikon* am 15. Mai 2021 unter dem Titel: „Mehr Fluch als Segen" erschienen. Der Link zu diesem Text auf *Rubikon*:

https://www.rubikon.news/artikel/mehr-fluch-als-segen-2 wurde am 29. Januar 2022 erneut geprüft.

[227] Zitatstelle findet sich auf der Seite 302; ganze Zitatpassage: 300-9.

[228] Es wird angenommen, daß die „Frühsommer-Meningoenzephalitis" (_FSME_), dann von einer Zecke übertragenen werden kann, hat sich diese mit dem Zeckenenzephalitis-Virus (TBEV), das ist ein positives RNA-Virus der *Gattung Flavivirus* , infiziert. Zur *Familie der Flaviviridae* gehören, neben dem Enzephalitis-Virus, bspw. das West-Nil-Virus, Dengue-Virus oder Gelbfieber-Virus. Alle diese Viren treten regional auf. Eine Impfung gegen sie kann also nur Sinn machen, hält man sich in einer Gegend auf, in der Viren offenbar zu konzentriert auftreten ...: die Frage wäre ...: wieso treten sie konzentriert auf?

findet man sich in einer Gegend, wo diese Viren offenbar zu sehr konzentriert auftreten.

Auch hier wäre übrigens richtigerweise die Frage zu stellen ...: _*Wieso?*_ ist das so, anstatt martialisch ein Virus „erschießen" zu wollen ...: es sei wiederholt ...: Viren sind die „Basis-Elemente des Lebendigen"[229] ...: „Basis-Elemente des Lebendigen" als „Feinde" zu interpretieren, könnte also auf eine schwere Störung der Wahrnehmung schließen lassen ...: wobei es gefährlich wird, tritt eine solche Störung kollektiv auf ...: denn es müßten dann als Ursache dafür „gesellschaftspolitische Gewohnheiten" bzw. „gesellschaftspolitische Traditionen" angenommen werden ...: das martialische Denken, Fühlen und Verhalten wurde im 19. Jahrhundert gesellschaftspolitisch prägend in Europa ...: eine Konsequenz daraus? ...: Die dominierenden Bakteriologen des 19. Jahrhunderts hatten vor ihren Forschungsaktivitäten meist als Garnisons- und Truppenärzte gedient, dementsprechend konnten sie in ihren Forschungsobjekten lediglich „Erreger" von Krankheiten sehen, die ...: *dem*_entsprechend ...: zu bekämpfen waren[230] ...: das ist so geblieben ...: da das damit einhergehende Denken, Fühlen und Verhalten *un*_hinterfragt geblieben ist ...: man verfolge eine Vorlesung, die von heutigen ...: _*jungen!*_ ...: Bakteriologen oder Virologen gehalten werden. ...: und ein solches martialisches Denken, Fühlen und Verhalten beschränkt seine Konsequenzen eben nicht auf „Basis-Elemente des Lebendigen" ...: die _*ganze!*_ Sicht auf die Welt wird dadurch geprägt. ...: _*Was?*_ für Konsequenzen mag es aber haben, findet eine solche Prägung ...: _*traditionell!*_ ...: kollektiv ...: *die* _ganze!_ *Gesellschaft betreffend* ...: statt. ...: _*Wie?*_ sollten mir, bspw. „Ärzte" nicht suspekt sein, die meinen ...: sie „ständen an 'vorderster' Front" ...: verdienen sie sich eine goldene

---

[229] In diesem Zusammenhang sei erneut auf jenen Video-Vortrag verwiesen, der aus anthroposophischer Sicht gesprochen ist, die man, wie gesagt, nicht teilen muß, aber was das „Wesen" der Viren anbelangt, entsprechen die Aussagen dem heutigen Wissensstand ...: „Die Bedeutung der Viren für Mensch und Natur – Vortrag von Thomas Hardtmuth"; der zugehörige Link: https://youtu.be/BO1xgjeiAno wurde am 8. Dezember 2021 geprüft.

[230] Siehe dazu auch das auf der Seite 343 Zitierte.

Nase dadurch, daß sie _*gesunde!*_ Menschen massenweise mit einem fragwürdigen Impfstoff impfen. ...: _*Wer?*_ von solchen Figuren wird dann Impfkomplikationen melden ...: *zudem* ...: An einer „Kriegsfront" gibt es immer auch eigene Verluste ...: für die man schließlich „Gedenktage" hat ...

Der seit jetzt zwei Jahren betriebene, offenbar zwangsneurotisch bedingte „Chaos-Alarmismus" ...: „Warnismus" ...: kann aber nicht die gesellschaftspolitische Verantwortungslosigkeit derjenigen verdecken, die in _*keiner!*_ Weise auf die ihnen seit Anfang der 2010er Jahre bekannt gewesene Möglichkeit einer solchen Epidemie / Pandemie — *zielgerichtet schaden*_ab!_*wendend* — reagiert haben. ...: das bedeutet ...: Es _*war!*_ genügend Zeit, um eine *un!*_spezifische Prävention zu betreiben. ...: zu der ...: neben der Überprüfung der _*bis!*_ heute verwendeten Methode der Datenerhebung bei Infektionen ...: *bzw. ihre effiziente Ersetzung* ...: bspw. die Erprobung von guten Schutzmöglichkeiten für solche Menschen gehört hätte, die von einer zu erwartenden Epidemie besonders betroffen sein _*könnten!*_[231] ...: also ...: die Gruppe der „Vulnerablen" ...: sowie für relative Schutzmöglichkeiten ...: *die auch bedingt gelten könnten* ...: nämlich für gesunde Menschen ...: wozu Masken, zu empfehlende Desinfektionsmittel, selbstbestimmte Quarantäne usw. gehört hätten. ...: und ...: wozu für gesunde Menschen genauso die Entwicklung von Strategien gehört hätte, um eine _*kontrollierte!*_ Verbreitung des Virus im Sommer zu ermöglichen ..: *da dann die Infektiosität der Coronaviren am geringsten ist ...: und auf diese Weise zu einer relativen „Gewöhnung" der Bevölkerung an dieses Virus zu kommen* ...: so daß zu Beginn der kalten Jahreszeit mit mutierten Coronaviren allgemein recht gut zurechtzukommen wäre. ...: Eine so erfolgte relative „Gewöhnung" an, bspw. dieses Coronavirus ...: beziehungsweise ...: „Update" *des biologischen Kommunikationssystems der Masse der Menschen* ...: würde ebenso bedeutet, daß für die (_*vorerst auch im Sommer*_) weiterhin zu schützenden vulnerablen Menschen schließlich der Kontakt mit diesem Coronavirus verträglich würde, da dann dieser Kontakt vermittelt über bereits relativ an es sich „gewöhnt"

---

[231] Siehe „`Es ist kein Killervirus. Der Staat arbeitet mit Angst und Druck.´ Der Immunologe Beda Stadler hat Corona überstanden. Ein Gespräch über das Virus, den Bundesrat und das Masketragen." Der Link zu dieser Quelle: https://www.nebelspalter.ch/%C2%ABes-ist-kein-killervirus%C2%BB wurde am 10. Dezember 2021 geprüft.

habende Personen erfolgte. ...: übrigens ist auch heute der Kontakt für Menschen mit schweren Vorerkrankungen in den meisten Fällen nicht lebensbedrohlich ...: 85 Prozent der „Vulnerablen" überleben eine Infizierung mit dem SARS-CoV-2.[232]

Neben solchen unspezifischen Präventionsmaßnahmen, die also im Vorfeld einer zu erwartenden Epidemie zu entwickeln bzw. zu realisieren sind ...: und ...: *wie gesagt* ...: *die* „Covid-19-Epidemie" _war!_ *zu erwarten* ...: hat genauso eine von Profitinteressen befreite Forschung einzusetzen, um herauszufinden, _*welche* der möglichen Maßnahmen wirklich effektiv sind ...: also ...: _*ohne!*_ Scheuklappen ebenso die historischen Ergebnisse auszuwerten, damit man nicht einfach nur ...: *von profitorientierter Seite suggeriert bekommend* ...: glaubt, daß „Impfen" das Mittel der Wahl gegen Infektionen wäre ...: die Faktenlage sieht anders aus.[233]

---

[232] Siehe in diesem Zusammenhang das Interview, das Dominik Feusi mit dem Biologen, emeritierten Professor und ehemaligen Direktor des Instituts für Immunologie der Universität Bern im März 2021 geführt hat und das am 24. März 2021 in der Online-Ausgabe des schweizerischen Satiremagazins *Nebelspalter* veröffentlicht worden ist ...: „`Es ist kein Killervirus. Der Staat arbeitet mit Angst und Druck.´ Der Immunologe Beda Stadler hat Corona überstanden. Ein Gespräch über das Virus, den Bundesrat und das Masketragen." Der Link zu dieser Quelle: https://www.nebelspalter.ch/%C2%ABes-ist-kein-killervirus%C2%BB wurde am 10. Dezember 2021 geprüft.

Unter anderem gibt es auch eine interessante Video-Aufzeichnung eines Interviews mit Beda Stadler vom 12. August 2021, das allerdings im „SommerTalk" des Aargauer Regionalmagazins *ArgoviaToday* auf Schwyzerdütsch geführt wurde: „Immunologe Beda Stadler: `Maskentragen ja, aber ...´". Der zugehörige Link:

https://www.argoviatoday.ch/schweiz/immunologe-beda-stadler-maskentragen-ja-aber-143357199 wurde ebenfalls am 10. Dezember 2021 geprüft.

Speziell zur „Delta-Variante" siehe: „Experts: Delta not likely causing more 'breakthrough' COVID cases, and maybe asymptomatic cases shouldn't count"; der zugehörige Link: https://sfist.com/2021/07/22/delta-not-causing-more-breakthrough-covid-cases-expert-say-and-maybe-asymptomatic-cases-shouldnt-count/ wurde am 6. Dezember 2021 geprüft.

[233] Es sei insbesondere erneut auf den Vortrag von Gerd Reuther: „Impfungen — Segen oder Fluch?" verwiesen!

Im Rahmen solcher Forschung wären übrigens ebenso Überlegungen über die Frage anzustellen ...: _Wieso?_ wird ein Virus überhaupt pathogen. ...: immerhin sind Viren ...: wie gesagt ...: nicht allein die ältesten Anteile des Lebendigen ...: sozusagen die „Basis-Elemente des Lebendigen" ...: sondern ...: _ohne!_ sie wäre es _weder!_ zur weiteren Entwicklung des Lebendigen auf der Erde _noch!_ zur Entstehung von Arten _noch!_ zu ihrer Entwicklung zu Gattungen usw. gekommen.

...: und ...: Herr *Faa* ...: entspricht die „SARS-CoV-2-Viruslast" eines geimpften Menschen der eines ungeimpften, übertragen geimpfte Personen dieses Virus genauso wie ungeimpfte. ...: Zwar stimmt es, daß diese Viruslast bei Geimpften etwas schneller abnimmt, aber das ist nicht das Entscheidende, da es allein um die Frage geht ...: Wie lange kann jemand einen anderen anstecken?[234] ...: hinzukommt ...: Das „RKI" gibt keine korrekten Zahlen heraus ...: beispielsweise weiß keiner wie viele von den auf Intensivstationen Liegenden geimpfte und wie viele ungeimpfte Menschen sind.[235] ...: und so erlaubt das eingangs „unserer `Begegnung´" von mir Zitierte _den_ Schluß, daß die veröffentlichten Zahlen Fake-Charakter haben. ...: zur Erinnerung ...: gemeint sind diese beiden Zitate:

---

[234] Die Quelle dieser Aussage ist das bereits erwähnte Video: „CORONA — Insider spricht Klartext! (PCR, Inzidenzen, Impfungen)". Dieses Video befand sich ursprünglich auf der YouTube-Plattform und befindet sich jetzt auf der Odysee-Plattform (_https://odysee.com/_). Der zugehörige Link:

https://odysee.com/@MarcFriedrich7:8/cullen:e?r=GZnDhT-MoavrmXWQ2f5njtBdUarAfwvVp wurde am 25. Januar 2022 geprüft. Weitergehende Aussagen zu dieser Quelle und dem, was mit der Sperrung dieses Videos durch YouTube zu tun hat, findet sich auf der Seite 275 in der Fußnote 171.

[235] Siehe auf den Seiten 251+f. den Hinweis, der mit: „Zum andren, da in diesen Zusammenhang gehörend [...]" beginnt.

ZITAT_[...] Zentrale Frage: Wie viele ungeimpfte Menschen erkranken schwer an Covid-19 – und wie viele geimpfte? [...] Um die Pandemielage einschätzen zu können, sind saubere und vollständige Daten nötig. [...] Doch genau das geschieht [...] in Deutschland [...] nicht. [...]_ZITATENDE[236]

ZITAT_Der Anteil der Corona-Toten in Bayern, die vollständig geimpft waren, hat laut Behörden leicht zugenommen. Im Oktober lag er bei etwas weniger als einem Drittel, 108 von 372 Toten waren vollständig geimpft. Der Großteil von ihnen war über 80 und hatte andere Vorerkrankungen._ZITATENDE[237]

...: so kommt es, Herr *Faa*, daß ich es in der Tat bedaure, daß Sie mir jetzt nicht gegenübersitzen, da ich Sie dann _*zwingen!*_ würde, sich mit dem auseinanderzusetzen, das aus der aus dem Jahre 2012 (_!_) stammenden Risikoanalyse hervorgeht[238] ...: denn daraus ergeben sich *schwer!*_wiegende Fragen

...: Sie reden so von Masern, wie alle geradezu reflexhaft, bspw. von Pocken reden, wenn die meinen, sie müßten „Aufklärungsarbeit" denen gegenüber leisten, die das Impfen generell oder nur im Falle der „Covid-19-Impfkampagne" ...: *aus ihren* _eigenen!_ *guten Gründen* ...: ablehnen. ...: und mein

---

[236] Die bereits genannte Quelle: „'Meldung erfolgt per Fax': Warum in Deutschland niemand weiß, wie viele Geimpfte an Covid-19 erkranken"; der zugehörige Link:

https://correctiv.org/faktencheck/hintergrund/2021/11/12/meldung-erfolgt-per-fax-warum-in-deutschland-niemand-weiss-wie-viele-geimpfte-an-covid-19-erkranken/?mc_cid=080d7228c2&mc_eid=05289c349e wurde am 24. Dezember 2021 geprüft.

[237] Die bereits genannte Quelle: „Geimpfte Coronatote in Bayern, was sind die Gründe"; der zugehörige Link:

https://news.upday.com/de/geimpfte-corona-tote-in-bayern-was-sind-die-gruende/ wurde am 24. Dezember 2021 geprüft.

[238] Siehe im Anhang des Ihnen vorliegenden Buches ...: « Risikoanalyse aus dem Jahre 2012, eine SARS-CoV-2-ähnliche Pandemie betreffend ».

Eindruck ist ...: *_Sie_* folgen dabei jenen, die man für die sich kollektiv manifestierende Hysterie *mit!_*verantwortlich machen *_muß!_* ...: *dies* ...: *auf allen Kanälen präsent seiende lobbykratische Figuren* ...: *die von manchen mitunter gar als* „Hysteriker" *bzw.* „Zwangsneurotiker" ...: *wenn nicht sogar als* „Psychotiker" *bezeichnet werden* ...: nun ...: ob daran etwas Wahres ist, habe ich nicht zu entscheiden ...: *sagen kann ich aber* ...: eine Zwangsneurose zieht man sich in lobbykratischen Kreisen offenbar erleichtert zu ...: *_das!_* ist es ja überhaupt, welches mir erlaubt, von „promi*_nenten* Realsatiristen" zu sprechen. ...: allerdings bewirken Zwangsneurotiker *_dann!_* bei andren reaktiv ebenso eine solche Neurose, haben Zwangsneurotiker sozusagen Zugriff auf das Leben andrer ...: *was bei Personen, die in Regierungsverantwortung stehen oder an* „medialen Schalhebeln" *sitzen, der Fall ist* ...: *_das!_* erlaubt mir ja überhaupt von „statistischen Realsatiristen" zu sprechen ...: also ...: *die Masse der Menschen einer Gesellschaft betreffend* ...: was dann auf *_jenes_* hinausliefe, das als „kollektive Zwangsneurose" zu bezeichnen wäre ...: *_das!_* ist es ja überhaupt, welches mir erst erlaubt von „Realsatirismus" zu sprechen. ...: solche statistischen Realsatiristen ...: *wie Sie, Herr* Faa ...: sind es, die „Aufklärungsarbeit" betreiben. ...: womit diese dann ...: *in* _Ihrem!_ *Fall mag's unbewußt betrieben werden* ...: das üble Geschäft mafiös agierender profitorientierter Kreise des entsprechenden Systems *be_*fördern. ...: demnach ist der Hauptprofiteur ...: *und deshalb auch* ...: über seine Satelliten ...: *der Haupt-Hintergrund-Akteur der aktuellen* „pandemischen Kampagne" ...: in diesem Fall ...: die Pharmaindustrie ...: da sich ...: *in diesem Fall* ...: im Zentrum der Aktionen des „industriell-wissenschafts-medial-politischen Komplexes" befindend. ...: „In diesem Fall" deshalb, da es ...: *je nachdem* ...: auch andre „Kreise" des profitorientierten Systems sein können ...: ob nun im Finanzsektor direkt oder ...: *beispielsweise* ...: in der Rüstungsindustrie agierend.

...: nun ...: *ob*_wohl ich Ihnen bereits genügend ausgebreitet dargelegt habe, wie es sich verhält, will man bspw. abschätzen, ob ein sogenannter Erreger sich als Impfstoff überhaupt eignet[239] ...: Sie davon aber völlig unbeeindruckt dennoch Ihre gerade zitierte Bemerkung machten, die ...: *vor diesem Hintergrund* ...: eine nur weiter ins Abseitige führende ist ...: als Ausdruck dafür, daß Sie jenes selbst praktizieren, welches Leute wie Sie andren vorwerfen ...: nämlich ...: sich gegen Aufklärung zu sperren. ...: und, bevor Sie das übliche Gerede ...: *das selbst von jener Seite kommt, die es wissen* _müßte!_ ...: bauchrednergleich doch wieder repetieren ...: *oder sollte ich sagen* ...: hündisch ap_*portieren?!* ...: wollten ...: wiederhole ich ...: Schauen Sie sich den Vortrag von Gerd Reuther an, auf den ich Sie bereits aufmerksam gemacht habe, und hören Sie dem Interview mit ihm gut zu. ...: aber ...: nehmen Sie sich genauso die notwendige Muße, zwei im besten Sinne aufklärende Bücher über das zu lesen, was es mit der „europäischen Medizin" tatsächlich auf sich hat ...: _*beziehungsweise!*_ ...: was das für die Menschen bedeutet.[240] ...: und in diesem Zusammenhang

---

[239] Siehe auf den Seiten 304-12 die zitierte: „Mär vom Impfsegen", auf den Seiten 275-82: „Bemerkungen zur 'Sinnhaftigkeit des Impfens bei virusbedingten Atemwegserkrankungen'" und auf den Seiten 292-94 ...: „Anpassungsprozeß eines Virus".

[240] Der zugehörige Link, der schließlich zum Vortrag von Gerd Reuther führt ...:

https://netzkolumnist.com/video-ohne-aufklaerung-geht-die-ganze-chose-nicht/.

Der zugehörige Link zum podcast-Interview mit Gerd Reuther ...: „Heilung Nebensache — Die Irrungen der Medizin", ist auf Minute 22:05: eingestellt:

https://youtu.be/OBPK1SaKowk?list=LLYs5FAjlYzSfVIN-xexvMFmw&t=1325. Dieser Link wurde am 20. Januar 2022 geprüft.

darf ich nicht versäumen, auf das Interview mit Paul Cullen zu verweisen[241] sowie den Hinweis zu wiederholen, der den Blick auf das weitet, was Viren tatsächlich sind.[242] ...: nun ...: Herr *Faa* ...: Wollten Sie weiterhin meinen, meinen Empfehlungen nicht folgen zu müssen ...: *wobei es sich dabei gewiß nicht um ein müssendes Müssen handelte* ...: ist das Ihre Sache, allerdings *_müssen!_* Sie dann wissen, daß Sie auch nichts andres wollten als jenes, das allgemein üblich ist ...: weiterhin *un!*_beeindruckt einen Meter und fünfzig über dem Boden der Realität zu schwätzen.

...: etwas weniger den Kontext ignorierend als der Realsatirist *Faa*, merkte sein Kollege *Hee* dann noch an ...:

> ZITAT_Daß wir weniger Intensivbetten haben als vor einem Jahr, liegt wohl mehr am Personal._ZITATENDE

Ihre Bemerkung müßte wohl richtig lauten ...: liegt am *_fehlenden_* Personal. Und das fehlt nicht erst seit dem Jahre

---

Der wiederholte Hinweis auf diese Bücher ...: Gerd Reuther, « Der betrogene Patient: Ein Arzt deckt auf, warum Ihr Leben in Gefahr ist, wenn Sie sich medizinisch behandeln lassen », in der vollständig überarbeiteten und aktualisierten Neuausgabe, Riva Verlag, München, 2020; sowie derselbe: « Heilung Nebensache: Eine kritische Geschichte der europäischen Medizin von Hippokrates bis Corona », 2. Auflage der Originalausgabe, Riva Verlag, München, 2021.

[241] Siehe dazu das Video: „CORONA — Insider spricht Klartext! (PCR, Inzidenzen, Impfungen)“; der zugehörige Link:

https://odysee.com/@MarcFriedrich7:8/cullen:e?r=GZnDhT-MoavrmXWQ2f5njtBdUarAfwvVp wurde am 25. Januar 2022 geprüft.

[242] Siehe dazu den Video-Vortrag mit Thomas Hardtmuth, der aus anthroposophischer Sicht gesprochen ist, die man, wie gesagt, nicht teilen muß, aber was das „Wesen“ der Viren anbelangt, entsprechen die Aussagen dem heutigen Wissensstand: „Die Bedeutung der Viren für Mensch und Natur — Vortrag von Thomas Hardtmuth“; der zugehörige Link:

https://youtu.be/BO1xgjeiAno wurde am 8. Dezember 2021 geprüft.

Das ließ diesen Herrn *Hee* meinen ...:

ZITAT_So war das gemeint, nur in Kurz._ZITATENDE

Nun, aus dieser Erwiderung können Sie ...: _Sie_ *als lesender Mensch dieses Buches sind gemeint* ...: *er*_sehen, daß, wenn etwas „kurz" gesagt wird, es nicht *un*_bedingt das Gemeinte erklärt ...: ja ...: daß „kurz Gesagtes" *mit*_unter sogar einer „langen" *Er*_Klärung bedarf ...: und falls _*zu*_ kurz gesagt ...: nichts.

...: bei Ihnen, Herr *Hee*, gewinne ich sowieso den Eindruck, daß Sie bloß den ersten Satz einer Aussage ...: *und selbst diesen wohl noch selektiv* ...: wahrnehmen. ...: aber ...: *wahrscheinlich sind Sie sehr beschäftigt* ...: denn Sie antworten bloß auf einen Teil von dem, das ich Ihnen geantwortet habe ...: Es geht im gegebenen Zusammenhang ...: *also bezogen auf den Umgang mit der Epidemie in Deutschland* ...: vor allem um die daraus zu ziehenden Schlußfolgerungen ...: und die klingen in meiner Aussage ausreichend an ...:

Es ist höchst bedenklich, will man ein sich aus dem kollektiven Versagen der gesellschaftspolitisch Verantwortlichen erst ergeben könnendes Problem, der relativ geringen Anzahl der nicht geimpften Menschen in die Schuhe schieben. ...: _allerdings!_ ...: Nicht minder bedenklich ist, daß die Masse der Intellektuellen dieses kollektive Versagen der gesellschaftspolitisch Verantwortlichen zu verdecken helfen.

Elfte Begegnung:
„... der Einfluß der FDP ..."

Bezogen auf die Koalitionsverhandlungen zwischen den „Partnern" der neuen Regierung, die sich, als Ergebnis des am 26. September 2021 geendet habenden großen Wahlkrampfs heute (_*also im März des Jahres 2022*_) längt zu einer weiteren schlechten Bundesregierung konstituiert haben, meinte der Realsatirist *Aal* bemerken zu müssen:

> ZITAT_Der Einfluß der FDP wird dazu führen, daß SPD und Grüne soziale Wahlversprechungen streichen werden._ZITATENDE

...: die Erfahrung lehrt, daß _*keine!*_ Partei bisher Probleme damit hatte, „Wahlkrampf-Versprechungen" zu streichen ...: _Wer?_ *will überhaupt wissen, ob solche Versprechungen nicht Ausdruck eines Versprechens sind.* ...: _*Wie?*_ sollte das auch anders sein, handelt es sich bei diesen ... also ...: *beim Ausstoßen von Versprechungen* ...: um solche, die Wahlkrämpfe erst möglich machen. Das ist zudem _*der*_ „Witz" ...: *wollte man es nicht anders nennen* ...: an Koalitionen im „`repräsentativen´ Parlamentarismus" mit sogenanntem Verhältniswahlrecht. ...: beispielsweise hatten die Grünen anläßlich der nach dem Ende des großen Wahlkrampfs im September 2017 mit der CDU und FDP über „Koalitionsbedingungen" geführten „Sondierungsgespräche" praktisch alles Wahlkrampfversprochene streichen wollen. ...: auch erinnere ich mich daran gut, daß am Abend des am 24. September 2017 geendet habenden Wahlkrampfs Herr Scholz meinte ...: ZITAT_Wir wissen jetzt, wie wir es machen müssen_ZITATENDE ...: damit spielte er auf den Umfrage-Hype an, den die SPD Anfang des Jahres 2017 erlebte, als ihr Kanzlerkandidat Martin Schulz *vor*_wahlkrampfwirksame Versprechungen machte ...: Herr Scholz hatte solche dann _*im*_ Wahlkrampf 2021 in seine „Versprechungsaussagen" einfließen lassen. ...: ebenso sei daran erinnert, daß es die Rot / Grüne-Koalition war, die die sogenannte Agenda 2010 umsetzte, die ...: wären diese Parteien in der Opposition gewesen ...: von einer CDU / FDP-Koalition nicht umzusetzen gewesen wäre ...: _*wegen*_ entsprechender tamtamistischer Äußerungen von seiten der SPD und den Bündnis-Grünen. ...: übrigens ...: _*Läßt?*_ sich ...: also ...: *so man nüchtern ist* ...: leugnen, daß in einem lobbykratischen System politische Parteien lediglich tamtamistische und demnach ihre geschlechtsunspezifischen Vertreter nichts andres als politische Tamtamisten sein können ...: immerhin führt das politische Wahlverfahren früher oder später _*immer!*_ zu oligarchischen Machtverhältnissen ...: die ...: *da geupdatet* ...: heute das sind, was ich als „lobbykratische Machtverhältnisse" bezeichne.[245]

---

[245] Von welcher Qualität hingegen das politische Losverfahren ist, und welche (_*konstruktiven!*_) Konsequenzen seine Anwendung nach sich zieht, habe ich in: « Sie fragen noch, wie die ›Verhältnisse‹ liegen? » skizziert. Siehe dort bspw. die Seiten 337-41, beginnend mit: „folgendes ist keine politische Geschmacksfrage". Gegen Ende des Ihnen vorliegenden Buches werden aber bereits genügend Hinweise gegeben, damit Sie sich einen Begriff davon machen können, was das politische Losverfahren, als elementarer Teil der Direkten Demokratie, bedeutet. Siehe dazu die Seiten 607-11, beginnend mit: „Demokratischen Mindeststandards genügte es hingegen erst ...".

Zwölfte Begegnung

„… ich denke nicht nur, ich informiere mich auch …"

Ihr aufs „SARS-CoV-2-pandemische Geschehen" bezogen Bemerktes …: *das ohne den politischen Umgang damit einzubeziehen nicht sinnreich bemerkt wäre* …: Herr Realsatirist *Mee*, nämlich …:

> ZITAT_*Stellen Sie sich vor, ich denke nicht nur, ich informiere mich auch*_ZITATENDE,

das wohl suggerieren soll, daß eignes Nachdenken nicht genüge, einen Sachverhalt …: *bspw. den das* „pandemisch auftretende virale Geschehen" *betreffenden* …: *und dabei insbesondere den politischen Umgang damit mit einbeziehend* …: *relativ korrekt gedanklich* „abzubilden" …: *was ich auch nicht bestreite* …: _*denn*_ …: eignes Nachdenken …: *also* …: *nicht bloß ein* (_von wem auch immer genährt_) *ausgekotzt Gemeintes* …: *ist per se erst vor einem gewissen* „Informationshintergrund" *möglich* …: *zu diesem Hintergrund allerdings auch das eigne Wahrgenommene zu zählen ist* …: mag …: also …: *Ihr Bemerktes* …: für *ober*_flächlich Lesende wohl schon *des*_halb genügend überzeugend sein, da ein solcher Satz …: ZITAT_*Stellen Sie sich vor, ich denke nicht nur, ich informiere mich auch*_ZITATENDE …: _*dem*_ Eindruck förderlich ist, daß Sie das menschliche Potential zu nutzen scheinen. …: stellt sich nur die Frage …: vor welchem Informations_*Hintergrund* gedacht, bzw. dieses „Potential" genutzt wird …: _*Etwa?*_ vor einem *vor*_gekaut-selektionierten. …: _*deshalb*_ …: _*Vielleicht?*_ etwas Hintergrundwissen zum Impfen überhaupt …: könnte zumindest jene etwas „gelassen" …: ok …: _nicht!_ *mehr anzunehmen* …: *da längst kollektiv* zwangs!_*neurotisiert* …: werden lassen, die meinen …: Impfen sei _*die!*_ Sache ...: Eine _*kritisch!*_ ...: demnach ...: informierende, da wahrheitsgemäß geschriebene Geschichte des Impfens erlaubt eine Aussage wie die Ihre ...: ZITAT_*Stellen Sie sich vor, ich denke nicht nur, ich informiere mich auch*_ZITATENDE nämlich _*dann*_ nicht ...: wenn Sie ansonsten stramm dem *vor*_gekaut-selektionierten Narrativ folgen ...: *wie's für systemische Trolle zwar üblich ist* ...: da's bloß ein gemeintes Informiertsein ist ...: *gewiß* ...: mainstreamiges Meinen erlaubt zwar zu meinen, man meine schon richtig. ...:

> Nun, diese kritische Geschichte des Impfens weiß Gerd Reuther mit der genügenden ...: *und deshalb das Nachdenken anregend* ...: Gelassenheit und Ruhe vorzutragen ...: _*dazu*_ etwas später der wiederholte Hinweis.

...: natürlich ...: jene, die als „Vulnerable" bezeichnet werden, sollten möglichst adäquaten Schutz bekommen, der darin bestehen _*kann*_ ...: einen adäquaten Impfstoff zu verimpfen. ...: ob das für die hochgelobten, gegen SARS-CoV-2 wirken sollenden gilt, kann man allerdings _*nicht*_ erst sagen, wenn alle Studien abgeschlossen sein werden ...: da es sich bei diesem Virus um eines handelt, das zur Familie der Coronaviren gehört ...: _*also*_ ...: ein Atemwegsvirus ist[246] ...: und ob das, was für Menschen mit schweren Vorerkrankungen gilt, ebenso für gesunde Menschen Bedeutung hat, kann genauso bereits jetzt ...: und _*glücklicherweise!*_ ...: verneint werden ...: das SARS-CoV-2 ist _*kein!*_ Killervirus.[247] ...: übrigens ...:

---

[246] Siehe dazu weiter oben die Anmerkungen auf den Seiten 275-82, beginnend mit: „Bemerkungen zur 'Sinnhaftigkeit des Impfens bei virusbedingten Atemwegserkrankungen'".

[247] Es sei erneut auf das Interview, das Dominik Feusi mit dem Biologen, emeritierten Professor und ehemaligen Direktor des Instituts für Immunologie der Universität Bern im März 2021 geführt hat und das am 24. März

Mutiert ein Virus, ist das also ...: *an sich* ...: ein gutes Zeichen, denn es ist ein Ausdruck dafür, daß es instabil wird oder sich an seinen „Wirt" anpassen will. ...: und ...: Möglicherweise ist der Schaden ...: *der gesunden Kindern dadurch zugefügt wird, daß sie ebenfalls Maske tragen und sich impfen lassen müssen* ...: weit höher, als wenn sie keine tragen und nicht geimpft würden ...: da ihr Körper dabei behindert wird, jenes zu entwickeln, das ich „biologisches Kommunikationssystem" nenne und das allgemein als „Immunsystem" bezeichnet wird. ...: Und überdies ...: Vor *_dem!_* Hintergrund, daß der Vertrag zwischen der EU und Pfizer / BioNTech nicht veröffentlich wird, sollte man schon fragen ...: Welche Informationen werden „medial" veröffentlicht und welche nicht? ...: Wer gibt sie, bzw. in wessen Auftrag werden sie gegeben? ...: ebenso ist zu bemerken ...: Es stimmt nicht, behaupten die geschlechtsunspezifischen gesellschaftspolitisch Verantwortlichen, daß man eine solche Pandemie nicht *ab*_schätzen, bzw. sich auf diese nicht ...: *unspezifisch* ...: *vor*_bereiten konnte.[248]

Eine Einblicknahme in die „Geschichte des Impfens" wäre aber das, was *tat*_sächlich erst erlaubte, über das „SARS-CoV-2-pandemisch auftretende Geschehen" sowie den politischen Umgang damit : *_informiert!_* ...: *nach*_denken zu können. ...: Also erlaubte eine faktengestützte und tendenziösfreie „Geschichte des Impfens" erst *_eignes!_* ...: *also* ...: informations*_fundiertes* ...: *Nachdenken*. ...: nun ...: eine solche

---

2021 in der Online-Ausgabe des schweizerischen Satiremagazins *Nebelspalter* veröffentlicht worden ist ...: „`Es ist kein Killervirus. Der Staat arbeitet mit Angst und Druck.' Der Immunologe Beda Stadler hat Corona überstanden. Ein Gespräch über das Virus, den Bundesrat und das Masketragen." Der Link zu dieser Quelle: https://www.nebelspalter.ch/%C2%ABes-ist-kein-killervirus%C2%BB wurde am 10. Dezember 2021 geprüft.

[248] Siehe dazu im Anhang die: « Risikoanalyse aus dem Jahre 2012, eine SARS-CoV-2-ähnliche Pandemie betreffend ».

Geschichte faktengestützt und tendenziösfrei ...: *geboten gelassen* ...: erzählen zu wissen ist rar ...: deshalb ist in _*diesem*_ Zusammenhang meine Empfehlung, sich den YouTube-Videovortrag ...: „Impfungen — Segen oder Fluch?" des Mediziners und Medizinhistorikers Dr. med. Gerd Reuther anzusehen.[249]

Nun schreiben Sie noch, Herr *Mee* ...:

> ZITAT_Wenn ich von „informieren" sprach, dann meinte ich nicht, mir meine Meinung auf der Basis einer einzigen Quelle zu bilden. Ich kenne die Argumentation der Impfgegner sehr wohl. Über verschiedenste Medien hinaus überprüfe ich aber auch soweit möglich die Quellen selbst (z.B. Impressum, wissenschaftliche Hintergünde)._ZITATENDE

...: damit weisen Sie zwar auf etwas hin, das selbstverständlich sein sollte, aber so wie Sie es tun, wird daraus eher deutlich, daß Ihnen bisher offenbar entgangen ist, daß es hier in Deutschland, in der EU oder in einem andren Teil der sogenannten freien Welt _*nicht!*_ gewährleistet ist, sich mit Hilfe jener Medien ...: *die sich selbst als* „Qualitätsmedien" *bezeichnen* ...: über relevante gesellschaftspolitische Angelegenheiten *der!*_artig zu informieren, daß man ...: *relativ objektiviert* ...: sagen könnte ...: „ich bin informiert und wenn ich es nicht

---

[249] Wie Sie wissen, weise ich auf diesen Vortrag in einem etwa zweiminütigen Video hin: „Ohne Aufklärung geht die ganze Chose nicht" (_Link: https://youtu.be/KmIslqzsWWo_). Im Textfeld zu diesem Video finden Sie mehrere Links, die direkt zu einzelnen Positionen in dem Video: „Impfungen — Segen oder Fluch?" führen. Der Text dieses Videos findet sich auf der InternetSite der *Initiative zur Demokratisierung der Meinungsbildung gGmbH*: *Rubikon*: https://www.rubikon.news/artikel/mehr-fluch-als-segen-2. Der Vorteil dieses Essays ist, daß die Quellen, die im Video fehlen, angegeben sind; der Nachteil ist, daß die im Video verwendeten Schautafeln fehlen.

bin, kann ich mich informieren". ...: die Konsequenz daraus? ...: nun ...: man muß bspw. bereit sein, das „Impressum" zu ignorieren, um an aussagekräftige Informationen heranzukommen ...: _*also*_ ...: in der Lage sein, die sogenannte Spreu vom Weizen zu trennen. ...: übrigens ...: wenn Sie schon „wissenschaftliche Hintergründe" erwähnen ...: Wissenschaft ist dadurch geprägt, daß sie Sachverhalte zwar ...: *selbstverständlich soweit das möglich ist* ...: objektiviert, aber dann kontrovers untersucht bzw. erforscht. ...: bei biologischen bzw. medizinischen Prozessen kommt hinzu, daß sie nicht immer so einfach zu interpretieren sind ...: bspw. „virale Prozesse" ...: aber ...: und was auf _*jeden!*_ Fall zu gelten hat ...: *zumal das SARS-CoV2* _kein!_ *Killervirus ist* ...: Alarmismus _*nicht!*_ nur nicht angezeigt ...: _*sondern!*_ gefährlich ist. ...: Meint also zum Beispiel jemand, es sei wissenschaftlich, lediglich _*einer*_ wissenschaftlichen Strömung Raum zu geben ...: so daß allein _*daraus*_ öffentliches Meinen resultiert ...: hat derjenige _*nicht!*_ verstanden, was Wissenschaftlichkeit bedeutet oder will sie ...: *für welche Zwecke auch immer* ...: mißbrauchen ...: eine Frau Merkel, ein Herr Lauterbach gehören exemplarisch zu solchen Leuten. ...: nun ...: weiter schlimm wäre das nicht ...: so die eine keine (_*jetzt in der Tat nicht mehr*_) Kanzlerin und der andre nicht unabsehbar weiterhin ständig in Talk-Shows und woanders Gast (_*und heutzutage gar einmal mehr ministerielle Fehlbesetzung*_) ...: seine „warnistischen Botschaften" verbreitete, die offenbar dem einen Zweck dienen, die Bevölkerung in dauerhaften Alarm zu versetzen ...: denn ....: sie bewahrheiteten ...: *und bewahrheiten* ...: sich nicht nur nicht, sondern ...: *sozusagen in halbjährlichem Abstand* ...: einmal so und einmal genau umgekehrten Inhalts waren ...: *und wohl auch weiterhin sein werden*. ...: Geht es aber um den Hintergrund des Impfens überhaupt ...: *also um die Geschichte des Impfens* ...: und darum hat es ja erst einmal zu gehen, will man sich dazu ...: *nun mit Hintergrundinformationen* *versehen* ...: eine eigene Meinung bilden, kann _*das*_ bedeuten, sich auf die Aussage lediglich _*eines*_ Menschen stützen zu müssen ...: *der sich allerdings* ...: in diesem sachbezogenen Fall ...: *selbst auf ein breites Wissensspektrum andrer zu stützen weiß* ...: da es dazu ansonsten kaum das bisher Abgedunkelte wesentlich Erhellendes gibt ...: „Geschichte" soll schließlich nicht das „Genehme" wiederkäuen, sondern den interessierten Menschen mit allgemein ...: *kontextuell* ...: Unbekanntem bekanntmachen ...: gewiß ...: *stets auf der Basis des grundsätzlich Erfaßbaren* ...: um die bestehenden Widersprüche der bisherigen „Geschichtsschreibung" *auf*_zudecken, so daß die geschichtlichen Abläufe zu einem zumindest widerspruchs_*ärmeren* „Geschichtsbild" zu verweben möglich sind. ...: die Art und Weise ...: also ...: _*wie*_ dieser einzelne Mensch dann informiert ...: nämlich ...: _*sein*_ durch Nachforschen erworbenes Wissen weitergibt, sowie die eigenen Überlegungen (_*in meinem Fall* ...: meine_) ...: erlauben dann _*möglicherweise*_ eine Aussage zu machen, die, wie gesagt, bestehende Widersprüche erhellt, bzw. das mainstreamig Veröffentlichte zumindest teilweise in Frage zu stellen erlaubt ...: konkret ...:

1. mRNA-Impfstoffe werden zur Zeit an ganzen Bevölkerungen erprobt. Das ist höchst bedenklich.

2. Der Vertrag, den die EU mit Pfizer / BioNTech geschlossen hat, darf nicht veröffentlicht werden, ist aber geleakt worden. Und was man da lesen kann, hört sich alles andre als gut an.

3. Es stimmt nicht, behaupten die geschlechtsunspezifischen gesellschaftspolitisch Verantwortlichen, daß man eine solche Pandemie nicht abschätzen, bzw. sich auf diese nicht (_*selbstverständlich unspezifisch!*_) vorbereiten konnte.

Alle drei Punkte sind korrekt:
ziehen Sie _*Ihre!*_ Schlüsse daraus.

...: im übrigen verdrehen _*Sie*_ die Faktenlage, wenn Sie schreiben ...: ZITAT_*Sie* [_also ich_] dürfen [...] *davon ausgehen, daß Menschen mit anderen Ansichten durchaus keine Schlafschafe sind, sondern einen Horizont haben, der über* 'vorgekaut-selektionierte' *Informationen hinausgeht.*ZITATENDE ...: denn ...: _*Sie*_ geben lediglich der Mainstream-Meinung Ausdruck. ...: es sind aber gerade die geschlechtsunspezifischen Macher dieser Meinung, die sich anmaßen, „Menschen mit anderen Ansichten" ...: *und ich meine damit* ...: *begründete Ansichten* ...: in ein übles Licht zu stellen. ...: und wenn Sie schreiben ...: ZITAT_*Ein Vorwurf* [_gemeint ist ...: 'vorgekaut-selektionierte Information', die von 'Schlafschafen' abgesondert würde ...: was mögen 'Schlafschafe' sein?_], *der übrigens häufig von Personen kommt, die den größten Teil der zugänglichen Informationen selber gar nicht erst nutzen, weil sie sie pauschal und platterdings als* 'Staatsfunk', 'grün-links-versifft' [_was bedeutet a) 'grün-links' und dann noch kombiniert mit: 'versifft'? ...: es werden so viele Worthülsen verwendet ...: Herr *Mee!*_] *abkanzeln und tausende Journalisten als verlogen und von Eliten manipuliert diffamieren.*_ZITATENDE

...: nun ...: Fakt ist jedenfalls, daß sich, bspw. ein anerkannter (_*Schweizer*_) Immunologe, der andere erst zu Immunologen gemacht oder zukünftige Mediziner erst mit der Immunologie bekannt gemacht hat, und heute im sogenannten Ruhestand lebt, sich darüber wundert, daß er in der Regel jene nicht kenne, die in Talk-Shows usw. das Wort führen. ...: und was „tausende Journalisten" anbelangt ...: die meisten arbeiten a) in Medien_*Konzernen* ...: *was übrigens mit Demokratie nicht vereinbar ist* ...: und haben b) normalerweise keine Zeit, echte Recherche zu betreiben ...: Information ist eine Ware. ...: deshalb ...: *um ihren Texten* „authentisches Kolorit" *zu geben* ...: treiben die sich so gern in social_*medialen* Foren herum, um sich „das Passende" für ihre im „Home-Office" gepasteten Texte herauszugreifen. ...: allerdings ...: Ein echter Journalist kann sich durch diesen Vorwurf _*nicht!*_ angesprochen fühlen.

Sie beenden Ihre Antwort mit ...: ZITAT_Wobei ich hoffe, daß Sie nicht dazu gehören_ZITATENDE [_*womit Sie wohl jene meinen, die wenig richtig als* „Querdenker", *da diese eher als* „Querfrontler" *richtig bezeichnet wären_*].

...: hören Sie zu, Herr *Mee* ...: Wer gesellschaftspolitische Sachverhalte scheuklappenfrei ausleuchten will, kann das nicht tun, wenn er sich einer politischen Partei oder politischen Gruppierung zugehörig fühlt. ...: etwas scheuklappenfrei auszuleuchten, bedeutet allerdings _*nicht!*_ ...: dies ohne „eigene Brille" ...: nämlich subjektiv ...: sondern ...: das gesellschaftspolitisch tatsächlich Erfaßbare *weit*_möglichst ...: demnach ...: *aus zwar durchaus subjektiver Perspektive* ...: zu berücksichtigen. ...: zugegeben ...: das ist ein Ideal. ...: jedenfalls ...: Herr *Mee* ...: unterlassen Sie in Zukunft bitte solche Bemerkungen, so Sie auf eine Aussage von mir antworten ...: _*Was?!*_ maßen Sie sich an ...: offenbar zu jenen gehörend, die sich ...: *da selbst keine* eigen_*nachgedachten Aussagen machen könnend* ...: intellektuell an jene klammern, die das lobbykratie_*förderliche* Narrativ weiterspinnen ...: ausgestattet mit „Guru-Nimbus" ...: wie es manche von jenen mit ihren tun ...: die Sie und Ihresgleichen „faktencheckerisch" entlarven wollen ...: behauptend dann ...: „_*diese!*_ sind die `Schwurbler!´" (_*o.ä.*_) ...: habe mir sagen lassen ...: Ein „Schwurbler" ist jemand, der redenderweise „Bullshit" produziert. ...: nun ...: das behaupten *die*_jenigen aber, die im Sinne profitorientierter Kreise ihre „selektive Faktencheckerei" betreiben ...: _*demnach*_ systemische Trolle sind ...: Selbstverständlich habe ich nichts dagegen, Fakten zu checken ...: das tue ich ...: *und* _muß!_ *das tun* ...: selbstverständlich selbst ...: _*Woran?*_ mag es aber liegen, daß ich zu andren Ergebnissen komme als jene, die Fakten selektiv oder ohne relevant kontextuellen Zusammenhang checken? ...: _*nun*_ ...: zum einen daran, daß ich das eben _*nicht!*_ selektiv tue und zum andren, daß ich _*nicht!*_

der Meinung bin, daß das profitorientierte System unterstützens- oder gar rettens_*würdig* sei.

> *Seit den 1970er Jahren erschien es mir nicht erstrebenswert in diesem System Karriere zu machen, da ich den Eindruck gewonnen hatte, daß das meiner persönlichen Entwicklung abträglich sei. Wie ich heute weiß ...: dieser Eindruck hat mich nicht getrogen.*

*Oder?* überlegen Sie vielleicht zu wenig, was jemand schreibt oder verlauten läßt und damit aus dessen zwangsneurotischer Sicht, „taktisch" bezweckt. Andernfalls müßte Ihnen das so widersprüchliche wie widersinnige, allein auf „Warnismus" basierende Argumentieren eines offenbaren Zwangsneurotikers auffallen ...

„Definition des Warnismus'"

Vorbemerkung

Die bürgerliche Gesellschaftsformation in ihrer aktuellen Ausprägung als Lobbykratie mit simulierter Demokratie, befindet sich wegen ihres traditionell instabilen Wirtschaftssystems nicht nur erneut in gesellschaftspolitisch prekärer Lage, sondern nun in einer solchen, die sie diese Lobbykratie mit simulierter Demokratie in eine „orwellianische Lobbykratie" transformieren wird.

Damit die konkreten bürgerlichen Gesellschaften ...: *in ihrer aktualisierten Form als orwellianische Lobbykratien* ...: weiterhin im Sinne ihrer machtelitären Kreise funktionieren ...: also ...: die Masse ihrer Insassen ...: benötigen diese Kreise und ihre Satelliten in Politik, *spin*_doktorischer Wissenschaft, Medien_*Konzernen* und Kultur_*Betrieb* ebenso eine aktualisierte massenwirksame Manipulationsmethode ...: diese Methode ist der „Warnismus".

Definition des „Warnismus'"

Der „Warnismus" ist eine gesellschaftspolitische Methode, die in der orwellianischen Lobbykratie aus machtpolitischen Gründen zur bewußten Erzeugung einer kollektiven Psychose verwendet wird.

Das eigentliche Stützungselement des „Warnismus'" ist das machtpolitisch mißbrauchte Wissen darum, daß eine Bevölkerung dann „knetbar" wird, kann sie durch stetiges Wiederholen davon überzeugt werden, sie nehme in sich selbst ...: *in möglichst jedem konkreten Menschen einer solchen Bevölkerung, die von* „Warnisten" *behauptete und dann massenmedial verbreitete* „Ursache" *der mittels* „Warnismus" *kollektiv erzeugten Angst* ...: psychotisch ...: *wahr* ...: _*Was?*_ könnten dazu ...: *zum einen* ...: ein Virus und ...: *als* _einzig!_ angst_*nehmendes Gegenmittel* ...: ein zum primären Nutzen profitorientierter Kreise fabrizierter Impfstoff ...: *sowie* ...: *zum andren* ...: das an der Grenze lauernde personifizierte Böse ...: *also* ...: der „ewige Putin" ...: besser geeignet sein.

Der „Warnismus" benutzt für seine „prophetischen Thesen" die Aussagen einer im Sinne profitorientierter Kreise funktionierenden ...: *korrumpiert* „Wissen schaffenden" ...: Wissenschaft ...: und ...: *solches korrumpiertes Wissen* ...: verbreitende Medien. ...: daraus ergibt sich ...: Zwischen „Realsatirismus" und „Warnismus" besteht ein kausaler Zusammenhang.[250]

In der Vorbemerkung zur „Definition des Warnismus'" erwähne ich die Phrase „orwellianische Lobbykratie". ...: zur Verdeutlichung sei angemerkt ...: „orwellianische Lobbykratie" erscheint zwar wie eine Reminiszenz an den 1949 erschienenen Roman von George Orwell, „1984", ist aber als das sich real ereignende Amalgam aus dem in diesem Roman und dem in dem bereits im Jahre 1932 erschienenen Roman von Aldous Huxley, „Brave New World", Beschriebenen zu verstehen. Denn je nachdem, wie und ob sich eine Bevölkerung gegen diese

---

[250] Wie Sie sich erinnern, eingangs des Ihnen vorliegenden Buches findet sich in den Passagen von: „Was *vor*_bemerkend zu bemerken ist" erläutert, wieso ich den Begriff „Realsatirismus" geschaffen habe, was dieser bedeutet und wieso er als „emotionale Basis" einer lobbykratischen Gesellschaft anzusehen ist. In der *Vermeintlich letzten Begegnung* komme ich darauf noch einmal zurück.

Transformation sperrt, kommen „'1984'-Elemente" oder „'Brave New World'-Elemente" zur Anwendung.

ZITAT_[...] Dieses Directorium inquisitorum [_dieser „Leitfaden der bzw. für Inquisitoren"_] des Nicolai Eymerici [_1316-1399_] sowie die Instructiones des Tomás de Torquemadas [_1420-1498_] mögen manchen heutigen Zeitgenossen als Vorläufer des von Orwell in „1984" zur Perfektion gebrachten „Wahrheitsfindungsverfahrens" gelten ...: *ob*_wohl im lobbykratischen Zeitalter dieses „nachlaufende Verfahren" nur noch dann als „Leitfaden zur nachjustierenden sozialen Homogenisierung" anzuwenden notwendig ist, ist bei der längst erfolgten „kollektiven marktkonformen Trimmung der Gemüter" — im Sinne der in diesem Zeitalter geltenden „Huxleyschen 'gesellschaftsstabilisierenden Glückseligkeit'" — nur noch mitunter eine — wenn auch dann „energische" — „Nachschulung" notwendig._ZITATENDE[251]

ZITAT_[...] Allerdings — *und insbesondere darin liegt ein wichtiger Unterschied zu jenem* „Damals" *schon* — bedarf es heute keiner inquisitorischen Institution mehr, um das Denken von Dissidenten zu erforschen, sind doch die „digital-senso-rezeptiven Anschlüsse" längst gelegt ... so daß es beim Gang durch die präsente Düsternis im Wechsel mehr nach Huxley oder mehr nach Orwell riecht. [...]_ZITATENDE[252]

...: also ...: _*Überlegen?*_ Sie zu wenig, was jemand schreibt oder verlauten läßt und damit aus dessen zwangsneurotischer Sicht, „taktisch" bezweckt ...: _oder?_ *gar bezwecken soll* ...: Herr *Mee* ...: beispielsweise das „Argumentieren" des deutschen Hohepriesters des „Warnismus'", welches im „Corona-Zusammenhang" in einer seiner am 29. Oktober 2021 veröffentlichten warnistischen Behauptung geradezu exemplarisch zum Ausdruck kommt ...:

---

[251] Quelle: «Ist der Monotheismus von seiner Anlage her ein elementarer Faktor der Gewalt?», die Seite 90.

[252] Quelle: a.a.O., die Seite 165.

ZITAT_Er betonte erneut die Bedeutung von Impfungen: 'Klar ist aber, daß die meisten Ungeimpften von heute bis dahin [_Herr Lauterbach meinte den 21. März 2022_] entweder geimpft, genesen oder leider verstorben sind, denn das Infektionsgeschehen mit schweren Verläufen betrifft vor allem Impfverweigerer' [...]_ZITATENDE[253].

...: denn ...: Es ist _*nicht*_ die Frage, ob jemand ein „Impfverweigerer" ist ...: da er dann ...: *behaupteterweise* ...: unweigerlich an einer SARS-CoV-2-Infektion sterben würde ...: _*sondern!*_ ...: ob jemand ...: *ob nun* „Impfverweigerer" *oder* „Impfbefürworter" ...: an einer schweren Erkrankungen leidet ...: die *des!*_halb sein Leben abrupt beenden könnte ...: _*käme*_ noch eine solche Infektion hinzu ...: *betont sei* ...: _könnte!_ ...: *denn ein Killervirus ist dieses der Familie der Coronaviren angehörende Virus* _nicht!_ ...: da für einen solchen Menschen eine zusätzliche ...: *von seinen Selbstheilungskräften nicht mehr zu bewältigende* ...: Belastung durch die Infektion mit diesem Virus ...: *oder bspw. auch mit einem Influenzavirus* ...: entsteht. ...: Zu solchen schweren Erkrankungen gehören eine Störung des biologischen Kommunikationssystems ...: *allgemein als* „Immunsystem" *bezeichnet* ...: Diabetes mellitus, Bluthochdruck oder / und Herz-Kreislauf-, Lungen-, Nieren-, Leber-, Krebs- und / oder neurologische Erkrankungen ...: das aber betrifft ...: *potentiell* ...: vor allem Menschen über 60 Jahre. ...: und da ...: *jetzt unabhängig vom Alter* ...: gesunde Menschen mit diesem Virus ohne weiteres „umgehen" können ...: ja ...: selbst die ...: *welche an einer oder mehreren der gerade beispielhaft genannten Vorerkrankungen leiden* ...: ca. 85 Prozent von diesen

---

[253] Quelle: Wochenmagazin *Stern*, Nachricht vom 29. Oktober 2021: „Lauterbach: Ungeimpfte bis März 'geimpft, genesen oder leider verstorben'"; der zugehörige Link:

https://www.stern.de/gesundheit/corona--karl-lauterbach-fuerchtet-tod-vieler-ungeimpfter-30876252.html wurde am 30. Oktober 2021 geprüft.

lebend bleiben ...: haben diese sich infiziert ...: *so wie mit einem Influenzavirus auch* ...: kann es demzufolge ausschließlich Sinn machen, jene Menschen zu schützen und unter _*der!*_ Voraussetzung zu impfen ...: *verfügt man über einen adäquaten Impfstoff* ...: die an solchen beispielhaft genannten Erkrankungen leiden. ...: Daß die so hochgelobten mRNA-Impf-Initialstoffe dazu die geeigneten sind, ist eher nicht anzunehmen ...: schon allein deshalb nicht, da Atemwegsviren anlagemäßig mutationsfreudig sind ...: was die Entwicklung eines adäquaten Impfstoffs unmöglich macht, da ein entwickelter Impfstoff nur gegen eine bereits bestehende Variante eines Virus zu kreieren wäre ...: das ist der Grund, wieso das Impfen gegen das Influenza-Virus so ineffektiv ist.

Neben den Hinweisen auf ...: „Bemerkungen zur 'Sinnhaftigkeit des Impfens bei virusbedingten Atemwegserkrankungen'"[254], „Anpassungsprozeß eines Virus"[255] und „Die Mär vom Impfsegen"[256] ...: möchte ich jetzt folgendes zitieren, da dadurch das komplexe Dilemma für den einzelnen Menschen _*so*_ genügend anzureißen ist, daß deutlich wird ...: er kommt ...: *falls er bezogen auf sich selbst eine gesundheitliche Fragestellung klären möchte oder sogar geklärt haben* muß ...: lediglich im Ausnahmefall mit einem Menschen in Kontakt, der die Bezeichnung „Arzt" verdient ...:

ZITAT_Prävention durch eine gesundheitsfördernde Lebensweise hätte mangels heilsamer Therapien bis heute einen hohen Stellenwert behalten müssen. Dies war und ist aber nicht der Fall. Offenbar wurden und werden therapeutische Möglichkeiten von der Mehrzahl der Ärzte über- und deren krank machende Wirkung unterschätzt. Diese Fehlwahrnehmung verstärkte sich, als in der Neuzeit ärztliche Leistungen unabhängig vom Erfolg der

---

[254] Siehe dazu die Seiten 275-82 des Ihnen vorliegenden Buches.

[255] Siehe dazu die Seiten 292-95.

[256] Siehe dazu die Seiten 300-9.

Kleinreden und Ignorieren von eklatanter Verletzung wissenschaftlicher Regeln ...: *während zugleich völlig irrelevante, nicht ganz genaue Zitierung, den Daumen der Selektiv-Faktenchecker nach unten weisen läßt* ...: _*hat!*_ etwas Bedrückendes.

...: und Ihre Behauptung ...: *„mRNA Impfstoffe* [...] *verhalten sich nicht anders als Totimpfstoffe"* ...: _*ist*_ geradezu lächerlich ...: denn ...: _*Ist!*_ der Wirkansatz von mRNA-„Impf-Initialstoffen" ein völlig andrer ...: nämlich *intra*_zellulär ...: im Gegensatz zu *extra*_zellulär verimpften *ab*_geschwächten oder *ab*_getöteten „Erregern" ...: kann das „Wirkverhalten" von mRNA-„Impf-Initialstoffen" _*nicht!*_ genauso wie das von herkömmlichen Impfstoffen sein.

...: übrigens ...: _*Was?*_ wäre ...: *beispielsweise* ...: stellte sich heraus, daß mRNA-„Impf-Initialstoffe" jenes verändern würden, das als „Immunreaktion" bezeichnet wird ...: *tatsächlich aber als* „Prozeß zwischen dem biologischen Kommunikationssystem und einem Basiselement des Lebendigen" *zu verstehen ist, an dessen Ende ein* „Modus vivendi" *zwischen einer komplexen Einheit des Lebendigen ...: bspw. der Spezies Mensch ...: und einem bestimmten Basiselement des Lebendigen steht* ...: diese Hinweise gibt es. ...: stellen Sie sich nur für einen Augenwink vor, welche Folgen das haben könnte ...: nicht allein für einen einzelnen Menschen ...: sondern ...: für die Spezies Mensch als Ganzes ...: Es wären substantielle Folgen, die u.a. bedeuten würden, daß das biologische Kommunikationssystem des Menschen zukünftig einen „initialen Push" benötigte, um sich auf gewisse biologische Umweltfaktoren ...: *allgemein* „Erreger" *genannt* ...: überhaupt noch einstellen zu können. ...: demnach ist die Frage ...: _*Was?*_ „gewinne" ich dadurch, daß ich einen intrazellulär wirkenden „Impf-Initialstoff" verwende und _*was?*_ „verliere" ich dadurch. ...: jedenfalls ...: Ich halte eine Pandemie wie die SARS-CoV-2-Pandemie nicht für geeignet, diese Frage zuverlässig ...: und vor allem ...: *verantwortungsvoll!* ...: zu beantworten ...: da so ganze Bevölkerungen zu Versuchskaninchen gemacht werden.

...: wenn Sie, Herr *Lan*, dann darauf abseitig erwidern ...:

> ZITAT_[...] indigene Völker, die Kontakt mit uns Europäern hatten und reihenweise starben, weil deren Immunsystem unsere europäischen Krankheiten nicht kannten! In Nordamerika wurden die indigenen Völker nicht durch Massaker fast ausgelöscht, sondern durch Krankheiten der Siedler. Das Immunsystem [_*dieser*_] Völker kannte die Krankheiten nicht!_ZITATENDE,

ist _*das*_ nicht das Bemerkenswerte an Ihrer (_*zwar abseitigen*_) Aussage ...: denn das ist nicht neu, und deshalb wüßte ich auch nicht, wer das bestreiten wollte. Bemerkenswert ist also ebenso nicht, daß Sie das offenbar bloß weitererzählen. Bemerkenswert wäre es erst, würden Sie bezogen auf die aktuelle Situation daraus richtig schlußfolgern. ...: _*Was?*_ bedeutete es in diesem Zusammenhang aber, richtig zu schlußfolgern ...: nun ...: _*das*_ müßte sich aus dem nachfolgend Angemerkten bzw. Zitierten sozusagen von selbst ergeben ...: und ...: _*Diese!*_ Schlußfolgerung erlaubte sogar erweitert zu schlußfolgern ...: nämlich bezogen auf die Art und Weise, wie das „natürliche Klima" zu verstehen ist ...: und welche Konsequenzen aus den Veränderungen zu ziehen wären, die als „anthropozentrisch" verursacht gelten ...: _*sowie*_ mit welchen Mitteln ...: *und von wem finanziert!* ...: _*keinesfalls!*_ versucht werden sollte, diese anzunehmende Änderung zurückzuführen.[261]

---

[261] Was und wer damit nur gemeint sein können, wird auf den Seiten 534-36 dieses Buches genügend deutlich, nämlich in der Passage, die mit ...: „Denn es ist an dieser Stelle darauf *des*_halb nicht weiter einzugehen notwendig [...]" beginnt.

Also ...: Das (_*normalerweise!*_) anlagemäßig vorhandene biologische Kommunikationssystem der Spezies Mensch, das, mitunter gar als „Abwehrsystem“ bezeichnet wird ...: wobei diese Bezeichnungen *ur!*_sächlich mit dem militaristischen Denken der als Koryphäen geltenden Mikrobiologen des 19. Jahrhunderts zu tun hat ...: und sich deshalb wohl ins „kollektive Gedächtnis“ ...: als ...: „nur _*so!*_ kann es sein“ ...: „_*Krieg!*_ den Erregern“ ...: festsetzen konnte, da das „Verständnis“ ...: ...: also ...: sozusagen ...: das „*Mist!*_Verständnis ...: von der „Evolution des Lebendigen“ weniger mit dem, welches Charles Darwin und andere entdeckt zu haben meinten, als mit dem „Malthusianismus“ und geistesverwandten Ausflüssen zu tun hat ...: oft als „Sozialdarwinismus“ bezeichnet.

> ZITAT_[...] Für die dominierenden Bakteriologen des 19. Jahrhunderts drehte sich alles nur um Krankheitserreger. Und die meisten von ihnen hatten jahrelang vor ihren Forschungsaktivitäten als Garnisons- und Truppenärzte gedient. Seither prägt militärisches Vokabular die Medizin. Krankheiten werden grundsätzlich „bekämpft“. Noch im Jahr 2020 äußerte sich ein deutscher Mediziner und Gesundheitspolitiker zum Labortest bei „Covid-19“ wie folgt: „Und der PCR-Test, den wir zur Zeit einsetzen und der so teuer ist wie der Panzerschuß, fährt dem Kaninchen hinterher. Wir brauchen so etwas wie ein Luftgewehr, womit wir Geschwindigkeit erzeugen.“[262] Die friedliche und symbiotische

---

[262] Zitat von Herrn Prof. Karl Lauterbach. Die Quelle dieses Zitates findet sich als Endnote 211 zum Kapitel: „2500 Jahre Medizin auf 100 Seiten“ des in der nächsten Fußnote genannten Buches. ...: In diesem Zitat kommt für mein Verständnis nicht nur ein martialisches Denken zum Ausdruck, sondern auch ein verwirrtes; siehe dazu auf den Seiten 331-33 ...: „Definition des Warnismus‘“. ...: Ob es dann noch Zufall sein kann, daß ein General dem „Corona-Krisenstab“ der neuen Bundesregierung vorsitzt? Siehe dazu auf der Nachrichten-Plattform *German-Foreign-Policy.com* den Bericht: „Der Corona-General: Corona-Krisenstab der künftigen rot-grün-gelben

Koexistenz der Menschen mit Mikroorganismen kam erst im 21. Jahrhundert in der öffentlichen Wahrnehmung an._ZITATENDE[263]

...: daß die „Evolution des Lebendigen" nicht so erfolgt sein kann, bzw. nicht so erfolgt, wie bis heute geglaubt, verdeutlicht Bruno Vollmert in seinem 1985 erschienenen Buch: « Das Molekül und das Leben — Vom makromolekularen Ursprung des Lebens und der Arten: Was Darwin nicht wissen konnte und Darwinisten nicht wissen wollen » ...: Vollmerts Aussagen, die offenlassen, wie es denn zur „Entstehung der Arten" gekommen sein könnte ...: _aus?_ *sich heraus oder* „kreationistisch" *bewirkt* ...: erlauben zu schlußfolgern, daß die „Entstehung der Arten" _*dann!*_ als aus sich heraus erfolgt als plausibel gelten kann, nimmt man eine „evolutionär-revolutionäre Entwicklung des Lebendigen" an ...: _*und!*_ ...: erkennt in dem ...: was wir „Viren" nennen ...: „Basis-Elemente des Lebendigen". ...: daß nämlich die „Basis-Elemente des Lebendigen" eine „Organisationsjustierung" von Monomeren und ihre für

---

Bundesregierung wird von einem General mit Afghanistan-Erfahrung geleitet"; der zugehörige Link:

https://www.german-foreign-policy.com/news/detail/8780/ wurde am 5. Februar 2022 erneut geprüft. ...: Allerdings handelt es sich dabei nicht um den ersten Soldaten, der einer zivilen Institution vorgesetzt ist ...: siehe dazu die Exkursionspassage auf den Seiten 377-86, diesbezüglich insbesondere ab der Seite 381: „Zur weiteren Verdeutlichung der hier vertretenen Annahme, daß nichts machtpolitisch bequemer sein könnte, als [...]" beginnt.

[263] Siehe Gerd Reuther, « Heilung Nebensache: Eine kritische Geschichte der europäischen Medizin von Hippokrates bis Corona », 2. Auflage der Originalausgabe, Riva Verlag, München, 2021, die Seite 99. Diese Zitierung erfolgt mit freundlicher Genehmigung des Autors, die er mir in einer eMail-Korrespondenz am 31. Januar 2022 erteilt hat. Dafür danke ich Herrn Dr. med. Gerd Reuther herzlich!

sich genommen nur bedingt mögliche (_*bifunktionale*_) Bindungsfähigkeit zu „langen, kettenförmigen Molekülen durch Verbindung zahlreicher Monomer-Moleküle (_Kettenbauteile_)" hin zu Makromolekülen bewirkten, was auf diese Weise und in der Folge zu immer komplexeren Ausformungen des Lebendigen führte ...: den Lebewesen ...: mit denen sie ...: diese „Basis-Elemente des Lebendigen" ...: dann in Symbiose fortexistieren konnten. ...: in der Folge führte diese durch die „Basis-Elemente des Lebendigen" (_„Viren"_) erfolgende „Organisationsjustierung" von Makromolekülen zu immer komplexeren Systemen des Lebendigen ...: also ...: zur „Entstehung der Arten" ...: auf dieser Erde. ...: _*Sind*_ aber „Viren" ...: *als* „Basis-Elemente des Lebendigen" ...: für die „Entwicklung des Lebendigen" entscheidend ...: *und damit auch für die Entstehung der Spezies Mensch entscheidend gewesen* ...: ist _*die*_ Annahme nicht mehr gerechtfertigt, daß ein Lebewesen als „Wirt" für Viren diene. ...: übrigens ist _*die*_ Feststellung interessant, daß diese Basis-Elemente des Lebendigen zumindest auch aus der Tiefe des Kosmos kamen und kommen ...[264]

..: also ...: Das (_*normalerweise!*_) anlagemäßig vorhandene biologische Kommunikationssystem der Spezies Mensch, das übrigens beim konkret sich ausbildenden Menschen bereits in der *intra*_uterinen Phase mit von der Mutter kommenden „biologischen Kommunikationselementen" ...: *meist fälschlicherweise als* „Abwehrstoffe" *bezeichnet, da diese als* „informationelle Elemente" *dieses Systems zu verstehen*

---

[264] In diesem Zusammenhang macht es Sinn, erneut auf den Video-Vortrag zu verweisen, der aus anthroposophischer Sicht gesprochen ist, die man, wie gesagt, nicht teilen muß, aber was das „Wesen" der Viren anbelangt, entsprechen die Aussagen dem heutigen Wissensstand: „Die Bedeutung der Viren für Mensch und Natur – Vortrag von Thomas Hardtmuth"; der zugehörige Link: https://youtu.be/BO1xgjeiAno wurde am 1. Februar 2022 erneut geprüft.

sind ...: ausgestattet wird, benötigt insbesondere nach dem tatsächlichen Eintritt in die Welt ...: *in der Regel als* „Geburt" *bezeichnet* ...: einen regen Austausch mit der natürlichen _*und*_ jener sozialen Umwelt, in die ein konkreter Mensch hineingeboren wird ...: und somit einen regen ...: aber, so möglich ...: erst noch abgeschwächten Austausch mit jenen biologischen Umwelt-Elementen, die meist als bakterielle und virale „Erreger" bezeichnet werden ...: *wobei* „Viren", *wie gesagt, eigentlich als* „Basis-Elemente" *des Lebendigen zu verstehen sind* ...: und hierbei spielt die sogenannte Muttermilch eine nicht unbedeutende Rolle. Ebenso sind Haustiere von Vorteil, weil sie solche biologischen Umweltelemente ...: _vermittelt!_ ...: *das heißt abgeschwächt* ...: an Kinder weitergeben.

...: das bedeutet bezogen auf die aktuelle Situation ...: Das biologische Kommunikationssystem der Kinder ...: *da sie selbst Maske tragen müssen* ...: wird in seiner Entwicklung schwerwiegend gehemmt bzw. gestört ...: und ...: so Sie das einen Tick weiterdenken, könnte Ihnen ebenso bewußt werden, daß Schwangere ...: *da ebenso Maske tragen müssend* ...: dem Fötus nichts von den biologischen Umweltelementen ...: *abgeschwächt!* ...: mitteilen können, mit denen sie ...: die Schwangeren ...: aktuell zu tun haben. ...: Vielleicht einmal über die Konsequenzen des ganzen „Maßnahmen-Komplexes" nachdenken, Herr *Lan* ...: auch vor dem Hintergrund des so organisierten wie weltweiten Landraubs der Europäer?

Dieser Herr *Lan* meinte dann noch unbedingt auf eine „Geschichte des Impfens" hinweisen zu müssen, die tatsächlich aber nicht als „Geschichte des Impfens" zu empfehlen ist ...: *da keinen aufklärenden Charakter habend, hingegen so alarmistisch wie tendenziös daherkommend.* ...: Also hatte ich diesem

Herr *Lan* zu antworten ...: Keine gute 'Geschichte des Impfens', da einerseits die Problematik unzureichend ausleuchtend und andrerseits suggestiven Charakter habend ...: das wird der Bedeutung und dem Problem des Impfens nicht gerecht ...: deshalb ist wohl besser jene „Geschichte des Impfens" zu empfehlen ...: *auf die ich wiederholt aufmerksam gemacht habe* ...: da der Referent sie unaufgeregt ...: *und sich dabei allein aufs Faktische beschränkend* ...: zu erzählen weiß.[265]

...: das muß diesen Herrn *Lan* erbost haben, denn er antwortete erneut *ab*_seitig, indem er u.a. sagte ...:

> ZITAT_Verstehe ich [_S_]ie richtig, [_daß_] [_S_]ie das ungebremste [_A_]usbreiten des Coronavirus auf den Menschen befürworten[_,_] um eine I[_m_]munität der Weltbevölkerung zu erzeugen[_?_] Die Menschen die das nicht überleben[_,_] kann man [_I_]hrer Meinung nach verschmerzen. Eine sogenannte genetische Bestenauswahl. Unter dem Motto [...:] was uns nicht umbringt macht uns stärker! [...]_ZITATENDE

...: Sie disqualifizieren sich selbst, Herr *Lan*, wenn Sie schreiben ...: ZITAT_Verstehe ich [_S_]ie richtig, [_daß_] [_S_]ie das ungebremste [_A_]usbreiten des Coronavirus auf den Menschen befürworten[_,_] um eine I[_m_]munität der Weltbevölkerung zu erzeugen[_?_]_ZITATENDE ...: so Sie sich auf das beziehen, was ich in dieser „Begegnung" ...: *mit Ihnen als offenbar veritablem Realsatiristen* ...: ausgedrückt habe. ...: denn ...: _*Wo?!*_ habe ich davon geschrieben ...: und _*wo?!*_ finden Sie Belege dafür ...: daß ich für eine (_*ideologisch* „begründete"_) „Bestenauslese" sei ...: und

---

[265] Siehe dazu die Seiten 325+f., beginnend mit: „[...] Eine Einblicknahme in die 'Geschichte des Impfens' wäre [...]", und die sich anschließende Fußnote 249.

_*wo?!*_ wende ich mich gegen Medizin oder Wissenschaft ...: wie Sie zusätzlich noch behaupten. ...: _*hingegen!*_ ...: Wovon Sie allein ausgehen könnten, so Sie mitdenken würden, wäre ...: Ich wende mich *da!*_gegen, daß Medizin und Wissenschaft im sie korrumpierenden Sinne ...: _*also!*_ ...: im Interesse profitorientierter Kreise betrieben werden.

Dreizehnte Begegnung:
*Könnte?* ein orwellianisches Gebilde für bürgerfreundliche Sicherheit sorgen

Nun, abgesehen davon, daß Herr Josep Borrell mit Europa die EU meint, stellt er am 10. November 2021 als EU-Außenbeauftragter eigentlich banal ...: *aber dennoch fragwürdig seiend* ...: fest ...:

> ZITAT_Europa muß für Sicherheit sorgen, denn das ist es, was die europäischen Bürger wollen — von der Union geschützt zu werden_ZITATENDE[266]

...: denn ...: da dann alles andre als abseitig zu fragen möglich ist ...: _*Könnte?*_ ein orwellianisches Gebilde ...: *das diese EU ...: unter dem Deckmantel simulierter Demokratie* ...: *nun einmal darstellt* ...: für bürgerfreundliche Sicherheit sorgen ...: ist es um die Interessen jener herum konzipiert worden ...: denen ein solches Gebilde _*einzig!*_ Nutzen bringt ...: zumal ...: diese ...: auf nicht demokratische Weise in ihr Amt gehievte ...: US-amerikanische Vasallenfigur Anfang April 2022 meinte ...: daß der „Krieg in der Ukraine auf dem Schlachtfeld entschieden" werde[267] ...: während diese Figur ...: *so wie* _alle!_ *andren Westlichen ebenso* ...: die Augen davor verschließt, daß seine

---

[266] Quelle: *euractiv.com*; der zugehörige Link:
https://www.euractiv.com/section/defence-and-security/interview/europe-has-to-become-a-security-provider-says-eus-borrell/ wurde am 1. Februar 2022 geprüft. „EURACTIV" versteht sich als ein: „independent pan-European media network specialised in EU affairs", das seit 1999 existiert.

[267] Siehe dazu bspw. die Online-Ausgabe des *Tagesspiegels* vom 9. April 2022; der zugehörige Link ...:
https://www.tagesspiegel.de/politik/krieg-wird-in-der-schlacht-um-den-donbass-entschieden-eu-aussenbeauftragter-haelt-waffen-fuer-wichtiger-als-sanktionen/28242172.html wurde am 15. April 2022 geprüft.

„Freunde" in Kiew offenbar notorische Kriegsverbrecher sind ...: die „Affäre Butscha" erschließt sich allein dann ...: stellt man die alte Frage ...: *cui bono* ...: und sie fällt zu *Un!*_gunsten des Kiewer Regimes ...: und damit ...: seiner westlichen Mentoren aus[268] ...: _*sie!*_ geben den Befehl, die Zivilbevölkerung als Schutzschilde zu verwenden ...: bedeutet ...: die ukrainischen Soldaten stellen sich _*nicht!*_ vor Kinderwagen ....: _*sondern!*_ ...: sie verstecken sich *da!*_hinter ...: wer das unterstützt ...: durch weiteres Liefern schwerer Waffen ...: *und über diese verfügte dieses Regime ja* _längst!_ ...: stellt sich auf eine Stufe mit ...: _*und!*_ ...: direkt neben Kriegsverbrecher ...: und ist damit *mit!*_schuldig ...: das gilt offenbar für die ganze westliche Führungsschicht ...: _*also!*_ ...: _*hören!*_ Sie ...: _*Sie!*_ handeln _*nicht!*_ in meinem Namen. ...: demnach ...: Diese banale Aussage des EU-Außenbeauftragten läßt nichts Gutes vom weiteren „EU-Etablierungsprozeß" erwarten ...: also ...: *vor dem Hintergrund der sich seit 1992 / 93* ...: als sich das, was heute „EU" genannt wird, zu etablieren begann ...: *mählich beschleunigenden Entwicklung* ...: _*ist!*_ es doch gerade _*jene*_ Politik, die von der EU-Funktionselite auf Betreiben der großen machtelitären Player dieser Union praktiziert wird ...: und ...: natürlich ...: *dabei immer dabei der Möchtegern-Hegemon der EU* ...: die zu immer mehr sich beschleunigender innerer wie äußerer Destabilisierung führt ...: der Krieg in der Ukraine soll wohl dem EU-Regime als „Zusammenhalte-Kitt" dienen ...: _*Was?*_ aber ...: kommen verhängte Sanktionen als Bumerangs zurück.

---

[268] Siehe dazu den erhellenden Kommentar von Thomas Röper vom 25. April 2022 ...: „Die Lüge von Butscha fällt zusammen, aber die Medien spielen das Spiel weiter"; der zugehörige Link:

https://www.anti-spiegel.ru/2022/die-luege-von-butscha-faellt-zusammen-aber-die-medien-spielen-das-spiel-weiter/ wurde am 28. April 2022 geprüft.

...: denn ...: *gilt folgendes* ...: Ein als „Nationalstaat" bezeichnetes gesellschaftspolitisches Gebilde funktioniert stets im Sinne der machtvollen Partikularinteressen eines solchen Staates. ...: Sichergestellt wird dieses Funktionieren über die Satelliten der Machtelite eines „Nationalstaates", die sich keineswegs in den tamtamistischen politischen Parteien, also in der Politik allein finden ...: nein ...: *da es sich bei solchen Staaten um Massengesellschaften handelt* ...: ebenso in *spin_*doktorischer Wissenschaft, Medien_*Konzernen* und Kultur_*Betrieb*. ...: Da diese Satelliten im Sinne der Interessen der Machtelite eines „Nationalstaates" funktionieren, lassen diese sich als „Funktionselite" eines „Nationalstaates" bezeichnen. ...: Dann ...: *gilt folgendes* ...: Da die EU das Projekt der Machteliten einer großen Anzahl europäischer „Nationalstaaten" ist, das von ihren auf die EU-Ebene delegierten Satelliten (*_ihren Funktionseliten_*) umgesetzt wird, sich damit aber diese Funktionseliten selbst aus den Funktionseliten (*_den Satelliten der Machteliten_*) der „Nationalstaaten" rekrutieren, kann es sich bei der EU lediglich um eine politische Entität handeln, die machtinstrumental dem eines „Nationalstaates" entspricht ...: Auf EU-Ebene soll das Machtinstrumentale des „Nationalstaates" „lediglich" potenziert verwendet werden ...: Die seit dem Jahre 2020 praktizierte „Corona-Politik", dient mit *_der_* Zielsetzung dem Potenzieren des Machtinstrumentalen des „Nationalstaates", daß um das Jahr 2025 herum die „EU" als „weltpolitischer Machtfaktor erster Güte" zu etablieren wäre. ...: aus der EU-funktionselitären Perspektive mit entsprechender EU-funktionselitärer Selbstwahrnehmung würde es sich dabei dann ...: also ...: *auf dieser Welt* ...: um das „Imperium des Friedens" handeln. ...: da *_das!_* aber ...: nämlich ...: *vor dem Hintergrund der Entwicklung seit dem Ende des Kalten Krieges* ...: eine realsatiristische Selbstwahrnehmung ist ...: kann es sich dabei dann tatsächlich allein um ein „orwellianisches 'Imperium des Friedens'" handeln.[269]

...: das ist deshalb nicht abwegig gedacht, da das machtelitäre Projekt „Nationalstaat" *_selbst_* unter dem Deckmantel simulierter Demokratie realisiert wurde ...: Es handelt sich bei einem „Nationalstaat" eben nicht um den Staat *_der_* Nation ...: *_des_* Volkes_ ...: das auf dem Gebiet eines solchen Staates existiert. ...: das mag bei den Nationalstaatsbildungen der USA bzw. Frankreichs anlagemäßig noch anders — *gedacht* — gewesen sein ...: was im übrigen auch noch auf den (*_sich später konstituiert habenden_*) italienischen Nationalstaat zutreffen mag. ...: gewiß ist jedoch ...: daß das für *_jene_* „Nationalstaaten", die aus *_den_* ...: *nicht im modernen Sinne zu verstehenden* ...: Staaten bzw. Staatenverbünden hervorgegangen sind ...: und wo sich die Politische Reaktion ...: *nämlich auf die Französische Revolution hin* ...: konstituierte ...: also ...: insbesondere aus dem Heiligen Römischen Reich oder dem Habsburgerreich hervorgegangen ...: und ebenso ...: bis zur Oktoberrevolution ...: genauso fürs zaristische Rußland geltend ...: *_nicht_* gilt ...: da diese Nachfolgestaaten nicht einmal anlagemäßig politisch so gedacht gewesen waren ...: wie gesagt ...: dies gilt mit dem Einsetzten der Oktoberrevolution für Rußland grundsätzlich nicht mehr ...: es lag kein Automatismus in der Herausbildung des stalinistischen Systems ...: dieses war Folge der Interventionspolitik des damaligen „Westens" ...: heute liegt mit Recht die Hoffnung der Welt auf der Russischen Föderation ...: es entsteht aktuell eine neue

---

[269] Was es mit dem „orwellianischen 'Imperium des Friedens'" auf sich hat und wie es möglich ist, dieses zu beseitigen, um einer konstruktiven gesellschaftspolitischen Entwicklung ...: allerdings ...: nicht allein auf dem europäischen Kontinent ...: Raum zu geben, habe ich in dem Manifest: : « Le rayon des Lumières — Quelques remarques sur ›l'Empire de la paix‹ orwellien, nommé l'UE » skizziert.

Weltordnung, die _*nicht!*_ mehr von den Westlichen dominiert sein wird ...: _*erste!*_ Möglichkeit für einen wirklichen ...: *globalen* ...: allerdings ...: unter _*Ausschluß!*_ der Westlichen ...: Demokratisierungsprozeß.

...: übrigens ...: Auch wenn Aristoteles (_384-322_) in seinen Forderungen hinter denen des älteren Solons zurückfiel, wußte er bereits ...:: Das politische Wahlverfahren führt früher oder später _*stets!*_ zu oligarchischen Machtverhältnissen.[270]

Ein Wort zu Solon (_640-560_) sei gesagt ...: Einen Begriff von Solons Sichtweise, die dennoch eine von den Besitzenden kommende bleiben mußte, da er selbst dem Adel angehörte ...: *zwar dann verarmt und als Kaufmann viele Reisen unternehmend, also* _schon_ *einen relativ offenen Blick für sein späteres politisches Amt mitbrachte* ...: und deshalb letztlich den Grundbesitz unangetastet ließ, was die durch seine andre Gesetzgebung gesellschaftspolitisch entschärfte Situation im damaligen Griechenland wieder machtproblematisch befeuern mußte ...: Solon aber dennoch den Schlüssel zu geben weiß, wie die staatlichen Machtverhältnisse zu einem tendenziellen Ausgleich zu bringen _*wären!*_ ...: so man Solons Überlegungen nur sowohl geupdatet als auch konsequent politisch umsetzte ...: sei an dieser Stelle auf die Fragmente seiner Schriften hingewiesen, die von Eberhard Preime griechisch und deutsch versammelt und 1945 im Ernst Heimeran Verlag in München veröffentlicht worden sind.

---

[270] Was es im Gegensatz zum „politischen Wahlverfahren" mit dem „politischen Losverfahren" auf sich hat, erläutere ich in einem andren Buch: « Sie fragen noch, wie die ›Verhältnisse‹ liegen? », dort in der Passage, die auf der Seite 337 mit: „folgendes ist keine politische Geschmacksfrage" beginnt. Aber gegen Ende des Ihnen vorliegenden Buches werden bereits genügend Hinweise gegeben, damit Sie sich einen Begriff davon machen können, was das politische Losverfahren, als elementarer Teil der Direkten Demokratie, bedeutet. Siehe dazu die Seiten 607-11, beginnend mit ...: „Demokratischen Mindeststandards genügte es hingegen erst ...".

...: nun ...: wie es auch mit Solon und seinen staatspolitischen Überlegungen sei ...: Wir leben in nach dem Gusto der Vertreter oligarchischer Machtverhältnisse geschaffenen gesellschaftspolitischen Strukturen. ...: Wegen der besonderen Art und Weise, partikulare Machtinteressen zu bedienen, nenne ich die in den selbsternannten „Elitestaaten" der Welt bestehende oligarchische Herrschaft „Lobbykratie" ...: da „Lobbykratie" _*dann*_ existiert, orientiert sich das gesellschaftspolitische Organisationsprinzip eines ganzen Staates an betriebswirtschaftlichen Vorgaben ...: das ist übrigens das praktische Ergebnis dessen, was als Neoliberalismus bezeichnet wird. ...: hier natürlich „Neoliberalismus" _*nicht!*_ als Schlagwort gebraucht ...: denn ...: _*Was?*_ heißt „Neoliberalismus" ...: das läßt sich in einem Satz ausdrücken ...: ZITAT_Das Regierungshandeln nimmt keinen Einfluß auf den „Markt", sondern ausschließlich auf die gesellschaftlichen Bedingungen, wodurch in der Bevölkerung ein „marktkonformes" Verhalten dauerhaft erzeugt wird._ZITATENDE[271]

...: wenn es aber so ist, daß, u.a., auch die EU im Sinne oligarchischer Machtverhältnisse funktioniert ...: was bspw. in meinem Buch ...: « Sie fragen noch, wie die ›Verhältnisse‹ liegen? » ...: ausgeleuchtet ist ...: kann der oben zitierte Satz ...: ZITAT_*Europa muß für Sicherheit sorgen, denn das ist es, was die europäischen Bürger wollen — von der Union geschützt zu werden*_ZITATENDE ...: lediglich dem Verschleiern der „Interessen-Wahrung" jener ...: *der lobbykratischen* ...: Machtverhältnisse dienlich sein. ...: denn ...: Was dieser EU-Außenbeauftragte tatsächlich meint, wird deutlich, wenn dieser dann feststellt ...:

---

[271] Siehe in: « Die *tri*_logische Sezierung des lobbykratischen Zeitalters », Band I, Teilband 1: „Die Benennung — Hintergrundausleuchtung zweier ideologischer Begriffe, zu denen zwar jeder etwas meint ...", Kap. 1: „Erläuterung des Begriffs `Neoliberalismus'", die Seite 59.

ZITAT_Unsere Bedrohungsanalyse zeigt, daß wir in einer sehr viel feindseligeren Welt leben, daß unser Wirtschaftsraum mehr und mehr umstritten ist, unser strategischer Raum mehr und mehr umkämpft wird und unser politischer Raum mehr und mehr geschwächt wird_ZITATENDE[272]

...: wobei der EU-Außenbeauftragte das mit Blick auf die anhaltenden Krisen an der polnisch-weißrussischen Grenze sowie im östlichen Mittelmeer und in der Sahelzone sagte ...: denn ...: _*Wer?*_ hat *ur!*_sächlich diese Bedrohungslage verursacht ...: und eben nicht „bloß" *mit*_verursacht ...: wenn nicht die EU selbst ...: gewiß ...: im Verein mit den USA ...: von denen die EU existentiell abhängig ist ...: *auch dienen der EU die sogenannten Freihandelsverträge als moderne Knebelungswerkzeuge* ...: beziehungsweise ...: *als neokolonialistische Werkzeuge* ...: beispielsweise ...: *Afrika gegenüber* ...: und das Verursachen dieser jetzigen Bedrohungslage ...: die diese EU-Figur ...: *auf krummen Wegen in ihre aktuelle Position als* „EU-Außenbeauftragter" *gepusht* ...: beklagt ...: beginnt mit der eigentlichen Gründung der EU 1992 / 93 ...: und zwar mittelbar ...: *also über Mitglieder dieser Union verursacht* ...: Stichwort „Zerstörung Jugoslawiens" ...: *oder unmittelbar* ...: Stichwort „Freihandelsverträge", *die neoimperialistischen Charakter haben* ...: auch wenn heutzutage nicht mehr von Imperialismus die Rede ist, sondern orwellianisch von „Integrationskonkurrenz".

---

[272] Siehe die eingangs dieser „Begegnung" genannte Quelle: https://www.euractiv.com/section/defence-and-security/interview/europe-has-to-become-a-security-provider-says-eus-borrell/.

Der orwellianische Begriff „Integrationskonkurrenz"

Als exemplarisches Beispiel für die Verwendung des orwellianischen Begriffs „Integrationskonkurrenz" kann das Bestreben gelten, die Ukraine in den Einflußbereich des Westens zu ziehen und auf diese Weise dem Einflußbereich Rußlands zu *ent*_ziehen ...: durch Zerstörung einer langen Wirtschaftstradition ...: aber ...: unter Beibehaltung der oligarchischen Machtverhältnisse.

Dies folglich eine Politik, die für die Masse der Menschen dort nachteilig ist, da auf diese Weise weiterhin Spielball widerstreitender, nationalstaatlicher Interessen bleibend, was sich übrigens auch in der Unbeliebtheit des seit dem 7. Juni 2014 herrschenden oligarchischen Regimes in Kiew ausdrückt, wie aus zwei im Jahre 2015 durchgeführten Untersuchungen hervorgeht [_*die zeigen, daß die Ukraine in jeder Hinsicht ein zerrissenes Land ist* ...: *Wie es für alle Länder gilt, wo die Verantwortlichen der neoliberalen* „Elite-Staaten" *ihr marktkonformes Gesellschaftsmodell installiert sehen wollen*_].

Diese beiden Untersuchungen[273] zeigen, daß das ukrainische oligarchische System der neoliberalen Post-Putsch-Zeit noch weit unbeliebter ist als jenes vorher geherrscht habende Janukowitsch-Regime ...: das übrigens keineswegs einen anti-westlichen Kurs verfolgt hatte ...: sondern eher einen, der die alten russisch-ukrainischen Wirtschaftsbeziehungen mit in Rechnung stellte ...: aber das konnte nicht mit dem, gemäß der Ideologie des Neoliberalismus' von den Machteliten des „Westens" seit dem Ende des Kalten

---

[273] Siehe dazu: „Ukrainians Disillusioned With Leadership", der zugehörige Link:

https://news.gallup.com/poll/187931/ukrainians-disillusioned-leadership.aspx?version=print; und „Public Opinion Survey Residents of Ukraine", der zugehörige Link:

https://www.iri.org/sites/default/files/wysiwyg/2015_11_national_oversample_en_combined_natl_and_donbas_v3.pdf. Beide Links wurden am 2. April 2022 erneut geprüft.

Krieges wieder mehr und mehr politisch Verfolgten vereinbar sein, das heutzutage zwar orwellianisch als „Integrationskonkurrenz" bezeichnet wird, bei dem es sich tatsächlich aber um jenes handelt, das altbekannt ist und sich „Imperialismus" spricht.[274]

...: _*Was?*_ aber sollte dabei herauskommen, behauptet jemand von jener EU-Funktionselite, er bzw. diese Elite wolle alles tun, die Bürger zu schützen ...: _*etwa?*_ vor dem orwellianischen Gebilde EU selbst, das ...: *im Verein mit den USA* ...: jene Bedrohungslage verursachte ...: aber ...: Das von dieser EU-Funktionselite im Propaganda-Dauerfeuer den EU-Insassen seit Jahren in den Kopf gehämmerte Lügen-Narrativ ...: *die Russen täten in der Ukraine* ...: insbesondere seit dem 24. Februar 2022 ...: die übelsten aller Taten ...: *wobei dieses Lügen-Narrativ bloß das aktuelle ist* ...: das dem Tun und Trachten _*dieses!*_ orwellianischen Gebildes selbst entspricht ...: so seine Funktionselite nur glaubt, solches praktizieren zu können.[275]

---

[274] Zum Begriff „Integrationskonkurrenz" siehe in: « Die *tri*_logische Sezierung des lobbykratischen Zeitalters », Band III: « Gesellschaftspolitische Lesungen über den Neowilhelmoliberalismus und seine Konsequenzen » [...], Band III, Teilband 1, die Seiten 460+f.: „Der orwellianische Begriff 'Integrationskonkurrenz'". ...: Das in eckige Klammern Gesetzte ist eine Ergänzung die sich durchs Schreiben des Ihnen vorliegenden Buches ergeben hat.

[275] Sie dazu die *Wiedergängerische Begegnung*: „Russophobie ist `bloß' _*ein*_ Ausdruck projektionistischen Wahrnehmens" und ...: _*Sie?*_ verlangen eine Zuguterletzt-Begegnung: „Es hat etwas Kindisches, das aus dem _*selbst!*_ verursachten üblen Gestern resultierende Heute zu beklagen".

…: gewiß …: Ein veritabler Realsatirist und …: *selbstverständlich geschlechtsunspezifischer* …: strammer systemischer Troll könnte das hier von mir Angemerkte als „fragwürdig" bezeichnen. …: nüchtern betrachtet ist es aber umgekehrt …: Das in dieser *Dreizehnten Begegnung* Angesprochene _*spotet*_ lediglich das konsequenzenreiche …: *sich aus der fragwürden und tatsächlich praktizierten Politik ergebende sulfuröse Gemisch* …: _*an!*_[276]

---

[276] Was aus diesem sulfurösen Gemisch resultieren wird, findet sich auf den Seiten 362+f. angesprochen, beginnend mit: „prospektive Bemerkung", die ich Ende Oktober 2021 verfaßt habe und auch als kleines Video auf der Internet-Plattform *DailyMotion* abrufbar ist; der zugehörige Link ist folgender:

https://www.dailymotion.com/video/x84zbvs.

Vierzehnte Begegnung:
„Freiheit ist ein Gewaltverhältnis"

Der Realsatirist *Free* bemerkte ...:

> ZITAT_Freiheit ist ein Gewaltverhältnis — sie ist eine Lizenz, also beschränkt und jederzeit entziehbar._ZITATENDE

Da diese Aussage dann stimmt, bezieht sie sich auf eine staatliche Gesellschaft, deren Geschicke von einer Machtelite und ihren Satelliten bestimmt werden ...: sich spezifisch in der aktuellen Herrschaftsform der selbsternannten „Elitestaaten" dieser Welt zeigend ...: der Lobbykratie ...: *da es sich bei ihr um eine besondere Art und Weise von massengesellschaftlichem Organisieren handelt ...: was mittels simulierter Demokratie erfolgt ...: es sich also um eine verschleierte Diktatur bzw. um eine simulierte Demokratie handelt ...: wie sich insbesondere in der EU zeigend ...: und dort noch einmal verschärft in Deutschland ...: exemplarisch am gesellschaftspolitischen Umgang mit der SARS-CoV-2-Pandemie deutlich werdend* ...: geben Sie, Herr *Free*, mit dieser Aussage ...: *gewiß* un!_*gewollt* ...: zu, daß wir in einer Diktatur nach lobbykratischem Muster ...: also ...: in einer simulierten Demokratie leben. ...: damit setzten Sie sich allerdings in Opposition mit denjenigen, die die offizielle gesellschaftspolitische Seite *ver*_treten. ...: _*Macht?*_ Sie das nicht unruhig ...: _*ist!*_ doch bekanntermaßen gerade für _*Sie*_ Mainstreamkonformes zu meinen wichtig. ...: denn ...: _*Sie!*_ sind es, der sich mit wichtiger Miene notorisch befleißigt, solch massengesellschaftlich konform machendes Meinen viral zu verbreiten ...: was das für systemische Trolle Typische ist.

...: hingegen ...: In einem demokratisch verfaßten Staat ...: also ...: *im Gegensatz zu einem lobbykratisch verfaßten stehend* ...: *in dem jeder als Insasse wohnt* ...: *und so in Abhängigkeit von materieller Möglichkeit graduell freigängig seiend* ...: ist Freiheit eine Vereinbarung zwischen *_all jenen_* sein Territorium Bewohnenden ...: die ...: *da es ihre einzige Heimat ist* ...: zu diesem Zweck ...: die potentielle Möglichkeit des einzelnen „Stärkeren" ...: nämlich ...: über andre ...: *denen dieser Staat einzige Heimat ist* ...: Gewalt auszuüben ...: die Gewaltausübung an den von allen sein Territorium Bewohnenden gebildeten Staat übertragen.

...: in der Tat ...: bezogen auf die tatsächliche Verfaßtheit ...: beispielsweise *_des_* Staates ...: in dem die Masse der Deutschen einsitzt ...: läßt sich feststellen ...: Viele gesellschaftspolitische Fragen bzw. Widersprüche klären sich, unterläßt man es, vom „Prinzip Demokratie" zu sprechen, da es sich beim gegebenen staatspolitischen Prinzip in jenen Staaten, die von sich behaupten (*_adjektivische_*) „Demokratien" zu sein, lediglich um das einer „simulierten Demokratie" handeln kann.

...: oder anders gesagt ...: Es wäre absurd, in der real existierenden Lobbykratie mehr Demokratie wagen zu wollen ...: beziehungsweise solche überhaupt zu erwarten. ...: Das Absurde ...: *ich nenne* _dieses!_ *Absurde* ...: *das Realsatiristische* ...: ist zum einen ...: daß allgemein gemeint wird, wir lebten in einer Demokratie ...: zum andren ...: daß zugleich gemeint wird, man müsse mehr Demokratie wagen. ...: denn ...: *_Lebten_* wir in einer Demokratie, müßte davon nicht „mehr" gewagt werden ..: oder etwa nicht? ...: *_Ob?_* es wegen solch absurden Meinens kommt, daß ...: *einsetzend bereits in den frühen 2010er Jahren* ...: heutzutage in *establish_*mentalen Kreisen *_offen_* davon geredet wird ...: mehr Diktatur zu wagen.

...: um diskursiver Rede zu entgehen, wie es in realsatiristischen Kreisen üblich ist, nämlich anstatt kontextuell auf das ihm von mir Erwiderte zu antworten, zog es ebenjener Realsatirist ...: *so doch durch die Art der Frage selbstentlarvend* ...: nun zu fragen vor ...:

> ZITAT_Warum sollte ein „Volk" über
> sich selbst herrschen?_ZITATENDE

...: *_wieso?_* sollte ein Volk *_nicht!_* über sich selbst bestimmen ...: folglich ...: mittels des politischen Losverfahrens diejenigen zu *be_*stimmen, die per Referenden aufgestellte Arbeitspunkte politisch abzuarbeiten hätten.[277] ...: aber, Ihnen, Herr Realsatirist *Free*, antworte ich wohl besser so ...: Ihre Frage ...: ZITAT_*Warum sollte ein* „Volk" *über sich selbst herrschen?*_ZITATENDE kann ich Ihnen beantworten. Allerdings wird dadurch deutlich werden, daß Sie ein gewisses Problem und möglicherweise eine gewisse Abneigung haben, die Sie mit einer gewissen Exklusivität kaschieren möchten.

...: zuerst aber ...: Ihre Frage ist inadäquat, da Sie sie auf meine, Ihre zitierte Eingangsbehauptung betreffende Antwort hin ...: also ...: *un_*bezogen stellen. ...: denn ...: wird allgemein behauptet, wir lebten in einer (*_adjektivischen* ...: *sozusagen* ...: *attributischen* [_attributiven_]_) Demokratie, und ich genau das ...: selbstverständlich ...: *grundlegend!* ...: in Frage

---

[277] Zum „politischen Losverfahren", als elementarem Teil „direkter Demokratie": tatsächlich also der „Demokratie", denn „Demokratie" bedarf keines Attributs ...: sie existiert oder sie existiert nicht, siehe in: « Sie fragen noch, wie die ›Verhältnisse‹ liegen? », die Seiten 337+ff., beginnend mit: „folgendes ist keine politische Geschmacksfrage".

Was es mit dem politischen Losverfahren auf sich hat, wird aber schon auf den Seiten 607-11 des Ihnen vorliegenden Buches ausreichend deutlich, dort beginnend mit: „Demokratischen Mindeststandards genügte es hingegen erst ...".

stelle, wäre erst einmal zu klären ...: ob meine Behauptung stimmte oder ob wir tatsächlich *_nicht_* in einer simulierten Demokratie lebten.

...: wie dem auch sei ...: aus Ihrer Frage ...: *da so bezeichnend gestellt* ...: läßt sich bereits schließen, daß Ihnen die Sache mit der Demokratie sowieso egal ist ...: andernfalls könnten Sie diese Frage nicht *_so_* stellen. ...: demnach ist berechtigterweise zu vermuten, daß es Ihnen gleichgültig ist ...: _oder?_ *Sie es gar mögen* ...: der Masse der Menschen ...: *und damit* _immer!_ *auch einem konkreten Menschen* ...: ins Gesicht zu lügen ...: sagt man ihr ...: „'Wir!' haben Demokratie".

...: nun ...: Wer Volk in An- und Abführungszeichen setzt, hat ...: *möglicherweise wegen mangelhafter Beschäftigung damit* ...: mit einem Begriff Probleme, der nicht erst von jenen, die sich „Nationalsozialisten" nannten, machtpolitisch mißbraucht wurde ...: bauten die „Nationalsozialisten" doch zum einen auf dem auf ...: *und dies konnten* ...: *da* _dort!_ *Wurzeln ihres* „Gedankengutes" *ohne weiteres zu finden sind* ...: welches das Phantasieprodukt von „'Indologen' der ersten Stunde" ist ...: der „Arier-Mythos" ...: und zum andren auf dem auf ...: *und das ebenso ohne weiteres konnten* ...: *da ebenso* _dort!_ *Wurzeln ihres* „Gedankenguts" *zu finden sind* ...: welches wiederum jene ausformuliert hatten, die zwar bis heute als Philosophen bezeichnet werden, tatsächlich aber Ideologen der politischen Reaktion waren, die sich wegen und zur Zeit der sich ereignenden Französischen Revolution konstituiert hatte und seitdem ...: *also bis heute!* ...: existent ist. ...: *Was übrigens durchs russophobe Treiben im Deutschland des Jahres 2022 exemplarisch aufscheint* ...: Ein Herr Fichte sei beispielhaft genannt, der durchaus auf ideologischen Formulierungen eines gewissen Herrn Kant aufbauen konnte.

...: glaubt also jemand, er habe die „Ansammlung von Menschen eines Staates" adäquat gefaßt, vermeide er nur den Begriff „Volk", mag zwar behaupten, er täte das, weil er „aus der Geschichte gelernt" habe, lügt tatsächlich aber etwas in die Tasche ...: also ...: *nicht allein in die eigene*. ...: denn ...: Es mag sein, daß ihm nicht bewußt ist, daß von den Ideologen dessen, welches man durchaus als Neoliberalismus bezeichnen kann, auf diese Weise eine *Pseudo*_Individualität als Maß für die Identitäts_*„Findung"* von *In*_Sassen lobbykratischer Staaten propagiert wird ...: wodurch (_*u.a.*_) jenes plausibel zu sein scheint, welches man „Vermarkten" dessen nennen kann, was mitunter als „Humankapital" bezeichnet wird ...: jeder _*gegen*_ jenen ...: allerdings ...: gemäß der von _*jenen*_ Ideologen gesetzten „Rechtsstaatlichkeit" ...: manche nennen ihre „politische Ausformung" sogar „demokratischen Rechtsstaat". ...: nun ...: offenbar ...: Das Absurde kennt in der Lobbykratie keine Grenzen. ...: _*allerdings!*_ ...: zwar nennt man gemeinhin die Ansammlung von Menschen eines Staates „Staatsvolk" ...: _*aber!*_ ...: das ist vergleichbar irreführend wie die Verwendung des Begriffs „Demokratie" ...: _*sitzt*_ diese Ansammlung von Menschen in einer Lobbykratie ein ...: denn ...: Tatsächlich wäre die Benennung „Staatsvolk" allein _*dann!*_ berechtigt, hätte sich die ein Territorium *be*_völkernde Ansammlung von Menschen, ihre auf dem Gebiet _*ihres!*_ Territoriums ...: *also Staates* ...: aus ihrer Sicht zu gelten habenden Regeln und Gesetze _*selbst!*_ gesetzt ...: und bestimmten diese Menschen dann in völliger Transparenz selbst ...: _*wer!*_ die von _*ihnen!*_ bestimmten und *fest!*_gelegten gesellschaftspolitischen Zielsetzungen ...: beispielsweise die wirtschaftlichen Belange _*ihres!*_ Staates betreffend ...: in die gesellschaftspolitische Praxis umzusetzen habe ...: _*demnach*_ ...: Das läßt sich über ein politisches Wahlverfahren offenbar nicht realisieren, da dieses _*stets!*_ zu gesellschaftspolitisch oligarchischen Verhältnissen führt. ...: _*demnach*_ ...: Einzig das „politische Losverfahren", als elementarer Teil „direkter Demokratie" ...: *tatsächlich also der* „Demokratie" ...: denn ...: „Demokratie" *bedarf keines Attributs* ...: *sie existiert oder sie existiert nicht* ...: vermag eine Gesellschaft demokratisch prosperieren zu lassen.[278]

...: ein weiterer Augenwischer-Begriff ...: *den ich übrigens als* prä_*orwellianischen bezeichne* ...: ist der Begriff „Nationalstaat" ...: denn ...: „Nationalstaat" meint jenes gesellschaftspolitische Organisationsmedium, das den Ideologen der bürgerlichen Gesellschaft zwar als adäquat erscheint, das aber ...: *objektiv gesehen* ...: nicht adäquat sein kann, da ...: *objektiv gesehen* ...: nicht zu leugnen ist, daß die zwei „großen Miseren" des 20. Jahrhunderts ...: *normalerweise als Weltkriege bezeichnet, sowie* (_immerhin!_) *die eine veritable Reaktion* ...: *normalerweise als Revolution bezeichnet* ...: *auf das bürgerliche gesellschaftspolitische Organisationsmedium* „Nationalstaat" *hin* ...: sich ohne _*dieses*_ gesellschaftspolitische Organisationsmedium (_„Nationalstaat"_) nicht ereignet hätten ...: Es war der nationalstaatlich gesinnte Emil Kirdorf, als erster Industriemanager, der 1912 sinngemäß meinte ...: „Entweder wir haben in drei Jahren Revolution oder Krieg" ...: _*Kann?*_ es verwundern, daß die machtelitären Kreise der Nationalstaaten den Krieg wählten. ...: folglich ...: _*Ohne!*_ das bürgerliche gesellschaftspolitische Organisationsmedium „Nationalstaat" hätte sich der Faschismus ...: *sowie seine besondere Ausprägung in Deutschland als* „Nationalsozialismus" ...: *als Ergebnis des sich in Deutschland* eigen_*tümlich entwickelt habenden*

---

[278] Zum „politischen Losverfahren" siehe in: « Sie fragen noch, wie die ›Verhältnisse‹ liegen? », die Seiten 337+ff., beginnend mit: „folgendes ist keine politische Geschmacksfrage". ...: Worum es beim politischen Losverfahren geht, wird bereits auf den Seiten 607-11 des vorliegenden Buches hinreichend deutlich, dort beginnend mit: „Demokratischen Mindeststandards genügte es hingegen erst ...".

bürgerlichen gesellschaftspolitischen Organisationsmediums „Nationalstaat" ...: nicht ereignet.

...: und so kann *der_*jenige schlußfolgern, der die gesellschaftspolitische Entwicklung seit dem Ende des Kalten Krieges scheuklappenfrei beobachtet ...: Es ist absurd, das machtelitäre bürgerliche gesellschaftspolitische Organisationsmedium „Nationalstaat" *supra_*nationalstaatlich wenden zu wollen ...: also ...: *_dieses_* gesellschaftspolitische Organisationsmedium über eine Ansammlung von seit langem schon existenten Nationalstaaten ...: *sozusagen* ...: zu legen ...: Das Ergebnis kann nämlich lediglich jenes sein, das sich ...: *analog* ...: aus dem preußisierten ...: also ...: zu einem militaristischen Einheitsstaat zusammengebundenen deutschen Nationalstaat des Jahres 1871 *folgen_*reich ergab ...: das ich als „EU-Nationalismus" bezeichne. ...: *_Ohne_* Grund ist es nicht, daß eine Frau von der Leyen ihre abgelesenen Redemanuskripte mit ...: „Viva Europa!" enden läßt ...: und dabei allein an das Glück *ihres!_*gleichen denken kann.

Prospektive Bemerkung

Falls noch geschrieben, werden die Geschichtsbücher, so sie dann keine geklitterten sein sollten ...: *was, wie gewohnt, davon abhängig ist, wer sie in wessen Auftrag schreibt* ...: nicht berichten können, daß es an den normalen Leuten gelegen habe, als das orwellianische Gebilde EU beginnen mußte, unter den Insassen seiner Staaten den Großen Krieg zu propagieren, um für sie die Ursache für seine ...: *selbst verursachte* ...: innere Zerstörung unkenntlich zu machen, da andernfalls der Blick auf jene zu richten (*_gewesen_*) wäre, die bestimmen, wie ...: *und vor allem für wen* ...: die normalen Leute sich strecken ...: beziehungsweise ...: *um im Bilde zu bleiben* ...: ihre Knochen hinhalten müssen. ...: „Müssen" deshalb, da es in einer simulierten Demokratie *_nicht_* vorgesehen ist, daß die normalen Menschen *_dann!_* zu Akteuren ihres eigenen Lebens werden, geht es um die Festlegung der gesellschaftspolitischen Entwicklungsrichtung ...: würde dies doch bedeuten, daß jene, die über ihre Satelliten bestimmen, wie ...: *und vor allem für wen* ...: die normalen Leute sich strecken ...: beziehungsweise ...: *um im Bilde zu bleiben* ...: ihre Knochen hinhalten müssen ...: dieses nicht mehr könnten, da sie Macht *ad*_äquat zu teilen hätten. ...: Es war eben nicht ohne Grund, daß der erste Industriemanager, Emil Kirdorf, im Jahre 1912 sinngemäß meinte ...: „Entweder haben wir in drei Jahren Revolution oder Krieg". ...: womit er übrigens lediglich jenes wiedergab, welches damals in den europäischen machtelitären Kreisen *ge*_dacht wurde, und das *be*_dacht werden muß, will man nicht allein um die Ursachen für den ersten Teil des großen Krieges im 20. Jahrhundert wissen ... *so*_mit ...: um die Ursachen für den ersten Teil des großen Krieges im _*21.*_ Jahrhundert wissen ...: immerhin ist die Kirdorfsche Aussage ...: „Entweder haben wir in drei Jahren Revolution oder Krieg" überhaupt symptomatisch für die Mentalität und das Handeln von Machteliten und ihren Satelliten.[279]

...: das bedeutet ...: _*Wieso?*_ sollten die Menschen _*des*_ Staates, den _*sie*_ *be*_völkern und gesetzlich gesetzt haben, _*nicht*_ als sein Volk bezeichnet werden ...: und überhaupt ...: _*Wieso?*_ sollten, bspw. Franzosen oder Italiener von ihren sie als Ganzes bezeichnenden Begriffen „peuple" bzw. „popolo" lassen, nur weil es die „deutsche Neurose" gibt, die sich durch

[279] Da für das Profitsystem als solches symptomatisch, folglich weiterhin gültig, werden die in diesem Text zitierte Kirdorfsche Aussage sowie die Person Emil Kirdorf selbst in: « Die *tri*_logische Sezierung des lobbykratischen Zeitalters », Band I: « Es werde mehr Licht: Mehr Demokratie wagen in der Lobbykratie? Untersuchung über die Konsequenzen der bürgerlichen Real-Demokratie », Teilband 3: Die *inter*_staatlichen Auswirkungen, Kapitel 15: „Menschenrechte, Völkerrecht und das Konstrukt des Nationalstaates" behandelt, nämlich dort auf den Seiten 379 bis 84.

Diese „prospektive Bemerkung", die ich hier wegen der aktuellen Entwicklung eingearbeitet habe, wurde von mir Ende Oktober 2021 verfaßt und, da mir das wichtig schien, dann am 30. Oktober als kleines Video auf der Internet-Plattform *DailyMotion* veröffentlich; der zugehörige Link ist folgender:

https://www.dailymotion.com/video/x84zbvs.

semantische Tricks immer neu verkleiden will. ...: Konsequenz? ...: vor dem Hintergrund dessen, was ist, plädiere ich für den kollektiven Austritt aus den Nationalstaaten und für die Gründung tatsächlich demokratisch konstituierter Staaten. ...: Daß das nicht realistisch ist, ist mir bewußt, allerdings genauso ...: Etwas nicht Realistisches, bedeutet nicht, daß es Utopisches wäre ...: denn ...: Das gesellschaftspolitisch Realisierbare ist „bloß" von den Machtverhältnissen bestimmt.

> ZITAT_Deine geistigen Verrenkungen zur Legitimation bürgerlicher Herrschaft sind amüsant. Nicht klug, eher eitel, aber amüsant. Die *Unter*_Striche im offenbar zugehörigen Text besonders_ZITATENDE

...: so meinte Herr *Free.*

...: _*War?*_ das Thema meiner Antwort die „bürgerliche Herrschaft zu legitimieren" ...: _*wie?*_ können Sie das meinen ...: demnach ...: _*Wie?*_ sollte jemand etwas „amüsant" finden können, der durch sein Antworten belegt, daß er a) inhaltlich nicht die „Spur" halten kann, b) nicht den Sinn des Ausgedrückten eines andren begreift ...: zumal ...: c) nicht den Grund seines textlichen Verwendens von *Tief*_Strichen kennt. ...: und so ist es schade, daß *den*_jenigen, der Sentenzen wie jene schwätzt ...: *die dieser in der Auseinandersetzung mit jemandem, der scheinbar noch nicht vom Realsatirismus angeragt* ...: absonderte ...:

> ZITAT_Ich rede nicht von `historischen Prozessen´, diese sind eher Zufälligkeiten als Kausalitäten_ZITATENDE

...: *ob*_wohl es ihm doch sein Gesprächspartner insofern leicht machte ...: *wenigstens orthographisch nicht auffällig zu schwätzen* ...: da dieser _*vom*_ historischen Prozeß und _*nicht!*_ von „historischen Prozessen" sprach ...: der Ausfluß seines zusammengedachten Zeugs _*offenbar*_ selbst _*nicht!*_ schmerzt. ...: _*Ist*_ doch jenes, das man deshalb „historischen Prozeß" nennt, weil es sich dabei um etwas handelt, das in der Zeitlichkeit zusammenhängend *ab*_läuft ...: _*ohne!*_ so kontinuierlich wie aus dem bereits erfolgten Ablauf dieses Prozesse sich dialektisch ergebendes menschliches Tun nicht zu denken ...: _*voraus!*_gesetzt ...: man denkt nicht einen Meter und fünfzig über dem Boden wie es „idealistische Philosophen" oder „tendenziell Theologische" tun. ...: Es demnach allein darauf ankommt ...: _*wer!*_ diesen Prozeß ...: *den Verlauf der gesellschaftspolitischen Ereignisse sowie den ganzen Rattenschwanz, der daran hängt* ...: verantwortet ...: da _*das!*_ den _*weiteren*_ Verlauf der Ereignisse _*in!*_ diesem Prozeß bestimmt. ...: Folglich ...: partikularinteressen_*bestimmte* Entscheidungen fatale Folgen haben können, die dann ...: wegen ihrer Schwere ...: von den lobbykratie_*systemischen* Trollen ...: wie Ihnen ...: zugedeckt werden müssen ...: um jenem Meinen, welches als „großes Gerücht" ...: *genannt die* „öffentliche Meinung" ...: *die lobbykratische Gesellschaft durchweht* ...: nützlich zu sein ...: also ...: bezogen auf Sie, Herr *Free* ...: das von den großen Realsatiristen *Vor*_geplapperte lediglich *nach!*_zuplappern ...

...: offen daran ...: *am historischen Prozeß* ...: ist allein ...: _*Wieso?!*_ setzte er einst ein ...: und ...: _*Muß?*_ man annehmen, daß dieser Prozeß ...: als einst einmalig in Gang gesetzter ...: _*oder?*_ ...: als schon mehrmals unterbrochener zu verstehen wäre ...: also ...: _*das?*_ Menschengeschlecht bereits wiederholt bei null beginnen mußte. ...: betrachtet man ...: *und versucht das zu verstehen* ...: _*wieso*_ die Historischen das Tun der Prähistorischen _*nicht!*_ verstehen ...: könnte man zu _*dem*_ Schluß kommen, daß die Geschichte unseres Geschlechtes bereits mehrmals ...: _*ohne!*_ Erinnerung an das

Vergangene …: man nennt das kollektive Amnesie …: sozusagen …: neu einsetzte.[280]

…: _*Konnte?*_ es überraschen, daß der Realsatirist *Free* nichts andres darauf zu antworten wußte als …:

> ZITAT_Bin gespannt darauf, wie jetzt der Prozeß der Diskussion verläuft — ich sage hier schon einmal: wegen Unverständlichkeit abgelehnt. Was mir mit Dir nicht allein so geht, betrachtet man, im Verhältnis zu Deinen enormen geistigen Verrenkungen, Deine Reichweite auf *twitter*_ZITATENDE_

…: nun ja …: Realsatirist *Free* …: „Prozeß der Diskussion" …: schon das genügt, um mich zu schütteln. …: übrigens …: „geistig *ver*_renkt" ist bei mir nichts …: hingegen …: übliche pejorative Floskel von Leuten, die bereits in erster Windung eines von einem andren gebahnten Gedanken_*Ganges aus*_rutschen …: *schon viele habe ich verendet in meinen liegen sehen* …: *kein schöner Anblick zwar* …: aber …: _sollte?_ *mich das deshalb mit diesen* mit_leidig sein lassen. ….: immerhin …: Ich zwinge niemanden, in meiner Gegenwart *Un*_ausgegorenes *ab!*_zusondern. …: Schauen Sie auf mein (_*aktuelles*_) „FB-Profil" …: das erklärt bestimmt jenes, das Sie „Reichweite bei 'Twitter'" nennen. …: und …: _*Was?*_ wissen Sie von meinen Intentionen. …: und überhaupt …: An jenem, welches von deutschen Kulturbetrieblern in die Pfeife geblasen, von andren dann getanzt, was wiederum andre glauben läßt, sie seien

---

[280] Siehe dazu, also zu diesem „Nichtverstehen", in: « Ist der Monotheismus von seiner Anlage her ein elementarer Faktor der Gewalt? », dort in Teil 2: „Von gefühlt-gedachter Wahrnehmungsweise, dem Ursprung der Prophetie und von der gesellschaftlichen Gebundenheit des Religiösen", das Kapitel 5: „Der 'Schamanismus' als Hinweis auf die völlig andere Art und Weise des Wahrnehmens der Prähistorischen"; sowie weiter ausgeführt in der Passage, die Sie …: *als Teil meines letzten Buchprojektes* …: in jenem Buche finden, das noch nicht *reif*_geschrieben ist.

über die neuesten Wendungen des Getanzten informiert ...: gar *auf*_geklärt ...: läßt sich ...: *an sich!* ...: *un*_schwer erkennen ...: „Reichweite" und inhaltlich qualitative Dichte schließen sich im lobbykratischen System ...: _*offenbar!*_ ...: aus. ...: Ergebnis? ...: Verseichtung ...: oder ...: Neigung des Niveaus gegen null. ...: _*Was?*_ wäre also das Problem ...: die Masse der bürgerlichen Intellektuellen ist intellektuell fertig. ...: _*Wäre?*_ es etwa besser ...: wiese ich sie schonend auf ihre Notlage hin ...: damit mich nur ja niemand von diesen Fertigen für „eitel" oder gar „arrogant" hielte. ...: im Vertrauen ...: eigentlich bin ich zurückhaltend ...: aber ...: wie ich Ihnen schon ...: *mit Blick auf Sie* ...: sagte ...: Herr *Free* ...: „Schade, daß es denjenigen, der seltsames Zeug [...] schreibt, offenbar selbst nicht schmerzt." ...: Zu Ihrer Information ...: _*Hier!*_ liegt eine meiner Intentionen ...: _*mich!*_ schmerzt es. ...: im übrigen ...: Ich sieze Sie nicht aus Respekt, sondern zur Unterstreichung der Distanz ...: das Du ist mir zu wichtig.

Fünfzehnte Begegnung:
*Ist?* Konsum schlecht

ZITAT_Ich möchte eine Wirtschaft, die das Gemeinwohl fördert und nicht nur den Konsum_ZITATENDE

Unter anderem beginnt gemeinwohlorientiertes Wirtschaften damit, daß man den Begriff „Konsum" *ent*_ideologisiert.

…: darauf meinte Herr *Aal* …:

ZITAT_„*ent*_ideologisiert": Soll hier konkret bedeuten? Mit welchem Ziel?_ZITATENDE

…: *öko*_ideologisch betrachtet ist „Konsum" „ganz schlecht" …: da …: *wie jeder medial wissend gemacht weiß* …: „umweltschädlich". …: das ist aber etwas für jene Geredetes, denen man zwar nicht mehr mit dem „Buhmann" kommen kann, die allerdings nicht von ihrem *ein-Meter-und-fünfzig-über-dem-Boden-Schwätzen* lassen können …: da verkindischt seiend …: Eben nützliche Idioten für profitorientierte Kreise, denen diese ohne weiteres die _*Zukunft?*_ unseres Geschlechtes überlassen …: erwidern _*deren*_ Satelliten …: also …: *jene der profitorientierten Kreise* …: nur fleißig …: auf _*ihre*_ geflügelte Phrase hin …: „kein CO_2 mehr!" …: sozusagen *refrain*_geflügelt …: „Unser, auf 'Anleger' justiertes Effizienzsystem steht gleicherweise im Dienste der lobbykratisch *ad!*_äquat funktionierenden politisch Verantwortlichen …: *die sich dem Aktionismus zur Rettung des* 'Klimas' *verschrieben haben* …: wie wir es in enger Zusammenarbeit mit — *gleicherweise* — lobbykratisch *ad!*_äquat funktionierenden politisch Verantwortlichen tun ...: *die sich schon längst dem aktionistischen* 'Kampfe gegen den gräßlichen viralen Feind' *verschrieben haben* ...: *wie die beteiligten Medien schon gut zu verbreiten wissen* ...: _*denn!*_ ...: Was gegen das 'gräßliche Virus', das im Inneren eines jeden Menschen hockt, uns *genetic-engineering-like* mit unseren gesundheitswirtschaftlichen Produkten möglich ist, ist für uns prinzipiell _*gleicherweise*_ mit unseren *geo-engineering*-wirtschaftlichen Produkten *der!*_artig lukrativ in die Welt zu setzen, da dann das Ineinandergreifen *umwelt*_natürlicher Prozesse nicht mehr *auto*_regulatorisch funktionieren mag ...: eröffnet sich dann doch _*so*_ sowohl ein *doppelt*_lukrativer Markt als auch eine so ultimative wie *geo-genetic-engineering Methode*"

...: hingegen ...: *ent*_öko-ideologisiert betrachtet ...: auf die Qualität von Konsum kommt's an ...: Wird allgemein nachhaltig produziert und kaufe ich bspw. eine Theaterkarte zu einem angemessenen Preis, konsumiere ich, aber ermögliche so dem Ensemble nachhaltig Produziertes zu kaufen. Das bedeutet ...: *beispielsweise* ...: daß ein Bauer bei der Aufzucht oder dem Anbau nicht tricksen muß. ...: jeder kann andre Beispiele finden ...: davon liegen immerhin genügend herum ...: und _*alle!*_ sind an die Lohnfrage gekoppelt ...: nämlich ...: Löhne _*müssen!*_ angemessen hoch sein ...: demnach ...: der _*eigenen!*_ gesamtgesellschaftlichen Produktivität entsprechen ...: *oder anders gesagt* ...: der Goldenen Lohnregel folgen.[281] ...: daraus ergibt sich die Zielsetzung ...: Wer tatsächlich etwas für die natürliche _*und!*_ die soziale Umwelt tun will, kommt

---

[281] Zur Goldenen Lohnregel siehe dazu in: « Die *tri*_logische Sezierung des lobbykratischen Zeitalters », Band III: « ›Ich stimme nicht zu!‹ Gesellschaftspolitische Lesungen über den Neowilhelmoliberalismus und seine Konsequenzen », Teilband 2, Lesung 22: „Von den Bedingungen für das Funktionieren einer Währungsunion".

(_*selbstverständlich lediglich u.a.!_*) nicht an *ent*_öko-ideologisierter Verwendung des Begriffs „Konsum" vorbei.

...: im übrigen ...: Wer *tat*_sächlich ...: also ...: _nicht!_ *bloß gequatscht* ...: etwas für die natürliche _*und!*_ die soziale Umwelt tun will ...: *da zwei Seiten einer Medaille seiend* ...: kommt nicht nur nicht an *ent*_öko-ideologisierter Verwendung des Begriffs „Konsum" vorbei ...: sondern ...: ihm wird weit vorher schon die *Be*_Antwortung dessen *ab!*_verlangt, welches man „*Macht*_Frage" nennt. ...: *in*_sofern ...: *Ent*_öko-ideologisierte Verwendung des Begriffs „Konsum" ist *nach*_rangig, da sich dann ...: *vorausgesetzt die* „Machtfrage" *wird richtig beantwortet* ...: sozusagen von selbst ergebend.

Sechzehnte Begegnung:
Da die Spezies Mensch von ihrer Anlage her plastisch ist

Ihre skizzierte Einschätzung der Spezies Mensch, Herr *See*, und Ihre daraus resultierenden absurden bzw. *dys*_topischen Empfehlungen scheinen letztlich daher zu rühren, daß Sie nicht in Rechnung stellen, daß die Spezies Mensch von ihrer Anlage her plastisch ist. Diese Plastizität erklärt nämlich zum einen, daß sie sich über die ganze Welt ausbreiten konnte, da ...: *wegen dieser Plastizität* ...: in der Lage seiend, sich an ihre natürliche Umwelt anzupassen. Zum andren diese Plastizität allerdings bedeutet ...: Es sind die gesellschaftspolitischen Machtverhältnisse, die bestimmen, was in einem konkreten Menschen gefördert wird ...: das Altruistische oder das Egoistische ...: *beziehungsweise* ...: ob das Egoistische vom Altruistischen *ein*_gehegt ist oder es bewußt zum treibenden ...: *gesellschaftlichen* ...: Prinzip gemacht wird, wie es fürs Profitsystem typisch ist ...: *mit andren Worten* ...: ich lehne es ab, über zukünftige ..: *potentiell mögliche* ...: menschliche Lebensweise zu diskutieren, ist nicht einmal jenes das Thema, das dazu erste Bedingung wäre ...: die *grund!*_legende Änderung der bestehenden Machtverhältnisse ...: denn ...: Wer vor dem Hintergrund der bestehenden Machtverhältnisse behauptete, um den Weg hin zu einer „lichten Zukunft" zu wissen ...: nähme die normalen Menschen nicht nur nicht ernst, sondern unterstellte unverschämterweise sogar ...: daß _*sie!*_ es seien, die ...: *als Masse* ...: die gesellschaftspolitischen Geschicke eines machtelitär geführten Staates oder Staatenverbundes bestimmten.

Siebzehnte Begegnung:
Der Begriff „Verschwörungstheoretiker“ ist unsinnig

Zu einem Video, von dem seine Macher behaupten, einen satirischen Anspruch zu haben, tatsächlich aber offenbar dem Verbreiten von holzschnittigen Klischees und eben nicht dem satirischen Bearbeiten eines gesellschaftspolitisch schwerwiegenden Phänomens dienend ...: *beispielsweise* ...: dem des Realsatirismus'[282] ...: *um gleich den Kern des präsenten gesellschaftspolitischen Problems zu treffen* ...: *da der nun einmal adäquat die* „emotionale Basis“ *der lobbykratischen Gesellschaftsformation benennt* ...: meinte statt dessen einer seiner „Macher“ ...:

> ZITAT_Das nenne ich knallharte Opposition! Fakten, Faken, Fake... Und es zeigt endlich einmal in aller Deutlichkeit, wie schwer es Verschwörungstheoretiker heutzutage haben!_ZITATENDE.

...: da dieser Macher, ein gewisser Herr *Will*, das in meiner Anwesenheit sagte, war seiner Rede prompt zu widersprechen möglich ...: Herr *Will* ...: bei dem, was Sie und Ihr Kollege produziert haben, scheint es sich um ein Video zu handeln, das dazu dienen soll, in den Köpfen der Menschen _*den*_ Eindruck zu verfestigen, als gäbe es keine plausiblen Gründe dafür, das die SARS-CoV-2-Pandemie betreffende politische Treiben _*nicht nur*_ kritisch zu sehen ...: sondern ...: dieses Treiben _*fundamental*_in Frage zu stellen ...: *zugegeben* ...: diese Aussage mache ich, obwohl ich schon nach kurzer Zeit nicht

---

[282] Wie Sie sich erinnern, eingangs des Ihnen vorliegenden Buches findet sich in den Passagen von: „Was *vor*_bemerkend zu bemerken ist“ erläutert, wieso ich den Begriff „Realsatirismus“ geschaffen habe, was dieser bedeutet und wieso er als „emotionale Basis“ einer lobbykratischen Gesellschaft anzusehen ist. In der *Vermeintlich letzten Begegnung* komme ich darauf noch einmal zurück.

weiter zugeschaut, geschweige zugehört habe, da, wie gesagt, Ihr Video so holzschnittig wie klischeehaft angelegt ist. ... jedenfalls ...: Wenn das so stimmte ...: *also* ...: es keine plausiblen Gründe dafür gäbe, das die SARS-CoV-2-Pandemie betreffende politische Treiben *_nicht nur_* kritisch zu sehen, sondern es *_fundamental_* in Frage zu stellen ...: könnten ...: *bzw. bräuchten!* ...: die nachfolgenden Fragen tatsächlich nicht gestellt zu werden. ...: *_allerdings_* ...: *_vor_* dem Stellen dieser ...: *lediglich beispielhaft gestellten* ...: Fragen sei bemerkt ...: Es ist keineswegs notwendig, jenes zu sein, was von interessierten Kreisen als „Verschwörungstheoretiker" bezeichnet wird ...: um das sich ereignende politische Treiben seltsam zu finden. ...: abgesehen davon ...: Der Begriff „Verschwörungstheoretiker" ist unsinnig. ...: hingegen ...: die Bezeichnung „Verschwörungs*_Thetiker_*" *_kann!_* sinnig sein ...: immerhin ...: die Weltgeschichte ist nicht arm an Verbreitung von dem, welches man heutzutage ...: *dann allerdings von interessierter Seite immer tendenziös* ...: als FakeNews bezeichnet und durchaus mit Verschwörungen verbunden war ...: und ...: weiterhin ist ...: *_Wozu?_* gibt es Geheimdienste ...: *_etwa?_* ...: Bevölkerungen zu schützen. ...: Dennoch wäre es aus meiner Sicht unsinnig, den Fakt Verschwörung „theoretisieren" zu wollen. ...: Hingegen ist es erlaubt, eine entsprechende These aufzustellen, die der Erklärung dessen dienen soll, was sich, bspw. politisch, ereignet. ...: *_Wäre_* es verboten, solche Thesen aufzustellen und zu vertreten ...: oder ...: zwar nicht verboten ...: aber dann von jenen ...: *die fürs Machen öffentlicher Meinung zuständig sind* ...: mit entsprechender Stigmatisierung belegt würden ...: wäre das eine ...: wie das andre ...: höchst fragwürdig. ...: selbstverständlich ...: Verschwörungs*_thetisches_* hat ...: soweit das thematisch geht ...: stichhaltig zu sein, und per se wäre es das nicht, wollte es lediglich ...: beispielsweise ...: die „Protokolle der Weisen von Zion" updaten ...: was vorzüglich in sogenannten politischen Krisenzeiten geschieht

...: welche Ursachen die jetzt auch immer haben mögen ...: also ...: die Krisen solcher Zeiten. ...: und ...: diesbezüglich ...: hypo_*thetisch* gefragt ...: _*Etwa?*_ ...: mitunter ...: die gleichen Ursachen, die für _*dubios*_ Verschwörungsthetisches tatsächlich ursächlich sind ...: _*überraschte?*_ es etwa, käme so etwas tatsächlich vor.

...: aber jetzt ein paar Fragen ...: da beispielhaft und insbesondere dann an diejenigen zu stellen, die von sich behaupten, „Satire" zu betreiben, dabei aber den Fokus falsch setzen, so daß ihre „Art der 'Satire'" vom realsatiristischen Problem ablenkt bzw. dieses zu verschleiern hilft ...:

- _*Muß?*_ man es als normal ansehen, daß die Regierung Merkel, u.a., dem profitorientiert aufstrebenden Pharma-Unternehmen BioNTech, und damit mittelbar auch dem Pharma-Konzern Pfizer, am 9. September 2020 eine Fördersumme in Höhe von etwas mehr als 375 Millionen Euro bewilligt hat ...: *die rückwirkend zum 1. Februar 2020 verwendet werden konnte* ...: und diese Summe den genannten profitorientierten Unternehmen *aus!*_drücklich als _*nicht!*_ rückzahlbar zur Verfügung gestellt wurde.
- _*Kann?*_ man es dann nur komisch finden, daß die Oxforder Wissenschaftler vom profitorientierten Pharma-Unternehmen AstraZeneca verlangt hatten ...: solange diese Pandemie grassiere, den Impfstoff zum Selbstkostenpreis zu produzieren.
- _*Wäre?*_ es dann ebenso als komisch anzusehen, würde man von zwei profitorientierten Firmen verlangen, ihren Impfstoff bis zum Ende der Pandemie zum Selbstkostenpreis zu produzieren, da diesen eine _*nicht!*_ rückzahlbare Fördersumme in Höhe von 375 Millionen EUR bewilligt wurde, wenn die schon nicht wollten, ihren (_?_) mit Steuermitteln entwicklungsmäßig geförderten mRNA-Impf-Initialstoff selbst von andren Firmen in Lizenz herstellen zu lassen ...: wie es AstraZeneca tut.

- _*Vor?*_ welchem Gericht werden Rechtsstreitigkeiten ausgefochten, kommt es zu Interpretationsproblemen von Passagen des zwischen dem seltsamen politischen Gebilde EU und dem profitorientierten Verbund Pfizer / BioNTech geschlossenen Geheimvertrages.

- _*Können?*_ zwischen staatlichen Gebilden oder Staatenverbünden und profitorientierten Firmen geschlossene Geheimverträge mit Demokratie vereinbar sein.

- _*Kann?*_ es mit Demokratie vereinbar sein, schließen politische _*Verantwortliche?*_ nicht nur überhaupt Geheimverträge mit profitorientierten Unternehmen ab, sondern ist zudem die Haftungs_*Last* solcher in irgendwelchen Hinterzimmern ausgekungelten Verträge von der durch die lobbykratie_*systemischen* Medien *des!*_informiert gehaltenen Bevölkerungen zu tragen, wie dies auf den Geheimvertrag zwischen der EU und den genannten Unternehmen zutrifft.

- _*Ist?*_ nicht schon allein deshalb das Abschließen von Geheimverträgen per se nicht mit Demokratie vereinbar, da dann, bspw. den Bevölkerungen des politischen Gebildes EU durch den Inhalt von Geheimverträgen etwas *ab*_verlangt werden kann, um das sie nicht wissen. _*Ihnen?*_ also das Abzuverlangende und allein Profitinteressen Dienende durch bei lobbykratie_*systemischen* Medien angestellten schreibenden Mitarbeitern als ganz normaler Vorgang verkauft werden muß ...: _*was!*_ bedeuten würde, daß solche Mitarbeiter lobbykratie_*systemische* Trolle wären.

- _*Darf?*_ kein Zusammenhang, bspw. zwischen solchen Geheimverträgen und dem Installieren militärischer Persönlichkeiten in an sich zivilrechtlichen Einrichtungen gesehen werden?[283]

---

[283] Auf deutscher Ebene: seit März 2020 ist der Offizier Hans-Ulrich Holtherm Chef der neuen Abteilung „Gesundheitsschutz, Gesundheitssicherheit, Nachhaltigkeit" des deutschen Gesundheitsministeriums; und seit Dezember 2021 ist der Offizier Carsten Breuer Chef des „Corona-Krisenstabes" der bundesdeutschen „Ampel-Koalition" in Berlin. Quelle: German-Foreign-Policy.com; der zugehörige Link:

- *_Müssen?_* Staaten oder ein Staatenverbund wie die EU, die geheime Abkommen mit profitorientierten Unternehmen abschließen, bspw. mit Pharmafirmen, die Impf-Produkte produzieren, nicht zwangsläufig anders strukturiert sein als tatsächlich demokratisch verfaßte Staaten. ... *_Demnach?_* ihre Optik an Laminat erinnerte, von dem man ja auch eine täuschende „Holzoptik" kennt.

- Nun ...: um es wenigstens erwähnt zu haben ...: *_Was?_* könnte besser sein als das Ergebnis gemeinwohlorientierter ...: *also* _nicht!_ *profitorientierter* ...: Forschung, bspw. in Form eines tatsächlich brauchbaren Impfstoffs ...: in Fällen, in denen es überhaupt möglich sein könnte, einen Impfstoff zu entwickeln.[284] ...: *_und?_* im Anschluß daran solche Stoffe von betriebswirtschaftlich orientierten Firmen *_in Lizenz!_* produzieren zu lassen ...: wobei die Gewinnspanne dann eine „moderate" zu sein hätte ...: da es ja ums Gesundheitliche ...: also ...: ums persönliche und kollektive physisch-psychisch-mentale Wohlergehen geht ...: *um das es in einer* „Gesundheitswirtschaft" *selbstredend geht* ...: *oder etwa nicht?* ...:

- *_Demnach?_* ...: Liegt es für jene Menschen, die es für normal halten, daß profitorientierte Firmen mit politischen Gebilden ...: *bspw. der EU* ...: Geheimverträge abschließen und diese Verträge ausschließlich für solche Firmen von Vorteil sind, hingegen für jene nicht einsehbar sind ...: *denn es handelt sich um Geheimverträge* ...: die alle Risiken solcher Verträge zu

---

https://www.german-foreign-policy.com/news/detail/8780/ wurde am 10. Dezember 2021 geprüft.

Siehe ebenso die Exkursion auf den Seiten 377-86 ...: „Übrigens eignet sich eine Epidemie bestens, militaristisches Denken in den Köpfen einer Bevölkerung zu verankern [...]".

[284] Was ein solcher Impfstoff zu erfüllen hätte, bzw. welche Erreger überhaupt geeignet sein könnten, einem Impfstoff als Basis zu dienen, und zwar unabhängig davon, um welche Methode es sich handelte, siehe weiter oben auf der Seite 279.

Zur Problematik des Impfens überhaupt, siehe den Video-Vortrag von Gerd Reuther, auf den ich bereits aufmerksam gemacht und auf *Netzkolumnist.com* hingewiesen habe: https://netzkolumnist.com/video-ohne-aufklaerung-geht-die-ganze-chose-nicht/.

tragen haben, jenseits ihres Vorstellungshorizontes ...: _*daß*_ eine gemeinwohlorientierte Forschung ...: *also eine, die gesellschaftliche Fragen rein sachlich und nicht primär nach profitorientierten Kriterien stellt und beantwortet* ...: als weit preiswerter anzunehmen _*ist?!*_ als eine gesellschaftlich existentiell bedeutsame Forschung ...: *und die Vermarktung ihrer Ergebnisse* ...: partikularen Profitinteressen zu überlassen.

Exkursion

Übrigens eignet sich eine Epidemie bestens, militaristisches Denken in den Köpfen einer Bevölkerung zu verankern bzw. zu *re*_aktivieren, da die ganze neuzeitliche Medizin ihre ...: *in den meisten Fällen* _nicht!_ *evidenzbasierten* ...: Behandlungen militärisch begründet ...: „'_*Kampf!*_' gegen Krankheiten" ...: „'_*Kampf!*_' gegen 'Erreger'" usw.[285] ...: so eignen sich „Viren" bestens, militaristisches Denken in den Köpfen zu verankern bzw. zu *re*_aktivieren, ohne daß mit besonderem Widerstand zu rechnen wäre. ...: denn ...: wie jeder zu wissen glaubt ...: „Viren" haben nur eines im „Sinn" ...: in „unseren" Körper „einzudringen" ...: um „uns" zu „vernichten". ...: Daher kommen Begriffe wie „Abwehrsystem", die jenes so martialisch wie falsch bezeichnen, das ich richtigerweise „biologisches Kommunikationssystem" nenne ...: und das tue ich seitdem ich mich erstmals mit Viren beschäftigt habe ...: *das war um den Anfang der 1970er Jahre herum* ...: das habe ich deshalb getan, um meinen Blick bezogen auf etwas nicht einzuengen, das erst heute langsam verstanden wird ...: daß „Viren" als „Basiselemente des Lebendigen" zu verstehen sind.

---

[285] Um adäquat auf den ganzen Rattenschwanz an ...: *mit* „militaristischer Grundhaltung" *der* „medizinischen Elite" *einhergehend* ...: traditionell verursachten schwerwiegenden medizinischen Fehlleistungen aufmerksam zu machen, ist erneut auf zwei der Bücher von Gerd Reuther hinzuweisen, da im besten Sinne des Wortes der Aufklärung dienend: « Der betrogene Patient: Ein Arzt deckt auf, warum Ihr Leben in Gefahr ist, wenn Sie sich medizinisch behandeln lassen », in der vollständig überarbeiteten und aktualisierten Neuausgabe, Riva Verlag, München, 2020; sowie: « Heilung Nebensache: Eine kritische Geschichte der europäischen Medizin von Hippokrates bis Corona », 2. Auflage der Originalausgabe, Riva Verlag, München, 2021.

Wenn man bedenkt, was durch die Art und Weise der „medialen Kopf-Bearbeitung" der Masse der Menschen bereits allgemein gemeint wird ...: Ein Virus ist im Körper ...: *eigentlich sind es ja unzählige!* ...: Gegner des Impfens sind im Körper ...: „Volkskörper". ...: denn ...: wird das „richtig" gemacht ...: also ...: nach den Regeln psychologischer Kriegsführung ...: entsteht zuerst _*kollektiv*_ ein schlimmes Gefühl ...: *da*_raus _*kollektive*_ Angst ...: *da*_raus _*kollektives*_ irrationales Denken und Handeln ...: „_*das!*_ Virus ist in mir" ...: „_*der!*_ Feind ist in mir" ...: „der Feind ist _*in!*_ uns ...: Impfunwillige sind Volks-SCHÄDLINGE" ...: das kann ...: *je nachdem* ...: abgewandelt werden ...: und _*schließlich*_ auf einen „gräßlichen äußeren Feind" ...: zu dem aktuell ...: *seit dem 24. Februar 2022* ...: „der Russe" propagandistisch „aufgebaut" wird ...: wobei dabei der alte „russophobe Reflex" wieder nützlich wird.[286]

*Was?* könnte also machtpolitisch bequemer sein, als kollektiv militaristisches Denken durch ein Virus wiederzubeleben, das in den Medien des „industriell-wissenschafts-medial-politischen Komplexes" als „Killervirus" verkauft wird ...: sich aber eigentlich wie ein ganz normales Atemwegsvirus verhält. ...: _*Das?*_ halten Sie für absurd oder gar für verschwörungs_*thetisch*_ gedacht. ...: nun ...: machtpolitisch geht es aber um die weltberühmte Wurst, die die Machteliten dieser Welt seit dem Ende des Kalten Krieges neu aufgeteilt sehen wollen. ...: genau dies nicht anzunehmen, wäre historische Blindheit ...: und ...: *Dies!*_bezüglich den sich seit dem Ende des Kalten Krieges ereignenden Prozeß nicht zu erkennen, wäre Ausdruck von sowohl intellektueller als auch emotionaler Unzulänglichkeit. ...: der Punkt ist ...:

Ein kollektiv wirksames Denken ...: *schließlich gar nicht mehr als militaristisch wahrgenommen, da als normal geltend* ...: in den Köpfen zu verankern bzw. zu reaktivieren, ist insbesondere dann erleichtert möglich, geschieht dies im Rahmen einer Epidemie ...: sie betrifft die ganze Bevölkerung und erzeugt kollektiv Angst. ...: Zumindest ist es leicht, eine Epidemie zum Zwecke der Militarisierung des Denkens der Masse der Bevölkerung eines Staates ...: *und ihrem damit einhergehenden massenhaft* „geduckten Befolgen" *der von der Funktionselite der Machtelite verkündeten und beschlossenen* „weitergehenden Maßnahmen" ...: politisch zu mißbrauchen ...: um nicht tatsächlich annehmen zu müssen, daß es sich dabei um eine inszenierte Epidemie / Pandemie handelte ...: was durchaus plausibel zu begründen wäre ...: an _*dieser*_ Stelle aber nicht begründet werden muß, da das für das hier

---

[286] Siehe dazu auch die *Wiedergängerische* Begegnung: „Russophobie ist 'bloß' _*ein*_ Ausdruck projektionistischen Wahrnehmens".

Auszudrückende gar nicht notwendig ist.[287] ...: *_Denn!_* ...: das Denken der Masse der Menschen zu militarisieren bzw. zu *re*_militarisieren ist deshalb in einer Epidemie so bequem möglich, da das neuzeitliche medizinische Denken von seiner ganzen begrifflichen Anlage her gesehen, selbst von militärischen Begrifflichkeiten *durch*_tränkt ist.[288]

Zwischenexkursion ...: *Wo sich wiederum die Ursachen für solches Denken, zumindest in der Neuzeit, finden* ...:

Nun, einmal in der offenbaren Unfähigkeit, zusammenhängend denken und wahrnehmen zu können und *des*_halb *_der_* Erkenntnis gegenüber blind zu sein ...: Der Lebensprozeß ereignet sich über die Existenz unzähliger Elemente des Lebendigen ...: *die wiederum miteinander über sich dialektisch beeinflussende Wirkkreise verbunden sind.* ...: Zum andren in dem, welches man Politische Reaktion nennen kann ...: Diese konstituierte sich in der Französischen Revolution ...: das heißt als Reaktion der alten europäischen machtelitären Kreise auf diese Revolution hin. ...: Von der Politischen Reaktion gingen die ersten Verschwörungs_*Thesen* aus ...: das diesen „Thesen" zugrundeliegende Meinen läßt sich so ausdrücken ...: Existenzielle Gefahr für die sich an den feudalen Denkschablonen orientierende Machtordnung durch das Artikulieren der Interessen der bisher als bloße Masse wahrgenommenen Bevölkerung ...: und da dies nicht offen auszudrücken war, wurde das diesen „Thesen" zugrundeliegende Meinen durch Phrasen wie nachfolgende nach außen gekehrt ...: *da fürs Machen der öffentlichen Meinung bestimmt* ...: Der innere Feind unterwandert die gottgegebene Ordnung des Staates ...: oder ...: die Autorität des Staates.

Als weitere Ursache sind insbesondere die Gedankengebäude der deutschen politischen Religions-(*_Ersatz_*)-Führer anzunehmen, die allgemein zwar als Philosophen bezeichnet werden, tatsächlich aber die Ideologen des „deutschen Idealismus" wie Schelling und Fichte sind ...: und ...: *etwas vorlaufend* ...: Kant ...: sowie ...: *eng mit diesem Idealismus verbunden* ...: jenes als weitere Ursache anzunehmen ist, welches als „klassische Indologie" bezeichnet wird ...: da in dieser „Märchenschaft" jenes ideologisch begründet

---

[287] Siehe zu dieser plausiblen Spekulation bspw. den Essay von Konstantin Demeter, Torsten Engelbrecht und Stefano Scoglio: „Das Phantom-Virus", der am 10. Februar 2021 auf *Rubikon.news* veröffentlicht wurde; der zugehörige Link: https://www.rubikon.news/artikel/das-phantom-virus wurde am 6. Februar 2022 erneut geprüft.

[288] Vergleiche dazu das Zitat auf den Seiten 340+f., beginnend mit: „[...] Für die dominierenden Bakteriologen des 19. Jahrhunderts [...]".

wurde ...: *tatsächlich phantasiert* ...: welches als „Arier-Mythos" bezeichnet wird. ...: Der deutsche Idealismus und das Phantasieprodukt der Märchenschaft „Indologie" ...: der „Arier-Mythos" ...: bilden die beiden Aspekte der „deutschen Ideologie". ...: die Politische Reaktion verquickte ihr gesellschaftspolitisches Meinen mit dieser Ideologie ...: ja ...: dieses Meinen ist davon gar nicht zu trennen. ...: Letztlich ging es diesen Ideologen um nichts weniger als eine Begründung dafür zu suchen, daß die „Juden-Emanzipation" ...: *die mit der Französischen Revolution untrennbar verbunden ist* ...: unrechtmäßig sei ...: da ...: wie die Paulinische Jesusbewegung ...: *also* ...: *das etablierte Christentum* ...: seit ihrer Existenz behauptete ...: die Juden „Gottesmörder" seien ...: übrigens ...: nicht Paulus selbst. ...: Diese ...: *letztlich aus identitärem Mangel resultierende* ...: „Begründung" war umso notwendiger, da das Christentum zu jener Zeit seine gesellschaftspolitische Bindungskraft eingebüßt hatte ...: es demnach aus machtpolitischen Gründen ...: beziehungsweise ...: *um die alten Machtverhältnisse aufrechtzuerhalten* ...: einer eliten_*tauglichen* „ideologischen Neuorientierung" gedurfte ...: _*diese*_ boten die genannten zwei Aspekte der „deutschen Ideologie" ...: also ...: der „deutsche Idealismus" und die „deutsche Indologie" ...: *beziehungsweise* ...: die sogenannte klassische Indologie.

Die „deutsche Ideologie" wurde dann im 19. Jahrhundert für die deutsche Elite prägend, bzw. daraus resultierte die Mentalität der „preußisierten Deutschen" ...: spätestens seit der „nationalen Reichsgründung" 1871 ...: sich dann im Nazismus fortsetzend ...: und diese „nationalstaatliche Mentalität" wird seit dem Ende des Kalten Krieges einem Update unterzogen ...: das sich heutzutage zu dem zu konstituieren beginnt, das ich als „Neowilhelmoliberalismus" bezeichne.

Das sind die skizzenhaften Züge des Hintergrundes, vor dem sich das falsche Denken vom „Kampf gegen Erreger" im medizinischen Bereich und „Kampf gegen den inneren Feind" im gesellschaftspolitischen Bereich bis heute ereignet. ...: _*Oder?*_ ist es etwa *un?*_gewöhnlich, hört man von geschlechtsunspezifischen Ärzten die Meinung vertreten ...: „Wir stehen an der 'vordersten Front' im Kampf gegen welchen 'Erreger' oder welche Krankheit auch immer" ...: _*und?*_ ...: daß solches „elitäres Meinen" _*sogleich?*_ allgemein verstanden wird. ...: Allerdings wäre dazu notwendig zu ergänzen ...: *selbst!*_verständlich ...: *da Elite seiend* ...: *der das eigene militaristische Denken gar nicht auffällt* ...: als „Offiziere im Kampfe stehend" ...: denn die stehen immer _*hinter*_ der „Truppe" ...: sprich ...: „hinter" den als

„Bevölkerung" bezeichneten Menschen eines Staates ...: *zu dessen Elite* ...: neben andren ...: _diese_ „ärztlichen Offiziere" *gehören* ...: die vielleicht ...: also diese als „Bevölkerung" bezeichneten Menschen ...: *wenn dies auch zuerst* ...: *wie wohl diese ganze Passage überhaupt* ...: *als kraß formuliert empfunden werden mag* ...: doch nichts andres sind als ...: _*was?*_ ...: Insassen.

Ende dieser Zwischenexkursion:
Wo sich wiederum die Ursachen für solches Denken, zumindest in der Neuzeit, finden

Zur weiteren Verdeutlichung der hier vertretenen Annahme, daß nichts machtpolitisch bequemer sein könnte, als kollektiv militaristisches Denken durch ein Basiselement des Lebendigen ...: *gemeinhin als Virus bezeichnet* ...: wiederzubeleben, sollte in diesem Zusammenhang nicht unerwähnt bleiben, daß die Behörde „Robert-Koch-Institut" zwar Teil des Gesundheitsministeriums ist, aber, da sie der Abteilung „Gesundheitsschutz, Gesundheitssicherheit, Nachhaltigkeit" unterstellt ist, ihre Fachaufsicht bei einem Vertreter des deutschen Militärs liegt. Was u.a. bedeutet, daß der direkte Vorgesetzte des Chefs des „Robert-Koch-Instituts" ...: *aktuell* (_22. Mai 2022_) *ist das Herr Prof. Dr. Dr. h.c. mult. Wieler* ...: der im Offiziersgrad stehende deutsche Soldat Hans-Ulrich Holtherm ist. Diese Aussage ...: *von der ich anfangs lediglich gehört hatte*[289] ...: finde ich in einem Interview bestätigt, das von der Fachzeitschrift „Wehrmedizin und Wehrpharmazie" mit Offizier Hans-Ulrich Holtherm Ende 2020 geführt wurde ...:

---

[289] Von der Tatsache, daß deutsche Militärs Schlüsselpositionen in an sich zivilrechtlichen Einrichtungen bekleiden, wurde ich zwar bereits über die Nachrichtenplattform *German-Foreign-Policy.com* unterrichtet: https://www.german-foreign-policy.com/news/detail/8780/; Link wurde am 5. Februar 2022 erneut geprüft. Aber auf den Fakt, daß Prof. Wieler General Holtherm unterstellt ist, wurde ich durch die Aussage von Tom Lausen aufmerksam. Siehe dazu ab der Minute 19:46 des Video-Interviews: „Die Intensivbetten-Lüge", das Flavio von Witzleben mit Tom Lausen in der Reihe *Rubikon: Im Gespräch* geführt hat; der Link zu dieser Quelle:

https://player.odycdn.com/api/v4/streams/free/die-Intensivbetten-luege/34ef3d71420002d9c807fa33e16c6c86a246d061/f0e594 wurden ebenfalls am 5. Februar 2022 geprüft.

ZITAT_Daß mir im Rahmen der Fachaufsicht das RKI als nachgeordnete Behörde zugeordnet ist, hat Herr Prof. Wieler richtig dargestellt._ZITATENDE[290]

Mein Eindruck ist, daß ...: *selbstverständlich nicht allein* ...: die Fachzeitschriften „Wehrmedizin und Wehrpharmazie" sowie „Crisis Prevention" und „Wehrmedizinische Monatsschrift"[291] mit _*der*_ Absicht dem Durchtränken zivilgesellschaftlicher Vorstellungen von „Sicherheit" mit militärischen Vorstellungen von „Sicherheit" dienen, um die Masse der Menschen der deutschen Gesellschaft mental zu *re!*_militarisieren ...: denn ...: das über Publikationen wie diese ...: *die für die deutsche Funktionselite bestimmt sind und von ihr auch gelesen werden* ...: transportierte Gedankengut ...: *und so zu jenem der öffentlichen Meinung werdend* ...: dominiert die Art und Weise _*wie*_ Richtlinien, Verordnungen, Gesetze oder „Maßnahmen" begründet _*und*_ veröffentlicht werden. ...: und ...: also ...: *Vor dem Hintergrund der deutschen Geschichte seit der Nationalstaatsgründung im Jahre 1871 betrachtet*[292] ...: ist ein solches „Treiben" _*dann!*_ eine machtpolitische ...: *letztlich* _wieder!_ ...: Notwendigkeit ...: wollen die deutsche Machtelite und ihre Satelliten ...:

---

[290] Siehe dazu im Internet: „'...eine enorm fordernde Aufgabe...' Interview mit GStA Dr. Holtherm, Leiter Abteilung 6, Gesundheitsschutz, Gesundheitssicherheit und Nachhaltigkeit im BMG"; der zugehörige Link:
https://wehrmed.de/fuehrung-organisation/eine-enorm-fordernde-aufgabe.html wurde am 5. Februar 2022 geprüft.

[291] Neben „Crisis Prevention" und „Wehrmedizinische Monatsschrift", gehört „Wehrmedizin und Wehrpharmazie" zu den drei Fachzeitschriften der Beta Verlag und Marketinggesellschaft mbH mit Sitz in Bonn.

[292] Siehe dazu ...: *abgesehen von den obigen Anmerkungen auf den Seiten 379-81, beginnend mit*: „Wo sich wiederum die Ursachen für solches Denken, zumindest in der Neuzeit, finden" ...: den Band III der « *Tri*_logischen Sezierung des lobbykratischen Zeitalters »: « ›Ich stimme nicht zu!‹ Gesellschaftspolitische Lesungen über den Neowilhelmoliberalismus und seine Konsequenzen », Teilbände 1+2; siehe überdies: « Ist der Monotheismus von seiner Anlage her ein elementarer Faktor der Gewalt? » wo, u.a., von der Entstehung bzw. „Begründung" der Märchenschaft „deutsche Indologie" ab der Seite 436, beginnend mit: „Vedânta bedeutet: 'den Veden angehängte Schriften', die Rede ist. Bezüglich des andren Aspektes der „deutschen Ideologie", komme ich in einem der Bände meines letzten Buchprojektes zurück, an dem ich weiterschreibe, wenn das Ihnen vorliegende Buch geschrieben.

beziehungsweise ...: _*muß!*_ ...: _*wegen*_ der Exportlastigkeit der eigenen Wirtschaft ...: *die Machtelite und ihre Satelliten dieses Staates* ...: *dies demnach ein Staat, der die Masse der Menschen seiner Bevölkerung medial stetig davon* „überzeugen" *muß, daß eine* „export_*lastige* Wirtschaft" *und die damit einhergehende menschliche Reduzierung* ...: _wegen!_ *der nach betriebswirtschaftlichen Kriterien dauerhaft erfolgen müssenden* gesamt!_*gesellschaftlichen Trimmung* ...: *nicht Ausdruck einer* gesamt!_*gesellschaftlichen Schieflage* ...: sondern ...: *sozusagen* ...: *für Deutsche etwas* „genetisch bedingt 'Normales'" *wären* ...: _*müssen!*_ also die Machtelite und ihre Satelliten dieses Staates immer dann _*dort*_ auf der Welt ...: wo es um die Interessen _*ihrer!*_ exportlastigen Wirtschaft geht ...: verschleiert aggressiv auftreten ...: _*ohne!*_ daß zugleich die Unterstützung „zuhause" in Frage gerät ...: _*denn!*_ ...: _*welche?*_ Machtelite könnte es sich leisten, immer dann ...: je nach Situation ...: *entweder verschleiert oder offen* ...: aktiv gegen diejenigen vorzugehen, die dort die gesellschaftspolitischen Geschicke bestimmen, wo die Interessen eines Staates mit exportlastiger Wirtschaft tangiert sein könnten oder es tatsächlich sind. ...: Ein solches machtpolitisches Treiben ist insbesondere für die deutsche Machtelite und ihre Satelliten mit dem _*traditionellen!*_ Dilemma behaftet, nicht über genügende eigene Substanz zu verfügen, um die Interessen ihrer ...: *von ihr* _selbst!_ *verursachten* ...: hypertrophen Exportwirtschaft zu sichern. ...: Das andre (_*potentielle*_) Dilemma besteht darin, daß die deutsche Machtelite und ihre Satelliten nicht in der Lage sind, daraus die richtigen Schlüsse zu ziehen ...: beispielsweise zu vermeiden ...: sich in ein „weltpolitisches Fahrwasser" zu begeben, in dem sie substantiell nichts zu suchen haben ...: also ...: _*Jene*_ ...: die _*dort*_ die gesellschaftspolitischen Geschicke bestimmen, wo die Interessen eines Staates mit exportlastiger Wirtschaft tangiert sein könnten oder es tatsächlich sind ...: für die _*eigene*_ Bevölkerung ...: *oder doch* _besser?_ *gesagt* ...: für die _*eigenen*_ Insassen ...: _*ihres!*_ Staates als _*ihre*_ äußeren Feinde deklarieren muß ...: _*und!*_ ...: zugleich gegen einen Widerstand vorgehen zu müssen, der sich „zuhause" _*gegen*_ die Machtelite und ihre Satelliten eines solchen Staates _*selbst*_ richtete ...: _*Weil?*_ es der Masse der Menschen schließlich dämmerte ...: *so die machtbegleitende Propaganda ausbliebe* ...: *die* ...: wegen der Gewöhnung ...: *stets so varianten- wie trickreich gestaltet sein muß* ...: daß nämlich die _*wahren!*_ Feinde der „Insassen" eines machtelitär geführten Staates in Wirklichkeit *die*_jenigen sind, die dieser Masse via ihre Satelliten erzählen ...: wer ihre Feinde wären ...: Ist _*das!*_ doch der Horror einer jeden Machtelite.

Nun ...: wie dem auch sei ...: Wenn heute ein Soldat der direkte Vorgesetzte des Präsidenten der Behörde „Robert-Koch-Institut" ist, erhebt sich (_*wenn auch selbstverständlich lediglich u.a.*_) die sozusagen exemplarische

Frage ...: _*Wer?*_ hatte bestimmt, daß am 14. Januar 2022 auf der WebSite des „RKIs" in einer Nacht-und-Nebel-Aktion der Hinweis zum „Genesenen-Status" _*mal eben*_ von sechs auf drei Monate reduziert wurde.

Verkürzung des „Genesenen-Status" bezogen auf eine Epidemie, für die es plausible Gründe für die Vermutung gibt, daß sie zum Verfolgen „dystopischer Zwecke" mißbraucht wird, wie schon aus dem politischen Umgang damit für jeden ersichtlich wird, der es nicht vorzieht, davor die Augen zu verschließen ...: Die sowieso schon reduzierten demokratischen Machtteilungselemente Legislative und Judikative sind seit dem Ausrufen des „nationalen Notstandes" ...: *nämlich mit dem Einführen der* „epidemischen Lage von nationaler Tragweite" *am 28. März 2020 und dem Beschluß vom 22. November 2021, das Infektionsschutzgesetz* ...: *wegen der Aufhebung dieser befristet angesetzt gewesenen* „epidemischen Lage von nationaler Tragweite" ...: *zu ändern* ...: seit dem 28. März 2020 praktisch blockiert bzw. jederzeit erneut zu blockieren ...: und _*das*_ wegen eines Virus, das _*primär!*_ jene gut identifizierte Bevölkerungsgruppe betrifft, die praktisch _*immer*_ von Epidemien, die wegen saisonal besonders aktiv werdender respiratorischer Viren wie Influenza-, Corona-, Rhino- und anderer Viren möglich sind, betroffen ist, und diese Bevölkerungsgruppe lediglich besonders geschützt werden müßte, was aber durch eine Impfung möglichst aller Menschen einer Bevölkerung nicht erreicht werden kann, da insbesondere Respirationsviren (_*Atemwegsviren*_) mutationsfreudig sind. Siehe dazu bspw. auch den bereits weiter oben in einer Fußnote erwähnten Essay „Das Phantom-Virus" sowie die Essays „Die Medikamenten-Tragödie", „Die Nonsens-Tests", „Das Massensterben", die je unter diesen Titeln auf *Rubikon.news* erschienen sind.

Überdies wird von den gesellschaftspolitisch Verantwortlichen in Abrede gestellt, daß es in nicht unerheblichem Maße medizinische Behandlungsmethoden sind, die den Tod von Menschen verursachen ...: also auch den Tod von als mit „Covid-19 infiziert" bezeichneten Menschen, von denen es dann zwar heißt ...: „an oder mit Covid-19 gestorben".[293]

In diesem Zusammenhang ist ebenso darauf hinzuweisen, daß auf Totenscheinen i.d.R. nicht die tatsächliche Ursache für den Tod eines

---

[293] Vgl. dazu Gerd Reuther, « Der betrogene Patient: Ein Arzt deckt auf, warum Ihr Leben in Gefahr ist, wenn Sie sich medizinisch behandeln lassen », in der vollständig überarbeiteten und aktualisierten Neuausgabe, Riva Verlag, München, 2020; sowie derselbe: « Heilung Nebensache: Eine kritische Geschichte der europäischen Medizin von Hippokrates bis Corona », 2. Auflage der Originalausgabe, Riva Verlag, München, 2021.

Menschen verzeichnet ist ...: Bezeichnungen wie bspw. „Todesursache 'Sturz'"; „Todesursache 'Herzinfarkt'"; „Todesursache 'Schlaganfall'" ZITAT_*verorten lediglich das Körperversagen, ohne es zu begründen*_ZITATENDE. ...: das bedeutet ...: solche Verortungen sind ZITAT_*nur die gemeinsame Endstrecke verschiedener Ursachen*_ZITATENDE ...: hinzu kommt ...: auf Totenscheinen wird ZITAT_*fast nie unerwünschte Arzneimittelreaktionen* (UAW)_ZITATENDE als Ursache für den Tod eines Menschen vermerkt.[294]

Nun ...: _*ist!*_ ein Soldat der direkte Vorgesetzte des Präsidenten der Behörde „Robert-Koch-Institut" ...: ist _*nicht*_ anzunehmen, daß Herr Wieler diese Nacht-und-Nebel-Aktion allein zu verantworten hat ...: befindet man sich im „Krieg gegen ein Virus". ...: dies zu meinen ...: also ...: sich im „Krieg gegen ein Virus" zu befinden ...: ist zwar nicht logisch, da psychotisch, was aber leider _*nicht!*_ bedeutet ...: daß etwas psychotisch Gemeintes ...: *da Ergebnis entsprechend* Vor_*gedachtem und* Vor_*gefühltem* ...: *wodurch die Wahrnehmung der Welt ebenso eine psychotische werden muß* ...: daß also etwas psychotisch Gemeintes allgemein nicht überzeugend wäre ...: nämlich insbesondere dann, wird genau dies Psychotische ...: *dieses die Köpfe Psychotisierende* ...: über als behaupteterweise Qualitätsinformationen verbreitende Medien kontinuierlich in die Köpfe der Masse der Menschen *trans*_portiert ...: um nicht zu sagen ...: *ge!*_hämmert.

Vor diesem psychotisierten Hintergrund sich also logisch ergibt, daß aus „taktischen Gründen psychologischer Kriegsführung" ...: *gegen* _wen?_ *tatsächlich* ...: der „Genesenen-Status" _*mal eben*_ verkürzt worden ist ...: _*etwa?*_ ...: um einen schweren Flankenangriff gegen das Virus zu unternehmen.

Da aber berechtigterweise zu vermuten ist, daß sowohl Herr Wieler und der Soldat Holtherm als auch der Gesundheitsminister Lauterbach um diese Nacht-und-Nebel-Aktion ...: *im Rahmen der* „militärischen Auseinandersetzung" *mit dem* „gräßlichen viralen Feind" ...: gewußt haben ...: erhebt sich die Frage ...: Handelt es sich bei dieser Aktion um (_*eine weitere!*_) „medicomilitärische Taktik" ...: _*Einerseits?*_ den Druck auf den „inneren Feind" ...: in diesem Fall ...: die als „Impfunwillige" bezeichneten ...: *aus den verschiedensten* ...: aber guten ...: *da den _eignen!_ Gründen* ...: nicht geimpften

[294] Die in diesem Abschnitt verwendeten Zitatstellen finden sich auf den Seiten 118+f. des Buchs, auf das in der Fußnote 293 hingewiesen wird.

Menschen, zu erhöhen, bei gleichzeitigem Versuchen, das Verankern militaristischen Denkens in den Köpfen der Masse der Menschen forcieren zu können ...: so die Qualitätsmedien bei der Bearbeitung der Köpfe nur ...: _*weiterhin!*_ ...: brav folgen ...: zur _*schließlichen?*_ Etablierung dessen, welches ich „Neowilhelmoliberalismus" nenne ...: bei dem es sich also um das aktuelle Update des Wilhelminismus' bei gleichzeitiger Amalgamierung mit dem Neoliberalismus handelt.[295]

Ende dieser Exkursion

...: es konnte nicht überraschen, daß nach dieser Rede, die immerhin dem Zwecke diente, auf jenes satirisch unzureichend bearbeitete „gesellschaftspolitische Feld" aufmerksam zu machen, das eben jene Macher des eingangs dieser *Begegnung* so holzschnittig wie klischeehaft angelegten Videos ...: *offenbar ebenso wie ihre Kollegen* ...: *nicht zu bearbeiten gedenken* ...: zwei Dinge nicht ausbleiben konnten ...: Nämlich, daß die Antwort des Herrn *Wills* auf sich warten ließ, da er durchaus zu wissen schien, weshalb er es vermied, auf den Zweck meiner Rede einzugehen ...: *da in realsatiristischen Kreisen etwas geltend* ...: und es schließlich *des*_halb wohl vorzog, lieber so knapp wie *ab*_lenkend zu erwidern ...:

> ZITAT_Natürlich habe ich mir nicht die gesamten Ausführungen angesehen, geschweige denn durchgelesen, aber die Antwort darauf kann ebenso kurz wie prägnant ausfallen: Es handelt sich um Satire!_ZITATENDE

---

[295] Siehe dazu auch den Band III der « *Tri*_logischen Sezierung des lobbykratischen Zeitalters »: « ›Ich stimme nicht zu!‹ Gesellschaftspolitische Lesungen über den Neowilhelmoliberalismus und seine Konsequenzen », Teilbände 1+2.

...: hingegen ließ meine auf diese so knappe wie ablenkende Erwiderung des Herrn *Wills* gegebene Antwort ...: *sich sozusagen unterstreichend auf meine eingangs bemerkte Feststellung beziehend* ...: daß die Macher jenes so holzschnittig wie klischeehaft angelegten Videos ...: also ...: dieses _*eben nicht!*_ zum Zwecke des satirisch unzureichend bearbeiteten „gesellschaftspolitischen Feldes" ...: _*nämlich!*_ ...: *das kollektiv gezeigte realsatiristische Verhalten der gesellschaftspolitisch Verantwortlichen* ...: *das erst jenes der realsatiristischen Statisten* ...: sozusagen reaktiv ...: *erzeugt* ...: produziert hätten ...: ließ also meine darauf gegebene Antwort _*nicht*_ auf sich warten ...: *Herr Will, meiner Einschätzung nach, kann es sich bei Ihrem Video nicht um eine Satire handeln, da es von offenbaren Realsatiristen produziert wurde* ...: immerhin ...: *das von Realsatiristen Produzierte kann deshalb keinen satirischen Charakter haben, da das satirisches Bewußtheit voraussetzte.* ...: Diese Behauptung läßt sich übrigens verdeutlichen, wird ihr fragend hinzugefügt ...: _Und?_ *was wäre dann ein* „Realsatirist" ...: _etwa?_ *ein* „handelnder Satiriker" ...: Herr *Will* ...: aus meiner Sicht muß ein geschlechtsunspezifischer Jemand diese Fragen beantworten können, so dieser Geschlechtsunspezifische behauptet, Satire zu _*machen!*_ ...: also ...: sozusagen ...: ein Satire_*Macher* zu sein ...: _was?_ *ihn dann zum Satiriker machte* ...: _*oder*_ zu wissen, daß dieses _*oder!*_ jenes „Satire" sei.[296] ...: gewiß ...: Sie sind davon überzeugt, daß Sie meinen, Ihre Antwort ...: ZITAT_*Natürlich habe ich mir nicht die gesamten*

---

[296] Zum Begriff „Realsatirist" sowie zu der sich aus dem Versuch ergebenden Täuschung, „Realsatirist" folgendermaßen einzudeutschen: „'Realsatirist' = 'handelnder Satiriker'", findet sich, wie Sie sich erinnern, eingangs des Ihnen vorliegenden Buches in den Passagen von: „Was *vor*_bemerkend zu bemerken ist", erläutert, wieso ich den Begriff „Realsatirismus" geschaffen habe, was dieser bedeutet und wieso er als „emotionale Basis" einer lobbykratischen Gesellschaft anzusehen ist. In der *Vermeintlich letzten Begegnung* komme ich darauf noch einmal zurück.

Ausführungen angesehen geschweige denn durchgelesen [...]_ZITATENDE sei selbst satirisch, nicht wahr?

Herr *Will* beantworte _*das*_ jetzt recht schnell ...: wohl ...: da er so etwas wie „Oberwasser" „fühlte" ...:

> ZITAT_Das hast du richtig erkannt! (Stimmt aber tatsächlich) Und um Vorwürfen der fehlenden Quellenangabe vorzubeugen: Ich habe dich da sinngemäß zitiert – ließ mal deinen zweiten Satz! Verstehste?_ZITATENDE

...: nun, Herr *Will* ...: zu sagen ...: mich jetzt also selbst zitierend ...:

> ZITAT_Zugegeben ...: diese Aussage [_...: also ...: „scheint [...] sich um ein Video zu handeln, das dazu dienen soll, in den Köpfen der Menschen den Eindruck zu verfestigen, als gäbe es keine plausiblen Gründe dafür, das die SARS-CoV-2-Pandemie betreffende politische Treiben nicht nur kritisch zu sehen, sondern _*fundamental*_in Frage zu stellen"_] mache ich, obwohl ich schon nach kurzer Zeit nicht weiter zugeschaut, geschweige zugehört habe ..._ZITATENDE

...: und dennoch einem entsprechenden *Ein*_druck *Aus*_druck zu geben, nämlich eben diesen ...:

> ZITAT_scheint [...] sich um ein Video zu handeln, das dazu dienen soll, in den Köpfen der Menschen den Eindruck zu verfestigen, als gäbe es keine plausiblen Gründe dafür, das die SARS-CoV-2-Pandemie betreffende politische Treiben nicht nur kritisch zu sehen, sondern _*fundamental*_in Frage zu stellen_ZITATENDE

...: ist dann erlaubt, mache ich _*keine!*_ weiteren Aussagen zum Inhalt Ihres Videos, sondern nehme es lediglich zum Anlaß, jenes _*höchst!*_ fragwürdige politische Treiben zu *ver*_deutlichen. ...: im Gegensatz dazu mag es aus Ihrer Sicht, legitim ...: *erscheinen* ...: meine gegebene Erwiderung nicht weiter zu reflektieren ...: *geschweige* ...: die darin ausgedrückten Fragen zu beantworten ...: *obwohl doch* ...: In dieser Erwiderung findet sich jenes, das in einer Gruppe, die von sich behauptet, „Satire" in der Kombination mit „Politik" zu bearbeiten ...: *und die den Eingang ihres* „Treffpunkts" *sogar mit* ...: „Satire&Politik — Kabarett, Ansichten&Aussichten" *überschriftet hat* ...: nicht fehlen darf ...: _was?_ ...: das Stellen von *sach!*_bezogenen ...: in _*diesem!*_ Fall ....: Satire und Politik betreffenden Fragen und _*nicht!*_ das Befeuern von Klischees. ...: -*Oder?*_ sollte es etwa so sein, daß in Ihrem Video solche gestellt werden und nicht allein jenem Raum gegeben wird ...: *also* ...: das über die weiterhin die öffentliche Meinung bestimmenden selbsternannten „Qualitätsmedien" Verbreitete ...: nämlich ...: _*daß?*_ geübte Kritik an dem ...: *welches das jene Pandemie betreffend offiziell und via Qualitätsmedien Verlautbarte betrifft* ...: _*per se?*_ bedeuten würde, irgendeiner „Aluhut-Fraktion" oder ähnlichem anzugehören ...: _*Verstehen?!*_ Sie, Herr *Will*.

Wie üblich, antwortet ein Realsatirist dann nicht mehr, könnte er sich dem Beantworten einer ihm _*direkt*_ gestellten Frage weiterhin nicht entziehen. Aber, wegen des bedrohlich fortschreitenden Abdriftens der bürgerlichen Gesellschaft ...: *exemplarisch gezeigt an der deutschen bürgerlichen Gesellschaft* ...: also ...: *der deutschen lobbykratischen bzw. realsatiristischen Gesellschaft* ...: erschien es mir doch wichtig, wenigstens folgendes noch *nach*_zubemerken ...:

Eine meiner weiter oben gestellten Fragen lautet …:

> ZITAT_*Vor?*_ welchem Gericht werden Rechtsstreitigkeiten ausgefochten, kommt es zu Interpretationsproblemen von Passagen des zwischen dem seltsamen politischen Gebilde EU und dem profitorientierten Verbund Pfizer / BioNTech geschlossenen Geheimvertrages_ZITATENDE.

…: _*weiß?*_ hier niemand darauf eine Antwort …: und wenn ja …: _*wieso?*_ nicht …: _*Etwa?*_ deshalb, daß es darauf keine gäbe? …: doch, die gibt es …: Ein belgisches Gericht. …: _*Warum?*_ das so ist, ist die EU und nicht Belgien Vertragspartei …: Einer der großen Arbeitgeber in Belgien ist die Pharmaindustrie …: namentlich Pfizer.

Eine weitere Beispielfrage, vielleicht? …: War eine solche Pandemie zu erwarten, wäre also eine Vorbereitung darauf möglich gewesen? … und …: _*Falls?*_ nicht nur eine solche Pandemie zu erwarten gewesen wäre, sondern die geschlechtsunspezifischen politischen Entscheidungsträger auch darüber informiert gewesen sein _*müssen!*_ …: daß sich eine solche Epidemie in ihrem Land realistisch ereignen könnte, aber keine Vorbereitungen getroffen hätten …: die dann …: das sei zugegeben …: keine spezifischen sein könnten …: _*Was?!*_ wäre daraus zu schließen.[297]

---

[297] Siehe im Anhang: « Risikoanalyse aus dem Jahre 2012, eine SARS-CoV-2-ähnliche Pandemie betreffend ».

...: Fragen über Fragen ...: allerdings ...: bei weitem nicht alle zu diesem Thema ...: daher können diejenigen, die meinen, solche Fragen nicht beantworten zu müssen, zwar behaupten, sie seien gegen das, was als „politisch rechts“ bezeichnet wird ...: vor allem ...: bewegen sie sich mit andren auf der gleichen Ebene ...: denn ...: tatsächlich ist dies ...: *_zumindest!_* ...: eine Selbsttäuschung ...: *_folglich!_* ...: sich genausowenig für jenes einsetzen könnten, welches man „Demokratie“ nennt.

Achtzehnte Begegnung:

Ein im Jahre 1946 geschossenes Photo mit propagandistischem *Nach*_Brenner

Herr *Kii*, der ein Photo zeigte, auf dem Kinder zu sehen sind, die auch ...: *als ein Ergebnis des Endes des zweiten Teils des großen Krieges des 20. Jahrhunderts* ...: als „Trümmerkinder" bezeichnet werden, und zu dem dieser Herr *Kii* bemerkte ...:

> ZITAT_An alle Kids, die nicht wissen, wo euer Wohlstand herkommt. Das sind eure Großeltern!_ZITATENDE

...: nun, das Photo zeigt „schön", daß manche selbst 1946 Zeit gefunden hatten, um ein propagandistisches Photo fürs Jahr 2021 zu schießen.

Ein Herr *See* antworte darauf ...:

> ZITAT_Wir können uns das gar nicht vorstellen, wie wir leben müßten oder könnten, wenn all die Kriegsopfer nicht gestorben wären und wir alles viel mehr miteinander teilen müßten und keinen Krieg führen würden, sondern alle liebevoll leben würden. Irgendwie ist der Mensch mit seiner Habsucht (oder antrainierten Habsucht) eine Fehlkonstruktion dieses Planeten. Meine Lösung, die ich sehe: Ein System zu haben, in dem man würdevoll arm sein kann. Stellen Sie sich vor: Wer ein gewisses Kontingent CO_2 auf der Erde verbraucht hat für sich allein, muß sterben, sobald der Verbrauch überschritten ist. Gut und Böse als Kriterium ist abgeschafft. CO_2 ist das neue Kriterium??_ZITATENDE

...: unterstellt, Herr *See*, Sie meinen das, was Sie grade meinten, ernst ...: ZITAT_Ihre skizzierte Einschätzung der Spezies Mensch sowie Ihre ...: *aus meiner Sicht absurden bzw.* dys_*topischen* ...: Empfehlungen scheinen letztlich daher zu rühren, daß Sie ...: *möglicherweise u.a.* ...: nicht in Rechnung stellen, daß die Spezies Mensch von ihrer Anlage her plastisch ist. ...: Diese Plastizität erklärt nämlich zum einen, daß sie sich über die ganze Welt ausbreiten konnte, da ...: *wegen dieser Plastizität* ...: in der Lage seiend, sich an ihre natürliche Umwelt anzupassen ...: zum andren bedeutet ihre Plastizität allerdings ...: Es sind die gesellschaftspolitischen Machtverhältnisse, die bestimmen, was in einem konkreten Menschen gefördert wird ...: das Altruistische oder das Egoistische ...: *beziehungsweise* ...: ob das Egoistische vom Altruistischen eingehegt wird ...: *_oder_* ...: zum treibenden (*_gesellschaftlichen_*) Prinzip gemacht wird ...: wie es fürs Profitsystem typisch ist. ...: mit andren Worten ...: Ich lehne es ab, über zukünftige menschliche Lebensweise zu diskutieren, ist nicht einmal jenes das Thema, das dazu erste Bedingung wäre ...: die grundlegende Änderung der bestehenden Machtverhältnisse. ...: denn ...: Wer vor dem Hintergrund der bestehenden Machtverhältnisse behauptete, um den Weg hin zu einer „lichten Zukunft" zu wissen, nähme die normalen Menschen nicht nur nicht ernst, sondern unterstellte unverschämterweise sogar, daß *_sie_* es seien, die ...: *als Masse* ...: die gesellschaftspolitischen Geschicke eines machtelitär geführten Staates oder Staatenverbundes bestimmten._ZITATENDE[298]

Herr *See* antwortete ...:

ZITAT_ Ich glaube, Sie können sehr gut formulieren und können wahrscheinlich auch gut reden. Wer die Menschen nicht mehr nach Gut und Böse (willentlich gut oder willentlich böse handelnd) beurteilt sehen will, der sollte sich das CO_2-Kontingent zu Gemüte führen. Wer zu viel verbraucht hat: Tod vom Himmel her._ZITATENDE

---

[298] Siehe die *Sechzehnte Begegnung*.

...: _*was?*_ sollen Phrasen wie diese ...: ZITAT_*Ich glaube, Sie können sehr gut formulieren und können wahrscheinlich auch gut reden*_ZITATENDE_.... immer die gleiche Leier ...: langweilig!

...: also ...: abschließend ...: Nehmen Sie's nicht persönlich, denn offenbar reden Sie bloß das nach, was sich Seltsame als „Lösungsweg" zurechtgestrickt haben ...: Ein solches „CO_2-Kontingent" ist Ausdruck ziemlich abgedrehten Denkens, um nicht zu sagen ...: kranken Denkens. ...: ein solches „Denken" mag wohl für gewisse bürgerliche Intellektuelle ...: um nicht zu sagen ...: *seelische Krüppel* ...: bezeichnend sein. ...: übrigens ...: seelische Krüppel sind hautlich glatt ...: Und es ist deshalb, daß ich davon spreche, daß die Masse der bürgerlichen ...: *also* ...: der lobbykratischen bzw. der realsatiristischen Intellektuellen ...: mental fertig ist. ...: _*Was?*_ würde denn passieren, wollte man so etwas einführen ...: _*ohne!*_ ...: die bestehenden Machtverhältnisse grundlegend zu ändern ...: _*na?*_ was meinen Sie. ...: nun ...: ich will es Ihnen lieber selber sagen, bevor Sie mir ...: *wenn überhaupt* ...: *denn das ist so üblich* ...: eine Antwort geben, die vom Eigentlichen nur ablenkt ...: „Gewisse" würden sich „CO_2-Kontingent" von andren dazukaufen ...: und diese „Gewissen" zu diesem Zweck vor andren mit „Scheinen" wedelten ...: „CO_2-Kontingent-Agenturen" würden weltweit einen schwunghaften „CO_2-Kontingent-Aufkauf" etablieren ...: natürlich ...: „später" ...: könnte das mittels „bioaktiver Chip-Implantation" weit eleganter „geregelt" werden. ...: abgesehen von solch Dystopischem ...: was _*konstruktiv!*_ zu tun wäre, habe ich längst skizziert[299] ...: demnach ...: Nicht ich bin es, der sich darüber Gedanken zu machen hat ...: jedenfalls ...: Ihnen noch eine gute Besserung, Herr *See* ...

---

[299] Siehe dazu in: « Sie fragen noch, wie die ›Verhältnisse‹ liegen? », dort die Perspektive 3: Läßt sich das Klima leugnen?".

...: die Ihnen bereits vorgestellte Frau *Woo* meinte, meine Antwort auf jenes Photo zum eingangs dieser *Begegnung* zitierten „Kid-Zitats“ wie folgt beantworten zu müssen ...:

> ZITAT_Das war aber so, Steine schleppen, Kohlen klauen usw., weil die meisten Mütter alleine waren mit ihren Kindern, da die meisten Väter gefallen oder in Kriegsgefangenschaft waren._ZITATENDE

...: *_habe?_* ich das bestritten ... aus meiner Eingangsbemerkung in dieser *Begegnung* ...: *aus* _keiner!_ *meiner Bemerkungen* in diesen *Begegnungen* ...: könnten Sie das schließen. ...: das bedeutet ...: man darf sich nicht auf einen „Ausschnitt“ des Ergebnisses eines „machtpolitischen Geschehens“ ...: *das der zweite Teil des großen Krieges des 20. Jahrhunderts war* ...: beschränken ...: *der* ...: dieser „Ausschnitt“ ...: *zudem noch mythisch aufgeladen wurde* ...: _dafür!_ *steht dieses Photo* ...: *sich bspw. in dem ausdrückend, das als* ...: behaupteterweise *_daraus_* resultierendes ...: „Wirtschaftswunder“ *bezeichnet wurde und immer noch wird* ...: *um* „‘neue’ nationale Identität“ *zu schaffen* ...: will man wenigstens *_heute_* zu richtigen Schlußfolgerungen kommen ...: Und wenn Sie sagen, Frau *Woo* ...: ZITAT_Das war aber so, Steine schleppen, Kohlen klauen usw., weil die meisten Mütter alleine waren mit ihren Kindern, da die meisten Väter gefallen oder in Kriegsgefangenschaft waren_ZITATENDE ...: erwidere ich darauf ...: natürlich, und das leugne ich nicht ...: wäre ja völlig absurd ...: dennoch ...: Ist doch irgendwie doof ...: erst alles *_selbst!_* zu zerstören ...: *„_jede!_* Stadt eine Festung“ ...: um’s hinterher wieder aufbauen zu müssen, oder etwa nicht? ... aber davon abgesehen ...: Die normalen Menschen sind *_nie!_* gemeint, wird behauptet, die Staaten seien in den ersten bzw. den zweiten großen Krieg des 20. Jahrhunderts *„ge*_schlittert“, *„ge*_strudelt“ oder gar *„ge*_schlafwandelt“ ...: Es sind die Machteliten und ihre Satelliten in Politik, *spin*_doktorischer Wissenschaft, Medien_*Konzernen* und Kultur_*Betrieb*, die

Kriege brauchen und machen ...: _*nicht!*_ die Masse der Menschen ...: und das heißt _*immer!*_ ...: _*konkrete!*_ Menschen.

Aus diesem Grund läßt sich aus heutiger Perspektive gerade ein Photo, das nach dem Ende des zweiten Teils jenes großen Krieges des 20. Jahrhunderts in einer zerbombten deutschen Stadt Kinder Steine schleppend zeigt, nicht ohne diesen ...: und ...: jenen Hintergrund ...: *um den fürs Verständnis des zweiten Teils jenes Großen Krieges notwendig zu wissen ist* ...: zumal ...: also eigentlich ...: „lediglich" als fortgesetzter Hintergrund des ersten Teils jenes Großen Krieges zu verstehen ist ...: da es sich „lediglich" um den einen großen Krieg im 20. Jahrhundert handelt ...: demnach ...: ihre beiden Teile zwar von einer „Interimsphase" getrennt, aber deshalb dennoch keine zwei verschiedenen Kriege sind. Vor _*diesem*_ skizzierten Hintergrund, sage ich sogar ...: Dieses Photo _*darf nicht!*_ für sich genommen betrachtet werden ....: denn ...: selbst wenn es ein zu propagandistischen Zwecken aufgenommenes Photo wäre ...: was ich annehme ...: *man schaue sich die Kinder an und jenen Jungen, der im Hintergrund nichts tut* ...: *das ist aus meiner Sicht gestellt* ...: verleitet es dazu, falsche Schlüsse zu ziehen. ...: und ich sagte Ihnen schon ...: „Ich unterstelle Ihnen nicht, daß Sie mit Ihrer Rede jene Ursachen *be*_wußt unkenntlich machen wollten ...: objektiv gesehen ist das aber so".[300] ...: _*Wie?*_ könnte es dann besser werden, soll der Fokus allein auf dieses Photo gerichtet bleiben ...: so man sich eine kohärente ...: *und eben* _keine!_ *detailverhaftete* ...: Vorstellung von dem verschaffen will, welches dem „Damals" zeitlich direkt folgte ...: insbesondere dann ...: wird dieses hier von Ihrem *Mit*_Realsatiristen hochgehaltene Photo sogar dazu verwendet, einen *un*_zulässigen Gegensatz zu heutigen jungen Leuten

---

[300] Siehe die Schlußbemerkung der *Neunten Begegnung*, die sich auf den Seiten 247-49 entwickelt.

herzustellen ...: *die ich zwar kritisiere, aber nicht deshalb, daß sie an sich* „klimarettungsbeseelt" *wären* ...: da jene photographisch festgehaltenen Kinder in sich jenem „Damals" _*direkt*_ anschließender Zeit tatsächlich „Fridays for Future" vollbracht hätten, während die heutigen, lediglich ein vermeintliches „Fridays for Future" inszenierten ...: was zwar stimmt. ...:

> Daß „Fridays for Future" eine Aktionistenvereinigung ist ...: *dies allerdings nicht so sein müßte* ...: und deshalb ...: _*letztlich!*_ ...: also ...: vom Ergebnis hergesehen ...: lediglich profitorientierten Kreisen ein neues Betätigungsfeld ...: „Geo-engineering" ...: beziehungsweise Anlagemöglichkeiten liefern wird ...: demnach ...: die Aktionisten von „Fridays for Future" vergleichbar mit jenen Apologeten des *genetic-engineering*-Impfens sind ...: die sich aber weigern, daß die Impfpatente freigegeben werden, um tatsächlich alle Produktionskapazitäten auf der Welt zu nutzen ...: *wenn man meint, daß es überhaupt möglich sei, mittels Impfstoff einem Atemwegsvirus beizukommen* ...: erscheint mir offensichtlich zu sein ...: also ...: daß es sich bei „Fridays for Future" um eine Aktionistenvereinigung handelt.[301]

...: darauf ...: bzw. zu jenem Photo und dem „Kid-Zitat" ...: merkte eine Frau *Bree* an ...:

> ZITAT_Und die Jugend heute hat andere Probleme. Probleme, die zwei Generationen vor ihr angezettelt haben. Und nun?_ZITATENDE

---

[301] Übrigens: Was im Gegensatz zum „Fridays for Future"-Aktionismus zu tun ist, findet sich das Notwendige in: « Sie fragen noch, wie die ›Verhältnisse‹ liegen? » ausgedrückt. In dem Ihnen vorliegenden Buch komme ich darauf aber _*vermutlich*_ noch einmal kurz zurück.

...: das führte zu einer gesonderten Diskussion mit Frau *Bree*, die ich so eröffnete ...: Sie sprechen von „anzetteln" ...: das würde aber bedeuten, daß jenes, das Sie vermutlich meinen, vorsätzlich ausgelöst worden wäre ...: *_Ist?_* das anzunehmen ...: wohl kaum ...: abgesehen davon ...: Es kann fatale Folgen haben, wenn man bei Prozessen, die höchst komplexe sind und die sich, heute verursacht, erst in etwa dreißig Jahren umweltklimatisch auswirken, in Aktionismus macht ...: und überhaupt ...: zu sagen ...: „Die Jugend heute hat andere Probleme" ...: ist der falsche Ansatz, geht es um das ganze Menschengeschlecht betreffende Angelegenheiten ...: das ist vor allem dann so, will man *_unsere_* Geschicke ...: also ...: *die des ganzen Menschengeschlechts* ...: *_nicht_* lediglich einer Elite ...: *schon* _gar nicht_ der!*_jenigen, die die des Westens ist* ...: überlassen ...: da deren Karriere davon abhängig ist, daß sie *_im Sinne_* von machtvollen Partikularinteressen funktioniert.

...: darauf Frau *Bree* ...:

> ZITAT_Was nützt es den Eliten, wenn die Erde nicht mehr bewohnbar ist? „Erst wenn der letzte Baum gefällt ist, werdet ihr merken, daß man Geld nicht essen kann ..." und: die Jugend von heute ist eine Generation, und den Zustand haben mindestens 2 Generationen vor der heutigen Jugend angezettelt. Es gab schon sehr frühe Warnungen, daß man so das Klima kaputt macht und die Menschheit in größte Schwierigkeiten kommen könnte. Da gab es diese junge Generation noch gar nicht. Und deshalb schrieb ich ganz bewußt angezettelt. Die Warnungen wurden immerzu in den Wind geschlagen ... weil nicht sein kann, was nicht sein darf._ZITATENDE

...: unter andrem meinen Sie ...: ZITAT_Was? *nützt es den Eliten, wenn die Erde nicht mehr bewohnbar ist*_ZITATENDE ...: Ihre Frage ist falsch gestellt ...: da sie lauten muß ...: *_Wer?_* trifft die Entscheidungen ...: *_die?_* normalen Menschen oder *die?_*jenigen, die als Elite *_nur dann!_* Karriere machen können, bedienen sie machtvolle Partikularinteressen. ...: und ...: kommen Sie mir nicht mit dem Spruch ...: „Die normalen Menschen haben doch diejenigen gewählt, die die Entscheidungen treffen" ...: denn ...: _*Wer?*_ bestimmt in einer Lobbykratie, wer als wählbar gilt ...: _*Wer?*_ bestimmt die *„lobbykratie*_systemischen Funktionsträger" ...: bspw. auf Verwaltungsebene oder die Judikative betreffend ...: _*Glauben?*_ Sie etwa, daß dies die Masse der Menschen sei. ...: schon deshalb bleibt Ihre Behauptung ...: ZITAT_*den Zustand haben mindestens 2 Generationen vor der heutigen Jugend angezettelt*_ZITATENDE falsch ...: und zudem ...: Es _*ist!*_ eine kindische Behauptung. ...: *des!*_halb war es ja, daß ich Ihnen antwortete ...: ZITAT_"anzetteln" würde bedeuten, daß jenes, das Sie vermutlich meinen, vorsätzlich ausgelöst worden wäre. _*Ist?*_ das anzunehmen ...: wohl kaum. [_Im übrigen ...: es _*ist!*_ genausowenig anzunehmen, daß das, was Sie vermutlich meinen, von einer Elite „angezettelt" worden wäre ...: denn das hätte ja *direkt!*_verschwörungsthetischen Charakter, oder etwa nicht?_] ...: abgesehen davon ...: Es kann fatale Folgen haben, wenn man bei Prozessen, die höchst komplex sind und die sich, heute verursacht, erst in etwa dreißig Jahren umweltklimatisch auswirken, in Aktionismus macht. ...: und überhaupt ...: zu sagen ...: „die Jugend heute hat andere Probleme", ist der falsche Ansatz, geht es um das ganze Menschengeschlecht betreffende Angelegenheiten. ...: das ist vor allem dann so, will man _*unsere*_ Geschicke ...: also ...: *die des ganzen Menschengeschlechts* ...: _*nicht*_ lediglich einer Elite ...: *schon* _gar nicht_ der!_*jenigen, die die des Westens ist* ...: überlassen ...: da deren Karriere davon abhängig ist, daß sie _*im Sinne*_ von machtvollen Partikularinteressen funktioniert._ZITATENDE ...: und es zeigt sich, daß Sie das nicht verstanden haben, wenn Sie das mit ...: ZITAT_*Was nützt es den Eliten, wenn die Erde nicht mehr bewohnbar ist?*_ZITATENDE meinen quittiert zu haben ...: denn ich unterstelle keiner Elite, daß sie die Erde bewußt unbewohnbar machen wollte ...: aber der Punkt ist ...: Eine Elite, die im Sinne von machtvollen Partikularinteressen funktioniert, wird lediglich solche Lösungsansätze verfolgen, die letztlich diesen Partikularinteressen nützlich sind ...: und _*das!*_ ist der Knackpunkt.

...: Frau *Bree* erwiderte das so, wie es für geschlechtsunspezifische Realsatiristen üblich ist ...: also *sach*_bezogene Spur nicht halten könnend ...:

> ZITAT_*Sie haben in meinen Augen eine total abgehobene Ausdrucksweise. Gehören Sie etwa einer Elite an? Sprechen Sie doch bitte in einem „Straßendeutsch", das auch die Nichtelite verstehen kann. Sonst machen Sie sich ja direkt der Zugehörigkeit zu einer gewissen Elite verdächtig. Oder ist es Ihre Absicht, sich abzuheben* (wovon auch immer ist mir als Nichtelite äußerst rätselhaft...)?_ZITATENDE

...: etwas spekulativ geantwortet ...: Es könnte sein, daß Ihnen meine Art des Formulierens deshalb rätselhaft *er*_scheint, da Ihnen wesentliche gesellschaftspolitische Dinge rätselhaft _*sind!*_. ...: _*Was?*_ sollte dann besser werden, würde ich „Straßendeutsch" sprechen ...: heißt für Sie „Straßendeutsch" doch offenbar, die Sprache nicht zum Erhellen von Zusammenhängen zu verwenden ...: hingegen ...: zum Verschleiern zu mißbrauchen ...: oder dazu zu mißbrauchen ...: den „Akzent" der Rede falsch zu setzen. ...: Zur Stützung dieser Spekulation siehe nicht nur Ihre Verwendung des Verbs „anzetteln", sondern Ihr Beharren *da*_rauf, es falsch zu verwenden. ...: Was Sie demnach unter „Straßendeutsch" verstehen, ist das Ergebnis eines sprachlichen Versimpelungsprozesses, auf den ich *des!*_halb an andrer Stelle eingehe, da der höchst bedenkliche Konsequenzen zeitigt.[302]

Frau *Bree* erwiderte ...:

> ZITAT_Ihre Mutmaßungen in meine Richtung laufen komplett ins Leere. Ich finde einzig und alleine, daß Sie ein sehr arrogantes Wesen haben und sich dies m.E. in Ihrer abgehobenen, verschwurbelten Ausdrucksweise sehr gut widerspiegelt.
>
> Wissen Sie, die Mehrheit der Menschen in Deutschland kann mit dem, was Sie da absondern, nichts anfangen, da sie im Alltag mit solch „erhabenen" Ergüssen überhaupt nicht weiterkommt. Also nicht hilfreich, nicht pragmatisch, für mich einfach nur ein Ausdruck der über anderen stehen wollenden „tüpfelscheißerischen" Arroganz. (Siehe Ihr Festbeißen an einem Ausdruck meinerseits, was überhaupt in der Sache nicht hilfreich ist.)
>
> Ich verstehe sehr wohl, was sie da von sich geben, allerdings frage ich mich auch, ob Sie da selbst noch mitkommen und sich nicht einfach in Ihrer Ausdrucksweise selbst verfangen.
>
> Wahre Rhetoriker können komplizierte Sachverhalte einfach und für jedermann verständlich auf einen Punkt bringen, so daß dies auch der ganz einfache Mensch noch verstehen kann. Wenn Sie dies als sprachlichen „Versimpelungsprozeß" bezeichnen, zeigt das einmal mehr Ihre elitäre Haltung, die Sie einfachen Menschen entgegenbringen. Die Frage, die sich mir dazu stellt ist, ob Sie dazu schlicht nicht in der Lage oder ob Sie einfach ein nicht wollender Schnösel sind?
>
> By the way: Ich habe mir Ihren Tonbeitrag versucht anzusehen, konnte aber Ihr Gehabe und ihre geistigen Ergüsse in dieser abgehobenen Form und Mimik nicht ertragen. Deshalb habe ich es mir nicht weiter angesehen. Unterhaltsam war es in meinen Augen auch nicht.
>
> Allein die Formulierung „dokumentarischen Charakter habend" stellen meine Nackenhaare auf.

---

[302] Siehe dazu die Eingangspassage der *Vermeintlich letzten Begegnung*: „... meinen und antworten ...".

Deutsche Sprache grammatikalisch korrekt darbieten zu können bedeutet noch lange nicht, einer guten Kommunikationsfähigkeit mächtig oder gar ein guter Rhetoriker zu sein. Diese brauchen noch ganz andere Fähigkeiten. In diesem Sinne: Einen guten Tag._ZITATENDE

...: normalerweise würde ich auf Ihre Widerrede nicht mehr antworten, Frau *Bree* ...: da es aber dem üblichen Muster folgt ...: Sie meinen u.a. ...: ZITAT_*Ihr Festbeißen an einem Ausdruck meinerseits, was überhaupt in der Sache nicht hilfreich ist*_ZITATENDE

...: nun ...: das ist eine Frage der Wahrnehmung. Jedenfalls ist es so, daß es kein Ausdruck von „Sichfestbeißen" sein kann, macht jemand jemanden darauf aufmerksam, daß er ...: *in diesem Fall Sie* ...: Begriffe oder Umschreibungen für etwas falsch verwendet. ...: immerhin ist es so ...: _*Besteht*_ die tatsächliche Absicht, einer „Sache" förderlich oder dienlich zu sein ...: beziehungsweise ...: ihr gerecht zu werden ...: *soll das also nicht bloßer Ausdruck von Geschwätztem bleiben* ...: *welches ich dann Aktionismus nenne* ...: Begriffe oder Umschreibungen für etwas _*richtig*_ verwendet werden _*müssen!*_ ...: beziehungsweise ...: man sich bezüglich einer interessierenden „Sache" begrifflich im klaren sein muß ...: da man andernfalls _*jenen*_ ganze Scheunentore öffnet, die meinen, daß alles so bleiben könne, wie es ist. ...: _*denn!*_ ...: _*Hat!*_ man diesbezüglich keine klaren Vorstellungen ...: *und klare Vorstellungen von etwas haben, bedingt das richtige Verwenden von Begriffen oder Umschreibungen für etwas* ...: wird man zum geschlechtsunspezifischen Zauberlehrling. ...: unter andrem meinen Sie ...: ZITAT_*Ich verstehe sehr wohl, was sie da von sich geben, allerdings frage ich mich auch, ob Sie da selbst noch mitkommen und sich nicht einfach in Ihrem Schreibstil selbst verfangen.*_ZITATENDE ...: nun ...: Frau *Bree* ...: solche Fragen sollten Sie erst dann stellen, drücken Sie sich ausgegoren aus. ...: danke auch, daß Sie mich von Ihrer Kenntnis in Kenntnis setzen ...:

ZITAT_Wahre Rhetoriker können komplizierte Sachverhalte einfach und für jedermann verständlich auf einen Punkt bringen, so daß dies auch der ganz einfache Mensch noch verstehen kann._ZITATENDE

...: all jene, die zur Elite eines lobbykratischen Staates (_*z.B. Deutschland*_) oder Staatenverbundes (_*z.B. EU*_) gehören ...: *und verstehen Sie mich richtig* ...: „Elite" meine ich dann nicht positiv ...: *mitunter nenne ich diese Elite deshalb auch* „Gesockselite" ...: sind rhetorisch geschult. ...: Warum? ...: nun ...: Um für möglichst viele verstehbar jenes auszudrücken ...: beziehungsweise ...: zu „begründen" ...: das allein lobbykratischen Interessen förderlich ist ...: folglich ...: den Interessen der normalen Menschen widersprechen muß. ...: schön erscheint es dieser „Elite" dann ...: „begehrt" die Masse der Menschen ...: scheinbar ...: wie von selbst ...: nach dem, das ihr vorher *ein*_geredet wurde. ...: und ...: _*Was?*_ bedeutet für Sie ...: „ganz einfacher Mensch". ...: übrigens ...: also ...: *auch vor dem Hintergrund galoppierender Sprachverhunzung* ...: _*Wie?*_ sollten sich unter lobbykratischen Bedingungen ...: *wo alle gesellschaftspolitischen Aussagen allein realsatiristischen Charakter haben können* ...: Rhetorik und Inhalt noch verbinden?[303]

...: weiter meinen Sie ...: ZITAT_*Wenn Sie dies* [_Sie meinen jenes, das aus Ihrer Sicht von „wahren Rhetorikern" ...: also tatsächlich ...: *von solchen des lobbykratischen Zeitalters* ...: gemeistert werden würde_] als sprachlichen „Versimpelungsprozeß" bezeichnen, zeigt das einmal mehr Ihre elitäre Haltung, die Sie einfachen Menschen entgegenbringen. Die Frage, die sich mir dazu stellt ist, ob Sie dazu schlicht nicht in

---

[303] Siehe dazu in: « Sie fragen noch, wie die ›Verhältnisse‹ liegen? », Aspekt 50: „Frau Göring-Eckhardt ließ Ende Juni 2017 nicht nur, aber auch verlauten ..." ...: gibt es durchaus als zweieinhalbminütiges Video ...: „Aspekt 50"; der zugehörige YouTube-Link: https://youtu.be/1bDlYBgpw50.

der Lage oder ob Sie einfach ein nicht wollender Schnösel sind?_ZITATENDE ...: nein ...: Frau *Bree* ...: da haben Sie das, was ich unter „Versimpelungsprozeß" verstehe, falsch verstanden. ...: es ist folgendermaßen ...: Wenn ich mit Menschen spreche, die Sie mitunter sogar als „ganz einfache Menschen" bezeichnen, dann geschieht das so, daß diese mich unter _*der*_ Voraussetzung verstehen, daß sie selbst keine aus unterdrückter Aggressivität resultierende Abwehrhaltung einnehmen ...: manche tun das wegen unterdrückter Aggressivität jedoch sogar dauerhaft ...: also ...: _*ihr!*_ ganzes Leben lang. ...: Zumindest ist es so, daß diese mir in meinen Aussagen _*dann*_ tendenziell zustimmen, geschieht das unter vier Augen ...: unter sechs Augen trauen diese sich das insbesondere dann kaum noch, handelt es sich um biologisch Jüngere ...: also um solche Menschen ...: die auf dem Weg zu jener Leiter sind, die für ihre Karriere bereitgestellt worden ist. ...: _*allerdings!*_ ...: So sich das von mir Ausgedrückte an _*jene!*_ richtet, die sich selbst als bürgerliche Intellektuelle verstehen und die ich ...: *da wir im lobbykratischen Zeitalter leben* ...: als lobbykratische Intellektuelle bezeichne ...: ändert sich meine Ausdrucksweise ...: *das trifft mindestens auf alle meine Videos und auf alle meine Bücher zu* ...: *mit Ausnahme eines Buches* ...: da Manifest. ...: entsprechend wird das dann von _*solchen*_ Intellektuellen kritisiert. ...: demnach kann ich Ihre Bemerkung ...: „nicht wollender Schnösel" ...: nur belächeln. ...: _*Ob?*_ es sich dann von selbst versteht, daß es mir egal ist ...: _*ob?*_ Sie das als arrogant abtun wollten. ...: übrigens ...: _*Gibt*_ es aus Ihre Sicht ...: „nichtwollende Schnösel" ...: _*was?*_ wollten dann „wollende Schnösel" ...: _*mitunter?*_ ...: wollen.

...: aber das ist nicht alles, denn Sie meinen ...: ZITAT_*Ich habe mir Ihren Tonbeitrag versucht anzusehen, konnte aber Ihr Gehabe und ihre geistigen Ergüsse in dieser abgehobenen Form und Mimik nicht ertragen*_ZITATENDE ...: *_tatsächlich?_* ...: *_Darf?_* ich hoffen, daß es Ihnen trotzdem ... *_oder?_* ...: wieder gutgeht?

...: wie aus dem eben schon Geantworteten deutlich geworden sein könnte ...: Die Sache mit dem „Ertragen" beruht auf Gegenseitigkeit ...: womit ich Sie jetzt nicht persönlich meine, sondern jene, an die sich dieses Video inhaltlich wendet ...: die *_sollen!_* das nicht nur ertragen ...: sondern ...: es *_nicht!_* mehr aushalten können. ...: immerhin ist das, was lobbykratische Intellektuelle *durch*_schnittlich absondern ...: ob bspw. auf Facebook oder in irgendwelchen Talk-Shows ...: für *_mich_* ...: *_zumindest!_* ...: nur schmerzhaft zu ertragen. ...: Verstehen Sie das Video also als eine Retourkutsche ...: die demnach *_nicht!_* deshalb unterwegs wäre ...: der Unterhaltung zu dienen.

Frau *Bree* erwiderte ...:

> ZITAT_Geschenkt. Ich lausche Ihrem Endloserguß nicht weiter. Reich-Ranicki hätte wohl passendere Worte zu Ihrer literarischen Kunst._ZITATENDE

...: mit Verlaub, Frau *Bree* ...: Sie verstehen nichts Wesentliches von dem, um das es gesellschaftspolitisch geht ...: Sie dreschen Gehörtes bloß ab. ...: auch mangelt es Ihnen an Humor ...: und ...: Reich-Ranicki habe ich geschätzt, aber ich würde nichts darauf geben, wie er mein Schriftstellern einschätzte.

Frau *Bree* erwiderte:

> ZITAT_Dies hier ist kein Treffpunkt für Literatur. Was ich verstehe und was nicht, wissen Sie doch gar nicht. Oder kennen Sie mich?
>
> Wenn Sie gesellschaftliche Zusammenhänge mit Ihrer Prosa-Rede füllen müssen — tun Sie das. Aber erwarten Sie nicht, daß sich jemand mit Ihrer quälenden Interpunktion und Ihren langatmigen Beschreibungen auseinandersetzt und Ihnen als Rückmeldung gibt, dies nicht zu tun. Um es zu vereinfachen: Ihre Ausdrucksweise nervt mich._ZITATENDE

...: ich behauptet nicht zu wissen, was Sie wissen oder nicht wissen ...: aber ...: Sie geben genügende Informationen, daß ich sagen kann, daß Sie *_keine!_* ausreichende Vorstellung davon haben, was gesellschaftspolitisch passiert. ...: ja ...: und in der Tat ...: Es geht mir u.a. darum, die Lücken zwischen den „stürmend abgesonderten \`Infospots´" zu füllen, damit Zusammenhänge sichtbar werden ...: *_könnten!_* ...: dies aber nicht auf prosaische Art und Weise ...: *_denn!_* ...: so ich das von mir Gesprochene verschrifte ...: *_hierin!_* liegt zum Beispiel der Grund für die Verwendung des Unterstrichs und des Doppelpunkts ...: der lesende Mensch *_soll!_* stutzen ...: und er sollte verstehen, daß sie u.a. der Betonung sowie der Verzögerung des Leseflusses dienen *_sollen_* ...: *_Ob_* der lesende Mensch das tut bzw. versteht, ist natürlich seine Sache bzw. liegt an ihm ...: es handelt sich also um ein Angebot ...: das könnte übrigens erleichtert offenbar werden ...: läse man's nur laut ...: gewiß ...: *_Wie?_* sollte das in den Sinn kommen, orientiert sich das Niveau gegen Null. ...: also ...: zwar haben Sie recht, stellen Sie banal fest ...: ZITAT*_Dies hier ist kein Treffpunkt für Literatur_*ZITATENDE ...: denn ...: Es genügte schon, daß er jenes wäre, welches seine geschlechtsunspezifischen Macher zu sein vorgeben ...: „Satire" in der Kombination mit „Politik" zu bearbeiten, wie sein über dem Eingang prangendes Motto suggeriert ...: „Satire&Politik — Kabarett, Ansichten&Aussichten".

Frau *Bree* erwiderte ...:

> ZITAT_Sie unterstellen mir hier weiterhin gesellschaftspolitischen Unverstand. Dies finde ich eine Unverschämtheit. Mir ist zu viel sehr klar, z.B. daß dieser braunen Kacke entschieden entgegengetreten werden muß. M u s s. Da hilft es bei vielen nicht zu versuchen Erklärungen zu machen und Hintergründe zu suchen. Der braune Sumpf ist davon schon meilenweit weg. Sie schreiben da ins Leere. Merken Sie aber in Ihrem hochgeistigen Rezitieren nicht. Fragen Sie doch mal diese stereotype Aussagen machenden Typen irgendwas. Bekommen Sie da je Antworten? Belegen Sie etwas Falsches. Da wird sofort von Unwahrheit geschwafelt. Mir geht dieses menschenverachtende, undifferenzierte Genöle inzwischen so auf die Nerven, daß ich gar nicht so viel essen kann, wie ich kotzen möchte.
>
> Sie kommen bei mir rüber wie Eltern, die den Zeigefinger vor ihren Kindern geben und „du, du, du!" machen, aber keine Handlung folgen lassen. Das ist fatal und hat keinerlei Wert und Wirkung._ZITATENDE

...: Sie meinen ...: ZITAT_*Sie unterstellen mir hier weiterhin gesellschaftspolitischen Unverstand. Dies finde ich eine Unverschämtheit. Mir ist zu viel sehr klar, z.B. daß dieser braunen Kacke entschieden entgegengetreten werden muß. M U S S.*_ZITATENDE ...: na ja ...: das ist es ja ...: was mich veranlaßt, Ihnen zu sagen ...: „Sie geben genügende Informationen, daß ich sagen kann, daß Sie keine ausreichende Vorstellung davon haben, was gesellschaftspolitisch passiert" ...: denn das bestätigen Sie mit dem gerade von mir Zitierten Ihrer letzten Erwiderung ...: will sagen ...: _*Kommt?!*_ es Ihnen nicht realsatiristisch vor, findet bspw. immer noch jemand, sich mit dem Label ...: „_*Keinen!*_ Millimeter nach rechts" ausstatten zu müssen. ...: ich anerkenne zwar die gutgemeinte Absicht ...: _*aber!*_ ...: Schaut man sich die gesellschaftspolitische Entwicklung seit dem Ende des Kalten Krieges scheuklappenbefreit an, kann man sehen, woher das Problem kommt ...: _*folglich!*_ ...: auch das, was Sie „braune Kacke" nennen. ...: *Da!*_her kommt es, daß ich mich nicht mit den aktuell gesellschafspolitisch Verantwortlichen zu einer Demonstration einfinden würde, bspw. betitelt mit ...: „Wir sind mehr!" ...: Es ist die _*praktizierte!*_ Politik, die jene braune Scheiße generiert. ...: _*Oder?*_ glauben Sie tatsächlich, daß durch Demonstrationen à la „Wir sind mehr!" etwas _*Substantielles!*_ gegen solche Scheiße getan würde. ...: das Aufkommen der AfD wollten zumindest Teile des deutschen Establishments ...: um rechte Politik in den „normalen Politbetrieb" einzuführen. ...: Deshalb spreche ich vom _*erneuten!*_ Versagen der Elite ...: und überhaupt ...: _*Was?*_ glauben Sie ...: _*Wie?*_ oft ließe sich eine solche ...: *sowieso fürs Fenster organisierte* ...: Demonstration organisieren. ...: *Die Bestätigung dafür wird seit dem 24. Februar 2022 erbracht.*

Sie meinen ...: ZITAT_*Da hilft es bei vielen nicht zu versuchen Erklärungen zu machen und Hintergründe zu suchen. Der braune Sumpf ist davon schon meilenweit weg. Sie schreiben da ins Leere. Merken Sie aber in Ihrem hochgeistigen Rezitieren nicht.*_ZITATENDE ...: Sie belegen mit solchen gerade zitierten Bemerkungen ...: *um es zu wiederholen* ...: „daß ich sagen kann, daß Sie keine ausreichende Vorstellung davon haben, was gesellschaftspolitisch passiert" ...: *oder anders gesagt* ...: Sie verstehen die Gründe für meine Aussagen nicht ...: _*Einer*_ der Gründe ist ...: die braune Scheiße ist dem bürgerlichen Herrschaftssystem immanent. ...: _*Aber?*_ wieso ist das so ...: Nun, diese wesentliche Frage habe ich bereits an andrer Stelle beantwortet ...: allerdings nicht deshalb beantwortet, um jemanden aus _*jener*_ Scheiße zu ziehen ...: bin doch nicht *da!*_für verantwortlich, daß der sich darin wohl fühlt. ...: ich fühle mich auch nicht für die Existenz des lobbykratischen Systems verantwortlich ...: das solche Scheiße aus _*sich!*_ heraus generiert. ...: _*sondern!*_ ...: Es geht mir ums richtige Argumentieren ...: _*bedeutet!*_ ...: offenbar im Gegensatz zu anderen ...: zu wissen _*wovon!*_ ich spreche. ...: zumal ...: erst _*dann!*_ der Hebel richtig anzusetzen wäre ...: und grundlos steht hier „wäre" nicht!

> _*Daß!*_ die „braune Scheiße" dem bürgerlichen Gesellschaftssystem immanent ist, wird bereits an der *blind!*_wütigen Reaktion des Westens auf die absolut nachvollziehbare, am 24. Februar 2022 erfolgte militärische Intervention der Russischen Föderation in der Ukraine deutlich ...: so _*traditionelle!*_ wie *ekel!*_hafte Heuchelei des Westens.[304]

...: Sie meinen ...: ZITAT_*Fragen Sie doch mal diese stereotype Aussagen machenden Typen irgendwas.*_ZITATENDE ...: Nun, das würde ich für unsinnig halten ...: bedeutet ...: das tue ich überhaupt nicht ...: und zwar aus den bereits genannten Gründen. ...: wenn Sie allerdings meinen ...: ZITAT_*Bekommen Sie da je Antworten?*_ZITATENDE ...: muß ich Ihnen sagen ...: Es ist offenbar egal, wem ich in einem Treffpunkt wie diesem oder in einem *social*_medialen Forum eine Frage stelle ...: *und doof gestellte sind die nicht* ...: eine sachbezogene Antwort bekomme ich nie ...: also ...: völlig unabhängig von der ideologischen Ausrichtung des- oder derjenigen, den bzw. die ich frage.

---

[304] Siehe dazu die *Wiedergängerische Begegnung*: „Russophobie ist \`bloß' _*ein*_ Ausdruck projektionistischen Wahrnehmens" und die *ab*_schließende *Begegnung* ...: „Es hat etwas Kindisches, das aus dem _*selbst!*_ verursachten üblen Gestern resultierende Heute zu beklagen".

Sie meinen noch …: ZITAT_*Sie kommen bei mir rüber wie Eltern, die den Zeigefinger vor ihren Kindern geben und* „du, du, du!" *machen, aber keine Handlung folgen lassen. Das ist fatal und hat keinerlei Wert und Wirkung.*_ZITATENDE …: das ist Quatsch, Frau *Bree* …: oder anders gesagt …: _*Wie?*_ sollte ich mich angesprochen fühlen, mache ich …: ob nun hier in diesem „Treffpunkt für Politik und Satire" oder in einem *social*_medialen Forum *sach*_bezogene Aussagen …: das heißt …: thematisch stimmige Aussagen …: und gehe dann …: *wenn's zum so zügigen wie üblichen* Ab_*driften kommt* …: erneut *sach!*_bezogen auf das ein, was jemand in seinem Abdriften verlauten läßt …: Ist _*das?*_ gerade in _*diesem*_ „Treffpunkt für Politik und Satire" oder genauso in einem *social*_medialen Forum nicht schon viel …: *um nicht zu sagen* …: _*nicht?*_ höchst ungewöhnlich …: _*Und?*_ ist es nicht sogar schon _*sehr!*_ viel, hat jemand bereits vor Jahren dargelegt, wo das Problem liegt, was daraus folgt …: *wird die nach dem Ende des Kalten Krieges eingeschlagene Richtung fortgesetzt* …: *und* …: *da wir uns längst in diesem Prozeß befinden* …: *sie wird fortgesetzt* …: _*sowie!*_ einen Lösungsweg aufgezeigt hat. …: Hinweis …: in meinem aktuellen (_*letzten!*_) Buchprojekt werde ich in seinem letzten Teil einen „alternativen Lösungsweg" ausarbeiten. … keine Sorge, Frau *Bree* …: das dauert noch …

…: Frau *Bree* erwiderte …:

ZITAT_Sind Sie im Alltag eigentlich auch so ein Besserwisser?_ZITATENDE

…: persönliche Fragen beantwortet ein nach Persönlichem Befragter nicht genügend objektiv, deshalb antworte ich so …: Im Alltäglichen stellen sich alle Fragen praktisch …: und …: so möglich, löst man praktische Fragen am besten gemeinsam. …: und stellt sich eine praktische Frage erstmals, gibt es verschiedene Herangehensweisen …: Die einen ziehen die learning-by-doing-Methode vor ...: andre versuchen es mit Vorüberlegungen ...: früher oder später muß man sich aber entscheiden und ...: _es_ tun ...: oder ...: _es_ besser lassen. ...: Hat ein Mensch bereits Erfahrungen hinsichtlich einer gestellten Frage gesammelt ...: *vielleicht dadurch, daß er aus jedem* ...: oder fast jedem ...: *seiner Fehler gelernt hat* ...: *_kann!_* es sein, daß dieser Mensch es hinsichtlich einer konkreten Frage besser weiß. ...: also ...: *_vorausgesetzt_* ...: *_wäre_* die gestellte Frage eine schwerwiegende und ihr Beantworten entsprechend folgenreich ...: *_Wäre?_* es dann klug, meinte dieser ...: der Klügere gibt nach.

...: Aber es schien mir, daß ich jenem anderen Diskutanten noch zu antworten hatte, der weit vorher schon folgendes zu jenem Photo und dem „Kid-Zitat" gemeint hatte[305] ...:

> ZITAT_90% der Bevölkerung waren Nazis, die wollten, was die Nazis taten!_ZITATENDE

Daß 90% der Deutschen Nazis gewesen wären, ist eine unbewiesene Behauptung. Ebenso kann nur der behaupten, daß die Masse der Deutschen Krieg „toll" gefunden hätte, der immer noch auf die Bilder der damals gedrehten Propagandafilme hereinfällt. Und daß *_die_* Bürger die NSDAP gewählt hätten, stimmt ebenso nicht. Was man hingegen sagen kann ...: Es lag ein (*_erneutes_*) Versagen der bürgerlichen Elite vor, sowie (*_damit verquickt_*) das Streben der deutschen Industrie, jenes mit Hilfe der Nazis zu verwirklichen, welches bereits im ersten Teil des Großen Krieges deutsches Kriegsziel gewesen war ...: aus Europa einen einheitlichen Wirtschaftsraum unter deutscher Führung zu machen. ...: und wer glaubt, die

---

[305] Siehe das Eingangszitat der *Neunten Begegnung*: „... 90%! ...", auf das ich dort nicht weiter eingegangen bin, sondern auf die Aussage eines andren dann.

Nazis wären auf wundersame Weise in die Welt gekommen, geht genauso in die Irre ...: ihre ideologischen Aussagen lassen sich ohne weiteres auf die Deutsche Ideologie zurückführen, die zu Beginn des 19. Jahrhunderts ihre ersten Sprachführer hatte. ...: Und diese Ideologie ...: *bestehend aus dem, was man* „deutschen Idealismus" *sowie* „klassische Indologie" *nennt* ...: war das ideelle Rückgrat des deutschen Bürgertums, bzw. der deutschen Intellektuellen ...: was ...: *wenn auch teilweise verschleiert* ...: bis heute gilt ...: demnach ...: Der Nazismus als etwas dem deutschen Bürgertum Inhärentes zu verstehen ist. ...: Was wiederum nur zu verstehen ist, weiß man um die besondere Identitätsbildung, der die preußisierten Deutschen im Zusammenhang mit der deutschen Nationalstaatsbildung 1871 ausgesetzt waren. ...: und was die AfD anbelangt ...: Diese ...: *das lobbykratische System rechts abstützende Tamtampartei* ...: ist ein Projekt des deutschen Establishments, die die ihr zugedachte Rolle ...: *zumindest bis auf weiteres* ...: gespielt hat.

...: das bedeutet ...: Man darf sich nicht auf einen „Ausschnitt" des Ergebnisses eines „machtpolitischen Geschehens" beschränken, der zudem noch mythisch aufgeladen wurde, sich bspw. in dem ausdrückend, das als „Wirtschaftswunder" bezeichnet wurde und immer noch wird ...: um „`neue´ nationale Identität" zu schaffen ...: will man _*wenigstens heute!*_ zu richtigen Schlußfolgerungen kommen.

Neunzehnte Begegnung:
„*Un!*_geimpfte wählen rechts"

Jemand sagte:

> ZITAT_Eine Umfrage zeigt, daß 2 / 3 der Ungeimpften rechts wählt_ZITATENDE

…: unterstellt, die Umfrage stimmt, möchte ich lieber wissen …: wieso? …: denn …: Etwas Offensichtliches zu erkennen ist _*keine*_ Kunst.

…: in dieser Diskussion warf der als Spezial-Realsatirist bekannt gewordene Herr *Mee* ein …:

> ZITAT_Was mir Sorgen macht, sind allerdings die rechten Tendenzen, übrigens mehr noch in Europa als in Deutschland, das politisch immer noch überwiegend in der Mitte steht (_*es sei denn, man hält die SPD für links*_)_ZITATENDE

…: unter „Europa", Herr *Mee*, verstehen Sie wahrscheinlich die EU. Es ist aber die Funktionselite der EU, die jene Symptome verursacht, die Ihnen „Sorgen" bereiten. Und da die deutsche Politik seit dem Bestehen der EU …: also seit 1992 / 93 …: eine wesentliche Rolle bei ihrer ideologischen Ausrichtung spielt …: *beispielsweise die Konstruktion des Eurosystems oder die Austeritätspolitik betreffend* …: lassen sich die Ursachen für _*Ihre*_ „Sorgen" von den Forderungen deutscher Politik _*nicht*_ trennen.

ZITAT_Finden Sie das etwa gut?_ZITATENDE

…: nun …: dies an sich eine alberne Bemerkung, da aber Realsatiristen Leitplanken benötigen …: also …: Frau *Bree* …: Allein durch das, was ich in diesen *Begegnungen* bisher gesagt bzw. ausgedrückt habe …: *und ich kann Ihnen versichern* …: _daran!_ *wird sich in den noch* …: aus meiner Perspektive allerdings zu erleidenden …: *Begegnungen mit Realsatiristen* nichts ändern …: könnte _*Ihnen*_ zwar nicht unbedingt dämmern, was ich „gut" finde …: _*aber*_ wenigstens fragwürdig …

Zwanzigste Begegnung:
„... daß Deutschland so erfolgreich ist,
liegt an der guten Politik ..."

Bezogen auf eine kritische Anmerkung, die ein wohl noch unbedarfter Realsatirist zu der über (_*zu viele*_) lange Jahre von Frau Merkel verantworteten deutschen sowie EU-Politik unter Realsatiristen zaghaft zu äußern sich erlaubte, erwiderte der ...: *im Gegensatz zu diesem* ...: längst angesehene Realsatirist *Kii* so prompt wie *selbst*_überzeugend ...:

> ZITAT_Weltweit ist Merkel beliebt. Nur hier in Deutschland gibt es mal wieder welche die so einen Mist sagen. Denn, daß Deutschland so erfolgreich ist, liegt an der guten Politik, Außenpolitik, Europa usw. Was da kritisiert wird, glaubt doch niemand, denn wenn wir nicht so gut von unseren Politikern vertreten würden, hätten wir keine so gute Wirtschaft. Wer macht denn die Verträge, Export und managt das alles? Du hast doch keine Ahnung, was da alles dranhängt, sehr einseitiges Denken. Das kommt davon, wenn man keine Ahnung vom System hat. Ihr seid sehr naiv. Und was Angela Merkel als Person anbelangt, weiß ich ganz sicher, daß sie Humor hat. Das drückt sich schon in ihrem Nonverbalen aus. Und ich glaube, das ist es, was sie so erfolgreich macht._ZITATENDE

...: nun ...: Herr *Kii* ...: wenn ich nicht wüßte, daß Sie ein längst angesehener Realsatirist sind ...: *da* da_*von* ...: also ...: *un*_abhängig von der Tageszeit ...: jeder_*zeit Zeugnis ablegen könnend* ...: würde ich Ihnen nicht antworten ...: aber ...: in diesen *Begegnungen* kommt es *be*_sonders auf _*!*_ realsatiristischen Beitrag an. ...: dennoch ...: ob_*wohl Sie mir allein in dieser kurzen Zitierung ein breites Feld zur Beantwortung Ihres realsatiristischen Meinens bieten* ...: möchte ich mich in meiner Antwort ...: *allerdings* _keineswegs!_ *aus Kostengründen* ...: auf folgendes ...: ZITAT_*Wer macht denn die Verträge, Export* *und managt das alles?*_ZITATENDE sowie ...: ZITAT_*Und was Angela Merkel als Person anbelangt, weiß ich ganz sicher, daß sie Humor hat. Das drückt sich schon in ihrem Nonverbalen aus. Und ich glaube, das ist es, was sie so erfolgreich macht*_ZITATENDE beschränken ...: ließe sich doch scheuklappenbefreit auf ...: ZITAT_*Wer macht denn die Verträge, Export und managt das alles?*_ZITATENDE bereit mit einem ...: *Eben*. ...: beziehungsweise ...: *Genau*. ...: antworten ...: denn ...: *des!*_halb ist es ja, daß es in der EU so aussieht, wie es aussieht ...: schlecht ...: alles andre ist Augenwischerei ...: beziehungsweise ...: ist für *die*_jenigen gesagt oder geschrieben, die *tat!*_sächlich jenes tun, welches einem Vogel Strauß unterstellt wird.

...: und was die durch Meinungsmache in der Masse der deutschen Bevölkerung hervorgerufene Wahrnehmung von Frau Merkel anbelangt, so hat Volker Pispers es einmal wie folgt auf den Punkt gebracht:

> ZITAT_75 Prozent der Bevölkerung finden, daß die Regierung schlechte Arbeit leistet. 75 Prozent der Bevölkerung finden, daß Frau Merkel gute Arbeit leistet._ZITATENDE ...

...: um ein Schein und Wirklichkeit scheidendes Beispiel zu bringen ...: Es war Frau Merkel, die in ihrer Eigenschaft als Bundeskanzlerin Anfang der 2010er Jahre eine Risikoanalyse in Auftrag gegeben hat ...: Die Aufgabe der Wissenschaftler bestand darin, weit möglichst abschätzend zu ermitteln, welche Risiken von einer SARS-CoV-2-ähnlichen Pandemie ausgehen könnten. Diese beauftragten Wissenschaftler kamen zu _*dem*_ Ergebnis, welches sich seit dem Jahre 2020 _*real!*_ ereignet ...: welche Rolle dieses Virus dabei selbst auch immer spielen mag. ...: Von dieser Risikoanalyse wurde der Deutsche

Bundestag Anfang 2013 unterrichtet.[307] ...: um also die erste Antwort auf das oben Zitierte ...: ZITAT_*Wer macht denn die Verträge, Export und managt das alles?*_ZITATENDE zu wiederholen ...: Scheuklappenbefreit _*läßt!*_ sich darauf knapp antworten ...: Eben!

...: das erboste den Realsatiristen *Kii* wohl sehr ...: denn ...: nun mich meinend ...: antworte dieser darauf so ...:

> ZITAT_Querdenker! Mehr kann ich nicht dazu sagen, unglaublich wie ihr euch alles hindreht. So etwas kannst du deiner Frau erzählen, aber nicht mir!_ZITATENDE

...: also ...: Herr *Kii* ...: zum einen ...: Es muß spätestens das Jahr 2007 gewesen sein, daß ich mir _*wegen!*_ der gesellschaftspolitischen Ereignisse das Motto ...: „Querdenken kann man gar nicht genug!" setzte ...: deshalb finde ich es übrigens komisch, daß ein an sich richtiger Begriff heutzutage so verhunzt verwendet wird. ...: zum andren ...: Es erscheint mir schon mehr als nur bedenklich, daß ...: wenn ich feststelle ...: „Es war Frau Merkel, die in ihrer Eigenschaft als Bundeskanzlerin Anfang der 2010er Jahre eine Risikoanalyse in Auftrag gegeben hat ...: und ...: die beauftragten Wissenschaftler zu _*dem*_ Ergebnis [gekommen waren], welches sich seit 2020 _*real!*_ ereignet ...: welche Rolle dieses Virus dabei selbst auch immer spielen mag." ...: Sie das nicht anders als mit ...: ZITAT_*Querdenker! Mehr kann ich nicht dazu sagen, unglaublich*

---

[307] Siehe dazu im Anhang des Ihnen vorliegenden Buches: « Risikoanalyse aus dem Jahre 2012, eine SARS-CoV-2-ähnliche Pandemie betreffend ».

*wie ihr euch alles hindreht*_ZITATENDE meinen richtig quittiert zu haben, anstatt wenigstens erwidernd zu fragen ...: Können Sie das belegen? ...: worauf ich dann antworten könnte ...: selbstverständlich! ...: *_allerdings!_* ...: dann unter Hinzufügung der Bemerkung ...: Da Sie das offenbar nicht wissen, belegen Sie damit, daß Sie jenes sind, welches ich einen *Reflex*_Denker nenne ...: denn ...: so wie Sie schreiben, können Sie sich offenbar von dem sich gesellschaftspolitisch Ereignenden *_keinen!_* korrekten Begriff machen ...: immerhin ist ...: *aus heutiger Perspektive* ...: *war* ...: ja nicht allein Frau Merkel das Problem ...: *das wäre gewiß unzulässig vereinfacht.* ...: allerdings muß doch hinzugefügt werden ...: Von ihr bleibt gesellschaftspolitisch jenes zurück, welches man als „Merkelantismus" bezeichnen kann. ...: falls Sie fragen wollten ...: was „Merkelantismus" bedeutet ...: das habe ich an andrer Stelle definiert ...: übrigens ebenso jenes, das man als „Schäubleismus" bezeichnen kann ...: und diese „Ismen" sind nicht allein für Deutschland eine sulfuröse Mischung, sondern genauso für die EU.[308]

---

[308] Zum „Merkelantismus" bzw. zum „Merkelesken" siehe in: « Die *tri*_logische Sezierung des lobbykratischen Zeitalters », Band III: « ›Ich stimme nicht zu!‹ Gesellschaftspolitische Lesungen über den Neowilhelmoliberalismus und seine Konsequenzen », Teilband 1, dort u.a. die Seiten 242-46, beginnend mit: „Der Sinn dieser merkelesken Aussage" und in: a.a.O., Teilband 2, die Seiten 791-800, beginnend mit: „Das Merkeleske am Merkelesken ist stets".

Was den „Schäubleismus" anbelangt, der vom „Merkelesken" nicht zu trennen ist, siehe in: a.a.O., die Seiten 702+f., beginnend mit: „Anmerkung zum `Schäubleismus´".

Wieso die erwähnte „Mischung" eine *sulfuröse* ist, wird aus der *Dreizehnten Begegnung* ersichtlich. Siehe dazu ebenso auf den Seiten 362+f. des Ihnen vorliegenden Buches die vom 20. Oktober 2021 stammende: „prospektive Bemerkung".

…: dies konterte der Realsatirist *Kii* …:

> ZITAT_Auweia, das tut ja schon weh! Glaubst du eigentlich alles, was so geredet wird? Hinterfragen sollst du alles._ZITATENDE

…: zum einen, Herr *Kii* …: Es ist erfreulich, daß Sie selbst beweisen, daß Ihr Niveau niedrig und Ihr Benehmen ein schlechtes ist, da Sie von mir bestimmt verlangten …: *wohl wegen Ihrer Selbsteinschätzung, ein* „aufgeklärter Mensch" *zu sein* …: das zu beweisen, mich also nicht darauf zu beschränken, Ihnen zu sagen …: Herr *Kii*, Ihr Niveau ist so niedrig wie Ihr Benehmen ein schlechtes ist …: denn …: _*Sie!*_ sind es, der schreibt …: ZITAT_*auwaia das tut ja schon weh! Glaubst du eigentlich alles,* was so geredet wird*? Hinterfragen sollst du alles.*_ZITATENDE …: zumal Ihr „animiert" verblendeter Gesichtsausdruck noch unterstreicht, was Sie selbst beweisen …: also …: daß Ihr Niveau so niedrig wie Ihr Benehmen ein schlechtes ist. …: das …: *da geradezu als* „normal" *geltend* …: ist übrigens der Grund dafür, wieso ich sage …: Die Masse der bürgerlichen Intellektuellen ist mental fertig. …: _*Wie?*_ also sollten ausgerechnet Sie *da*_zu beitragen, das allgemein schlechte Niveau zu heben. …: und …: _*Wie?*_ sollten wir uns überhaupt verstehen können, ist doch genau das _*mein!*_ Anliegen.

…: zum andren …: also jetzt zu dem, was Sie Frau Merkel unterstellen …: sie habe Humor. …: So wie sich Satire dadurch auszeichnet, etwas gesellschaftspolitisch *Eigen*_artiges bewußt auszudrücken, ist Humor in der Regel etwas situativ *Ge*_wolltes …: wenn es auch sein kann, daß Humoriges ungewollt auftritt …: Deshalb können Satire und Humor verbunden auftreten …: hingegen …: wie für geschlechtsunspezifische Realsatiristen üblich…: ereignet sich bei Frau Merkel Humor stets *un*_gewollt. …: außerdem …: Frau Merkel ist eine

Opportunistin, wie sie bisher in keinem Buche steht ...: deshalb gehe ich davon aus, daß sie ...: gäbe es die DDR noch ...: im Jahr 2021 als Staatsratsvorsitzende zurückgetreten wäre und sie sich zu diesem Zwecke ...: *also zur Hebung der untertänigen Stimmung* ...: medienwirksam verabschiedet hätte ...: verbunden mit inhaltslosem ...: folglich ...: lediglich klimaschädlichem Reisen.

...: dazu der Herr Realsatirist *Kii* ...:

> ZITAT_Frau Merkel hat sehr viel Witz und Humor. Das läßt sie nicht immer raus, aber man merkt es an manchen Reaktionen — verbal, aber auch nonverbal. Erkennt natürlich nicht jeder. Ungewollten Humor gibt's gar nicht. Es gibt unfreiwillige Komik. Aber Humor hat man — oder eben nicht._ZITATENDE

...: *_Erkennen?_* Sie das Widersprüchliche Ihrer Behauptung, schreiben Sie u.a. ...: ZITAT_*Frau Merkel hat sehr viel Witz und Humor. Das läßt sie nicht immer raus, aber man merkt es an manchen Reaktionen — verbal, aber auch nonverbal*_ZITATENDE? ...: Und da es ungewollten Humor gibt, ...:*so man der Aussage von Sigmund Freud zustimmt, daß Humor das Wohlwollen des Überichs gegenüber dem eigenen Ich sei* ...: kann es schon sein, daß jemand annimmt, ein andrer habe etwas humorig gemeint, obwohl der das ernst meinte.

...: im übrigen halte ich die Kombination ...: *in* _einer! *Person* ...: Humor zu haben *_und!_* den Begriff „Austerität" schön zu finden ...: *wie Frau Merkel vor einigen Jahren meinte* ...: also ...: *nachdem sie* ...: nach Selbstaussage ...: *von dem Begriff* „Austerität" *erstmals gehört hatte* ...: für *_nicht!_* möglich.[309]

...: aber ...: wenn Sie schon vom „Nonverbalen" sprechen ...: Die Kombination von Humor und dem mit den Händen zwanghaften Bilden einer Raute ...: *da sich andernfalls Daumen und Zeigefinger immer ungewollt aneinanderlegen wollten* ...: halte ich ...: *in* _einer!_ *Person* ...: ebensowenig für möglich. ...: *dieses Hilfsmittel* ...: eine Raute mit den Händen zu bilden ...: *zu verwenden, mag dieser Person von einem geschlechtsunspezifischen Rhetorik-Lehrer geraten worden zu sein.* ...: daran ändert sich nichts, nur weil ein solches Rautebilden zu einem „Markenzeichen" erklärt wird ...: denn ...: tatsächlich ist dies Ausdruck dafür, daß jemand ziemlich gehemmt ...: um nicht zu sagen kleinlich ...: also ...: das Gegenteil von großzügig ist ...: Ich kenne keine humorige Person, die zugleich noch kleinlich wäre ...: Humor und Kleinlichkeit stehen aus meiner Sicht in unversöhnlichem Widerspruch.

Der Realsatirist *Kii* antwortet darauf:

> ZITAT_Mit der Raute hat Merkels Humor natürlich überhaupt nichts zu tun. Sie hat es selbst so erklärt, daß sie anfangs nicht wußte, was sie mit ihren Händen machen sollte. Humor heißt doch nicht, einen Witz zu machen. Humor zeigt sich, wenn man auch in seltsamen Situationen locker bleibt, weil man die Komik darin erkennt. Das kann man auch durch Mimik oder Gestik aus-

---

[309] Bezüglich der „merkelesken Aussage" zur „Austerität" siehe in: « Die *tri_*logische Sezierung des lobbykratischen Zeitalters », Band II: « Zwischenrufe in satirisch-politischen Variationen oder Reale Betrachtungen dadaistisch-surrealer Phänomene in der Lobbykratie », die Seiten 53-62, beginnend mit: „Über den austeritären Charakter".

drücken. Merkels engstes Umfeld bestätigt übrigens ihren Humor. Wobei sie auch sehr gern Witze macht. Aber das sind zwei verschiedene Dinge._ZITATENDE

...: abgesehen davon, daß Sie meine Aussage ...: *daß Frau Merkel gehemmt bzw. kleinlich sei* ...: *was sich typischerweise durch ihr* „Problem" *des unwillkürlichen Annäherns von Daumen und Zeigefinger* ...: nonverbal ...: *ausdrücke* ...: *kleinliches Verhalten und Humor aber nicht vereinbar seien* ...: nicht verstanden haben ...: denn andernfalls könnten Sie nicht antworten ...: ZITAT_*Mit der Raute hat Merkels Humor natürlich überhaupt nichts zu tun*_ZITATENDE ...: also ...: *von diesem abgesehen* ...: ist das, was Frau Merkel bezüglich _*i*_ „Rautenbildung" (_*sozusagen selbsterklärend*_) erzählt, dann irrelevant, geht es um eine objektivierbare Einschätzung dieser „Methode" und nicht um anekdotisch angereichertes biographisches Erzählen. ...: denn ...: Fakt ist, daß sie Zeigefinger und Daumen nur schlecht abständig halten kann, und das ist eine bezeichnende *non*_verbale Aussage. ...: gewiß ...: *für sich genommen* ...: wäre das nicht weiter erwähnenswert ...: im Kontext aber schon ...: und ich erwähne das lediglich deshalb, da Sie von Nonverbalem sprechen, das belege, Frau Merkel habe Humor. ...: überdies ...: Humor haben und schon mal etwas zeigen, das nach Humor aussehen _*könnte*_ ...: sind sowieso zwei verschiedene Paar Schuhe. ... übrigens ...: was die Floskel ...: „engstes Umfeld" einer prominenten Person anbelangt ...: Es soll sogar geschlechtsunspezifische Journalisten geben, die geradezu die Nähe solcher Personen suchen und stolz sind, haben sie diese gefunden ...: solche Journalisten (_?_) rekrutieren sich übrigens aus jener Masse, die unter dem Titel „Hauptstadtjournalisten" firmiert, also zum „Hauptstadtbüro" eines Medien_*Konzerns* gehört ...: was an sich höchst lachhaft ist ...: _*allerdings!*_ ...: und da aus demokratischer Sicht alles andre als lachhaft ...: genau _*so!*_ wird öffentliche Meinung gemacht und führt zu dem, das Volker Pispers sinngemäß mit

...: „kritisch am Journalismus ist nur noch der Geisteszustand derjenigen, die behaupten ihn zu betreiben" umschrieben hat. ...: in der Tat ...: Witze zu machen und Sinn für Humor zu haben ...: „sind zwei verschiedene Dinge".

...: Herr *Kii* erwiderte, wie es für Realsatiristen üblich ist ...: also ...: nicht auf das, was ich ihm auf seine Rede hin geantwortet hatte ...:

> ZITAT_Im übrigen sehe ich Frau Merkel sehr, sehr kritisch. Als Klimakanzlerin hat sie komplett versagt._ZITATENDE

...: anstatt ...: ZITAT_*Im übrigen sehe ich Frau Merkel sehr, sehr kritisch. Als Klimakanzlerin hat sie komplett versagt*_ZITATENDE ...: würde ich sagen ...: _*Auch!*_ als „Klimakanzlerin" hat sie versagt ...: immerhin war sie es nicht, die den Euro „gerettet" hätte ...: soweit man überhaupt sagen kann, daß der „gerettet" wäre ...: ganz im Gegenteil ...: und ...: damit verbunden ...: den desolaten Zustand der EU hat sie wesentlich mitzuverantworten ...: gewiß ...: nicht allein ...: aber sie war nun einmal die Kanzlerin ...: und andre hatten entsprechende „Vorleistungen" geliefert ...: beispielsweise die „Agenda 2010" ...: auf denen sie bequem „aufbauen" konnte.

Einundzwanzigste Begegnung:

Was mir auf die Meldung: „YouTube löscht Konto von RT Deutsch dauerhaft" zu sagen bleibt

Von dieser Meldung erfuhr ich am 29. September 2021 in diesem mit ...: „Satire&Politik — Kabarett, Ansichten&Aussichten" überschrifteten, von Realsatiristen lebhaft frequentierten „Treffpunkt", als dort von den gerade anwesenden Realsatiristen diese vom 28. September 2021 stammende Meldung des deutschen Propagandasenders im Ausland ...: „Deutschen Welle" ...: freudig aufgegriffen wurde. ...: Das veranlaßte mich zu folgender Bemerkung ...:

Es ist nicht nur kein Ausdruck von Souveränität, schließt man ein virtuelles Nachrichtenmedium von der Verbreitung seiner recherchierten Informationen aus ...: zumal es dem interessierten, sich plural informieren wollenden Menschen meist qualitativ gute ...: und deshalb meist bedenkenswerte ...: Berichte, Analysen und Meinungen zu internationalen Themen bietet ...: *die lediglich* „anders subjektiv" ...: aber durchaus objektiviert ...: *als die von selbsternannten Qualitätsmedien des Westens gebotenen sind.* ...: hingegen ...: *Dieses Ausschließen insbesondere Ausdruck davon ist, daß jetzt in den konfrontativen Schnellgang gegen* Rußland / China *geschaltet werden* _muß_ ...: da nicht anders mehr die *selbst!*_verursachte Misere innerhalb und im geographisch anliegenden Außerhalb der EU zu kaschieren wäre ...: ganz zu schweigen vom Dilemma des desolaten Imperiums namens USA.

Zur Verdeutlichung, was sich aktuell ereignet ...: [_und dies in der Unisono-Berichterstattung ...: die ...: *so man gedanklich seine Nüchternheit bewahrt hat* ...: nur noch als Propaganda zu bezeichnen ist ...: über die Ereignisse in der Ukraine seit dem 24. Februar 2022 so exemplarisch wie forciert zum Ausdruck kommend_] ...: *zitiere ich im folgenden im wesentlichen aus einem Bericht, der von der Redaktion der Nachrichtenplattform* German-Foreign-Policy.com *verfaßt worden ist ...: _dafür!_* ...: das ausführlich tun zu können, bedanke mich bei der Redaktion herzlich.

Zu den aus Sicht des lobbykratischen Establishments dazu notwendigen „Schnellschritten" wird eine Zensurbehörde gehören, die unter dem orwellianischen Label einer (_*privat-behördlichen*_) „Rating Agentur für Medien" firmieren wird ...:

> ZITAT_Die Deutsche Gesellschaft für Auswärtige Politik (DGAP) legt konkrete Vorschläge zur Formierung Deutschlands und der EU für die bevorstehenden globalen Machtkämpfe vor. Die Vorschläge, die eine von der DGAP koordinierte Expertengruppe erarbeitet hat, richten sich an die nächste Bundesregierung [_*gemeint ist die* „Ampel-Koalition", *die seit Anfang Dezember 2021 die deutsche Bundesregierung stellt*; Anm.d.A._], die unmittelbar mit ihrer Umsetzung beginnen soll. Die Expertengruppe greift Forderungen auf, die seit geraumer Zeit immer wieder vorgebracht werden [...]. Eine bedeutende Rolle nehmen Pläne für eine umfassende propagandistische Formierung der Zivilgesellschaft ein. [...] Nicht zuletzt müßten neue „Anlässe zur Einbindung der Zivilgesellschaft" geschaffen werden [...].
>
> Die Autoren des Strategiepapiers schlagen zum Beispiel vor, eine „nicht-staatliche Rating-Agentur" zu schaffen, die — „ausgerichtet an Kriterien wie etwa der 'Faktentreue der Berichterstattung'" — eine „Bewertung der Medienangebote" vornimmt. „Eine solche Agentur", heißt es, müsse selbstverständlich „den Eindruck" vermeiden, als Orwell'sches „Wahrheitsministerium" aufzutreten; sie solle daher „staatsfern und unabhängig ausgestaltet sein". Auch die Bundesregierung solle allerdings „in Zukunft verstärkt die Möglichkeiten und die Reichweite der sozialen Netzwerke nutzen" — freilich nur, „um die Bürger mit vertrauenswürdigen Inhalten zu versorgen". Nicht zuletzt könne „eine der *EU East StratCom* vergleichbare Struktur in Deutschland" geschaffen werden, deren Ziel die „Aufdeckung und Bekämpfung ausländischer Desinformation und Propaganda" sei. Die *East StratCom Task Force* hat die Aufgabe, angebliche „russische Propaganda" offenzulegen so-

wie zu bekämpfen. Sie hat in der Vergangenheit bereits Kritik an der EU als energisch abzuwehrende „Desinformation" eingestuft [...]_ZITATENDE[310]

Was die Zusammensetzung dieser *spin*_doktorischen Gruppe anbelangt ...:

ZITAT_[...] Das Strategiepapier mit dem Titel „Smarte Souveränität" ist in einem Ende 2020 gestarteten, rund zehn Monate währenden Prozeß von einer Expertengruppe im Rahmen der „Ideenwerkstatt Deutsche Außenpolitik" erstellt worden, eines Projektes der DGAP [...]. Es enthält zehn „Aktionspläne", die explizit als „Handlungsempfehlungen an die nächste Bundesregierung" [_*wie bereits bemerkt ...: gemeint ist die* „Ampel-Koalition", *die seit Anfang Dezember 2021 die deutsche Bundesregierung stellt*; Anm.d.A._] deklariert sind und für die deutsche Außenpolitik nicht nur Ziele vorschlagen, sondern auch Instrumente und Bündnisse, mit denen sie erreicht werden sollen. Die Expertengruppe tagte unter dem Vorsitz des DGAP-Forschungsdirektors Christian Möller und der ehemaligen (bis April 2021) DGAP-Direktorin Daniela Schwarzer; in ihr arbeiteten mehrere Hochschulprofessoren sowie Spezialisten verschiedener Denkfabriken aus Europa und den USA zusammen. Begleitet wurde die Tätigkeit der Expertengruppe von einem „Policy Board", das, wie es heißt, „wichtige Denkanstöße" geliefert habe.[...] Ihm gehörten unter anderem der Leiter der außenpolitischen Abteilung im Bundespräsidialamt, Thomas Bagger, der Leiter des Leitungsstabs im Bundesverteidigungsministerium Nico Lange sowie Politiker von CDU / CSU, SPD sowie

---

[310] Quelle dieses Zitats: *German-Foreign-Policy.com*, Bericht vom 28. September 2021: „Handlungsempfehlungen an die nächste Bundesregierung (II)"; der zugehörige Link:

https://www.german-foreign-policy.com/news/detail/8717/ wurde am 10. Februar 2022 erneut geprüft.

Ich bedanke mich bei der Redaktion der Nachrichtenplattform *German-Foreign-Policy.com* für die Freundlichkeit, aus diesem Bericht zitieren zu können.

Bündnis 90 / Die Grünen an. Gefördert wurde das Projekt von der Stiftung Mercator. [...]_ZITATENDE.[311]

Dies ist der Hintergrund, der zu bedenken ist, will man die Unisono-„Berichterstattung" ...: die ...: *so man gedanklich seine Nüchternheit bewahrt hat* ...: nur noch als Propaganda zu bezeichnen möglich ist ...: *in der* „Berichterstattung" *über die Ereignisse in der Ukraine seit dem 24. Februar 2022* ...: sowie ...: damit einhergehend ...: in der *blind*_wütigen ...: ja ...: aus meiner Sicht ...: *toll*_wütigen Sanktioniererei des desolaten Westens ...: *so exemplarisch wie forciert zum Ausdruck kommend* ...: korrekt interpretieren ...: da es aus Sicht der lobbykratischen Machteliten und ihrer Satelliten in Politik, *spin*_doktorischer Wissenschaft, Medien_*Konzernen* und Kulturbetrieb hohe Zeit ist, in den konfrontativen Schnellgang gegen Rußland / China zu schalten ...: *_denn!_* ...: nicht anders mehr ist die *selbst!*_verursachte Misere innerhalb und im geographisch anliegenden Außerhalb der EU zu kaschieren ...: ganz zu schweigen vom Dilemma des desolaten Imperiums namens USA ...: also ...: *_Wie?_* sollte es dabei um Menschenrechte oder gar das Völkerrecht gehen.

---

[311] Quelle dieses Zitats: *German-Foreign-Policy.com*, Bericht vom 27. September 2021: „Handlungsempfehlungen an die nächste Bundesregierung (I)"; der zugehörige Link:

https://www.german-foreign-policy.com/news/detail/8715/ wurde am 10. Februar 2022 erneut geprüft.

Ich bedanke mich bei der Redaktion der Nachrichtenplattform German-Foreign-Policy.com für die Freundlichkeit, aus diesem Bericht zitieren zu können.

Zweiundzwanzigste Begegnung:
„Lupenreine" realsatiristische Aussage eines Gewerkschaftsvertreters

Der Verdi-Vorsitzende Werneke sagte Anfang Oktober 2021 in einem Interview ...:

> ZITAT_FDP ist „Sicherheitsrisiko für Arbeitnehmerrechte"[_, da_] das Risiko einer Umverteilung zugunsten von Wohlhabenden bestünde, sollte die FDP Teil der künftigen Regierung werden [...]_ZITATENDE[312]

...: daß es sich dabei um eine „lupenreine" realsatiristische Aussage handelt, belegt bereits die Verwendung der so rhetorischen wie realitätsnegierenden Phrase ...: „Es bestünde das Risiko einer Umverteilung zugunsten von Wohlhabenden" ...: denn ...: _*Auf?*_ welcher Seite sitzen ...: *in der Regel* ...: die Gewerkschaftsvertreter, treffen diese sich mit Arbeitgebervertretern anläßlich des „heiligen Zeremoniells der `Tarifautonomie´".[313]

---

[312] Quelle: Deutschlandfunk, Meldung vom 3. Oktober 2021: „Verdi-Vorsitzender Werneke: FDP ist 'Sicherheitsrisiko für Arbeitnehmerrechte'"; der zugehörige Link:
https://www.deutschlandfunk.de/verdi-vorsitzender-werneke-fdp-ist-sicherheitsrisiko-fuer-100.html wurde am 10. Februar 2022 erneut geprüft.

[313] Vgl. diesbezüglich in: « Die *tri*_logische Sezierung des lobbykratischen Zeitalters », Band III « ›Ich stimme nicht zu!‹ Gesellschaftspolitische Lesungen über den Neowilhelmoliberalismus und seine Konsequenzen », Teilband 1, Teil 2: „Von neoliberalen Ideologen, marktkonformen Arbeitnehmervertretern und einigen exemplarischen Konsequenzen", dort insbesondere die Lesung 8: „Vom heiligen Zeremoniell der Tarifautonomie und anliegenden Chosen".

Dreiundzwanzigste Begegnung:
„Dumme alte Säcke zur Weißglut bringen"

Auf eine Bemerkung, die sich weniger auf die bürgerliche Bewegung „Fridays for Future" bezog, als auf diejenigen, die diese Bewegung ...: *nicht grundlos* ...: kritisieren ...: ohne allerdings zu negieren ...: daß eine grundlegende und konsequent zu verfolgende Veränderung der gesellschaftlichen Verhältnisse ...: *und damit ein Umbau der Wirtschaft* ...: notwendig sei ...:

> ZITAT_Man kann so schön an der Reaktion von so ein paar unterbelichteten Menschen sehen, daß diese Jugend genau das Richtige macht_ZITATENDE

...: merkte auch eine Frau *Hin* an ...:

> ZITAT_Inzwischen im besten Großmutteralter möchte ich darauf hinweisen, daß die Kulturrevolution in den Sechzigern ohne die verwöhnten Gören [_*jener Zeit, in der sich das ereignete, was als* „68er-Bewegung" *bezeichnet wird und heute* ...: mal so, mal anders ...: *quasi-mythisch verbrämt ist*; Anm.d.A._] nicht stattgefunden hätte._ZITATENDE

...: „Kulturrevolution"? ...: das hört sich irgendwie wichtig an, nicht wahr? ...:Tatsächlich hatte sich durch das Ergebnis des zweiten Teils des Großen Krieges ein gewisser „gesellschaftspolitischer Freiraum" ergeben, der in Deutschland dann doch wieder lediglich elitär und letztlich wortspielenderweise „genutzt" wurde ...: sich beispielsweise in absurden Äußerungen wie ...: „Mehr Demokratie wagen" ausdrückend ...: Dies übrigens eine Floskel, die wahrscheinlich solange rhetorisch noch verwendet werden wird, bis sie umschlägt in ...: „Mehr Diktatur wagen". ...: Da war der Ansatz in Frankreich noch anders ...: _*dort*_ kam es zu einer *tat*_sächlichen Verbindung zwischen Studenten und Arbeitenden. ...: und als dort alles bereit war, die Machtfrage zu stellen, hielten die deutschen „68er" die Klappe ...: während dort ...: also ...: wie _*dann*_ üblich ...: gewerkschaftlich Etablierte Verrat übten. ...: Mein Eindruck ist sowieso, daß jene geschlechtsunspezifischen Wortführer der sogenannten 68er-Bewegung ...: zumindest ihr deutscher Teil ...: exemplarisch sieht man's an der „Entwicklung" der deutschen Grünen ...: wären die Zeiten nur andre gewesen ...: ganz anders geredet hätten ...: nämlich tendenziell so, wie's für Nazis üblich sein mag [_April 2022 ...: „Frieden schaffen mit schweren Waffen"_]. ...: Beispielhaft ließe sich ein Herr Joseph Fischer nennen, der ...: „damals" als sprücheklopfender „Straßenkämpfer" aktiv ...: heute als machtpolitischer Bettvorleger dient. ...: aber ...: gewiß ...: Im Alter denken viele wohl gerne an _*ihr*_ „Damals" *rück*_wärts. ...: _allerdings!_ ...: Es wird gefährlich, fangen ...: übrigens ...: _nicht!_ *aufs biologische Alter eingrenzbar* ...: Menschen an, die Umwelt betreffende Fragen ...: *und das sind das natürliche Klima* ...: _immer!_ ...: *lediglich mittelbar betreffende Fragen* ...: so „religionspolitisch" wie „romantizistisch" beantworten zu wollen.

...: dazu meinte Frau *Hin* ...:

> ZITAT_Ja, der Ruf nach der Arbeiterschaft hatte nicht funktioniert und ist auch heutzutage eher illusorisch. Ich kann den Menschen ihre Ängste nicht nehmen. Mein Einwand war eigentlich gedacht, um Gräben zuzuschaufeln.
>
> [_*Was die Grünen anbelangt*_] brechen Sie leider auf halber Strecke ab. Tatsächlich ging die Entwicklung der Grünen — vom Fundi zu den Realos — nach Fischer noch intensiv voran. Es handelt sich heute um eine moderne Partei, die — *und das wissen viele nicht* — das Gemeinwohl fest im Blick hat._ZITATENDE

...: Entschuldigung, aber ich muß lachen, lese ich Sätze wie ...: ZITAT_*der Ruf nach der Arbeiterschaft hatte nicht funktioniert*_ZITATENDE ...: denn ...: Wer _*solche!*_ Sätze schreibt, der belegt damit, daß er ein Meter und fünfzig über der Realität des normalen Lebens schwebt ...: wobei es ohne weiteres auch mehr sein können ...: „ein Meter und fünfzig über der Realität" verwende ich bloß in Anlehnung an die ...: _immer?_ *noch* ...: zu kurzen Rolltreppen des deutschen Hauptstadtmurksflughafens. ...: allerdings wird mein Lachenmüssen abrupt unterbrochen, lese ich dann, daß Sie eigentlich bloß ...: ZITAT_*Gräben zuschaufeln*_ZITATENDE wollten ...: denn ...: Unter den gegebenen Verhältnissen wäre es geradezu fahrlässig, wollte jemand ...: _ohne!_ *vorher nachgeschaut zu haben, ob in zuzuschaufelnden Gräben nicht etwas liegen könnte, das vorher* un!_*bedingt entfernt werden müßte, damit es nach dem Zugeschaufeltwordensein* _nicht!_ *aus solchen Gräben zum Himmel* _stänke!_ ...: wovon ...: zugegeben ...: *mit einer gewissen* „analogischen Unschärfe" ...: schon Heinrich Heine zu berichten wußte.[314] ...: es geht nämlich _*nicht*_ um das „Zuschaufeln von Gräben" ...: sondern ..: Es geht ums Ausformulieren von _*konstruktiven!*_ ...: also ...: *nicht!*_aktionistischen ...: Konzepten ...: Deren Umsetzung dann aber Zeit benötigt, die nicht dadurch gewonnen werden kann, zu sagen ...: „_*Wir!*_ haben keine Zeit".

...: und Ihre Wahrnehmung von den Grünen unterstreicht, daß Sie ...: *wie ich schon sagte* ...: einen Meter über dem Boden der Realität schweben ...: *offene Diskussion findet praktisch nicht statt* ...: wenn man Schaumschlägerei nicht als offene Diskussion etikettieren will ...: nicht ohne Grund wird lediglich

[314] Diese „analogische Unschärfe" findet sich in: *Deutschland — Ein Wintermärchen*, von Heinrich Heine im Winter 1843 im Exil in Paris geschrieben.

das „verkündet", was über die laufenden Koalitionsverhandlungen bekanntgegeben werden soll.

Zur Zeit dieser Diskussion befanden sich die späteren „Ampel-Koalitionisten" noch in abgeschottet geführten „Gesprächen" ...: „Abgeschottet" wohl deshalb, da andernfalls die Masse der Menschen mitbekommen hätte, daß sich diese drei politischen Gruppen trotz fehlender Gemeinsamkeiten zusammenfinden *_sollten_* ...: und damit die Gefahr bestanden hätte ...: also ...: aus machtelitärer Perspektive betrachtet ...: daß sie ...: *die Masse der Menschen* ...: realisiert hätte, daß es sowohl bei Koalitionsverhandlungen als auch bei sich daraus ergebenden Koalitionen zwischen Tamtamparteien des lobbykratischen Systems nicht darauf ankommt, ob sie „miteinander können", sondern allein darauf, daß die machtelitär gewollte Richtung ...: *wenn hierzu auch dieses oder jenes politische Schlenkern notwendig sein mag* ...: wobei ein beizeiten erfolgendes Schlenkern Ausdruck „lobbykratischer Finesse" ist und deshalb medial wohlwollend begleitet wird ...: *beibehalten bleibt* ... was ja auch vor dem „pandemischen Hintergrund" [_sowie ...: dann noch forciert ...: im in der Ukraine des Jahres 2022 „machtpolitischen Tauziehen" zwischen „West und Ost"_] einleuchtet, nicht wahr?

...: andernfalls würde nämlich sofort jenes deutlich werden, welches 2017 in den Sondierungsgesprächen mit der CDU offensichtlich wurde ...: eigene programmatische Eckpunkte werden bei Bedarf *_sofort!_* aufgegeben. Das kritisierte dann sogar der Ex-Stalinist Jürgen Trittin scharf. ...: *so kommt es* ...: Um das Offensichtlichwerden der Diskrepanz zwischen Schein und Sein *bei*_zeiten zu vermeiden, hält man heutzutage „modern" die Klappe ...: *das bedeutet* ...: Die Grünen sind lediglich eine der Tamtamparteien im real existierenden lobbykratischen System ...: folglich ...: Die AfD ist eine andere tamtamistische Partei. ...: _*Welche?*_ Funktion haben solche Parteien ...: nun ...: das tamtamistische „Tun" bzw. Reden ihrer geschlechtsunspezifischen Wortführer, soll jene anziehen, die sich davon blenden lassen. ...: gewiß ...: _*Ist!*_ das lobbykratische System erst als „modern" ...: *oder gar* ...: nur _*so!*_ kann's sein ...: in den Köpfen der Masse der Menschen verankert worden ...: was längst der Fall ist ...: lassen sich die deutschen Grünen durchaus als „moderne" Partei „sehen" ...: tatsächlich ist das aber _*dann*_ Augenwischerei, ist man _*nicht*_ der Meinung, daß Kriegstreiberei und unausgegorenes Schwätzen von alternativen Energieträgern „modern" sein könnten. ...: der Punkt ist ...: Die deutschen Grünen werden in der Bevölkerung immer noch als „Friedenspartei" und „Umweltpartei" wahrgenommen ...: in Wahrheit aber kann diese „moderne Partei" das „Monopol auf Umwelt" nicht beanspruchen ...: dafür haben heutzutage _*alle*_ Tamtamparteien ihre Abteilungen ...: und was Frieden anbelangt ...: ist nicht bloß auf Aussagen von Frau Göring-Eckart oder Herrn Özdemir zu verweisen ...: denn ...: Frau Baerbock setzt das friedenuntaugliche Reden und Tun Grüner fort, läßt sie u.a. verlauten ...: „Gewehre müssen schießen können"[315] ...: womit sie zwar recht hat ...: _*wozu?*_ sonst sollten Gewehre produziert werde ...: _*allerdings!*_ ...: Eine substantielle Änderung deutscher Politik ...: *und ich meine damit jetzt allein jene, welche sich seit dem Ende des Kalten Krieges mählich beschleunigend ereignet* ...: ist vor _*diesem*_ Hintergrund nicht zu erwarten ...: aber ...: Frau Baerbock ist in diesem „parteipolitischen Modernisierungsprozeß" längst weiter fortgeschritten. ...: _*Woran?*_ läßt sich

---

[315] Siehe dazu den Bericht der Nachrichtenplattform *German-Foreign-Policy.com* vom 1. Dezember 2020: „'Damit Gewehre schießen': Grünen-Vorsitzende spricht sich für Aufrüstung aus. Berlin erhöht Militärhaushalt — auch mit Geld aus dem Corona-Konjunkturpaket"; der zugehörige Link: https://www.german-foreign-policy.com/news/detail/8457 wurde am 13. Februar 2022 erneut geprüft.

das erkennen ...: nun ...: Frau Baerbock „argumentiert" bereits auf der Basis dessen, welches man als Geschichtsklitterung bezeichnet ...: will sagen ...: Frau Baerbock betreibt _*keine*_ Geschichtsklitterung mehr ...: ihr dient sie längst als Basis für ihre Aussagen. ...: Das wird exemplarisch deutlich, behauptet sie ...: also ...: *bezüglich der* „Vereinigung Europas" ...: daß „wir" nicht nur auf den Schultern „ihres" Herrn Joseph Fischer ...: *der* ...: als Exstraßenkämpfer ...: *ja jener Herr ist, der als deutscher Außenminister im Jahre 1999 die Bevölkerung angelogen hatte, um zu verschleiern, daß der Krieg gegen Serbien völkerrechtswidrig* ...: also ...: *ein Angriffskrieg war* ...: *an einem solchen Krieg sich die Bundeswehr als reine Verteidigungsarmee aber nicht hätte beteiligen dürfen* ...: sondern ...: „wir" würden auch auf denen _*ihres*_ Opas stehen ...: denn ...: _*beide*_ hätten die „Vereinigung Europas" zum Ziel gehabt. ...: Wie grotesk diese Behauptung ist, erschließt sich, wenn man weiß, daß ihr Opa in der sogenannten Wehrmacht daran aktiv beteiligt war, das nazistische Deutschland bis zum sprichwörtlichen letzten Blutstropfen zu verteidigen ...: also ...: selbst kurz vor Berlin wäre ihr Opa daran dann noch beteiligt gewesen. ...: Ein unbedarfter ...: *oder sollte ich besser sagen* ...: *ein* „moderner"? ...: Mensch könnte ...: *so er das glauben wollte* ...: nur zu dem Schluß kommen, daß das nazistische Deutschland die „Vereinigung Europas" im Sinn gehabt habe. ...: wobei zu sagen ist ...: Aufgrund der Forderungen der deutschen Industrie ...: nämlich ...: *einen in ihrem Sinne einheitlichen Absatzraum für ihre Produkte zu haben sowie auf diese Weise direkten Zugriff auf die menschlichen und materiellen Ressourcen in andren Ländern des europäischen Kontinents zu erlangen* ...: war dies bereits im ersten Teil des großen Kriegs des 20. Jahrhunderts eines der deutschen Kriegsziele gewesen ...: diese Ziele schlossen _*immer!*_ die Ukraine ein. ...: allerdings ...: *gleich hinzuzufügen ist* ...: Eine „Vereinigung Europas" könnte dann ja wohl bloß horrorszenarischen Charakter haben, nicht wahr? ...: also

...: Ohne Grund ist es nicht, daß ich das seltsame politische Elitenprojet „EU" ...: *dessen Ausgestaltung wesentlich von deutscher Seite bestimmt wurde* ...: *die nun einmal* ...: aus meiner Sicht ...: *traditionell an einer schweren Identitätsstörung leidet*[316] ...: „orwellianisches 'Imperium des Friedens'" nenne ...: Der politische Umgang mit der „SARS-CoV-2-Pandemie"auf EU-Ebene beschleunigt jedenfalls das Update des Wilhelminismus' sehr ...: *das mit dem Ende des Kalten Krieges seinen mählichen Anfang nahm* ...: hin zum Neowilhelmoliberalismus.[317]

...: und so ist es für die aktuelle gesellschaftspolitische „Entwicklung" ...: _ob?_ *diese begrifflich vielleicht besser mit* „Rückentwicklung" *benannt wäre* ...: hinweisend, daß solche Sprüche ...: in diesem Fall baerbockianische ...: überhaupt kein Thema mehr sind ...: die werden einfach so hingenommen. ...: Es ist also nicht so, Frau *Hin*, daß ich, wie Sie behaupten ...: „leider auf halber Strecke abbrechen" würde ...: immerhin kann es in einer solchen Diskussion allein um eine Skizzierung gehen.

...: Sie sprechen dann sogar noch vom „Gemeinwohl", das die Grünen „fest im Blick" hätten. ...: nun ja, Frau *Hin*, das ist Ihre ...: *Ihnen selbstverständlich unbenommene* ...: subjektive Sicht ...: zumal zu sagen ist ...: *Da Sie ja der Meinung sind, es habe sich bei der 68er-Bewegung um etwas* „Kulturrevolutionäres" *gehandelt, erscheint mir Ihre Sicht verständlich*. ...: wie dem auch sei ...: beziehungsweise...: jedenfalls für _*mich*_ ist

---

[316] Siehe dazu weiterführend die Fußnoten 109+10 auf der Seite 182.

[317] Siehe zum „Neowilhelmoliberalismus": « Die *tri*_logische Sezierung des lobbykratischen Zeitalters », Band III: « ›Ich stimme nicht zu!‹ Gesellschaftspolitische Lesungen über den Neowilhelmoliberalismus und seine Konsequenzen », Teilbände 1+2.

klar …: Die Partei Bündnis90 / Die Grünen habe ich letztmalig 1998 gewählt. …: möchte noch hinzufügen …: *da ich gewisse Methoden genügend kenne* …: Bin nicht das, was Sie vielleicht als „Fundi" bezeichnen würden …: und wäre deshalb böse, daß die Grünen „modern" geworden wären …

Um abschließend auf das Eingangszitat
dieser *Begegnung* zurückzukommen …:

Wem selbst nicht mehr einfällt, als denjenigen, der den Aktionismus jener kritisiert, die mehr neurotisiert als inhaltlich korrekt über das natürliche Klima, das Spurengas CO_2 usw. reden …: *sich beispielsweise in Sprüchen wie* …: „kein CO_2 mehr!" *äußernd* …: *als* „Klimaleugner" *oder als* „unterbelichtet" *zu bezeichnen* …: *oder gar meinend* …: *jede Kritik an diesem Aktionismus wäre dafür bereits Beleg genug, daß diese jungen Leute deshalb alles genau richtig machten, da sie sogar* „dumme alte Säcke zur Weißglut" *brächten* …: betreibt auch nichts andres als diejenigen, die junge Leute per se verunglimpfen, sind diese davon beseelt, das „Klima retten" zu wollen …: *nur andersherum*. …: aber …: *davon abgesehen* …: *Be*_unruhigend finde ich es …: Es gibt Menschen, denen dieser Aktionismus als „religiöses Erweckungserlebnis" *er*_scheint …: ist es doch nur einerseits, daß mich das lachen macht …

Vierundzwanzigste Begegnung:

Was sich zu „Strafzinsen auf Erspartes" lapidar bemerken läßt

Zwar bloß _*ein*_ Ausdruck des sich beschleunigenden Chaotisierungsprozesses der lobbykratischen Gesellschaft, läßt sich zu „Strafzinsen auf Erspartes" lapidar bemerken ...: Der „Witz" besteht aus meiner Sicht darin, daß als Begründung dafür angeführt wird, daß es sich dabei um ein „Geldverwahrentgelt" handele. ...: Da mag für den gemeinen ...: *geschlechtsunspezifischen* ...: Sparer eine Welt zusammenbrechen, da bisher glaubend ...: es seien die Sparer, die Banken erst das Kreditvergeben ...: *an Solvente* ...: ermöglichten.

Fünfundzwanzigste Begegnung:
Reden Realsatiristen über „Demokratie“

Dem Verlauf einer Diskussion unter Mitgliedern der realsatiristischen Gruppe „Satire&Politik“, die ich bisher nicht verfolgt hatte, konnte ich entnehmen, daß es dabei um etwas ging, das ...: *um es unverfänglich auszudrücken* ...: als „politische Entscheidungsfindung innerhalb eines staatlichen Gebildes mit demokratischem Anspruch“ umschrieben werden könnte. ...: nun ...: Viel wird über wichtige Angelegenheiten gesprochen ...: *ob*_wohl die Vorstellungen dazu oftmals lediglich verschwommene sind ...: _*mag?*_ es etwa daher kommen, daß sie verfliegen, kaum sie ausgesprochen sind- ...: zurecht ...: Sie verlangen nach näherer Erläuterung ...: also ...: Nehme ich als Beispiel jenes, das in lobbykratischen Staaten in _*keiner!*_ ...: *fürs Fenster gesprochenen* ...: Rede fehlen darf ...: „Demokratie“. ...: jedoch ...: gemeint ist dann immer eine, die ohne Attribut nicht auskommt und gern als „repräsentative Demokratie“ ...: die ...: *wohl um es zu unterstreichen* ...: *sozusagen noch obendrauf* ...: als „liberale Demokratie“ bezeichnet wird ...: *ob!*_wohl sich das so bezeichnete politische Gebilde real _*stets!*_ als simuliertes zeigt. ...: nun ...: Der Rechtsstaat ...: der ...: *so geht insbesondere in Deutschland zwar die Rede* ...: *seinen Zweck darin erfülle, die* „Demokratie“ *zu schützen* ...: garantiert keineswegs, daß demokratische Rechte ...: also ...: *Rechte, die gleicherweise für alle Menschen eines Staates gelten, der sich selbst als* „demokratischer Rechtsstaat“ *bezeichnet* ...: erhalten bleiben bzw. respektiert werden ...: oder diese _*gar!*_ ...: nämlich ...: im _*konkreten!*_ Fall ...: uneingeschränkt gelten würden ...: wie durch den politischen Umgang mit der „SARS-CoV-2-Epidemie“ ...: allerdings ...: lediglich einmal mehr ...: und *denn!*_noch ...: *ob!*_wohl durch diesen politischen Umgang doch exemplarisch deutlich geworden ...: daß genau dies ...: *und nicht allein* ...: in Deutschland ...: *zumindest seitdem* ...: offensichtlich ist ...: Fast alle Insassen dieses lobbykratischen Staates glauben zu wissen, sie lebten in einer Demokratie, da ihnen oft genug erzählt wurde, daß dort eine herrsche, so daß dieses *Reflex*_Meinen heutzutage sozusagen zu einem „gedanklichen Selbstläufer" geworden ist, der allerdings mehr und mehr in Zweifel gezogen wird ...: nicht daß der „selbst" läuft ...: sondern daß die „Demokratie" wohl doch nicht das Richtige sein kann ...: zumindest nicht mehr ohne eine „ordentlich diktatorische Prise" auskomme ...: da ja „epi / pandemische [_und seit Februar 2022 kriegerische_] Maßnahmen" so entschieden wie kollektiv ...: *dauer!*_haft ...: zu verordnen sind ...: in wessen Interesse frage man dann besser nicht, nicht wahr?

Das ist beim deutschen Rechtsstaat deshalb so augenfällig, da dieser nach dem Ende des zweiten Teils des großen Krieges des 20. Jahrhunderts um die Interessen der Wirtschaft herum geschaffen wurde ...: immerhin existierte nach dem Ende dieses Krieges Deutschland als Staat — *also politisch* — nicht mehr ...: Wie könnte eine solche Rechtsstaatskonstituierung keine spezifischen Konsequenzen nach sich ziehen? ...: nun ...: das läßt sich exemplarisch beantworten, da so *_zugleich_* erkennbar wird, daß Wissenschaft und Medizin korrumpiert sind ...: Versuchen Sie einmal Ihre „Allergie" vor einem Gericht als sichtbares und spürbares Symptom für die industriell verursachte Luftverschmutzung einzuklagen ...: *ob*_wohl das nachweisbar ist ...: ZITAT_[...] „Allergien" [_sind_] nichts anderes als Reaktionen des Immunsystems auf toxische Einflüsse. „Heuschnuppen" ist also die sicht- und spürbare Luftverschmutzung. [...]_ZITATENDE[318]

---

[318] Siehe dazu Gerd Reuther, « Der betrogene Patient: Ein Arzt deckt auf, warum Ihr Leben in Gefahr ist, wenn Sie sich medizinisch behandeln lassen », in der vollständig überarbeiteten und aktualisierten Neuausgabe, Riva Verlag, München, 2020, die Seite 134.

Handelt? es sich etwa um keine interessante Feststellung, daß Pollenflug die ganzjährig vorhandene Luftverschmutzung *sicht_*bar und *spür_*bar macht ...: insofern ein Indikator für industriell verursachte Luftverschmutzung ist ...: während sich die „Allergologen" auf Umsatz freuen, strömt Kundschaft zu ihnen, so Pollen nur genügend vom Wind getrieben fliegen ...: also ...: diese *_nicht!_* gewahr werden ...: *da aus* „beruflichen Gründen" *dessen* _nicht!_ *gewahr werden könnend* ...: daß sie Symptome ...: „Allergien" ...: als Krankheitsursachen nehmen.

Nun, daß ist bloß *_ein!_* Ausdruck dafür, wem der „Rechtsstaat" nützlich ist, sowie es bloß *_ein!_* andrer Ausdruck für die lobbykratiebedingten Verhältnisse ist, welch intellektuell schlichte „Geister" Leiter von Filialen ...: *gemeinhin Ärzte heißend* ...: der „Gesundheitswirtschaft" sind. ...

Die Erkenntnis, daß Pollenflug Indikator dafür ist, daß in der Umwelt etwas (*_industrieverursacht_*) in zu hoher Konzentration vorhanden ist ...: *und deshalb auch schädlich auf die Spezies Mensch zurückwirkend* ...: läßt sich genauso auf Basis-Elemente des Lebendigen (_„Viren"_) übertragen ...: denn ...: *_Was?_* sagten dann Basis-Elemente des Lebendigen über Endemien, Epidemien oder gar Pandemien aus.

Übrigens ...:

Daß es die Lebensverhältnisse, die Lebensbedingungen und die Produktionsverhältnisse sind, die bestimmen, wie gesund eine Bevölkerung ist und wie hoch die Lebenserwartung ihrer Mitglieder ist, zeigen einige Ergebnisse ...: *oder erlauben diese Ergebnisse zumindest berechtigt zu vermuten* ...: die auf einem unfreiwillig abgesteckten medizinischen Experimentierfeld gewonnen wurden, das im Kalten Krieg mit der Ziehung der deutsch-deutschen Grenze im Jahre 1949 eingerichtet und mit ihrer Aufhebung bzw. seinem Ende im Jahre 1990 entgrenzt wurde. So läßt nämlich ein Ergebnis dieses Experimentes unzweideutig schließen, daß es industrieverursachte chemische Prozesse sind, die natürliche Prozesse so verändern, daß sie u.a.

auch auf uns selbst als Spezies schädlich zurückwirken können ...: um dafür ein exemplarisches Beispiel zu geben ...: Während in der BRD massenhaft Dieselmotoren für den Autobau produziert und im Straßenverkehr massenhaft verwendet wurden ...: ZITAT_*gab es in der DDR nur wenige Fahrzeuge mit Dieselmotoren*_ZITATENDE ...: Der massenhafte Einsatz von Dieselmotoren führt aber zu massenhafter Freisetzung von Stickoxiden. Stickoxide bewirken, daß ...: ZITAT_*bestimmte Eiweißstoffe* (z.B. in Blütenpollen) *über eine Nitrierung in starke Allergene umgewandelt werden*_ZITATENDE ...: die dann im menschlichen Körper allergische Reaktionen auslösen können.

Demnach lautet _*ein*_ Ergebnis dieses unfreiwilligen medizinischen Feldversuchs ...: In der Ex-DDR kam es, im Gegensatz zur BRD, zu keiner ...: ZITAT_*epidemischen Zunahme asthmatischer Beschwerden und von Heuschnupfen in den 1980er Jahren* [...]. [...] *Nach der Wiedervereinigung kam es mit der Verbreitung der Diesel-PKW in den neuen Bundesländern auch dort zu einem fulminanten Anstieg von Asthma.*_ZITATENDE[319]

Wie sehr persönlicher Lebensstil, Lebensumstände und Produktionsweise die Gesundheit und Lebenserwartung bestimmen, wird an einem andren Ergebnis dieses unfreiwilligen Feldversuchs erkennbar ...: In der DDR trat Fettleibigkeit gehäuft auf (_*und diese wirkt auch bis heute nach*_), gleichzeitig waren Alkohol- und Zigarettenkonsum sowie die Belastung durch Industrietoxine höher als im westlichen Teil. Diese Kombination führte zu einer reduzierten Lebenserwartung. Seit dem Mauerfall im Jahre 1989 führten die damit einhergehende Angleichung der Lebensverhältnisse, wozu eben auch eine Abnahme der Emissionen von Industrietoxinen gehörte, zu einer

---

[319] Quelle der Zitatstellen: Gerd Reuther, « Der betrogene Patient: Ein Arzt deckt auf, warum Ihr Leben in Gefahr ist, wenn Sie sich medizinisch behandeln lassen », in der vollständig überarbeiteten und aktualisierten Neuausgabe, Riva Verlag, München, 2020, die Seite 141.

erhöhten Lebenserwartung eines Neugeborenen in der ehemaligen DDR um 6 Jahre.[320]

Dafür, daß diese erhöhte Lebenserwartung entscheidend auf die verringerte Schadstoffbelastung und eine Änderung der persönlichen Lebensführung zurückzuführen ist, spricht alles ...: hingegen _*nichts!*_ dafür ...: daß das einer seit dem Mauerfall erreichbar gewordenen westlichen „High End"-Medizin zu verdanken wäre.[321]

Obwohl zwar für ein weiteres Ergebnis entsprechende Untersuchungen fehlen, ist berechtigt zu vermuten, daß die deutlich geringeren Neuerkrankungs- und Sterberaten für Brustkrebs im Gebiet der früheren DDR darauf zurückzuführen sind, daß Frauen im Osten geringer mit weiblichen Sexualhormonen vorbelastet sind, die im westlichen Teil quasi traditionell medikamentös zur Schwangerschaftsverhütung und als Anti-Aging-Präparate eingenommen wurden und werden.[322]

...: aber ...: da es auf diese Weise _*exemplarisch*_ deutlich wird ...: Der politische Umgang mit der „SARS-CoV-2-Epidemie" hat die insbesondere in Deutschland vertretene Behauptung ...: der Rechtsstaat schütze die Demokratie ...: ad absurdum geführt. ...: denn ...: es waren gleich zwei Säulen der bürgerlichen Demokratie ...: Judikative (_zu lateinisch *iudicare* „Recht sprechen", also die „richterliche Gewalt"_) und Legislative (_zu lateinisch *lex* „Gesetz" und *latio* „das Bringen" [_eines Gesetzes_], also die „gesetzgebende Gewalt"_), die versagt haben ...: beziehungsweise ...: von der Exekutive (_zu französisch *exécutif* „ausübend, vollziehend", also die „ausübende Gewalt"_) „politisch kaltgestellt" wurden. ...: Es ist aber diese Gewaltenteilung, die, wie wir seit Montesquieu

---

320 Basis dieser Passage: derselbe, a.a.O., die Seite 142.

321 Basis dieser Passage: derselbe, a.a.O., die Seite 142.

322 Basis dieser Passage: derselbe, a.a.O.

wissen, eine der wesentlichen Bedingungen dafür ist, daß der Mißbrauch von Macht zumindest erschwert wird.

> *Die Staatstheorie, die Charles de Secondat Baron de Montesquieu* (_1689-1755_) *1748 unter dem Titel* de L'esprit des lois (_„Vom Geist der Gesetze"_) *veröffentlichte, entwickelt u.a.* _den_ *Gedanken* ...: *und hierbei von John Locke* (_1632-1704_) *ausgehend* ...: *daß sie* ...: *um Mißbrauch von Macht* (_möglichst_) *zu verunmöglichen* ...: _konsequent!_ *in* „Legislative", Judikative" *und* „Exekutive" *aufgeteilt werden müssen* ...: _und!_ ...: *diese drei Gewalten* _müssen!_ *sich gegenseitig kontrollieren.*

...: _*Was?*_ wird hieran deutlich ...: nun ...: beispielsweise ...: Die „deutsche bürgerliche Demokratie" ist ein exemplarisches Beispiel für eine simulierte Demokratie ...: allerdings ...: *nicht erst seit heute.* ...: Diese Entwicklung setzte von Beginn der Bundesrepublik Deutschland im Jahre 1948 an ein ...: und sie nur deshalb möglich werden konnte, da in Deutschland weder die Legislative noch die Judikative von der Exekutive getrennte Gewalten sind ...: im Gegenteil ...: sie sind an sie derartig gebunden, so daß sie die Exekutive bei wesentlich zu treffenden gesellschaftspolitischen Entscheidungen _*nicht!*_ kontrollieren ...: und zudem ...: *deren Repräsentanten das nicht einmal wollen* ...: über „Fraktionszwang" ...: über die den Wählern an sich unbekannt ins Parlament gewählten ...: *in Hinterzimmern von Karnevalsvereinen oder ähnlichen Etablissements ausgekungelten* ...: geschlechtsunspezifischen Abgeordneten ...: über Machtzirkel innerhalb des Parlaments ...: die bestimmen ...: _*welche!*_ der Exekutive genehmen „legislativen Vorgaben" vorgelegt werden ...: sowie über die geschlechtsunspezifischen Abgeordneten selbst ...: die entweder selbst Lobbyisten oder von Lobbyisten machtvoller Partikularinteressen umzingelt sind ...: _*und!*_ ...: letztlich über politische Machtzirkel bestimmt wird, welche geschlechtsunspezifische Richter wichtigen Gerichten vorsitzen bzw. zu deren

Entscheidungsgremien gehören ...: *_sowie!_* ...: dann ...: selbst ein Staatsanwalt *_allein!_* auf Weisung hin ...: aber ...: *_niemals!_* ...: *auf der Basis der grundgesetzlich verankerten Gesetzeslage* ...: von sich aus aktiv wird ...: also ...: *_alles!_* ...: im Sinne der Exekutive festgezurrt ist. ...: demnach ...: *_Wie?_* sollte man eine solche „Demokratie" nennen, wenn nicht eine simulierte.

...: Ist es *_nicht?_* einleuchtend, daß ...: *existieren sowieso lobbykratische Verhältnisse* ...: tatsächliche politische Machtkonzentration sich noch dadurch erleichtert verfestigt, wird ...: *als Mittel hierzu* ...: eine „epidemische Notlage" ausgerufen, so daß die simulierte Demokratie der Lobbykratie einen Charakter ganz offen zeigt, den sie schon immer (*_verschleiert_*) hatte, und der als „verschleiert autoritär" bezeichnet werden kann, so daß sich die simulierte Demokratie schließlich als das outet, was sie von ihrer ganzen Anlage her ist ...: ein flexibel-autoritäres, demokratisch anmutendes Regime.[323] ...: *In der bereits seit langen Jahren von den selbsternannten* „Elitestaaten" *des sogenannten Westens geübten Sanktioniererei Rußlands...:* so illegal wie seit dem 24. Februar 2022 völlig überzogen ...: *_ja!_* ...: seitdem ins selbstzerstörerisch *Blind!*_wütige ausartend ...: einhergehend mit so hetzender wie die eigene Bevölkerung *ver!*_hetzender, primitivst emotionalisierender, in *_keiner!_* Weise auf Fakten beruhender Propaganda ...: *ereignet sich* ...: als Ausdruck ihres sich Chaotisierens ...: *dieser finale Prozeß der* „westlichen Gesellschaftsformation". ...: nun ...: tatsächlich aber ...: Demokratie kann entweder ganz oder gar nicht existierten ...: *beziehungsweise* ...: Demokratie existiert oder existiert nicht. ...: demnach ...: Der bei sogenannt linksgerichteten bürgerlichen Intellektuellen

---

323 Siehe dazu auch: « Der Brexit als Ausdruck ›momenthafter‹ Demokratie » in: « Sie fragen noch, wie die ›Verhältnisse‹ liegen? ».

geliebte Spruch ...: „mehr Demokratie wagen" ...: ist dann ein realsatiristischer, behauptet man ...: „wir" lebten in einer „Demokratie" und *des!*_halb davon mehr gewagt werden müßte. ... _*also!*_ ...: Wer Demokratie mit einem Attribut *ver*_sieht, meint tatsächlich *re*_duzierte Demokratie. Deshalb spreche ich persönlich allein _*dann*_ von „direkter Demokratie" ...: *gemeint ist damit* „existente Demokratie" ...: will ich sie von dem *ab*_grenzen, das ...: *objektiv gesehen* ...: existiert ...: simulierte Demokratie ...: *beziehungsweise* ...: ein flexibel-autoritäres, demokratisch anmutendes Regime. ...: _*Wie?*_ sollte das in einer real existierenden Lobbykratie auch anders sein ...: also ...: *die Existenz simulierter Demokratie in solcher* Kratie.

...: daß keine der die Politik in Deutschland bestimmenden Figuren etwas am Faktischen der simulierten Demokratie ändern wollte, zeigte sich zwar bereits in der politischen Handhabung einer als „epidemische Notlage" bezeichneten Situation ...: obwohl doch festzustellen ist, daß es _*niemals!*_ eine Überlastung der intensivmedizinischen Versorgung gegeben hat, die auf „Covid-19" zurückzuführen gewesen wäre, wie regelmäßig von investigativen Journalisten nachgewiesen wird[324] ...: während die „pandemischen politischen Fehl-leistungen" ...: _oder?_ *waren es gar keine* ...: _wollte?!_ *man etwa*

---

[324] Siehe dazu die von Tom Lausen betriebene WebSite: „Intensivstationen.net" (_https://intensivstationen.net/, dieser Link wurde am 19 Februar 2022 erneut geprüft._)

Auf dieser WebSite werden die in Zusammenarbeit mit anderen Analysten überprüften Daten zur Entwicklung der Patientenbelegung auf den Intensivstationen, die das „RKI" bzw. dessen Internetplattform: „DIVI Intensivregister" allgemein zur Verfügung stellt, veröffentlicht. Aus diesen analysierten Daten wird u.a. einmal mehr deutlich, daß es _*nie!*_ eine Not-Situation auf den Intensivstationen gegeben hat, geschweige eine, die wegen der „Corona-Epidemie" entstanden wäre. Auch dies ein weiteres Indiz dafür, daß es um eine „militaristische Psychotisierung" der Bevölkerung geht!

eine Angst-Stimmung in der Bevölkerung schüren ...: von dem bestimmt wurden, was die Behörde „Robert-Koch-Institut" ...: *deren Präsident einem Soldaten direkt unterstellt ist* ...: *dieser steht zwischen dem Bundesgesundheitsminister und dem Präsidenten dieser Behörde* ...: bzw. sein ihm angeschlossenes „DIVI" an Daten veröffentlichte ...: diese Daten aber das lieferten, das alle gesellschaftspolitisch relevanten Figuren behaupten ließ ...: gravierende Einschränkung persönlicher Freiheitsrechte unerläßlich seien ...: *auf die die relevanten Figuren der simulierten deutschen Demokratie immer verweisen, geht es ihnen darum, andren in der Welt den mahnenden Finger zu zeigen* ...: *_Daß!_* also keine der die Politik in Deutschland bestimmenden Figuren etwas am Faktischen der simulierten Demokratie ändern wollte, wurde mit der am 13. Februar 2022 ...: *gefühlt stiekum* ...: abgehaltenen Wahl zum Bundespräsidenten einmal mehr unterstrichen ...: *_Ja!_* ...: Auch Herr Steinmeier ist bei denjenigen beliebt, die viel von Demokratie reden ...: *_aber!_* ...: durch ihr Tun belegen, daß sie deren Feinde sind ...: ZITAT_[...] Daß übrigens Herr Steinmeier von gern abgedunkelt agierenden Gruppen in der deutschen Polit-Szene zum Nachfolger eines Herrn Bundespräsidenten Gauck ausgeguckt worden ist, hat genau hierin seinen Grund: [*_nämlich einer Politik zu dienen, die ausschließlich der* „Verteidigung" [...] machtpolitischer Interessen, bzw. ihrer Stärkung dient[325]; Anm.d.A._].

---

[325] Zu dieser eingeklammerten Bemerkung siehe: « Die *tri*_logische Sezierung des lobbykratischen Zeitalters », Band III « ›Ich stimme nicht zu!‹ Gesellschaftspolitische Lesungen über den Neowilhelmoliberalismus und seine Konsequenzen », Teilbände 1+2; als Beispiel sei diesbezüglich auf die Lesung 11: „Frau Merkel und die Welt-*Un*_Ordnung" verwiesen, die sich in Teilband 1 dieses Bandes III der « Die *tri*_logische Sezierung des lobbykratischen Zeitalters » findet.

Ein Quer-Einsteiger bzw. ein tatsächlich unabhängiger, nicht von eigener Fragwürdigkeit gezeichneter Präsident [_*wie bspw. eben jener Herr Steinmeier, der als der* „Architekt" *der* „Agenda 2010" *gilt, obwohl er doch lediglich die Blaupause der Bertelsmann Stiftung etwas* „redigiert" *hatte, und der wesentlich an der Destabilisierung der Ukraine beteiligt war: unter der die ukrainische Bevölkerung heute mehr denn je leidet*[326]; Anm.d.A._] würde nicht nur seinen Widerstand anmelden, wird es zukünftig noch um ganz anderes gehen, bspw., das Grundgesetz marktkonform zu trimmen (_*und* _dann_ *erst als auf Ewigkeit* un_*veränderbare* „Verfassung" *geltend_*), sondern diesem müßten auch die Haare zu Berge stehen, erführe er dann als Präsident dieses Staates davon, was von deutscher Seite seit dem Ende des Kalten Krieges bereits an Politik betrieben und seit den 2000er Jahren vorbereitet worden ist, daß für jenes System die Bezeichnung „Demokratie" lediglich noch als Hohn gelten könnte, dem Herr Steinmeier seit Februar 2017 präsidial vorsteht [_*und seit dem 13. Februar 2022 auf weitere fünf Jahre*; Anm.d.A._]. Immerhin kennt diese Figur sich bestens aus, wie ein gesellschaftlicher Diskussionsprozeß zu verhindern wäre, in dem, bspw. folgende machtpolitische Frage reflektiert würde: Welche Art von Politik ist seit dem

---

[326] Zu dem, wer für die Destabilisierung der Ukraine verantwortlich ist, und wozu Herr Steinmeier mitgehört, auch wenn er namentlich dort nur randständig erwähnt wird, siehe in: « Die *tri*_logische Sezierung des lobbykratischen Zeitalters », Band I: « Es werde *mehr* Licht! Mehr Demokratie wagen in der Lobbykratie? Untersuchung über die Konsequenzen der bürgerlichen Real-Demokratie », Teilbände 1-3, Kapitel 14: „Die Politik bürgerlicher Nichtversteher"; Kapitel 15: „Menschenrechte, Völkerrecht und das Konstrukt des Nationalstaates"; Kapitel 16: „Die 'Nationalitätenfrage', die Ukraine und die 'Elite' des 'Westens'"; Kapitel 17: „Die 'Nationalitätenfrage', die Ukraine und die 'Elite' des 'Westens': Ein Resümee"; Kapitel 18: „Eine kurze Beschäftigung mit der Frage nach der neoliberalen Strategie des 'Westens' und der Funktion seiner Medien bei der Vermittlung dieser Strategie".

Ende des Kalten Krieges _*tatsächlich*_ von deutscher Seite praktiziert worden?[327]

Nun, man läßt sich als Kanzlerkandidat aufstellen, so am 18. Oktober 2008, damit erst gar keine Diskussion über die Agenda 2010 auflebe, und verliert man im Jahre 2009 diese Wahl (_*mit dem bis zum Wahlkrampfergebnis im September 2017 schlechtesten Ergebnis für die SPD*_), macht man sich quasi selbst zum Fraktionsvorsitzenden, anstatt den Rückzug aus der Politik zu erklären. Wie anders wäre in der SPD dann noch eine Diskussion zu verhindern gewesen, endlich Tacheles zu reden über die von Herrn Steinmeier wesentlich verfaßte Agenda 2010 (_*d.h. von ihm verfaßt — gemäß der Vorgabe der Bertelsmann-Stiftungs-Blaupause*_)? ... So etwas geht natürlich nicht — *in einer die Welt in Unordnung bringenden Lobbykratie*. Und das geht schon gar nicht, wenn Deutschland diese herrschende Unordnung in der Welt aufrechterhalten will, wie eine Frau Merkel am 17. November 2016 Herrn Obama versprochen hatte — *anläßlich seiner Abschiedstour*.

Nun, davon aber offen zu reden, erscheint nicht einmal sich „links" gerierenden Politikern opportun zu sein ...: *Warum denn blues?*[328] [...]_ZITATENDE[329]

---

[327] Siehe in: « Die *tri*_logische Sezierung des lobbykratischen Zeitalters », Band III, Teilband 2, die Seiten 622-65: „Exkursion: Exemplarische Beispiele kontraproduktiver Konsequenzen deutscher Machtpolitik".

[328] Siehe in: « Die *tri*_logische Sezierung des lobbykratischen Zeitalters », Band I: Teilband 4, die Seiten 156-60: „Kleiner politischer Aufguß aus dem neoliberalen Jetzt".

[329] Siehe in: a.a.O., Band II: « Zwischenrufe in satirisch-politischen Variationen oder Reale Betrachtungen dadaistisch-surrealer Phänomene in der Lobbykratie », Zwischenruf 28: „Wie das fürchterliche Wort 'Flüchtlingspolitik' erst seine eigentliche Bedeutung bekommt".

Übrigens ...: Die sogenannten Nationalsozialisten kamen _*nicht!*_ durch jenes an die Macht, von dem es ...: *bis heute!* ...: meist bloß unklare Vorstellungen gibt ...: direkte Demokratie.[330]

...: Es konnte nicht ausbleiben, daß dazu ...: *allerdings lediglich zu diesem letzten klein und separiert gesetzten Satz ...:*

> „Die sogenannten Nationalsozialisten kamen _*nicht!*_ durch jenes an die Macht, von dem es ...: *bis heute!* ...: meist bloß unklare Vorstellungen gibt ...: direkte Demokratie" ...:

der Realsatirist *Kuu* meinte ...: indem er auf Wikipedia als Quelle verwies ...:

> ZITAT_Welcher direkt vom Volk gewählte Reichspräsident hat nochmal Hitler zum Reichskanzler ernannt?_ZITATENDE

...: nun ...: wie bereits eingangs dieser *Begegnung be*_merkt ...:

---

330 Was „Direkte Demokratie" anbelangt, siehe in: « Sie fragen noch, wie die ›Verhältnisse‹ liegen? », nämlich — *was das Verschleiernde anbelangt* — insbesondere in Aspekt 2: „Was eine Passage in Chestertons: 'The Man who was Thursday: A Nightmare' offenbart", und — *das eigentlich Praktische betreffend* — a.a.O. die Seiten 337+ff., beginnend mit: „folgendes ist keine politische Geschmacksfrage", sowie a.a.O. die Seite 669, beginnend mit: „Also sei zum Abschluß nicht allein die Frage wiederholt: Was spricht noch gegen Direkte Demokratie, spricht nichts für die simulierte Demokratie des lobbykratischen Systems [...]?".

Auf ein wesentliches Element der *Direkten Demokratie* komme ich weiter unten in der *Ab*_gehenden Begegnung: „Mit _*geschultem*_ Realsatiristen-Blick auf 'Demokratie' *ge*_blickt" zu sprechen.

„Viel wird über wichtige Angelegenheiten gesprochen …: *ob*_wohl die Vorstellungen dazu oftmals lediglich verschwommene sind …: _*mag?*_ es etwa deshalb kommen, daß sie verfliegen, kaum sie ausgesprochen sind".

…: so kommt es wohl, daß das direkte Wählen eines Präsidenten …: hier …: *der mit entsprechendem Nimbus dekorierte und in der Politik geendet habende Generalfeldmarschall Paul Ludwig Hans Anton von Beneckendorff und von Hindenburg* …: als Ausdruck für „direkte Demokratie" mißverstanden …: um nicht zu sagen …: *mist!*_verstanden werden kann …: In einer (_*direkten*_) Demokratie geschieht es _*nicht!*_ …: daß jemand …: *der in irgendwelchen Hinterzimmern von Karnevalsvereinen oder ähnlichen Etablissements von allgemein unbekannt bleibenden Figuren ausgekungelt wurde* …: „direkt" *ge*_wählt würde, da es für eine (_*direkte*_) Demokratie typisch ist, daß _*alle!*_ die in gesellschaftspolitisch relevanter Position sitzen sollen, direkt *be!*_stimmt werden …: allerdings _*nicht!*_ per „beistimmendem Zuspruch" (_*Akklamation*_).[331] …: _*Oder?*_ glaubt hier jemand, daß aus Deutschland dadurch eine „direkte Demokratie" würde, wählte die Bevölkerung den Bundespräsidenten „direkt" …: also …: _*nachdem!*_ …: *der in irgendwelchen Hinterzimmern von Karnevalsvereinen oder ähnlichen Etablissements von allgemein unbekannt bleibenden Figuren ausgekungelt worden wäre.* …: und bezogen auf die sogenannten Nationalsozialisten …: *die offenbar den meisten immer*

---

[331] Daß Direkte Demokratie für _*alle!*_ Ebenen eines staatlichen wie suprastaatlichen Gesellschaftssystems nicht nur absolut geeignet, sondern für ein modernes Gesellschaftssystem tatsächlich eine Notwendigkeit ist, wird demjenigen bereits genügend deutlich werden, der die Verweise in der Fußnote 330 aufsucht …: damit Sie sich aber schon jetzt einen Begriff von einem wesentlichen Element der *Direkten Demokratie* verschaffen können, sei auf die Ab_*gehende Begegnung*: „Mit _*geschultem*_ Realsatiristen-Blick auf 'Demokratie' *ge*_blickt" hingewiesen.

noch als sozusagen vom Mars Gekommene gelten ...: sei angemerkt ...:

> 1. Die _*ideologischen*_ „Begründungen" für deren Machtübernahme gehen auf die Anfänge des 19. Jahrhunderts zurück.[332]
>
> 2. Deren _*praktische*_ Machtübernahme wäre _*ohne!*_ das politische Versagen derjenigen nicht möglich gewesen, die man als Elite bezeichnet.

...: das bedeutet ...: _*Nicht!*_ ein Element dessen, was zu einer direkten Demokratie ...: *also zu* _existenter!_ *Demokratie* ...: gehört ...: *bspw. Referenden, diese tatsächliche Demokratie aber längst nicht allein ausmachend* ...: *die Schweiz ist demnach keine direkte Demokratie, sondern eine Staatsform mit direkten Demokratieelementen* ...: hat diese Machtübernahme ermöglicht. ...: deshalb sei wiederholt ...: Jene _*praktische*_ Machtübernahme durch die sogenannten Nationalsozialisten wäre _*ohne!*_ das „politische Versagen" derjenigen _*nicht!*_ möglich gewesen, die man als Elite bezeichnet. ... _*aber?*_ ...: _*War?*_ es tatsächliches „politisches Versagen" oder nicht eher durch jenes konstitutionell *be*_dingt, das Funktionseliten erst generiert ...: das man „Kaderschmieden" der Machtelite eines Nationalstaates nennen kann ...: bzw. nennen sollte ...: da von Anfang an dazu bestimmt ...: _*nämlich?*_ ...: das sogenannte Ausbildungssystem eines Staates.

...: da der Name „Schweiz" gefallen war, fühlte sich die bekannte Realsatiristin *Üül* angesprochen ...:

> ZITAT_Die Schweiz ist doch bekannt für ihre rasante Langsamkeit._ZITATENDE

---

[332] Unter anderem komme ich darauf in meinem letzten Buchprojekt zu sprechen.

…: da Ihre Behauptung …: ZITAT_*Die Schweiz ist doch bekannt für ihre rasante Langsamkeit*_ZITATENDE …: bloß diejenigen in der Schweiz betreffen mag, die im Berner Oberland zu Hause sind …: *so jedenfalls das innerschweizerische Vorurteil* …: kann es sich dabei lediglich um eines jener *Vor*_Urteile handeln, die aktuell deshalb wieder von EU_*lern* befeuert werden, da die Schweiz im Mai des Jahres 2021 das „Institutionelle Rahmenabkommen" mit dem orwellianischen Gebilde EU …: *richtigerweise* …: _*nicht!*_ ratifiziert hat. …: abgesehen davon …: _*Was?*_ ist menschliches Maß …: _*etwa?*_ …: mit rasender Geschwindigkeit sich fortgesetzt in der falschen Richtung zu bewegen …: es demnach die Frage ist …: _*Aktionismus?*_ …: _*oder?*_ …: überlegte Aktion …: immerhin ist es so …: zumindest dann so …: *soll aus ihr nachhaltig Konstruktives resultieren* …: Eine Aktion überlegt vorzubereiten und dann überlegt in die Tat umzusetzen, erfordert zwangsläufig eine angemessene Spanne Zeit, die lediglich systemische Trolle und Aktionisten als „rasante Langsamkeit" bezeichnen könnten.

Sechsundzwanzigste Begegnung: _*Was?*_ mag das — *nach realsatiristischem Muster* — hysterisch forciert weitere „Maßnahmen" Fordern verdecken

Es sprach der Realsatirist *Jaa* ...:

> ZITAT_Selbst wenn die Impfungen nur zu 50% schützen würden, die Wahrscheinlichkeit schwerer Nebenwirkungen ist so gering, da der Weg zur Impfung mit Sicherheit gefährlicher ist als die Impfung selbst.
>
> Bei einer anfänglichen Schutzwirkung von über 90% und bei 98% Schutz vor einem tödlichen Krankheitsverlauf, bei unter 60-Jährigen, ist die Hysterie und Impf-Phobie unverständlich._ZITATENDE

...: ja, das ist zwar mit Überzeugung gesprochen, kann tatsächlich aber nicht überzeugen, zumindest dann nicht, besteht man nicht *da*_rauf, lieber die Augen weiterhin geschlossen halten zu wollen ...: denn da ist der nicht von der Hand zu weisende Fakt ...: Nachweisbar wird in Deutschland mit *un*_durchsichtigen Daten hantiert[333] ...: und das selbst

---

[333] Zum einen siehe dazu: „Warum in Deutschland niemand weiß, wie viele Geimpfte an Covid-19 erkranken", Quelle: correctiv.org; der zugehörige Link:

https://correctiv.org/faktencheck/hintergrund/2021/11/12/meldung-erfolgt-per-fax-warum-in-deutschland-niemand-weiss-wie-viele-geimpfte-an-covid-19-erkranken/?mc_cid=080d7228c2&mc_eid=05289c349e wurde am 20. Februar 2022 erneut geprüft.

Zum andren sei erneut auf die von Tom Lausen betriebene WebSite „Intensivstationen.net" verwiesen:

https://intensivstationen.net wurde ebenfalls am 20. Februar 2022 erneut geprüft.

Überdies sei auf die Anhörung des Hauptausschusses des Deutschen Bundestages zur angekündigten Aufhebung der „epidemischen Notlage" vom 15.November 2021 hingewiesen: Im Rahmen dieser Anhörung wurde wiederum auf der „Basis“ einer fragwürdigen, zumindest den BioNTech / Pfizer-„Impf-Initialstoff“ betreffenden Wirksamkeit ...: *_also!_* ...: *und jetzt nachfolgend alles weitere von* _der_ *Tatsache abgesehen, daß das SARS-CoV-2 und alle seine Varianten im wesentlichen für eine ziemlich gut umschriebene Bevölkerungsgruppe gefährlich sein* _kann!_ ...: demnach ...: *keineswegs gefährlich sein muß ...: 85 Prozent dieser potentiell gefährdeten Menschen überleben eine Infektion mit diesem Virus ...: demzufolge es ein schlechter Witz ist, werden gesunde Menschen ...: also auch Kinder ...: gezwungen, sich gegen etwas impfen zu lassen, das für sie bei einer Infektion* ...: in der Regel ...: *keine gesundheitlich nachwirkenden Folgen hat* ...: wenn auch ...: *wie es im Leben immer so ist ...: im Einzelfall haben kann.* ...:

also ...:

lesen,

verstehen,

*nach*_denken ...:

> ZITAT_Covid-19: *Researcher blows the whistle on data integrity issues in Pfizer's vaccine trial*_ZITATENDE (_„Covid-19: Forscherin deckt Probleme mit der Datenintegrität in der Impfstoffstudie von Pfizer auf“._)[334]

---

u.a. auch der Präsident der *Deutschen Interdisziplinären Vereinigung für Intensiv- und Notfallmedizin* (_DIVI_), Univ.-Prof. Dr. med. Gernot Marx, danach befragt, ober er wisse, welche der in der Zeit vom 8. bis zum 14. November 2021 auf Intensivstationen Eingewiesenen geimpft und welche nicht geimpft waren. (_*Diese Zahl belief sich in dem genannten Zeitraum auf 1.662 Personen.*_) Die Antwort kam etwas gestammelt, läßt sich aber wie folgt zusammenfassen: *Das wissen wir nicht* ...

[334] Quelle: *The British Medical Journal*, Band 375; der Link: https://www.bmj.com/content/375/bmj.n2635 wurde am 15. Februar 2022 erneut geprüft.

...: denn das bedeutet ...:

> _Zumindest!_ der *BioNTech / Pfizer*-„Impf-Initialstoff hätte _nicht!_ zugelassen werden dürfen, und müßte wenigstens jetzt vom „Markt" genommen werden.

...: gewiß, das wäre ein Fiasko, da die deutschen ...: *und was seine Beschaffung anbelangt, ebenso die EU-Verantwortlichen* ...: insbesondere auf diesen „Impfstoff" gesetzt, alles andere aber vernachlässigt hatten und sogar meinten, Intensivbetten und Intensivpflegepersonal könnten weiter „zurückgefahren" werden ...: da „wir" ja über den „Rolls-Royce" unter den Impfstoffen verfügen würden. ...: das könnte man durchaus als „klassische Haltung" von Zauberlehrlingen bezeichnen, so man nicht annehmen will ...: *was nicht annehmen?* ...: daß die gesellschaftspolitisch Verantwortlichen im Hintern derjenigen stecken, die durch _ihr_ gesellschaftliches System der Lobbykratie ...: *demnach die* „westlichen Staaten" *die ihren sind* ...: die man deshalb auch als „Konzernstaaten" bezeichnen kann ...: das kollektive Phänomen des Realsatirismus' verursacht haben.

> Die „westlichen Staaten" ...: *die sich selbst als die* „Elitestaaten" *dieser Welt verstehen* ...: als „Konzernstaaten" zu bezeichnen ...: *wobei es sich bei diesen Konzernen realiter um multinationale Konzerne handelt* ...: *wodurch diese übrigens jenen Rahmen sprengen, der als* „Nationalstaat" *bezeichnet wird und dem sie überhaupt ihre Existenz verdanken* ...: ist aus Sicht der lobbykratischen Ideologen ...: *bspw. jenen der EU* ...: *die man als* „Dachverband der Machteliten" *jener europäischen Nationalstaaten bezeichnen kann, die Mitglieder der EU sind* ...: folgerichtig ...: Es sind diese Konzerne, die für diese Staaten von *macht*_existentieller Bedeutung sind ...: deshalb ...: Die „westlichen Staaten" haben im Sinne der Konzerne zu funktionieren. ...: _*Stimmt?*_ diese, bspw. von den lobbykratischen Ideologen der EU kommende Behauptung. ...: zumindest ...: Man sollte bei der Einschätzung des Verlaufs der fortgesetzten Entwicklung lobbykratischer Gesellschaften von dieser Behauptung ausgehen ...: denn ...: Die Entwicklungsrichtung dieser

Staaten wird von ihren Machteliten ...: *und übergeordneten politischen Gebilden ...: beispielsweise der EU* ...: bestimmt und von deren Satelliten ...: *die ich als Funktionseliten der Machteliten bezeichne, da sie die relevanten Positionen in Politik,* spin_*doktorischer Wissenschaft, Medien_*Konzernen *und Kultur_*Betrieb *besetzen* ...: sichergestellt ...: und ...: die Existenz dieser Machteliten ist direkt mit der Existenz solcher Konzerne gekoppelt. ...: _*Muß?*_ besonders betont werden, daß ...: da für diese Machteliten die möglichst risikoarme Generierung von Profit Selbstzweck ist ...: demnach ....: die Spekulationswirtschaft dominant gesetzt ...: demnach ...: durch diese Dominantsetzung die Realwirtschaft zur vom Spekulationsmarkt zu melkenden Kuh degradiert worden ist ...: sich das Sinnen, Gebaren und Streben dieser Machteliten und ihrer Satelliten auf „dunstiger Ebene" ereignet. ...: Daß man genau davon ausgehen sollte ...: also ...: daß lobbykratische Staaten „Konzernstaaten" sind ...: wurde übrigens in der „SARS-CoV-2-Pandemie" durchs Hofieren der Pfizer & Co ...: und ...: dem eilenden Bestreben der deutschen „Funktionselite", einen neuen Pharma-Riesen zu schaffen ...: BioNTech ...: exemplarisch deutlich. ...: jedenfalls bedeutet das ...: _*Alle!*_ relevanten gesellschaftspolitischen Positionen in lobbykratischen Staaten (_„Konzernstaaten"_) sind von Figuren besetzt, die im lobbykratischen Sinne funktionieren ...: beginnend auf der lokalen Verwaltungs- und politischen Ebene und sich bis in die gesellschaftspolitischen Spitzen solcher Staaten ...: *Politik, Wissenschaft, Medien, Kultur betreffend* ...: bzw. Staatenverbünde wie die EU ...: fortsetzend ...: und ...: selbstverständlich ...: _*womöglich!*_ ...: bis in die Spitzen internationaler Organisationen richtungsbestimmend wirkend ...: bezogen aufs Beispiel ...: die WHO-Ebene.[335]

---

335 Zur zugehörigen, also den Konzernen dienenden Strategie siehe in: « Die *tri*_logische Sezierung des lobbykratischen Zeitalters », Bd I: « Es werde *mehr* Licht! Mehr Demokratie wagen in der Lobbykratie? Untersuchung über die Konsequenzen der bürgerlichen Real-Demokratie », Teilband 3, Kapitel 18: „Eine kurze Beschäftigung mit der Frage nach der neoliberalen Strategie des 'Westens' und der Funktion seiner Medien bei der Vermittlung dieser Strategie".

...: und so ist ...: *um beim Beispiel zu bleiben* ...: _*nicht!*_ auszuschließen, daß die rapide zunehmende Hysterie genau damit zu tun hat ...: denn das *British Medical Journal* müßte auch bei jenen bekannt sein, die ...: *nach realsatiristischem Muster* ...: forciert weitere „Maßnahmen" fordern.

Diese Diskussion mit Realsatiristen erfolgte zu der Zeit (_November 2021_), als plötzlich in _*nur dann!*_ nachvollziehbarer Hysterie von warnistischer Seite die bisher nicht geimpften Menschen ...: *die stigmatisierend als* „Impfunwillige" *bezeichnet wurden und noch zur Zeit des Schreibens dieses Buches* (_im Februar / März / April / Mai 2022_) *so bezeichnet werden* ...: *dafür verantwortlich gemacht wurden, daß* ...: *zu dieser Zeit noch mit der* „Delta-Variante" ...: *eine weitere Epidemie-Welle drohe* ...: _*stellt*_ man in Rechnung, daß zu dieser Zeit öffentlichkeitswirksam hätte ruchbar werden können, daß insbesondere in der Studien-Phase III ...: *zur Erlangung der Notzulassung ihres* „mRNA-Anti-Covid-19-Impf-Initialstoffes" ...: von seiten der von Pfizer / BioNTech beauftragten Firma ...: *diese Studie durchzuführen* ...: getrickst worden war ...: _*hätten!*_ die „Qualitätsmedien" das zum Anlaß genommen, die Masse der Bevölkerung von diesem Skandal in Kenntnis zu setzen ...: was diese Medien genau _*dann!*_ getan hätten, würden sie jenem gerecht werden, welches sie von sich selbst behaupten zu tun ...: dies andren aber per se absprechen ...: _*nämlich!*_ ...: die Öffentlichkeit über das, was sich gesellschaftspolitisch ereignet, _*tat!*_sächlich informierend zu unterrichten. ...: Daß also die von warnistischer Seite gezeigte Hysterie und das diese entsprechend begleitende „Lärmen" der „Qualitätsmedien" allein vor _*dem*_ Hintergrund nachvollziehbar wird, daß es unbedingt galt, diesen mafiösen Charakter habenden Skandal _*nicht!*_ ins Bewußtsein der Öffentlichkeit dringen zu lassen ...: da ...: _*andernfalls!*_ ...: sichtbar geworden wäre, daß sehr viel Schatten auf den gesellschaftspolitisch Verantwortlichen liegt.

...: übrigens ...: Die Behauptung, daß die „Delta-Variante" es sei, die insbesondere den BioNTech / Pfizer-„Impf-Initialstoff" wirkärmer mache und es deshalb sei, daß die Nichtgeimpften auch Geimpfte anstecken würden, ist nicht stichhaltig. ...: Warum? ...: Nun, zum einen ist diese „Variante" keine neue, die zu dieser Zeit erst aufgetreten wäre ...: erstmals soll die im Oktober 2020 in Indien „erkannt" worden sein und von der ist seit Anfang 2021 längst auch in Europa die Rede. ...: zum anderen steht in dem Vertrag, den die EU mit Pfizer abgeschlossen hat ...: Der Hersteller ist dazu verpflichtet, innerhalb von 100 Tagen seinen „Impfstoff" an mutationsbedingte Veränderungen des SARS-CoV-2 „anzupassen". ...: es ist zudem vertraglich vereinbart, daß die den veränderten „Impfstoff" betreffenden Studien nachgereicht werden können ...: *vermutlich irgendwann!* ...: was nur dann nicht überraschen kann, wenn man weiß, daß die Aufsichtsbehörden, bspw. CDC (_„Centers for Disease Control and Prevention" der USA_), FDA (_„United States Food and Drug Administration"_), EMA (_„European Medicines Agency"_) oder auch die WHO (_„World Health Organization"_) im Sinne der Pharmaindustrie funktionieren ...: und ...: _*Wie?*_ sollte anzunehmen sein, daß das nicht auch für die politischen Verantwortlichen gilt ...: sind diese es doch, die zumindest optisch die Besetzung der Posten dieser „Organisationen" bestimmen ...: allerdings sowieso schon grundsätzlich mit zunehmender Unschärfe der Postenbesetzung bei der EMA ...: als Behörde der EU ...: *in der Konzerne das entscheidende Sagen haben* ...: in diesem Fall die Pharmaindustrie ...: und der WHO ...: als Behörde der UNO.

...: nun ...: offenbar zur schnellen Ablenkung von diesem, die ganze Sauerei des gesellschaftspolitischen Umgangs mit einer Epidemie / Pandemie grell ins Licht stellenden Geschehens, erwiderte darauf der auffällige Realsatirist *Laa* ...:

ZITAT_leider überholt! Omikron ist auf dem Vormarsch. Bleibt abzuwarten, wie der Mensch auf diese Mutante reagiert._ZITATENDE

...: ja ...: „Omikron-Variante" läßt sich noch so eben gut merken wie „Delta-Variante" ...: da diese beiden Buchstaben des griechischen Alphabets als gut nachplapperbar gelten ...: wobei ich eigentlich damit gerechnet hatte, daß die nächste herausragende Variante ...: *da wegen andrer Zusammenhänge geläufig* ...: „Lambda" heißen würde ...: jedenfalls ...: „Omikron" kommt in der exponentiell anschwellenden Hysterie-Welle wohl zur „rechten Zeit".

...: betrachtet man aber die Situation in der korrekten zeitlichen Abfolge, ist Ihre Bemerkung ...: ZITAT_*leider überholt!*_ZITATENDE absurd ...: denn ...: _*Was?!*_ ist bis „gestern" (_*Ende November 2021*_) noch der primäre Hysterie-Tenor gewesen. ...: nun ...: dieser „Tenor" läßt sich so zusammenfassen ...: Die „Delta-Variante" bewirkt, daß die „Impfstoffe" wirkärmer werden ...: *des!*_halb ...: *so das auf allen Kanälen gedröhnte Narrativ* ...: sind die Ungeimpften „schuld" an der fortgesetzten „SARS-CoV-2-Pandemie". ...: hingegen ...: um es zu wiederholen ...:

1. Fakt ...: Die „Delta-Variante" ist seit Anfang 2021 auf dem europäischen Kontinent bekannt.
2. Fakt ...: Der Vertrag, den die EU mit Pfizer geschlossen hat, beinhaltet, daß Pfizer innerhalb von 100 Tagen den „Impfstoff" „anpassen" muß, tritt eine neue Variante auf.
3. Fakt ...: Wie es fürs lobbykratische Zeitalter üblich ist, genügt es dann, daß die dazu dokumentierten Studien-Ergebnisse „nachgereicht" werden ...: vermutlich „irgendwann".

...: und wenn man bedenkt, daß, wie schon angemerkt, bei Pfizer in der Notzulassungs-Phase III getrickst worden ist, braucht man sich ja wohl keine weiteren Sorgen ...: schon gar nicht weitere Gedanken zu machen ...: oder etwa doch?

...: Und so finde ich es übrigens bemerkenswert, wie ...: *wie bspw. von Ihnen* ...: konsequent am eigentlichen Problemkreis vorbeigeblickt wird, und man sich daran beteiligt, einen Popanz ...: diesmal ...: „Pandemie der Ungeimpften!“ ...: aufzubauen und zu „füttern“ ...: ein Popanz, der den Blick auf *_diesen!_* Problemkreis verstellt. ...: *_Vielleicht?!_* einmal die Scheuklappen ablegen. ...: und so läßt sich auf Ihren nachgeworfenen „Einwurf“ ...:

> ZITAT_Ihre langen fachlichen Ausführungen sind ja sehr ehrenhaft, aber nützen den Menschen im allgemeinen nichts!_ZITATENDE,

vorbemerkend antworten ...: Das „Ehrenhafte“ können Sie sich sparen und ich Sie zugleich fragen ...: *und Ihre?* ...: zudem ...: Bevor man ein Urteil über das Verhalten oder Tun eines andren fällen will, muß man um dessen Intentionen wissen. ...: überdies ...: Wer ihm „nützlich“ Erscheinendes ...: *manche nennen es* „Hilfreiches“ ...: benötigt, sollte es weder in realsatiristischen Etablissements suchen noch glauben, es ...: *von andren vorgekaut* ...: beispielsweise von in Talk-Shows Quasselnden ins Wohnzimmer gereicht zu bekommen.

...: selbst auf die Gefahr hin, daß es sich dabei wieder ...: *aus Ihrer und Ihresgleichen Sicht* ...: um etwas Unnützes handelte, sei dennoch angemerkt ...: Das Leben ist ein interaktiver Prozeß, den wir offenbar nicht verstehen, da uns andernfalls unser aktionistisches Tun nicht erst *_dann_* auffiele, so wir es mit einem Virus zu tun haben, das für uns existentielle Fragen aufwirft ...: *allerdings nicht dieses Virus selbst, hingegen unsere Sicht auf die Welt betreffende* ...: beziehungsweise ...: den uns existentiell angehenden interaktiven Prozeß des Lebendigen betreffende Fragen ...: jedenfalls ...: Das Beantworten existentieller Fragen ... _*also!*_ ...: *die Spezies Mensch betreffender Fragen* ...: würde ich _*niemals!*_ profitorientierten Kreisen überlassen.

...: auch die bisher verborgen gebliebene Realsatiristin *Oga* meinte, etwas sagen zu müssen ...: *und offenbar im ebenso von interessierter Seite vorgekauten Sinne* ...: was mir dann bequemerweise die Möglichkeit eröffnete, die gesellschaftspolitisch ...: *fortgesetzt* ...: falsch gesetzte Perspektive zu korrigieren ...:

> ZITAT_ Wer wird in der Mehrheit infiziert, derjenige, der geschützt ist, oder eher derjenige, der nicht geschützt ist?_ZITATENDE

...: nicht allein vor dem schillernden Hintergrund dessen, was wir zu wissen glauben ...: einmal ...: also, was Viren ...: *da Basis-Elemente des Lebendigen seiend* ...: selbst anbelangt ...: zum andren ...: was einen konkret auf das SARS-CoV-2 bezogenen widersprüchlichen ...: ja ...: gar nicht objektivierbaren Hintergrund anbelangt ...: Die Datenlage ist *un*_übersichtlich ...: wissenschaftsbasiertes Wissen ist durch so eloquent wie medienwirksames Meinen ersetzt worden ...: also ...: _*Nicht*_ allein vor dem schillernden Hintergrund dessen, was wir zu wissen glauben, stellen Sie die Frage falsch, Frau *Oga*. ...: das ist nicht überraschend, da sie _*meist*_ falsch gestellt wird ...: _*Wie?*_ wäre sie richtig gestellt. ...: nun ...: indem man sagt ...: Es ist _*nicht!*_ entscheidend ...: _*ob*_ ich mich infiziere ....: sondern ...: _*wann!*_ ich mich infiziere ...: und ...: _*wie*_ im Moment der Infektion der Zustand meines biologischen Kommunikationssystems ...: *das allgemein als* „Immunsystem" oder gar martialisch als „Abwehrsystem" *bezeichnet wird* ...: ist ...:

sowie ...: _*ob!*_ ich ernsthafte Vorerkrankungen habe. ...: also lautet die Frage ...: _*Wann?*_ wäre es günstig, mich zu infizieren. ...: wenn schon, dann im Sommer. ...: Konsequenz ...: Es ist schlecht ...: soweit man gesund ist (_!_) ...: versucht man ein Virus selbst im Sommer zu hemmen. ...: Warum? ...: deshalb, da im Sommer die Wahrscheinlichkeit, einen milden Infektionsverlauf zu haben, höher als in der kalten Jahreszeit ist. ...: habe ich mich aber im Sommer infiziert ...: *und soweit ich gesund bin* (_!_) ...: ist die Wahrscheinlichkeit höher, daß in der kalten Jahreszeit ...: also ...: wenn Atemwegsviren _*ihre*_ Saison haben ...: mein biologisches Kommunikationssystem mit einer erneuten Infektion _*des*_ Virus ...: *mit dem ich mich bereits im Sommer einen relativ milden* „Kommunikationsaustausch" *hatte* ...: selbst dann relativ gut umgehen kann, gibt es in der kalten Jahreszeit eine neue Variante dieses Virus (_aus der Familie der Coronaviren_) ...: da dann mein biologisches Kommunikationssystem mit einer neuen Variante deshalb relativ gut wird umgehen können, da es ja nur an der Oberfläche mutiert und eben nicht zu einem „neuen" Virus wird ...: den „Rest" dieses Virus kennt mein biologisches Kommunikationssystem ...: Jemanden, den man kennt, erkennt man selbst dann, sollte er seine Frisur „korrigiert" haben ...: zumal es genauso sein kann, daß ein mutierendes Virus ...: *und offenbar insbesondere dann, kommt es aus der Familie der Coronaviren* ...: mit der Zeit weit harmloser wird ...: ein Virus braucht einen passenden Wirt ...: zumindest dann, will es sich weiterhin reproduzieren.

Hier ist allerdings zu sagen, daß es auch Veränderungen geben kann, die in einer Zeit erfolgen, während der ein bestimmtes Virus in einer anderen „Wirts-Spezies" *mutiert* ...: Coronaviren sind genauso artübergreifend zu finden wie bspw. Influenzaviren. ...: *Das* ...: also das in einer andren „Wirts-Spezies" zu mutieren ...: *war möglicherweise der Grund, wieso das SARS-CoV-1 und dann das SARS-CoV-2 zuerst* „überschießend" ...: *dennoch eine relativ gut eingrenzbare Bevölkerungsgruppe betreffend, auf die* „Wirts-Spezies 'Mensch'" *reagierten* ...: bedeutet ...: *eine längere Zeit der Anpassung benötigten.*

...: man kann sogar sagen ...: höhere Infektiosität geht mit milderem Infektionsverlauf einher ...: Es war ja nicht die „Delta", die „Bergamo" in die Schlagzeilen brachte, sondern die erste „uns" bekannte Variante des SARS-CoV-2 ...: die als „Wild-Typ" bezeichnet wird ...: womöglich aber selbst nur eine „coronavirale Rekombination" war. ...: Es ist sowieso vernünftig, nimmt man an, daß Viren nicht ohne Bedeutung für die menschliche Entwicklung waren und es wahrscheinlich auch weiterhin sein werden.

...: leider fiel der Realsatiristin *Oga*
daraufhin nichts andres ein, als zu erwidern ...:

ZITAT_Esoterisch geredeter homöopathischer Unfug! Verlassen wir uns lieber auf die bewährte Schulmedizin!_ZITATENDE

...: *Oga* ...: Sie belegen mit Ihrer Antwort, daß Sie keine zureichende Ahnung haben ...: denn ...: _*Was?*_ sollte an dem, was ich geschrieben habe, „esoterischer" oder „homöopathischer Unfug" sein ...: bedeutet ...: Sie haben _*mindestens!*_ ein gravierendes Leiden ...: welches? ...: Es ist Ihr verengter Blick. ...: und was die „Schulmedizin" ...: *also die* „akademische Medizin" ...: anbelangt ...: das *da*_mit Zusammenhängende ist differenziert zu betrachten ...: wie alles ...:

ZITAT_Impfungen, die die Ärzteschaft heute als Teil ihrer „DNA" deklariert, waren keine Pioniertaten von Ärzten. Sie mußten den Ärzten im 18. Jahrhundert regelrecht aufgezwungen werden. Inokulationen[_336_] als erste Form der Immunisierung wurden erst akzeptiert, als ersichtlich war, daß Wohlhabende viel Geld bezahlten, um einer Pockenerkrankung zu entgehen, und die Nachfrage nach den bisherigen Behandlungsangeboten nicht litt. [...] Prävention mußte für die Schulmediziner schon das Einkommen steigern und durfte bisherige Krankheiten als Geschäftsmodell nicht gefährden._ZITATENDE[337]

ZITAT_Prävention durch eine gesundheitsfördernde Lebensweise hätte mangels heilsamer Therapien bis heute einen hohen Stellenwert behalten müssen. Dies war und ist aber nicht der Fall. Offenbar wurden und werden therapeutische Möglichkeiten von der Mehrzahl der Ärzte über- und deren krankmachende Wirkung unterschätzt. Diese Fehlwahrnehmung verstärkte sich, als in der Neuzeit ärztliche Leistungen unabhängig vom Erfolg der Maßnahmen bezahlt wurden. Die bei Infektionskrankheiten notwendige Prävention durch Hygiene und die Isolierung Kranker vernachlässigte die Ärzteschaft dagegen bis zum Jahr 2020. Vergütungsfähige Maßnahmen hatten immer Vorrang — ob fragwürdige Impfungen gegen Infektionen, prophylaktische Medikationen gegen Herzinfarkte und Schlaganfälle oder Operationen bei Krebs._ZITATENDE[338]

---

[336] Die „Inokulation", die „Einimpfung", das „Impfen", ursprünglich im Sinne von „Aufpfropfung" verwendet; vom lateinischen transitiven Verb *inoculare*: „auf ein Auge aufpfropfen", also das „Veredeln" von Pflanzen betreffend, abgeleitet vom lateinischen Substantiv *oculus* „das Auge".

[337] Siehe Gerd Reuther, « Heilung Nebensache: Eine kritische Geschichte der europäischen Medizin von Hippokrates bis Corona », 2. Auflage der Originalausgabe, Riva Verlag, München, 2021, die Seite 293.

Diese Zitierung erfolgt mit freundlicher Genehmigung des Autors, die er mir in einer eMail-Korrespondenz am 31. Januar 2022 erteilt hat. Dafür danke ich Herrn Dr. med. Gerd Reuther herzlich!

[338] Derselbe, a.a.O., die Seiten 290+f.

Ebenso diese Zitierung erfolgt mit freundlicher Genehmigung des Autors, die er mir in einer eMail-Korrespondenz am 31. Januar 2022 erteilt hat. Dafür danke ich Herrn Dr. med. Gerd Reuther herzlich!

ZITAT_Kein Wunder, daß die Homöopathie in den ersten 150 Jahren ihrer Existenz erfolgreicher als die Schulmedizin war — sie schadete wenigstens nicht._ZITATENDE[339]

...: was sich geändert hat, ist nicht, daß es heute mehr evidenzbasierte Behandlungen gäbe als früher ...: sondern ...: wer bestimmt, was und wie behandelt werden soll ...:

ZITAT_Heilung war allzu oft unerwünscht und fand meist nur dann statt, wenn man Kranke nicht daran hinderte. Hatte die katholische Kirche jahrhundertelang heilende Behandlungen als unzulässige Eingriffe in die Festlegungen des allmächtigen Gottes blockiert, ist im Zeitalter des medizinisch-industriellen Komplexes der stetig behandlungsbedürftige chronisch Kranke das Ziel. Heilungen sollte früher allenfalls die Kirche befördern können — durch Wunder. Heute sollen es gentechnisch erzeugte Antikörper, „Impfungen" mit Nukleotidpartikeln oder Zauberschnitte an den Genen sein, die nur Big Pharma liefern könnte._ZITATENDE[340]

...: es war übrigens Samuel Hahnemann (_1755-1843_), der den Begriff „Schulmedizin" ...: ZITAT_*als Abwertung der akademischen Medizin ins Spiel brachte*_ZITATENDE[341] ...: *da die akademische Medizin zu seiner Zeit, nicht anders als heute, mehr Schaden anrichtete als sie tatsächlich heilte* ...: _*Dies*_ war der Grund dafür, daß er mehrere Jahre lang nicht praktizierte

---

[339] Derselbe, a.a.O., die Seite 10.

Auch diese Zitierung erfolgt mit freundlicher Genehmigung des Autors, die er mir in einer eMail-Korrespondenz am 31. Januar 2022 erteilt hat. Dafür danke ich Herrn Dr. med. Gerd Reuther herzlich!

[340] Siehe Gerd Reuther, « Heilung Nebensache: Eine kritische Geschichte der europäischen Medizin von Hippokrates bis Corona », 2. Auflage der Originalausgabe, Riva Verlag, München, 2021, die Seite 271.

Auch diese Zitierung erfolgt mit freundlicher Genehmigung des Autors, die er mir in einer eMail-Korrespondenz am 31. Januar 2022 erteilt hat. Dafür danke ich Herrn Dr. med. Gerd Reuther herzlich!

[341] Derselbe, a.a.O., die Seite 78.

…: ihn erschütterte das tatsächliche ärztliche Schaden, das im Gegensatz zu dem stand …: und weiterhin steht …: das ärztliches Tun zu bestimmen hätte …: _*nicht!*_ zu schaden …: soweit die Konsequenzen des eigenen Tuns — *objektivierbar* — abschätzbar sind …: beziehungsweise …: *in Absprache mit dem Patienten* …: ein Therapieversuch _*dann!*_ zu starten wäre, könnte Aussicht auf Erfolg bestehen, ein schwerwiegendes Leiden lebensqualitätsverbessernd „abzubiegen". …: und dieses tatsächliche ärztliche Schaden wurde Ursache für „seine" Homöopathie, deren „Grundideen" allerdings bereits weit vor ihm bekannt waren.[342] …: womit nicht gesagt ist, daß man das „Lehrgebäude der Homöopathie" bejahen muß …: es soll nur besagen …:

> ZITAT_Bis die Homöopathie auf der Bühne der Geschichte erschien, hat die akademische Medizin fast ausschließlich geschadet. Lediglich Heilkräuter, psychologische Aktivierung der Selbstheilung und manuelle nichtinvasive Verfahren konnten mehr Nutzen als Schaden verbuchen. Die Ärzteschaft hätte sich zu ihrer Existenzsicherung wenigstens mit Placebos behelfen sollen […]. Samuel Hahnemann und seine Nachfolger haben diesen Weg wirtschaftlich erfolgreich beschritten._ZITATENDE[343]

…: oder anders gesagt …: Eine medizinische Behandlung sollte nur dann versucht werden, kann realistischerweise angenommen werden, daß ihre Anwendung mehr als die Selbstheilung verspricht[344] …: also …: sehr selten …: da …:

---

[342] Derselbe, a.a.O., die Seite 77.

[343] Derselbe, a.a.O., die Seite 327.

Auch diese Zitierung erfolgt mit freundlicher Genehmigung des Autors, die er mir in einer eMail-Korrespondenz am 31. Januar 2022 erteilt hat. Dafür danke ich Herrn Dr. med. Gerd Reuther herzlich!

[344] Derselbe, a.a.O., die Seite 85.

ZITAT_Die Diagnose „behandlungsbedingter Gesundheitsschaden" fehlt unter den 20 häufigsten Krankenhausdiagnosen, obwohl Ärzte und Krankenhäuser Hauptursache von Krankheiten und Tod sind [...][345]

...: zudem verorten Sie das „Problem" falsch ...: Wissenschaft und Medizin unterliegen primär Profit-Interessen. Das hat vielfältige Konsequenzen. Eine ist, daß die Karriere von Wissenschaftlern und Medizinern davon abhängig ist, welche Aussagen sie machen und was sie zu beforschen haben, bzw. ...: *so sie veritable Opportunisten sind* ...: „selbstredend" selbst finden ...: _*was!*_ sie beforschen wollen.

...: überdies ist es für den Zustand dieser Gesellschaft bezeichnend, daß auf den ...: *nicht!_ von* „esoterischer" *Seite kommenden* ...: Hinweis, daß offenbar ...: *zumindest!* ...: in der entscheidenden Studienphase ...: *zumindest!* ...: bei Pfizer getrickst bzw. *un!_*sauber gearbeitet worden ist[346] ...: daß man _*nicht!* mehr der Maxime folgt ...: _*Ist!*_ bei einer solchen Studie getrickst und geschlampt worden, hat sie keine Gültigkeit ...: gefolgt von der daraus zu ziehenden Konsequenz ...: *zumindest!* ...: Dieser „mRNA-Impf-Initialstoff" ist *un!_*verzüglich vom Markt zu nehmen. ...: tatsächlich aber ...: *Die von Pfizer dann gelieferten Daten wurden und werden weiterhin als*

---

[345] Derselbe, « Der betrogene Patient: Ein Arzt deckt auf, warum Ihr Leben in Gefahr ist, wenn Sie sich medizinisch behandeln lassen », in der vollständig überarbeiteten und aktualisierten Neuausgabe, Riva Verlag, München, 2020, die Seite 137.

[346] Quelle: *The British Medical Journal*, „Covid-19: Researcher blows the whistle on data integrity issues in Pfizer's vaccine trial (_„Covid-19: Forscherin deckt Ungereimtheiten bei der Datenerhebung in der Impfstoffstudie von Pfizer auf"._); der zugehörige Link: https://www.bmj.com/content/375/bmj.n2635 wurde am 15. Februar 2022 erneut geprüft. Das bedeutet: mindestens in der Phase III der „Notzulassung" des BioNTech/Pfizer-„Impf-Initialstoffs" — *und mindestens dieses Serum betreffend!*

Grundlage für alles weitere genommen ...: _*also!*_ ...: Es ist für den Zustand dieser Gesellschaft bezeichnend, daß auf den Hinweis, daß offenbar zumindest bei Pfizer getrickst bzw. unsauber gearbeitet worden ist, jemand _*höchstens!*_ eine Bemerkung wie ...: ZITAT_*Noch so ein Fachmann!*_ZITATENDE absondert ...: *ob*_wohl es oft doch schon genügte, fähig zu sein, eins und eins zusammenzuzählen.

...: demnach ...: Nicht auszuschließen ist, daß das hysterische Tamtam, das um die Veröffentlichung dieser vom *British Medical Journal* gebrachten Nachricht am 2. November 2021 einsetzte ...: also ...: *daß es eine* „Pandemie der Ungeimpften" *gäbe* ...: *und wozu u.a. das so unlogische wie kindische Stigmatisieren nicht geimpfter Menschen gehörte* ...: *und das weiterhin zum stigmatisierenden Repertoire gehört* ...: von diesem skandalösen Vorkommnis herrührt ...: beziehungsweise ...: davon ablenken soll.

...: dieses aufgedeckte „Vorkommnis" wirft allerdings nicht allein Licht auf die praktizierte Politik, sondern ...: *abgesehen von der erbärmlichen Rolle der* „Qualitätsmedien" dabei ...: genauso auf einen gewissen Teil dessen, das als „Gesundheitswirtschaft" bezeichnet wird ...: denn ...: Es waren noch andre Forscher, die um diese Trickserei wußten, die sich aber nicht trauten, das mit ihrem Namen öffentlich zu machen, da sie Angst um ihre „Reputation" in der „Wissenschaftsgemeinde" hätten, wie aus der in der Fußnote 346 angegebenen Quelle hervorgeht ...: _*Das!*_ ist wirklich bedenklich.

> Und das ist es überhaupt erst, was mir erlaubt, von einer realsatiristisch gewordenen Gesellschaft zu sprechen ...: da vergleichbares Reden, Schreiben und Tun eher die Regel als die Ausnahme sind ...: *in jenen für eine konstruktive gesellschaftspolitische Entwicklung entscheidenden Angelegenheiten* ...: nämlich ...: *die Kultur einer Gesellschaft betreffend* ...: *alles gesellschaftspolitische Denken*

und Tun _sind!_ *Ausdruck der Kultur* ...: da „zweite Natur" des Menschen ...: *einer staatlich verfaßten Gesellschaft*.

...: und so ist es mindestens genauso bedenklich, daß auf den Hinweis ...: *der ebenso* _nicht!_ *von* „esoterischer" *Seite belegt ist* ...: daß die politisch Verantwortlichen ...: *seit Anfang der 2010er Jahre* (_!_) ...: über den zu erwartenden Verlauf einer SARS-CoV-2-ähnlichen Pandemie informiert gewesen sein müssen ...: überhaupt _*keine!*_ Reaktion kommt ...: _*und!*_ auf diesen ...: *eben* _nicht!_ *von* „esoterischer" *Seite belegten* ...: Fakt mache ich seit dem 25. März 2020 aufmerksam.[347]

...: abgesehen davon, daß ein Test, der erst dann eine gewisse Berechtigung haben kann ...: gibt es _*symptomatische*_ Hinweise auf eine Infektion ...: _*nicht!*_ als Screening-Test geeignet sein kann ...: und ...: *überdies davon abgesehen, daß es unseriös ist, allein nicht geimpfte Menschen auf die* „Anwesenheit" (_*dieses!*_) *Coronavirus zu testen ... und das auch noch mit einer Testmethode, die* ...: für sich genommen ...: *untauglich ist, eine tatsächliche Infektion mit diesem Virus zu diagnostizieren* ...: _hingegen!_ ...: *geimpfte Menschen in der Regel nicht* ...: gibt es offenbar _*keine!*_ Korrelation zwischen der Anzahl der gegen SARS-CoV-2 geimpften Menschen in einem Land und der Inzidenz in demselben Land.[348] ...: wäre das nämlich so,

---

[347] Siehe im Anhang des Ihnen vorliegenden Buches: « Risikoanalyse aus dem Jahre 2012, eine SARS-CoV-2-ähnliche Pandemie betreffend »

[348] Siehe den auf *Rubikon.news* erschienenen Essay von Konstantin Demeter und Torsten Engelbrecht, *Die Nonsens-Tests*; der zugehörige Link: https://www.rubikon.news/artikel/die-nonsens-tests.

Der Begriff „Inzidenz", der sich vom lateinischen Verb *incidere* ableitet, was sich u.a. mit „sich ereignen" übersetzen läßt, wird in der Medizin verwendet, um die Anzahl neu aufgetretener Krankheitsfälle innerhalb einer

dürfte es keine Länder geben, in denen die Anzahl der geimpften Menschen hoch und die Inzidenz niedrig, in anderen aber die Anzahl der geimpften Menschen zwar hoch, aber die Inzidenz ebenso hoch ist ...: und umgekehrt ...: Anzahl der geimpften Menschen niedrig, Inzidenz hoch; Anzahl der geimpften Menschen niedrig, Inzidenz niedrig. ...: das bedeutet ...: der springende Punkt ist ...: Da es vor allem eine recht gut umgrenzbare Bevölkerungsgruppe gibt ...: *eben jene der* „Vulnerablen" ...: die gefährdet sein könnte ...: *aber keineswegs gefährdet sein muß* ...: sind diese bestmöglich zu schützen. ...: Da aber *nicht!*_vulnerable Gruppen über ihr eignes biologisches Kommunikationssystem so ausreichend geschützt sind, daß sie bei einer SARS-CoV-2-Infektion einen milden oder sogar

---

definierten Population bezogen auf einen bestimmten Zeitraum statistisch zu erfassen.

Bezeichne ich ein positives Test-Ergebnis nach der PCR-Methode (_Polymerase-Chain-Reaction: PCR-Test_) bereits als „Infektionsfall" und bestimme damit die „Inzidenz", obwohl positiv getestet nicht bedeutet, auch tatsächlich infiziert zu sein oder andre tatsächlich infizieren zu können, trage ich nicht dazu bei, eine epidemische Situation realistisch einzuschätzen, denn allein wirklich *_symptomatische_* Fälle können als Indikator für eine realistisch zu erwartende Entwicklung genommen werden, um also abschätzen zu können, ob eine Überlastung des Notfallsystems drohen könnte.

Was „'asymptomatische' SARS-CoV-2-Fälle" anbelangt: Es fehlt für jene Behauptung die Basis, daß „asymptomatisch Infizierte" als „stille Verbreiter" gelten können. Demnach handelt es sich dabei um eine angstmachende Behauptung; siehe dazu: „Post-lockdown SARS-CoV-2 nucleic acid screening in nearly ten million residents of Wuhan, China"; der zugehörige Link:

https://www.nature.com/articles/s41467-020-19802-w#data-availability.

In diesem Zusammenhang sei noch auf folgende Studie hingewiesen, die verdeutlicht, daß es auch unter geimpften Menschen „Long-Covid-Fälle gibt": „Covid-19 breakthrough infections in vaccinated health care workers", der zugehörige Link:

https://www.nejm.org/doi/full/10.1056/NEJMoa2109072.

Alle Links in dieser Fußnote wurden am 21. Februar 2022 erneut geprüft.

überhaupt keinen merkbaren Infektionsverlauf haben, hat man sie ihr Leben eigenverantwortlich leben zu lassen ...: wozu also genauso gehörte, daß sie sich *_dann!_* mit Mundschutz anderen Menschen nähern sollten ...: *_haben_* sie eine Infektion ...: mit welchem Virus oder einem andren Element des Lebendigen auch immer. ... zumal ...: *_Die_* Ansicht ist sowieso albern, ein Virus ausrotten zu wollen ...: *_Ein?_* Basis-Element des Lebendigen ausrotten.

...: bezogen auf eine potentiell möglich werdende Impfpflicht sei noch bemerkt ...: Wer mit *_dem_* Spruch argumentieren wollte, daß es ja auch eine Pflicht gäbe, sich gegen Masern impfen zu lassen ...: nun ...: *_der!_* würde damit belegen, daß er überhaupt keine Ahnung hat. ...: denn ...: bezogen auf dieses Coronavirus liegt der Fall völlig anders als beim Masernvirus ...: es ist quasi invariant und seine einzige „Wirts-Spezies" scheint der Mensch zu sein. ...: Im Gegensatz dazu mutieren Coronaviren oft und kommen nicht allein in der Spezies Mensch, sondern artübergreifend vor ...: das bedeutet ...: Den Angehörigen der Coronavirenfamilie fehlen die Voraussetzungen, um als Impfstoff zu dienen ...: übrigens ...: *Vergleichbares gilt für alle Atemwegsviren.*

...: der schon seit einiger Zeit herumzappelnde notorische Realsatirist *Boo* konnte nun nicht mehr an sich halten und warf ein ...:

> ZITAT_Schwurbler, Leugner und Impfgegner,
> vereinigt euch!_ZITATENDE

...: wäre es so, daß die „Anti-SARS-CoV-2-Impfstoffe", bspw. die Wirksamkeit eines Impfstoffes gegen das Masernvirus aus der Familie der Paramyxo-Viren hätten ...: geimpft = geschützt PLUS (*_nach ca. 14 Tagen_*) nicht mehr andre ansteckend ...: *was wiederum für Erwachsene nicht so*

ziemlich fortgeschrittener Buchstabe im griechischen Alphabet ...: und ähnlich gut zu merken wie „Delta“ ...: „Wenn die `Omega-Variante´“ kommt, ist alles aus“ ...: ist satirisch gemeint ...: also ...: _*Ist!*_ gegen den hysterischen Alarmismus der Warnisten gerichtet, die nicht geimpfte Menschen für die aktuelle Situation verantwortlich machen, um vom eigenen _*fortgesetzten!*_ Versagen abzulenken ...: _*denn!*_ ...: Es ist schon klassisch zauberlehrlinghaft ...: setzt man alles auf eine unbekannte Karte ...: sprich ...: *Impfstoffe nur mit Notverordnung* ...: und versäumt alles andere ...: also ...: _*nicht!*_ bloß, die schon seit langem existente Misere in den Krankenhäusern und Altenheimen _*nicht!*_ zu beheben ...: und _*nicht!*_ bloß zu versäumen ...: eine korrekte Datenerhebung zu implementieren ...: so daß man weiß ...: _wer?_ *ist geimpft und wer nicht* ...: _sondern!_ ...: unter andrem ...: ebenso _*nicht!*_ in andre Richtungen zu forschen. ...: zugegeben ...: so etwas kann einem in der „Gesundheitswirtschaft“ eines lobbykratischen Staates tätigen Wissenschaftler ...: _*zumindest!*_ ...: lediglich erschwert in den Sinn kommen ...: _*geschweige!*_ ...: dann von ihm praktisch beforscht werden.

...: im übrigen ...: *Die*_jenigen geimpften Personen sind in ihrem Überlegen *un*_logisch, die meinen ...: *da sie ja geimpft seien* ...: sich nicht testen zu lassen bräuchten ...: _*aber!*_ ...: die *un*_geimpften Menschen ...: *die aus Verantwortungsbewußtsein andere ausschließlich getestet besuchen* ...: wären schuld ...: _*werden!*_ diejenigen ...: *die mit geimpften Personen zu tun hatten* ...: von diesen angesteckt ...: und da geimpfte Personen mit vergleichbarer „Virenlast“ durch die Gegend laufen wie ungeimpfte Personen ...: *diese Virenlast bei geimpften Menschen zwar etwas schneller abnimmt* ...: *aber die Frage doch ist* ...: *wie* _lange?_ *bleibt jemand ansteckend* ...: zeigen sie sich als die tatsächlich Egoistischen ...: _*Ich!*_ bin ja geimpft ...: _*und*_

...: als die *tat!*_sächlich *Un*_solidarischen ...: nämlich bspw. dann, gehen sie einfach ...: _*mal eben*_ ...: so zu jemandem, der ein sogenannter Vulnerabler ist ...: da sie ...: obwohl geimpft ...: diesen genauso anstecken können wie ein *nicht!*_getesteter *un*_geimpfter Mensch es kann ...: so dieser eine bekannt vulnerable Person besucht.

...: und so kommt es, daß nur ein Scharlatan eine Impfpflicht verlangen kann, obwohl es keinen sicheren „Anti-SARS-CoV-2-Impfstoff" gibt, der also den geimpften Menschen schützt und der verhindert, daß er das Virus weitergibt. ...: und es sei wiederholt ...: Gegen das SARS-CoV-2 kann es _*keinen!*_ sicheren Impfstoff geben ...: _*wegen!*_ der Mutationsfreudigkeit auch dieses Coronavirus ...: und ...: daß es *art!*_übergreifend vorkommt ...: Es ist _*diese*_ Mutationsfreudigkeit ...: die ebenso die für das Influenzavirus ...: *das ebenfalls artübergreifend vorkommt* ...: bisher entwickelten Impfstoffe so ineffektiv macht. ...: zudem ...: Man führt keine Impfpflicht ein ...: *so man noch alle Tassen im Schrank hat* ...: betrifft die ...: _*potentielle!*_ ...: Schwere einer Infektion mit einem Erreger „lediglich" eine gut definierbare Gruppe einer Gesellschaft und _*nicht!*_ die Gesellschaft als Ganzes ...: das trifft insbesondere auf _*dieses!*_ Virus zu. ...: überdies ...: _*Wie?!*_ sollte eine Impfpflicht die Überlastung der Intensivstationen verhindern, kann es _*keinen!*_ adäquaten Impfstoff gegen ein Virus geben. ...: die einzig adäquate Antwort könnte dann doch lediglich lauten ...: Die Intensivmedizin bzw. Intensivmedizinpflege effektiv zu machen ...: zum Beispiel ...: indem man das Intensivpflegepersonal gut bezahlt und effektiv ausbildet ...: _sowie!_ ...: die tatsächliche Situation in Alten- bzw. Pflegheimen zu überprüfen ...: _*also!*_ ...: *un!*_angekündigt zu überprüfen ...: und die *_dort!_* arbeitenden Pflegekräfte ebenso gut zu bezahlen und ebenfalls effektiv auszubilden. ...: *_Ob?_* das dann Anlaß dazu geben könnte, das kranke System „Gesundheitswirtschaft" gegen ein „gemeinwohlorientiertes Gesundheitssystem" zu ersetzen ...: schwierig ...: *_Ist!_* erst eine solche Megamaschine gesellschaftssystemprägend geworden, nicht wahr?

Siebenundzwanzigste Begegnung:
„Der positiv besetzte Begriff \`Querdenker'
ist auf _*alle!*_ Ewigkeit diskreditiert"

Der Realsatirist *Wii* klagte an und mahnte dann ...:

> ZITAT_Diese heutigen Realitätsverweigerer haben den ehemals positiv besetzten Begriff „Querdenker" auf alle Ewigkeit diskreditiert. Niemand mit etwas Intelligenz möchte nun noch mit diesem Begriff belegt werden._ZITATENDE.

...: wegen der praktizierten Politik ...: das heißt ...: *wegen der Konsequenzen, die daraus resultierten* ...: hatte ich mir im Jahre 2007 ein Motto gewählt ...: „Querdenken kann man gar nicht genug". ...: an dieser Politik hat sich nichts geändert ...: Demnach könnte aus meiner Sicht lediglich ein Feigling und ein so emotional zerrütteter wie menschlich reduzierter Mensch fürchten, in die falsche Schublade gesteckt zu werden, verwendet er den Begriff „Querdenken" ...: im richtigen Zusammenhang.

...: ob bereits ein einmalig oder zweimalig gezeigtes „Quergedachthaben" festzustellen erlaubt, daß jemand sich auf dem Wege zu einem „notorischen Querdenker" befindet, wird vermutlich ...: also ...: *zumindest mit* ...: davon abhängig sein, in welchen Bahnen sich sein Denken _*bisher*_ bewegte ...: was mir wiederum davon abhängig zu sein erscheint, wie denn in seinem Umfeld tendenziell gedacht wird ..: was wiederum nicht unwesentlich von dem beeinflußt ...: *wenn nicht gar bestimmt* ...: sein dürfte, was als ...: _dies!_ *ist das zu Denkende* ...: von gewissen Leuten *vor*_gedacht wird bzw. wurde ...:

also! …: das „querdenkerische Maß“ …: *oder anders gesagt …: sich zu trauen, eine eigene Meinung zu vertreten* …: von der sogenannten öffentlichen Meinung …: _die?_ *vielleicht lediglich eine* ver*_öffentlichte wäre* …: abhängig ist …: wobei es …: *zumindest mir* …: möglich *er*_scheint, daß das *Jemanden-in-die-falsche-Schublade-Stecken* darauf zurückzuführen ist, daß *die*_jenigen, die das tun …: also …: *jemanden in die falsche Schublade stecken* …: an einer funktionalen Lese- und / oder Hörschwäche oder / und Interpretationsschwäche des Gelesenen oder / und Gehörten …: *zumindest* zu*_weilen* …: leiden. …: zugegeben …: Das ist mein subjektiver *Ein*_Druck …: da *_lediglich_* auf persönlicher Erfahrung beruhend …: *_denn!_* …: „Querdenken“ ist *_nicht!_* das Problem. …: *_Was?_* ist es dann …: abgesehen vom „Stromliniendenken“ …: Da gibt es sogar einen ganzen Strauß von *stil*_blüt*_artigen* Problemen …:aber wegen jener Schwäche, will ich mich darauf beschränken, an dieser Stelle bloß zwei …: *da entwicklungsmäßig* _direkt_ *zusammenhängend* …: und die daraus *_je_* resultierenden Konsequenzen zu nennen …: Scheuklappenbehaftetes Betrachten …: *bspw. der gesellschaftspolitischen Entwicklung im kleinen wie im großen* …: zieht Schubladendenken nach sich. …: Daraus ergibt sich allerdings *_dann_* ein weit größeres Problem, tritt scheuklappenbehaftetes Betrachten …: *bspw. der gesellschaftspolitischen Entwicklung im kleinen wie im großen* …: kollektiv auf. …: da das bedeutet … also …: *vor dem Hintergrund der real existierenden Lobbykratie* …: Daß die Masse der Insassen einer lobbykratischen Gesellschaft …: das bedeutet …: *praktisch diese Gesellschaft als Ganzes!* …: realsatiristisch wird. …: die Konsequenz *da?*_raus …: nun, nenne ich eine …: Der Masse der Insassen einer lobbykratischen Gesellschaft …: *wegen ihrer realsatiristisch gewordenen Gemütslage* …: fällt dann nicht mehr das realsatiristische Reden und Treiben derjenigen auf, die ihr das Übliche in großen Wahlkrämpfen versprechen ...: was sie diese ...: *wie üblich* ...: weiterhin wählen läßt.

...: und so bin ich zwar nicht darüber erfreut, aber dennoch dafür dankbar, den Prozeß dieser Entwicklung ...: also ...: *wie eine ganze Gesellschaft realsatiristisch wird bzw. geworden ist* ...: *denn so rein, wie das seit dem Ende des Kalten Krieges zu beobachten ist, ist das wohl selten* ...: *bei*_wohnend erleben zu können. ...: übrigens ...: Mein Eindruck ist, daß mir das wegen des oben in meinem Motto Ausgedrückten möglich ist.

...: die bisher lediglich gehörig zugehört habende Realsatiristin *Baa* wollte dazu etwas sagen ...:

> ZITAT_Von den wirklichen Querdenkern ist hier ja auch nicht die Rede, sondern von Menschen, die unsolidarisch sind._ZITATENDE

...: die Realsatiristin *Baa* meinte das mit Blick auf diejenigen, die aus _*dem*_ Grunde als „Impfverweigerer" stigmatisiert worden sind, da sie es ablehnen, sich mit den zu Beginn der SARS-CoV-2-Pandemie entwickelten sogenannten SARS-CoV-2-Impfstoffen impfen zu lassen ...: für diese Weigerung lassen sich allerdings gute Gründe anführen ...: demnach ...: Diese Weigerung wäre kein Ausdruck für „intellektuelle Minderleistung".[350]

---

[350] Siehe dazu bspw. auf *NachdenkenSeiten.de*, den podcast-Beitrag von Christian Felber: „30 Gründe, warum ich mich derzeit nicht impfen lasse"; der zugehörige Link: https://youtu.be/f5EYGOL7V1g?list=LL wurde am 17. Februar 2022 erneut geprüft.

…: welche Gründe jemand dafür auch haben wollte …: Vor dem Hintergrund, daß dieses Virus mitunter schwere gesundheitliche Folgen für denjenigen Menschen haben kann …: also …: *nicht haben* _muß!_ …: der mit schweren Vorerkrankungen belastet ist, für gesunde Menschen aber die Wahrscheinlichkeit durch eine Infektion mit diesem Virus schwer zu erkranken …: wenn überhaupt …: höchstens gering ist …: und daß _*sowohl!*_ mit diesen „Anti-SARS-CoV-2-Impfstoffen" geimpfte Menschen als auch damit _*nicht!*_ geimpfte Menschen dieses Virus weitertragen können, ist die „Zuweisung" …: „Ihr seid schuld!" …: *wie eine offenbar als* lobbykratie_*systemischer Troll funktionierende* _Journalistin?_ *auf dem* „größten Nachrichtenportal Deutschlands" *wohl nicht nur schreiben durfte, sondern das wohl auch sollte* …: unlogisch …: also …: an sich absurd. …: tatsächlich läßt sich der Eindruck nicht von der Hand weisen, daß diese „Zuweisung" …: „Ihr seid schuld!" …: in der Tat der Ablenkung vom „ersten Problemkreis" zu dienen scheint. …: _*Was?*_ wäre dann der „erste Problemkreis" …: Die gesellschaftspolitisch Verantwortlichen …: bedeutet …: _*nicht!*_ allein die politisch „Aktiven" und ihr tamtamistisches Parteiensystem …: oder …: um es etwas *aus*_gewalzt *aus*_zudrücken …: Das fortgesetzte Versagen …:

- der gesellschaftspolitisch Verantwortlichen in Politik …:
- in *spin*_doktorischer Wissenschaft …: *die man übrigens auch als* „thinktank_*istische* Wissenschaft" *bezeichnen könnte, da ihre* Spin_*Doktoren in als Thinktanks bezeichneten Denk*_Panzern *einsitzen* …:
- in der von Profitinteressen korrumpierten Wissenschaft …: wie das über den grünen Klee Loben von „mRNA-" und „DNA-Impfstoffen" …: *die sozusagen in Zukunft den Garaus eines jeden Basis-Elementes des Lebendigen bedeuten würden sowie mit solchen* „Waffen" …: *sozusagen die* „Präzisionsaxt" …: *an die behauptete (_genetische_) Wurzel einer jeden Erkrankung anlegen zu können erst ermöglichten* …: exemplarisch deutlich macht …:

- von in Medien_*Konzernen* als Alpha-Journalisten angestellten geschlechtsunspezifischen Machern der öffentlichen Meinung …:
- von den im Kultur_*Betrieb* verantwortlich beschäftigten Verursachern des das eigene Nachdenken schwer beeinträchtigenden „kulturellen Brummens" …:

*Alle!* gerade aufgezählten Bereiche …: *selbstredend zusammen mit den in ihnen bereits in sozusagen Hintergrund-Alpha-Position sitzenden sowie jenen noch in karrieristischer Warte-Position harrenden geschlechtsunspezifischen Beschäftigten* …: *da wesentliche Elemente der in den lobbykratisch organisierten* „Elitestaaten" *des sogenannten Westens installierten Megamaschine seiend* …: *letztlich jenen als* „Konzerne" *bezeichneten ökonomischen Gebilden dienend* …: stellen den „ersten Problemkreis" _*dieser!*_ Welt dar …: _*denn!*_ …: Das fortgesetzte Versagen der gesellschaftspolitisch Verantwortlichen hängt unmittelbar mit der ideologischen Ausrichtung dieser Staaten zusammen, da diese jener sie organisierenden Megamaschine …: also …: *die Gesellschaften dieser Staaten* …: *und auf diese Weise schließlich die Masse der Menschen dieser Staaten zu Insassen machend* …: *wie die erste in den Jahren 2020 bis ins Jahr 2022 hinein erfolgte* „pandemische Probung" *für denjenigen als hinweisend zu verstehen ist, der das gesellschaftspolitische Treiben scheuklappenbefreit beobachtet* …: ideell zugrunde liegt …: die …: also …: *diese ideologische Ausrichtung* …: letztlich aus der …: *längst fest in den Köpfen der Masse der Menschen dieser* „Elitestaaten" *verankerten bürgerlichen Doktrin* …: „_*Der!*_ Markt regelt alles selbst" …: resultiert.

…: Die Entwicklung dieser ideologischen Ausrichtung bestimmt folglich nicht nur die heutige Verfaßtheit dieser Staaten, sondern bestimmt ebenso …: *da längst bis ins Gehirn der Masse der Menschen dieser Staaten gedrungen* …: und …: *dort verankert* …: *immerhin dienten und dienen die Gesetze und*

Verordnungen dazu, daß sie möglichst dauerhaft im Sinne des lobbykratischen Systems funktionieren _müssen!_ ...: _auch!_ *die* „Agenda 2010" *war kein Versehen* ...: *_bestimmt_* also die ideologische Ausrichtung der bürgerlichen Doktrin das vor dem Hintergrund des betriebswirtschaftlichen Grundrauschens in diesen Gesellschaften in der Masse der Menschen dieser Staaten sich ereignende ...: somit ...: _so!_ *nur möglich seiende* ...: scheuklappenbehaftete Denken und ebenso menschlich reduzierte Fühlen sowie ebengleiche Wahrnehmen. ...: und diese „gesellschaftspolitische Verfaßtheit" nenne ich „Lobbykratie". ...: Diese Verfaßtheit führt aber bei *den_*jenigen, die in einer lobbykratisch organisierten Gesellschaft *auf_*wachsen und leben, zu einem emotional kollektiv *auf_*tretenden Phänomen, das ich ...: wie gesagt ...: „Realsatirismus" nenne.[351]

...: also ...: Realsatiristin *Baa* ...: meinen Sie, zu dem von Ihrem Kollegen Gemeinten ...: *vermeintlich erklärend* ...: noch meinen zu müssen ...: ZITAT_Von den wirklichen Querdenkern ist hier ja auch nicht die Rede, sondern von Menschen, die unsolidarisch sind_ZITATENDE ...: wird das von Ihrem Kollegen *Wii* Gemeinte nicht besser ...: denn ...: *_wie?_* sollte das sein ...: *_Ist!_* in den im Rahmen der *Begegnungen mit Realsatiristen* überhaupt sowieso bloß jenes Thema, das sich aus dem von *Reflex_*Denkern Abgesonderten ergibt ...: *_denn!_* ...:

---

351 Zum Begriff „Lobbykratie" und seinen Konsequenzen, siehe die Bände der « *Tri_*logischen Sezierung des lobbykratischen Zeitalters » der Edition !_scheuklappenfrei_! und den Band 14 dieser Edition: « Sie fragen noch, wie die ›Verhältnisse‹ liegen? ».

Der Begriff „Realsatirismus", der dieses in einer lobbykratisch verfaßten Gesellschaft auftretende kollektive Phänomen benennt, wird in dem Ihnen vorliegenden Buch erläutert, nämlich in seiner Einführung: „Was vor den 'Begegnungen mit Realsatiristen' selbst nicht *un_*bemerkt bleiben sollte". In der *Vermeintlich letzten Begegnung* komme ich darauf noch einmal zurück.

Wer?! ist unsolidarisch ...: *Der?_*jenige Mensch, der als „*un!_*solidarisch" stigmatisiert worden ist ...: oder *der?_*jenige, der stigmatisiert und sich in der Zwischenzeit ...: *da* _so!_ *aus dem „ver!_*öffentlichen Blick" ...: die Taschen vollstopft oder / und an seiner Karriere strickt ...: *_weil?_* dieser meint, der gesellschaftliche Fortschritt hänge von *_seinem!_* persönlichen *Fort_*kommen ab. ...: immerhin ...: *_Was?_* ist das Ergebnis ...: *In!_*Kompetenzgesellschaft als Ausdruck einer realsatiristisch gewordenen Gesellschaft.

> ...: Ihnen sei *vor!_*sichtig empfohlen ...: Verwechseln Sie „realsatiristisch" nicht mit dem gemeinen Gebrauch von „realsatirisch".

...: und so *ent_*kam ich dieser *Begegnung* schließlich ...: sagend ...: Wer das eigene Denken ...: das *Nach_*Denken ...: ausgeschaltet hat, kann nichts dabei finden, daß von kleinen und großen Systemtrollen ein Narrativ verbreitet wird, das der Staatsrechtler Ulrich Vosgerau ...: *zwar bezogen auf jene* „pandemische Probung" ...: auf den Punkt bringt ...: ZITAT_*Die Nicht-Geimpften scheinen daran schuld zu sein, daß bei den Geimpften die Impfung nicht wirkt*_ZITATENDE ...: demnach ...: *_Wer!_* es partout vorzieht ...: *selbst in einer gesellschaftlich bedenklichen Entwicklungsphase ...: an deren Ende der permanente Ausnahmezustand herrscht* [_der ...: zu seiner allgemeinen Unkenntlichmachung ...: im Jahre 2022 *blind!_*wütig russophob eingefärbt wird_] ...: *_weiterhin_* das eigene Denken von denjenigen bestimmen zu lassen, die ...: *beispielsweise* ...: in allen möglichen Talk-Shows hocken ...: *ob diese nun moderierend oder als* „wissenschaftliche Gäste" ...: *und somit eigenes Nachdenken unterläßt* ...: *_wird!_* zum lobbykratie_*systemischen* Troll.

Achtundzwanzigste Begegnung:
„Im Gegensatz zu den Schwurblern ist das Virus lernfähig"

Der bisher überraschend *un*_auffällig gebliebene Realsatirist *Pru* meinte auf die Bemerkung eines seiner realsatiristischen Kollegen ...:

> ZITAT_Damals gab es die an den Menschen besser angepaßte Delta-Variante noch nicht. Im Gegensatz zu den Schwurblern ist das Virus lernfähig._ZITATENDE

...: oje ...: beziehungsweise ...: sag ich ja ...: Realsatiristen wissen nicht, daß sie realsatiristisch sind. Worauf der Realsatirist *Przy* entgegnete ...:

> ZITAT_Realsatirisch erwidert: wenn das Virus weiter mutiert, könnte gegebenenfalls bald Wohnraum frei werden. Es bleibt spannend._ZITATENDE

...: es ist wirklich erstaunlich, wie jemand, der völligen verbalen Unsinn von sich gibt, glaubt, jemand anderes habe sich auf „realsatirische" Weise ausgedrückt ...: *wobei ich annehme, daß der Realsatirist Przy, die Begriffsgarnitur* „realsatirisch / Realsatiriker / Realsatire" *allein falsch zu verwenden weiß* ...: *da üblich* ...: *so daß er sich ohnehin nicht auf mich bezogen haben konnte* ...: ob_*wohl er mich während der Zeit seiner verbalen Absonderung ziemlich* be_*blickte* ...: *wenn auch völlig* un_*gerührt* ...: _*denn*_ ...: wäre es so, daß die sogenannte „Delta-Variante" bereits eine wäre, über die sich das SARS-CoV-2 dem menschlichen Körper, bzw. seinem biologischen Kommunikationssystem „besser" angepaßt hätte, wäre dieses Virus wohl _*selbst*_ für *die!*_jenigen der Angehörigen der menschlichen Spezies, die man seit dem Phänomen „SARS-CoV-2-Pandemie" als „Vulnerable" bezeichnet, zumindest schon _*relativ*_ gut verträglich gewesen ...: *und so möglicherweise aufs mit seltsamen Impfseren Geimpftwerden bereits ganz verzichten könnten* ...: *was jetzt allerdings spekulativ gesagt ist.* ... jedenfalls ...: berechtigt kann vermutet werden ...: Diese seltsamen Impfseren werden die Mutationsrate dieses Virus noch erhöhen ...: es ist ja nicht so, daß die sogenannte „Delta-Variante" die einzige wäre ...: es gibt bereits X Varianten ...: „Delta" läßt sich nur gut merken ...: *weiß jeder Marketing-Stratege ganz genau* ...: *des!*_halb jetzt ...: „Omikron" ...: kann sich genauso jeder gut merken ...: also ...: *den Eindruck haben* ...: mainstreamig bestimmt ...: *mitreden zu können* ...: das genügt ...: und dennoch bleibt's ein Coronavirus, welches das biologische Kommunikationssystem der Spezies Mensch längst kennte ...: so's nur richtig gemacht würde ...: also ...: man das „Phänomen SARS-CoV-2" _*nicht!*_ Profitinteressen überließe ...: sondern darauf achtete ...: _*Was?!*_ ist evidenzbasiert angezeigt.

Das rief den Realsatirist *Bro* auf den Plan. ...: Das nachfolgende Zitat seiner Rede ...: *die er vom Blatt abgelesen hatte und dann achtlos liegen ließ, so daß ich einen Blick auf es werfen und sogar ohne weiteres an mich nehmen konnte* ...: lasse ich *des*_halb unkorrigiert, da Herr *Bro* zu jenen Figuren gehört, die andre gern abwerten ...: *wie es zwar für Realsatiristen üblich ist, also ebenso für seine Kollegen aus dem von mir besuchten* Realsatiristen-Zirkel, *wo sich die meisten meiner aktuellen* Begegnungen mit Realsatiristen *ereignet hatten* ...: durch dieses andre Abwerten sie dann „größer" sind ...: *zumindest in ihren eigenen Augen* ...: da sie ...: da „größer" ...: es vorziehen, unter *ihres*_gleichen zu bleiben ...: so daß diesen Scheuklappenbehafteten irgendwann gar nicht mehr auffällt, daß es sich dabei um eine Störung der *Selbst*_Wahrnehmung handelt ...: da „größer" für ...: „etwas Besseres" sein ...: also ...: für etwas kollektiv Gemeintes steht ...:

> ZITAT_Eine bessere Anpassung kann sowohl eine geringere Lethalität [sic!] als auch eine höhere Infektiösität [sic!] sein. Gehen Sie besser davon aus, daß bei Covid die Infektiösität [sic!] einen stärkeren Selektionsdruck ausübt als die Lethalität [sic!]. Letztere greift erst, wenn die Infizierten so schnell sterben, daß sie

niemanden mehr anstecken können oder die Wirtspopulation so stark reduziert wird, daß das Virus keinen Wirt mehr findet._ZITATENDE

...: _*Warum?*_ erzählen Sie mir das, Herr Realsatirist *Bro* ...: es war doch _*Ihr*_ Kollege *Przy*, der u.a. bemerkt hatte ...: ZITAT_*Damals gab es die an den Menschen besser angepaßte Delta-Variante noch nicht.*_ZITATENDE ...: während ich darauf _*so*_ geantwortet hatte, daß der Sachverhalt richtiggestellt wurde ...: bedeutet ...: diese gerade zitierte Aussage als das entlarven konnte, was sie ist ...: Unsinn ...: und dieser Unsinn wird nicht dadurch sinnig, daß Sie nun anmerkten ...: ZITAT_*Eine bessere Anpassung kann sowohl eine geringere* Lethalität [sic!] als auch eine höhere Infektiösität [sic!] *sein.*_ZITATENDE ...: denn zum einen ...: es wird ja behauptet, daß die Delta-Variante weit aggressiver sei und es deshalb wäre, daß eben nicht nur die Infektionszahlen so hoch schnellen würden ...: _*sondern*_ ...: ebenso die Letalität.

Vielleicht verstehen Sie auch nicht, was in diesem Zusammenhang (_*richtigerweise!*_) „Anpassung" bedeutet ...: *nämlich* ...: jenes, das man zwar als „Adaptation" bezeichnet ...: in diesem Fall als Prozeß zu verstehen, der ...: *zumindest in der Regel* ...: jenes zum Ergebnis hat, welches *Ko*_Existenz meint ...: also ...: es sich dabei um eine besondere Art von *Mit*_einander handelt ...: wovon andre Elemente des Lebendigen in und auf uns ... *die man als Basis-Elemente 2. Ordnung ansehen könnte ...: werden sie auch allgemein als* „Bakterien" *bezeichnet ...: unser Darm ist normalerweise voll von solchen ...: ohne diese fände überhaupt keine Verdauung statt* ...: sozusagen Zeugnis ablegen könnten. ...: Ebenso haben wir ...: *selbstverständlich* ...: „reichlich" Basis-Elemente des Lebendigen 1. Ordnung ...: *eben jene sogenannten* „Viren" ...: in und auf uns ...: sogar tief drin ...: im Genom. ...: „Anpassung" bedeutet dann ... *wahrscheinlich in einer Übergangsphase bis hin zur Koexistenz* ...:

zunehmend jenes, das wir als „Infektiosität" bezeichnen ...: was aber schon deshalb richtiger mit „Kommunikationsfreudigkeit" bezeichnet ist, da daraus jenes resultiert, welches die Wahrscheinlichkeit dessen ist, was wir zwar unter ...: „sich infizieren" verstehen ...: tatsächlich aber als Ausdruck dessen zu verstehen wäre, das den Beginn der „aktiven Kommunikationsphase" ...: *allgemein als* „Infektionsverlauf" *bezeichnet* ...: zwischen unserem biologischen Kommunikationssystem und einem der Basis-Element des Lebendigen (_1., 2., 3. [_?_] Ordnung_) benennt, da dies weder auf eine Wertung noch eine gedankliche Festlegung hinausläuft ...: *die insbesondere dann schädlich ist, kennt man einen komplexen Prozeß und seine Phänomene nicht* ...: *was auf das Leben zutrifft* ...: wie dies bei einer Bezeichnung wie „Abwehrsystem" sozusagen augenfällig ist.

...: die Infektiosität ...: die „Kommunikationsfreudigkeit" ...: eines sogenannten Erregers, bspw. eines Basis-Elementes des Lebendigen 1. Ordnung (_„Virus"_), ist sowieso nicht entscheidend ...: der wahrscheinliche „Infektionsverlauf" ...: die „aktive Kommunikationsphase" ...: ist es ...: also ...: bei gegebenen Konditionen eines Infizierten ...: *eines sich potentiell in* „aktiver Kommunikationsphase" befinden könnenden Menschen ... : die sogenannten Risikoerkrankungen, der Zustand des eigenen biologischen Kommunikationssystems ...: *gemeinhin als* „Immunsystem" bezeichnet ...: in der „aktiven Kommunikationsphase ...: *gemeinhin als* „aktive Phase der Infektion" *bezeichnet*. ...: das bedeutet ...: Für das biologische Kommunikationssystem eines _*gesunden*_ Menschen ist die Infektion mit einem potentiellen „Erreger" ...: *das Inkontakttreten mit einem der Basis-Elemente des Lebendigen* ...: wichtig ...: Es ...: *das biologische Kommunikationssystem* ...: kann allein aus einem _*möglichst nicht!*_ unterbrochenen Erfahrungsprozeß lernen.

> Übrigens ...: Eine Definition von „gesund“, die von Lobbyisten der „Gesundheitswirtschaft“ festgelegt wurde, hat _*nicht!*_ zu gelten, geht es um die Frage, ob ein konkreter Mensch „gesund“ sei ...: da „gesund“ einer subjektiven Wahrnehmung folgt ...: also ...: „gesund“ so viel bedeutet wie ...: „körperlich-seelisch-geistiges Wohlbefinden“, das sich dann einstellt, bestimmt ein Mensch selbst die ihn betreffenden Angelegenheiten ...: _*inklusive!*_ jener Angelegenheiten, die gemeinhin als „Krankheit“ bezeichnet werden, bei denen es sich aber tatsächlich um Prozesse handelt, die der Aufrechterhaltung _*oder*_ der Wiedererlangung der „Balance von Innen und Außen“ eines konkreten Menschen im Kontext seiner natürlichen _*und!*_ sozialen Umwelt dient.

...: natürlich ...: es gibt „Erreger“, vor denen sollte man sich grundsätzlich schützen. ...: Coronaviren sind aber nicht einmal für sogenannte Risikopersonen ein grundsätzliches, hingegen ein potentielles „Problem“ ...: sie _*können*_ diesen schaden. Und während primär durch eine Infektion mit dem SARS-CoV-2 „lediglich“ _*eine*_ Gruppe von einem schwerwiegenden Verlauf betroffen sein kann ...: wie gesagt ...: nicht sein muß ...: nämlich vorzüglich die Alten mit schwachem biologischem Kommunikationssystem und schweren Erkrankungen ...: gilt für Influenzaviren, daß ...: neben der Gruppe der Alten mit schwachem biologischem Kommunikationssystem und schweren Erkrankungen ...: es auch kleine Kinder sind, für die eine Infektion mit diesem Virus eine potentielle Gefahr darstellt.

Deshalb sind insbesondere für Kinder die Schäden durch das Masketragenmüssen weit höher als der vermeintliche Schutz vor ihrer Infektion mit dem SARS-CoV-2 ...: zumal ihr biologisches Kommunikationssystem davon eine gewisse Kenntnis hat ...: wodurch? ...: durch andere Coronaviren. ...: Diese „Kenntnis“ kann zwar in Relation zum Zustand des biologischen Kommunikationssystems abnehmen ...: *was ins-*

besondere im sogenannten Alter der Fall sein kann ...: allerdings ...: so muß doch einschränkend angemerkt werden ...: das trifft auf Coronaviren nicht *_so_* ohne weiteres zu ...: denn ...: ebenso die Gedächtniszellen der Alten kennen seit ihrer Kindheit ...: unter anderem ...: auch Coronaviren. ...: übrigens ...: Coronaviren gibt es schon seit Menschengedenken[352].

...: die Behauptung, Kinder könnten aber Ältere anstecken, ist einerseits zwar richtig, da das grundsätzlich gilt, aber es kann dazu gesagt werden ...: Sie vermitteln dieses Virus abgemildert an andere, bspw. an die Eltern ...: Das kennt man von Haustieren auch ...: die vermitteln sogenannte Erreger an Kinder abgeschwächt ...: das *_ist!_* ein wichtiger Punkt. ...: *_andererseits!_* ...: genau das ist das Problem mit den aktuellen „Anti-SARS-CoV-2-Impfstoffen" ...: die damit geimpften Menschen geben das Virus in vergleichbarer Weise weiter wie nicht geimpfte Menschen, z.B. Kinder. ...: der Punkt ist also ...: Die sogenannt Vulnerablen sind bestmöglich zu schützen ...: hingegen ...: gesunde Menschen kommen auch mit diesem „Erreger" zumindest relativ gut zurecht. ...: Das sollte man einfach zur Kenntnis nehmen und das „warnistische Getue" ...: *den hysterischen Alarmismus* ...: unterlassen. ...: *_allerdings!_* ...: „Hysterischer Alarmismus" wäre es nicht, auf das fortgesetzte Versagen der gesellschaftspolitisch Verantwortlichen hinzuweisen ...: und zwar ...: *_bis!_* zum Erbrechen.

---

[352] Siehe dazu in: Cell Press: *Current Biology*, Yassine Souilmi et al., „An ancient viral epidemic involving host coronavirus interacting genes more than 20,000 years ago in East Asia"; der zugehörige Link:

https://www.cell.com/current-biology/fulltext/S0960-9822(21)00794-6?_returnURL=https%3A%2F%2Flinkinghub.elsevier.com%2Fretrieve%2Fpii%2FS0960982221007946%3Fshowall%3Dtrue wurde am 20. Februar 2022 erneut geprüft.

...: und überhaupt ...: Man weiß heute, daß Viren in der Evolution des Lebendigen eine wichtige Rolle gespielt haben und wohl noch spielen ...: *vermutlich sogar eine entscheidende*. ...: unter anderem bedeutet das ...: Im menschlichen Genom lassen sich eine ganze Reihe von Genen finden, die ohne Viren nicht darin wären ...: das scheint mir interessant zu sein.

...: der notorische Realsatirist *Laa* wollte mit dem Satz ...: ZITAT_Das Virus hat seine Entscheidung getroffen_ZITATENDE diese seltsame *Begegnung* wohl beenden.

...: was Sie da sagen, ist lustig, Herr *Laa* ...: *_Warum?_* ...: weil das Bewußtsein voraussetzte ...: Ein Virus ...: *ein Basis-Element des Lebendigen* ...: ist aber etwas, das man auch als „Lebensfragment" bezeichnen kann ...: *_Sollte?_* man einem „Fragment" ...: *einem Basis-Element des Lebendigen* ...: Bewußtsein zusprechen. ...: hingegen ist folgendes berechtigt zu vermuten ...: Solange die Anpassungsphase ...: *zwischen einem Basis-Element des Lebendigen und seiner potentiellen* „Wirts-Spezies" ...: wobei ...: meiner Ansicht nach ...: Es sollte nicht mehr von „Wirt-Parasit-Beziehung" gesprochen werden, handelt es sich bei sogenannten Viren um Basis-Elemente des Lebendigen ...: also ...: Solange die Anpassungsphase währt, ist die Wahrscheinlichkeit ...: *daß ein als* „Virus" *bezeichnetes Basis-Elemente des Lebendigen mutiert* ...: höher als die, daß es nicht mutiert ...: warum? ...: Einmal deshalb, da das als Ausdruck der Kommunikation ...: *dem Informationsaustausch* ...: in der Anpassungsphase mit dem biologischen Kommunikationssystem einer potentiellen „Wirts-Spezies" anzunehmen ist und als Anpassungsversuch des „Virus" ...: *des Basis-Elements des Lebendigen* ...: an diese Spezies zu verstehen wäre. ...: *Wobei es auch* „Viren" *gibt, die gar keine Gelegenheit dazu haben, da sie zwar durch direkten Kontakt eines Menschen mit einer andren Spezies, bspw. einem Hund, auf diesen konkreten Menschen übertragen werden, dieser diese* (_„Viren"_) *aber nicht an andre Menschen weitergibt, so daß die Wahrscheinlichkeit* *hoch ist, daß keine Gelegenheit zu einer mutationsbedingten Abschwächung gegeben ist* ...: was bspw. auf das Tollwut-Virus zuträfe. ...: Deshalb würde ich normalerweise sagen ...: Es ist ein gutes Zeichen, mutiert ein Virus, da es durch die Kommunikation ...: oder den Informationsaustausch mit seiner potentiellen „Wirts-Spezies" „anpaßbar" wird ...: als Hinweis darauf, daß es im Prozeß der aktiven Kommunikationsphase ...: *der Informationsaustauschphase* ...: mit dem biologischen Kommunikationssystem einer potentiellen „Wirts-Spezies" zu einer mählichen Anpassung an diese „Wirts-Spezies" kommt. ...: Wobei anzunehmen ist, daß es sich hierbei um einen Prozeß nach dem Motto ...: *trial* → *error* → *correcting* → *trial* handelt ...: also um etwas, das man als „praktisches Herumprobieren → Korrigieren → erneutes Herumprobieren" bezeichnen kann ...:

> _*Oder!*_ man sagen könnte ...: Der Informationsaustauschprozeß bricht nicht abrupt ab, und dieser unter Umständen sogar darin mündet, daß ein solches Basis-Element des Lebendigen inkorporiert bleibt ...: als „aus der Umwelt gekommenes Informationszusatzelement einer Spezies" ...: *womit dann die Bezeichnung* „Wirts-Spezies" *nicht mehr berechtigt wäre* ...: als ...: _*letztlich!*_ ...: Teil der Evolutionsentwicklung ...: und dies ...: *dieser* „inkorporierte Informationsaustauschprozeß" ...: dann irgendwann ...: *zusammen mit andren inkorporierten Basis-Elementen des Lebendigen* ...: zu einem „evolutionären Sprung" führt ...: beziehungsweise ...: dazu entscheidend beträgt. ...: Dies ein Prozeß, der in der Vergangenheit galt und der sich möglicherweise weiterhin ereignet.

...: _*allerdings!*_ ...: Bezogen aufs SARS-CoV-2 ist nicht auszuschließen, daß die „Anti-SARS-CoV-2-Impfstoffe" Mutationen induzieren. Und zwar insbesondere die mRNA-Impfstoffe, da diese lediglich Partikel des sogenannten Spike-Proteins, das diesem Virus seine elektronenmikroskopische Erscheinung verleiht, den als „T-Helferzellern" bezeichneten Elementen des biologischen Kommunikationssystems anbieten und nicht das Virus in seiner Komplexität, wie es bei einem natürlich erworben „angepaßten Status" ...: „koexistenter Status" ...: *allgemein als* „Immunität" *bezeichnet* ...: der Fall ist. Da so der übliche Kommunikationsprozeß ...: *der Informationsaustauschprozeß* ...: gestört würde und dies sozusagen „unnötiges Mutieren" verursachte ...: so daß ...: der schließliche „angepaßte Status" ...: der „koexistente Status" ...: erst auf „Umwegen" erreicht würde.

Neunundzwanzigste Begegnung:
„_*Genau!*_ mein Humor"

Die sich bisher säuberlich bedeckt gehalten habende Frau *Hoy* outete sich schließlich doch als Realsatiristin, indem sie verlauten ließ ...:

> ZITAT_Für 99 Cent Wurst beim Discounter kaufen. Aber sich nicht impfen lassen, weil man nicht weiß, was drin ist. Genau mein Humor!_ZITATENDE

...: aus _*Ihrer*_ Sicht wird jemand, der ...: *da sogenannte Grundsicherung bekommend, sich als Niedriglöhner verdingen muß oder überhaupt unzureichend bezahlt wird*[353] ...: zusehen muß, wie er über die Runden kommt ...: Ihren Humor ...: *aus _Ihrer_ Sicht* ...: als Zynismus *miß*_verstehen. ...: Fazit ...: Ihr Humor ist Produkt eines *Miß*verstehens ...: das ich mir *des*_halb erlaube als *Mist*_Verstehen zu bezeichnen, da es Ausdruck „realsatiristischer Gemütslage" sein _*muß!*_ ...: *aus der dann entsprechende Wahrnehmung resultiert* ...: denn ...: *Mist*_Verstehen kann sich allein _*dann*_ im Bewußtsein eines Menschen *ein*_nisten, stellt er seine Überlegungen konstant einen Meter und fünfzig über jener Realität an, der alle Menschen unterliegen, die mit den *Fehl*_Leistungen der ...: *den realsatiristischen Takt anschlagenden* ...: gesellschaftspolitisch Verantwortlichen zurechtkommen müssen.

---

[353] Was wäre zureichende Bezahlung? Eine Bezahlung, die sich an der Goldenen Lohnregel orientiert. Zur „Goldenen Lohnregel" siehe in: « Die *tri*_logische Sezierung des lobbykratischen Zeitalters », Band III, Teilband 2, ab der Seite 724, beginnend mit: „Definition der `Goldenen Lohnregel´".

...: es konnte nicht ausbleiben, daß einer von den ständig anwesenden Realsatiristen, das heißt ...: *um einen Namen fallen zu lassen* ...: Herr *Waa* ...: *da dies realsatiristisch verstehend, es also* mist_*verstehend* ...: dazu meinte ...:

> ZITAT_Wenn man weiterdenkt, ist die Billigwurst für 99 Cent aber auch genau die Krux, warum evtl. manche Menschen nur eine sogenannte Grundsicherung erhalten. Die Grundsicherung, schlechte Rente etc. resultieren ja aus den „schlechten" Löhnen derjenigen, die wiederum nichts oder kaum in die jeweiligen Töpfe einzahlen, aus denen die Grundsicherung und Rente generiert werden. [...]_ZITATENDE

...: abgesehen davon, daß Ihre Bemerkung eine seltsam zirkulär in die Abirrung driftende ist ...: _*Habe?*_ ich etwas andres behauptet. ...: ohne den ganzen vorlaufenden Rattenschwanz an allein exportorientierten Partikularinteressen dienenden politischen Weichenstellungen ...: *und den unter andrem daraus resultierenden Problemen in der Eurozone* ...: die in der ersten Hälfte der 2000er Jahre _*ohne!*_ „Rot/Grün" _*nicht!*_ getroffen worden wären ...: da ...: _*hätten!*_ CDU / CSU / FDP das realisieren wollen ...: *so sie zu jener Zeit in Regierungs*-Verantwortung (_?_) *gewesen wären* ...: es bereits bei deren Versuchen ...: also ...: *eine solche lobbykratische Weichenstellung vorzunehmen* ...: zum tamtamistischen Widerstand von seiten der SPD und der Grünen gekommen wäre. ...: Dieser „Widerstand" konnte von seiten der CDU / CSU / FDP natürlich nicht kommen, als diese in jener Jahrzehnthälfte in der Opposition waren ...: Das war es ja, welches Frau Merkel Herrn Schröder dann später ...: *als sie das politische Weitermurksen in die Hand nahm* ...: danken ließ. ... _*also!*_ ...: _*Ohne!*_ diesen ganzen *vor*_laufenden Rattenschwanz an allein exportorientierten Partikularinteressen dienenden politischen Weichenstellungen, wäre mir dieses Bloßstellen eines *ver*_queren „Humors“ ...: *der tatsächlich das sich in einer Person spiegelende Resultat einer zynischen Politik ist* ...: also ...: „zynisch“ _hier!_ *nicht im ursprünglichen Sinne von* „kynisch“ *zu verstehen ist* ...: gar nicht möglich gewesen. ...: demnach ...: *vor dem Hintergrund dieses Rattenschwanzes* ...: Es ging *_allein!_* darum, den aus Nichtverstehen resultierenden „Humor“ der Frau *Hoy* ...: *durch den sie sich als* wasch*_echte Realsatiristin outete* ...: *da das Bezeichnende eines jeden Realsatiristen ist, sich des eigenen realsatiristischen Denkens, Fühlens und Wahrnehmens* ...: *woraus dann entsprechendes Tun, Reden, Meinen, Schreiben usw. resultieren* ...: *nicht bewußt zu sein* ...: *da das sich in einer Person spiegelnde Resultat lobbykratischer Gesellschaftspolitik seiend* ...: ins rechte Licht zu rücken. ...: demnach ...: *_Ihre_* Bemerkung läßt auf einen Ihnen *eben*_gleich *eigen*_seienden „Humor“ schließen ...: so daß ...: *_Dieser?_* Humor als realsatiristischer zu benennen wäre ...: da das Sie mit ihr ...: *gruppenmäßig* ...: Verbindende nun einmal aus der realsatiristischen Wahrnehmung der Welt resultiert, die ihren Ursprung in der aktuellen Ausprägung als Lobbykratie des von Ihnen bejahten Gesellschaftssystems findet.

Dreißigste Begegnung:
„_Und?_ dann noch Lauterbach seine Qualifikation absprechen"

Obwohl völlig unbegründet, wie es aber für Realsatiristen gewöhnlich ist, regte sich der notorische Realsatirist *Waa* über eine Bemerkung ganz besonders auf, die ich in Richtung der Realsatiristin *Stra* geäußert hatte ...:

> ZITAT_Und dann noch Lauterbach seine Qualifikation absprechen? [...] Man kann natürlich Lauterbach kritisieren, aber fachlich ist er nun mal 'ausgebildet'._ZITATENDE

...: nun, abgesehen davon daß ich nicht verstehe, wieso Sie dann selbst „ausgebildet" in An- und Abführungszeichen setzen ...: Meine Antwort bezog sich allein auf die *_falsche_* Behauptung, daß „Herr Lauterbach ein Fachmann 'in Sachen Infektion'" sei ...: das ist korrekt und hat nichts mit einem irgendwo „tiefsitzenden 'Wutstachel'" zu tun, den Sie bei mir entdeckt zu haben meinen. ...: *_Ist?_* es nicht überhaupt albern, anderen vorzuwerfen, sie folgten „Gurus", man aber von den eigenen nicht lassen will. ...: Herr Lauterbach meinte schon einiges, das so nicht stimmte ...: eigene Recherche lohnt. ...: Aber ebenso stimmt bei diesem Herrn so einiges mit dem nicht, welches ihm seine Karriere erst ermöglicht hat. Jedenfalls wäre es nicht aus der Luft gegriffen, wenn man sagte ...: Bei Herrn Lauterbach handelte es sich um einen Hochstapler, den man genauso als Scharlatan bezeichnen könnte ...: aber ...: tatsächlich ist sogar anzunehmen, daß es sich bei seiner Hochstapelei um eine bewußt geduldete handelt. ...: um das zu verdeutlichen ...: Herr Karl Lauterbach wurde 1998 mit einer Professur ausgestattet, um behaupten zu können, er sei für die Leitung des neugeschaffenen Instituts für „Gesundheitsökonomie" an der Kölner Universität qualifiziert, während tatsächlich Qualifizierte bei der Bewerbung nicht berücksichtigt wurden. ...: Diese Qualifikation des Herrn Lauterbach wurde mit _*der*_ Behauptung begründet, er habe sich im Mai 1995 mit einer Dissertation ..: „Justice and the Functions of Health Care" ...: an der Harvard School of Public Health habilitiert und damit die Voraussetzungen für die Übertragung der Leitung des genannten Instituts erfüllt. Tatsächlich handelt es sich aber um eine Arbeit, in der keine eigenen wissenschaftlichen Gedanken ...: *objektiv, nachprüfbar, verallgemeinerungsfähig* ...: zu finden sind, die jedoch für die Verleihung des akademischen Grades „Doctor of Science" als unbedingte Voraussetzung aufscheinen müßten. Entsprechend ließ der Historiker Michael Wolffsohn verlauten ...: ZITAT_*eine solche Arbeit würde er nicht einmal als profane Seminararbeit seiner Studenten durchgehen lassen*_ZITATENDE.[354] ...: aus andren Publikationen geht u.a. ebenso hervor, daß Herr Lauterbach in seinen Veröffentlichungen nicht korrekt zitiert und wissenschaftliche Arbeiten, die _*seiner*_ „Narrativ-Erzählung" widersprechen ...: *ein Wissenschaftler sollte eigentlich überhaupt kein* „Narrativ" *haben, da andernfalls nicht mehr klar ist, ob er ein Wissen- oder ein Märchenschaftler ist* ...: nicht erwähnt ...:

> ZITAT_*Die Art und Weise, wie Lauterbach mit Quellen und Belegen in seinem Harvard-Essay umgeht, zieht sich wie eine rote Schnur durch sein Wirken. Auch in den von ihm publizierten Büchern ist die Quellenarbeit, da, wo ich es geprüft habe, erstaunlich. Ich finde auch hier meist andere Aussagen in den Quellen als die, wofür er diese benutzt. Wichtige hochwertige Arbeiten, die seinen Thesen widersprechen, grenzt er aus.*_ZITATENDE.[355]

---

[354] Siehe Gunter Frank: « Der Staatsvirus: Ein Arzt erklärt, wie die Vernunft im Lockdown starb », 2. Auflage, Achgut Edition, Berlin, 2021, die Seite 131. Wie an andrer Stelle in dem Ihnen vorliegenden Buch bereits bemerkt ...: Es ist kein Zufall oder gar Fehler, daß es im Titel dieses Buches ...: *Der* (_und nicht das_) *Staatsvirus* heißt.

...: ebenso ist meine folgende Aussage korrekt ...: Diese Person hat in der ersten Hälfte der 2000er Jahre wesentlich dazu beigetragen, aus dem deutschen Gesundheitssystem ein profitorientiertes zu machen ...: Stichwort „Fallpauschale" ...: die aktuelle Misere ist auf diese Profitorientierung zurückzuführen ...: diese Misere betrifft längst nicht allein einige Intensivstationen der Kliniken ...: die Situation in den Altenheimen ist weit schlimmer ...: *_chronisch!_* schlimmer ...: Das *dis!*_qualifiziert Herrn Lauterbach lebenslang.

Exkursive Hintergrundausleuchtung

DRG-System und Fallpauschale als schimärische Phänomene einer „Gesundheitswirtschaft"

Das im Jahre 2000 beschlossene, 2003 dann eingeführte Fallpauschalensystem ...: „Fallpauschalen" *gab es zwar vorher auch schon, aber nicht als systematischer Teil des deutschen Gesundheitssystems* ...: das durch Änderung der gesetzlichen Grundlagen nach dem Klassifizierungssystem *German Diagnosis Related Groups* (G-DRGs) schließlich im Jahre 2004 bundesweit verpflichtend wurde, und über das seitdem primär die Krankenhaus-

---

[355] Siehe Gunter Frank, „Der seltsame Professor". Dieser Essay ist am 16. Juni 2020 auf der Internetplattform „Achse des Guten" erschienen, und das wohl deshalb, da andere zu feige waren, die Karriere des Herrn Lauterbach einem korrekten Faktencheck zu unterziehen. Der zugehörige Link zu diesem Essay:

https://www.achgut.com/artikel/bericht_zur_coronalage_16.6.2020der_seltsame_professor wurde am 4. Dezember 2021 erneut geprüft.

Als eine weitere Quelle, die erlaubt, diesen hochgelobten Herrn, der für mich den Charakter eines Zwangsneurotikers hat, besser einzuschätzen, sei genannt ...: Gregor Amelung, „Doktorarbeit überprüft: Auch der SPD-Politiker Karl Lauterbach ist ein Hochstapler". Dieser Bericht, der am 11. Juli 2021 auf anonymousnews.org veröffentlicht worden ist, fußt in Teilen offenbar auf dem Essay von Gunter Frank, geht aber in anderen Punkten über diesen hinaus.

finanzierung sichergestellt wird, ist für die Umwandlung eines Gesundheitswesens in eine „Gesundheitswirtschaft" ein zentrales Element, da so erst jenes bis in den Körper eines Menschen zur Anwendung kommen kann, das genau dort nichts zu suchen hat ...: nämlich Diagnose und Therapie unter *aus!*_schließlich betriebswirtschaftlichen Gesichtspunkten durchzuführen. Wobei bereits der Name seines Klassifizierungssystems (_*Diagnosis Related Groups*_) erkennen läßt, daß dieses Fallpauschalensystem um die Diagnosestellung herum zentriert ist. Für die ...: *nach primär betriebswirtschaftlich* _effizienten?_ *Gesichtspunkten* ...: „gefundene" Diagnose es dann einen Code (_*eine Kennziffer*_) gibt, der aussagt, was der diagnostizierte „Fall" dem Krankenhaus „pauschal" an Umsatz bringt ...: _*Hier!*_ ist der Punkt, an dem „mauschelnde Überlegungen" einsetzen ...: bspw. ein „Upcoding" vorzunehmen ...: um aus einem „Fall" mehr „herauszuholen" ...: also ...: *einen Menschen selbst dann noch ausbeutbar zu machen, ist dies über Lohnarbeit nicht mehr* ...: oder zeitweise nicht ...: *möglich*. ...: denn ...: wie Herr Prof. Dr. Dr. Karl Lauterbach einst ausführte ...: ZITAT_[...] DRGs [...] bezahlen nicht, was gemacht wird, sondern [...] die Diagnose, mit der der Patient ins Krankenhaus kommt; und dann ist es dem Krankenhaus weitgehend überlassen, wie behandelt wird; es wird immer die gleiche Pauschale abgerechnet. Das hat den Vorteil, daß die Pauschale völlig unabhängig davon ist, wie lange der Patient behandelt wird. Wir haben in Deutschland im Vergleich zum europäischen Ausland sehr lange Verweildauern, fast doppelt so hohe Verweildauern. Und wenn nun DRGs eingeführt werden, dann haben die Krankenhäuser den Anreiz, so kurz wie möglich den Aufenthalt zu gestalten._ZITAT-ENDE[356] ...: Das setzt aber falsche Anreize, die den Blick vom Patienten abwenden und allein auf die Schleusungsrate von Menschen durch ein Krankenhaus und die dort verabreichten Therapien gerichtet halten, so daß ...: unter anderem ...: in „Qualitätsmedien" dann von an sich zynischen Schlagzeilen ...: *die als solche gar nicht mehr wahrgenommen werden* ...: zu lesen ist wie ...: „Urologie auf dem Wachstumspfad".

Es könnte auf der Hand liegen, daß ein Gesundheitssystem, das den Blick auf die Diagnose richtet und nicht genauso auf die ambulante und die stationäre Behandlung sowie auf die damit einhergehende Pflege, die Nachsorge _*und!*_ den stetigen Einbezug des betroffenen Menschen selbst ...: beispielsweise ...: wie's mit seiner Selbstheilungskraft aussieht ...:

---

[356] Quelle: Deutschlandfunk: „Von Fallpauschalen und DRGs"; der zugehörige Link:

https://www.deutschlandfunk.de/von-fallpauschalen-und-drgs-100.html wurde am 23. Februar 2022 erneut geprüft.

tatsächlich eine Katastrophe für die Qualität eines Gesundheitssystems wird ...: da ...: _*ist!*_ ein solches System erst voll etabliert, der leidende Mensch so zu einem möglichst schnell zu *be*_dienenden und ebengleich *ab*_zufertigenden Kunden wird.

Wer also ein „DRG-basiertes Fallpauschalensystem" als Heilmittel gegen Kostensteigerung im Gesundheitswesen einführt, wird zwar in es das „Marktprinzip" des Wettbewerbsdrucks einführen, aber keine Kostenreduktion und letztlich eine Verschlechterung der Gesundheitsversorgung der Bevölkerung bewirken. ...: _*allerdings!*_ ...: Wer eine „Gesundheitswirtschaft" etablieren will, für den ist ein „DRG-basiertes Fallpauschalensystem" eine Notwendigkeit, da auf diese Weise das „Wesenhafte" eines Gesundheitssystems ...: nämlich ...: *zentraler Teil der Daseinssicherung einer staatlichen Gesellschaft zu sein* ...: durch betriebswirtschaftliche Kriterien zerstört und so eine wesentliche Stütze einer staatlichen Gesellschaft profitorientierten Interessen unterworfen wird ...: und damit letztlich diese Gesellschaft als Ganzes.

Als Beispiel dafür wie ungeeignet ein „DRG-basiertes Fallpauschalensystem" ist, genügt der Hinweis, daß es spätestens dann zu einem sogenannten Upcoding eines „Falles" kommt, gerät ein Krankenhaus unter jenen _*Druck*_ des Wettbewerbs, der für eine nach betriebswirtschaftlichen Kriterien organisierte menschliche Gesellschaft typisch ist ...: mit allen sie zerrüttenden Folgen ...: beispielsweise ...: kollektive Neurotisierung ihre Mitglieder, woraus sich weitreichende Folgen fürs Fühlen, Denken, sich Verhalten, Äußern und fürs Wahrnehmen der Mitglieder einer solchen Gesellschaft ergeben.

Hingegen ...: In einer tatsächlich demokratischen Gesellschaft dient das Gesundheitssystem der Förderung des allgemeinen Wohlbefindens ...: gewiß ...: auch in einem demokratisch strukturierten System ist das, was in einer nach betriebswirtschaftlichen Kriterien organisierten menschlichen Gesellschaft ...: *einer Lobbykratie* ...: als „Kostenfaktor" verstanden wird, nicht zu ignorieren ...: aber ...: dieser „Faktor" wird zum einen als lediglich _*einer*_ der zu berücksichtigenden Faktoren verstanden ...: zum andren ...: _*nicht!*_ als „Kostenfaktor" gesehen, sondern als „Investitionsfaktor" ...: nämlich ...: als Investition in die Daseinssicherung der betreffenden staatlichen Gesellschaft. ...: Was bedeutet „Upcoding"? ...: „Upcoding" bedeutet, daß eine gestellte Diagnose ...: und die daraus resultierende Therapie ...: *Wobei das Unterbleiben einer Therapie übrigens in einer* „Gesundheitswirtschaft" *nicht anzunehmen wäre* ...: also ...: *Upcoding hin oder her* ...: *in einem Gesundheitswesen unter Umständen hingegen schon* ...: *da die in einem Gesundheitswesen Arbeitenden sich Fragen* wie diese stellen ...: _Kann?_ *sie* ...: die Therapie ...:

im konkreten Zusammenhang überhaupt helfen ...: _Ist?_ *sie evidenzbasiert* ...: _Wie?_ *steht es mit den Selbstheilungskräften des betroffenen Menschen.* ...: also ...: „Upcoding" bedeutet, daß eine gestellte Diagnose ...: *die tatsächlich geringer abrechnungsfähig ist* ...: für den tatsächlich diagnostizierten (_*und therapierten*_) „Fall" dem Kostenträger ein höherer „Code" (_des DRG-Systems_) in Rechnung gestellt wird ...: und das spätestens dann, ist ein Krankenhaus unter jenen _*Druck*_ des Wettbewerbs geraten, der für eine nach betriebswirtschaftlichen Kriterien organisierten menschlichen Gesellschaft typisch ist.[357]

In diesem Zusammenhang sei aus einer Studie zitiert, die den (_*vergeblichen!*_) Versuch unternimmt, die Auswirklungen bzw. die Effektivität der Einführung des DRG-Systems bzw. der „Fallpauschale" zu erkunden ...:

ZITAT_International zeigen sich Hinweise auf *cream-skimming* [_„Rosinenpickerei"_] und vorzeitige Entlassungen, beziehungsweise *bloody discharges* [_„unverantwortlich frühe Entlassungen"_] sowie höhere Wiedereinweisungsraten, aber geringe Effekte auf die Mortalität. Die mangelnde Evidenz, insbesondere hinsichtlich der Auswirkungen auf die Versorgungsqualität, macht eine ganzheitliche Bewertung des Fallpauschalensystems rund 15 Jahre nach seiner Einführung schwierig. [...]

Die unbefriedigende Studienlage ist auf zahlreiche Gründe zurückzuführen. Erstens wurde das neue Vergütungssystem [_*in Deutschland*_] zunächst auf freiwilliger Basis und anschließend [_2004_] bundesweit verpflichtend eingeführt. Eine randomisierte Kontrollgruppe von Krankenhäusern, die das DRG-System zunächst nicht einführten, existiert nicht. Zweitens beginnt die diagnosebezogene Fallpauschalen-Statistik erst mit Einführung des Fallpauschalensystems. Dies erschwert Vergleiche vor und nach Einführung des Fallpauschalensystems bezüglich zu betrachtender Indikatoren. Beispielsweise kann somit nur eine unzureichende Risikoadjustierung für

---

[357] Um es zu unterstreichen, das DRG-System ist ein pauschalisierendes Abrechnungssystem, bei dem stationäre Krankenhausbehandlungen weitestgehend *un*_abhängig von der Verweildauer des Patienten über Fallpauschalen abgerechnet werden. Wie gesagt, „DRGs" steht für „Diagnosis Related Groups". Dieses System wird also von der Diagnosestellung bestimmt. Die Abkürzung „G-DRGs" weist darauf hin, daß das DRG-System in einer ganzen Reihe von Ländern verwendet wird, denn das „G" steht für „German": „deutsches diagnosezentriertes Fallpauschalensystem". Es gibt u.a. ein „französisches", „niederländisches", finnländisches" usw. DRG-System.

Qualitätsvergleiche vor und nach Einführung vorgenommen werden. Drittens ist der Zugang zu den Daten nach § 21 KHEntgG [_*Krankenhausentgeltgesetz*_] über das Forschungsdatenzentrum des Statistischen Bundesamtes für komplexere Analysen kaum oder nur sehr schwer nutzbar [...]. Gleichzeitig beinhaltet dieser Datensatz nur die stationäre Perspektive und z. B. keine post-stationäre Mortalität. [...]_ZITATENDE[358]

Aus meiner Sicht müßte, ginge es um die Etablierung eines Gesundheitssystems in einem staatlichen Gebilde, zuerst die Frage gestellt werden ...: Welcher Zweck soll mit einem solchen System verfolgt werden? Daß diese Frage nicht vor dem Hintergrund einer „Gesundheitsindustrie" zu beantworten wäre, liegt für mich auf der Hand. ...: Im Gegensatz dazu liegt es auf der Hand, daß diese Frage allein vor dem Hintergrund einer „Gesundheitsindustrie" beantwortet wird ...: und damit falsch beantwortet wird ...: _*ist!*_ erst eine „Gesundheitswirtschaft" etabliert worden, da dann von profitorientierter Seite Heerscharen von Lobbyisten ausgesendet werden, um „Hilfestellung" beim Beantworten dieser Frage zu „dienstleistern".

Eine weitere negative Auswirkung besteht darin, daß eine Verzerrung bei der Datenerhebung möglich wird, da bei einer Verlegung jede Krankenhausaufnahme als „neuer Fall" gezählt wird, obwohl es sich um ein und dieselbe Person handelt. ...: Wenn zum Beispiel Menschen aufgrund ihrer Grunderkrankung von einem Krankenhaus in ein anderes verlegt werden, was wegen der Spezialisierung der Kliniken häufig vorkommt, sie aber gleichzeitig an einer meldepflichtigen Infektion leiden, und wird dann bei der Aufnahme nicht vermerkt, daß diese Menschen bereits als infiziert gezählt wurden, wird die Zahl der als infiziert gezählten Menschen die tatsächliche Zahl der infizierten Menschen mehr oder weniger übersteigen. ...: im Fall von

---

[358] Quelle: „Empirische Evidenz zu den Wirkungen der Einführung des G-DRG-Systems" von Ricarda Milstein und Jonas Schreyögg, erschienen in: „Krankenhaus-Report 2020", Februar 2020, die Seiten 26 bis 39; der zugehörige Link: https://link.springer.com/chapter/10.1007/978-3-662-60487-8_2 wurde am 23. Februar 2022 erneut geprüft.

Zu einer weiteren kritischen Auseinandersetzung mit dem „DRG-Fallpauschalensystem" siehe: Michael Simon, „Das DRG-Fallpauschalensystem für Krankenhäuser: Kritische Bestandsaufnahme und Eckpunkte für eine Reform der Krankenhausfinanzierung jenseits des DRG-Systems"; der zugehörige Link:

https://www.boeckler.de/de/faust-detail.htm?sync_id=HBS-007898 wurde ebenfalls am 23. Februar 2022 erneut geprüft.

„Covid-19" ...: Dies würde wahrscheinlich auch zu einer besseren Kostenerstattung aller an den profitablen Stellen der „Gesundheitsindustrie" sitzenden Figuren führen. Und wenn bezogen auf die „SARS-CoV-2-Epidemie" dann noch der Fakt hinzukommt, daß in Deutschland die Datenerhebung sowieso mangelhaft ist, stellt sich die berechtigte Frage ...: _*Ist?*_ den Verlautbarungen der Verantwortlichen noch zu trauen....: und von der Hand zu weisen ist folgendes ebensowenig ...:

ZITAT_Covid-19-Patienten erforderten mehr Personal, erklärt Joachim Odenbach, Sprecher der Deutschen Krankenhausgesellschaft: „Diese Patientinnen und Patienten sind extrem pflegeaufwändig. Viel pflegeaufwändiger als andere Intensivpatienten, die nicht ständig in der Bauchlage liegen und damit auch einer anderen Pflege bedürfen als ein beatmeter Covid-19-Patient. Das ist eine andere Belastung für die Intensivstation."

Covid ist personalintensiver
als andere Erkrankungen

Ein Krankenhaus mit vielen Covid-19-Patienten ist also gezwungen, Pfleger und Ärztinnen von anderen Intensivbetten abzuziehen. Diese Betten gelten dann als nicht mehr betreibbar. Die Folge: Steigt die Zahl der Covid-19-Patienten in Krankenhäusern, sinkt die Zahl der betreibbaren Intensivbetten. Dieser Effekt ist zur Zeit gut zu beobachten._ZITATENDE[359]

Und was bedeutet das? ...: nun ...: da wir nicht mehr Ende 2020 haben ...: Das bedeutet, daß man um diesen Fakt seitdem weiß, als genau dies zum Problem in den Krankenhäusern wurde ...: *das war aber spätestens* _im_ *Jahre 2020 der Fall* ...: immerhin gab es auch vorher schon Epidemien und ...: *mit aus diesem Grunde* ...: Intensivmedizin. ...: Wer demnach spätestens Anfang 2021 daraus _*nicht!*_ die Konsequenzen gezogen hatte ...: *wir müssen sehen, daß wir auch mehr Intensiv-Personal bekommen* ...: *zumal dieses bereits* _vor!_ *der aktuellen Epidemie fehlte* ...: muß sich fragen lassen ...: Wieso hat derjenige das nicht getan? ...: _*oder?*_ hat man das gewußt und somit die aktuelle Situation in Kauf genommen. ...: so oder so ...: Die politisch Verantwortlichen können sich aussuchen, ob sie sich als *in!*_kompetent oder als *fahr!*_lässig „Verantwortliche" bezeichnen lassen wollen. ...: hinzu kommt

---

359 Quelle: mdr-Recherche-Artikel: „Stimmt es, daß die Zahl der Intensivbetten reduziert wurde?"; der Link zu dieser Quelle:
https://www.mdr.de/nachrichten/deutschland/panorama/intensivbetten-reduzierung-gruende100.html wurde am 8. Dezember 2021 geprüft.

...: Es ist nicht auszuschließen, daß es ebenso hier zu einem „Upcoding" gekommen ist ...: „Normal-Intensivpatienten" wurden zu „Covid-19-Intensivpatienten" ...: sozusagen umdeklariert ... und ...: Tote ebenso.

Überdies ...: Bedenkt man, daß durch die Einführung der „Fallpauschale" und des entsprechenden Abrechnungssystems (_DRG-Systems_), das Gesundheitssystem dem Profitsystem direkt ausgesetzt wurde, sollte man _*nicht*_ so blauäugig sein, daß das Reduzieren der tatsächlich vorhandenen Intensivbetten nichts mit der Art der Vergütung des Vorhaltens solcher Betten zu tun habe ...: oder behauptet wird, es drohe eine Notlage der Intensivversorgung ...: um eine Impfpflicht als „alternativlos" darzustellen ...: Realsatiristen sind durchaus „kreativ", geht es darum, das von ihnen Vermurkste zu verschleiern bzw. andren in die Schuhe zu schieben ...: es geht um sehr viel ...: *ab!*_gesehen vom Geld! ...: um das es ja immer geht.[360]

Während der Zeit, als Anfang der 2000er Jahre die ausgeheckten lobbykratischen Gesundheits-„Reformen" mählich umgesetzt wurden, um sie dann im Rahmen der „Agenda 2010" ab dem Jahr 2004 beschleunigt in Gesetze zu gießen ...: *wozu das* mit_*federführend von Herrn Lauterbach erstellte und im Dezember 2001 vorgelegte Thesenpapier* ...: „Weichenstellung für die Zukunft – Elemente einer neuen Gesundheitspolitik" *gehörte* ...: wobei diese Beschleunigung mit dem „Gesetz zur Modernisierung der gesetzlichen Krankenversicherung" eben in jenem Jahr 2004 einsetzte ...: gehörte Herr Lauterbach schon seit Jahren dem Aufsichtsrat der „Rhön-Klinikum AG" an[361] ...: genauer ...: von Mitte 2001 bis Mitte 2013. ...: Ob Herr Lauterbach bei Sitzungen dieses Rates dann immer direkt nehmen der Chefin der Bertelsmann-Stiftung, Frau Brigitte Mohn, gesessen hat, weiß ich zwar nicht, aber was die Vorstellungen von der Mutation eines Gesundheitswesens in eine „Gesundheitswirtschaft" anbelangt, würde sich ein in den Diensten der Bertelsmann-Stiftung stehender Lobbyist seine Orientierungshilfen ohne weiteres bei diesem Herrn geholt haben können ...: und umgekehrt.

---

[360] Daß es zu keiner Zeit eine „SARS-CoV-2-bedingte Notlage" auf den Intensivstationen gegeben hat, ist von dem Betreiber der Internet-Plattform „Intensivstationen.net" (_„https://intensivstationen.net/_) gut dokumentiert worden.

[361] Siehe bspw. Deutsches Ärzteblatt, „Rhön-Klinikum AG: Strategische Kontakte"; der zugehörige Link:

https://www.aerzteblatt.de/archiv/30524/Rhoen-Klinikum-AG-Strategische-Kontakte wurde am 23. Februar 2022 erneut geprüft.

Übrigens ...: Noch im Jahre 2004, als er Regierungsberater war ...: *das heißt tatsächlich zumindest einer der* Maß_*geblichen der Gedankenspielereien, die dann in jene* „große" *Gesundheits-*„Reform" *mündeten, die ab dem Jahr 2004 ihr zerstörerisches Werk entfaltete* ...: wurde von Herrn Lauterbach selbst _*nicht*_ in Abrede gestellt, daß er lediglich Gesundheitsökonom sei. ...: und als Arzt hat er nie praktiziert ...: die dazu notwendige Approbation besorgte er sich erst im Jahre 2010, als das darüber Witzeln nicht mehr wegzudrücken war. ...: Das dürfte auch besser so bleiben, denn wenn für den Hohepriester des Warnismus' das Absondern von Sprüchen wie dem anläßlich der „Dritten Welle" der SARS-CoV-2-Epidemie am 26. März 2021 auf Twitter abgelassenen ...: ZITAT_*Viele 40-80-Jährige werden einen Moment der Unachtsamkeit mit dem Tod oder Invalidität bezahlen. Junge Männer werden von Sportlern zu Lungenkranken mit Potenzproblemen. Frauen leiden oft unter Chronischem Erschöpfungssyndrom oder Tinnitus. Das hört niemand gerne, ist aber so*_ZITATENDE ...: oder jenen Mitte November 2021 abgelassenen Spruch ...: ZITAT_*Ungeimpfte sollten nur noch Zugang zu ihrem Arbeitsplatz, zu Supermärkten, Drogerien und Apotheken haben*_ZITATENDE ...: üblich zu sein scheint, sowie in diesem zitierten Zusammenhang der neuen Bundesregierung „warnend riet" ...: *Home-Office zur Pflicht zu machen* ...: so daß zu vermuten ist, daß sich diese Person dies in erster Linie für Ungeimpfte vorstellte[362] ...: _*ist!*_ klar, daß sich Herr Lauterbach damit zwar auch als Realsatirist outet, aber damit vor allem belegt, daß er seit einigen Jahren zwar über eine ärztliche Approbation verfügen mag, tatsächlich aber _*nicht!*_ als niedergelassener Arzt tätig werden sollte.

Und wie dieser Herr es mit der Wahrheit hält, verdeutlich eine kurze Video-Sequenz aus einer „Maischberger-Talkshow" aus dem Jahre 2012, in der er mit seiner Verantwortung konfrontiert wurde, die in direktem Zusammenhang mit der Verwendung seines Professorentitels ...: *den er kurz vorher* „erworben" *hatte und dessen Zuerkennung, wie gesagt, tatsächlich ein Witz ist* ...: für die Vermarktung von Medikamenten der Bayer AG steht ...: *ob!*_wohl dieser Herr bereits gewußt haben mußte ...: *zumindest dann, wenn er wenigstens verantwortungsvoll geblieben wäre* ...: daß in Fachkreisen

---

[362] Als eine der diesbezüglich vielen Quellen, sei die folgende angegeben: Online-Ausgabe der *Pharmazeutische Zeitung* vom 15. November 2021, „Lauterbach: Ungeimpfte nur noch in Apotheken und Supermärkte"; der Link:

https://www.pharmazeutische-zeitung.de/lauterbach-ungeimpfte-nur-noch-in-apotheken-und-supermaerkte-129416/ wurde am 24. Februar 2022 erneut geprüft.

längst bekannt war, daß diese Medikamente (_„Lipobay“ und „Reductil“_) bei Einnahme für das Leben höchst gefährlich sind und die deshalb später dann auch vom Markt genommen werden mußten.[363]

Ende dieser exkursiven Hintergrundausleuchtung

Vor dem Hintergrund dieser „exkursiven Hintergrundausleuchtung“ sei das vor ihrem Beginn auf der Seite 500 Gesagt wiederholt ...:

...: ebenso ist meine folgende Aussage korrekt ...: Diese Person hat in der ersten Hälfte der 2000er Jahre wesentlich dazu beigetragen, aus dem deutschen Gesundheitssystem ein profitorientiertes zu machen ...: Stichwort „Fallpauschale“ ...: die aktuelle Misere ist auf diese Profitorientierung zurückzuführen ...: diese Misere betrifft längst nicht allein einige Intensivstationen der Kliniken ...: die Situation in den Altenheimen ist weit schlimmer ...: _*chronisch!*_ schlimmer ...: Das *dis!*_qualifiziert Herrn Lauterbach lebenslang. ...: oder anders gesagt ...: Herr Lauterbach zeigt das Verhalten eines Zwangsneurotikers.

HINWEIS ...: Zwangsneurotiker kennen nur eine Richtung ...: bei ihren Forderungen selbst _*dann*_ noch eine Schippe draufzulegen, obwohl es dazu keine objektivierbaren Gründe mehr gibt. ...: _*sollte?*_ es dann nicht einleuchtend sein ...: Das Problem mit Zwangsneurotikern wird zu einem allgemeinen, sitzen die in einer Position, in der sie andre zwingen können, selbst zwangsneurotisches Verhalten zu zeigen ...: insbesondere dann ...: _*handelt*_ es sich bei diesen um Realsatiristen.

---

[363] Siehe dazu das YouTube-Video: „Gunter Frank vs. Karl Lauterbach“; der zugehörige Link:
https://youtu.be/QCsreZcX8QY wurde am 24. Februar 2022 erneut geprüft.

...: hingegen gehen weder Frau *Stra* noch Sie ...: *und das ist so üblich wie bezeichnend* ...: auf die angeführten ...: *_skandalösen!_* Punkte ein ...: davon seien jetzt lediglich zwei (*_bereits in diesem Buch wiederholt_*) genannt ...:

> 1. Seit 2013 ist dem Deutschen Bundestag bekannt, daß mit einer SARS-CoV-2-ähnlichen Epidemie zu rechnen ist ...: nichts wurde dazu präventiv (*_unspezifisch_*) vorbereitend getan ...: nicht einmal eine dann elementar seiende Datenerhebung wurde erprobt und in das „epidemiologische Instrumentarium" implementiert.
>
> 2. *The British Medical Journal*, Band 375: Covid-19: *Researcher blows the whistle on data integrity issues in Pfizer's vaccine trial* (_„Covid-19: Forscherin deckt Probleme mit der Datenintegrität in der Impfstoffstudie von Pfizer auf".[364]

...: folglich ...: Etwas, das fundamental falsch läuft ...: *falsch gelaufen ist und* un*_korrigiert weiter falsch läuft!* ...: zu benennen, hat mit „Wutstachel", den Sie, Herr *Waa*, bei mir entdeckt haben wollen, nichts zu tun. ...: demnach ...: Es kann nur sein, daß Ihrer Phantasie etwas entsprungen ist, das Sie im *dar_*über Nachdenken zu dem *Trug_*Schluß verleitet ...: jemand habe „Wut", argumentiert dieser ...: *bezogen auf eine gegebene Situation* ...: inhaltlich so korrekt wie angemessen scharf.

Und was Sie da so „Medizin" und „Wissenschaft" betreffend meinen ...: Wer da lauter lautere Leute werkeln sieht, weiß wenig über die realen Abläufe in diesen Bereichen ...:

---

[364] Zum ersten Punkt: im Anhang sind die wesentlichen Punkte der für die Bundesregierung und den Bundestag erstellten Risiko-Analyse zitiert. Zum zweiten Punkt ...: Der zugehörige Link:

https://www.bmj.com/content/375/bmj.n2635 wurde am 15. Februar 2022 erneut geprüft.

klar! ...: es gibt immer Mediziner, die wirkliche Ärzte und keine Medizintechniker sind, und es gibt immer Wissenschaftler, die wirklich am Wissen Schaffen interessiert sind. ...: tatsächlich sind beide Bereiche aber *_traditionell_* korrumpiert ...: da sowohl von Standesdünkel geprägt also auch von Profitinteressen gekapert ...: das spiegelt sich recht gut schon im Titel eines Buches, das 1919 veröffentlicht worden ist, und was genauso für den Wissenschaftsbetrieb gilt ...: „Das autistisch-undisziplinierte Denken in der Medizin und seine Überwindung". .... Zur Illustration, also, um was es geht, sei daraus lediglich eine kleine Passage zitiert ...:

> ZITAT_Vor mehr als zwei Jahrhunderten hat Sydenham den Ausspruch getan, die Ankunft eines Hanswurstes in einem Städtchen sei nützlicher für die Gesundheit als die Ankunft von zwanzig mit Medikamenten beladenen Eseln. Sydenham war ein gescheiter Mann und ein großer Arzt. Ich kann mich auf seine Autorität berufen, denn ich lege keinen Wert auf wissenschaftliche Prioritäten. Von unserer Medikamentengroßindustrie hat er noch nichts gewußt, sonst hätte er vielleicht statt von Eseln von Fabriken gesprochen._ZITATENDE[365]

...: da dieses Denken heute weiterhin geübt wird, ist seine Überwindung weiterhin *_nicht_* zu erwarten ...: Der „industriell-wissenschafts-medial-politische Komplex" ist für wenige Menschen zu lukrativ ...: *_Wie?_* könnte es da interessieren, daß ...: *scheuklappenbefreit betrachtet* ...: die „Produkte" dieses „Komplexes" für die meisten Menschen kein Segen sind ...: also ...: nicht allein die pharmazeutischen Produkte kein Segen sind. ...: und welch ein dramatisch realistisches Bild von der ganzen europäisch dominierten Medizin und der mit ihr verbundenen Wissenschaft zu zeichnen möglich ist, belegen

---

[365] Siehe Eugen Bleuler, « Das autistisch-undisziplinierte Denken in der Medizin und seine Überwindung », 2., verbesserte Auflage, Springer Verlag, Berlin, 1921, die Seite 16.

die Schriften Gerd Reuthers, die im _*besten!*_ Sinne aufklärende sind.[366]

...: apropos „solidarisches Verhalten" ...: _*Wer?*_ verhält sich unsolidarisch ...: *Der?*_jenige, der sich einer Impfung mit experimentellen Impfstoffen nicht unterziehen will, weil der (_*für sich!*_) gute Gründe hat, das nicht zu tun ...: _*aber!*_ ...: sich regelmäßig testen läßt ...: *was durch die zynische* (_zeitweise_) *Aussetzung, sich kostenfrei testen zu lassen, finanzielle Probleme macht und zu Gewissenskonflikten führte* ...: um jemanden, der gefährdet wäre ...: *also ein sogenannter Vulnerabler wäre* ...: nicht zu infizieren ...: oder ...: *Der?*_jenige, der jenen stigmatisiert ...: *der sich einer Impfung mit experimentellen Impfstoffen nicht unterziehen will* ...: um den Blick von sich abzulenken, da er grade damit beschäftigt ist, sich die Taschen *voll!*_zustopfen.

...: abschließend sei wiederholt ...: Es war am 2. Dezember 2021 als ich auf ein Video aufmerksam wurde, das auf viele Punkte eingeht, die mit dem zu tun haben, was den politischen Umgang mit der SARS-CoV-2-Pandemie, aber genauso dieses Virus selbst betreffend sowie Testverfahren, Impfzulassungsverfahren, das gesundheitspolitische Abwägen in einer epidemischen Situation überhaupt usw. anbelangt. An einer Stelle dieses Videos, das in der Folge von den YouTube-Zensoren ...: *die auf staatliche Anweisung handeln* ...: gelöscht wurde ...: *und deshalb heute auf der Video-Plattform Odysee*

---

[366] Es sei erneut auf jene zwei Bücher des Mediziners und Medizinhistorikers Gerd Reuther hingewiesen, die in dem Ihnen vorliegenden Buch bereits wiederholt zu erwähnen waren: « Der betrogene Patient: Ein Arzt deckt auf, warum Ihr Leben in Gefahr ist, wenn Sie sich medizinisch behandeln lassen », München, 2020; sowie: « Heilung Nebensache: Eine kritische Geschichte der europäischen Medizin von Hippokrates bis Corona », München, 2021.

abrufbar ist ...: wird ebenso deutlich ...: *einmal mehr deutlich* ...: Herr Lauterbach nimmt es _*dann!*_ mit der Wahrheit nicht genau, geht es darum, das eigene Narrativ nicht in Frage zu stellen. ...: Das mag für Märchenerzähler akzeptabel sein, nicht jedoch für jemanden, der als kompetent und seriös gilt, tatsächlich aber ...: *als Hohepriester des Warnismus'* ...: profitorientierten Interessen dienlich ist.[367]

...: mit dieser *Dreißigsten Begegnung* sollte mein „Besuch bei Realsatiristen" eigentlich sein Ende finden, so daß ich im Weggehen bloß noch ...: „Dennoch ...: _*Gutes!*_ sei gewünscht " verlauten lassen wollte ...: da aber diese Realsatiristen dann doch nicht so schnell von mir lassen wollten ...

---

[367] Die Quelle dieser Aussage ist das Video, das ich weiter vorne im Buch bereits näher vorgestellt habe (_*siehe auf der Seite 275 die Fußnote 171*_) ...: „CORONA — Insider spricht Klartext! (PCR, Inzidenzen, Impfungen)". Der zugehörige Link auf der *Odysee*-Plattform:

https://odysee.com/@MarcFriedrich7:8/cullen:e?r=GZnDhT-MoavrmXWQ2f5njtBdUarAfwvVp wurde am 25. Februar 2022 erneut geprüft.

Einunddreißigste Begegnung:
Beispiele für den sich in „Qualitätsmedien“ spezifisch zeigenden Realsatirismus

Am Beispiel der Ablehnung zweier bei den Redaktionen des „Mitteldeutschen Rundfunks“ und der Online-Plattform der „Frankfurter Rundschau“ „eingereichter“ Kommentare zu dort massenwirksam verbreiteten „Informationen“ über den Stand der Genesung von einer Infektion mit dem SARS-CoV-2 läßt sich bequem zeigen, daß das Label „Qualitätsmedien“ nicht bedeutet, daß die Aussagen der in diesen schreibenden oder redenden geschlechtsunspezifischen Beschäftigten diesem Label gerecht werden würden.

_*Ob?*_ das etwa Rückschlüsse auf diese Medien selbst erlaubte ...: etwa auch auf diejenigen, die verbreiten, es handele sich bei den „Qualitätsmedien“ tatsächlich um Qualitätsmedien ...: also ...: _*keinesfalls?*_ um partikularinteressenförderliche Medien. ...: Das ist *des!*_halb nicht anzunehmen, da es sich dabei um Konzerne ...: oder ...: um öffentlich-rechtliche Medien handelt, die ihrem einstigen Auftrag längst nicht mehr gerecht werden _*können*_ ...: da die öffentlich-rechtlichen Medien von Figuren geleitet werden ...: die von Figuren ausgeguckt wurden ...: die von Lobbyisten machtvoller Partikularinteressen umzingelt sind ...: _*und*_ ...: die ihre Überlegungen ...: *zumindest mit* ...: unter „Gesichtspunkten“ der Karriere anstellen ...: so sie ...: *hoffenderweise* ...: noch eine vor sich haben.

...: aber nicht nur das ist zu konstatieren ...: Die Ablehnung beider Kommentare belegt zudem, daß sie einem Auftrag folgen ...: Eine offene Diskussion zu einem sowohl demokratieelementaren als auch wissenschaftselementaren Thema _*dann!*_ zu unterbinden, läuft sie den Interessen profitorientierter Kreise zuwider. Das ist offensichtlich und kann nicht mehr mit *_der_* Behauptung quittiert werden ...: *„_Das!_* ist eine verschwörungs*_thetische* Unterstellung". ...: Hingegen ist diese Ablehnung ohne weiteres mit ...: *Realsatire kann tödlich sein* ...: zu quittieren möglich ...: die Frage ist nur ...: für was? ...: *_etwa?_* für das tödlich, was sich Meinungsfreiheit nennt. ...: nun ...: es geht um den Kommentar zu einem Beitrag der „MDR"-Redaktion, der am 7. Februar 2022 auf der Online-Plattform des „MDRs" veröffentlicht wurde und mit ...: „COVID-19: Ungeimpfte Genesene haben auch nach 20 Monaten noch Antikörper" übertitelt ist.[368] ...: der nachfolgende Text ist der meiner eigentlich vorgesehenen Antwort zu diesem „MDR"-Beitrag, den ich noch am 7. Februar 2022 bei dieser Redaktion „einreichen" wollte. Dieser Text beginnt mit einem Zitat aus diesem MDR-Beitrag ...:

> ZITAT_Die in Omikron-Zeiten fast schon obligatorische Einschränkung [_*daß das Ergebnis der Studie ermutigend sei, da* „es von einer natürlichen Immunität bis zu 20 Monate nach der Infektion zeuge"; Anm.d.A._] folgt allerdings sofort. Es sei „unklar, wie diese Antikörperspiegel mit dem Schutz vor künftigen SARS-CoV-2-Infektionen korrelieren, insbesondere mit neu auftretenden Varianten"._ZITATENDE

Nun, abgesehen von der tendenziösen Bemerkung ...: ZITAT_*in Omikron-Zeiten fast schon obligatorische Einschränkung*_ZITATENDE, für die es keine objektivierbare Erklärung

---

[368] Der zugehörige Link:
https://www.mdr.de/wissen/corona-genesene-haben-nach-zwanzig-monaten-noch-antikoerper-100.html wurde am 12. Februar 2022 erneut geprüft.

geben kann, da im Gegensatz zu dieser weiterhin warnistischen Behauptung zu konstatieren ist, daß sich auch dieses Virus wie alle anderen Atemwegsviren ...: *die pathogenen Charakter entwickeln können* ...: verhält ...: es paßt sich seinem „Wirt" an ...: beziehungsweise ...: das SARS-CoV-2 verhält sich wie _*jedes*_ Atemwegsvirus ...: es mutiert häufig und paßt sich schließlich dem biologischen Kommunikationssystem ...: *fälschlicherweise als* „Immunsystem" *oder gar martialisch als* „Abwehrsystem" bezeichnet ...: an. ...: konkret ...: Alle Varianten dieses Virus kommunizieren abgeschwächt mit dem biologischen Kommunikationssystem des Menschen ...: zwar infiziert man sich dann leichter, aber der Verlauf ist schwächer ...: das gilt folglich ebenso für die „Delta"-Variante. ...: das bedeutet selbstverständlich nicht, daß es nicht auch tödliche Verläufe geben könnte ...: diese betreffen aber primär Menschen mit schweren Vorerkrankungen, bzw. mit geschwächtem biologischem Kommunikationssystem. ...: Deshalb mag zwar das Zitat im obigen Zitat nach überlegter Formulierung aussehen und sich deshalb irgendwie klug „anfühlen" ...: aber ...: Es ist eine lächerliche Aussage ...: beziehungsweise ...: Ausdruck für den üblich „gepflegten" Warnismus in lobbykratischen Zeiten.[369]

...: das biologische Kommunikationssystem eines konkreten Menschen ...: *das bereits mit einem später sich partiell verändernden* ...: mutierenden ...: *Virus zu tun hatte* ...: weiß mit potentiellen Varianten _*dieses*_ Virus _*immer!*_ adäquat umzugehen ...: denn ...: „Variante eines Virus" bedeutet nicht, daß es sich dabei um ein andres Virus handelte ...: das ist so

[369] Zur „Definition des Warnismus'" siehe die Seiten 331-33.

ähnlich wie bei Menschen ...: Alle haben gemeinsame und unterschiedliche Eigenschaften ...: __ ...: _*alle!*_ gehören zur Spezies Mensch. ...: das biologische Kommunikationssystem des Menschen erkennt also das Virus _*in der Variante*_ wieder, da Variante eben nicht bedeutet, daß es sich bei ihr um ein „neues" Virus handeln würde.

...: im übrigen ...: die Daten der Behörde „RKI" und ihres „DIVIs" sind und waren von Anfang an nicht brauchbar.[370] ...: Und wenn man wissen will, ob jemand an einer Infektion gestorben ist, muß obduziert werden. Das geschieht aber so gut wie nie ...: bereits vor „Corona" nicht und seit „Corona" nicht anders. ...: zumindest das wäre aber notwendig, um Klarheit über das „epidemische Geschehen" zu gewinnen ...: und ...: Tut man das nicht ...: erzählt den Menschen aber *der*_artig vom „epidemischen Geschehen", als wäre dieses längst geklärt und „alles" würde wieder „gut", so man sich nur impfen ließe ...: *also* ...: *beispielsweise* ...: die schwerwiegenden Nebenwirkungen der experimentellen mRNA-Impf-Initialstoffe

---

[370] Es sei auf die hervorragende Arbeit des freien Datenanalysten und -Journalisten Tom Lausen verwiesen, der auf seiner WebSite „Intensivstationen.net" (_Link: https://intensivstationen.net_) die veröffentlichten Zahlen bzw. Daten zur Auslastung der Intensivstationen analysiert. Aus der Veröffentlichung dieser transparent gemachten Daten geht hervor, daß es zu keiner Zeit eine Überlastung oder eine drohende Überlastung der Intensivstationen gab, die „Covid-19" bedingt gewesen wäre. Der Besuch seiner WebSite „Intensivstationen.net" (_Link: https://intensivstationen.net_) lohnt also.

An dieser Stelle möchte ich nicht versäumen, auf das Buch von Tom Lausen: *Die Intensiv-Mafia: Von den Hirten der Pandemie und ihren Profiten*, das in der 1. Auflage im Dezember 2021 im Rubikon-Verlag in Mainz erschienen ist, aufmerksam zu machen.

entweder negiert oder als „zwar `vielleicht´ vorkommend" mal eben beiseite wischt …: setzt man sich _*nicht!*_ mehr bloß dem Verdacht aus, allein das zu erzählen …: für wahr halten zu wollen …: welches man erzählen will …: beziehungsweise will …: daß es allgemein für wahr gehalten wird …: _*sondern!*_ …: kann bloß noch als Handlanger profitwerter Interessen bezeichnet werden.

Perspektivischer Blick

Es ist bezeichnend, daß jetzt, wo eigentlich offensichtlich ist, daß die Pandemie ihrem Ende entgegengeht, ausgerechnet von jener Universität „mahnende" Worte …: *um es freundlich zu sagen* …: ausgesendet werden …: *die dann von jenen* „Qualitätsmedien" *sofort verbreitet werden* …: die eine der Institutionen ist[371], die im Sinne und Interesse einer „Agenda" funktionieren, die zwar ohne weiteres nachzuvollziehen ist …: Es ging nach dem Ende des Kalten Krieges darum, eine neue Weltordnung zu schaffen, da die alte nicht mehr fortzusetzen war. Das ist nicht ungewöhnlich und hat mit „Verschwörungsgerede" nichts zu tun …: Es ist ganz einfach …: Wer glaubt, gesiegt zu haben, will die hinzugewonnene Macht in seinem Sinne nutzen. …: _*Das?*_ Problem dabei …: möglichst kei-

---

[371] Siehe dazu den Essay von Werner Rügemer: „Pandemien: Korrumpierte Wissenschaft. Johns Hopkins University und ihr Global Health Security Index" der am 6. Mai 2020 auf der WebSite des *isw Institut für sozial-ökologische Wirtschaftsforschung* e.V. veröffentlicht wurde; der zugehörige Link:

https://www.isw-muenchen.de/2020/05/pandemien-korrumpierte-wissenschaft-johns-hopkins-university-und-ihr-global-health-security-index/#:~:text=Die%20private%20Elite%2DUniversit%C3%A4t%20wird,der%20JHU%2Dwebsite%20angek%C3%BCndigt%20werden.&text=Neben%20Bloomberg%20ist%20die%20Stiftung,auf%20dem%20Gebiet%20der%20Gesundheit wurde am 12. Februar 2022 erneut geprüft.

ne unverzeihlichen Fehler zu begehen ...: und davon haben die Westlichen seit dem Ende des Kalten Krieges genügend begangen ...: zu den „Westlichen" gehört übrigens auch Deutschland ...: Es wäre also falsch zu meinen, es seien allein die USA gewesen oder wären es noch allein, die das Problem darstellen würden ...: _Die_ „Westlichen" ...: *womit die Machteliten und ihre Satelliten* (_Funktionseliten_) *des sogenannten Westens gemeint sind* ...: _*sind!*_ das Problem ...: seit nun mindestens weit über 520 Jahren.[372] ...: jedenfalls ...: Die Machteliten des Westens und ihre Satelliten ...: die „Westlichen" ...: wollten die aktuelle Pandemie für ihre Zwecke nutzen ...: es war die *Johns Hopkins University*, die dazu den Takt anschlug. ...: das ...: also *...: Die aktuelle Pandemie für ihre Zwecke zu nutzen* ...: droht für diese Figuren nun durch die falsche Einschätzung des „stinknormalen" Verhaltens eines Virus in die Hose zu gehen ...: _*deshalb!*_ sendet nun einer der Kern-Thinktanks der Lobbykratie ...: *eben jene Johns Hopkins University* ...: Signale aus, um die „Warnisten des lobbykratischen Systems" mit „Informationen" über etwas zu versorgen ...: immer mit „mahnendem (_*pseudo-wissenschaftlichem*_) Unterton" ...: welches _*dann!*_ ganz anders zu interpretieren ist, folgt man _*nicht!*_ der lobbykratisch-ideologischen Agenda ...: das kontextuelle Geschehen des Lebendigen aus machtpolitischer Perspektive, also im reduzierten Sinne zu beobachten ...: und ...: ebengleich reduziert zu interpretieren ...: _*sondern!*_ ...: folgt man der kontextuellen Agenda ...: _*also!*_ ...: das kontextuelle Geschehen des Lebendigen scheuklappenfrei ...: _*nämlich!*_ ...: wissenschaftlich zu beobachten ...: und ...: ebengleich wissenschaftlich zu interpretieren.

Die Westlichen ...: *die Machteliten des Westens und ihre Satelliten in Politik*, spin_*doktorischer Wissenschaft, Medien*_Konzernen *und Kultur*_Betrieb ...: sehen ihre „Felle wegschwimmen". ...:für diese Figuren kommt erschwerend hinzu ...: Sie ...: *diese* „Felle" ...:

[372] Siehe dazu in: « Sie fragen noch, wie die ›Verhältnisse‹ liegen? », Aspekt 28: „Über was reden wir? — Es gibt einen schon seit 520 Jahren währenden Weltkrieg" sowie, da damit unmittelbar zusammenhängend: Aspekt 29: « Die Intellektuellen sind zu einem sehr großen Teil für jenes verantwortlich, welches sie anklagen ».

schwimmen nicht in bloß eine Richtung „weg" ...: demnach ...: _*Was?*_ mag geschehen, befinden sich mental Fertige in einem Dilemma, verfügen aber weiterhin über angehäufte Macht.

Ende dieses perspektivischen Blicks

...: auch ist es so, daß ...: stirbt ein Mensch an einer Erkrankung ...: _*immer!*_ die Grunderkrankung als Todesursache gilt ...: schon allein *des*_halb ist die Phrase ...: „an oder mit Corona gestorben" ein Hohn.

...: zudem ist es so ...: gegen Atemwegsviren kann es keine adäquaten Impfstoffe geben. ...: Warum? ...: Weil Atemwegsviren mutationsfreudig sind ...: daran können die mRNA-„Impf-Initialstoffe" schon gar nichts ändern ...: Die mRNA-„Impf-Initialstoffe" geben dem biologischen Kommunikationssystem lediglich den „Bauplan" für „Oberflächenschnipsel" des Virus ...: diese können aber sozusagen wegmutiert werden ...: und _*dann*_ hat der Körper _*keine!*_ weiteren Informationen über das entsprechende Virus, wenn es zu einer Neuinfektion mit _*diesem*_ Virus kommt ...: was der Körper allein noch hat, sind jene Informationen, die er in seinen Gedächtniszellen über andre vergleichbare Viren ...: *in diesem Fall Coronaviren* ...: hat.

...: im übrigen sind die von Anfang an behaupteten 95% Wirksamkeit des BioNTech / Pfizer-„Impf-Initialstoffs" nichts als ein politisch und medial gern aufgegriffener Werbegag.[373] ...: und daß insbesondre dieser „Impfstoff" über keine valide

---

[373] Siehe dazu die Seiten 128+f. des Ihnen vorliegenden Buches beginnend mit: „Was bedeutet in diesem Zusammenhang überhaupt eine 95%ige Wirksamkeit?".

„Notzulassung" verfügt[374] ...: *also eigentlich sofort vom Markt genommen werden müßte* ...: ist zwar in deutschen Medien kein Thema ...: oder es tritt dort ein Experte auf, der behauptet, daß das nicht weiter von Bedeutung sei ...: aber ...: Dieser Fakt hat wenigstens die Herausgeber des *British Medical Journals* veranlaßt, eine sofortige Veröffentlichung der Rohdaten der Studien für die „Notzulassung" zu verlangen ...: _*aller!*_ „Anti-Covid-19-Impfstoffe".[375] ...: überdies ...: Eine Wissenschaft, die in den Diensten von Profitinteressen steht, _*kann!*_ nur eine korrumpierte sein.

Freundliche Grüße!
Joachim Endemann

---

[374] Siehe dazu den im *British Medical Journal* veröffentlichten Bericht, aus dem hervorgeht, daß in der im Auftrag Pfizers durchgeführten Phase-III-Studie getrickst worden ist: „Covid-19: Researcher blows the whistle on data integrity issues in Pfizer's vaccine trial"; der zugehörige Link: https://www.bmj.com/content/375/bmj.n2635 wurde am 24. Januar 2022 geprüft.

[375] Siehe dazu die Stellungnahme der Herausgeber des *BMJ*s, die am 19. Januar 2022 (_*erneut!*_) gefordert haben, daß sofort die Rohdaten der von den profitorientierten Firmen Pfizer & Co durchgeführten Studien, die von den zulassenden Behörden als Grundlage für die „Notzulassung" ihrer „Anti-Covid-19-Impfstoffe" genommen wurden, veröffentlich werden, damit diese Daten öffentlich (_*also transparent und unabhängig!*_) überprüft werden können: „Covid-19 vaccines and treatments: we must have raw data, now Data should be fully and immediately available for public scrutiny" (_*der zugehörige Link*:

https://www.bmj.com/content/376/bmj.o102 wurde am 24. Januar 2022 geprüft; zu diesem Aufruf gibt es zwar einen Korrekturhinweis der Herausgeber, der über folgenden Link:

https://www.bmj.com/content/376/bmj.o189 einsehbar ist, der aber nichts an der Grundaussage ändert.

Im folgenden meine dann wegen der Zeichenbeschränkung tatsächlich am 7. Februar 2022 an die MDR-Redaktion „eingereichte“ Antwort, die nicht veröffentlicht wurde ...:

Das SARS-CoV-2 ist ein Atemwegsvirus ...: es mutiert häufig und paßt sich schließlich dem sogenannten „Immunsystem“ an ...: diesen Verlauf zeigt auch das SARS-CoV-2. ...: Gegen Atemwegsviren kann es keine adäquaten Impfstoffe geben, da die mutationsfreudig sind ...: daran ändern die sogenannten „mRNA-Impfstoffe“ nichts. ...: übrigens ...: Daß insbesondre der BioNTech / Pfizer-„Impfstoff“ über keine valide „Notzulassung“ verfügt ...: also ...: eigentlich sofort vom Markt genommen werden müßte ...: hat aber wenigstens die Herausgeber des *British Medical Journals* veranlaßt, eine sofortige Veröffentlichung der Rohdaten der Studien für die „Notzulassung“ zu verlangen ...: *_aller!_* „Anti-Covid-19-Impfstoffe“. ...: Und was die Daten der Behörde „RKI“ und ihres „DIVIs“ anbelangt ...: die sind und waren von Anfang an *_nicht!_* brauchbar.

Im nachfolgenden mein Kommentar zu einem Beitrag von Frau Nadja Austel ...: „Neue Erkenntnisse zu Corona-Antikörpern – und ein fataler Trugschluß“[376] auf der Online-Plattform

---

[376] Der zugehörige Link:
https://www.fr.de/panorama/corona-omikron-impfung-antikoerper-genesen-usa-drosten-trugschluss-zr-91323956.html wurde am 12. Februar 2022 um 14:09 und noch einmal um 14:52 geprüft: diese zweimalige Prüfung an einem Tag erfolgte deshalb, da das Veröffentlichungsdatum verändert worden war, so daß auch deutlich wird, daß (*_in der Zeit meiner Überprüfung_*) selbst die Uhrzeit verändert wurde: wohl gemerkt, nicht unter Hinweis, daß es sich dabei um Aktualisierung gehandelt habe ...: siehe dazu den Screenshot auf der nächsten Seite.

der „Frankfurter Rundschau“ vom 11. Februar 2022, den ich am 11. Februar 2022 um ca. 14:45 bei der „FR“-Redaktion „eingereicht“ hatte. ...: *Ohne weiteren Hinweis, wurde das Datum auf den* „12. Februar 2022 — 9:49“ geändert; später dann noch einmal die Uhrzeit auf 14:21.[377]

Screenshot zu diesem Beitrag von Frau Austel auf der Online-Plattform der „Frankfurter Rundschau“ vom 11. Februar 2022. Das Veröffentlichungsdatum wurde nachträglich verändert ...: zur Zeit meiner Überprüfung wurde die Uhrzeit zweimal geändert; siehe dazu die Anmerkung in der Fußnote 377.

> ZITAT_Das [_*wie sich der Schutz Genesener und Geimpfter unterscheide*; Anm.d.A._] hängt sowohl von der Variante und der Menge an Virus ab als auch vom Verlauf. Leichte Verläufe haben oft auch eine geringere Immunantwort zur Folge._ZITATENDE

---

[377] Daß dieses Datum nachträglich verändert wurde, ist beweisbar: am 11. Februar 2022 hatte ich extra einen Account bei „`Frankfurter Rundschau´-Online“ angelegt, um einen Kommentar zu diesem erwähnten Beitrag dort veröffentlichen zu können. Zur Eröffnung dieses Accounts bekam ich dann am 11. Februar um 14:23 eine Bestätigungs-eMail zugeschickt. Diese eMail ist original abgespeichert.

Nun, wahrscheinlicher ist die Annahme, daß ich bereits mit einem Virus aus der Coronavirus-Familie zu tun hatte, habe ich einen relativ milden Infektionsverlauf. Entscheidend ist sowieso dieser Verlauf, nicht ob ich mich infiziert habe.

> ZITAT_Eine Infektion mit einer Variante reiche nicht aus. Im Prinzip müsse man nämlich mit jeder Virus-Variante jeweils eine ausgeprägte Infektion durchmachen, um irgendwann einen ausreichenden Schutz vor allen Variante[_n_] aufzubauen. Mit einer Impfung ginge das schneller._ZITATENDE

...: doch ...: Eine Infektion genügt dann, erfolgt sie mit einem kompletten Basis-Element des Lebendigen (_*i.e. Virus!*_) ...: da dann das körpereigene biologische Kommunikationssystem ...: *allgemein fälschlicherweise als* „Immunsystem" *oder gar als* „Abwehrsystem" *bezeichnet* ...: volle Kenntnis von diesem Basis-Element des Lebendigen gewonnen hat ...: eine Variante des SARS-CoV-2 bedeutet ja nicht, daß es sich dann um ein andres Basis-Element des Lebendigen handelte ...: ein Coronavirus bleibt ein Coronavirus.

...: daß das körpereigene biologische Kommunikationssystem erkennt ...: *daß es mit einem bestimmten Virus einer Virusfamilie zu tun hat* ...: ist ihm sogar dann möglich, hatte es bereits einmal mit einem andren Mitglied derselben Virusfamilie zu tun ...: _*Hier!*_ wird der Grund dafür liegen, daß insbesondere Kinder praktisch keine Probleme mit „Covid-19" haben ...: *und genauso* _die Masse!_ *der Alten nicht* ...: Die Gedächtniszellen ihres biologischen Kommunikationssystems wissen wahrscheinlich besser als diejenigen, die behaupten, sie hätten das SARS-CoV-2 tatsächlich isoliert ...: _*auch?!*_ purifiziert

...: wie ein Coronavirus „aussieht".[378] ...: daraus wird deutlich ...: folgende Behauptung ist falsch ...:

> ZITAT_*Im Prinzip müsse man* [...] *mit jeder Virus-Variante jeweils eine ausgeprägte Infektion durchmachen, um irgendwann einen ausreichenden Schutz vor allen Variante*[_n_] *aufzubauen*_ZITATENDE

...: denn ...: Es gibt _*keine!*_ bestimmte Anzahl an Varianten eines bestimmten Basis-Elementes des Lebendigen ...: _*oder?*_ glaubt etwa jemand, daß es eine solche Variationspalette gäbe, die sich am griechischen Alphabet orientiere ...: also ...: mit „Omega" aufhörte. ...: es ist sowieso falsch gesehen, zu meinen, daß es „neue" Viren gäbe ...: Basis-Elemente des Lebendigen zeichnen sich dadurch aus, daß sie sich verändern (_*rekombinieren*_) ...: Basis-Elemente des Lebendigen sind reine Information ...: spielen also in der Evolution eine entscheidende Rolle ...: Nur dann, zieht man diese Basis-Elemente des Lebendigen bei Überlegungen zum Evolutionsprozeß mit in Betracht läßt sich überhaupt der ganze Evolutionsprozeß _*tendenziell!*_ ...: und ohne „kreationistische" Annahmen ...: verstehen.

> ZITAT_Bei einer Impfung gibt es eine viel bessere Kontrolle über diese Aspekte._ZITATENDE

---

[378] Es sei erneut auf den Essay von Konstantin Demeter, Torsten Engelbrecht und Stefano Scoglio: „Das Phantom-Virus", aufmerksam gemacht, der am 10. Februar 2021 auf *Rubikon.news* veröffentlicht wurde; der zugehörige Link:

https://www.rubikon.news/artikel/das-phantom-virus wurde am 12. Februar 2022 erneut geprüft.

...: um überhaupt annehmen zu _*dürfen!*_ ...: daß es einen brauchbaren Impfstoff gegen einen „Erreger" geben könnte ...: müßte man es mit einem biologischen Basis-Element des Lebendigen zu tun haben, das invariant bleibt ...: insbesondere Atemwegsviren sind aber _*nicht!*_ invariant ...: sie mutieren oft ...: deshalb ist ...: *beispielsweise* ...: die Impfung gegen „Influenza" so ineffektiv. ...: das bedeutet ...: Gegen Atemwegsviren kann es überhaupt keine brauchbaren Impfstoffe geben.

ZITAT_Wir (die Wissenschaft) [...]_ZITATENDE

...: das Problem ...: *das die Wissenschaft* ...: *und damit die Gesellschaft* ...: hat ...: ist ...: sie _*ist!*_ korrumpiert ...: hängt damit zusammen, daß man sie in den Dienst von Profitinteressen gestellt hat ...: Die *Johns Hopkins* ist da nur ein Beispiel![379]

> ZITAT_Natürlich kann man auch ohne Impfungen diese Bevölkerungsimmunität aufbauen. Die Frage ist nur, was das kostet — in Form von Todesfällen._ZITATENDE

---

[379] Siehe dazu bspw. den Essay von Werner Rügemer: „Pandemien: Korrumpierte Wissenschaft. Johns Hopkins University und ihr Global Health Security Index" der am 6. Mai 2020 auf der WebSite des *isw Institut für sozial-ökologische Wirtschaftsforschung* e.V. veröffentlicht wurde; der zugehörige Link:

https://www.isw-muenchen.de/2020/05/pandemien-korrumpierte-wissenschaft-johns-hopkins-university-und-ihr-global-health-security-index/#:~:text=Die%20private%20Elite%2DUniversit%C3%A4t%20wird,der%20JHU%2Dwebsite%20angek%C3%BCndigt%20werden.&text=Neben%20Bloomberg%20ist%20die%20Stiftung,auf%20dem%20Gebiet%20der%20Gesundheit wurde am 12. Februar 2022 erneut geprüft.

...: das ist eine Frage des *Wies*. ...: um aber vorher kurz jenes zu repetieren, welches jeder wissen kann ...: Bei „Covid-19" handelt es sich um eine Infektion, die durch ein Atemwegsvirus aus der Familie der Coronaviren verursacht wird. Coronaviren gibt es übrigens schon sehr lange ...: darauf weisen zumindest „bio-archäologische" Untersuchungen hin.[380] ...: es wird angenommen, daß dieses Virus vor allem für Menschen mit schweren Vorerkrankungen und einem geschwächten biologischen Kommunikationssystem eine Gefahr darstellen *_kann_* ...: also ...: keineswegs darstellen *_muß_* ...: 85% dieser Gruppe überlebt eine Infektion mit schwerem Verlauf. ...: es gilt also ...: *_Diese!_* Gruppe ist *_adäquat!_* zu schützen ...: *_Können?!_* aber besonders Gefährdete gut geschützt sein, liegen sie in Pflegeheimen dehydriert in ihrer eigenen Scheiße, wofür sich bisher kaum jemand interessiert hat.

...: was man sinnigerweise tun kann, ist kurzgefaßt folgendes ...:

- Gute Datenerhebung.
- Gutes Gesundheitssystem ...: *_keine!_* Gesundheitswirtschaft.

  Zu einem guten Gesundheitssystem ...: *in* _diesem_ *Zusammenhang* ...: gehören Einrichtungen, die auf „epidemische Phänomene" spezialisiert sind ...: bspw. sollte es in jedem Bundesland spezielle „Kliniken für epidemische Erkrankungen" geben ...: sowie eine Wissenschaft und Forschung etabliert sein, die *wert*_frei, *sach*_bezogen und damit *_fern!_* von Profitinteressen funktionieren.

---

[380] Siehe dazu in: Cell Press: *Current Biology*, Yassine Souilmi et al., „An ancient viral epidemic involving host coronavirus interacting genes more than 20,000 years ago in East Asia"; der zugehörige Link:
https://www.cell.com/current-biology/fulltext/S0960-9822(21)00794-6?_returnURL=https%3A%2F%2Flinkinghub.elsevier.com%2Fretrieve%2Fpii%2FS0960982221007946%3Fshowall%3Dtrue
wurde am 20. Februar 2022 erneut geprüft.

- Adäquater Schutz potentiell gefährdeter Menschen ...: dazu _*kann!*_ dann Impfung gehören, ist diese objektiviert effektiv.
- Hat sich jemand aus der Gruppe der Gesunden infiziert, sollte er sich und andere dadurch schützen, daß er eine adäquate Maske aufsetzt ...: _sind?_ *FFP2-Masken für diesen Zweck adäquat* ...: und bei Symptomen zuhause bleibt ...: _*ohne!*_ daß er erst zum Hausarzt gehen muß ...: dieser sollte angerufen werden, und dieser sollte dann entscheiden, ob ein speziell ausgebildeter (_*geschlechtsunspezifischer*_) Arzt zu diesem Menschen geht, um die Situation abschätzen zu können und gegebenenfalls weiteres zu veranlassen.
- Im Sommer, wenn Coronaviren keine Saison haben, diese also, wie viele andre „Viren" ebenso, abgeschwächt sind, ist es wichtig, daß sich Gesunde _*auch!*_ mit _*diesem*_ Basis-Element des Lebendigen bekannt machen, da sich auf diese Weise eine relative Kenntnis ihres und des kollektiven biologischen Kommunikationssystems aufbaut.

Diese Kenntnis dient dann in der kalten Jahreszeit dazu, einen relativen Schutz gegen eine zu erwartende Mutation eines bestimmten Coronavirus ...: *bzw. aller Coronaviren sowie andrer Atemwegsviren* ...: zu entwickeln und zu aktivieren, wenn man mit diesen konkret zu tun hat, so daß (_i.d.R._) der Infektionsverlauf dann relativ milde sein wird.

Dadurch, daß die gesunde Bevölkerung diesen biologischen Kommunikationsprozeß (_*regelmäßig!*_) absolviert, sind schließlich auch diejenigen relativ geschützt, die über nur ein relativ schwaches eigenes biologisches Kommunikationssystem verfügen. ...: Vergleichbar ist das mit dem Fakt, daß Kinder besser mit biologischen Umweltfaktoren umgehen können, gibt es zuhause Haustiere ...: über diese erfolgt die Kontaktaufnahme mit anderen biologischen Umweltfaktoren vermittelt, also abgeschwächt.

> ZITAT_Dringt denn noch zu uns durch, was diese Zahl bedeutet?_ZITATENDE

> [_*Die Autorin meint hier die Situation in den USA, wo es eines der schlechtesten Gesundheitssyteme gibt, das übrigens vor dem Beginn dieser Pandemie gerade von jener Universität ...: der Johns Hopkins University, auf deren Aussagen sie sich in ihrem Artikel bezieht ...: als das* „beste

der Welt" *bezeichnet wurde* ...: und es deshalb sei, daß die USA auf epidemische Prozesse am besten vorbereitet wären._]

...: mit diesem heuchlerischen Spruch ...: ZITAT_*Dringt denn noch zu uns durch, was diese Zahl bedeutet?*_ZITATENDE darf man mir nicht kommen! ...: warum? ...: Nun, weil seit _*Anfang!*_ der 2010er Jahre der Politik bekannt ist, daß mit einer solchen Epidemie ...: beziehungsweise dann Pandemie ...: zu rechnen war ...: _*aber!*_ ...: _*nichts!*_ an präventiven Maßnahmen unternommen wurde ...: *ob!*_wohl es dazu lange Jahre Zeit gab![381] ...: die Heuchelei kennt eben _*keine!*_ Grenzen.

...: im übrigen ...: Jeder dritte Totenschein weist grobe Fehler auf ...: in ca. 99% der Todesfälle erfolgt nur eine äußere Leichenschau ...: also ...: _*keine!*_ Obduktion ...: _*folglich!*_ ...: Die tatsächliche Todesursache steht lediglich in seltenen Fällen auf dem „zynischen Suppenzettel" Totenschein ...: das war bereits vor „Corona" der Fall.[382] ...: diese Epidemie hat das nicht geändert, was durch Formulierungen wie ...: „mit oder an 'Covid-19' gestorben" nur ...: *und doch im verschleiernden Sinne* ...: angedeutet wird.

---

[381] Siehe dazu im Anhang des Ihnen vorliegenden Buches: « Risikoanalyse aus dem Jahre 2012, eine SARS-CoV-2-ähnliche Pandemie betreffend ».

[382] Siehe dazu Gerd Reuther, « Der betrogene Patient: Ein Arzt deckt auf, warum Ihr Leben in Gefahr ist, wenn Sie sich medizinisch behandeln lassen », in der vollständig überarbeiteten und aktualisierten Neuausgabe, Riva Verlag, München, 2020, dort auf den Seiten 120-23 den Abschnitt: „Die letzte Kiste als 'black box'".

...: es ist auch so, daß jemand immer an „seiner" Grunderkrankung stirbt ...: kommt etwas Akzidentelles hinzu ...: *bspw. eine* „Virusinfektion" ...: stirbt er _*dennoch!*_ an seiner Grunderkrankung. ...: schreibt man dann aber ...: „Todesursache 'Covid-19'" ...: fragt ...: *zumindest in Deutschland* ...: dem ...: *so die Behauptung* ...: *Land der Dichter und Denker* ...: keine Sau mehr nach der Grundkrankheit. ...: mit Zahlen und Daten läßt sich eben trefflich jonglieren ...: auch viel Geld machen ...: wird in einem Gesundheitssystem ...: *das zur Megamaschine* „Gesundheitswirtschaft" _mutiert_ *ist* ...: augenfällig. ...: übrigens ...: Kürzlich haben Wissenschaftler nachgewiesen, daß sich die „Omikron-Variante" auch in Rotwild zuhause fühlt.[383] ...: abgesehen davon, daß das für Coronaviren durchaus üblich ist, bedeutet das u.a. ...: Auch der zweite Grund, der überhaupt erlaubte, daran zu denken, daß ein brauchbarer Impfstoff zu entwickeln wäre, ist nicht erfüllt.[384] Ebenso spricht dieser Nachweis gegen die Behauptung, das SARS-CoV-2 sei in einem Labor verursacht worden ...: es kommt offenbar nicht nur in der Spezies Mensch ubiquitär vor, sondern auch artübergreifend ...: wie es überhaupt für Coronaviren üblich ist. ...: _*Vielleicht?*_ sollten tatsächliche Wissenschaftler einmal anfangen, darüber nachzudenken, was es bedeuten würde, wollte man Basis-Elemente des Lebendigen ausrotten. ...: immerhin ist es so ...: Es kommt auf die Balance an und darauf, wie die natürlichen _*und!*_ sozialen Umweltbedingungen beschaffen sind, daß ein Basis-Element des Lebendigen

---

[383] *Detection of SARS-CoV-2 Omicron variant (B.1.1.529) infection of white-tailed deer* (_„Nachweis einer SARS-CoV-2 Omicron Variante (B.1.1.529) Infektion von Weißwedelhirschen."_); der zugehörige Link:
https://www.biorxiv.org/content/10.1101/2022.02.04.479189v1
wurde am 12. Februar 2022 erneut geprüft.

[384] Siehe dazu die Hinweise auf den Seiten 275-82, beginnend mit: „Bemerkungen zur 'Sinnhaftigkeit des Impfens bei virusbedingten Atemwegserkrankungen'".

pathogen wird. ...: Die Frage, die „Covid-19" an uns stellt, ist demnach eine andre als die, die Alarmisten und Zwangsneurotiker ...: sprich ...: „Warnisten" ...: im Verein mit profitorientierten Kreisen ...: reflexhaft parat haben ...: _*Sofort!*_ erschießen ...: altes _*krankes!*_ Denken.

Freundliche Grüße!
Joachim Endemann

*Vor*_letzte Begegnung:
Die Menschenrechtsheuchler

Der Untertitel dieser *vor*_letzten Begegnung mit kleinen und großen Realsatiristen deutet bereits an, daß es im folgenden *_nicht!_* um die *Selbst*_Verständlichkeit *Menschen-_*Rechte ...: also ...: *_nicht!_* um jene Rechte geht, die sich aus *_dem_* Fakt ergeben, als Mensch mit spezifischer Identität *_da_* zu sein ...: *hin!*_gegen ...: Es geht um den propagandistischen *Miß*_Brauch des Begriffs „Menschenrechte" ...: paßt dieser Begriff nur *an*_nähernd in den politischen Kram westlicher Machteliten und *_ihrer_* geschlechts*_un_*spezifischen Satelliten in Politik, *spin*_doktorischer Wissenschaft, Medien*_Konzernen* und Kultur*_Betrieb*. ...: allerdings ...: Zur Verdeutlichung dieses machtelitären Mißbrauchs soll *_weder_* das anläßlich der im Jahre 2021 *viral*_pandemisch *be*_dingten *Nach*_Holung der Fußball-Europameisterschaft 2020 gezeigte *knie*_fällige Getue gegen den alltäglichen ...: will sagen ...: *un!*_gebrochen realen Rassismus ...: dem folglich nicht mittels *_duseliger_* Begriffs*_Akrobatik* beizukommen ist ...: *_noch_* soll ...: das geradezu *wider*_wärtige Verhalten der deutschen Politik *_jenen_* gegenüber ...: man nannte sie „Ortskräfte" ...: die im Rahmen der behaupteten Verteidigung westlicher Demokratie am Hindukusch, den westlichen *Pseudo*_Verteidigern der Demokratie in Afghanistan *_dabei_* bereitwillig behilflich waren ...: *_dieser_* im machtelitären Sinne öffentlichkeitswirksam verwendbaren ...: also ...: *_nicht!_* allein im *selbst*_belügenden ...: *_sondern!_* im die eigene Bevölkerung *be*_lügenden Sinne ...: „Im Namen des Volkes!" ...: *Be*_Hauptung ...: also ...: der „Verteidigung westlicher Demokratie am Hindukusch" ...: nachzukommen ...: den

Schutz zu entziehen ...: *nämlich den afghanischen* „Ortskräften" ...: wodurch sie an jene ausgeliefert wurden, gegen die jene Verteidiger westlicher Demokratie ...: *weiterhin!* ...: behaupten gekämpft zu haben ...: nämlich an die Taliban. ... denn ...: Wer sich speziell für _*dieses*_ ekelhafte deutsche *macht*_politische Schmierenstück interessiert, wird auf *German-Foreign-Policy*.com _*selbst dann*_ genügend fündig werden, ruft er dort lediglich die beiden folgenden Berichte ab ...:

- Bericht vom 10. Juni 2021 ...: „Einbahnstraße nach Kabul — Die Bundesrepublik setzt Sammelabschiebungen nach Afghanistan fort. Afghanischen Ortskräften der Bundeswehr, die Zuflucht suchen, legt sie Steine in den Weg"[385]

und:

- Bericht vom 12. Juli 2021 ...: „Einbahnstraße nach Kabul (II) — Die Bundesrepublik läßt afghanische Ortskräfte trotz Taliban-Vormarsch im Stich, hält aber an Sammelabschiebungen [_*aus Deutschland*_] ins afghanische Kriegsgebiet fest".[386]

Ebenso soll an dieser Stelle nicht auf jenes weiterführend eingegangen werden, von dem zu sagen ist, daß es sich dabei tatsächlich um zwei Katastrophen handelt ...: nämlich ...: *neben der die natürliche Umwelt betreffenden Katastrophe* ...: um eine politische Katastrophe, die ...: _*erneut!*_ ...: belegt, daß das profitorientierte System völlig ungeeignet ist, um den durch _*es*_ erst möglich gewordenen natürlichen _*und*_ gesell-

---

[385] Der zugehörige Link: https://www.german-foreign-policy.com/news/detail/8623/ wurde am 12. Dezember 2021 geprüft.

[386] Der zugehörige Link: https://www.german-foreign-policy.com/news/detail/8654/ wurde am 12. Dezember 2021 geprüft.

schaftlichen Umweltkatastrophen konstruktiv entgegenzuwirken ...: sich daran zeigend, daß offenbar auf allen Entscheidungsebenen die relevanten Positionen von geschlechtsunspezifisch *in*_kompetenten Entscheidungsträgern besetzt sind ...: *beginnend auf kommunaler Ebene und endend auf der* „großen" *lobbykratischen Polit-Entscheidungsebene ...: allgemein als Regierung bezeichnet.* ...: denn ...: Allein _*jene*_ konnten _*daran*_ ein Interesse haben ...: *daß also auf allen Entscheidungsebenen die relevanten Positionen von geschlechtsunspezifisch* in_*kompetenten Entscheidungsträgern besetzt wurden* ...: die meinten ...: *und das* un_*verdrossen weiterhin meinen* ...: daß es genüge, die gesellschaftspolitisch relevanten Positionen im Sinne lobbykratischer Interessen zu besetzen ...: also ...: mit *In*_Kompetenten zu besetzen ...: *da diese sowieso bloß* „lobbykratische Blaupausen" *abzuarbeiten hätten* ...: das zu dem geführt hat, welches ich Inkompetenz-Gesellschaft nenne. ... Und das erscheint dann sogar logisch ...: *die Besetzung gesellschaftspolitisch relevanter Positionen mit geschlechtsunspezifisch inkompetenten Personen* ...: folgt man den Glaubenssätzen der herrschenden Ideologie ...: Die neoliberale Ideologie schreibt vor, daß der „Wirtschaft" am besten dadurch zu dienen ist, politisch zuzulassen, daß die Kräfte des Marktes „frei" wirken können. ...: Und da die Glaubenssätze der neoliberalen Ideologie von allen bürgerlichen Parteien ...: *die ich als Tamtam-Parteien des lobbykratischen Systems bezeichne* ...: in Variationen geteilt werden ...: will sagen ...: *beispielsweise in Deutschland in der politischen Praxis von behauptet links bis tatsächlich rechts geteilt werden* ...: könnte das Wählen der Grünen _*oder*_ der Partei „Die Linke" _*oder*_ der AfD _*oder*_ der CDU / CSU _*oder*_ der FDP _*oder*_ der SPD ...: *um nur die bekanntesten tamtamistischen Parteien Deutschlands zu nennen* ...: lediglich symptomatischer Verdeckung des sowohl die gesellschaftliche wie die natürliche Umwelt existentiell bedrohenden Problematischen des profitorientierten Systems dienen.

...: *_Um?_* was es statt dessen geht ...: *_ist?_* das bisher noch nicht deutlich geworden ...: um Direkte Demokratie ...: tatsächlich also um „Demokratie" ...: denn ...: „Demokratie" bedarf *_keines!_* Attributs ...: Demokratie existiert oder sie existiert nicht ...: folglich ...: in der *_existenten!_* simulierten Demokratie sie *_nicht!_* zu realisieren ist.[387]

...: denn es ist an dieser Stelle darauf *des*_halb nicht weiter einzugehen notwendig, da zum *_einen_* das Ursächliche daran in meinen Büchern bereits gut dokumentiert ist. Zum *_anderen_* deshalb an dieser Stelle nicht auf die sich *ins*_besondere im Jahre 2021 in Rheinland-Pfalz manifestiert habende ...: *wie gesagt* ...: profitsystemisch bedingte Umweltkatastrophe einzugehen ist, da *ins*_besondere in „Perspektive 3: `Läßt sich das Klima leugnen?´" meines in der Fußnote 387 erwähnten Buches auch dazu alles Notwendige ...: *um also umweltklimatischer Veränderung konstruktiv entgegenzuwirken* ...: skizziert ist und *_diesem_* dort Skizzierten *des!*_halb weiterhin *_nichts!_* hinzuzufügen ist, da dadurch dem lesenden Menschen bereits genügend deutlich wird, daß eine *kon*_struktive Herangehensweise an profitsystemisch verursachter umweltklimatischer Problematik allein dann möglich ist, geschieht dies

---

[387] Siehe dazu das insbesondere in: « Sie fragen noch, wie die ›Verhältnisse‹ liegen? » Skizzierte; nämlich einmal den Aspekt 2: „Was eine Passage in Chestertons: 'The Man who was Thursday: A Nightmare' offenbart" ...: in diesem Aspekt geht es ums Verdeutlichen, wieso und für wen Demokratie elementar ist und für wen nicht; dann ...: *das eigentlich Praktische betreffend* ...: siehe a.a.O. die Seiten 337+ff., beginnend mit: „folgendes ist keine politische Geschmacksfrage", sowie die Seite 669, beginnend mit: „Also sei zum Abschluß nicht allein die Frage wiederholt: Was spricht noch gegen Direkte Demokratie, spricht nichts für die simulierte Demokratie des lobbykratischen Systems [...]?".

durch die Hereinnahme profitsystemisch verursachter gesellschaftspolitischer Problematik ...: Als Konsequenz aus der Erkenntnis, daß natürliche Umweltfragen mit gesellschaftlichen Umweltfragen *un*_auflöslich verquickt sind und *dem*_nach konstruktive Lösung *nie!*_mals lediglich im Bereich natürlicher Umweltfragen allein _*oder*_ im Bereich gesellschaftlicher Umweltfragen allein möglich ist. ... das bedeutet ...: Natürliche Umwelt und soziale Umwelt bilden die zwei Seiten einer Medaille.

...: hingegen soll zu diesem Zweck ...: *also zur Verdeutlichung des machtelitären Mißbrauchs des Begriffs* „Menschenrechte" ...: an dieser Stelle ein Beispiel gebracht werden, das mir bestens geeignet zu sein scheint, den Bogen zu *zu*_künftigen Ereignissen ...: *wobei die nach dem 24. Februar 2022 eingesetzt habende blindwütige* ...: wenn man nicht besser sagt ...: toll_*wütige* ...: *gegen die Russische Föderation gerichtete Sanktioniererei und die damit einhergehende, die Köpfe der Masse der Menschen in den Staaten der Westlichen korrumpierenden Propaganda bereits zu diesen* „zukünftigen Ereignissen" *gehören* ...: zu schlagen, bzw. zu dem, das bürgerliche Intellektuelle ...: *die ich* ...: *wie schon mehrfach betont* ...: des_*halb als* „lobbykratische" *Intellektuelle bezeichne, da das heutige bürgerliche Gesellschaftssystem ein lobbykratisches ist* ...: in gewohnter Weise *ab*_schleiern sollen ...: also so *ab*_schleiern sollen, daß der Masse der Menschen der machtelitäre Mißbrauch des Begriffs „Menschenrechte" verborgen bleibt ...: und so selbst jenes korrumpiert ...: *sozusagen orwellianisiert* ...: wird, das man „Friedensbewegung" nennt. ...: sind doch die Machteliten des sogenannten Westens sowie ihre Satelliten wieder einmal ratlos ...: Was übrigens sofort augenfällig wird ...: *gemeint ist jene Art des* Ab_*Schleierns* ...: läßt man allein die aktuell seichten Artikel der Propagandisten der Westlichen Revue passieren ...: und egal, ob es sich dabei um das Finale der Fußball-

Europameisterschaft 2020 handelt oder um solche Artikel, die nichts vom Ursächlichen der Differenzen zwischen dem Gerede dieser Menschenrechtsheuchler und jenen Staaten spiegeln, die *des*_halb von den Propagandisten der Westlichen als Unrechtsstaaten bezeichnet werden …: *beispielsweise die Russische Föderation oder die sogenannte Volksrepublik China* …: da die westlichen Machteliten und ihre Satelliten ihren seit Jahrhunderten geübten Praktiken und Begehrlichkeiten auf traditionell geübte Weise …: also …: *beispielsweise auch in diesen genannten Staaten* …: _*wieder!*_ …: freien Lauf lassen wollen.

… Und so sei deshalb nun von dem gesprochen,
welches man mit folgendem Titel überschriften kann …:

« Hongkong oder Die Geschichte,
die Sie nicht in der Zeitung lesen werden »

Der folgende Text geht teilweise auf den gleich betitelten Artikel des Soziologen und international anerkannten Mafia-Forschers Pino Arlacchi zurück, der erstmals am 18. Juli 2019 unter dem Titel: « Ong Kong, la storia che non leggerete » auf der Site der Internet-Zeitung *Il Fatto Quotidiano* erschienen ist. Deshalb konnte noch im Juli 2019 zu diesem Artikel einleitend *vor*_bemerkt werden …:

> Hongkong ist seit Wochen durch eine Revolte gelähmt, die von den Westlichen als wunderbar bezeichnet wird. Entsprechend gelten die Protagonisten der Revolte als Helden der Demokratie, während andererseits die chinesischen Behörden als autoritär und kriminell bezeichnet werden. Daß diese Gegenüberstellung eine so primitive wie propagandistische ist, wird sofort deutlich, stellt man sich nur vor, was im liberalen Westen geschähe, würde jemand es bloß versuchsweise …: *also sozusagen erst im gedanklichen Anflug seiend* …: wagen, einen großen internationalen

Flughafen zu blockieren ...: nun ...: genau das aber geschah im Juli 2019 in Hongkong. ...

Eine _*solche*_ im liberalen Westen potentiell verübte Aktion zu thematisieren, soll aber deshalb an dieser Stelle nicht das Thema sein, da dies bei lobbykratischen Intellektuellen lediglich Stirnrunzeln und dummen Blick ...: *da verblendet* ...: provozieren könnte ...: *hin*_gegen gefragt werden ...:

- _*Was?*_ wollen die Demonstranten (_*also, jene von Mitte 2019 in Hongkong*_).
- Und _*welche?*_ bzw. wessen Interessen verteidigen sie in Wahrheit.
- Der von Demonstranten geschwenkte Union Jack sagt viel aus ...: „Es war eine gute Zeit, als wir eine britische Kolonie waren" ...: will sagen ...: Als Hongkong Asiens größte Steueroase und ein Freihafen für die weltweite Mafia war ...

HINWEIS ...: Im folgenden geht es ausschließlich um die *Ur*_Sache _*dieser*_ Proteste.

Also ...:

« Hongkong oder Die Geschichte, die Sie nicht in der Zeitung lesen werden »

von Pino Arlacchi
18. Juli 2019

*Niemals* die Sichtweise der anderen Seite auf den Tisch zu bringen und einfach immer wieder dieselbe Geschichte in Variationen zu erzählen, _*ohne*_ die geringste eingehende Analyse, ist zu den Regeln geworden, die die Mainstream-Medien im Zusammenhang mit internationalen Entwicklungen verfolgen. ...: Ob China, Venezuela, Kriege im allgemeinen,

Massaker oder Katastrophen, eine vorgefertigte Zubereitung wird verwendet, wenn Informationen verbreitet werden sollen, die regelmäßig mit den Interessen der Medienbesitzer, der westlichen Regierungen und der Null-Komma-Ein-Prozent übereinstimmen, die versuchen, die Angelegenheiten der Welt [_*in ihrem Sinne* ...: folglich ...: *nicht in* _Ihrem_ *Sinne* _und_ auch nicht in meinem Sinne; Anm.d.A._] zu regeln.

Hier möchte der Autor des Ihnen vorliegenden Buches ergänzend anfügen, daß dies bedeutet, daß jene, welche in _*dem*_ als schreibende Mitarbeiter beschäftigt sind, das man als „Mainstream-Medien" bezeichnet ...: *und wobei es sich tatsächlich um die meinungmachenden Organe der meist in Spekulationskasinos herumlungernden geschlechtsunspezifischen Oligarchen des lobbykratischen Systems handelt* ...: _*dann!*_ massenwirksame *Fehl*_Informationen verbreiten, droht das der Aufrechterhaltung des Herrschaftssystems dieser Oligarchen dienende Lügnerische für die Masse der Menschen *augen*_fällig zu werden. Was aktuell ...: *und geradezu exemplarisch* ...: durch den politischen Umgang mit der SARS-CoV-2-Pandemie deutlich wird ...: denn ...: um nur _*ein*_ höchst gefährliches Beispiel zu geben ...: Von den Bevölkerungen der lobbykratischen Staaten verlangen die politischen und medialen Satelliten jener Oligarchen schon quasi apodiktisch, sich mit Stoffen impfen zu lassen, deren Nebenwirkungen noch nicht abzuschätzen sind, und von jenen Stoffen, die auf mRNA-Basis ihre Wirksamkeit entfalten, also BioNTech / Pfizer und Moderna, bereits jetzt gesagt werden kann, daß sie das biologische Kommunikationssystem des Menschen ...: *allgemein als Immunsystem bezeichnet* ...: verändern ...: _*aber?*_ ...: müßte nicht erst einmal geklärt werden, welcher Art diese Veränderungen sind, bevor man diese überhaupt flächendeckend verimpft ...: _*Wie?*_ kann eine solche Forderung mit einer demokratischen Gesellschaft vereinbar sein. ...: nun ...: eine solche Forderung kann nicht mit einer demokratischen Gesellschaft vereinbar sein. ...: und überhaupt ist zu fragen ...: Bedeuten diese durch einen Impfstoff bewirkten Veränderungen möglicherweise, daß das körpereigene biologische Kommunikationssystem auf Dauer eine „impfgestützte Anregung" benötigt, um funktionsfähig zu bleiben? ...: könnten _*Sie*_ ... ich meine _*Sie!*_ ...: _*Könnten?!*_ Sie sich vielleicht einmal darüber Gedanken machen, welche Konsequenzen das hätte ...: für uns ...: für die Spezies Mensch als Ganzes. ... _*oder?*_ ...: muß Ihnen selbst das noch vorgekaut ausge_*drückt vor*_gesetzt werden.

...: übrigens ...: Es ist ziemlich unerheblich, ob ein Virus infektiös ist, wichtig allein ist, wie krankmachend es wirkt ...: Schnupfenviren sind hoch infektiös, aber normalerweise nicht gefährlich krankmachend ...: so verhält es sich bspw. auch mit der sogenannten „Delta-Variante" des SARS-CoV-2 ...: hohe Infektiosität, gering gefährlich krankmachende Wirkung ...: vorausgesetzt ...: *der sich infiziert habende Mensch leidet nicht an schwerwiegenden Vorerkrankungen* ...: daraus müßte die Schlußfolgerung gezogen werden ...: Das offenbar instabil gewordene SARS-CoV-2 befindet sich auf dem Weg zu einem „Schnupfenvirus" ...: *wie andre Corona-Viren es längst sind* ...: was als ganz normaler Adaptationsprozeß zwischen verschiedenen biologischen Systemen zu verstehen wäre ...: beispielsweise ...: hie Mensch, da SARS-CoV-2 ...: das jetzt aber bloß am Rande. ...: denn ...: wichtiger erscheint mir noch zu sein, daß bezogen auf diese nicht ausgereift seienden Impfstoffe sogar zu schlußfolgern ist ...: *_Nicht!_* allein alle üblichen Satelliten des lobbykratischen Systems in Politik, *spin_*doktorischer Wissenschaft, Medien*_Konzernen* und Kultur*_Betrieb* arbeiten selektiv lügnerisch ...: *_sondern!_* ...: ebenso jene, die solche Impfstoffe entwickeln ...: *_denn!_* ...: gerade diese Wissenschaftler müßten nicht lediglich auf die Gefahren von bisher völlig unzureichend getesteten Impfstoffen aufmerksam machen ...: *_hingegen_* ...: *ver!_*langen, daß solche Stoffe *_erst dann!_* flächendeckend zum Einsatz kommen, läßt sich nach menschlichem Ermessen sagen, daß der Nutzen solcher Stoffe die Gefahren weit überwiegt.

...: sowie ...: *gemeinwohl_*orientiert ...: folglich ...: *_nicht!_* profitorientiert ...: müßte gefragt werden ...: Sind Impfstoffe überhaupt das geeignete Mittel, um biologische Erreger für uns gefahren*_arm* zu machen oder für uns relativ harm*_los* zu halten? ...: Diese Frage ist deshalb *_keine_* absurde, da sie sich aus kritischer Betrachtung der Geschichte des Impfens ...: *beziehungsweise* ...: sie sich aus den sich aus dieser Betrachtung ergebenden Fragen und Antworten ergibt ...: *wenn es auch stimmt* ...: *_Weder!_* für den „blühenden pharmazeutischen Zweig" der Lobbykratie *_noch!_* für jene „Anleger", die ...: *wegen falscher Besteuerung* ...: nicht wissen, wohin mit *_ihrem?_* Geld ...: ist diese Frage eine gute. ...: *_zumal_* ...: Die ihr sozusagen vorlaufenden Fragen und Antworten werfen zudem ...: *aus meiner Sicht* ...: ein entlarvendes Licht auf das Reden und Treiben jener, die ...: *so sagt man* ...: demokratisch gewählt und allein *des!_*halb in politischer Verantwortung wären ...: was *tat_*sächlich verdeutlicht, daß die politisch Verantwortlichen sich *_ausschließlich!_* für ihr eignes Fortkommen und für die Interessen *_jener_* verantwortlich fühlen *_können_* ...: die ich bereits mehrmals bezeichnet habe ...: _*Wer?*_ aber wollte dann solche Figuren noch als „*gemeinwohl*_orientiert Verantwortliche" bezeichnen.[388]

...: vor diesem Hintergrund könnte es einleuchten, daß ...: geht es ums „Informieren" ...: in Wirklichkeit ...: ums *Des*_Informieren ...: der Masse der Menschen ...: selektiv Lügnerisches _*dann!*_ notwendig ist ...: erscheint den „lobbykratie_*systemischen* Wachhunden" ...: also ...: den *Spin*_Doktoren und *Alpha*_Jounalisten ...: das Herrschaftssystem der geschlechtsunspezifischen Oligarchen des die Welt dominierenden sogenannten Westens bedroht zu sein ...: und das ist es aktuell erneut ...: aber *des*_halb erneut bedroht ...: da seinem Profitsystem das Instabile *in*_härent ist. ...: und _*das*_ bedeutet ...: Das Denken dieser selektiv lügnerisch Arbeitenden kann allein ein korrumpiertes sein, da diese bei ihrem bezahlten Tun _*stets*_ ...: und als erstes bedenken müssen ...: _*Wie?*_ muß ich _*meine*_ Aussage fassen, daß sie meine Karriere befördert und nicht knickt. ...: *des!*_halb das von ihnen erst dann geübte gewisse Maß an „lobbykratie_*systemischer* Kritik", kann ihnen kein solcher Knick mehr drohen ...: also im Alter ...: können sie von „Bezügen" zehren ...: die ...: *da bisher willfährig gewesen* ...: wohl genügende sein mögen ...: jedenfalls ...: keine, die sie zu ständigen „bedarfsgerechten Erklärungen" zwingen. [_Anm.d.A._]

---

[388] Siehe zur „Geschichte des Impfens", bzw. zu ihrer kritischen Betrachtung, das Video: „Ohne Aufklärung geht die ganze Chose nicht ...", in dem ich, wie Sie längst wissen, auf einen Vortrag von Gerd Reuther hinweise ...: der Link zu diesem Video: https://youtu.be/KmlslqzsWWo. An dieser Stelle sei wiederholt ...: Im Textfeld zu diesem Video finden Sie mehrere Links, die direkt zu einzelnen Positionen in dem Video des Vortrags von Gerd Reuther: „Impfungen — Segen oder Fluch?" führen. Der Text dieses Videos findet sich auf der InternetSite von *Rubikon.news*: https://www.rubikon.news/artikel/mehr-fluch-als-segen-2. Der Vorteil dieses Essays ist, daß die Quellen, die im Video fehlen, angegeben sind; der Nachteil ist, daß die im Video verwendeten Schautafeln fehlen.

...: aber folgen wir weiter Pino Arlacchis Erläuterungen ...:

Um diese Korruption der Medien, die den
demokratischen Bedeutungsdiskurs *auf*_löst und

> [_*auf diese Weise* _unsere_ *Geschicke, also Ihre und meine und die Geschicke all derer, die von den im Sinne der medial verschleierten Interessen jener geschlechts*_un_*spezifischen Oligarchen von deren politischen Satelliten verfaßten Gesetzen und Verordnungen bestimmt werden, so daß Ihnen und mir sowie all den andren der Masse der Menschen* ...: _meist_ *allein ein* „Sichdurchwurschteln" *alternativ*_los *möglich bleibt;* Anm.d.A._]

in die Hände einer zunehmend restriktiven [_*und somit gegen die Masse der Menschen gerichtete Maßnahmen fordernden*_] Plutokratie legt [_*was eben durch die Korruption der Medien bewirkt ist* ...: also ...: *um diese Korruption der Medien*_] zu untergraben, müssen wir uns des Wirrwarrs alternativer Informationsquellen bedienen ... oder ... unabhängige Zeitungen gründen. ... _*Oder*_ ein Nobelpreisträger wie Paul Krugman sein. ... Er _*darf*_ in der Kolumne der *New York Times* aus_*führen*, wie die Null-Komma-Ein-Prozent die _*öffentlichen*_ Interessen

> [_*folglich* ...: _unsere_ *Geschicke betreffend ... demnach ...: wie gesagt ...: Ihre und meine und die Geschicke all derer, die von den im Sinne der medial verschleierten Interessen jener geschlechtsunspezifischen Oligarchen von deren politischen Satelliten verfaßten Gesetzen und Verordnungen bestimmt werden, so daß Ihnen und mir sowie all den andren der Masse der Menschen* ...: _meist_ *allein ein* „Sichdurchwurschteln" *alternativ*_los *möglich bleibt;* Anm.d.A._]

zu ihrem eigenen Vorteil *miß*_brauchen. Und [_*diese Null-Komma-Ein-Prozent*_] verursachen, wie wir hinzufügen, die *über*_vereinfachte, falsche und *lücken*_hafte Information ...: deren Opfer _*wir*_ sind.

Hier ist dazu die Liste von Krugman ...:

1. Harte Korruption ...: Bündel von Geld für Politiker und Journalisten.
2. Weiche Korruption ...: „Drehtüren" zwischen Regierung und Wirtschaft, Tagungspauschalen, Mitgliedschaft im exklusiven Club.
3. Wahl-„Beihilfen".
4. Definition der politischen Agenda durch die Eigentümer der Medien und Think Tanks, um Prioritäten durchzusetzen, die oft gegen die Vernunft und das Gemeinwohl gerichtet sind.[389]

Daraus folgt ...: Beschließen die Null-Komma-Ein-Prozent, daß ein Land angegriffen werden sollte ...: *entweder weil es über keine Atomwaffen verfügt und reich an natürlichen Ressourcen ist oder weil es in der Lage ist, wirtschaftlich und geopolitisch zu konkurrieren, oder weil es in einer Position ist, die der neoliberalen Finanzierung feindlich gesinnt ist, oder aus einer Kombination dieser Gründe ...*: wird ein koordinierter Angriff auf seine Regierung veranlaßt. Die anderen außenpolitischen „Akzente" [_*als Ausdruck der stetig daseienden* „Rangeleien" *zwischen den nationalstaatlichen Machteliten dieser Welt ...: sei an dieser Stelle vom Autor dieses Buches anmerkend hinzugefügt*_] verschwinden, und der Medienkreuzzug beginnt.

Da wir in einer Zeit weitverbreiteter Kriegsverweigerung leben [_*wegen der eigentümlichen Interessenlage von Oligarchen Kriege aber auch weiterhin geführt werden müssen*_],

---

[389] Zu dieser von Paul Krugman aufgestellten Liste, siehe die Ausgabe der New York Times vom 22. Juni 2019; Anm.d.A.

besteht der bevorzugte Vorwand für den Angriff auf ein Land aus „humanitären Gründen" und [_*wegen*_] der [_*dortigen*_] „Verletzung der Menschenrechte".

Die Medienkorruption hat sich in jüngster Zeit gegen China gerichtet, und zwar in Form von Fehlinformationen über die Proteste, die sich in den letzten Wochen

> [_*wie gesagt, es handelt sich um die Darlegung der* _Ursachen_ *der Proteste von Mitte 2019*; Anm.d.A._]

in Hongkong ereignet haben und [_*die dem* „westlichen Publikum"_] als Demonstrationen zur Verteidigung der politischen Grundfreiheiten der Bürger im Rahmen eines Auslieferungsvertrags präsentiert wurden, der [_*also dieser Auslieferungsvertrag*_] es China ermöglichen würde, Dissidenten aus Hongkong in Gewahrsam zu nehmen und sie im Mutterland zu verurteilen. [_*Von den im Interesse jener Null-Komma-Ein-Prozent der Weltbevölkerung die öffentliche Meinung Machenden aber*_] wird _*kein*_ Wort [_*zur Verdeutlichung der Faktenlage*_] verschwendet ...: Nämlich nicht [_*zur Verdeutlichung des tatsächlichen Sachverhalts*_] verschwendet, daß

1. Hongkong seit 1997 Teil Chinas ist, nachdem es mehr als ein Jahrhundert lang eine englische Kolonie als Folge der Kriege war, die Großbritannien im 19. Jahrhundert geführt hat, um ...: *im Namen der Freiheit* ...: Opium an Millionen chinesischer Drogenabhängiger zu verkaufen.
2. Daß China die von den Briten vor ihrem [_*Verschwinden als Kolonialherren*_] in letzter Minute in Hongkong eingeführten demokratischen Institutionen respektiert hat.[390]

---

[390] Der Autor des Ihnen vorliegenden Buches möchte hinzufügen ...: Bei diesen Institutionen handelt es sich tatsächlich um nach „westlichem Organisationsmuster" funktionierenden Institutionen. Das bedeutet ...: demokratisch ist an diesen nicht viel; siehe dazu bspw. die auf der Seite 597

3. Daß die Mehrheit der Wähler der Stadt Hongkong pro-chinesisch ist und daß die anti-chinesischen Parteien weiterhin an Unterstützung verlieren.

> *Und* _jetzt_ ...: das heißt insbesondere bezogen auf die beiden folgenden Punkte ...: *mögen die selbsternannten Hüter der Menschenrechte* ... also ...: die lobbykratischen Intellektuellen ...: *aufmerksam zuhören* [_Anm.d.A._] ...:

4. Daß der [_*besagte*_] Auslieferungsvertrag [_*allein!*_] Straftaten mit einer Freiheitsstrafe von mehr als 7 Jahren umfaßt (Mord, Raub, Vergewaltigung usw. betreffend).

5. Daß China sich darüber beschwert, daß Hongkong nur 20 Auslieferungsverträge mit dem Ausland unterzeichnet hat und somit zu einem Aufenthaltsort für chinesische und internationale Kriminelle aller Art geworden ist ...: von Spitzenkillern bis zu Schmugglern, von korrupten Politikern bis zu Finanz-Mega-Betrügern, die dort leben und ihre Beute ausspähen (Hongkong ist immer noch eine der größten Steueroasen) ...: in diesem letzten Punkt habe ich [_*d. h. Pino Arlacchi*_] als stellvertretender Vorsitzender der Anti-Mafia-Kommission 1995 in Hongkong Spuren von Geld gefunden, das im Namen von Bettino Craxi angelegt wurde.[391]

---

beginnende „*Ab*_gehende Begegnung: Mit _*geschultem*_ Realsatiristen-Blick auf 'Demokratie' *ge*_blickt", die bereits genügend Informationen liefert, um einen Eindruck vom Simulationscharakter der „westlichen Demokratie" zu gewinnen.

[391] Bettino Craxi (_1934-2000_) war in den 1980er Jahren einer der prominentesten und einflußreichsten italienischen Politiker der Italienischen Republik. Er war auch der erste Sozialist, der das Amt des italienischen Premierministers bekleidete.

Seine Vorstellungen von Sozialismus waren eigenständig und bekamen sogar eine eigene Bezeichnung ...: *die mitunter auch abwertend verwendet wurde* ...: „Craxismo". Craxi hat seine diesbezüglichen Vorstellungen wie folgt umschrieben ...: Un socialismo a livello nazionale che è integrato in un quadro più ampio, che, poiché include tutti gli stati del Mediterraneo, cioè anche i paesi arabi del Nord Africa, è chiamato 'socialismo mediterraneo'" ...: damit gemeint war also ...: ein Sozialismus, der im italienischen Sinne patriotisch ist, sich aber in einen größeren, d.h. „mediterranen Rahmen"

6. Daß das eigentliche Problem, das an der Basis des Unbehagens [_*der westlich orientierten Gruppen*_] Hongkongs liegt, sein Niedergang seit 1997 als Finanzzentrum ist, und zwar als Ergebnis des rasanten Wachstums des Mutterlandes und des an Hongkong grenzenden Gebietes von *Shenzhen* — ein Wachstum infolge der Entwicklung einer riesigen verarbeitenden Industrie, die sich *jen*_seits der Reichweite der halbkriminellen Finanzwelt Hongkongs befindet, die, unter anderem, in ihren „rechtlichen" Möglichkeiten von den Börsen von Shanghai und Guangzhou weitgehend ausgebremst wurde.

[_Bedarf?_ *es großer Phantasie, daß eine solche sich verstärkende Entwicklung den in den großen Spekulationskasinos herumlungernden Oligarchen dieser Welt als Horror erscheinen muß, könnte sich auf diese Weise doch herausstellen, daß für eine prosperierende gesellschaftliche Entwicklung private* ...: also nach „chaotischen Regeln" funktionierende ...: *Finanzplätze keineswegs notwendig sind.* Anm.d.A._]

(_*Socialismo mediterraneo*_) eingebettet versteht ...: wobei für Craxi zu diesem *Socialismo mediterraneo* selbstredend der arabische Raum mit dazugehörte ...: bspw. Tunesien oder Libyen ...: so pflegte er u.a. besondere Beziehungen zu Muammar Gaddafi (_1942-2011_). Dies hatte eine positive Konsequenz ...: der Islamismus befand sich zu jener Zeit in Nordafrika auf dem Rückzug ...: eben durch die Unterstützung laizistisch gesonnener arabischer Persönlichkeiten durch Persönlichkeiten wie Bettino Craxi.

Die gegen ihn später erhobenen Korruptionsvorwürfe wies er zwar persönlich zurück, räumte aber ein, daß ihm bewußt war, daß der PSI illegale Finanzierungen angenommen hatte, und beklagte, daß sich „jahrzehntelang" alle Parteien illegal finanziert hätten, ohne jemals „Gegenstand der Denunziation" geworden zu sein, die zu einer Haltung der „Komplizenschaft" geführt habe. Übrigens wurden zu jener Zeit Craxis Regierung und Partei auch von Silvio Berlusconi unterstützt, zu dem Craxi ein durchaus vertrauliches Verhältnis aufgebaut hatte, wobei er zwar politisch distanziert, aber nicht gegen ihn eingestellt war. ...: das bedeutet auch ...: Noch heute weckt das Andenken an Bettino Craxi in Italien kontroverse Gefühle.

Hinweis ...: *il Partito Socialista Italiano* ...: gegründet 1892, aufgelöst 1994, neugegründet 2007, ist nicht mit dem *Nuovo PSI* zu verwechseln, bei dem es sich um eine Mitte-Rechts-Partei handelt, die dem *Movimento politico Forza Italia* (_FI_) angehört.

Einige der Einwohner Hongkongs hegen daher den Traum von einer Rückkehr in die Vergangenheit, die den Status als Finanzzentrum wahrt, das für China inzwischen an Bedeutung verloren hat. Außerdem steht das nicht im Einklang mit der Politik Pekings, die darauf abzielt, die Realwirtschaft zu fördern ...: auf Kosten der privaten Finanzwirtschaft.

Aber _*diese*_ Geschichte kann nicht [_*so einfach erzählt, nicht so einfach verbreitet werden, also*_] ziehen es die Null-Komma-Ein-Prozent vor [_*eine andere*_], eine hastig [_*erzählte*_] Geschichte [_*zu verbreiten, bzw. über ihre Satelliten verbreiten zu lassen*_], mit dem Tyrannen Tschi Jin Ping auf der einen Seite und den Helden der liberalen Demokratie auf der anderen. _ ENDE DER ZITIERUNG[392]

Dies also die Aussage von Pino Arlacchi zu dem,
das so „nicht in der Zeitung zu lesen ist".

---

[392] Die bereits genannte Quelle dieser Zitierung sei nun wiederholt: *Il Fatto Quotidiano*, Ausgabe vom 18. Juli 2019, Originaltitel: « Ong Kong, la storia che non leggerete » von Pino Arlacchi. Der zugehörige Link:

https://www.ilfattoquotidiano.it/in-edicola/articoli/2019/07/18/hong-kong-la-storia-che-non-leggerete/5333463/ wurde am 12. Dezember 2021 erneut geprüft. Für die Freundlichkeit, diesen hier zitierten und von mir übersetzten Bericht abdrucken zu können, sei der Redaktion von *Il Fatto Quotidiano* herzlich gedankt!

Es bestürzt mich längst nicht mehr, daß in Diskussionen mit behaupteterweise die „Demokratie", die „freie Rede", die „individuelle Freiheit", die „Menschenrechte" und überhaupt alles, was den selbsternannten „Elitestaaten" der Welt als Errungenschaft zugesprochen wird, bejahenden „bürgerlichen Intellektuellen" ...: also ...: *den lobbykratischen Intellektuellen unserer Tage* ...: die Kenntnisgabe dieses gerade zitierten Berichtes inhaltlich in keiner Weise gewürdigt wird, hingegen ...: *und so die Kenntnisgabe dieser Fakten völlig ignorierend* ...: allein das von „westlichen Medien" zur allgemeinen „Kenntnis" ...: oder besser gesagt ...: das von „westlichen Medien" *_nicht!_ zum Erkennen des tatsächlich Faktischen zur allgemeinen* „Kenntnis" Gegebene nachgeplappert wird ...: daß nämlich die demonstrierenden Hongkonger keine andere Absicht gehabt hätten, als für „bürgerliche Freiheiten" und „Demokratie" zu „kämpfen" ...: während ...: *so erneut* ...: im Verhalten der chinesischen Staatsmacht *_das_* Böse schlechthin zu „erkennen" wäre. ...: nein ...: in der Tat ...: das bestürzt mich längst nicht mehr ...: *ich nehme es bloß noch zur Kenntnis und erlaube mir das realsatiristische Treiben der lobbykratischen Intellektuellen lediglich noch zu beobachten und in meinen Büchern für die* welt*_berühmte* Nach*_Welt zu* „vermerken".

...: ja, in der Tat, es bestürzt mich längst nicht mehr, daß in Diskussionen mit behaupteterweise die „Demokratie", die „freie Rede", die „individuelle Freiheit", die „Menschenrechte" und überhaupt alles, was den selbsternannten „Elitestaaten" der Welt als Errungenschaft zugesprochen wird, bejahenden lobbykratischen Intellektuellen unserer Tage ...: also ...: anstatt auf den Inhalt dieses gerade zitierten, exemplarischen Berichtes Pino Arlacchis einzugehen, und so ...: *unter Umständen* ...: erkennen zu müssen, daß die Dinge in *_diesem!_* Fall nicht so eindeutig „schwarz-weiß" liegen ...: daß nämlich die Drahtzieher der Hongkonger Proteste tatsächlich nichts anderes im Sinne haben, als _*ihre*_ Freiheit ...: *die eine auf Kosten anderer und tatsächlich die Freiheit von Kriminellen ist* ...: zu retten ...: *wodurch übrigens ein bezeichnendes Licht auf die Art der* „Berichterstattung" *durch die* „westlichen Medien" *fällt, wenn diese eben nicht von den Machenschaften* _dieser!_ *Drahtzieher berichten* ...: lenken diese lobbykratischen Intellektuellen statt dessen von dieser notwendig zu führenden Auseinandersetzung ...: *die nämlich eine wäre, die eben das Treiben und Reden* „bürgerlicher Intellektueller" *mit in den Blick zu nehmen hätte* ...: in Diskussionen dadurch ab, daß sie ...: *in* _diesem!_ *Zusammenhang der von Großkriminellen ausgeübten Machenschaften* ...: auf die Unterdrückung der Tibeter durch die Chinesen verweisen. ...: _*Wie*_ sie _*das!*_ aber tun, oder wie sie auf Kritik an ihrem auch *dies*_bezüglich reflexhaften „Denken" reagieren, weist sie selbst als diesen Heuchlern zugehörig aus ...: nämlich als das aus ...: was Amélie Nothomb so ausgedrückt hat ...: « Die Intellektuellen sind zu einem sehr großen Teil für jenes verantwortlich, welches sie anklagen ».[393]

...: vor dem Hintergrund und im Zusammenhang mit diesem zu den Ereignissen Mitte des Jahres 2019 in Hongkong von einem der besten Kenner des organisierten Verbrechens verfaßten und oben zitierten Berichtes, seien jetzt einige meiner in der Auseinandersetzung mit solchen Intellektuellen getätigten Aussagen angefügt, da sich auf diese Weise einmal mehr zeigen läßt, daß diese ...: *heutzutage geschlechtsunspezifischen* ...: Kriminellen in Nadelstreifen das eine, solche sich als „progressiv" gerierenden ...: *gleichfalls geschlechtsunspezifischen* ...: heuchlerischen Intellektuellen jedoch das andere

---

[393] Dieses Zitat habe ich zur Bezeichnung des „Aspekts 29" meines Buches: « Sie fragen noch, wie die ›Verhältnisse‹ liegen? » genommen ...: dort findet sich auch die Quelle dieses Zitats.

sind. ... Denn _*so*_ kann das existierende lobbykratische System von seinen „scharfen Kritikern" aus den Reihen dieser eloquenten Heuchler _*nicht!*_ „geknackt" werden .... gewiß ...: _*diese*_ „Kritiker" haben diese *Ab*_Sicht nicht.

> Im folgenden deshalb nun meine, die Ursache dieser Proteste in Hongkong betreffende Antwort auf das von einem „westlichen Intellektuellen" Verlautbarte. ...: wie im Zusammenhang mit diesen seltsamen *Begegnungen mit Realsatiristen* üblich, dient mir die Verwendung der Anrede „Herr" allein der Distanzierung.

...: Herr *Boo*, daß ich Ihnen von diesem Bericht Pino Arlacchis erzählte, hatte allein _*den*_ Zweck, Sie über jene wesentlichen Fakten der Ursachen für die sich Mitte des Jahres 2019 in Hongkong ergeben habenden Ereignisse zu unterrichten, da sie von den „Qualitätsmedien" nicht berichtet werden ...: *ob!*_wohl die um diese Fakten wissen ...: demnach ...: _*nicht*_ wollen, daß die normalen Menschen darum wissen ...: offensichtlich aber wollen Sie, Herr *Boo*, genausowenig darum wissen. ...: auch scheint es, daß Sie meine Bemerkung ignoriert haben, daß ich _*weder!*_ ein Freund des chinesischen Regimes _*noch!*_ ein Freund der EU-europäischen Machteliten und deren Satelliten in Politik, Medien, Wissenschaft und Kultur bin ...: da mich mit ihrer Heuchelei anekelnd ...: insbesondere ...: reden diese über Menschenrechte. ...: daher ist Ihre etwas rätselhafte Behauptung ...: ich sei ein „Fan des Gouvernementalen" ...: zumindest grotesk ...: _*denn!*_ ...: In meiner Aussage deutet _*nichts!*_ an, daß ich ein solcher „Fan" sein könnte ...: _*womit?*_ Sie etwa eine wie auch immer geartete Unterstützung „bürokratischer Herrschaft" meinen. ...: übrigens ...: _*Was?*_ glauben Sie ...: was die Lobbykratie ist, wenn nicht eine im Sinne von machtvollen Partikularinteressen funktionierende „bürokratische Herrschaft". ...: *andererseits* ...: Diese, Ihre völlig unbegründete Aussage zeigt deutlich, daß _*Sie*_ es sind, der die Welt aus einem begrenzten ideologischen Blickwinkel „sehen" will. ...: natürlich ...: ich respektiere das ...: aber ...: Dieser „ideologische Blickwinkel" ...: *Ihre Perspektive* ...: ist so langweilig wie sie substantiell leer ist ...: was allein daran deutlich wird ...: meinen Sie, daß Hongkong von den Chinesen „kolonisiert" wurde ...: _*Was?*_ aber mag Hongkong bis 1997 gewesen sein, wenn nicht eine britische Kolonie.

...: auf _*welcher?*_ Seite mögen Sie also stehen, führen Sie das Wort „Freiheit" im Munde ...: _*Welche?*_ Art von „Freiheit" müßte man sich dann vorstellen ...: und vor allem ...: für _*wen?*_ und für wen _*nicht?!*_ ...: immerhin ist Hongkong ein Zufluchtsort für die internationale Finanzmafia und für international gesuchte Großtäter der verschiedenen Couleur. ...: also ...: _*Wie?*_ ist es zu bewerten, daß Sie die Aussagen dieses hier zitierten faktengestützten Berichtes ignorieren und stattdessen unverdrossen weiterhin behaupten, daß die Hongkonger Proteste Ausdruck von „Demokratie", „bürgerlichen Freiheiten" und „Menschenrechten" wären ...: glauben _*Sie?*_ ...: daß es erst seit heute ein Problem mit den Menschenrechten gäbe ...: _*und?*_ ...: daß die Hongkonger Finanzmafia an den Menschenrechten interessiert sei. ...: _*Sind?*_ Sie einfach nur naiv ...: oder _*was?*_ soll ich annehmen ...: _*verteidigen?*_ Sie einen solchen moralischen Abschaum. ... _*Wundern?*_ Sie sich etwa nicht ...: _*Weshalb?*_ vermelden die westlichen Medien von den im Bericht von Arlacchi benannten Fakten nichts. ...: Ich stelle Ihnen ernsthaft die folgenden Fragen ...:

- _*Haben?*_ Sie etwas dagegen, daß Mörder bestraft werden.
- _*Haben?*_ Sie Einwände dagegen, daß schwerer Raub bestraft wird.
- _*Entrüstet?*_ es Sie, wird (_*erwiesene!*_) Vergewaltigung bestraft.

...: in jedem Fall handelt es sich dabei um Verbrechen, die mit einer Freiheitsstrafe von mindestens sieben Jahren geahndet werden. ...: aber gerade _*diese*_ Verbrechen sind Gegenstand des Auslieferungsvertrages zwischen Hongkong und dem chinesischen Hauptland. ...: _*erkennen?*_ Sie es nicht ...: Der eigentliche Skandal besteht darin, daß dieses Abkommen erst jetzt unterzeichnet werden sollte. ...: und _*dies!*_ ...: *dieses Auslieferungsabkommen Schwerkrimineller* ...: _*ist!*_ einer der Hauptgründe für diese „Proteste". ...: Es geht also _*nicht!*_ um die Auslieferung von „Dissidenten". ...: China beabsichtigt auch nicht, gegen das in Hongkong gelte Recht zu verstoßen ...: Seit 1997 respektiert China das in Hongkong geltende Recht ...: *ob!*_wohl Hongkong *seit*_dem Teil Chinas ist.

...: ein weiterer Grund für diese „Proteste" liegt darin, daß die Finanzmafia Hongkongs keinen direkten „spekulativen Zugriff" auf die chinesische Realwirtschaft hat ...: und damit ebenso die *Wall Street* und die *City of London* darauf keinen direkten „spekulativen Zugriff" haben.

- _*Als?*_ was würden Sie ein Recht bezeichnen, daß die Finanzmafia schützt
- Oder als _*was?*_ würden Sie ein Rechtssystem bezeichnen, das bekannte Mörder schützt.
- _*Wie?*_ ein Recht bezeichnen, schützt es notorische Vergewaltiger
- _*Wie?*_ ein Rechtssystem bezeichnen, das „hochkarätige" Steuerhinterzieher schützt ...: Hong Kong ist eine der wichtigsten „Steueroasen" der Welt.
- _*Wollen?*_ Sie in diesem Zusammenhang behaupten, daß Sie die Menschenrechte und demokratischen Rechte verteidigen, verteidigen Sie diese Hongkonger „Freiheitskämpfer", die von mafiösen Drahtziehern „geführt" ...: _*und!*_ ...: bezahlt werden.

...: also schätze ich ...: Sie haben keine Ahnung, reden Sie von diesen Hongkonger Protesten.

...: wie gesagt, diese Klarstellung macht mich nicht zu einem Freund des chinesischen Regimes ...: meine Intention ist eine völlig andre, da diese *direkt*_demokratische *Ziel*_Verfolgung ist ...: aber ...: und gerade wegen dieser Intention ...: _*Wie?*_ sollte mich das heuchlerische Treiben der „Elitestaaten" des Westens und ihrer Intellektuellen zu _*ihrem*_ Freund machen.

...: nun ...: Herr *Boo* ...: so Sie Ihre Glaubwürdigkeit bewahren wollen ...: und falls Sie in einem der Länder geboren wurden, die heute Teil der EU sind oder dem UK angehören ...: müssen Sie folgendes tun ...: Schauen Sie sich selbst in die Augen und machen Sie die Medien, Politiker und *spin*_doktorischen Wissenschaftler _*Ihres*_ (_?_) Landes auf den unbestreitbaren Fakt aufmerksam, daß die europäischen Mächte seit über 520 Jahren Krieg gegen die Welt führen. ...: Das kann man deshalb genau _*so!*_ sagen, da die Machtelite der USA und ihre Satelliten ...: *in Politik,* spin_*doktorischer Wissenschaft, Medien*_Konzernen *und Kultur*_Betrieb ...: charakterlich und mental europäische Wurzeln haben ...: nicht ohne Grund spricht man vom „Westen" ...: wobei ich lieber von den „Westlichen" spreche ...: *auch in Anlehnung an die Vorstellung der alten Ägypter* ...: sind die Machtblöcke USA / UK und EU gemeint, da dieser „Westen" tatsächliches Ergebnis jener „transatlantischen Tradition" ist[394] ...: das bedeutet auch ...: Diese Mächte haben _*alle!*_ *paulinisch*_christliche Tradition ...: siehe in diesem Zusammenhang im Neuen Testament der Bibel die Forderung in Matthäus 28,19-20, die mit ...: „Der Missions-Befehl" über-titelt ist. ...: Dächten Sie dann aber über die

---

[394] Siehe dazu „Aspekt 28" meines weiter oben genannten Buches.

sich daraus ergebenen Konsequenzen nach, erkennten Sie ...: _*vielleicht!*_ ...: die Wurzel dieses seit mindestens 520 Jahren währenden Weltkrieges ...: _*denn!*_ ...: Der Kern des Problems liegt in der Illusion der Überlegenheit der Europäer ...: und ...: *des!*_halb die Kulturbringer der Welt zu sein ...: dies eine durch jenen „Missionsbefehl" genährte und aufrechterhaltene Pseudoüberlegenheit ...: die ...: *als die* „christliche Tradition" *ihre Bindungskraft verlor* ...: durch die Erfindung des Arier-Mythos im 19. Jahrhundert ...: sowie ...: mittels einer bis heute wirkkräftigen Ideologie ...: *die als Philosophie, bzw. als deutscher Idealismus bezeichnet wird* ...: genährt und so weiterhin aufrechterhalten werden konnte, bzw. bis heute aufrechterhalten wird ... das bedeutet ...: Zwar wurde später diese von den Aussagen des Paulinischen Christentums gestützte illusionäre Überlegenheit inhaltlich verändert ...: *wenn auch nicht selten mit der* „christlichen Botschaft" *kombiniert* ...: *so daß Begriffe wie* „Menschenrechte", „Demokratie", „Freihandel", „Markt" *usw. in den Vordergrund traten und der* „christliche Mentalitäts-*Ab*_Druck" *von einem* „liberalen Mentalitäts-*Ab*_Druck" *überlagert wurde* ...: *wofür eben die reflexauslösenden Begriffe wie* „Menschenrechte", „Demokratie", „individuelle Freiheit", bürgerliche Rechte", „Rechtsstaat", „Freihandel", „Freiheit der Märkte" ...: „freie Fahrt für freie Bürger" ...: *usw. stehen* ...: aber ...: der in Matthäus 28,19-20 angelegte „Impulsgeber" blieb für alles Nachfolgende der prägende ...: und auf diese Weise blieb das sozusagen „europäisch Missionarische" erhalten ...: in welcher Verkleidung es auch auftreten mochte und mag. ...: Tatsächlich aber haben die europäischen Machteliten und ihre Satelliten ...: die zusammen mit der US-amerikanischen Machtelite und deren Satelliten als „westliche Machtelite" ...: oder als lobbykratische Machteliten ...: richtig bezeichnet sind ...: übrigens ...: *ich habe mir angewöhnt, diese* „Eliten" *sowie ihre Satelliten als* „Westliche" *zu bezeichnen* ...: *um zu unterstreichen, wo ich sie* „verorte" ...: *nämlich* ...: *gemäß* *alter ägyptischer Vorstellung* ...: *dort, wo die Seelen der Toten wesen* ...: also ...: Die Westlichen haben nie dazu beigetragen, anderen Völkern Kultur oder Wissen zu vermitteln ...: hingegen ...: sie verwendeten ...: *und verwenden* ...: ihre „hehren Begriffe" *aus!*_schließlich dazu, ihr Streben und Trachten zu bemänteln ...: das Stehlen der Schätze anderer Völker und Länder ...: das Massakrieren ganzer Völker ...: das Völker Versklaven ...: oder ...: war dies nicht möglich ...: Völkern ihre Traditionen zu rauben ...: sprich ...: sie kulturgeschichtlich zu entwurzeln und ihnen ihre Geschichte von _*sehr!*_ christlichen ...: „missionarischen" ...: europäischen Intellektuellen gar „neu" schreiben zu lassen ...: wie es beispielsweise den „Indern" widerfuhr ...: „Inder"? ...: _*ist?*_ das wirklich ihr Name ... _*oder?*_ werden sie schon „richtig" benannt, nennen „wir" sie nur „Hindus". ...: wie dem auch sei ...: diese ...: „Inder" ...: wären jetzt jedenfalls ...: so behaupten Sie, Herr *Boo* ...: chinesische Sklaven. ...: Es wird viel über Dinge geredet, zu denen zwar viel gemeint wird, aber tatsächlich nur wenig bekannt ist, nicht wahr, Herr *Boo*? ...: aber ...: _*Wen?*_ kümmert das, gehört man zu den „Elitestaaten" der Welt. ...: _*allerdings!*_ ...: _*Wieso?*_ mag es mich anekeln, höre ich Leute wie Sie reden ...: nun ...: wohl aus dem gleichen Grund, weshalb es lächerlich war, daß Sie, zum Belegen traditionell menschenverachtender Politik der Chinesen ...: *vor dem klarstellenden, von mir zitierten Bericht Arlacchis* ...: Tibet ins Spiel bringen wollten. ...: denn ...: _*Von?*_ welcher „Freiheit für Tibet" reden Sie dann ...: _*etwa?*_ von der „Freiheit" der Lamas, ihres reaktionären Karma-Glaubens und ihres staatlich-religiösen Lamaismus', der für alle normalen Tibeter wie eine Zwangsjacke ist ...: *mag diese ihnen traditionell auch vertraut sein* ...: und der selbst eine blutige Traditionslinie hat. ...: _*Oder?*_ meinen Sie die „Freiheit" der Tibeter selbst, sprechen Sie vom „zu befreienden Tibet".

Nun, was den Lamaismus betrifft, können Sie von einigen seiner Aspekte in meinem Buch: « Ist der Monotheismus von seiner Anlage her ein elementarer Faktor der Gewalt? » lesen, denn es befaßt sich mit dem gesellschaftspolitischen Problem von monotheistischen Religionen, so sie staatstragenden Charakter entwickeln ...: *inklusive übrigens* „säkularer" *Religionen wie dem Neoliberalismus* ...: und damit ...: *unter anderem* ...: auch mit dem äußerst seltsamen Gebilde „Lamaismus".

...: wie gesagt ...: Es ist illusionär „gesehen", die „Elitestaaten" des sogenannten „Westens" als Kulturträger der Welt zu bezeichnen ...: bestenfalls könnten sie ...: *bezogen auf den Maßstab* „Kulturträger der Welt" ...: als „kulturtragende Karikaturen" gelten. ...: Wieso mir das derartig hart auszudrücken möglich ist? ...: *des!*_halb ...: da ich das dazu notwendig zu Sagende längst in dem oben erwähnten Buch und in ...: « Sie fragen noch, wie die ›Verhältnisse‹ liegen? » ...: ausgedrückt habe. ...: _*denn!*_ ...: _*Was?*_ veranlassen die Machteliten der selbsternannten „Elitestaaten" der Welt, haben ihre intellektuellen Satelliten alte Kulturtraditionen zerstört ...: das heißt ...: _*Was?*_ „schaffen" diese dann auf der „Basis" des zerstörten Kulturfundamentes ...: Sie zwingen den zerstörten Gesellschaften ein „Verfassungsmodell" auf, dessen gesellschaftliche Verankerung über einen als „Nationbuilding" bezeichneten Indoktrinationsprozeß erfolgt, der _*nichts!*_ mit den Bevölkerungen dieser zerstörten Gesellschaften zu tun hat ...: da lediglich als Herrschaftsmittel dienend ...: das den „westlich geklonten Eliten" dieser „geschaffenen Nationen" ...: *die zuvor an westlichen Universitäten ausgebildet* ..: sprich ...: „mental geklont" *wurden* ...: als Instrument zur Verfügung gestellt wird. ...: Exemplarisch wurde genau dies von den Engländern an der Elite „Indiens" ...: *Bhâratavarshas* ...: ausprobiert. ...:

und _*heute?*_ ...: Heute ist diese Praxis das Modell für all die künstlichen „Nationbuilding-Staatsprodukte". ...: _*Eine?*_ der daraus resultierenden Konsequenzen. ...: nun ...: Reaktivierter Nationalismus _*in*_ westlichen „Elitestaaten" ...: _*und!*_ ...: initiierter Nationalismus _*in*_ „Nationbuilding"-Staaten. ...

> Um es zu wiederholen, Herr *Boo* ...: Es ekelt mich an, höre ich Leute wie Sie reden.

Nun, diesen Aussagen möchte ich noch ein paar Anmerkungen zum uigurischen Separatismus hinzufügen, da diese geeignet sein könnten, nicht allein die in diesem Zusammenhang von chinesischer Seite gezeigte Haltung besser einzuschätzen, sondern ebenso zu erkennen, welche Rolle die deutsche Politik bei diesen separatistischen Bestrebungen spielt. Jedenfalls verschwendet die deutsche Politik offenbar keinen Gedanken daran, welche Konsequenzen es hätte, wäre der uigurische Separatismus erfolgreich. ...: das heißt ...: Die folgenden Anmerkungen weisen auf ein Einflußmuster hin, welches dem vergleichbar ist, das in Syrien von seiten der Westlichen ...: *demnach nicht anders von deutscher machtelitärer Seite* ...: angewendet wird bzw. wurde ...: nämlich ...: Die Unterstützung islamistischer Kräfte, deren Ergebnis eine völlige Chaotisierung der syrischen Gesellschaft zur Folge hätte ...: _*wäre!*_ die von den Westlichen geübte Praxis erfolgreich ...: hingegen ...: Die Masse der syrischen Bevölkerung weiß weit besser als jene ...: *die um jeden Preis die Geschicke ganzer Gesellschaften* ...: *im behaupteten Namen der* „Menschenrechte" *usw.* ...: *manipulieren wollen* ...: welche Folgen es für sie hätte, wäre die von den Westlichen versuchte Chaotisierung ihres Landes erfolgreich.

Bei den folgenden Anmerkungen handelt es sich im wesentlichen um Zitierungen von Passagen aus zwei Berichten, die 2018 auf der Nachrichtenplattform *German-Foreign-Policy.com* veröffentlicht wurden. Am Ende einer jeden Passage ist vermerkt, aus welchem dieser Berichte sie stammt.

Die „westliche" Kritik am chinesischen Vorgehen gegen uigurische Separatisten wird von chinesischer Seite scharf zurückgewiesen, da es sich dabei um eine Einmischung in chinesische Angelegenheiten handele, denn aus chinesischer Sicht stellt sich der Sachverhalt folgendermaßen dar ....:

- Uigurische Jihadisten würden in den Reihen des IS kämpften.
- Uigurische Separatisten, die Xinjiang als „Ost-Turkestan" von China abspalten wollten, würden aus dem westlichen Ausland unterstützt — so auch aus Deutschland.
- In Xinjiang gehe es um die „Verhinderung von Terrorismus".
- Die Lager, in denen uigurische Separatisten interniert seien, dienten der „Prävention", um Terrorakte der uigurischen Separatisten zu verhindern.
- In den vergangenen Jahren seien Hunderte, womöglich Tausende Menschen, diesen Terrorakten zum Opfer gefallen. ...: Die Angaben über die Zahl der Internierten reichen übrigens von einigen 10.000 bis zu einer Million.

Das bedeutet, aus chinesischer Sicht handelt es sich beim Vorgehen chinesischer Sicherheitskräfte in Xinjiang um einen Anti-Terror-Kampf, der dem „westlichen" Anti-Terror-Krieg entspricht. Zu diesem „westlichen" Anti-Terror-Krieg gehörten ab 2001 zunächst die Verschleppung von Verdächtigen in ausländische Foltergefängnisse, darunter solche in Europa, dann unter anderem Drohnenangriffe auf Verdächtige mit einer hohen Zahl ziviler Todesopfer ...: Untersuchungen darüber, ob diese Drohnenangriffe sich tatsächlich gegen Terroristen gerichtet hatten, erfolgten in der Folge solcher Angriffe nicht.

Tatsächlich werden in Xinjiang bereits seit den 1990er Jahren von Angehörigen der turksprachigen Minderheit der Uiguren Terrorangriffe verübt. Diese Uiguren kämpfen für die Abspaltung des autonomen Gebiets Xinjiang von China und wollen einen Staat „Ost-Turkestan" gründen; manche der uigurischen Separatisten haben dabei eine Vereinigung mit anderen turksprachigen Staaten Zentralasiens im Sinn.

Zu den auch im Westen bekannt gewordenen Anschlägen zählen bspw. ein Angriff uigurischer Separatisten auf eine Kohlemine in Xinjiang im September 2015, bei dem die Angreifer gezielt nicht-turksprachige Arbeiter — *vor allem Angehörige der chinesischen Han-Mehrheit* — mit langen Messern abschlachteten. Laut westlichen Medienberichten kamen dabei rund 50 Menschen ums Leben. Am 1. März 2014 griffen uigurische Terroristen — *ebenfalls mit Messern bewaffnet* — zivile Reisende im Bahnhof von Kunming, der Hauptstadt der Provinz Yunnan, an, töteten dabei 31 Menschen und verletzten rund 150 weitere teils schwer. Ebenso hat es immer wieder Pogrome gegen Han-Chinesen gegeben. So griffen im Juli 2009 mehrere Tausend Uiguren in Xinjiangs Hauptstadt Urumqi gezielt Han-Chinesen an. Laut offiziellen Angaben kamen dabei 197 Menschen zu Tode. Beobachter gehen von einer weit höheren Opferzahl aus.

[_Die Quelle der Aussagen dieser Passage: *German-Foreign-Policy.com*: „Ost-Turkestan im Visier, Teil I", Bericht vom 15. November 2018._]

Das Spektrum der uigurischen Separatisten überlappt sich dabei mit dem Milieu uigurischer Jihadisten, die mit der Abspaltung Xinjiangs von China den Plan zur Gründung eines salafistischen Gottesstaates verbinden.

Uigurische Jihadisten beschränken ihren Aktionsradius schon lange nicht mehr auf China. Erstmals einer breiteren Öffentlichkeit bekannt wurden sie, als die Vereinigten Staaten im Rahmen des „Anti-Terror-Krieges" ab dem Jahr 2002 mehr als 20 Uiguren im Folterlager Guantanamo internierten. Die letzten von ihnen kamen erst Ende 2013 frei. Uigurische Jihadisten sind längst nicht mehr allein in Afghanistan, sondern auch in anderen Weltgegenden aktiv.

> [_Man bedenke im übrigen, was es für weite Teile Asiens bedeuten würde, und in der Folge dann nicht nur für diese, käme es zu einer _*territorialen*_ Verbindung zwischen Taliban und uigurischen Separatisten._]

So wurden am 17. August 2015 die Täter eines Bombenanschlags in Bangkok mit Uiguren in Verbindung gebracht. Der Anschlag fand an einem Schrein statt, der regelmäßig von chinesischen Touristen besucht wird ...: er kostete 20 Menschen das Leben, darunter mehrere Han-Chinesen.

Ebenso in anderen Ländern Südostasiens wurden immer wieder uigurische Jihadisten registriert, zum Beispiel in Malaysia und in Indonesien, von wo aus nicht wenige von ihnen in die Türkei reisten, um dort den IS oder Al-Qaida zu unterstützen.

China gab die Zahl der Uiguren, die in den Reihen des IS kämpften, im Jahre 2017 mit 300 an, während syrische Regierungsstellen die Zahl uigurischer Mitglieder der diversen jihadistischen Milizen, die in Syrien operierten, mit bis zu 5.000 bezifferten. Experten gehen — *unabhängig davon, ob die Zahlen im Detail zutreffen* — von einer signifikanten Gruppe uigurischer Milizionäre in den Reihen des IS und von Al-Qaida aus. Wie es in einer Analyse des *International Centre for Counter-Terrorism* in Den Haag heißt, wird die Bedrohung durch uigurische Jihadisten im Westen weithin unterschätzt.

[_Die Quelle der Aussagen dieser Passage: *German-Foreign-Policy.com*, d.h. der bereits erwähnte Bericht: „Ost-Turkestan im Visier, Teil I", vom 15. November 2018._]

Für China wiegt der Terror umso schwerer, als er mit Xinjiang eine strategisch wichtige Region trifft ...: Das autonome Gebiet umfaßt zentrale Abschnitte der „Neuen Seidenstraße" (_„Belt and Road Initiative", BRI_), die als derzeit bedeutendstes außenpolitisches Großprojekt Pekings gilt. Unruhen in Xinjiang bedrohen damit neben der inneren Ordnung der Volksrepublik auch ihren Aufstieg in der Weltpolitik. Dabei werden die Unruhen systematisch von außen geschürt. Eine hervorgehobene Rolle spielt dabei die Türkei unter Präsident Recep Tayyip Erdoğan. Erdoğan erklärte schon lange vor seinem Aufstieg zum türkischen Regierungschef, noch zu seiner Amtszeit als Bürgermeister von Istanbul ...: ZITAT_*Ost-Turkestan ist nicht nur die Heimat der Turkvölker, sondern auch die Wiege der türkischen Geschichte, Zivilisation und Kultur. Die Märtyrer Ost-Turkestans sind unsere Märtyrer.*_ZITATENDE ...: Uigurische Jihadisten finden regelmäßig Zuflucht in der Türkei. Auch hat Ankaras Geheimdienst immer wieder „versucht, die separatistischen Bestrebungen [in Xinjiang] zu unterstützen", bestätigt der Geheimdienstexperte Erich Schmidt-Eenboom [...]

Ebenso in Deutschland, zum Teil mit offizieller Unterstützung, sind uigurische Separatisten aktiv — *ein Vorgang, der ein neues Licht auf die jüngsten Attacken Berlins gegen die*

Volksrepublik wirft. Die Aktivitäten reichen bis in die Jahre des Kalten Kriegs zurück.

[_Die Quelle der Aussagen dieser Passage:*German-Foreign-Policy.com*: „Ost-Turkestan im Visier, Teil I", Bericht vom 15. November 2018._]

Jene uigurischen Separatisten, gegen die die chinesischen Behörden in Xinjiang vorgehen, unterhalten ihre auswärtige Operationszentrale seit Jahrzehnten in Deutschland. Die Bundesrepublik hat sich seit den 1970er Jahren schrittweise als „zentraler Außenposten und bedeutendste Basis für die Förderung der ost-turkestanischen Unabhängigkeit und des uigurischen Nationalismus" etabliert, wie es in einer Studie über das uigurische Exil heißt. Das bedeutet bereits in den 1970er Jahren machten sich Exil-Uiguren in München für die Abspaltung des westchinesischen autonomen Gebiets Xinjiang als „Ost-Turkestan" stark — damals beim US-Propagandasender *Radio Free Europe* bzw. *Radio Liberty*. Im Mittelpunkt steht der *World Uyghur Congress* (WUC) mit Sitz in München, der Exil-Uiguren weltweit vernetzt.

Die vor allem in und um München ansässigen Exil-Uiguren haben sich stets bemüht, Einfluß auf die deutsche Politik zu nehmen — nicht allein mit Demonstrationen und mit Petitionen, sondern auch indem sie gezielt Parlamentsabgeordnete und Beamte aus den Berliner Ministerialbürokratien kontaktierten. Ebenso geht diese Lobbyarbeit im sogenannten Westen von München überhaupt aus.

Unklar ist die Rolle des WUC im Zusammenhang mit den pogromartigen Ausschreitungen von Uiguren am 5. Juli 2009 in Xinjiangs Hauptstadt Urumqi. Wie zahlreiche Augenzeugenberichte bestätigen, griffen an jenem Tag mutmaßlich Tausende Uiguren chinesische Zivilisten an, zerstörten mehr als 200 Geschäfte sowie 14 Wohngebäude und setzten mehr als 250 Fahrzeuge in Brand. Nach offiziellen Angaben kamen dabei 197 Menschen zu Tode, darunter 134 Han-Chinesen — *also das Hauptvolk der Chinesen* — sowie zehn Angehörige der Minderheit der Hui-Chinesen.

Die chinesischen Behörden geben an, der WUC habe zuvor über elektronische Medien aufgefordert, „tapfer zu sein" und „etwas Großes zu tun"; dies sei als ein Aufruf zur Gewalt verstanden worden. Der WUC streitet dies ab. Tatsache ist, daß zwei Tage später zwei Unbekannte im Anschluß an Proteste von Exil-Uiguren in München Molotowcocktails auf das dortige chinesische Generalkonsulat warfen. Am selben Tag bedrohten uigurische Demonstranten auf dem Münchner Marienplatz chinesische Touristen. Ein WUC-Sprecher wird mit der Aussage zitiert, er wisse nicht, wer die Molotowcocktails geworfen habe ...: „aber wir wissen, daß unsere Leute die chinesische Obrigkeit hassen". Am 1. September 2009 ließ sich der Menschenrechtsausschuß des Europaparlaments von WUC-Präsidentin Rebiya Kadeer über die Unruhen vom 5. Juli informieren. Laut einer protokollartigen Übersicht des Ausschusses war dabei von Gewalttaten von Uiguren gegen Han-Chinesen _*nicht*_ die Rede; es wurde lediglich *spe*_kuliert, ob die Polizei womöglich Han-Chinesen versehentlich erschossen habe.

[_Quelle der Aussagen dieser letzten Passage: *German-Foreign-Policy.com*: „Ost-Turkestan im Visier, Teil II, Bericht vom 26. November 2018._]

ENDE DER ZITIERUNG

…: Nun …: „spekuliert“ der „Menschenrechtsausschuß des Europaparlaments“ _*lediglich*_ darüber, ob die chinesische Polizei „womöglich Han-Chinesen versehentlich erschossen“ habe, stellt aber keine eigenen Untersuchungen darüber an, was sich am 5. Juli 2009 in Xinjiangs Hauptstadt Urumqi tatsächlich ereignete …: _*also!*_ …: anstatt sich lediglich von voreingenommener Seite „unterrichten“ …: _oder?_ …: *vielleicht besser gesagt* …: *des?!*_informieren …: zu lassen …: eine „Methode“, die aktuell …: *das heißt seit dem 24. Februar 2022* …: im Informationskrieg zwischen den Westlichen und Rußland bezogen auf die Ereignisse in der Ukraine einmal mehr und unvergleichlich potenziert angewendet wird …: läßt sich der „Menschenrechtsausschuß des Europaparlaments“ lediglich noch in An- und Abführungszeichen setzen …: wenn nicht gar …: _*offen!*_ …: als eines der politischen Instrumente der Westlichen bezeichnen …: womit einmal mehr unterstrichen wäre, daß es sich beim Europaparlament lediglich um das Demokratiesimulationsorgan der EU handelt.[395]

395 Zum „Demokratiesimulationsorgan der EU“ siehe „Aspekt 20“ in: « Sie fragen noch, wie die ›Verhältnisse‹ liegen? ».

Vermeintlich letzte Begegnung:
... meinen und antworten ...

Vorbemerkendes zu dieser „Begegnung"

Es sei darauf hingewiesen, daß ich im ursprünglichen, Mitte Februar 2021 geschriebenen Text dieser „Begegnung"[396], als ich noch nicht daran dachte, das Ihnen vorliegende Buch zu schreiben, meine Aussagen über die „Covid 19-Epidemie" vor dem Hintergrund machte, als ich noch nicht davon wußte, daß es bspw. keine verwertbaren Daten zur Untermauerung der propagierten „politischen Maßnahmen" gab und zu dieser Zeit auch noch keine Daten zu Impfnebenwirkungen vorlagen sowie überhaupt kaum Kritik zu der fragwürdigen „Notzulassung" der „Anti-SARS-CoV-2-Impfstoffe" vernehmbar war. Diese Situation ist bis heute (_*Anfang März 2022*_) praktisch unverändert geblieben. Mehr noch, kritische Stimmen wurden und werden weiterhin regelrecht mundtot gemacht, obwohl ...: *lichtet sich der Propaganda-Nebel etwas* ...: sich eine Situation abzeichnet, die, so man seinen gesellschaftspolitischen Auftrag im Sinne der Bevölkerung und nicht im Sinne der eigenen Karriereüberlegungen erfüllt, besorgniserregend erscheint ...: beispielsweise ...: Nach über zwanzigjähriger Ausübung seiner Tätigkeit, wurde dem Vorstand der BKK ProVita, Herrn Andreas Schöfbeck, zum 1. März 2022 fristlos gekündigt. Und das allein deshalb, da er den Chef der Behörde „Paul-Ehrlich-Institut PEI" schriftlich von folgendem in Kenntnis gesetzt hatte ...: ZITAT_*Die unserem Haus vorliegenden Daten geben uns Grund zu der Annahme, daß es eine sehr erhebliche Untererfassung von Verdachtsfällen für Impfnebenwirkungen nach Corona-Impfung gibt. Dazu füge ich*

---

[396] Den Text dieser „Begegnung" habe ich weit früher geschrieben, nämlich zur Verarbeitung einer Diskussion mit Usern eines an sich besonderen Internet-Forums, die sich Anfang Februar 2021 ereignet hatte. Am 17. Februar 2021 habe ich ihn dann auf meiner BlogSite *NetzKolumnist.com* veröffentlicht.

*meinem Schreiben eine Auswertung bei. Datengrundlage für unsere Auswertung sind die Abrechnungsdaten der Ärzte. Unsere Stichprobe erfolgt aus dem anonymisierten Datenbestand der Betriebskrankenkassen.*_ZITATENDE[397] ...: Anstatt also diese alarmierende Aussage zum Anlaß zu nehmen, von unabhängiger Seite die bisherig erfaßten Daten zu Impfnebenwirkungen zu überprüfen ...: denn ...: die Behörde „Paul-Ehrlich-Institut" ist nicht unabhängig ...: wird demjenigen, der seiner Aufgabe als Vorstand einer gesetzlichen Krankenkasse gerecht wird, fristlos gekündigt. ...: dafür kann es nur eine Erklärung geben ...: Das mit Hilfe der „Qualitätsmedien" und des Kultur_*Betriebs* verbreitete Narrativ muß aufrechterhalten werden ...: _*koste!*_ es, was es wolle. ...: dies so kraß auszudrücken ist vor dem Hintergrund der in diesem Buch an vielen Stellen gemachten Anmerkungen, gegebenen Hinweisen und Quellenangaben berechtigt.

Denn es wird ...: also ...: *anstatt sich zu bemühen, erst einmal etwas Gesichertes zu der tatsächlichen Anzahl der von dieser* „Epidemie" *betroffenen Menschen* ...: *infiziert*; *Infektionsverlauf*; *tatsächlich an* „Covid-19" *gestorben* ...: also ...: _*nicht!*_ ...: „an oder mit Covid-19 gestorben" ...: *auszusagen* ...: von offizieller Seite weiterhin so getan ...: *und in Talkshows sowie in den andren fürs Machen der Öffentlichen Meinung zuständigen* „Medien" *entsprechend kommuniziert* ...: *es sei denn, es regte sich einmal eine kritische Stimme* ...: _bevor!_ *sie zum Verstummen gebracht wird* ...: als verfüge man über eine gesicherte Datenlage und wissenschaftliche Erkenntnisse, die alle getroffenen „politischen Maßnahmen" nicht nur rechtfertigen würden, sondern sie „alternativlos" sein ließen.

---

[397] Dieses Schreiben habe ich auf meiner BlogSite NetzKolumnist.com als PDF-Datei abgespeichert, ebenso die zu diesem Schreiben gehörende Anlage. Beide PDF-Dateien sind abrufbar ...: Das Schreiben der BKK an das PEI: „Heftiges Warnsignal bei codierten Impfnebenwirkungen nach Corona Impfung"; der zugehörige Link ist folgender:

https://netzkolumnist.com/wp-content/uploads/2022/03/Heftiges-Warnsignal-bei-codierten-Impfnebenwirkungen-nach-Corona-Impfung.pdf. ...: Die Anlage zu diesem Schreiben der BKK an das PEI: „Anlage-Nebenwirkungen-Corona-Impfung"; der zugehörige Link ist folgender:

https://netzkolumnist.com/wp-content/uploads/2022/03/Anlage-Nebenwirkungen-Corona-Impfung.pdf.

Das bedeutet ...: Bis heute (_*Anfang März 2022*_) hat es keine Aufarbeitung dieser „politischen Maßnahmen" sowie die kritiklose Verwendung von fragwürdigen „Anti-Covid-19-Impfstoffen" gegeben. Und die Entwicklungen in der Ukraine, die sich gegen Ende Februar 2022 vor dem Hintergrund einer langen von den Westlichen praktizierten _*falschen!*_ Politik ereignen, werden es den gesellschaftspolitisch Verantwortlichen in Deutschland wahrscheinlich ermöglichen, sich den dazu notwendig zu stellenden Fragen weiterhin entziehen zu können ...: *siehe dazu die* „Einunddreißigste Begegnung: Beispiele für den sich in 'Qualitätsmedien' spezifisch zeigenden Realsatirismus" ...: *denn* ...: Betrachtet man die Entwicklung seit dem Ende des Kalten Krieges *un*_ideologisch, läßt sich unschwer erkennen, wer bzw. was weltweit sicherheitsproblematisch ist ...: siehe hierzu die *Begegnung* ...: _Sie?_ *verlangen eine Zuguterletzt-Begegnung*: „Es hat etwas Kindisches, das aus dem _*selbst!*_ verursachten üblen Gestern resultierende Heute zu beklagen".

So kommt es, daß ich, bis auf eine Ausnahme, die Covid-19-Pandemie-betreffenden Aussagen in meinem ursprünglichen Text, als dieser also noch nicht für diese „Begegnung" geschrieben worden war, entfernt habe, zumal sie im Rahmen _*dieser*_ „Begegnung" thematisch nicht relevant sind.

Für sich genommen wäre es nicht der Rede wert, zu erzählen, daß meine „User-Karriere" in einem social_*medialen* Forum zu Ende gegangen ist, aber es kann so vielfältig Zeittypisches deutlich werden, das Ausdruck eines langen historischen Schattens ist, der übrigens einer der Gründe fürs Schreiben meiner Bücher ist ...: Fürs bessere Verständnis, wieso ich das Ende meiner „User-Karriere" in einem social_*medialen* Forum überhaupt zum Thema mache, sei eine Hintergrundausleuchtung vorausgeschickt.

„Social_*mediale* Foren", die von jenen, die in Deutschland mit dem Machen der öffentlichen Meinung betraut sind, pseudo-eingedeutscht als „soziale Netzwerke" bezeichnet werden, da das dem Erhalten der einst suggerierten Identität dienen soll, zeichnen sich u.a. durch jenes aus, das als *Thread* bezeichnet wird und wiederum von den um jene suggerierte Identität Besorgten mit „Faden" ins Deutsche übersetzt, also keineswegs eingedeutscht wurde. ...: Das Besondere an social_*medialen* Threads hängt zumindest mittelbar mit der galoppierenden Abnahme _*der*_ Fähigkeit zusammen, in Zusammenhängen denken zu können. ...: wobei ich annehme ...: da dieses Phänomen allgemein verbreitet ist ...: Diese galoppierende Abnahme ist zumindest _*mit*_ darauf zurückzuführen, daß selbst jene ...: *deren offizielle Aufgabe es ist, Kinder und Jugendliche zu unterrichten* ...: _*dann!*_ mit dem Verstehen eines Satzes Schwierigkeiten haben, handelt es sich nicht um einen so kurzen wie einfachen, hingegen um einen Satz ...: _*der*_ ...: da Ausdruck eines Gedankengangs ...: _*denn*_ ...: _*dazu!*_ lassen sich Sätze verwenden ...: _*also*_ ...: _*nicht!*_ allein zum Hinterfotzisieren des eigentlich Gemeinten ...: als einem Gedankengang gemäßes Gefüge gewisser Komplexität daherkommt ...: in dem folglich, Gedachtes _*nicht!*_ gehackt ausgedrückt ist ...: was erst durch das Aneinanderreihen von kurzen Sätzen geschieht ...: will sagen ...: Texte, die aus einer Aneinanderreihung kurzer Sätze bestehen, zerhacken das Denken.

In social_*medialen* Foren drückt sich das darin aus, daß Threads mitunter schon nach zwei tatsächlich thread-bezogenen Kommentierungen *aus*_fasern ...: eben als Ausdruck des zerhackten Denkens der Masse der „social_*medialen* User" ...: bei denen aber ...: *wie gesagt* ...: lediglich jenes fokussiert auftritt, das allgemeines Phänomen ist ...: da das betriebswirtschaftliche System der Lobbykratie verlangt, sich in aneinandergereihten kurzen Sätzen auszudrücken ...: demnach ...: Dieser kollektiv gewordene Denk-Zerhackungs-Prozeß ist *system*_induziert.

Und? das Ergebnis ...: oder ...: *_ein?_* Ergebnis davon ...: *Ent_*Individuation ...: also ...: das Verhindern, daß sich eine originäre Individualität überhaupt entwickeln könnte ...: bedeutet „originäre Individualität" doch, daß das im sich ausprägenden menschlichen Wesen ...: *also* ...: das in einem konkreten Menschen an sich *eigen_*typisch Vorhandene ...: *sich auf eigentümliche Weise mit der natürlichen und der gesellschaftlichen Umwelt* inter!*_aktiv verwebend* ...: zu einem *menschenart_*typischen „Unteilbaren" ...: *was ja nur eine andere Bezeichnung für Individuum ist* ...: *aus_*formen bzw. charakterlich *aus_*prägen kann und *_dennoch!_* ...: *_bleibend!_* ...: Teil einer Gesellschaft ist.

...: *_Was?_* ist das Ergebnis eines Individualisierungs-Prozesses. ...: Nun, das Ergebnis eines *_normalen_* Individualisierungs-Prozesses ist eine gesellschaftlich angepaßte Individualität, der das in einem konkreten Menschen sich ausdrücken Wollende weitgehend eigen bleibt. ...: Eine Individualität ist demnach *_dann_* gesellschaftlich adäquat angepaßt, *_ist_* das grundsätzliche Spannungsverhältnis zwischen gesellschaftlichen und individuellen Bedürfnissen relativ ausbalanciert. ...: denn ...: Beides ist für die Entwicklung und Existenz eines Individuums wichtig ...: das weitgehende Wahren individuellen Bedürfnisses nach persönlicher Entfaltung und das so *gleich_*berechtigte wie *gleich_*würdige Miteinander aller Individuen einer Gesellschaft, da andernfalls persönliche Entfaltung zu einer Frage des Glücks oder der Gewalt würde. ...: denn ...: In einer tatsächlich demokratischen Gesellschaft bedeutet „Gleichwürdigkeit" nicht „Gleichmacherei" ...: bedeutet „Gleichwürdigkeit" doch ...: „Anders sein zu können, ohne Angst haben zu müssen, ungleich behandelt zu werden" (*_siehe dazu Erich Fromm_*).

Bezogen auf den gesellschaftlichen *Ist*_Zustand in betriebswirtschaftlich ...: also ...: lobbykratisch organisierten Gesellschaften, ist hingegen zu konstatieren ...: Persönliche Entfaltung _*ist!*_ eine Frage des Glücks oder der Gewalt ...: mitunter auch eine des Glücks _*und!*_ der Gewalt. ...: Das kann man nicht mit _*dem*_ Spruch kontern, der Rechtsstaat stände einem ja zur Verfügung ...: denn ...: Versuchen _*Sie!*_ einmal rechtsstaatlich zu _*Ihrem*_ grundgesetzlich verbrieften Recht zu kommen ...: als einzelner Mensch, der nicht über entsprechende „Ressourcen" und „Verbindungen" verfügt ...: das ist seit den „pandemischen Zeiten" evident ...: man muß sich „*frei*_impfen", um überhaupt wieder in den Genuß dessen zu kommen, was einst als „Grundrechte" ...: *und so auch behaupteter Ausdruck der* „westlichen Werte-Gemeinschaft" *seiend* ...: bezeichnet wurde.

Wie gesagt, eine normal erfolgende Individuation ist das Ergebnis eines gesellschaftspolitischen Prozesses, da jeder Mensch erst durch die Auseinandersetzung mit seiner gesellschaftlichen Umwelt zu einem Individuum wird. Und wie sich eine gesellschaftliche Umwelt darstellt, wird von den politisch gesetzten gesellschaftlichen Prioritäten wesentlich bestimmt.

Zu einem Problem wird ein Individualisierungs-Prozeß, ist die Orientierungsgröße einer zu einer Staatlichkeit gewordenen menschlichen Gesellschaft ...: ...: _*ihre*_ Ideologie ...: *hier nicht abwertend gemeint* ...: als primärer Ausdruck ihrer wirtschaftlichen Reproduktionsweise ...: *was für die Orientierungsgröße einer jeden Gesellschaft gilt* ...: zu einer das menschliche Wesen reduzierenden Orientierungsgröße geworden ...: *was auf die neoliberalistische Ideologie der Lobbykratie zutrifft* ...: anstatt es ...: *das Individuum* ...: sich gesellschaftlich *kon*_textuell entfalten zu lassen ...: Da eine solche, das menschliche Wesen direkt betreffende Reduktion nicht bedeutet, daß das an sich weiterhin im menschlichen Wesen voll umfänglich präsent Bleibende ...: *aber durch ein solches Reduziertgewordensein keine adäquate Ausdrucksmöglichkeit mehr finden könnend* ...: nicht mehr wirkkräftig wäre ...: sich demnach „krummwegigen Ausdruck" suchen muß, den es so oder anders finden wird, was früher oder später dann ein „gesellschaftliches 'Problem'" erzeugt, da sich diese systemkonforme Reduktion des menschlichen Wesens kollektiv ereignet und sich durch das ins Unbewußte abgedrängte Wirkkräftigbleibende des menschlichen Wesens in neurotisierter Individualität ausdrückt ...: also ...: *_kollektiv!_* neurotisiert ausdrückend ...

Für das Ergebnis einer (*_systembedingten_*) *Ent_*Individuation ...: also ...: *_den_* ...: *potentiell ein ganzes Leben währen könnenden* ...: Prozeß verunmöglicht zu haben, der einem Menschen sich zu einer gesellschaftsverträglich originären Individualität zu entwickeln erst möglich macht ...: *da das Wesen des Menschen nun einmal plastisch ist* ...: lassen sich Präfixe wie *Surrogat_*Individualität, *Pseudo_*Individualität oder auch *Als-ob_*Individualität verwenden.[398] ...: und ...: Weil mit der vor diesem Hintergrund sich ausbildenden Individualität eines Menschen seine (*_systembedingte_*) Identität gekoppelt ist, lassen sich diese Präfixe entsprechend verwenden ...: *Surrogat_*Identität, *Pseudo_*Identität oder systembedingte *Als-ob_*Identität.

---

398 Was unter der „Plastizität des menschlichen Wesens" zu verstehen ist, findet sich in: « Die *tri_*logische Sezierung des lobbykratischen Zeitalters », Band I, Teilband 4, erläutert, nämlich dort auf den Seiten 127 bis 50, beginnend mit: „[...] das Wesen des einzelnen Menschen ist [...] plastisch". Aber was darunter zu verstehen ist, wird im folgenden Text des Ihnen vorliegenden Buches bereits ausreichend deutlich.

...: _*Wie?*_ sich eine *Als-ob*_Identität ausdrückt ...: beispielsweise dadurch, daß man sich über etwas „definiert", das andere bestimmt haben ...: man denke an Kleidungsstücke, die mit einem Label versehen sind, das nicht das eigene ist, aber geglaubt wird, man drücke „seine" Individualität über das Tragen von Firmen-Labels aus ...: das ist völlig absurd.

Das in dieser *Vermeintlich letzten Begegnung* bisher Ausgedrückte erwähne ich deshalb, da es randständig vorbemerkende Hintergrundausleuchtung fürs gleich Folgende ist. Denn ich gehe davon aus, daß das social_*medial* auftretende Phänomen des beispielhaft am gleich Folgenden Gezeigten, ohne die erwähnte systemkonforme, also kollektive Reduktion des menschlichen Wesens, wenig wahrscheinlich wäre ...: vorkommend zwar ...: aber _*nicht!*_ ubiquitär ...: und allein das ist es, was aus meiner Sicht das Nachfolgende erwähnenswert sein läßt ...: und zwar deshalb aus meiner Sicht erwähnenswert ...: Es bestätigt meine ganze bisherige schriftstellerische Arbeit exemplarisch ...: ich muß sagen ...: _*erneut!*_ derartig bestätigend.

Mein auf den Post eines social_*medialen* Users antwortender Kommentar ließ sofort einige aus der Masse dieser User daraus einzelne Elemente herausgreifen. Das war es dann noch nicht, was zu einem Zerfasern dieses Threads führte, da es meine Angewohnheit ist, auf mir gestellte Fragen ...: *in diesem Fall auf das von diesen social*_medialen *Usern Herausgegriffene* ...: so zu antworten, daß der thematische Zusammenhang dadurch zwar erweitert wird, aber erhalten bleibt ...: in diesem Fall der thematische Zusammenhang des ursprünglichen thread-bezogen Geposteten ...: *was der Verdeutlichung eines komplexen Zusammenhangs schließlich nur förderlich sein kann.* ...: Das hätte also allein nicht zu einem Zerfasern dieses

Threads führen können, schließlich dazu aber führen mußte, da diese User, von dem von mir *darauf*_hin Geposteten, wiederum bloß Elemente herausgriffen und _*diese*_ isoliert thematisierten, so daß es schließlich keinen Bezug mehr zu meiner anfänglichen Kommentierung und dem Threadkontextuellen gab ...: und da am daraus resultierenden, also endlichen thread-typischen Abdriften recht gut die folgenreiche ...: *durch das lobbykratische Zeitalter induzierte* ...: gesellschaftspolitische Misere verdeutlicht werden kann, ist nun dieses thread-typische Abdriften das Thema ...: will sagen ...: das Inhaltliche dieses Abdriftens. ...: _*Ist*_ doch für „social_*mediale* Foren" ein hinterfotziges bzw. tendenziöses Quatschen in möglichst kurzen Sätzen geradezu typisch ...: wodurch übrigens dann sogar der Eindruck entstehen kann, daß soziales Verhalten ...: also jenes ...: *das der menschlichen Spezies an sich eigen ist* ...: synonym fürs hinterfotzige bzw. tendenziöse Quatschen wäre ...: wird „social_*medial*" durch „soziale Netzwerke" pseudo-eingedeutscht ...: ist dies ...: also ...: *hinterfotziges bzw. tendenziöses Quatschen* ...: doch bloß ein weiterer Ausdruck für das lobbykratie_*systemisch* bedingte ...: und sich in social_*medialen* Foren lediglich fokussierend ...: Allgemeingesellschaftstypische ...: das sich bezogen auf solche Foren folgendermaßen ausdrücken läßt ...: _Hauptsache!_ *ich habe* „erfolgreich" *etwas gegen die Aussage eines andren geschwätzt.* ...: Wobei in einem social_*medialen* Thread das „Erfolgreiche" des meist hinterfotzig bzw. tendenziös Geschwätzten seine genügende Bestätigung durchs „Liken" findet ...: allein die Anzahl von Likes bestimmt, ob eine Aussage als „valide" gelten kann. ...: _*Aber?*_ ...: es gibt doch die sogenannte *Netiquette*. ...: nun ...: _*Deren*_ Regeln dienen sozusagen dem „Dressing" des Hinterfotzigen ...: was *des!*_halb nicht verwundern kann, da „social_*mediale* Foren" _*kein!*_ Ausdruck einer Parallelwelt ...: _*sondern!*_ ...: Hotspots fokussierter allgemein verkappter Aggressivität sind ...: als Ergebnis des lobbykratie_*systemisch* geforderten kollektiven menschlichen Reduziertseins der Insassen lobbykratischer Staaten.

Vor _*diesem*_ Hintergrund hatte ich zu Beginn der erwähnten Thread-Ausfaserung, einem der social_*medial* Meinenden etwas entgegnet, da der zu einem davor von mir in dem oben angesprochenen Zusammenhang Ausgedrückten ...: *an* _dem_ *Thread-Entwicklungspunkt, als das Thread-Abdriften noch nicht eindeutig zu konstatieren war* ...: meinte, etwas meinen zu müssen, obwohl es weniger dem Thread-Bezogenen als dem schließlichen Thread-Abdriften förderlich war, was diesen dann wiederum veranlaßte, noch weiteres zu meinen, so daß jenes, das ich darauf abschließend entgegnete, nun *des*_halb das Thema sein wird, da _*so!*_ die präsente Crux des verdreht-verdrehend Meinens zu verdeutlichen ist, das, wie gesagt, gesellschaftssystemisch bedingt, bzw. lobbykratie_*bedingt* ist. ...: das ist ...: *um das Vorerwähnte zu unterstreichen* ...: insofern normal ...: *nämlich ein verdreht-verdrehendes Meinen* ...: da das menschliche Wesen plastisch ist und sich in der Regel an das anzupassen sucht, das der gesellschaftspolitische Tenor ist, und der ist in einer lobbykratischen Gesellschaft Ausdruck ihrer betriebswirtschaftlichen Ideologie ...: die nämlich ...: *und genau das ist das Dramatische* ...: das

Denken,
Fühlen,
Wahrnehmen,
Verhalten,
Schreiben usw.

der Insassen einer derartig organisierten Gesellschaft bestimmt ...: denn ...: Das ist es, was sie zu einer realsatirischen Gesellschaft macht.

...: Also ...:

Es meinte jemand auf einen langen Kommentar, der meine Antwort auf von diesem Gemeintes war ...: indem dieser aus diesem Verschiedenes zitierte ...: um dazu je etwas zu meinen ...: beginnend mit seinem mich Zitieren so ...:

> ZITAT_Mehr ist von meiner Seite an Beantwortung nicht zu erwarten, da alles andre Zeitstehlen wäre, ist eine Antwort doch überhaupt schon freundlich genug._ZITATENDE

Dieses Zitat von mir kommentierte er dann ...:

> ZITAT_Damit Dir genau das nicht geschieht, habe ich ja angedeutet, inhaltlich nicht weiter auf Dich eingehen zu wollen. Ich erinnere mich lebhaft an seitenlange Dialoge zwischen Dir und XY; der hatte sowohl mehr Geduld als auch entschieden fundiertere Kenntnisse in dem Bereich als ich [...]_ZITATENDE

Lustig ...: dieser social_*mediale* User erinnert sich „lebhaft" an etwas, das weit mehr als 10 Jahre zurückliegt. Nun, wie dem auch sei, meine Antwort darauf ...: *Du wirfst einiges durcheinander, was allerdings threadbedingt erleichtert wird. Auch ist nicht anzunehmen, daß Du deshalb nicht weiter* „inhaltlich auf mich eingehen" *wolltest,* „damit mir genau das" ...: also das von Dir an dieser Stelle nicht zu widerholende Zitierte ...: *nicht* „geschieht". ...: *Achte einfach darauf, daß Dir selbstverschuldet nichts* „geschieht". ...: *Dein Zitat ist sowieso völliger Blödsinn, da es allein im Kontext zu verstehen ist, nämlich bezogen auf eine lange Antwort, die ich nicht hätte geben müssen.*

Vielleicht? *noch einmal üben, kontextuell zu zitieren* ...: *setzt allerdings ein so selbstbewußtes wie ehrliches Verhalten voraus.*

...: *Du redest von* „einst", *bedenkst aber nicht, daß* damals *solche* „seitenlangen" *Diskussionen sich nicht aus einer Antwort auf einen Beitrag eines anderen Users entwickelten, sondern aus einem kontextbezogenen und kontextbezogen bleibenden Thread.* ...: *im übrigen zeichneten sich meine Antworten damals wie heute durch eines aus* ...: *geduldig zu antworten.* ...: *allerdings* ...: *ich räume ein* ...: *dies geschieht heute mit abnehmender Tendenz* ...: *dennoch genügend aufschlußreich bleibend* ...: *allein vor diesem Hintergrund ist das von Dir kontextuell unzureichend Zitierte zu verstehen.*

...: *es war sowieso Zufall, daß ich hier noch einmal etwas gepostet habe* ...: *bekam eine* „PN" *von einem User oder Userin* ...: nach _*mindestens!*_ 10 Jahren ...: *die mir ein* „verfängliches Angebot" *mitteilte.* ...: *das veranlaßte mich zwar nicht, auf es einzugehen, aber mal im* „Forum" *vorbeizuschauen* ...: *und* _das_ *veranlaßte mich dann, auf einen Post von* „XY_" zu antworten. ...: *daraus* „entwickelte" *sich jenes, das bis* „hierher" *führte, und nun, also nach diesen diskursiven Posts von mir definitiv enden wird, da ich meinen Account löschen werde* ...: „da alles andre Zeitstehlen wäre".

...: Jener social_*medial* Meinende setzt sein tendenziöses Meinen fort: ZITAT_Was von XY ...

ANMERKUNG:

Mit diesem „XY" ist jemand gemeint, der eine interessante Persönlichkeit zu sein scheint, die ich nicht kenne, aber von den Aussagen, die ich in diesem Zusammenhang mitgekommen habe, kann ich das annehmen, und die auch eine interessante Perspektive zu haben scheint ...: Dieser User will, wenn er demnächst in Rente geht ...: *da er dann den Kopf frei und die Zeit hat* ...: das forcieren, was er gerne tut, und das ist wohl das Schreiben ...: dazu wünsche ich ihm viel Erfolg und Freude ...: Erfolg ...: na ja ...: was man darunter verstehen will ...: wenn er davon nicht leben muß, wird ihm das zumindest erlauben, bei sich zu sein und vielleicht sogar bei sich zu bleiben ...: und _*das allein!*_ bedeutet schon sehr viel ...

ZITAT_Was von XY [...] schon richtig festgestellt wurde, [...], wir sind hier in einem, wenn auch speziellen Autoforum. Das bedeutet keinesfalls, mmh doof formuliert ...: bedeutet nicht automatisch, daß hier alle doof seien. Aber es steht fest, daß nicht allen Deine, in Teilen selbstgebastelte ...: *nicht abwertend gemeint* ...: Hermeneutik zur Verfügung steht. [...]_ZITATENDE

...: *was bei dem, das ich in diesem Forum* ...: bedeutet ...: *vor 10, 12, 13 Jahren* ...: und nun letztmalig ...: *je gepostet habe,* „selbstgebastelt Hermeneutisches" *gewesen bzw. sein könnte, weiß derjenige wohl selbst nicht genau* ...: denn ...: _Was?_ *sollte daran selbstgebastelt sein, ziehe ich nach Möglichkeit alle verfügbaren Fakten in Betracht, setze davon jene in zulässige Beziehung* ...: die sich ohne sie zu verdrehen in Beziehung setzen lassen ...: *und werden die anderen Fakten* ...: deren ursächliche Beziehung nicht ...: *beziehungsweise* ...: bisher nicht aufzudecken ist ...: da dann notwendig ...: *spekulativ in Beziehung zu den bisher zulässig* ...: also ohne sie zu verdrehen ...: *in Beziehung gesetzten Fakten gesetzt, so daß sich zumindest ein weniger widersprüchliches Bild ergibt als durch das deshalb bisher allgemein reflexhaft Angeschaute, da mit* ...: „_*Dies!*_ ist das _*einzig!*_ anzuschauende Bild" ...: *gekennzeichnet.*

...: *im übrigen war ich noch nie der Meinung, daß* „Autoforum" *bedeutet, mit Blödmännern oder Blödfrauen zu tun zu haben* ...: *Es war ja* „einst" *gerade deshalb, daß die Thread-Rubrik* „dies und das" *eingerichtet wurde, da viele der Meinung waren, daß man nicht nur* „autointeressiert" *sei, sondern es eine Fülle von Themen gäbe, die viele genauso interessierten und mitunter selbst betrafen* ...: *die Auswirkungen gesellschaftspolitischer Prozesse wirken sich in jedem Individuum aus, das ihnen ausgesetzt ist.* ...: *Ob dann die Argumentationsführung eines Users allgemein verstanden wird* ...: nun ...: *das ist immer eine Frage, die allein dann geklärt werden kann, besteht die Bereitschaft, einen sich objektiv darstellenden Sachverhalt ohne Scheuklappen zu betrachten.* ...: *und nicht nur hapert es daran, sondern es besteht überhaupt keine Neigung dazu* ...: *daher kommt es ja, was Du ohne weiteren Kontext zitierst, nämlich die Ursache für meine Bemerkung* ...: ZITAT_alles weitere wäre zudem zu viel verlangt, ist eine Antwort doch überhaupt schon freundlich genug_ZITATENDE ...: also ...: *Unter diesem Gesichtspunkt, einen sich objektiv darstellenden Sachverhalt ohne Scheuklappen zu betrachten und als Kommentar zu posten, der zwar ausführlich, aber niemals thematisch erschöpfend sein könnte.* ...: und es ist nun einmal so ...: *Es ist keine Kunst, einen sich offen zeigenden Sachverhalt zu erkennen* ...: hingegen ...: *Das Potentielle eines Sachverhalts bereits abschätzen zu können, der sich erst dann zeigen wird, wird eine allgemein eingeschlagene Entwicklungsrichtung* fort_*gesetzt bzw.* bei_*behalten* ...: *das ist bei dem, von dem ich spreche, der Fall* ...: nämlich ...: *Die seit dem Ende des Kalten Krieges eingeschlagene* ...: _vertiefte!_ ...: *gesellschaftspolitische* Fehl_*Entwicklungsrichtung* ...: *vor* _deren_ *Hintergrund sich das aktuelle gesellschaftspolitische Geschehen* fehl_*entwickelt* ...: *wie sich am gesellschaftspolitischen Umgang mit der* „Pandemie“ *erneut zeigt* ...: *habe sowohl diese vertiefte* Fehl_*Entwicklungsrichtung als auch den gesellschaftspolitischen Umgang mit der SARS-CoV-2-Pandemie je beizeiten thematisiert.* [_Es sei im April 2022 hinzugefügt ...: Die Art und Weise des blindwütigen Reagierens der Westlichen auf das von ihnen selbst Provozierte hin ...: nämlich ...: das aus eigener ...: *_traditioneller!_* ...: Fehleinschätzung ...: und dem daraus resultierenden Denken, Fühlen, Selbstwahrnehmen und Verhalten ...: verursachte Agieren der Russischen Föderation in dem *failed State* Ukraine ...: der von einem von den Westlichen installierten Regime angeführt wird ...: und dieses Regime seit jetzt 8 Jahren belegt ...: _*keine!*_ konstruktive Idee davon zu haben, wie ein aus unterschiedlichen Regionen bestehender Staat zu strukturieren ist ...: nämlich föderal ...: damit er demokratisch und wirtschaftlich prosperieren kann ...: ist nur ein weiterer ...: wenn nicht gar finaler Ausdruck dieser systemimmanenten *Fehl*_Entwicklungsrichtung._]

...: *Argumentiere ich also vor diesem Hintergrund, bleibt es nicht aus, daß ich entweder Begriffe zu definieren habe oder den Bedeutungshorizont von existierenden Begriffen erweitern muß* ...: *damit die Ursachen fürs aktuelle Geschehen, dieses Geschehen selbst sowie seine prospektive Entwicklung adäquat zu benennen sind.* ...: das zu tun ist vollkommen richtig, zumal der folgenreichen Schwere des „realsatirischen Treibens" der gesellschaftspolitisch Verantwortlichen angemessen. ...: *da aber offenbar einige sofort zu ihrem Wörterbuch greifen* ...: wenn sie nicht überhaupt den Reflex-Weg zu „Wikipedia" finden ...: *dann allerdings nicht zureichend fündig werden könnten, geht es um Begriffe* ...: die den von mir beschriebenen Zusammenhang benennen ...: *nenne ich dieses Treiben nur noch* „realsatiristisch" ...: *da dann kein Wörterbuch mehr helfen kann* ...: hingegen ...: *eigenes Nachdenken gefordert ist.*[399]

...: wie dem auch sei ...: *Wer nicht versteht, daß bei scheuklappenfreiem Beobachten des höchst gefährlichen gesellschaftspolitischen Geschehens sich ein anderes Bild zeigen muß, als bei seinem scheuklappen*_ver_*hafteten Betrachten, belegt lediglich, daß sich sein Horizont am von den die öffentliche Meinung Machenden so allgemein wie ungenügend Vorgekauten*

---

399 Sie erinnern sich: Eingangs des Ihnen vorliegenden Buches findet sich erläutert, was ich unter „Realsatirismus" verstehe.

orientiert. …: Dafür aber bin ich nicht verantwortlich …: und darauf muß ich auch keine Rücksicht nehmen …: schon allein deshalb nicht …: *Es besteht sowieso keine Neigung, die eigenen Scheuklappen abzulegen. …: daß nach Ablegen der Scheuklappen, dennoch der Blick durch die eigene Brille erfolgt, ist völlig akzeptable …:* denn …: _Wo?_ *bliebe andernfalls das Subjektive …:* _aber!_…: *Es* _muß!_ *sich an dem orientieren, das an sich erfaßt werden kann.*

Dieser social_*mediale* User setzt sein tendenziöses Kommentieren meines Posts fort, indem er mich erneut mit einem Satz zitiert, der allerdings seinen Sinn allein durch den Zusammenhang erhält, in den er gehört. Dieser von diesem social_*medialen* User …: _*also!*_ …: zusammenhanglos …: zitierte Satz lautet …:

> ZITAT_Nicht „wir" haben ein Definitionsproblem mit dem Begriff „Realsatire", hingegen offenbar Du._ZITATENDE

Diesen, von ihm …: *zusammenhanglos* …: zitierten Satz kommentiert er dann …:

> ZITAT_„Wir" haben genau in dem Moment ein Definitionsproblem, in dem Dein oder mein Geschriebenes nicht in intentioneller Weise beim anderen ankommt._ZITATENDE

…: nun …: *Du vergißt, daß ich es bin, der ein Thema adäquat längst ausgeleuchtet und zu diesem Zweck Begriffe entweder geschaffen und definiert* …: beispielsweise „Lobbykratie" …: *oder* _erweitert_ *definiert hat* …: beispielsweise „Realsatire" …: *nämlich bezogen auf einen kollektiven Prozeß, der systeminduziert ist. Folglich habe nicht ich ein diesbezügliches Definitionsproblem, denn ich habe ja ein systeminduziertes Phänomen mittels einer Definitionserweiterung eines dazu geeigneten Begriffs geschaffen, sondern Du …: so wie all jene …: die* „Realsatire" *in ihrem Wörterbuch nachschlagen wollten, da sie* ...: falls sie überhaupt fündig werden sollten ...: _keine!_ *Aussage zur Definitionserweiterung des Begriffs* „Realsatire" *finden werden* ...: und zwar nicht deshalb, da diese Definitionserweiterung nicht zulässig wäre ...: sondern *des*_halb ...: *da schlicht undenkbar ist, daß in einem bürgerlichen Wörterbuch die bürgerliche Gesellschaft in ihrer heutigen Ausprägung von einer mit bürgerlichen Intellektuellen* ...: die in ihrer heutigen charakterlichen Ausprägung als lobbykratische Intellektuelle zu bezeichnen sind ...: *besetzten Wörterbuch-Redaktion definitorisch als realsatirische bzw. realsatiristische beschrieben werden könnte, da dies das Eingeständnis wäre, in einem absurd bzw. realsatiristisch gewordenen Gesellschaftssystem sein Geld zu verdienen.* ...: und daraus resultiert dann ein *Miß*_Verständnis ...: um nicht zu sagen ...: *ein* Mist_*Verständnis* ...: *deshalb hatte ich dazu etwas erläutert.* ...: *Wer aber in seiner eingeschränkten Wörterbuch-Definition hängenbleiben will* ...: ob_*wohl doch bei scheuklappenfreier Betrachtung zumindest gefragt werden müßte* ...: „Wie meinst Du das?" ...: *möge das tun, sollte dann aber besser schweigen, will er vermeiden, daß ihm jenes nachgewiesen wird, welches er dem anderen nachweisen will* ...: _nicht!_ *kontextbezogen bzw.* _widersinnig!_ *zu argumentieren.*

...: *im übrigen läßt sich der Sinn von* „Realsatire" ...: wie er im von mir verwendeten Kontext gilt ...: *nicht so ohne weiteres in eine andere Sprache übertragen* ...: *deshalb gebe ich dazu immer eine Erklärung ab* ...: *woraus erkennbar werden könnte, daß das an sich kontextuell richtige Verwenden des Begriffs* „Realsatire" *bei andren* _dann!_ *zu Fehlschlüssen führt, wird dieser Begriff selbst nur oberflächlich* „verstanden" ...: beziehungsweise ...: reflex_*gedacht* „aufgefaßt". ...: *für das _daraus_ resultierende Nichtverstehen bin ich also* _dann!_ *nicht verantwortlich, habe ich erläutert, wieso und wie ich den* Begriff „Realsatire" *verwende* ...: aber ...: *da in diesem Fall kein* „Definitionsproblem" *vorliegen kann, sondern ein Mißverständnis vorliegen muß, biete ich statt dessen den Begriff* „Realsatirismus" *an* ...: da dann ...: *da* „Realsatirismus" *bisher nicht im Wörterbuch steht* ...: das murksende Verwenden des Wörterbuchs ausgeschlossen ist ...: statt dessen ...: die Frage zu stellen _*wäre*_ ...: „Wie meinst Du das? ...: oder ...: so eigenes Nachdenken einsetzen _*könnte*_ ...

Dieser User setzte seine tendenziöse Kommentierung fort, indem er mich in einer Weise zitierte, die es ihm ermöglichte, meine _*ursprüngliche*_ threadbezogene Aussage völlig zu verdrehen. Daraufhin habe ich wie folgt geantwortet ...:

...: *wenn Du also auf meine Bemerkung hin* ...: „Etwas realsatirisch, oder?" ...: *die sich* _selbstverständlich_ *auf Dich bezog* ...: alles andre wäre absurd anzunehmen ...: *antwortest* ...: „eigentlich immer" ...: *war meine* da_*rauf gegebene Erwiderung kontextbezogen* ...: *immerhin warst Du, wenn ich das jetzt richtig erinnere* [_und ich hatte das richtig erinnert_], *bezogen aufs Klima der Meinung, daß da jetzt die* „richtige Richtung" [_von der Merkel-Regierung_] *eingeschlagen worden wäre* ...: *und diese Annahme wäre eben eine realsatirische.*

Dieses Zitierte kommentiert er ...:

> ZITAT_Dein „Etwas realsatirisch, oder?" kann ich nur als Wertung meiner beobachtenden Rolle verstehen ...: ich bin ja nicht Spahns Sohn oder Merkels Opa ...
>
> Klima ...: völlig daneben. Es ging doch darum, daß Du behauptetest, „die Politik" hätte von der anstehenden Pandemie gewußt und infolgedessen perfekt vorbereitet sein müssen. Beim Klima rennt der verantwortliche Teil der Menschheit trotz sehender [_sic!_] Augen über die Klippe ...: Sollte also nur verdeutlichen,

daß der Mensch bei der Prävention nicht sehr erfolgreich ist. Lieber „anpacken", wenn die Karre im Graben liegt ...: leider._ZITATENDE

...: Deine Erwiderung ...: ZITAT_Dein „Etwas realsatirisch, oder?" kann ich nur als Wertung meiner beobachtenden Rolle verstehen_ZITATENDE ...: *ist von Dir sozusagen nachgeschoben korrigiert ...: denn Du hattest vorher ja auf meine Bemerkung* ...: „Etwas realsatirisch, oder?" ...: *geantwortet* ...: ZITAT_eigentlich immer_ZITATENDE, *und dieses* ...: „eigentlich immer" ...: *meintest Du nicht im Sinne von* ...: „beobachtender Rolle" ...: sondern ...: *im Sinne von* „handeln". ...: *dazu hatte ich Dir dann erläutert, daß ein Realsatiriker, sich nicht dadurch auszeichnen würde, daß der als Realsatiriker handelte. ...: einmal deshalb, da ihm das Realsatirische an seinem Tun nicht bewußt ist ...: aber auch deshalb, da* „Realsatire" *nicht mit* ...: „gelebter Satire" *zu übersetzen wäre ...: setzte das doch entsprechende Bewußtheit voraus* ...: nämlich ...: *die eines Satirikers.* ...: und ...: neben _*dem*_ Umstand, daß ...: im Gegensatz zur Satire ...: Realsatire tödlich sein kann ...: *Das andre Ärgerliche an der* ...: _präsenten!_ ...: *Realsatire* ...: was mich ja veranlaßt hat, sie als Realsatirismus zu bezeichnen ...: da sich auf der Basis lobbykratisch gewordener Gesellschaften _*kollektiv*_ ereignend ...: *ist, daß sie einen Satiriker arbeitslos macht, da Realsatiriker jenes auf eine Weise völlig unbewußt zeigen, welches ein Satiriker zwar bewußt zu einer Satire verarbeiten will, aber gar nicht derartig verarbeiten kann* ...: da das ...: bezogen auf die präsente, sich auf der Basis lobbykratisch gewordener Gesellschaften _*kollektiv*_ ereignenden Realsatire ...: dem Satiriker niemand glauben wollte. ...: denn ...: *Das von diesem satirisch Verarbeitete wäre nichts andres als die sich* _kollektiv!_ *ereignende Realsatire.* ...: das bedeutet ...: _Als!_ *Bevölkerung Teil eines solchen realsatirischen Geschehens zu sein* ...: und wenn man dann bedenkt ...: *Realsatire kann tödlich sein.* ...: demnach ...: *Ein Satiriker müßte* ...: um in den Augen einer realsatirisch gewordenen Gesellschaft nicht an Glaubwürdigkeit zu verlieren ...: *das heutzutage* _kollektiv!_ *gezeigte Realsatirische satirisch abschwächen* ...: _Ein?_ *gesellschaftspolitisch sich Ereignendes satirisch abschwächen* ...: _Das!_ *stände im Widerspruch zum Ethos eines redlichen Satirikers* ...: *Ein Satiriker ist schließlich nicht das, was man im Deutschen einen Comedian nennt.* ...: *Zwar ist ein Satiriker* ...: als Satiriker ...: *genausowenig wie ein Realsatiriker* ...: als Realsatiriker ...: *ein Handelnder* ...: aber ...: *Ein Satiriker ist ein das gesellschaftliche Geschehen bewußt Beobachtender, der zudem deshalb das gesellschaftliche Geschehen erst zu einer Satire verarbeiten kann, da er es wegen seiner Charakterstruktur auf eigentümliche Weise* er_*fühlt.* ...: *Erst wegen* _dieser_ *Erläuterung sprichst Du jetzt von* „beobachtender Rolle" *und nicht mehr* ...: wie es _*vor*_ dieser Erläuterung der Fall war ...: *vom* „Handeln" ...: *als wäre ein Realsatiriker ein* „handelnder Satiriker".

...: *und indem Du das von mir Erläuterte in Deinem Sinne drehst, wodurch es zwar nicht besser wird* ...: *denn was könnte ein Realsatiriker* ...: als Realsatiriker ...: *beobachten?* ...: *fehlt einem Realsatiriker doch jene Bewußtheit, die einem Satiriker erst* _seine!_ „beobachtende Rolle" *ermöglicht.* ...: *und daran würde sich übrigens nichts ändern, wäre man der Sohn oder die Tochter oder der Opa oder die Oma eines geschlechtsunspezifischen Realsatirikers.* ...: *indem Du also das von mir Erläuterte in Deinem Sinne tendenziös drehst, versuchst Du meine Aussage als absurd erscheinen zu lassen.* ...: *nun ist es aber so* ...: mit ...: „Etwas realsatirisch, oder?" ...: *hatte ich mich auf* _Deine!_ *eingeworfene, das Klima betreffende Bemerkung bezogen. Wenn Du dazu jetzt selbst findest* ...: ZITAT_völlig daneben_ZITATENDE ...: *nämlich diese das Klima betreffende Bemerkung* ...: folglich ...: *ebenso Dein* „Verdeutlichungsversuch" ...: daß Du mit ...: diesbezüglich würde „politisch die richtige Richtung" eingeschlagen ...: ausgedrückt haben wolltest, daß „der

Mensch" nicht sonderlich erfolgreich sei, so es ums Präventive ginge ...: *Dein* „Verdeutlichungsversuch" *daneben ist* ...: *da beim besten Willen nicht erkennbar sein kann, daß Du mit* ...: „politisch" *würde die* „richtige Richtung" *eingeschlagen* ...: *das Gegenteil sagen wolltest* ...: _ohne!_ ...: *das in An- und Abführungszeichen gesetzt oder ergänzt zu haben.* ...: im übrigen ...: *wenn Du sagst* ...: ZITAT_Beim Klima rennt der verantwortliche Teil der Menschheit trotz sehender Augen [_sic!_] über die Klippe_ZITATENDE ...: *ist das schon wieder* _fast!_ *lustig* ...: denn ...: *Es ist der verantwortliche Teil, der nicht nur den dafür* un_*verantwortlichen Teil mit in den Abgrund springen läßt* ...: _sondern!_ ...: *zuerst.*

...: *und* _da_ *Du dann direkt anschließend behauptest, ich hätte behauptet* ...: *daß* ...: „die Politik von der anstehenden Pandemie gewußt und infolgedessen hätte perfekt vorbereitet sein müssen" ...: was der hinterfotzige Versuch ist, etwas ins falsche Licht zu stellen, das ins richtige Licht gehört ...: damit überhaupt erkennbar werden könnte, was dem Lichten im Wege steht ...: *höre zu* ...: _Ich?_ *hätte behauptet, die Politik hätte auf diese Pandemie* „perfekt vorbereitet" *sein müssen. Das habe ich nicht behauptet. Hingegen habe ich festgestellt, daß die Politik bereits Ende der 2000er Jahre vermutet hatte, daß es ein* „pandemisches Problem" *mit jenem Virus geben könnte, das erstmals 2002 / 3 in China aufgetreten war, und von dem das SARS-CoV-2 entweder eine Mutation bzw. eine Variante ist* ...: daher ja die „2" in SARS-CoV-2 ...: *und wenn dann dazu extra von der damaligen Bundesregierung unter Führung von Frau Merkel eine Risiko-Analyse in Auftrag gegeben wurde, die das aktuelle Geschehen relativ korrekt darstellt* ...: wohlgemerkt ...: *Anfang 2013 dem Bundestag von der Bundesregierung übergeben* ...: *dann ist dazu zu sagen* ...: *man hätte genügend*

Zeit gehabt, um jenes präventiv zu tun, das man tun kann.[400] ...: *das hätte dann aber bedeutet, die Anfang der 2010er Jahre auf der ideologischen Agenda stehende Austeritätspolitik für die ganze EU* _nicht!_ *praktizieren zu können, da im Gegensatz dazu die Prioritäten völlig anders zu setzen gewesen wären ...: beginnend beim Gesundheitswesen und noch längst nicht beim damals schon katastrophalen Zustand der Schulen endend ...:* sondern ...: *genauso die Fehlkonstruktion des Euros zu korrigieren ...: durch die erst die eklatanten Exportüberschüsse Deutschlands möglich wurden ...: woraus dann Handelsbilanzungleichgewichte zwischen den Staaten der EU, Deindustrialisierung in anderen Staaten der EU und schwerwiegende soziale Verwerfungen folgten ...: exemplarisch seien die Gilet-Jaunes-Bewegung, aber auch diverse Nationalismen* (_bspw. in Polen_) *innerhalb der EU genannt. ...: Tatsächlich war es aber so, daß der Umgang mit dieser Pandemie von Anfang an falsch war, und so getan wurde, daß die Verantwortlichen davon nichts gewußt haben konnten.*

...: es geht demnach nicht ums Perfekte, sondern darum, sich auf etwas Abzuschätzendes bei_*zeiten vorzubereiten. Das wurde aus einer ideologisch bestimmten Grundhaltung heraus nicht getan. ...: und diese ideologisch bestimmte Grundhaltung wurde bereits wieder Anfang der 90er Jahre merklich ...:* was eben auch bedeutet, daß diese ideologische Grundhaltung weit älter ist ...: *Die Wurzeln dieser* „Grundhaltung“ *finden sich im frühen 19. Jahrhundert ...: davon spreche ich in einem meiner*

---

[400] Siehe dazu im Anhang des Ihnen vorliegenden Buches: « Risikoanalyse aus dem Jahre 2012, eine SARS-CoV-2-ähnliche Pandemie betreffend ».

Bücher, und in meinem aktuellen Buchprojekt arbeite ich das weiter aus.[401]

...: *Das Problem, das nicht nur hier so viele mit dem haben, welches ich sage bzw. schreibe, ist, daß nicht zureichend zusammenhängend gedacht wird* ...: *wofür es übrigens verschiedene Gründe gibt*[402] ...: jedenfalls ...: _dafür_ *bin ich nicht verantwortlich. Auch wüßte ich nicht, wieso es besser wäre, stellte ich in Rechnung, daß nicht zureichend zusammenhängend gedacht wird, da sowieso keine Neigung besteht, aus seinem* „meinenden Loch" *herauszukommen* ...: *was ja nur ein exemplarisches Licht auf die gesellschaftspolitische Entwicklung, die eben eine bedenklich realsatirische* ...: also ...: *eine im* „realsatiristischen Sinne" *ist.*

...: *im übrigen habe ich schon seit langer Zeit selbst keine Neigung mehr, jemanden von dem zu überzeugen, das ich ausdrücke* ...: *darum geht es dabei nicht.* ...: *der einzige Grund dafür ist* ...: *Es ist nicht so, wie jene meinen, daß es keine Alternative zu dem gäbe, was diese als für einzig möglich verkaufen* ...: *Das beweise ich nicht nur durch das von mir in meinen Büchern Ausformulierte* ...: und dabei vom gesellschaftspolitischen *Ist*_Zustand ausgehend ...: _nicht!_ *von einer allein durch einen* „utopischen

---

[401] Das gemeinte Buch trägt den Titel: « Ist der Monotheismus von seiner Anlage her ein elementarer Faktor der Gewalt? ». In seinem Kapitel 7 gehe ich, u.a., auf diesen Punkt ein. ...: Bezüglich der Bemerkung ...: „mein aktuelles Buchprojekt" ...: damit ist _*nicht*_ das Ihnen vorliegende Buch gemeint, da dieses wegen der aktuellen ...: *schwer!*_wiegenden ...: gesellschaftspolitischen Entwicklung noch vorher zu schreiben war. Das gemeinte Buchprojekt hatte ich aber zu jener Zeit begonnen, als ich das Inhaltliche dieser *Begegnung* im Februar 2021 verfaßte. _*Dieses*_ Buchprojekt, das mehrere Bände umfassen und übrigens mein letztes sein wird, setze ich weiter fort, ist dieses Ihnen vorliegende Buch fertig geschrieben.

[402] Davon ist anreißend in der vorbemerkenden Passage dieser „Begegnung" die Rede.

Sprung" *zu erreichenden Position ...: sondern ich führe ...:* durch die Art und Weise es auszuformulieren ...: *das reflexhafte Meinen, Reden und Tun* der_*jenigen ad absurdum, die die gesellschaftspolitische Richtung vorgeben und bestimmen* ...: das bedeutet ...: *ich weise auf das Realsatiristische daran hin. ...: Allein* _das!_ *ist noch* _mein_ „Ding" ...: *allein* _darin_ *ist überhaupt begründet, daß ich meine Bücher erst in den letzten Jahren geschrieben habe ...: als Ergebnisse eines* _sehr!_ *langen Beobachtungszeitraums von allgemeinen gesellschaftlichen Phänomenen ...: die Ergebnisse des Treibens von gesellschaftspolitisch verantwortlichen Akteuren in Politik,* spin_*doktorischer Wissenschaft, Medien*_Konzernen *und Kultur*_Betrieb *sind ...: und die sich in gesellschaftlichen Einzelphänomen ausdrücken* ...: das bedeutet ...: *sich im* _konkreten_ *Verhalten von Menschen zeigend ...: demnach nicht bloß in* social_*medialen Foren. ...: und ebenso schreibe ich nicht deshalb an meinem letzten Buchprojekt* ...: von dem ich nicht weiß, ob ich es beenden kann, da dessen Dimension und Zahl der Bände bisher nicht abzuschätzen ist ...: *um andere zu überzeugen ...: Ich bin* _kein!_ *Utopist ...: zumal diese andren erst erkennen müßten, nicht authentisch identitär zu sein. ...: Man stelle sich vor, was es bedeutete ...:* _das_ *zu erkennen* ...: geschäh's kollektiv.

...: *nun* ...: _Was?_ *gehört aber zu einem verantwortungsvollen Tun. ...: Abzuschätzendem so adäquat wie frühzeitig zu begegnen, insbesondere dann, hat man* ...: wie gesagt ...: *dazu selbst eine Analyse in Auftrag gegeben. Hingegen kann es nicht darum gehen, Prävention perfekt betreiben zu wollen ...: abgesehen davon, daß man das sowieso kaum könnte ...: und es sich zudem lediglich um etwas Abzuschätzendes handelt, von dem man also tatsächlich nicht wissen kann, wie es sich konkret ereignen bzw. darstellen wird* ... dennoch ist zu sagen ...: *Auf der Grundlage der besagten Risiko-Analyse wäre beizeiten ein geeignetes Handlungsmuster zu entwickeln gewesen. ...: Um einen solchen Perfektionsversuch ginge es folglich nicht* ...: hingegen ...: *Tendenziell Richtiges zu veranlassen und das wäre bezogen auf diese Pandemie mittels jener Analyse möglich gewesen. Aber es wurde in der Zeit von Ende der 2000er Jahre bis Ende 2019 nicht einmal wissenschaftlich geforscht* ...: in Asien, insbesondere in China, tat man das ...: *und* des!_*halb steht man dort jetzt nicht im Hemd.*

Dieser Meinende, dessen Meinen einer Typik folgt, die ohne das andre Herabsetzen nicht auskommt ...: *vielleicht sogar etwas für preußisiert Deutsche Bezeichnendes zu sein scheint* ...: setzt sein Meinen wie folgt fort ...:

> ZITAT_Mißverstehen ...: so etwas geschieht, wenn man forschen Schrittes durch eigene Gedankengebäude [_sic!_] eilt, in denen alle Fenster Spiegel sind_ZITATENDE

...: _*Soll?*_ ich mich dafür bedanken, daß dieser Meinende mir trotz seinem tendenziösen Impetus erneut eine Steilvorlage gibt ...

...: *nun, das* ...: also ...: *das forschen Schrittes durch eignes Gedankengebäude Eilen* ...: was übrigens _*dann!*_ mit ...: „mißverstehen" ...: nicht genügend benannt wäre ...: _*ist*_ das Gedankengebäude öffnungslos ...: da dann autistisch eilend ...: *trifft bspw. auf den vornehmen Herrn der Politischen Reaktion zu* ...: *auf Friedrich Nietzsche.* ...: zugegeben ...: *nicht allein auf den, sondern ebenso auf andere, die jene Ideologie ausformulierten*, die ... unter andrem ...: *als* Deutsche Philosophie *bezeichnet wird, und hier besonders der Teil dieser Ideologie der* fichte_*esk ist*.

...: _*Wieso?*_ erwähne ich das, meint jener ...: ZITAT_*Mißverstehen: so etwas geschieht, wenn man forschen Schrittes durch eigene Gedankengebäude* [_sic!_] *eilt, in denen alle Fenster Spiegel sind*_ZITATENDE ...: nun ...: abgesehen davon ...: daß man immer nur durch _*ein*_ Gedankengebäude eilen kann ...: im übrigen ...: *unabhängig davon, ob alle seine Fenster Spiegel wären* ...: *des*_halb, da das auf diesen Herrn *...: der zum herausragenden Denker hochstilisiert wurde und insbesondere bei jenen bürgerlichen Intellektuellen, die in den betriebswirtschaftlich organisierten Staaten* ...: *den lobbykratischen Staaten* ...: *den Ton angeben, so beliebt ist* ...: zutrifft ...: also ...: auf diese Weise durch die Gänge seines Gedankengebäudes zu eilen. ...: und daß Nietzsche überhaupt durchs eigene, mit Spiegelglas und ebenso ...: *allerdings* ...: *da aphoristisch* ...: durch *un!*_verbundene Gedankengänge seines Gebäudes eilen konnte, hängt damit zusammen, daß dieser Herr jenes für ihn charaktertypisch ausbildete, welches man als „deutsche Innerlichkeit" bezeichnen kann, da die ...: also diese „Innerlichkeit" ...: ein Spezifikum der deutschen Ideologie ist, die mit dem Label „Idealismus" versehen wurde. ...: Aus diesem Grund läßt sich Herr Nietzsche übrigens als verkappter Idealist bezeichnen ...: wofür es Belege in den aphoristischen Gedankengängen seines Gebäudes gibt, die wie unverbundene Fluchten sind ...: *darauf werde ich in einem der Bände meines letzten Buchprojektes zurückkommen.*

...: *Und so läßt sich deshalb* jen_*seits jeder* „selbstgebastelten Hermeneutik" *sagen, daß in Nietzsches charaktertypisch ausgestalteter idealistischer Innerlichkeit* ...: in der Reste von Identitätsschlüpfungen Nietzsches Wohnung genommen hatten ...: die ihm wie ihn besuchende Stimmungen waren ...: *schließlich ein von ihm geschaffenes Ich weste* ...: da das aus den Aussagen Nietzsches hervorgeht ...: und zwar so hervorgeht, daß dazu keine Gedankenakrobatik notwendig ist ...: eher umgekehrt ...: *dieses* _nicht!_ *wahrzunehmen*.

...: *In der* „idealistischen Innerlichkeit" *ereignete sich zunächst jenes, das auf Immanuel Kant zurückgeht und die* „Basis" *für die Gedankengebäude der deutschen Ideologie wurde* ...: nämlich ...: *eine sozusagen* „idealistische Gerichtsverhandlung" ...: _Wer?_ *nimmt an dieser teil* ...: *objektiv gesehen niemand, da alle daran teilnehmenden* „Subjekte" *bloß vorgestellte sind.* ...: _Wer?_ *stellt sich eine* „idealistische Gerichtsverhandlung" *vor.* ...: die*_jenige konkrete* ...: also in der Zeitlichkeit existierende ...: *Person, die sich eine* „idealistische Innerlichkeit" *vorstellungsmäßig* aus*_gebildet hat und diese* „Innerlichkeit" *mit einem* „Richter", *einem* „Staatsanwalt" *und einem* „Angeklagten" *vorstellungsmäßig ausgestattet hat.* ...: *Da es sich dabei aber allein um Vorstellungen einer* ...: in der Zeitlichkeit ...: *existierenden Person handelt, die diese in ihrer vorgestellten* „idealistischen Innerlichkeit" *angesiedelt hat, ist eine solche konkrete Person* ...: Richter, Staatsanwalt und Angeklagter ...: *in einer Person* ...: _Welche?_ *objektivierbaren Prüfungsmöglichkeiten könnte es dann geben* ...: behauptet diese konkrete Person ...: *der* „Richter" *in ihrer Innerlichkeit habe ein Urteil* ...: im Sinne des kantschen Imperativs ...: *gefällt* ...: *welches ihr Handeln* ...: also das Handeln dieser konkreten Person ...: in der Zeitlichkeit ...: *bestimmen würde*.

...: nebenbei bemerkt ...: In der *„fichte*_esk ausgestalteten Innerlichkeit" verhält es sich sogar so, daß der „Richter dieser Innerlichkeit" gar nichts mehr zu entscheiden hat, da der „Wille" das „reine Sittengesetz" in sich aufgenommen hat, so daß es für den entsprechend präparierten Menschen ...: da sich beständig auf der idealistischen Gedankenbahn bewegend ...: per se klar ist, daß er sich richtig verhält ...: Wer wollte da so etwas Profanes wie eine objektivierbare Prüfung seiner Motive verlangen, nicht wahr?

...: _Was?_ *wäre aber tatsächlich gewonnen, behauptete man, man würde sich nicht mehr nach äußeren Vorgaben von Autoritäten richten, hingegen nach den aus eigner vorgestellter Innerlichkeit kommenden, die demnach alles andre als objektivierbare wären.* ...: *fürs Individuum sehr wenig* ...: denn ...: *wollte es dem Kantschen Imperativ in der Praxis tatsächlich* ...: also ...: *als konkrete Person folgen, würde es sich* ent_*weder außerhalb einer staatlich verfaßten Gesellschaft setzen* ...: so diese keine *direkt*_demokratische wäre ...: und der es deshalb ...: unter anderem ...: an völliger Transparenz aller ihrer gesellschaftspolitischen Entscheidungsfindungen fehlen müßte ...: denn ...: einen solchen *direkt*_demokratisch organisierten Staat gibt es bisher nicht[403] ...: *bedeutet* „Imperativ" *doch, daß es sich dabei nicht um eine* „nach Möglichkeit oder Possibilität zu befolgende Angelegenheit" *handeln kann.* ...: oder ...: *Täte es* ...: das Individuum ...: *das nicht* ...: also bliebe es Teil einer staatlichen Gesellschaft ...: die ...: wie gesagt ...: keine *direkt*_demokratische wäre und der es deshalb ...: unter anderem ...: an völliger Transparenz aller ihrer gesellschaftspolitischen Entscheidungsfindungen fehlte ...: denn ...: wie gesagt ...: einen solchen *direkt*_demokratisch organisierten Staat gibt es bisher nicht ...: *käme es* ...: das Individuum ...: *aus der Heuchelei nicht mehr heraus* ...: *die ihm allerdings dann gar nicht auffallen*

---

[403] Die Schweiz verfügt zwar über direktdemokratische Elemente, aber das macht sie noch nicht zu einem *direkt*_demokratischen Staat. An andrer Stelle habe ich skizziert, was unter einer modernen „direkten Demokratie" zu verstehen ist.

würde ...: da der Kantsche Imperativ lediglich als _optische!_ „Grundlage" *der eigenen staatlich verfaßten Gesellschaft gesetzt sein könnte ...:* nämlich ...: einer Gesellschaft, die nicht *direkt*_demokratisch verfaßt wäre ...: da ...: wie gesagt ...: bisher nirgends verwirklicht ...: Das „Demokratie-Label" der lobbykratischen Staaten des Westens verdeckt lediglich, daß es sich bei diesen um simulierte Demokratien handelt. ...: also ...: *Dem Individuum diese Diskrepanz gar nicht auffallen würde ...: da es seine Handlungsentscheidungen auf der Basis der gesellschaftlichen Verhältnisse trifft, in die es hineingeboren wird ...: und da werden diejenigen, die fürs Realisieren gesellschaftspolitischer Entscheidungen ...:* mit Hilfe jener, die *fürs Machen der öffentlichen Meinung zuständig sind ...:* und selbst wenn diese behaupteten, sie würden ihre gesellschaftspolitischen Entscheidungen im Sinne Kants treffen ...: *schon Mittel und Wege finden, die zwangsläufig auftretenden Widersprüche nicht ins Blickfeld eines sich im Sinne des Kantschen Imperativs praktisch verhalten* _wollenden_ *Individuums fallen zu lassen.*

...: *diese Heuchelei trifft übrigens genauso auf Immanuel Kant selbst zu, hatte der doch in einem Brief an den preußischen König seine Unterwürfigkeit bekundet, die aber sowohl im Widerspruch zu seinem 1785 veröffentlichten kategorischen Imperativ als auch zu seiner Phrase ...:* „_wage!_ zu denken" stand.

...: natürlich ...: *ich spreche mich für die Phrase ...:* „_wage!_ zu denken" ...: also ...: für _mich!_ ...: *aus* ...: _aber!_ ...: *es* _darf nicht!_ *meine Aufgabe sein, einen andren aufzufordern, dieser Phrase in der Praxis zu folgen ...:* denn ...: *der Punkt ist ...:* Entscheide *_Du!_* selbst ...: *_wann!_* Du glaubst ...: es für Dich wagen zu können ...: *_selbst!_* zu denken. ...: *und dann ...: wenn Du also abgeschätzt hast ...: tatsächlich selbst denken zu können ...:* _dann!_ tue es. ...: folglich ...: *Der* „kategorische

Imperativ" ist durch ...: die „kategorische Possibilität" *zu ersetzen.*

...: *machtpolitisch ist hingegen sehr viel gewonnen* ...: behauptete man, man würde sich nicht mehr nach äußeren Vorgaben von Autoritäten richten, hingegen nach den aus eigner vorgestellter Innerlichkeit kommenden, die demnach alles andre als objektivierbare wären ...: *läßt sich diese* „Innerlichkeit" *doch derartig* ver_*besondern, daß sie zum für alle Angehörigen eines Staates geltenden* „identitätsstiftenden Band" *erklärt werden kann, so daß die bestehenden Machtverhältnisse ein Mittel gewinnen, die gesamte Bevölkerung* macht_*konform einzubinden* ...: und ...: *diese Machtverhältnisse* _substantiell!_ *unverändert zu lassen.*

...: *das heißt diese* „ideologische Innerlichkeit" *bedeutet nichts Konstruktives, denn es fehlen dann lediglich noch ein paar* „ideelle Schräubchendrehungen" *und eine Ideologie ist geschaffen, die allein für* „Meinesgleichen" *gilt* ...: also für jene, die sich eine solche „ideologische Innerlichkeit" zugelegt haben ...: beziehungsweise ...: *denen diese* „identitätsstiftenderweise" *nahegelegt worden ist* ...: beispielsweise ...: *einem ganzen Volk* ...: *siehe dazu insbesondere Johann Gottlieb Fichte, von dessen idealistischer Ideologie-Ausformung und deren Konsequenzen an andrer Stelle* ...: nicht in diesem Buch ...: *noch zu reden ist.*

...: *Genau das ist es dann gewesen* ...: nämlich ...: die „ideologische Innerlichkeit" einem ganzen Volk „identitätsstiftenderweise" nahezulegen ...: *das jenes bis heute folgenreich verursachte, das als* „deutscher Sonderweg" *bezeichnet wird.* ...: und da ein solcher „Weg" ...: *der folglich auch ein Holzweg sein kann* ...: *zu entsprechendem Wahrnehmen, Fühlen und Denken führt* ...: läßt sich sagen ...: *Diese Ideologie hat ebenso ein*

„deutsches Sonder-Wahrnehmen", „Sonder-Fühlen" und „Sonder-Denken" *begründet* ...: als Ausdruck dessen, was ich „deutsche Trinität des Sonderbaren" nenne ...: *sich bspw. um das Jahr 2010 herum, u.a., darin ausdrückend* ...: zu meinen ...: *alle andren EU-Mitgliedstaaten müßten diesem Sonderweg folgen* ...: folglich ...: *anzustreben hätten, um den Titel eines Exportweltmeisters zu kämpfen* ...: *so wie es im Fußball üblich ist.*

...: *mit diesem Komplex aus* „deutschem Sonder-Wahrnehmen", „Sonder-Fühlen *und* „Sonder-Denken" *geht typischerweise das Herabsetzen andrer einher* ...: *von dem Prodosh Aich gesagt hat* ...: ZITAT_Interessanterweise hat die deutsche Sprache kein entsprechendes Wort für das englische ›fairness‹. Das macht mißtrauisch bei einer Sprache der Dichter und Philosophen._ZITATENDE ...: *In der Tat, das ist* _gut!_ *beobachtet* ...: *und dieses Herabsetzen anderer wird eben auch von* social_*medialen Usern geübt* ...: auf deren Niveau eben.[404]

Indem er mich erneut unzureichend zitiert und darauf bezogen etwas völlig Unverständliches meint, und doch glaubt, das Thema so trefflich wie erklärend zu bearbeiten, liefert jener Meinende nur ein weiteres Beispiel für realsatiristisches Meinen ...:

> ZITAT_Warum?_ fällt mir jetzt der Name Sonneborn ein [...]_ZITATENDE

...: auf dieses völlig unzureichend Zitierte, folgt seine unverständliche Antwort ...:

---

[404] In meinem letzten Buchprojekt komme ich unter andrem auf die „deutsche Ideologie" zurück, und damit auch auf Fichte und Nietzsche.

> ZITAT_Weil der Mensch gern in großen Kontrasten denkt. Ich benenne Dir gern den Unterschied ...: Selbstironie_ZITATENDE

...: worauf ich zwar antworten konnte ...: *unter anderem* ...: „Selbstironie" ≠ „Realsatire". ...: aber eine solche Kommentierung ist völlig sinnlos, da auf den Zitat-Schnipsel ...: ZITAT_Warum?_ fällt mir jetzt der Name Sonneborn ein [...]_ZITATENDE ...: *_weder!_* die Kommentierung ...: ZITAT_*Weil der Mensch gern in großen Kontrasten denkt*_ZITATENDE ...: *_noch!_* ...: ZITAT_*Ich benenne Dir gern den Unterschied* ...: *Selbstironie*_ZITATENDE eine sinnvolle Antwort sein kann, und zwar nicht einmal, wenn man diesen Schnipsel kontextuell richtig setzt ...: *_denn?_* wie lautete dann mein hier nun sinngemäß richtig zu Zitierendes ...: nun, es lautet ...: *Es soll sogar Fälle geben, die aus einem Satiriker einen Realsatiriker machen* ...: _wieso?*_fällt mir jetzt der Name Sonneborn ein* ...: tja ...: *_Wieso?_* fiel mir ...: *in dem gegebenen Zusammenhang* ...: der Name Sonneborn ein ...: weil dieser Herr Sonneborn, der als ausgewiesener Satiriker gilt, dadurch bewiesen hat ...: *zumindest ein Realsatiriker* ge*_worden zu sein* ...: sich ein T-Shirt angefertigt zu haben, auf dem zu lesen steht ...: ZITAT_*Asiaten können kein* › r ‹ *sprechen*_ZITATENDE ...: wodurch er sich eben nicht als veritabler Satiriker, sondern als veritabler Rassist geoutet hat ...: und dann noch ganz überrascht war ...: _oder? *so tat* ...: daß man das nicht als Satire aufgefaßt habe. ...: nun ...: allerdings kann gesagt werden ...: Herrn Sonneborn muß auch schon vorher etwas Realsatiristisches eigen gewesen sein ...: *denn* ...: er ging in die Politik ...: so daß mir nicht klar ist, ob er seit 2014 noch aus anderen als persönlichen Gründen im EU-Parlament sitzt, ist doch gerade dieses Parlament ein exemplarisches Beispiel für Demokratie-Simulation ...: die zudem nicht durch

Herrn Sonneborn aufgedeckt wurde. ...: also ...: _*Wie?*_ sollte ich eine Person ...: *die in die Politik gegangen ist und heute einen rassistischen Spruch als Satire verkauft* ...: dann nicht ...: *zumindest* ...: als Realsatiriker ... *wenn nicht als Realsatiristen* ...: bezeichnen.

*Ab*_gehende Begegnung:
Mit _*geschultem*_ Realsatiristen-Blick auf „Demokratie" *ge*_blickt[405]

Mitunter ist für westliche Intellektuelle die gesellschaftspolitische Beschaffenheit jener Staaten von Interesse, in denen sie selbst als Funktionselite machtelitärer Kreise die Strukturen geschaffen haben und ...: *zum Nutzen dieser Kreise* ...: die Narrativ-Konstrukteure und -Erzähler sind ...: was ihrer eigenen Karriere nur selbst förderlich sein kann, da dafür dies selbstredende Bedingung ist ...: natürlich ...: allein so, daß das grundsätzlich Fragwürdige an der tatsächlichen gesellschaftspolitischen Beschaffenheit „westlicher Demokratien" nicht angemessen thematisiert werden muß. ...: andernfalls ...: Das „Thema" ließe sich schließlich nicht mehr in funktionseliten-gelenkten Bahnen „steuern" ...: da Tacheles zu reden wäre ...: was sich durch das Stellen und *Be*_antworten von Fragen wie diesen ausdrückte ...:

- _*Was?*_ zeichnet eine demokratische Gesellschaft aus.
- _*Was?*_ ist zu tun, um das Bedürfnis nach demokratischer Entwicklung in der Bevölkerung dauerhaft zu verankern.
- _*Sind?*_ die Staaten der „westlichen Gesellschaftsformation" „demokratische".
- _*Oder?*_ liegt eine optische Täuschung vor, wie man sie von Laminat her kennt, das mitunter optisch nach Holz aussieht, aber kein Holz ist.

---

[405] Erstmals am 16. Juni 2020 auf *NetzKolumnist.com* unter dem Titel: „Blindfleckige Beschäftigung mit 'Demokratie'" veröffentlicht: https://netzkolumnist.com/blindfleckige-beschaeftigung-mit-demokratie.

- *_Müssen?_* sie nicht eher „simulierte Demokratien" sein ...: da Massengesellschaften ...: deren Angehörige über jenes zusammengebunden werden, das man „öffentliche Meinung" nennt ...: aber nicht zu sehr zusammengebunden werden dürfen, da das gefährliche kollektive Bewußtseinsbildung nach sich ziehen könnte ...: da jeder ...: laut „lobbykratie_*systemischer* Ideologie" ...: des anderen Konkurrent ...: also ...: betriebswirtschaftlich zu funktionieren ...: das bedeutet ...: menschlich reduziert zu sein habe.

Zur Beruhigung ...: *und zugleich zur neurotisierenden Verstärkung* ...: wird jedes Mitglied westlicher Gesellschaften mit verschiedenen ...: *der* „schichtenmäßigen Unterscheidung" *dienenden* ...: Statussymbolen bewaffnet ...: *mitunter lediglich an subtil stofflicher, farblicher, akustischer, aromatischer oder ähnlicher Etikettierung er_*kennbar ...: was aber genügt ...: *da sich sowieso allein an* „szenisch 'Wissende'" *richtend* ...: wird von bürgerlichen Intellektuellen eine *system_*induzierte Identität geschaffen ...: die ...: da nicht originär ...: *_denn!_* ...: *wäre sie eine originäre Identität, könnte menschliche Reduktion gesellschaftlich* _nicht!_ *normsetzend werden* ...: tatsächlicher Ausdruck *system_*induzierter ...: und deshalb ...: *kollektiv wirkender Neurose ist*.

Von _*wem?*_ wird also „öffentliche Meinung" geschaffen ...: von dafür sich eignenden geschlechtsunspezifischen Intellektuellen ...: vom _*wem?*_ sonst. ...: _*Wo?*_ sitzen ...: beziehungsweise ...: _*wo?*_ halten sich die fürs Schaffen der öffentlichen Meinung eignenden geschlechtsunspezifischen Intellektuellen beruflich auf ...: *beispielsweise* ...: als schreibende Mitarbeiter in Medien_*Konzernen* ...: oder ...: gehören zu „lobbykratie_*systemischen* Encounter-Gruppen" ...: die in „Denkpanzern" einsitzen ...: besser unter der Bezeichnung „Thinktanks" bekannt ...: oder sind als lobbykratie_*systemisch be_*deutsame Kultur_*Betriebler* „engagiert". ...: _*Sind!*_ aber diese geschlechtsunspezifischen Intellektuellen für das

Schaffen der „öffentlichen Meinung" da ...: *und werden die genau dafür* „ausgebildet" ...: *schließlich bezahlt* ...: *_denken_* die auf der lobbykratie_*systemisch* vorgegebenen *Gedanken_*Bahn *ent_*sprechend. ...: *_Wie?_* sollten die dann aber wissen ...: *_ob?_* die gesellschaftspolitische Richtung noch eine konstruktive ist. ...: *_Woher?_* wissen ...: *_wo?_* in einer konkreten Situation sich der zur Richtungsänderung geeignete „archimedische Hebel" befindet ...: *_wo?_* dieser anzusetzen ...: *_und!_* ...: *_von wem?_* der dann zu betätigen ist.

In dem Satz ...: *_Sind!_* aber diese geschlechtsunspezifischen Intellektuellen für das Schaffen der „öffentlichen Meinung" da ...: *und werden die genau dafür* „ausgebildet" ...: *schließlich bezahlt* ...: *_denken_* die auf der lobbykratie_*systemisch* vorgegebenen *Gedanken_*Bahn *ent_*sprechend ...: ist das darin verwendete Verb „ausgebildet" deshalb in An- und Abführungszeichen gesetzt, da solche Intellektuellen *_nicht_* menschlich *aus_*gebildet sind ...: versteht man unter „ausbilden" nichts betriebswirtschaftlich Reduziertes ...: *_sondern!_* ...: charakterliche *Aus!_*Bildung ...: Ent!_*Faltung der jedem Menschen eigenen Talente, Fähigkeiten und individuellen Qualität* ...: und *_nicht!_* eine „Bildungsvermittlung", die ...: zur „ökonomisch" marktkonformen kollektiven Trimmung ...: einem „betriebswirtschaftlichen Kanon" folgt ...: folglich ...: in letzter Konsequenz aus Menschen kümmernde Wesen ...: *zur erleichterten kollektiven Verchipung* ...: Biofunktionseinheiten macht ...: wie es für die gemäß betriebswirtschaftlicher Logik funktionierenden Gesellschaften zwar konsequent ist ...: *_Was?!_* könnte daran aber „demokratisch" sein. ...: Da nützt auch der Firnis der „Weltoffenheit" nichts, die selbst bloß auf jenem ...: *an allgemeinbildenden, fachlichen und Hochschulen eingetrichterten* ...: „Bildungskanon" basiert ...: mitunter über „Erasmus-Programme", deren Sinnhaltigkeit besser nicht hinterfragt wird, und über etwas „angereichert" wird, das man „bewußtseinsmäßig betriebswirtschaftliches Reisen" nennen könnte, sich in Phrasen ausdrückend wie ...: „hab'! ich schon gesehen ...: also ...: dem vorher „bildungsmäßig" Eingetrichterten *ent_*sprechend „gesehen" ...: sich unter andrem auf diese Weise gegenseitig das Gelangweiltsein bestätigend ...: _so!_ *auf dass anläßlich solchem* „Reisen" *tatsächlich* Nicht_*Wahrgenommene hinweisend* ...: _so!_ *aber letztlich auf den Rest an* Nicht!_*Projiziertem in solchen* „bewußtseinsmäßig betriebswirtschaftlich Reisenden" _selbst_ *hinweisend* ...: *_dieses_* „Reisen" nämlich mit „eurozentrisch ideologischem Blick" ...: *_oder?_* von wem wurde „Nordamerika" kolonialisiert

...: geschieht ...: was wohl noch so eben für „kosmopolitischen Firnis" genügen mag ...: *der allerdings gleich bei der ersten* „gesellschaftspolitischen Schlechtwetterperiode" ver_*waschen* ...: wenn nicht gar ...: ab_*gewaschen ist.* ...: Das gesellschaftspolitische Verhalten in der SARS-CoV-2-Pandemie deckt einmal mehr auf, wie sehr das tatsächliche politische Tun im Widerspruch zu dem Geredeten und Veröffentlichten steht ...: und bedenkt man, daß im direkten Zusammenhang mit dieser Pandemie sowohl dieses Geredete und Veröffentlichte ...: *sich bspw. auf die EU beziehend* ...: und das dann tatsächlich praktische politische Tun ...: vor _*dem*_ Hintergrund inszeniert wird ...: *anders läßt es sich nicht mehr bezeichnen* ...: daß es nämlich zu einer solchen ...: *sich 2020 tatsächlich ereignet habenden* ...: Pandemie bereits im Jahre 2012 eine Risiko-Analyse gegeben hat, die Anfang 2013 dem Deutschen Bundestag vorlegt wurde, da sie im Auftrag der Bundesregierung erstellt und dann dem Parlament zu übergeben war.[406]

*Was?* für eine „Wahrnehmung" soll das sein, „basiert" diese auf jener *system*_induzierten Identität, die ...: *wie festgestellt* ...: eine so artifizielle wie reduzierte ist ...: einen in der Vergangenheit sich schon mehrfach als fatal erwiesen habenden „eurozentrischen Blick" erzeugt und entsprechendes (_*selektives*_) Wahrnehmen zur Folge hat[407] ...: _*Läßt?*_ sich vor solchem Hintergrund etwas wahrnehmen, das nicht blickverstellt wäre ...: beziehungsweise ...: _*wie?*_ wird es dann wahrgenommen ...: _*und!*_ ...: _*kann?*_ sich auf diese Weise ein originäres ...: so „welthaltiges" wie „demokratisches Bewußtsein" ...: überhaupt *aus*_bilden.

* * *

[406] Siehe dazu im Anhang des Ihnen vorliegenden Buches: « Risikoanalyse aus dem Jahre 2012, eine SARS-CoV-2-ähnliche Pandemie betreffend ».

[407] Siehe zu den Ursachen des „europäischen Identitätsproblems", in: « Ist der Monotheismus von seiner Anlage her ein elementarer Faktor der Gewalt? », Kapitel 7, die Seiten 513+ff., beginnend mit: „Woher mag 'Identitätslosigkeit' kommen?".

Wie eingangs dieser „Begegnung" gesagt ...: mitunter ist für westliche Intellektuelle die gesellschaftspolitische Beschaffenheit der westlichen Staaten ...: *so unter Umständen auch deren* „Demokratie" ...: Thema ...: *wobei für mich dann das* _Wie_ *von Interesse ist* ...: sich beispielsweise in einem auf der Internetplattform des Magazins *Makroskop* veröffentlichten Essay zeigend, der mit ...: „Ohne Demokratie geht es nicht" übertitelt und von den akademisch dekorierten Susanne K. Schmidt und Philip Manow verfaßt ist.[408]

> Von Philip Manow gibt es zudem ein ...: *auf der im folgenden freigelegten Linie liegendes* ...: Buch, das auf seinem vorderen Klappendeckel mit dem Titel ...: „(Ent-)Demokratisierung der Demokratie" auf sich aufmerksam macht, das im Mai 2020 erschienen ist ...: und im übrigen _*deshalb*_ als allgemein anerkannt gilt ...: da behauptet wird ...: es handele sich dabei um eine „tiefschürfende" Beschäftigung mit „Demokratie" ...: dementsprechend der Herausgeber von *Makroskop*, Paul Steinhardt, nicht nur meint, es dringend empfehlen zu müssen, sondern es gelesen zu haben geradezu ein „Muß" sei ...: was für sich ...: *also* ...: *für mich* ...: *des*_halb nicht *un*_bezeichnend ist, da die geistigen Pirouetten solcher Schriften letztlich doch auf dem Parkett lobbykratischer Staatlichkeit gedreht werden ...: will sagen ...: _*ohne!*_ eine Luke zu öffnen, die tatsächlich jenes einließe, welches absolut notwendig wäre ...: _*wollte!*_ man Substanzielles ...: also ...: Demokratieförderliches am gesellschaftspolitischen *Ist*_Zustand ...: *beispielsweise ...: in den Staaten der EU* ...: ändern.

...: „Ohne Demokratie geht es [_*also*_] nicht" ...: _*ist?*_ das nicht ein hübscher Titel. ...: oder besser gefragt ...: tatsächlich? ...: Denn ohne „Demokratie" geht es ganz gut, wie man an den

[408] Der am 4. März 2022 erneut geprüfte Link ist folgender: https://makroskop.eu/ohne-demokratie-geht-es-nicht/.

„westlichen Demokratien" sehen kann ...: in denen „Demokratie" in einer besonders ausgeklügelten Weise simuliert wird. ...: Das wird sofort offensichtlich, läßt man sich von dem Label „Demokratie" nicht irritieren und schaut statt dessen auf das, was _*in*_ „westlichen Demokratien" selbstverständlicher Fakt ist ...: *zu benennen in einem Satz* ...: Medien_*Konzerne* und Demokratie ...: so sie keine simulierte ist ...: sind *un!*_vereinbar.

Dementsprechend ist es für „westliche Demokratien" typisch, daß die nicht ohne Attribut auskommen und deshalb oft als „parlamentarische Demokratien" oder als „repräsentative Demokratien" bezeichnet werden, was aber irreführend ist, denn _*das*_ ist _*nicht*_ das Besondere an diesen „Demokratien" ...: _*hingegen!*_ ...: daß _*jeder!*_ geschlechtsunspezifische Abgeordnete von Lobbyisten umzingelt ist. ...: ehrlich wäre demnach die Bezeichnung ...: „kapitalistische Demokratie" ...: da der real existierenden „simulierten Demokratie" ...: _*begrifflich*_ ...: noch am nächsten kommend ...: inhaltlich natürlich auch nicht ...: das Profitsystem dient vorrangig der Befriedigung machtvoller Partikularinteressen ...: ist also schon allein *des*_halb mit Demokratie unvereinbar. ...: gewiß ...: Für die Masse der Menschen fällt vorzüglich dann noch etwas ab, ist ein solcher „*Ab*_Fall" der Sicherung machtvoller Partikularinteressen förderlich. ...: _*Wie?*_ sollte da die EU anlagemäßig demokratisch sein, ist diese doch ein „Elitenprojekt" der europäischen Nationalstaaten, das Anfang der 1990er Jahre, also nach dem Ende des Kalten Krieges, seinen Anfang nahm.

Das Projekt als solches ist zwar weit älter, aber die „EU", und wie sie sich dann entwickelte, findet ihren Beginn nach dem Ende des Kalten Krieges ...: genauer ...: 1992 / 93.

...: immerhin ist das eigentliche Entscheidungsorgan dieses neoliberal-ideologischen Gebildes der EU-Ministerrat, in dem die Regierungschefs der EU-Mitgliedstaaten sitzen. Schon deshalb ist das regierungspolitische Gezeter von EU-Mitgliedstaatenseite unglaubwürdig ...: trifft „Brüssel" irgendeine „Entscheidung", die sich gegen einzelne Mitgliedstaaten richtet ...: das politische Führungspersonal in solchen Staaten macht dann zwar eine entsprechende Miene, aber die Leidtragenden sind diese selbst nie, hingegen immer die Masse der Menschen in den Mitgliedstaaten ...: oder ...: die einen in den einen Mitgliedstaaten haben etwas von „brüsselesken Entscheidungen" ...: dann aber auf Kosten der anderen in den anderen Mitgliedstaaten ...: um die Masse der Menschen ging und geht es nicht, da es _*keine!*_ Demokratien sind ...: höchsten *funktions*_elitengelenkte Projekte, die die EU-mitgliedstaatlichen Nationalstaaten in die gewünschte ...: *lobbykratieförderliche* ...: Richtung lenken ...: die deshalb auch schon als von den Funktionseliten „gelenkte Demokratien" bezeichnet worden sind. ...: aber ...: das stimmt _*ebenso*_ nicht ...: _*denn*_ ...: Tatsächlich sind es simulierte Demokratien. ...: Womit dann auch geklärt wäre, auf wessen Seite diejenigen stehen, die von den Bürgern der EU-mitgliedstaatlichen Nationalstaaten per politischem Wahlverfahren gewählt wurden.

...: demnach kann es ...: *nüchtern betrachtet* ...: in der EU lediglich *anti*_demokratisch zugehen ...: _*ist*_ diese Union doch eine, die sich ...: *zur besseren Einprägung sei's wiederholt* ...: aus simulierten Demokratien zusammensetzt ...: *und zwar so antidemokratisch zusammengesetzt* ...: daß ...: hat die Masse der Menschen in einem Land dieser Union sogar in mehreren Referenden ...: *oder referendengleichen Entscheidungen*

...: festgestellt, daß ihr die Konzeption der EU mehr Schaden als Nutzen bringt, es dennoch höchstmäßig anstrengend ist, aus dieser Mitgliedschaft wieder herauszukommen. ...: das bedeutet ...: _*Wie?*_ sollte etwas demokratisch sein, sind seine Teile selbst nicht demokratisch ...: wenn man nicht sogar sagen könnte ...: gilt der Satz ...: „Das Ganze ist mehr als seine Teile" ...: handelt es sich bei der EU sozusagen um eine potenzierte Demokratiesimulation.[409]

...: _*was?*_ ist die EU dann ...: nun ...: Ein Dachverband machtelitärer Gruppen ihrer mitgliedstaatlichen Nationalstaaten, für den die Bezeichnung ...: „waffengeschwisterliche Union" viel besser paßt ...: wie seit dem 24. Februar 2022 eindrucksvoll unterstrichen wird und worauf noch in der nachfolgenden *Wiedergängerischen Begegnung* und in ...: *Es hat etwas Kindisches, das aus dem* _selbst!_ *verursachten üblen Gestern resultierende Heute zu beklagen* noch einzugehen ist. ...: Und das vor dem Hintergrund, daß es sich bei diesen Staaten um gesellschaftspolitische Entitäten handelt, die auf eine jahrhundertealte eigene gesellschaftspolitische Tradition verweisen können, und *dies*_bezüglich eben nicht mit den Bundesstaaten der USA zu vergleichen sind. ...: so kommt es ...: Diese machtelitären Gruppen und deren Satelliten ...: *die Funktionselite der EU* ...:geraten mehr und mehr in Opposition zu den Bevölkerungen in den Mitgliedstaaten. ...: _*Dies*_ ist aber eine Entwicklung, die überhaupt nicht möglich wäre, existierte Demokratie in den EU-mitgliedstaatlichen Nationalstaaten.

---

[409] Siehe dazu: « Sie fragen noch, wie die ›Verhältnisse‹ liegen? » und « Le rayon des Lumières — Quelques remarques sur ›l'Empire de la paix‹ orwellien, nommé l'UE ».

...: Also betreiben _*auch*_ diese genannten Autoren in ihrem Essay ...: „Ohne Demokratie geht es nicht“ ...: eine blindfleckige Beschäftigung mit dem Demokratiedefizit westlicher Staaten ...: was aus meiner Sicht allerdings typisch für westliche Intellektuelle ist.

...: Die Autoren verdeutlichen das, benennen sie in ihrem Essay ausgerechnet das deutsche Verfassungsgericht als Verteidiger demokratischer Rechte, das ein ...: *an dieser Stelle nicht weiter interessieren müssendes* ...: Urteil gegen undemokratische EU-Institutionen gefällt habe ...: genannt werden der EuGH und die EZB. ...: tatsächlich stehen aber gerade diesem Gericht geschlechtsunspezifische Richter vor, die von parteipolitisch _*selbst*_ ausgekungelten Personen ausgekungelt wurden ...: *und immer wieder ausgekungelt werden*. ...: es sind solche parteipolitisch ausgekungelten Personen ...: die erst nachdem sie in irgendwelchen Hinterzimmern von Karnevalsvereinen ...: *oder vergleichbaren* „gemeinnützigen“ *Organisationen* ...: ausgekungelt wurden ...: bei einer Wahl auf Landes- oder Bundesebene den Wählenden als zu Wählende vorgesetzt werden ...: und ...: *nach ihrer Wahl* ...: _sofort!_ ...: *dem* „Fraktionszwang“ *unterliegen* ...: und ...: _sofort!_ ...: *von Lobbyisten umstellt werden* ...: *von denen sie ihre Blaupausen bekommen* ...: *die sie abzuarbeiten haben* ...: *wollen sie auch beim* „nächsten Mal“ *als* „wählbar“ *gelten* ...: selbstverständlich ...: *garniert mit Pöstchen hie und Vorträgchen dort* ...: „Politik _*muß!*_ Spaß machen“ ...: die die geschlechtsunspezifischen Richter am deutschen Bundesverfassungsgericht bestimmen ...: vorausgesetzt ...: sie gehören zum „inneren Kreis“ des Bundestages oder zum illustren Kreis des Bundesrates.

*War?* die Absenz der Legislative und der Judikative in der „SARS-CoV-2-Epidemie" lediglich ein Versagen dieser beiden Säulen der Gewaltenteilung. Und die völlig so unkritische wie tendenziöse „Berichterstattung" der Medien _*war?*_ ...: und _*ist?*_ bezogen auf den Ukraine-Konflikt ...: ebenso ein Versagen der „Vierten Gewalt". ...: nein ...: denn ...: _*Wie?!*_ könnte das in einer existenten Demokratie möglich sein. ...: das bedeutet ...: Es wird jetzt „bloß" für alle Augen sichtbar ...: *vorausgesetzt man zieht es nicht weiterhin vor, die Augen fest geschlossen zu halten* ...: daß die bürgerliche Gesellschaftsformation eine „spezifische Matrize" fürs Organisieren von Massengesellschaften ist, deren Institutionen ...: *in Abhängigkeit von der aktuellen gesellschaftspolitischen Entwicklung* ...: mehr oder weniger „surrogatischen Charakter" zeigen.

Und der „surrogatische Trend" ihrer Institutionen setzt sich in dem im Februar / März / April / Mai 2022 wieder in den Blick der Westlichen kommenden ...: _allerdings!_ ...: *sich längst seit langen Jahren in ihrem Südostteil auf brutalste Weise geführten* ...: offenbar ...: *von einschlägigen Kreisen der Westlichen gewollten und unterstützten* ...: Krieg in der Ukraine beschleunigt fort.

...: All dies ist Ausdruck des *lang*_gezogenen Abgesangs der Westlichen ...: Ihre ihren seit jetzt weit über 520 Jahren währenden Krieg gegen die Welt begleitende Verlogenheit, Unaufrichtigkeit und ihr räuberisches Treiben sind wohl langsam in allen Köpfen ...: _*außerhalb!*_ ...: ihrer „'Elitestaaten' der Welt" genügend verankert ...: oder anders gesagt ...: _*Wer?*_ wollte den Behauptungen ihrer Vertreter noch Glauben schenken, es handele sich bei „ihnen" um eine Werte-Gemeinschaft die nicht in An- und Abführungszeichen zu setzen wäre.

...: demokratischen Mindeststandards genügte es hingegen erst, würden ...: *zur Vermeidung potentiell krummwegiger Berufung* ...: *_alle!_* Richter *_und!_* Staatsanwälte ...: *die dann zudem* _nicht!_ *mehr auf* „Weisung" *zu ermitteln hätten* ...: also beginnend auf der Ebene der Amtsgerichte ...: per politischem Losverfahren von der Bevölkerung bestimmt ...: folglich ...: *_völlig!_* unabhängig von diesen parteipolitisch Ausgekungelten, die ...: *zur vertieften Einprägung sei's nochmals wiederholt* ...: _so!_ *macht's allein das politische Wahlverfahren möglich* ...: erst nach solcher Auskungelung den Wählenden als Wählbare vorgesetzt werden.

Im weiteren Überlegungsschritt
müßte daraus die Erkenntnis folgen ...:

Was in einer veritablen Demokratie für Richter und Staatsanwälte zu gelten hat, darf nicht anders für Politiker, deren Berater *_sowie_* für Verwaltungsleute mit Entscheidungsbefugnis gelten ...: also ...: über das politische Losverfahren zu bestimmen, wer welche Funktion zu besetzen hat. ...: Wobei sowohl die Besetzung der entsprechenden Positionen als auch ihre Ausübung von völliger Transparenz begleitet werden müssen ...: *_Oder?_* geht es bei politischen Angelegenheiten etwa nicht um solche, die insbesondere *_jene_* Bewohner eines Landes angehen ...: *und diese dann zumindest psychosomatisch betreffen* ...: die nicht *_mal eben_* sagen können ...: „Die politische Richtung in meinem Land ...: *das einst Wohnort, heute bloß noch Standort* ...: ist dauerhaft schlecht, deshalb zieh' ich jetzt in ein andres Land, wo mir eine dauerhaft gute politische Richtung gewährleistet zu sein erscheint".

...: *_Benötigt?_* man viel Phantasie, um zu erkennen, daß ...: *wenn von ausgekungelt zu Wählenden auch die geschlechtsunspezifischen Richter der oberen Gerichte bestimmt werden* ...:

Gewaltenteilung zur Fiktion wird …: wie es eben _*ebenso*_ Fiktion ist, zu glauben, man habe es bei zu wählenden Politikern mit Personen zu tun, die …: *einmal gewählt und sofort dem* „Fraktionszwang" *unterliegend, umstellt wie sie dann zugleich von Lobbyisten sind* …: im Sinne der Bevölkerung Politik praktizierten und nicht im Sinne von mächtigen Partikularinteressen …: *in deren Sinne sie vorher ausgekungelt wurden* …: und somit …: die „Vierte Gewalt" lediglich dazu dient …: _*solche!*_ Politik für die Masse der Menschen eines Staates lediglich „schmackhaft" zu verpacken. …: ach …: _*Sie?*_ finden das *politische Losverfahren* genauso lächerlich wie eine Frau Kipping es irgendwann im Jahre 2020 in einer dieser „aufgeräumten" Talk-Shows zu bemerken lustig fand …:: ZITAT_da!_ *können wir ja gleich losen*_ZITATENDE …: als in einer solchen eines der „'diskutierten' Vernebelungsthemen" politische Postenvergabe in ihrer …: *das lobbykratische System* „links"-*abstützenden* …: Partei war.

…: nun …: abgesehen davon, daß es gerade das Prinzip einer lobbykratisch strukturierten Gesellschaft ist …: *also einer staatlich verfaßten Gesellschaft, die nach betriebswirtschaftlichen Kriterien funktioniert* …: daß die politischen Entscheidungsträger möglichst wenig Ahnung haben müssen …: wie es schon ein gewisser Herr Schäuble einst bemerkte …: *und der muß es wissen* ..: da sie ja andernfalls nicht auf ihre Berater hören würden, die allerdings neoliberalistische Ideologen sind, und deshalb auch so viel politischer Murks geschieht …: *ohne Grund ist es ja nicht, daß ich von* „Realsatirismus" *spreche* …: denn …: Das überragende Merkmal allen politischen Tuns in der Lobbykratie ist sein realsatiristisches Geschwängertsein …: es also …: *vor diesem lobbykratischen Hintergrund* …: unter Umständen sogar noch besser sein könnte, würde tatsächlich _*irgend jemand*_ für eine politische Position ausgelost …: _*denn!*_ …: *aus*_gelost ist besser als nach Parteien-, Quoten-, bzw. *In*_Kompetenzkriterien *aus*_gekungelt ...: aber ...: *im Gegensatz zum realsatiristisch geschwängerten Tun der per politischem Wahlverfahren gewählten politisch* „Verantwortlichen" *in der Lobbykratie* ...: „Politisches Auslosen" bedeutet eben nicht, daß auf „irgendwen" das „Los" zu fallen habe. ...: nein ...: so einfach geht's in einer demokratisch strukturierten Gesellschaft nicht zu. ...: Zwar ist eine demokratische Gesellschaft nur dann eine, werden ihre politischen Vertreter von der Bevölkerung direkt bestimmt ...: *und eben* _nicht!_ *gewählt* ...: aber ...: da der Pin so tief in den Köpfen sitzt, sei's an dieser Stelle verdeutlicht ...: _*Ist!*_ Demokratie gemeint, kann es sich ausschließlich um direkte Demokratie handeln, die, in der Tat, verschieden gehandhabt werden kann, was auch von ihrer zahlenmäßigen und organisatorischen Größe abhängig ist.

...: wenn ich aber von direkter Demokratie spreche, meine ich damit ...: Aus einer vorher ermittelten Anzahl von _*ausgewiesen!*_ gemeinwohlorientierten geschlechtsunspezifischen Personen ...: *die* ...: *bezogen auf* _den_ *Bereich, für den sie später potentiell bestimmt werden* ...: *einerseits über so viel Kompetenz verfügen, daß sie stets verstehen und beurteilen können, über was ihre geschlechtsunspezifischen Berater sprechen und welche* ...: *ab*_zuschätzenden ...: *Konsequenzen es hätte, würden sie deren Empfehlungen folgen* ...: wird die notwendige Anzahl per politischem Losverfahren bestimmt. ...: Nicht anders werden ihre geschlechtsunspezifischen Berater bestimmt ...: also ...: *gleichfalls per politischem Losverfahren aus einem* „Pool" *so gemeinwohlorientierter wie kompetenter Personen rekrutiert*. ...: zum anderen ...: Diese per politischem Losverfahren bestimmten Personen _wissen!_ darum ...: daß ihre Kompetenz in einem Bereich ...: _*dem*_ nur *unter!*_geordnet sein kann, das man Gemeinwohl nennt ...: *da ein Bereich einer Gesellschaft lediglich ein Teil von dieser sein kann* ...: das ist es ja, was eine gemeinwohlorientierte Person mit sachbezogener Kompetenz auszeichnet.

...: _*Was?*_ wäre die Aufgabe von per politischem Losverfahren bestimmten geschlechtsunspezifischen Personen ...: nun ...: _*vorher!*_ festgelegte „Arbeitspunkte" abzuarbeiten ...: *beziehungsweise* ...: in die Praxis umzusetzen ...: wobei diese „Arbeitspunkte" ...: je nach Komplexität ...: in zeitlicher Staffelung zu realisieren wären ...: *beispielsweise* ...: innerhalb eines Jahres ...: andere innerhalb von zwei oder drei Jahren ...: wieder andere innerhalb von fünf usw. Jahren. ...: daneben gäbe es noch solche, die als „langfristige Arbeitspunkte" zu verstehen wären ...: zu verwirklichen in zehn bis dreißig Jahren ...: *beispielsweise* ...: geht es um Fragen, die die natürliche Umwelt betreffen. ...: auch gäbe es „Korrekturarbeitspunkte", die dazu dienten, die zeitlich gestaffelten Arbeitspunkte „nachzujustieren" ...: so sich dies als notwendig erweisend. ...: Damit aber solche „Arbeitspunkte" überhaupt festgelegt werden könnten, wäre _*als erstes!*_ zu wissen notwendig ...: _*Was?*_ schätzt die Bevölkerung selbst als „arbeitspunkterelevant" ein ...: so etwas läßt sich transparent leicht ermitteln, zu Kategorien zusammenfassen und zur allgemeinen Diskussion stellen ...: an _*deren!*_ Ende entsprechende Referenden auf lokaler, regionaler und gesamtstaatlicher Ebene folgen. ...: Die Ergebnisse diese Referenden ...: *die Arbeitspunkte* ...: werden dann von den dazu bestimmten Personen abgearbeitet. ...: es sei wiederholt ...: der ganze Prozeß ereignet sich in völliger Transparenz.

...: ist erst einmal das demokratische Bewußtsein in der Bevölkerung durch szenarienartige Beantwortung von Fragen wie bspw. folgenden verankert ...: „_*Wie?*_ wollen wir miteinander leben" ...: „_*Was?*_ müssen wir dazu tun" ...: *spielerisch beginnend auf der Kindergarten-Ebene und bis in die Phase des* *biologisch Altseins reichend* ...: ist das Aufstellen solcher „Arbeitspunkte" weniger zeitaufwendig als Kritiker vielleicht meinen mögen ...: zumal diese daran erinnert seien ...: In „simulierten Demokratien" kann es recht lange dauern, bis ...: *an der Masse der Bevölkerung vorbei* ...: ausgekungelte Verträge „stehen" ...: die primär nur Partikularinteressen dienlich sind ...: um sie dann durch die Parlamente bringen zu könnten ...: mitunter auch zu „peitschen!".[410]

Die Kritik des deutschen Verfassungsgerichts an den in der Tat ideologisch konzipierten EU-Institutionen EZB und EuGH wäre demnach allein dann überzeugend, hätte es von Beginn des ideologischen Projektes EU an ...: *nämlich spätestens ab 1992* ...: tatsächlich eine demokratiekonforme Konzeption der EU angemahnt, sich also von Anfang an gegen dieses ideologische Projekt gewendet ...: das hat es aber nicht. ...: und überzeugend hätte es das sowieso lediglich dann tun können, hätte insbesondere in Deutschland unmittelbar nach dem Ende des Kalten Krieges ein politischer Prozeß eingesetzt ...: *der eigentlich hätte einsetzen müssen, wäre alles davor Geredete, mehr als nur Lippenbekenntnis gewesen* ...: dessen Zielsetzung echte Demokratisierung gewesen wäre ...: und nicht eine nun forcierte Entwicklung zu dem, das man als Parteienstaat auf neowilhelministischer Basis bezeichnen muß.[411] ...: meines Wissens hat es diesbezüglich keine nennenswerten Bestrebungen gegeben ...: was insofern nicht verwundern kann, da das

---

[410] Was Direkte Demokratie bedeutet und was sie benötigt, findet der interessierte Mensch an verschiedenen Stellen in: « Sie fragen noch, wie die ›Verhältnisse‹ liegen? » erläutert.

[411] Was mit „neowilhelministischer Basis" gemeint ist, und welche Konsequenzen eine solche „Basis" mit sich bringt, wird aus der Lektüre von: « Die *tri*_logische Sezierung [...] », Band III: « ›Ich stimme nicht zu!‹ — Gesellschaftspolitische Lesungen über den Neowilhelmoliberalismus und seine Konsequenzen », Teilbände 1+2, deutlich.

deutsche Establishment ...: *wie immer!* ...: genau wußte ...: *und deshalb immer noch genau weiß* ...: daß das heutige „Deutschland eine 'gefestigte' Demokratie" sei ...: sowie ...: daß in den betriebswirtschaftlich organisierten bürgerlichen Staaten des Westens alles in demokratischen Bahnen verläuft ...: und gerade das ...: *selbstverständlich genauso wie immer!* ...: in Deutschland vorbildlich verläuft ...: *nämlich eben* ...: das betriebswirtschaftliche Organisieren der ganzen Gesellschaft „geräuscharm" vonstatten geht.[412] ...: und überhaupt ...: _*Ging?*_ es nach dem Ende des Kalten Krieges nicht darum, daß Deutschland ...: sprich ...: das deutsche Establishment ...: wieder „seinen Platz" unter den „Kulturnationen" der Welt einzunehmen habe? ...: Fragt sich nur ...: Wieso führt das ...: *machtpolitische* ...: Streben der in „hermetischen Kreisen" ausgekungelten politischen Entscheidungsträger dieser „Kulturnationen" stets ins blutspurige Fiasko? ...: oder ...: _*herrscht?*_ erst dann Krieg, ist das Territorium einer dieser „Kulturnationen" davon selbst betroffen.

> _*Wieso?*_ und seit wann von „Kulturnationen" überhaupt gesprochen wird ...: darauf komme ich in meinem letzten Buchprojekt zurück ...: und zwar an der Stelle, die mit ...: „Geisteswissenschaftliche Gespenster" betitelt sein wird.

...: allerdings ...: *so wird behauptet* ...: Gerade in Deutschland ist der „Rechtsstaat" Garant für die „Demokratie". ...: wieso läßt sich aber *dies*_bezüglich fragen ...: Wessen „Rechtsstaat" ist gemeint, ist von „Rechtsstaat" die Rede? ...: nun ...: Es ist Fakt, daß der deutsche betriebswirtschaftliche Staat von

---

[412] Wieso nach dem Ende des Kalten Krieges ein solcher Prozeß in Deutschland gar nicht einsetzen konnte, findet sich in: « Die *tri*_logische Sezierung des lobbykratischen Zeitalters », Band III, Teilbände 1+2 und, vor dem Hintergrund dieses Buches, in: « Sie fragen noch, wie die ›Verhältnisse‹ liegen? » erläutert.

Beginn an bewußt um die Bedürfnisse seiner Wirtschaft herum geschaffen wurde ...: also ...: *um die Bedürfnisse von Partikularinteressen herum* ...: und das ist auch so geblieben ...: wie geradezu exemplarisch am Päppeln der fragwürdige Techniken anwendenden Pharmafirmen BioNTech und Curevac sowie einzig deren Patentschutz im Blick haltenden deutschen Politik deutlich wird. ...: _*Was?*_ ...: *rhetorisch gefragt* ...: mag dann vom Gerede über die Menschenrechte, über das Völkerrecht ...: verteidigt und geschützt von der „Wertegemeinschaft" der Westlichen ...: *die die* „Kulturnationen" *dieser Welt bewohnen würden* ...: zu halten sein.

...: daß der deutsche betriebswirtschaftliche Staat überhaupt „rechtsstaatlich" um die Bedürfnisse der deutschen Wirtschaft herum konstruiert werden konnte, hing damit zusammen, daß nach dem Ende des zweiten Teils des großen Krieges des 20. Jahrhunderts Deutschland als politisches Gebilde nicht mehr existierte und die einzige Handlungsmöglichkeit der deutschen Politik darin bestand, das Rechtsgefüge für die politische Einflußgröße „Wirtschaft" zu schaffen ...: und das damit einhergehende Procedere fiel deshalb nicht weiter auf, da jenseits des Eisernen Vorhangs ein stalinistisches System herrschte, das ...: *alles andere als eine Bedrohung fürs westliche Profitsystem seiend* ...: vor allem mit „sozialistischer Rhetorik" hantierte ...: dem mußten im Westen zwar „Segnungen" entgegengesetzt werden, die unter dem Oberbegriff „Sozialstaat" firmierten. ...: Aber diese „Segnungen" kamen eben nicht von einem humanistischen Streben bzw. Bedürfnis, sondern sie wurden wegen der sogenannten „Systemkonkurrenz", die man heute auch „Integrationskonkurrenz" nennt, verteilt.

> Diese orwellianischen Begriffe ...: „Systemkonkurrenz" bzw. „Integrationskonkurrenz" ...: hören sich nicht nach „Imperialistischem" an, dienen tatsächlich jedoch dem Verschleiern von „neoimperialistischem Streben" ...: einem Exportüberschußweltmeister kann ein solches Streben übrigens nicht fremd sein ...: Rhetorik und das sich hinter der EU Verstecken ändert daran nichts.

...: folglich ...: _*Was?*_ könnte an der Struktur der „westlichen Betriebswirtschaftsgesellschaften" ...: der Lobbykratien ...: demokratisch legitimiert sein ...: verhält es sich so ...: Es ist gerade ein Merkmal demokratischer Staaten ...: _*nicht!*_ ...: nach Hegemonie zu streben.

...: daß der „bürgerliche Sozialstaat" den historischen Tendenzen geschuldet war ...: also ...: als „politische Episode" in der Entwicklung der „westlichen Gesellschaftsformation" nach dem Ende des europäischen Feudalismus' zu verstehen ist ...: läßt sich bestens an _*der*_ Entwicklung erkennen, die nach dem Ende des Kalten Krieges einsetzte und sich dann mählich mehr und mehr beschleunigte ...: Die Errungenschaften des „bürgerlichen Sozialstaates" werden seit dem Ende des Kalten Krieges peu à peu wieder „eingesammelt". ...: daraus ergibt sich die Feststellung ...: *ist sie an* _dieser_ *Stelle auch rhetorisch fragend ausgedrückt* ...: _*Was?*_ ist der „bürgerliche Sozialstaat" anderes als ein staatliches Gebilde, das die möglichst ökonomische Ausbeutung menschlicher Energie nach festgesetzten ...: *selbstverständlich* „rechtsstaatlichen" ...: Regeln erlaubt ...: *sich bspw. in der Abwägung von Krankheitskosten und Produktionskosten ausdrückend, die ihren Niederschlag in so poetischen Abkürzungen wie* MAK / BAT / BAPT / BAST / GefStoffV *finden und wozu auch Regeln gehören, die in der Pra-*

xis zu dem führen, das man als „ergonomische Zwangshaltung“ *bezeichnen kann.*[413] ...: nun ...: wie die auch immer heißen mögen ...: Diese Werte dienen der „Feststellung“, ab wann damit zu rechnen ist, daß die „optimale“ profitorientierte Nutzung menschlicher Energie ...: *also die* „optimale Ausbeutungsmöglichkeit“ *des Menschen durch den Menschen* ...: abnimmt, so daß ...: *aus profitorientierter Sicht* ...: die Kosten für die Ausbeutung und der Profit durch die Ausbeutung in ein „Mißverhältnis“ geraten ...: *dem*_nach ...: im Vordergrund steht nicht die Gesundheit der Menschen, sondern eine „Kosten-Profit-Analyse“.

...: Die „Kosten-Profit-Werte“ orientieren sich an Normen, die als „Normalwerte“ festgelegt worden sind, so daß die Ausbeutung der ausbeutbaren Menschen eines profitorientierten Staates über einen möglichst langen Zeitraum mit geringstmöglichen Kosten möglich erscheint. ...: aber ...: Veränderung der „Arbeitszeit-Erholungszeit-Taktung“ ...: beispielsweise durch Akkordarbeit oder / und „Überstunden“ ...: zeigen, daß diese „Werte“ wenig mit der Realität der lohnabhängigen Bevölkerung zu tun haben. ...: übrigens ...: _*Leuchtet?*_ es nicht ein, daß die Anhebung des Renteneintrittsalters die Kosten zugunsten der Profitseite weiter verringern hilft. ...: nicht anders verhält es sich, wird von „Verbraucherschutz“, „Patientenschutz“ usw. geredet ...: denn ...: *auch das zeigt die* „SARS-CoV-2-Pandemie“ ...: Es geht in erster Linie um die profitorientierte Herstellung von „Waren“ ...: *also Lebensmitteln, Medikamenten, irgendwelchen* „Tests“ *oder* „Apps“ *usw.* ...: die irgendwelchen Figuren Profit bringen ...: _*nicht!*_ um die

[413] Folgende „Werte“ sind Teil des Inhalts der „GefStoffV: 'Gefahrstoffverordnung'“: „MAK: 'Maximale Arbeitsplatz-Konzentration'“; „BAT / BAPT: 'Biologischer Arbeitsplatz-Toleranzwert'“; „BAST: 'Biologischer Arbeitsstofftoleranzwert'“. „BAT / BAPT / BAST“ heißen heute „BGW: 'Biologische[r] Grenzwert[e]'“.

Lebensqualität der Masse der Menschen. ...: daß das zudem wenig mit den durchschnittlichen Lebens- und Arbeitsbedingungen zu tun hat, dringt immer nur ausnahmsweise ins Bewußtsein der Öffentlichkeit, wobei im Jahre 2020 ...: *wohl* „corona-pandemisch" *bedingt* ...: doch exemplarisch ...: *denkt man an die schon seit Jahrzehnten bestehenden Arbeitsbedingungen in deutschen Schlachtereien* ...: gewiß ...: Als sicher kann gelten, daß das möglichst schnell wieder zugedeckt werden wird ...: denn ...: so etwas so kraftvoll wie praktiziert überzeugend zu brandmarken und *bei_*zeiten auf Beseitigung zu pochen ...: *_hätte?_* nicht Sache der Gewerkschaften und politischen Strebens zu sein, nicht wahr? ...: immerhin ...: Ausreichend ist es nicht, daß einer Partei das Etikett „linksorientiert" oder „progressiv" aufgepappt wird ...: *zumindest* ...: dann nicht ...: Soll so gemeinwohlorientierte wie gesellschaftspolitisch fortschrittliche Politik *_nicht!_* simuliert ...: sondern ...: *tat!_*sächlich praktiziert werden.

...: Wenn die oben genannten Autoren also meinen, daß der Rechtsstaat bedroht sein könnte, da Macht von EU-Institutionen ...: hier *EuGH* & *EZB* ...: ausgeübt würde ...: deren geschlechtsunspezifische Entscheidungsträger von „politischen Personen" ausgekungelt wurden ...: ist darauf zu antworten ...: daß das gewiß stimmt ...: dennoch ...: so wie die Verhältnisse in betriebswirtschaftlich organisierten Gesellschaften ...: *in Lobbykratien* ...: nun einmal liegen, könnte es höchstens die Frage sein ...: *_Wessen?_* Rechtsstaat könnte jetzt bedroht sein ...: *und von wem* ...: sowie ...: *_Wer?_* bestimmte bei dessen Konsolidierung die Regeln ...: *bliebe substantiell alles unverändert* ...: nämlich so wie es seit der ideologischen Konstituierung der EU der Fall ist.

...: Wer von „mehr Demokratie wagen“ oder „Demokratisierung“ redet und dann tatsächlich Demokratisches meint, muß jedenfalls wissen, daß dies lediglich dann praktische Politik werden kann, wird die bestehende „betriebswirtschaftliche Gesellschaftsformation“ ...: sprich ...: *die Organisations-Basis aller bürgerlichen Staaten* ...: *gemeinhin als* „Nationalstaaten“ *bezeichnet* ...: gegen eine Gesellschaftsformation ersetzt ...: *in der ein solcher Prozeß überhaupt erst möglich wäre* ...: also ...: In den Staaten einer demokratischen Gesellschaftsformation kann die Wirtschaft kein Fremdkörper mehr sein ...: *wie gesagt* ...: meint man es ernst, spricht man von „Demokratisierung“. ...: aber ...: *_so!_* ernst meint man es in den Kreisen bürgerlicher Intellektueller eben nicht. ...: *_Etwa?_* aus Gründen der Vernunft ...: das kann schon deshalb nicht sein, da sich die „westlichen Gesellschaften“ bereits weit jenseits von noch „vernünftig“ zu korrigierender Entwicklungsphase ...: sprich ...: „Lobbykratie“ ...: befinden ...: die also nicht mehr per „reformerischer Schräubchendreherei“ konstruktiv zu beeinflussen wäre ...: *das bedeutet* ...: Diese lediglich beispielhaft genannten Autoren haben nichts demokratisch Substantielles mitzuteilen ...: das fällt bloß deshalb nicht weiter auf, da das allgemein so üblich ist.

...: gewiß ...: jetzt, wo sich „Corona“ als unverfängliche „Peitsche“ eignet ...: die „1. Rettung“ des lobbykratischen Systems ...: zwar etwas früh ...: bequem verschleiert in Angriff nehmen zu ...: *_müssen!_* ...: *ob*_wohl doch die lobbykratischen Intellektuellen ...: also ...: die aktuell geupdateten bürgerlichen Intellektuellen ...: sich „ihr“ (*_lobbykratisches_*) Zeitalter mit so viel „ideologischer Filigran-Hirn-Akrobatik“ und rhetorischen Floskeln *zurecht*_gedacht hatten ...: geht es aktuell nur noch *da*_rum ...: „lobbykratie_*systemische* Rettung“ im Sinne von ...: „*_rette!_* sich wer kann“ ...: also ...: chaotisiert zu versuchen ...: nun ...: um solche „Rettung“ geht’s früher oder später immer ...: da das Profitsystem _*in sich*_ *in*_stabil ist ...: also ...: steht die „2. Rettung" an ...: Krieg ...: *der Ukraine-Konflikt begann nicht am 24. Februar 2022* ...: weit früher und ...: *von den strukturell aggressiven Westlichen initiiert* ...: zudem ...: *es ist nicht immer derjenige* ...: *den die privaten Propaganda-Abteilungen der Westlichen* ...: „Qualitätsmedien" *selbst*_genannt ...: *gerade der Masse der Menschen agierend zeigen* ...: der das von den Tamtamisten der Westlichen Behauptete begonnen hätte ...: und es sind diese Westlichen, die dann in den Köpfen das Primitive nähren ...: andernfalls ihr „System" nicht zu *trans*_formieren wäre ...: in was? ...: ins geupdatet Faschistische ...

...: aber ...: wie oben bereits angedeutet ...: Es war das stalinistische System, welches das Profitsystem zu stabilisieren half ...: denn ...: _*ohne!*_ das stalinistische System ...: *da beide in* „systemischer Konkurrenz" *liegend* ...: wäre es erst gar nicht zur vollen Entwicklung des „bürgerlichen Sozialstaates" gekommen ...: *wie an der gegenteiligen Entwicklung seit dem Ende des Kalten Krieges exemplarisch erkennbar wird.* ...: _*Hier!*_ liegt der Blinde Fleck der westlichen Intellektuellen ...: zu dem ebenso gehört ...: Weder das stalinistische System noch der Faschismus wären _*ohne!*_ das Profitsystem überhaupt denkbar ...: deshalb ...: Jetzt, wo das lobbykratische Zeitalter über seine Anfänge längst hinaus ist ...: also ...: das ihm inhärent Faschistische ...: *da im Bauch des bürgerlichen Systems von jeher gärend* ...: sich aktuell im failed state Ukraine meldend ...: offenbar der Masse der lobbykratischen Intellektuellen genehm ...: und ...: *es sowieso wieder einmal um die* „profitsystemische Rettung" *geht* ...: wollen die lobbykratischen Intellektuellen lieber _*nicht!*_ ernsthaft über „Demokratie" sprechen, sondern besser ...: *so wie's unter bürgerlichen Intellektuellen üblich ist* ...: reden diese von ihrer ein Meter und fünfzig über der Realität schwebenden „elitären Warte" aus über ...: „Demokratie“. ...: _*Wie?*_ sollte das auch anders sein, da sich aus Sicht dieser Intellektuellen gesellschaftlicher Fortschritt lediglich darin ausdrücken kann, daß dieser Karrieristen und „Pöstchenjägern“ nützlich ist ...: beziehungsweise ...: für _*sie!*_ ...: _*ohne*_ ihr persönliches Fortkommen gesellschaftlicher Fortschritt nicht denkbar ist. ...: Wer sich mental hat korrumpieren lassen, für den ist eigne Faschisierung ein nicht mehr merklicher Prozeß.

...: folglich ist das sich gegen zwei neoliberal-ideologisch konstruierte Institutionen richtende Urteil des deutschen Verfassungsgerichts deshalb seltsam, da es als Institution selbst demokratisch nicht legitimiert ist.

Aber der Essay dieser Autoren weist auch
noch andere realsatirische Züge auf.

Wenn darin nämlich ...: *wie selbstverständlich* ...: behauptet wird, daß ...: ZITAT_*liberale Demokratien*_ZITATENDE ...: *man sieht, ohne Attribute geht's nie, reden markkonform getrimmte Intellektuelle ...: die Funktionselite der Lobbykratie ...: von „Demokratie“* ...: also ...: Wenn ...: *wie selbstverständlich* ...: behauptet wird, daß ...: ZITAT_*liberale Demokratien wirtschaftlich überlegen* [_seien, sei das_] *auf jene inklusiven institutionellen Sicherungen zurückzuführen, die den Interessensausgleich fördern, neue Sichtweisen in den politischen Prozeß einspeisen und soziale und ökonomische Ungleichheit reduzieren* [_würden_]._ZITATENDE ...: _*Ist?*_ das gerade Zitierte nicht Ausdruck einer Betrachtung, die wohl allein von jener „Warte“ aus möglich ist, die ein Meter und fünfzig über der Wirklichkeit „frei“ floatet ...: einmal nach ...: *bürgerlich politisch* ...: „links“, einmal nach rechts ...: *aber immer so* ...: daß jenes hinter den Sieben Bergen des Blinden Flecks verborgen bleibt, das in den Fokus der Aufmerksamkeit gehörte ...: _*meinte?!*_ ...: man es ernst. ...: _*denn!*_ ...: nimmt man _*das*_ als Maß ...: *gemeint ist jene* „liberale Demokratie", *der* „wirtschaftliche Überlegenheit" *eigen sein soll* ...: auf wessen Kosten, wird dann nie gefragt ...: auch nicht ...: *wie es mit der* „Effizienz" *aussieht, betrachtet man die Chose im gesamtgesellschaftlichen Zusammenhang* ...: kann es sich bei der EU _*nicht*_ um eine Union demokratischer Staaten handeln ...: _*Oder?*_ ist es etwa nicht so, daß seit langen Jahren schon das „wirtschaftliche Wachstum" in der EU vergleichsweise schlecht ist ...: _*Und?*_ ist dieses Wachstum ihres Möchtegern-Hegemonen nicht ebenso schlecht ...: *beziehungsweise* ...: hauptsächlich auf Kosten der Mitglieder der Eurozone möglich ...: gerade das deutsche Wirtschaftswachstum ist primär exportorientiert ...: _*was?*_ bedeutet das. ...: nun ...: Ein exportorientiertes Land _*muß!*_ ständig bemüht sein, anderen Marktanteile *ab*_zujagen. ...: und _*das*_ bedeutet ...: Ein solches Land ...: *und hat es sich in einer Union von Staaten zudem eine dominante Position erschlichen* ...: _*muß!*_ strukturell aggressiv sein. ...: _*Dies!*_ ist einer der Hauptgründe dafür, wieso die EU ebenso diese Tendenz zum Aggressiven hat ...: haben muß.

Ein anderer, mindestens genauso elementarer Verursachungsgrund findet sich im eurozentrischen Denken, das zuerst einst vom Paulinischen Christentum geprägt wurde ...: sich komprimiert in dem widerspiegelnd, das im „Missionsbefehl" ausgedrückt ist ...: siehe dazu im Neuen Testament Matthäus 28,19-20. ...: nachdem das Paulinische Christentum seine Bindungskraft verloren hatte, erfuhr dieses so geprägte, bzw. erzeugte eurozentrische Denken im 19. Jahrhundert ein Update, das Elemente des in der ersten Hälfte dieses Jahrhunderts erfundenen Arier-Mythos sowie der „Deutschen Philosophie" (_„deutscher Idealismus"_) beinhaltete. ...: Das eurozentrische Denken ...: *die verschiedenen Faschismen des 20. Jahrhunderts waren ein spezielles Update des Eurozentrismus* ...: wurde bis heute immer wieder neu geupdatet ...: insbesondere dann nach dem Ende des

Kalten Krieges hin zu dem, das sich aktuell manifestiert und das ich Neowilhelmoliberalismus nenne.[414] ...: das bedeutet ...: „Eurozentrisches Denken" ...: *der Eurozentrismus* ...: wurde die „Grundlage" für jene ideologische Ausrichtung, die unter dem Motto „der Westen / die Westlichen" firmiert. ...: das bedeutet auch ...: Das „eurozentrische Denken" liegt ebenso der US-amerikanischen Ideologie zugrunde ...: beziehungsweise die Masse der US-amerikanischen Intellektuellen denkt ebenso in seinen Bahnen.[415]

...: man schaue sich die Handelsverträge an, die dieses Monstrum mit anderen abschließt ...: Es sind Verträge, die entweder neokolonialistischen Charakter haben, bspw. Afrika betreffend, oder solche, die demokratische Mindeststandards schon allein dadurch aushebeln, daß auf diese Weise eine Sondergerichtsbarkeit eingeführt wurde, die für sogenannte Investoren gilt, und es bei Streitfällen ...: ausgetragen vor dem „Investitions-Tribunal" ...: immer um „geldwerte Fragen" geht, die, wenn gegen Staaten entschieden wird, von diesen zu bezahlen sind ...: das heißt von den Ländern, die solche Verträge mittelbar *_oder_* unmittelbar unterzeichnet haben. ...: Diese Verträge haben selbst noch zwanzig Jahre nach ihrer Kündigung große Auswirkungen. ...: Auf diese Weise wird aber

---

[414] Siehe dazu: « Die *tri*_logische Sezierung des lobbykratischen Zeitalters », Band III: « ›Ich stimme nicht zu!‹ Gesellschaftspolitische Lesungen über den Neowilhelmoliberalismus und seine Konsequenzen », Teilbb. 1+2.

[415] Das findet sich untermauert und weiter ausformuliert in: « Ist der Monotheismus von seiner Anlage her ein elementarer Faktor der Gewalt? », das Kapitel 7: „Der lange Schatten des Kolonialismus' oder Einige Fakten zur Geschichte der Menschen in Bhâratavarsha", ab der Seite 436 bis zum Ende dieses Kapitels, beginnend mit: „Vedânta bedeutet: 'den Veden angehängte Schriften'". Auf das Problem des eurozentrischen Denkens komme ich in meinem letzten Buchprojekt zurück.

verhindert, daß ein Staat überhaupt demokratisch orientierte Politik betreiben kann. ...: übrigens ...: Sondergerichtsbarkeit ist ein Merkmal einer lobbykratischen Gesellschaft, kann aber *nie!*_mals eines einer demokratischen Gesellschaft sein.[416]

...: ebenso ist es ein Witz, wenn die Autoren davon reden, daß ZITAT_*funktionierende Institutionen liberaler Demokratien* [...] *Produkt*[e] *jahrhundertelanger Entwicklungen in den westlichen Staaten*_ZITATENDE seien ...: bestätigen solche Aussagen doch meinen Eindruck, daß die Autoren an einer für westliche Intellektuelle ebenso nicht *un*_typischen „politischen Amnesie" leiden ...: diese drückt sich einmal mehr in ihrem Blinden Fleck aus ...: *wodurch ein Großteil der* „Mentalitätstradition" *der deutschen betriebswirtschaftlich organisierten Gesellschaft wie* „verschwunden" *ist* ...: denn ...: Es ist gerade Deutschland, das überhaupt keine „liberal-demokratische" Tradition aufweist ...: _*Keine!*_ bürgerliche Revolution war dort erfolgreich. ...: _*Oder?*_ war es etwa nicht so, daß das deutsche „Großbürgertum" 1848 mit dem reaktionärsten Teil des Preußentums gemeinsame Sache machte ...: *dem Junkertum* ...: und kollektiv mentalitätsprägend wurde dann jenes, welches ich als „Preußisierung der Deutschen" bezeichne ...: welche nämlich die „Basis" für das deutsche Nationalbewußtsein wurde.

Was man die „Einbindung der Deutschen in den preußischen Einheitsstaat" bezeichnen kann ...: ZITAT_[...] *es war* [...] *diese Vielfalt, die mit der Gründung des deutschen Nationalstaates von 1871 in das enge Korsett des* ...: _nach Möglichkeit_ ...: *das Partikulare negierenden* ...: *preußischen Einheitsstaates eingebunden*

[416] Siehe zu solchen Verträgen auch in: « Die *tri*_logische Sezierung des lobbykratischen Zeitalters », Band III, Teilband 2, Anhang II.

wurde. Es ist diese 'Einbindung', *die diesen Einheitsstaat schon von seiner Anlage her enormen sozialen Druck erzeugen ließ ...: forciert über jenes mit diesem gesellschaftlichen Prozeß Einhergehenden, welches mit dem Begriff* 'Wilhelminismus' *richtig umschrieben ist.* [...]_ZITATENDE[417]

Wenn ich in ...: « Sie fragen noch, wie die ›Verhältnisse‹ liegen? » von der „Preußisierung der Deutschen" spreche, ist jenes damit gemeint, das den Wilhelminismus erst ermöglicht hat. Siehe dazu a.a.O. die Seite 108.

Was mit dieser „Preußisierung" sonst noch einherging bzw. darunter weiterhin zu verstehen ist, findet sich insbesondere a.a.O. in Aspekt 54: „Das orwellianische EU-Imperium des Friedens steht in vollem Widerspruch zu dem, das 'europäisches Denken' im positiven Sinne bedeutet" erläutert; siehe dazu ab der Seite 533, beginnend mit: „Denn dieser dialogische Disput ist durch einen *dia*_lytischen ersetzt worden ...".

In diesem Zusammenhang könnte die a.a.O. in Aspekt 58: „Kleine Reflexion über das Nichtparadoxe selbst am paradox Erscheinenden der 'preußisierten Postmoderne'" „aufscheinende" „Reflexion" nicht uninteressant sein.[418]

---

[417] Siehe in: « Die *tri*_logische Sezierung des lobbykratischen Zeitalters », Band III, Teilband 1, Lesung 11: „Frau Merkel und die Welt-*Un*_Ordnung", die Seite 323.

Zum „Wilhelminismus", von dem es ein weiteres Update geben wird, wenn das neoliberale „Projekt EU" im Jahre 2025 abgeschlossen sein sollte ...: *der Ukraine-Konflikt wird für dieses* „Projekt" *gebraucht* ...: bevor es dann implodieren wird ...: wenn nicht schon früher, finden sich die entsprechenden Aussagen in: a.a.O., Teilband 2, die Seiten 590-93.

[418] Wo der „Preußisierungsprozeß der Deutschen", der letztlich zum Wilhelminismus und in der Folge zum Nazismus führte und aktuell zum Neowilhelminismus, bzw. zum Neowilhelmoliberalismus führt, wo also dieser wesentliche Teil der „deutschen Mentalitätstradition" seine Ursprünge findet, ist in: « Ist der Monotheismus von seiner Anlage her ein elementarer Faktor der Gewalt? » erläutert, nämlich in Kapitel 7, dort ab der Seite 436, beginnend mit: „Vedânta bedeutet: 'den Veden angehängte Schriften'".

...: dieser Blinde Fleck betrifft ebenso _*den*_ Fakt, daß ...: *dies kann nicht oft genug betont werden, da unverzeihlich!* ...: es die europäischen Imperien waren, die vor jetzt über 520 Jahren der Welt den Krieg erklärt hatten, der, noch heute während, z.Z. primär zwar von den USA geführt wird. ...: aber ...: _*Was?*_ andres als die Nachfahren von Europäern ...: *die in jenen geraubten Kontinent gezogen waren, dessen einer Teil seit jener Zeit* „Nordamerika" *heißt und wo sich jenes geraubte Land befindet, das sich hinter der Abkürzung* „USA" *verbirgt* ...: sind jene Figuren, die zur dortigen Führungselite gehören.[419]

...: und wenn diese Autoren konstatieren, daß von politischer Seite versucht wird, Einfluß auf Gerichtsbeschlüsse zu nehmen oder solche zu konterkarieren, so ist gerade das ein Ausdruck für eine Gesellschaftsformation, deren Staaten zwar als „Demokratien" bezeichnet werden ...: *wie gesagt, schnell dann* „parlamentarisch" *attribuiert* ...: tatsächlich aber das Ergebnis eines politischen Procederes sind, dessen „demokratisches" Hauptelement das politische Wahlverfahren ist. Es ist aber das politische Wahlverfahren, das _*immer!*_ zu oligarchischen Verhältnissen führt, da das Aufstellen der Kandidaten von jenen bestimmt wird, welche die in einer Gesellschaft am meisten Einflußreichen vertreten. Daß das bei „plötzlichen" parteipolitischen Gründungen zuerst nicht so ist, widerspricht dieser Aussage nicht. Ganz im Gegenteil. Denn erst bei machtpolitischem Relevantwerden solcher Parteineugründungen treten die „verkappten lobbykratie_*systemischen* Vertreter" in solchen politischen Neugründungen ins Licht, oder zeigen ihr „systemkonformes Gesicht" ...: wie es auch „Parteineugründungen" gibt, die geradezu als gedankliche Ausgeburten von

---

[419] Siehe dazu insbesondere in: « Sie fragen noch, wie die ›Verhältnisse‹ liegen? », den Aspekt: 28: „Über was reden wir? — Es gibt einen schon seit 520 Jahren währenden Weltkrieg".

Vertretern eines Teils des Establishments zu verstehen sind ...: in Deutschland ist genau davon die AfD ein Produkt.

...: im übrigen ...: schon Aristoteles wußte, daß das politische Wahlverfahren zu oligarchischen Verhältnissen führt. ...: Was Aristoteles (_384-322_) sonst zur Demokratie zu sagen weiß, interessiert hier jedoch nicht, denn einerseits spricht er aus der Sicht der besitzenden Klasse ...: *um deren grundsätzliche gesellschaftspolitische Problematik schon Solon* (_640-560_) *wußte* ...: und andererseits kann das, was er sich ...: *im Gegensatz zu diesem Solon* ...: unter „Demokratie" vorstellt, bzw. wie diese sukzessive zu verwirklichen sei, nicht den Anforderungen einer modernen Demokratie genügen.

* * *

Abschließend sei in diesem Zusammenhang randständig auf den interessanten Fakt aufmerksam gemacht, daß das griechische Theater eine politische Institution war und als gesellschaftspolitisches Ventil diente, denn es spiegelte die Stimmung in der Bevölkerung zuverlässig wider, brachten die Aufführungen in mythischer Verpackung Politik auf die Bühne ...: *in der Tragödie allerdings nicht die Tagespolitik* ...: so die Abweichung von dem zeigend, was als „politisches Polis-Ideal" galt. ...: Die Tatsache, daß das griechische Theater diese Funktion überhaupt wahrgenommen hat, ist darauf zurückzuführen, daß es in seiner ganzen Struktur politisch ist. ...: das bedeutet übrigens auch ...: Das Theater hatte immer gesellschaftspolitisch seismographischen Charakter ...: stellte es doch das Abweichen vom demokratischen Ideal da ...: nämlich ...: jenes, das demokratische Gemeinwesen Deformierende der existenten Machtverhältnisse. ...: liegt aber das Politische im Wesen des Theaters begründet, gilt das auch fürs heutige Theater ...: demnach ...: Man versteht Theater richtig, stellt es dar, wie eine Gesellschaft und ihre Machtverhältnisse beschaffen sind ...: und wie sie zu sein hätten ...: damit sie erst eine demokratische heißen könnte. ...: also ...: Es ist nicht ohne Grund, daß ...: als Athen eine Demokratie war ...: *wenn diese auch längst nicht für alle ihre Bewohner galt* ...: das griechische Theater seine Blütezeit hatte ...: und dies zeigt ...: Das Theater ist eine politisch unabhängige Institution eines demokratischen Staates.

...: Wer also glaubt, das „politische Theater" sei eine episodische Sache des 20. Jahrhunderts gewesen, kennt das Wesen des Theaters so wenig wie bürgerliche Intellektuelle das der Demokratie.

Wiedergängerische Begegnung:
Russophobie ist „bloß" _*ein*_ Ausdruck projektionistischen Wahrnehmens

*Was?* glauben Sie, könnte das Wiedergängerische an dieser *Begegnung* sein ...: und ...:wieso?

Das Ausmaß der Projektion

Das Ausmaß der Projektion gibt nicht nur darüber Auskunft, wie emotional versaut man selbst ist, sondern auch über den Illusionsgrad eigener emotionaler Sauberkeit, der genau dem tatsächlichen Grad emotionaler Verkommenheit entspricht. Es dürfte einleuchten, daß, zur Vermeidung ihres Gewahrwerdens, das stetige Projizieren notwendig ist, da ansonsten ein _*Projektionist*_ nicht funktionsfähig bliebe. Einerseits ist das einem Projektionisten glücklicherweise nicht bewußt, andererseits ist es ihm genau aus diesem Grund nicht möglich zu sich selbst zu kommen, denn wesentliche Elemente seiner selbst hat er ja *weg*_projiziert, so daß es nicht ratsam wäre, ließe man ihn allein ...: wollte er sich _*tatsächlich*_ die Frage stellen ...: ›Wer bin ich?‹. Demnach liegt es auf der Hand, daß das projektionistische Phänomen nicht kleiner, sondern gefährlich größer würde, stellten Projektionisten die Sinnfrage kollektiv ...: ›Wer sind wir?‹. »[420]

---

[420] Zitiert nach: « Die *tri*_logische Sezierung des lobbykratischen Zeitalters », Band III, Teilband 1, die Seiten 358+f.

Jene bürgerlichen Intellektuellen ...: *die die sich seit dem Ende des Kalten Krieges ereignende Transformation der bürgerlichen Gesellschaft bejahen* ...: *sich in mehr oder weniger eloquent gesellschaftspolitischem, den realen Menschen fern seiendem Schwätzen merklich machend* ...: nenne ich lobbykratische Intellektuelle ...: die ...: *wie es für Projektionisten üblich ist* ...: ihre eigenen charakterlichen Defizite ...: *lediglich unter dem Deckmantel optisch progressiv anmutenden Gebarens und dem Absondern gemauschelter Begrifflichkeiten* ...: auf andere projizieren ...: *wodurch sie zwar die eigene moralische Versautheit nicht wahrnehmen* ...: was aber fatale Folgen hat ...: *wie sich nun am erneut kollektiv auftretenden projektionistischen Phänomen zeigt* ...: nämlich ...: einmal ...: am Ausblenden der Ursachen für die russische Militäroperation in der Ukraine ...: um eine militärische Operation handelt es sich deshalb, da *aus!*_schließlich das Ausschalten militärischer Objekte ihr Ziel ist ...: _*nicht!*_ das Zerstören ziviler Objekte oder gar das bewußte Töten von Frauen, Kindern oder überhaupt all jenen, die wehrlos sind ...: _*das!*_ geschieht von seiten des ukrainischen Militärs ...: da mögen westliche Intellektuelle ...: *beispielsweise in Gestalt von* _Journalisten?_ ...: auch noch so sehr aufjaulend die Faktenlage so russophob wie horrorgleich entstellt erzählen ...: damit das „westliche Lügen-Narrativ" keinen Schaden nehme ...: da entscheidend für fortgesetzte Lullung der Insassen der lobbykratischen Staaten ...: _*sie!*_ seien ...: *wie traditionell* fehl_*gemeint* ...: auf der Seite der „Guten" ...: ja ...: sie wären personifizierter Ausdruck _*des!*_ „Guten". ...: und zum anderen sich in der russophoben Raserei der lobbykratischen Funktionselite entlarvend ...: da durch diese ...: *im wahrsten Bedeutungssinne* ...: *Ent*_Larvung sich ebenso jenes *aus*_drückt, das ...: *wären die Zeiten nur andre* ...: verhaltensmäßig nicht anders wäre als das von jenen gezeigte, die zu jener Zeit gelebt hatten, als der Nazismus seine Blühphase hatte ...: und gegen die sich ...: *unter der sicheren Käseglocke* *des Kalten Krieges* ...: der fuchtelnde Finger der westlichen Intellektuellen ...: namentlich der deutschen Intellektuellen ...: also ...: sich der „moralische Finger“ derjenigen richtete, die ...: *so wie ihre Eltern* ...: die ...: *also, diese Eltern* ...: weder in der Lage waren, eine echte ...: _*eigne!*_ ...: Haltung zu entwickeln noch sie zu leben ...: *diese* ...: also, die „moralisch fuchtelnden“ westlichen Intellektuellen ...: _*heute!*_ *...:* lediglich geupdatet ...: _*weiterhin!*_ ...: _*ohne!*_ eigne Haltung sind. ...: warum? ...: *da* „bürgerliche Identität“ *letztlich Ausdruck* „kollektiver Identitätslosigkeit“ *ist.*[421]

...: gewiß ...: Das Eindringen des russischen Militärs in die Ukraine ist ein Bruch des Völkerrechts ...: _*dann*_ ...: wenn man jenes als Maßstab nimmt, das noch vor dem völkerrechtswidrigen Angriffskrieg der Westlichen gegen Serbien ...: *unter Beteiligung der deutschen Kriegswehr* ...: galt ...: allerdings bereits dann ...: *zumindest* ...: nicht mehr eindeutig ...: betrachtet man es aus der heuchlerischen Perspektive der Westlichen ...: haben doch dessen lobbykratische Intellektuelle es mit orwellianischer Begrifflichkeit versehen ...: heißend ...: „regelbasiertes Völkerrecht“ ...: erlaubend ...: Angriffskriege unter dem Deckmantel des „regelbasierten Völkerrechts“ bzw. „orwellianischen Völkerrechts“ zu führen ...: so es die Interessenlage der Machteliten und ihrer Funktionseliten des Westens fordert ...: da dann behauptend ...: es sei legitim ...: „schützend“ in einem Land militärisch einzugreifen, wären dort Minderheiten bedroht ...: *solche lassen sich* ...: also ...: *je*

---

[421] Siehe zur Bildung „bürgerlicher Identität“ in: « Ist der Monotheismus von seiner Anlage her ein elementarer Faktor der Gewalt? », die Seiten 513+ff., beginnend mit: „Woher mag 'Identitätslosigkeit' kommen?“.

nach Interessenlage ...: schon finden ...: _*wozu?*_ gibt es Geheimdienste ...: rhetorische Frage ...: Seit _*wann?*_ schützen Geheimdienste die Interessen der normalen Menschen ...: die orwellianische Zauberphrase lautet hier ...: „Responsibility to Protect _ R2P". ...: und in der Tat ...: vor _*diesem!*_ Hintergrund ...: Das Eindringen des russischen Militärs dient dem Schutz der vor allem russischsprachigen zivilen Bevölkerung des Donbass ...: seit 8 Jahren von jenem Regime bekriegt ...: das von westlichen Geheimdiensten nach dem blutigen Putsch im Februar des Jahres 2014 in Kiew installiert wurde ...: also ...: *von physischer Vernichtung durch faschistische und aggressive Nationalisten der Ukraine akut bedroht* ...: und ...: dieser *failed State* deshalb _*nicht!*_ in der Lage sein konnte, seiner vielschichtigen Bevölkerung einen adäquaten politischen Rahmen zu geben ...: den einer Föderation ...: da das politische Treiben des Kiewer Regimes von eben solchen nationalistischen wie faschistoiden Kräften bestimmt wurde und offenbar weiterhin bestimmt wird ...: das mußte ein Herr Selenskyj ...: *einmal zum Präsidenten gewählt* ...: sehr schnell einsehen ...: Am Kiewer Regime ist alles autoritär ...: und traditionell gibt es dort Selbstjustiz ...: öffentliche Auspeitschungen ...: _*Wer?*_ ist wem ähnlich ...: oder ...: _*Wer?*_ will wem ähnlich werden. ...: und den letztlichen Ausschlag für diese militärische Intervention gab dann die am 17. Februar 2022 begonnen habende Offensive der ukrainischen Militäreinheiten ...: mit _*dem*_ Ziel geführt, möglichst viele _*zivile*_ Einrichtungen im Donbass zu zerstören und dort die normalen Menschen zu töten ...: aber ...: wie gesagt ...: _*Dieses!*_ Zerstören und Töten geschieht / geschah seit 8 Jahren ...: *nur am 17. Februar wieder forciert einsetzend* ...: das bedeutet ...: In der Ukraine herrscht seit 8 Jahren Bürgerkrieg. ...: also ...: Seit dem blutigen Maidan-Putsch im Jahre 2014 geschieht in der Südostukraine solches Zerstören und Morden ...: _*kein?*_ Fall für „R2P" ...: mehr noch ...: Diese russische Militäroperation verhindert ...: _*bisher!*_ ...: den ultimativen Konflikt mit den Westlichen ...: *alles vernünftige Verhandeln wurde seit dem Ende des Kalten Krieges von den Westlichen nicht einmal erwogen* ...: „vernünftiges Verhandeln" *bedeutet hier* ...: Die Schaffung einer *tat!*_sächlichen Sicherheitsarchitektur in Europa ...: also *...:* immer unter Berücksichtigung der Befindlichkeiten _*aller!*_ an solchen Verhandlungen beteiligten Parteien ...: bei dem ...: das jetzt von westlichen Intellektuellen als „zerstört" bezeichnet wird ...: handelte es sich eben _*nicht!*_ um eine tragfähige „Sicherheitsarchitektur Europas". ...: Jede europäische Sicherheitsarchitektur, die nicht die Befindlichkeiten der Russischen Föderation in Rechnung stellt, muß eine gefakte Sicherheitsarchitektur sein. ...: Wenn man meint, daß es nun einmal _*so*_ sei, daß jedes Land die Zugehörigkeit zu einem Bündnis frei wählen könne, ist das nämlich bloß die eine Seite derselben Medaille ...: und insbesondere dann ...: ereignen sich solche „Bündnisschließungen" vor der direkten „Haustüre" eines Landes, das solche Bündnisse ...: *da geschlossen mit traditionell aggressiven westlichen Gegenmächten* ...: als so direkte wie reale Bedrohung auffassen _*muß!*_ ...: wie die Geschichte lehrt ...: Rußland hat nie initial aggressiv gegen Europa Krieg geführt ...: sondern immer erst in der Reaktion auf militärische Aggressionen westlicher Staaten hin. ...: denn ...: *Es ist ja nicht so, daß allein die USA die traditionell Aggressiven des Westens wären!* ...: nun ...: das Vermeiden des „ultimativen Konflikts" setzt ...: _*jetzt!*_ ...: voraus ...: Die _*Verantwortlichen?*_ des Westens dürfen _*nicht!*_ den Kriegstreibern in Polen, im Baltikum und in Tschechien folgen. ...: also ist die Frage ...: _War?_ *diese sich am 24. Februar des Jahres 2022 aus dem Bürgerkrieg in der Ukraine zu einem militärischen Konflikt zwischen der Russischen Föderation und dem failed State Ukraine auswachsende*

Entwicklung vermeidbar ...: mit einem *ein!*_deutigen Ja zu beantworten. ...: _*allerdings!*_ ...: Diese Beantwortung wäre völlig unabhängig von _*der*_ Frage ...: _*Wie?*_ könnte es den westlichen Projektionisten überhaupt zugestanden werden, sich über _*diesen!*_ Völkerrechtsbruch zu empören ...: sind es doch die Machteliten und ihre Funktionseliten der zu Lobbykratien transformierten _*Kratien*_ des Westens ...: *in der Tradition eines bereits seit mehr als 520 Jahren währenden Krieges gegen die Welt stehend* ...: die heute ...: also ...: *seitdem wir es kennen* ...: das Völkerrecht ...: *wann immer es ihnen opportun erschien und erscheint* ...: brechen ...: zu diesem Zweck sie es gar ...: *zu seinem erleichterten, mit Heucheleien garniertem Brechen* ...: *aus*_gehöhlt haben ...: beispielsweise ...: zur nachträglichen Rechtfertigung des Angriffskriegs der NATO gegen Serbien im Jahre 1999 ...: als erstem Angriffskrieg in Europa _*nach*_ dem Ende des zweiten Teils des großen Krieges des 20. Jahrhunderts.

...: nun ...: das projektionistische Phänomen zeitigt eine gestörte Wahrnehmung ...: also ..: Die Wahrnehmungsstörung der westlichen Intellektuellen hat falsche Beurteilung ...: *falsche Einschätzung realer Situationen, Ereignisse, Entwicklungen* ...: *auch von sich selbst* ...: zur Folge. ...: Das wird aktuell an der sich zeigenden russophoben Raserei und der blindwütigen ...: _*oder?*_ besser vielleicht gesagt ...: der *toll*_wütigen Sanktioniererei so gefährlich wie exemplarisch deutlich ...: dies eine Sanktioniererei, die sich gegen die Russische Föderation und gegen all diejenigen richten soll, die der Ansicht sind, daß Russen gute und verläßliche Partner sind ...: _*aber!*_ ...: die Qualität eines vernichtend treffenden Bumerangs hat.

…: nun …: Das „kollektive projektionistische Phänomen" …: *das sich zuerst in den westlichen Intellektuellen spezifisch manifestierte und … da nun einmal Intellektuelle die* „Stichwortgeber und Formulierer" *menschlicher Gesellschaften sind …: dieses kollektive projektionistische Phänomen dann von den davon bereits befallenen Intellektuellen in die westlichen Gesellschaften als Ganzes spezifisch ausstrahlte* …: findet seine Ursache in einer Ideologie, die auf entsprechende systemische Überlegungen bürgerlicher Intellektueller in der ersten Hälfte des 19. Jahrhunderts zurückgeht. …: diese Ideologie besteht aus zwei Aspekten …: Der Märchenschaft „klassische Indologie" …: insbesondere …: dem aus dieser Märchenschaft entsprungenen Arier-Mythos und dem …: das als deutscher Idealismus oder als deutsche Philosophie bezeichnet wird …: tatsächlich aber ein politischer Religionsersatz ist.[422]

…: eine der gesellschaftspolitischen Auswirkungen dieser Ideologie ist übrigens der Wilhelminismus …: Eine andere der Nazismus. …: Heute ereignet sich ein gesellschaftspolitisches Update des Wilhelminismus …: _*Da*_ dieses Update zum Neo-

---

[422] Der Entstehung dieser Märchenschaft sowie dieses phantasierten Mythos, bin ich in: « Ist der Monotheismus von seiner Anlage her ein elementarer Faktor der Gewalt? » nachgegangen, und zwar in einer langen Passage, die sich mit dem auseinandersetzt, das überhaupt zur Begründung der Pseudowissenschaft (_der „Märchenschaft"_) „klassische Indologie" …: und in ihrem Erzählverlauf zum Phantasieprodukt „Arier-Mythos" …: geführt hat. Siehe dazu in: a.a.O., Kapitel 7: „Der lange Schatten des Kolonialismus´ oder Einige Fakten zur Geschichte der Menschen in Bhâratavarsha", dort ab der Seite 436, beginnend mit …: „Vedânta bedeutet: `den Veden angehängte Schriften´". Diese komplexe Passage reicht bis zum Ende dieses Kapitels.

wilhelminismus zugleich mit der Amalgamierung mit dem Neoliberalismus einhergeht ...: nenne ich das daraus resultierende gesellschaftspolitische Organisationsprinzip „Neowilhelmoliberalismus".[423]

...: die Herrschaftsordnung dieser gesellschaftspolitischen Transformation der bürgerlichen Gesellschaft nenne ich Lobbykratie ...: Die Lobbykratie ist eine nach betriebswirtschaftlichen Kriterien getrimmte menschliche Gesellschaft. ...: Daher kommt es, daß die gesellschaftspolitisch wichtigen Positionen nicht mehr nach Kompetenzkriterien, sondern nach Inkompetenzkriterien besetzt werden, da die gesellschaftspolitisch Verantwortlichen ...: *die auf diese Weise zu gesellschaftspolitisch* Un_*Verantwortlichen werden* ...: lediglich *_gewisse_* Anteile der von Vertretern partikularer Machtinteressen verfaßten Blaupausen in gesellschaftspolitisch brauchbare Worthülsen zu fassen haben und andere ...: *nicht öffentlich gemachte* ...: Anteile dieser Blaupausen ...: *unter Aufsicht der Vertreter partikularer Machtinteressen* ...: in die gesellschaftspolitische Praxis umzusetzen brauchen. ...: das bedeutet auch ...: Diese Ideologie wurde nicht allein die mentale Orientierungsgröße für die bürgerliche Gesellschaftsformation des Westens im ausgehenden 19. Jahrhundert ...: sie ist es seitdem geblieben ...: liegt also genauso den diversen Faschismen wie auch der heutigen bürgerlichen Gesellschaft ...: also ...: *ihrer Transformation zur lobbykratischen Gesellschaft* ...: zugrunde. ...: das bedeutet ...: Die westliche Gesellschaftsformation trägt *_originär!_* den Faschismus in sich und *des*_halb dieser seit dem

---

[423] Siehe dazu: « Die *tri*_logische Sezierung des lobbykratischen Zeitalters », Band III: « Gesellschaftspolitische Lesungen über den Neowilhelmoliberalismus und seine Konsequenzen ».

Ende des Kalten Krieges ...: *mählich* ...: zur Lobbykratie geupdatet wiederkehrt ...: da das Profitsystem nun einmal instabil ist. ...: Die unbewußt bleibende emotionale Basis der Lobbykratie aber ist der Realsatirismus.[424]

...: der Realsatirismus spiegelt sich nicht allein im Denken, Fühlen und Verhalten der gesellschaftspolitisch Unverantwortlichen einer lobbykratisch gewordenen Gesellschaft wider, sondern spiegelt sich in der lobbykratischen Gesellschaft als Ganzes ...: nämlich ...: in der Masse ihrer Insassen wider ...: da diese gesellschaftspolitisch *Un*_Verantwortlichen nun einmal bestimmen _*wie*_ die Gesetze und Verordnungen *ge*_setzt und *um*_gesetzt ...: sowie ...: solche Vorhaben der Masse der Insassen lobbykratischer Staaten *mit*_geteilt werden ... *über das, was man das Machen öffentlicher Meinung nennt* ...: bedeutet gesellschaftspolitisch Verantwortliche ...: *also in der Lobbykratie* ...: *gesellschaftspolitisch Unverantwortliche* ...: doch nicht allein geschlechtsunspezifische Politiker, sondern genauso geschlechtsunspezifische *spin*_doktorische Wissenschaftler, geschlechtsunspezifische schreibende Mitarbeiter der Medien_*Konzerne* und geschlechtsunspezifische Kultur_*Betriebler* ...: zur weiteren Verdeutlichung sei's gesagt ...: *zu den* Kultur_*Betrieblern gehören immer auch die Lehrenden* ...: beginnend auf der Kindergartenebene.

...: daß der Realsatirismus die emotionale Basis der Lobbykratie ist wurde bereits im Jahre 2019 im Rahmen des das Demokratiesimulationselement der EU ...: genannt Europäisches Parlament ...: betreffenden Wahlkrampfs exemplarisch

---

[424] Zum „Realsatirismus" bzw. zu „Realsatiristen" finden sich zwar bereits die entsprechenden Erläuterungen eingangs des Ihnen vorliegenden Buches, nämlich unter: „Was *vor*_bemerkend zu bemerken ist", aber es scheint mir angebracht ...: *nämlich vor dem Hintergrund der aktuellen Entwicklung* ...: das im folgenden noch einmal hervorzuheben.

deutlich[425] ...: und weiter gesteigert in dem kollektiv hysterisierenden pandemischen Narrativ das ...: *aus heutiger Sicht* ...: als Vorbereitung auf die aktuell sich ereignende kollektive Psychotisierung der lobbykratischen Gesellschaften interpretiert werden *_muß!_* ...: sich aktuell an der rational nicht zu verstehenden Reaktion auf und gegen alles das russisch ist oder als russisch erscheint zeigend.

...: und so kann es nicht ausbleiben, daß Meinungsfreiheit genauso zu einem falsch verwendeten Begriff wie andere Begriffe wird ...: beispielsweise „Verteidigung", „Frieden", „Menschenrechte" oder „Völkerrecht" ...: nämlich als Smokescreen ins Fenster gestellt ...: befindet sich eine staatliche Gesellschaft in orwellianischer Transformation ...: „in der es also mal nach Orwell mal nach Huxley riecht" ...: um anderen unterstellen zu können, sie verstießen dagegen ...: ob nun innerhalb einer sich in orwellianischer Transformation befindenden staatlichen Gesellschaft selbst oder außerhalb von ihr ...: um das der orwellianischen Transformation dienende Narrativ in den Köpfen lobbykratischer ...: also ...: realsatiristisch gewordener menschlicher Gesellschaften zu festigen ...: somit ...: die Insassen ...: wie lobbykratische *Spin*_Doktoren sagen ...: „resilient machen" ...: man könnte auch sagen ...: „indolent machen" ...: oder ...: „sie nichts mehr merken lassen machen".

...: ein aktuelles Beispiel dafür, daß es keine Übertreibung ist, von einem mentalen Fertigsein sowie kollektiv sich ereignender Wahrnehmungsstörung der westlichen Intellektuellen zu sprechen ...: woraus sich immerhin ...: *mittelbar* ...: ein entsprechendes Wahrnehmungs- und Verhaltensmuster bei der Masse der Insassen der ...: *sich in Transformation zum*

---

[425] Siehe dazu in: « Sie fragen noch, wie die ›Verhältnisse‹ liegen? », „Aspekt 32 — 'Die erste Demonstration der unbewußten Real-Satiriker ereignete sich am 19. Mai 2019'".

Orwellianischen hin befindlichen ...: lobbykratischen Gesellschaften ...: findet sich in diesem verlinkten Beitrag ...: „Kein Platz für andere Meinungen: Wochenzeitung 'Freitag' kündigt Moskau-Korrespondenten".[426]

...: längst seit langen Jahren mit ihnen fertig, bestätigt mir zumindest die Masse der westlichen Intellektuellen in ihrer russophoben Raserei nun all jenes, welches mich einst zur Schaffung *größt!*_möglicher Distanz zwischen diesen sich lobbykratisiert habenden Intellektuellen der Westlichen und mir veranlaßte.

Nun, da einerseits die „gesellschaftspolitischen Formulierer" seiend, andererseits konstant einen Meter und fünfzig über den real sich ereignenden historischen Prozessen schwebend ...: *als Ausdruck des so moralisch wie mentalen Fertigseins der realsatiristisch gewordenen lobbykratischen Intellektuellen* ...: liegt es auf der Hand, daß eine realsatiristisch gewordene Gesellschaft _*keine!*_ Überlebenschance haben kann.

---

[426] Der Link zu diesem Essay: https://netzkolumnist.com/wp-content/uploads/2022/03/Kein-Platz-fuer-andere-Meinungen.pdf findet sich auf meiner Site *NetzKolumnist.com*.

Sie? verlangen eine Zuguterletzt-Begegnung:

Es hat etwas Kindisches, das aus dem *_selbst!_* verursachten üblen Gestern resultierende Heute zu beklagen

Gewiß ...: es wäre nicht verkehrt, sich folgende Frage zu beantworten ...: _War?_ *die Entwicklung der Situation in der Ukraine ...:* und weltweit *...: ab dem 24. Februar 2022 vermeidbar* ...: oder anders gesagt ...: Betrachtet man die geopolitische Entwicklung seit dem Ende des Kalten Krieges *un_*ideologisch, läßt sich unschwer erkennen ...: *_wer!_* ...: beziehungsweise ...: *_was!_* weltweit sicherheitsproblematisch ist. ...: dies zu veranschaulichen, genügt es, es zu skizzieren ...:

...: *_Nicht!_* mit dem genannten Datum kehrte der Krieg nach Europa zurück ...: *wie es die westlichen Fürdummverkäufer denen weis machen können ...: die sie vorher für dumm verkauft haben ...: man nennt's das Machen der öffentlichen Meinung ...: im Dienste und Interesse so machtelitärer wie profitorientierter Kreise* ...: _denn!_ ...: Bereits nach dem Ende des Kalten Krieges kehrte der Krieg nach Europa zurück ...: nach Jugoslawien ...: und ...: nach dem Ende des zweiten Teils des großen Krieges des 20. Jahrhunderts wurde im Jahre 1999 ...: *von den Westlichen* ...: wieder der erste Angriffskrieg in Europa geführt ...: gegen die Bundesrepublik Jugoslawien (*_bestehend aus Serbien und Montenegro_*) ...: als *_ein_* Ergebnis *da_*von ...: Der Mafiastaat Kosovo wurde 2008 von den Westlichen anerkannt. ...: Im Jahre 2014 erfolgte der Umsturz in Kiew für die Westlichen auf nicht ungewöhnliche Weise ...: also ...: Blutig initiierten die Westlichen den Putsch in der Ukraine ...: als *_erste_* Ergebnisse *da_*von ...: also ...: *_nachdem!_* ...: *_nicht!_* Einheiten der ukrainischen Spezial-Polizei *Berkut* ...: sondern

...: Heckenschützen das Blutbad auf dem Maidan angerichtet hatten ...: mit _*der*_ Absicht auf sowohl diese Polizei als auch auf die Demonstrierenden schießend, in der ukrainischen Bevölkerung Panik und Chaos zu erzeugen[427] ...: also ...: *als _erste_ Ergebnisse dieses von den Westlichen in der Ukraine initiierten Putsches* ...: Die Sezession der Krim, bestätigt durch ein Referendum ...: dessen Ergebnis _*keineswegs!*_ gefälscht werden mußte ...: gefolgt vom Beitritt der Krim zur Russischen Föderation.[428] ...: Das war weder eine Annexion noch ein Verstoß gegen das Völkerrecht ...: hingegen ...: es verstieß gegen die Verfassung der Ukraine ...: nur ...: _*Was?*_ wäre denn ohne Sezession / Referendum / Beitritt der Krim geschehen ...: ein Blutbad ...: _*Hätten?*_ die Westlichen dann gnädig „humanitäre Hilfe" geleistet. ...: sowie ...: Die Separierungsversuche des ukrainischen Teils des Donbass ...: das bedeutet ...: Im südöstlichen Teil der Ukraine erklärten sich die Menschen für unabhängig von Kiew ...: am 12. Mai 2014 wurden die beiden Oblasten (_*administrativen Verwaltungseinheiten*_) Lugansk und Donezk zu Volksrepubliken ausgerufen ...: nachdem es dort Referenden gegeben hatte ...: bedeutet ...: _*nachdem!*_ durch den Maidan-Putsch die in der Ukraine an die Macht gekommenen nationalistischen bzw. faschistischen Kräfte in der

---

[427] Empfehlenswert ist dazu das Odysee-Video: „Dr. Daniele Ganser - Ukraine 2014 - Ein illegaler Putsch"; der zugehörige Link: https://odysee.com/@MasterOfTheUniverse:2/Dr._Daniele_Ganser_-_Ukraine_2014:1 wurde am 8. Mai 2022 erneut geprüft.

[428] Siehe dazu in: « Die *tri*_logische Sezierung des lobbykratischen Zeitalters », Band I: « Es werde *mehr* Licht! Mehr Demokratie wagen in der Lobbykratie? Untersuchung über die Konsequenzen der bürgerlichen Real-Demokratie », Teilband 4, Anhang I (_*Essay von Reinhard Merkel*_) « Die Krim und das Völkerrecht — Kühle Ironie der Geschichte ».

Südostukraine den Krieg gegen die _*eigene!*_ Bevölkerung erklärt hatten ...: _*weil*_ diese den von jenen von den Westlichen bezahlten und ins Umfeld der ukrainischen Macht gepushten Kräften vollzogenen Putsch nicht akzeptieren wollte ...: und da das so ist ...: also ...: dieser Krieg seit 8 Jahren währt ...: wäre folgende Aussage _*nicht!*_ falsch ...: Die russische Seite ist aktuell dabei, _*diesen!*_ Kriegszustand zu beenden.[429] ...: und so war es nicht ohne Grund, daß am 23. Februar 2022 das Staatsoberhaupt der Russischen Föderation die beiden selbsternannten Republiken Lugansk und Donezk anerkannte ...: oder anders gesagt ...: Heute das zu beklagen, was aus _*selbst!*_ verursachtem Gestern resultiert, mag für geschlechtsunspezifische Zauberlehrlinge zwar üblich sein, ist aber im realen Leben *ir*_relevant. ...: konkret ...: Es kommt auf die Dinge an, die wichtig sind ...: _*und?*_ ...: die wären ...: nun ...: in _*diesem*_ Fall ...: Daß die Westlichen _*keine!*_ Rolle mehr spielen _*sollten!*_ ...: setzen sich Russen und Ukrainer an einen Tisch ...: um ihre neuen Beziehungen auszuhandeln ...: so verwoben sie miteinander nun einmal sind ...: da können beide nur gewinnen. ...: _*allerdings!*_ ...: Das geht allein dann, werden jene hinauskomplimentiert, die ...: *von den Westlichen mitunter fürstlich bezahlt ...: was beispielsweise die Herren Klitschko heftig* be_*nicken können* ...: seit 2014 aus der Ukraine ein marodes Gebilde gemacht und die Menschen in der Südostukraine drangsaliert ...: _*sowie!*_ ...: *wie diese!* ...: in anderen Teilen der Ukraine Min-

---

[429] Siehe dazu die Dokumentation von Mark Bartalmai: „Ukrainian Agony — Der verschwiegene Krieg"
(_YouTube-Link: https://youtu.be/sy759dlJWYE?list=LL_) und derselbe: „Frontstadt Donezk — Die unerwünschte Republik"
(_YouTube-Link: https://youtu.be/w5-JPEcMHfg?list=LL_). Beide Links wurden am 9. Mai 2022 erneut geprüft.

derheiten in rassistische Kategorien eingeteilt haben ...: *_gesehen!_* von den Westlichen ...: aber ...: entweder *un!_*zureichend oder überhaupt *_nicht!_* kommentiert ...: *_und!_* ...: mitunter gar *be!_*lacht ...: nicht *_wahr?!_* ...: Herr Bundeskanzler Scholz.

Zu dieser Rede ...: *nicht alles, aber dieses Buch beendend* ...: meinte ein geschlechtsunspezifischer Realsatirist ...: ZITAT_[...] Hier geht es jetzt um Rußland und seine Verbrechen, nicht um die USA und ihre allseits bekannten Verfehlungen._ZITATENDE ...: „Verfehlungen"? ...: aha ...: Julian Assange wird wegen der Aufdeckung russischer Kriegsverbrechen ...: *nicht wegen US-amerikanischer Kriegsverbrechen* ...: angeklagt ...: und ...: droht die physische Vernichtung, oder? ...: nun ...: *_Wie?_* sollten dann aber die USA und ihre Vasallen überhaupt berechtigt sein, etwas zu *_dem_* zu bemerken, das seine Ursache ...: *zudem noch* ...: im *fort!_*gesetzten Ekel-Treiben dieser Westlichen findet. ...: *überdies* ...: *_Welche?_* objektivierbaren Verbrechen sind es denn, die Rußland in der Ukraine begehen soll ...: wenn's dort ausschließlich um das Ausschalten militärischer Objekte ...: und ...: an sich ...: ums Entnazifizieren geht. ...: gewiß ...: Für Westliche ist es unverständlich, daß die Bevölkerung und die zivilen Einrichtungen in einer militärischen Auseinandersetzung *_nach Möglichkeit!_* zu schonen sind ...: schwierig ...: gebraucht das ukrainische Militär die eigene Bevölkerung als Schutzschilde. ...: das Problem ist doch ...: Die Westlichen *be_*haupten etwas ...: *_ohne!_* ...: daß sie es ...: *dies!_*bezüglich ...: objektivierbar begründen könnten ...: Butscha? ...: Es gibt *_keine!_* objektivierbare Begründung dafür, daß sich dort ein von den russischen Truppen verübtes Massaker ereignet hätte ...: im Gegenteil ...: Es gibt *_allein!_* realistisch Anzunehmendes, das von *_diesem!_* seltsamen Kiewer Regime zu *ver!_*antworten ist ...: erst nach diesem Ereignis war das Liefern schwerer Waffen selbst in Deutschland ...:

insbesondere von Baerbockianern hetzend ...: in quasi aller Munde ...: *wobei* ...: als wenn das Kiewer Regime vor dem 24. Februar 2022 nicht längst mit schweren Waffen versorgt gewesen wäre. ...: und ...: *noch deutlicher* ...: Kramatorsk ...: *Toschka-U-Rakete mit verbotener Streumunition auf Menschenansammlung vor dem Bahnhof von Kramatorsk abgeschossen* ...: auf dem Trümmerrest dieser Rakete ist die Seriennummer deutlich erkennbar ...: und damit ihre Zuordnung zum ukrainischen Militär ...: *überdies* ...: von russischer Seite wird diese Rakete schon lange nicht mehr eingesetzt. ...: nicht anders zynisch wird behauptet ...: Ein Entbindungshaus in Mariupol sei von russischer Seite beschossen worden ...: als es noch als Krankenhaus und nicht dem ukrainischen Militär als Stützpunkt diente. ...: nun ...: offenbar ...: Das einzige, was in der Ukraine ...: *wie geschmiert* ...: funktioniert ist die *Fake-News Factory* des ukrainischen Geheimdienstes ...: mit freundlicher Unterstützung der Westlichen.[430] ...: bedeutet ...: Die Westli-

---

[430] Siehe zu diesem Komplex die beiden Beiträge von Thomas Röper: „Nach Lehrbuch: Deutsche Medien betreiben Kriegspropaganda" (_Link: https://www.anti-spiegel.ru/2022/nach-lehrbuch-deutsche-medien-betreiben-kriegspropaganda/_) und: „Beim Lügen erwischt: Welt und Spiegel verändern (heimlich) ihre Artikel" (_Link: https://www.anti-spiegel.ru/2022/beim-luegen-erwischt-welt-und-spiegel-veraendern-heimlich-ihre-artikel/._)

Zudem ist in diesem Zusammenhang besonders das Gespräch zwischen Robert Stein und Thomas Röper zu empfehlen: „Nachrichten aus dem Paralleluniversum - Tacheles #86". Dieses Video kann über nachfolgenden Link auf YouTube angesehen werden:

https://youtu.be/Bs03nLp5EoI ...: oder ...: *falls es von den staatlichen Zensoren bei YouTube gelöscht werden sollte* ...: auf Odysee:

https://odysee.com/@steinzeit:1/Nachrichten-aus-dem-Paralleluniversum---Tacheles--86-(1080p_30fps_H264-128kbit_AAC):a.

Die Links in dieser Fußnote wurden am 8. Mai 2022 geprüft.

chen plappern den Melnyks & Co alles nach ...: klar ...: _*ihr!*_ Versagen ...: das der Westlichen ...: ist *fort!*_gesetzt grandios ...: _*also!*_ ...: sein Gegenteil ...: *ab!*_scheulich. ...: die Welt kennt es ...: Der Böse muß der andre sein ...: da ...: andernfalls ...: _*?*_ ...: also ...: was wäre ...: _*Wäre?*_ Deutschland nicht nur Kriegspartei ...: _*sondern!*_ ...: wüßte nicht nur um die Kriegsverbrechen des ukrainischen Militärs an der ukrainischen Bevölkerung ...: _*sondern!*_ ...: würde helfen, diese zu verheimlichen ...: _*sowie!*_ ...: beteiligte sich daran, diese Verbrechen den Russen in die Schuhe zu schieben. ...: zugegeben ...: _*Allein!*_ ein propaganda_*ent*_nebelter Blick läßt diesen Gedanken in den Sinn kommen.

Anhang

« Risikoanalyse aus dem Jahre 2012, eine SARS-CoV-2-ähnliche Pandemie betreffend »

Ein Szenario aus dem Jahre 2012 belegt, daß man entweder von völliger Verantwortungslosigkeit oder von völliger Inkompetenz der geschlechtsunspezifischen deutschen Politiker sprechen muß ...: sie waren gewarnt und haben lieber den Begriff „Verantwortung" pervertiert. Vergleichbares gilt für die deutschen Qualitätsmedien (_?_).

Im folgenden ein Auszug aus einem Szenario bzw. einer Risikoanalyse des Robert Koch-Instituts und anderer Bundesbehörden. Diese Analyse beschäftigt sich (_*bezogen auf Deutschland*_) mit den möglichen Auswirkungen einer Epidemie, die durch ein sich verändert habendes Virus der Corona-Virus-Familie (_*von der das SARS-CoV-2 eines ist*_) verursacht würden.[431]

Diese Analyse wurde Anfang 2013 veröffentlicht.

(_Die Quellenangabe mit der zugehörigen
PDF-Datei findet sich am Ende des Zitats._)

---

[431] „Sars" ist die Abkürzung für: „Severe acute respiratory syndrome", bzw. „Schweres akutes respiratorisches Syndrom", da dieses Virus vorzüglich über die Atemwege Zugang zum menschlichen Körper findet und insbesondere dann für Menschen (_*potentiell, nicht grundsätzlich!*_) lebensbedrohlich sein kann, leiden diese an schweren Vorerkrankungen wie bspw. einer Störung des biologischen Kommunikationssystems (_*allgemein als* „Immunsystem" *bezeichnet*_), Diabetes mellitus, Bluthochdruck oder / und Herz-Kreislauf-, Lungen-, Nieren-, Leber-, Krebs- und / oder schweren neurologischen Erkrankungen.

ZITAT_[...] **Risikoanalyse „Pandemie durch Virus Modi-SARS“**

Die Risikoanalyse „Pandemie durch Virus Modi-SARS“ wurde unter fachlicher Federführung des Robert Koch-Instituts und Mitwirkung weiterer Bundesbehörden durchgeführt. [...]

Auch hier wurde zunächst ein entsprechendes Szenario durch die behördenübergreifende Arbeitsgruppe erarbeitet. Anschließend wurden die anzunehmende Eintrittswahrscheinlichkeit einer solchen Pandemie sowie das bei ihrem Auftreten zu erwartende Schadensausmaß bestimmt.

Das Szenario beschreibt ein außergewöhnliches Seuchengeschehen, das auf der Verbreitung eines neuartigen Erregers basiert. Hierfür wurde der zwar hypothetische, jedoch mit realistischen Eigenschaften versehene Erreger „Modi-SARS“ zugrunde gelegt. Die Wahl eines SARS-ähnlichen Virus erfolgte u. a. vor dem Hintergrund, daß die natürliche Variante 2003 sehr unterschiedliche Gesundheitssysteme schnell an ihre Grenzen gebracht hat.

Die Vergangenheit hat bereits gezeigt, daß Erreger mit neuartigen Eigenschaften, die ein schwerwiegendes Seuchenereignis auslösen, plötzlich auftreten können (z. B. SARS-Coronavirus (CoV), H5N1-Influenzavirus, Chikungunya-Virus, HIV).[...]

Unter Verwendung vereinfachter Annahmen wurde für dieses Modi-SARS-Virus der hypothetische Verlauf einer Pandemie in Deutschland modelliert, welcher sowohl bundesrelevant als auch plausibel ist. [...]

Das Szenario beschreibt eine von Asien ausgehende, weltweite Verbreitung eines hypothetischen neuen Virus, welches den Namen Modi-SARS-Virus erhält. Mehrere Personen reisen nach Deutschland ein, bevor den Behörden die erste offizielle Warnung durch die WHO zugeht. Darunter sind zwei Infizierte, die durch eine Kombination aus einer großen Anzahl von Kontaktpersonen und hohen Infektiosität stark zur initialen Verbreitung der Infektion in Deutschland beitragen.

Obwohl die laut Infektionsschutzgesetz und Pandemieplänen vorgesehenen Maßnahmen durch die Behörden und das Gesundheitssystem schnell und effektiv umgesetzt werden, kann die rasche Verbreitung des Virus aufgrund des kurzen Intervalls zwischen zwei Infektionen nicht effektiv aufgehalten werden.

Zum Höhepunkt der ersten Erkrankungswelle nach ca. 300 Tagen sind ca. 6 Millionen Menschen in Deutschland an Modi-SARS erkrankt.

Das Gesundheitssystem wird vor immense Herausforderungen gestellt, die nicht bewältigt werden können. Unter der Annahme, daß der Aufrechterhaltung der Funktion lebenswichtiger Infrastrukturen höchste Priorität eingeräumt wird und Schlüsselpositionen weiterhin besetzt bleiben, können in den anderen Infrastruktursektoren großflächige Versorgungsausfälle vermieden werden.

Nachdem die erste Welle abklingt, folgen zwei weitere, schwächere Wellen, bis drei Jahre nach dem Auftreten der ersten Erkrankungen ein Impfstoff verfügbar ist.

Das Besondere an diesem Ereignis ist, daß es erstens die gesamte Fläche Deutschlands und alle Bevölkerungsgruppen in gleichem Ausmaß betrifft, und zweitens über einen sehr langen Zeitraum auftritt.

Bei einem Auftreten einer derartigen Pandemie wäre über einen Zeitraum von drei Jahren mit drei voneinander getrennten Wellen mit immens hohen Opferzahlen und gravierenden Auswirkungen auf unterschiedliche Schutzgutbereiche zu rechnen.

Für dieses Szenario wurden anschließend sowohl die für ein solches Seuchengeschehen anzunehmende Eintrittswahrscheinlichkeit als auch das bei seinem Auftreten zu erwartende Schadensausmaß gemäß der Methode der Risikoanalyse für den Bevölkerungsschutz auf Bundesebene bestimmt. Die Ergebnisse der Risikoanalyse (Eintrittswahrscheinlichkeit, Schadensausmaß, Szenario) sind dem Bericht in Anhang 4 beigefügt. [...]_ZITATENDE

Es folgt der in diesem Zusammenhang relevante „Anhang 4“ dieser Analyse ...:

„Ergebnis Risikoanalyse
„Pandemie durch Virus Modi-SARS“ ...:

ZITAT_[...] Eine Pandemie ist eine weltweite Ausbreitung eines Krankheitsgeschehens. [...] Bisher gibt es keine Richtlinien, wie mit einem Massenanfall von Infizierten bei einer Pandemie umgegangen werden kann. Diese Problematik erfordert komplexe medizinische, aber auch ethische Überlegungen und sollte möglichst nicht erst in einer besonderen Krisensituation betrachtet werden.

Exkurs: Verlauf ohne antiepidemische Maßnahmen

Das hier vorgestellte Szenario geht davon aus, daß schon früh im Verlauf antiepidemische Maßnahmen eingeleitet werden, die dazu führen, daß jeder Infizierte im Durchschnitt nicht drei, sondern 1,6 Personen infiziert. Die Gegenmaßnahmen werden nur für den Zeitraum von Tag 48 bis Tag 408 angenommen.

Würde man davon ausgehen, daß keinerlei Gegenmaßnahmen eingesetzt werden und jeder Infizierte drei weitere Personen infiziert (bis der Impfstoff zur Verfügung steht), so hätte man mit einem noch drastischeren Verlauf zu rechnen. Zum einen wären die absolute Anzahl der Betroffenen höher, zum anderen wäre der Verlauf auch wesentlich schneller. Während im vorgestellten Modell der Scheitelpunkt der ersten Welle nach rund 300 Tagen erreicht ist, wäre dies ohne antiepidemische Maßnahmen schon nach rund 170 Tagen der Fall. Dieser Zeitgewinn durch antiepidemische Maßnahmen kann sehr effizient genutzt werden, um z. B. persönliche Schutzausrüstung herzustellen, zu verteilen und über ihre korrekte Anwendung zu informieren.

Die Anzahl Betroffener unterscheidet sich in beiden Szenarien gravierend.

Wenn Schutzmaßnahmen eingeführt werden und greifen, sind auf den Höhepunkten der Wellen jeweils rund 6 Millionen (1. Welle), 3 Millionen (2. Welle) und 2,3 Millionen (3. Welle) erkrankt. Ohne Gegenmaßnahmen sind es rund 19 Millionen (1. Welle), rund 6,5 Millionen (2. Welle) und rund 3,3

Millionen (3. Welle). Die Zahlen für Hospitalisierte bzw. Patienten, die intensivmedizinisch behandelt werden müssen, verhalten sich ähnlich. [...]

Kann sich die Bevölkerung auf das Ereignis einstellen?

Nachdem erkannt ist, daß es sich um einen über die Atemwege übertragbaren Erreger handelt, wird die Bevölkerung sehr schnell über generelle Schutzmaßnahmen informiert (z. B. Hygieneregeln befolgen, Massenansammlungen vermeiden, ÖPNV meiden, angeordnete Maßnahmen nach IfSG befolgen). Fraglich ist, inwieweit die kommunizierten Empfehlungen / Anweisungen umgesetzt werden, bspw. inwieweit Menschen über Schutzausrüstung verfügen und diese auch korrekt einsetzen können. Das Handeln von Menschen in Gefahren-bzw. Katastrophenlagen wird durch eine Reihe unterschiedlicher Faktoren bestimmt, die sich auch gegenseitig beeinflussen, darunter fallen z.B.:

- eigene Risikowahrnehmung
- sozialer Kontext (Familie, Beruf, ...)
- sozioökonomischer Status (Einkommen, Schicht- und Milieuzugehörigkeit, ...)
- Bildungsniveau
- Kommunikation

Zwischen der Kenntnisnahme des Erregers durch die deutschen Behörden und der Verbreitung erster Information durch die Medien liegen ca. 24 Stunden. Es ist von einer vielstimmigen Bewertung des Ereignisses auszugehen, die nicht widerspruchsfrei ist. Dementsprechend ist mit Verunsicherung der Bevölkerung zu rechnen. Zusätzlich ist ein (mehr oder minder qualifizierter) Austausch über neue Medien (z.B. Facebook, Twitter) zu erwarten.

Das Ereignis erfordert die Erstellung von Informationsmaterial, das laufend an die Lage angepaßt werden muß und das über unterschiedliche Medien (z.B. Printmedien, Fernsehen, Social Media) an die Bevölkerung gegeben wird.

In der Anfangsphase werden das Auftreten der Erkrankung und die damit verbundenen Unsicherheiten kommuniziert (z.B. unbekannter Erreger, Ausmaß, Herkunft, Gefährlichkeit nicht genau zu beschreiben, Gegenmaßnahmen nur allgemein zu formulieren).

Neue Erkenntnisse werden jeweils zeitnah weitergegeben.

Es wird darauf geachtet, daß den Fragen und Ängste der Bevölkerung adäquat begegnet wird. Es ist anzunehmen, daß die Krisenkommunikation nicht durchgängig angemessen gut gelingt. So können beispielsweise widersprüchliche Aussagen von verschiedenen Behörden / Autoritäten die Vertrauensbildung und Umsetzung der erforderlichen Maßnahmen erschweren. Nur wenn die Bevölkerung von der Sinnhaftigkeit von Maßnahmen (z.B. Quarantäne) überzeugt ist, werden sich diese umsetzen lassen. [...]

Auswirkungen auf KRITIS [_kritische Infrastruktur_] Versorgung

Vorbemerkung:

Die nachstehend aufgeführten kritischen Infrastrukturen sind komplexe Systeme, von denen eine Vielzahl von Versorgungsfunktionen abhängt. Grundsätzlich ist davon auszugehen, daß die Beeinträchtigung einzelner Infrastruktursektoren und -branchen auch Einfluß auf andere Infrastrukturen und ihre Versorgungsleistungen haben wird. Dieser Umstand kann in seiner Komplexität hier nicht abgebildet werden. [...]

Das Ereignis verläuft wie [...] beschrieben in drei Erkrankungswellen.

Während der ersten Welle sind in allen nachstehend genannten Bereichen generell besonders akute Auswirkungen zu erwarten, da hier bis zu 8% der Gesamtbevölkerung zeitgleich erkranken. Die Infektions- und Übertragungsrisiken unterscheiden sich dabei nach Berufsfeldern. Den nachfolgenden Ausführungen wurde die Annahme zugrunde gelegt, daß sich dies auch entsprechend in der arbeitenden Bevölkerung widerspiegelt. Hinzu kommen personelle Ausfälle aufgrund der Pflege von erkrankten Angehörigen, der Betreuung von Kindern u.a. oder der Angst vor einer Ansteckung. [...] Die zunehmend hohe Zahl an Erkrankten und die Abwesenheiten aufgrund der Pflege von erkrankten Angehörigen oder der Angst vor einer Ansteckung wirken sich in allen Branchen und Sektoren auf die Personalverfügbarkeit aus. Dies gilt insbesondere für Bereiche mit vielen Personenkontakten. Langfristig ist auch davon auszugehen, daß es zu grundsätzlichen Schwierigkeiten im Betrieb der Infrastrukturen durch den dauerhaften Ausfall von Personal (Verstorbene) kommen wird. [...]

Grundsätzlich ist davon auszugehen, daß der Aufrechterhaltung der Versorgung höchste Priorität eingeräumt wird, die Versorger entsprechende Anstrengungen unternehmen und daß somit nicht mit großflächigen Versorgungsausfällen zu rechnen ist. Punktuell ist allerdings durchaus ggf. mit auch länger anhaltenden Störungen zu rechnen, da

Serviceleistungen aufgrund von Personalausfall nicht überall im gewohnten Umfang zur Verfügung stehen. Dies gilt insbesondere für personalintensive Bereiche und Bereiche mit geringer Personalredundanz in Schlüsselpositionen.

Der Betrieb kritischer Infrastrukturen ist an vielen Stellen auf hochqualifiziertes und spezialisiertes Personal angewiesen, dessen Ausfall weitreichende Folgen haben kann (z.B. im Bereich der Steuerung von Übertragungsnetzen, in der Flugsicherung, etc.) und Versorgungsausfälle oder [Versorgungs-]engpässe bundesrelevanten Ausmaßes mit sich bringen könnte.

Den folgenden Einschätzungen liegt die Annahme zugrunde, daß die Besetzung dieser Schlüsselpositionen weiterhin gewährleistet werden kann, also kein zu hoher Anteil dieses Personals zum gleichen Zeitpunkt innerhalb des betrachteten Zeitraums erkrankt. Diese Einschränkung ist notwendig, da dieses Szenario unter einer anders lautenden Annahme deutlich abweichend zu bewerten wäre.

Darüber hinaus sind mit Blick auf vielfältige internationale Verflechtungen auch Versorgungsleistungen aus anderen Ländern für Deutschland von großer Bedeutung. Zahlreiche Güter und Dienste werden weltweit jeweils von nur wenigen Schlüsselproduzenten bereitgestellt. Somit könnten Ausfälle im Bereich importierter Güter und Rohstoffe auch in Deutschland zu spürbaren Engpässen und Kaskadeneffekten führen. [...]

Sektor GESUNDHEIT

Medizinische Versorgung:

Die hohe Zahl von Konsultationen und Behandlungen stellt sowohl Krankenhäuser als auch die niedergelassenen Ärzte vor immense Probleme. Die medizinische Versorgung bricht bundesweit zusammen. Die personellen und materiellen Kapazitäten reichen nicht aus, um die gewohnte Versorgung aufrecht zu erhalten.

Der aktuellen Kapazität von 500.000 Krankenhausbetten (reine Bettenanzahl, von denen ein Teil bereits von anders Erkrankten belegt ist, die Bettenzahl ließe sich durch provisorische Maßnahmen leicht erhöhen) stehen im betrachteten Zeitraum (1. Welle) mehr als 4 Millionen Erkrankte gegenüber, die unter normalen Umständen im Krankenhaus behandelt werden müßten. Der überwiegende Teil der Erkrankten kann somit nicht adäquat versorgt werden, so daß die Versorgung der meisten Betroffenen zu Hause erfolgen muß. Notlazarette werden eingerichtet.

Auch im Gesundheitsbereich kommt es zu überdurchschnittlich hohen Personalausfällen (z.B. aufgrund erhöhter Ansteckungsgefahr, psychosozialer Belastungen) bei gleichzeitig deutlich erhöhtem Personalbedarf. Arzneimittel, Medizinprodukte, persönliche Schutzausrüstungen und Desinfektionsmittel werden verstärkt nachgefragt.

Da Krankenhäuser, Arztpraxen und Behörden in der Regel auf schnelle Nachlieferung angewiesen sind, die Industrie die Nachfrage jedoch nicht mehr vollständig bedienen kann, entstehen Engpässe.

Aufgrund der hohen Sterberate stellt auch die Beisetzung der Verstorbenen eine große Herausforderung dar (Massenanfall an Leichen, Sorge vor Infektiosität).

Arzneimittel und Impfstoffe

Ein Impfstoff existiert zunächst nicht und wird erst nach etwa drei Jahren verfügbar sein. Die Bestände an Arzneimitteln zur Behandlung der Symptome reichen zunächst aus, Ersatzbeschaffungen werden zeitnah geordert, jedoch stößt die internationale Pharmaindustrie an die Grenzen der Produktionskapazität. [...]

Sektor ERNÄHRUNG:

Ernährungswirtschaft

Die Produktion von Lebensmitteln ist nicht in gewohnter Menge und Vielfalt möglich. Krankheitsbedingte Ausfälle im Bereich der Landwirtschaft (v.a. in kleinen und mittleren Betrieben) führen mitunter zu deutlichen Verlusten in der landwirtschaftlichen Produktion. Der nicht überall zu kompensierende, krankheitsbedingte Personalausfall führt in der verarbeitenden Industrie v.a. zu Spitzenzeiten (z.B. Erntezeit) mitunter zu erheblichen Auswirkungen.

Lebensmittelhandel

Die Versorgung mit Lebensmitteln ist nicht in gewohnter Menge und Vielfalt möglich. Mit Ladenschließungen ist zu rechnen, jedoch nicht flächendeckend. Aufgrund der grundsätzlich vielen Personenkontakte kommt es zu erhöhten Personalausfällen. Engpässe können nur zum Teil kompensiert werden. Die Versorgung von Institutionen (z.B. Krankenhäusern, Altenheimen) kann grundsätzlich aufrechterhalten werden. Die Individualversorgung ist regional jedoch mitunter stark eingeschränkt.

Querverweis Logistik:

Aufgrund begrenzter Lagerkapazitäten sind die Geschäfte auf eine störungsfreie Versorgung angewiesen. [...]

Zusätzliche Hinweise:

Entsorgung:

Es kommt zu erheblichen Problemen im Bereich der Entsorgung (z.B. Müllabfuhr).

Groß- und Einzelhandel:

Die Versorgung mit Waren des täglichen Bedarfs ist nicht in gewohnter Menge und Vielfalt möglich.

Auswirkungen auf das Schutzgut MENSCH:

Tote [...]:

Es ist über den gesamten Zeitraum [_3 Jahre_] mit mindestens 7,5 Millionen Toten zu rechnen (vgl. Kapitel 2.4).

Verletzte / Erkrankte [...]:

Allein während der ersten Erkrankungswelle ist gleichzeitig mit 6 Millionen Erkrankten zu rechnen. Über den gesamten Zeitraum ist die Zahl der Erkrankten noch deutlich höher.

Hilfebedürftige [...]:

Wo Isolierung, Absonderung, Quarantäne erforderlich sind, sind die betroffenen Personen auf entsprechende Versorgung von außen angewiesen, ebenso könnte die Versorgung insbesondere von älteren und kranken Men-schen mit Nahrungsmitteln und Medikamenten erschwert sein und ggf. ein staatliches Eingreifen erforderlich machen, z.B. weil Pflegepersonal nicht durch Impfung geschützt ist (d.h. erschwerte Arbeitsbedingungen, Mehraufwand usw.). Beispielhafte, denkbare Fälle:

- Menschen in häuslicher Quarantäne müssen versorgt und (ihre gesundheitlichen Parameter) kontrolliert werden – ohne diese Maßnahmen wird die Quarantäne nicht eingehalten.
- Ältere Menschen oder Menschen mit Vorerkrankungen werden durch die Entwicklung besonders verunsichert und vermeiden es, Geschäfte aufzusuchen.

- Menschen, die sich zuvor um ältere oder kranke Nachbarn gekümmert haben (Einkäufe, Apothekengänge), fahren dieses Engagement aus den verschiedensten Gründen zurück (z.B. selbst verängstigt; zu beschäftigt mit der eigenen Situation; Verlassen des Wohnorts, um sich um eigene Angehörige zu kümmern).

Lieferservice der Apotheken bricht zusammen.

Vermißte [...]:

Mit Vermißten infolge des Ereignisses ist in geringerem Umfang zu rechnen, z.B. Personen, die aufgrund der Erkrankung unbemerkt versterben und deren Schicksal nicht geklärt werden kann.

Auswirkungen auf das Schutzgut VOLKSWIRTSCHAFT:

Die volkswirtschaftlichen Auswirkungen sind hier nicht konkret abschätzbar, könnten allerdings immens sein. [...]

Da im gesamten Ereignisverlauf mindestens 7,5 Millionen Menschen sterben, ist trotz der Altersverteilung der Letalitätsrate mit dem Tod einer Vielzahl von Erwerbstätigen zu rechnen. Sollten z.B. vier Millionen Erwerbstätige versterben, wären dies ca. zehn Prozent aller Erwerbstätigen, dieser Verlust wäre volkswirtschaftlich deutlich spürbar und mit einem hohen Einbruch des Bruttoinlandprodukts verbunden.

Öffentliche Hand [...]:

Mit massiven Kosten für die öffentliche Hand ist zu rechnen, u.a. durch den Verbrauch von medizinischem Material und Arzneimitteln sowie durch die Entwicklung und Beschaffung eines Impfstoffes. Durch den Ausfall von Wirtschaftsleistung sind geringere Steuereinnahmen zu erwarten. Dies führt in Verbindung mit dem Anstieg der Gesundheitskosten voraussichtlich zu einer erheblichen Belastung der Sozialversicherungssysteme, vor allem der gesetzlichen Krankenversicherung.

Private Wirtschaft [...]:

Mit Einbußen an wirtschaftlicher Leistung durch Krankenstände beim Personal bzw. Todesfälle in der Belegschaft der Unternehmen, zusätzlichen Kosten durch Anpassungsmaßnahmen zur Aufrechterhaltung des Betriebs, höheren Kosten für Transport und Logistik bzw. Einschränkungen beim Transport von Waren und einem geänderten (zurückhaltenden) Konsum- und Investitionsverhalten der Bevölkerung und anderer Unternehmen ist zu rechnen, ebenso mit behördlich angeordneten Einschränkungen des internationalen Handels und Flugverkehrs / Reiseverkehrs und einem Rückgang des Tourismus.

Generell ist zu berücksichtigen, daß Unternehmen die Auswirkungen der Pandemie selbst bei guter Planung und Vorbereitung ggf. nicht mehr kompensieren können (generelle Rationalisierungstendenzen: dünne Personaldecke, Abhängigkeit von Zulieferern, Just-in-Time-Produktion usw.). Dies kann sogar dazu führen, daß weltweit Produktionsketten zum Erliegen kommen.

Mit Blick auf vielfältige internationale Verflechtungen sind auch Versorgungsleistungen aus anderen Ländern für Deutschland von großer Bedeutung. Zahlreiche Güter und Dienste werden weltweit von nur wenigen Schlüsselproduzenten bereitgestellt. Somit könnten Ausfälle im Bereich importierter Güter und Rohstoffe auch in Deutschland zu spürbaren Engpässen und Kaskadeneffekten führen.

Private Haushalte [...]:

[...] Für private Haushalte, in denen erwerbstätige Personen durch das Ereignis sterben oder arbeitsunfähig werden, ist mit entsprechend schweren wirtschaftlichen Auswirkungen zu rechnen.

Auswirkungen auf das Schutzgut IMMATERIELL:

Öffentliche Sicherheit und Ordnung [...]:

Es ist davon auszugehen, daß die Verunsicherung der Bevölkerung, die bei einer schweren Pandemie zu erwarten ist, sich auch auf die öffentliche Sicherheit und Ordnung auswirkt. Die Auswirkungen einer solchen Pandemie auf die Gesellschaft sind allerdings nur schwer abzuschätzen und hängen von verschiedenen Faktoren ab, z. B. von der Art und Weise des behördlichen Handelns und der behördlichen Kommunikation, der Berichterstattung in den Medien etc.

Im vorliegenden Szenario wird davon ausgegangen, daß die Mehrheit der Bevölkerung sich solidarisch verhält und versucht, die Auswirkungen des Ereignisses durch gegenseitige Unterstützung und Rücksichtnahme zu verringern. Ähnlich solidarische Verhaltensweisen wurden vielfach bei anderen Extremsituationen beobachtet. Gleichwohl ist es nicht auszuschließen, daß eine zunehmende Verunsicherung und das Gefühl, durch die Behörden und das Gesundheitswesen im Stich gelassen zu werden, aggressives und antisoziales Verhalten fördert. Hierunter fallen z.B. [...]:

- Einbrüche / Diebstähle, z.B. zur Erlangung von Medikamenten (z.B. Antibiotika) usw.
- Plünderungen und Vandalismus
- Handel mit gefälschten Medikamenten
- Aktionen gegen Behörden oder Gesundheitseinrichtungen (aus Verärgerung, z.B. wegen vermeintlich ungerechter Behandlung bei medizinischer Versorgung).

Ob Menschen zu solchen Mitteln greifen, hängt von unterschiedlichen Faktoren ab. Gerät ein Mensch in einen Zielkonflikt, steigt die Wahrscheinlichkeit einer solchen Reaktion (z.B. Plünderung eines Supermarkts, wenn dies als einzige Möglichkeit erscheint, die eigene Familie zu versorgen, ebenso Plünderung einer Apotheke etc.).

Des weiteren ist es möglich, daß Anweisungen der Polizei und anderer Behörden nicht Folge geleistet wird (z.B. Aufenthalts-, Hygieneregelungen) oder daß Vertretern dieser Behörden aggressiv begegnet wird. Demonstrationen oder Ausschreitungen größeren Ausmaßes dürften eher nicht zu erwarten sein, da angenommen wird, daß größere Ansammlungen von Menschen eher gemieden werden. Dies hängt jedoch von der individuellen Risikowahrnehmung ab.

Politische Auswirkungen [...]:

Es ist von einem hohen öffentlichen Interesse während der gesamten Lage auszugehen. Der Ruf nach einem schnellen und effektiven Handeln der Behörden wird früh zu vernehmen sein. Die Suche nach „Schuldigen" und die Frage, ob die Vorbereitungen auf das Ereignis ausreichend waren, dürften noch während der ersten Infektionswelle aufkommen. Ob es zu Rücktrittsforderungen oder sonstigen schweren politischen Auswirkungen kommt, hängt auch vom Krisenmanagement und der Krisenkommunikation der Verantwortlichen ab.

Psychologische Auswirkungen [...]:

Mit einer Verunsicherung der Bevölkerung ist zu rechnen.

Zu Verhaltensänderungen kann es kommen, wenn Menschen sich bedroht fühlen. Auch hier kommen unterschiedliche Faktoren zum Tragen, wie bspw. der Verlauf der Krankheit, das Wissen über Ursachen und konkrete Gefahren, die örtliche Nähe zu aufgetretenen Fällen usw. Verhaltensänderungen können sich zeigen in:

- der Meidung von Menschenmassen
- der Meidung des öffentlichen Lebens überhaupt
- der Änderung des Aufenthalts (Verlassen des Wohnortes)
- der Zunahme von Anrufen bei Info-Hotlines
- der Zunahme von Arztbesuchen
- der Änderung des Kaufverhaltens

Darüber hinaus kann eine mangelhafte Information der Bevölkerung seitens der Behörden zu einem gesteigerten Mißtrauen gegenüber staatlichem Handeln führen (insb. sobald Behandlungspriorisierungen bekannt oder in den Medien als Thema aufgebaut werden, ohne daß hierfür eine plausible Begründung gleichzeitig sachgerecht kommuniziert wird). [...]

In Deutschland hat es in den letzten Jahrzehnten kaum außergewöhnliches Seuchengeschehen gegeben, welches zu enormem materiellen Schaden oder Verlust von Menschenleben geführt hätte. Das Beispiel SARS zeigt jedoch, daß ein solches Seuchengeschehen leicht auch Länder mit hohen Entwicklungs- und Gesundheitsfürsorgestandards treffen kann.

Beispiele für beschriebene Ausbruchsmuster von SARS:

Der Indexpatient infizierte 13 andere Hotelgäste und Besucher des Hotels M – diese Personen hatten keinen direkten Kontakt mit dem Indexpatienten. Ein Hotel M-Gast infizierte 47 Personen des Pflegepersonals und Ärzte, verursachte ca. 112 Sekundärinfektionen und 26 tertiäre Fälle. Ein weiterer Gast des Hotels infizierte zwischen Februar und Juni 225 Menschen in Toronto; in der Folge zählte das Toronto Health Department 2.132 Verdachtsfälle; 23.105 Kontaktpersonen wurden in Quarantäne genommen (Breugelmanns et al. 2004).

Studie bei Medizinstudenten in Hong Kong: wer einen SARS-Patienten in dessen Bereich (vor Diagnose von SARS) besucht hatte, hatte eine 7-fach erhöhte Wahrscheinlichkeit zu erkranken. Alle Studenten, die mindestens einen Meter an den Patienten herankamen, infizierten sich.

Flug: 16 von 119 Fluggästen (13%) infizierten sich (Laborbestätigte Fälle), 2 weitere Verdachtsfälle nach einem Flug mit einer symptomatischen Person. Das Risiko, sich zu infizieren, war 3-fach höher innerhalb eines 3-Reihen-Abstandes vor dem kranken Reisenden. [...]_ZITATENDE

Quelle:

Deutscher Bundestag Drucksache 17/12051, 17. Wahlperiode, 3. Januar 2013, Unterrichtung durch die Bundesregierung: „Bericht zur Risikoanalyse im Bevölkerungsschutz 2012".[432]

---

[432] Der zugehörige Link: https://dserver.bundestag.de/btd/17/120/1712051.pdf wurde am 6. März 2022 erneut geprüft.

Wieso sich in meinen Büchern keine Bibliographie findet

Das ist leicht zu erklären. Mein Eindruck ist, daß bei vielen als wissenschaftlich geltenden Publikationen eine Bibliographie zwar artig angegeben ist, diese aber eher als Schmückung dient, als daß viele der aufgeführten Titel inhaltlich tatsächlich relevant wären. Es ist wohl aus diesem Grund nicht ungewöhnlich, daß eine Bibliographie tatsächlich dazu dient, „Konkurrenz-'Kollegen'" zu beeindrucken. Damit erscheint mir der letzte Rest an Sinn der „Idee Bibliographie" zerstört. Also lasse ich andere mit solchem eitlen Gelehrtsein allein.

* * *

Mein Anspruch ist es, ein von mir untersuchtes „Feld" mit „Eckdaten" zu versehen, die als gesichert gelten können, während alles „Dazwischenliegende" Ergebnis eigener Überlegung ist. Wie anders sollten sich Perspektiven eröffnen? Deshalb wird in meinen Büchern immer an _*den*_ Stellen in entsprechenden Fußnoten auf Quellen verwiesen, die „Eckdaten" für meine Überlegungen und Schlußfolgerungen _*konkret*_ geliefert haben. Das scheint mir besser zu sein als der Verweis auf eine „beeindruckende" Bibliographie. Natürlich, dies verlangt den unvoreingenommen lesenden, sich auf den Inhalt eines Buches einlassen wollenden Menschen. Aber wie anders sollte sich ihm Perspektiveröffnendes erschließen?

Im Gegensatz dazu ist es wichtig, daß beim Verweisen auf eine Quelle sich alle relevanten Elemente in der entsprechenden Fußnote — *und nicht in Endnoten!* — finden, da erst dies es dem lesenden Menschen leicht nachzuvollziehen erlaubt, um welche „Eckdaten" liefernde Quelle es sich handelt, von der aus eine „Bahnung" durch das „Dazwischenliegende" erfolgte, oder die in solchem „Bahnen" absichernde Daten lieferte, so daß schließlich zu dem „Dazwischenliegenden" selbst Plausibles, bzw. mit als gesichert gelten könnenden „Eckdaten" Verknüpftes auszusagen ist. Und genau das fehlt — *zumindest* — meist in als wissenschaftlich geltenden Publikationen. Das bedeutet auch, daß es wichtig ist, daß, wenn eine Quelle im Text mehrmals angegeben wird, in jeder der eine solche Quelle bergenden Fußnoten immer alle Daten zu ihrer Spezifizierung aufgeführt sind. Es sei denn, eine bestimmte Quelle wird auf derselben Seite mehrmals in Fußnoten angegeben. Dann genügt es, für die Indizierung einer bestimmten Quelle in der entsprechenden Fußnote das übliche „a.a.O." oder „loc. cit." + Seitenangabe anzugeben, oder, wenn auf derselben Seite dazwischen eine oder mehrere Fußnote/n mit anderen Quellenangaben eingefügt ist/sind, genügen Autor/in + Kurztitel + Seitenangabe.

Hingegen ist es ungehörig, wenn lediglich beim ersten Verweis auf eine Quelle die volle Angabe ihrer Daten angegeben wird, in der Folge aber bloß Autor/in + „a.a.O." oder „loc. cit." + Seitenangabe stehen, u.U. sogar viele Seiten weiter, so daß der lesende Mensch etliche Seiten zurückblättern muß, um Genaues zur ungenügend bezeichneten Quelle (_*erinnernd*_) zu wissen.

Übrigens wird etwas Ungehöriges nicht dadurch zu etwas „Gehörigem", gilt ungehöriges Verhalten als „normal".

Abgesehen vom schon erwähnten Fall der auf einer Seite mehrmals erfolgten Fußnotennennung derselben Quelle, ist es allein in Ausnahmefällen erlaubt, nicht alle Daten zur Spezifizierung einer bestimmten Quelle zu wiederholen. Dann nämlich, wenn diese Daten sehr umfangreich sind (*_und wenn im Text vielleicht schon mehrmals auf diese Quelle verwiesen wurde_*). In *_diesem_* Fall kann eine gekürzte, aber dennoch spezifische Quellenangabe genügen, dann allerdings *_immer_* mit dem Hinweis, daß auf der Seite x in der Fußnote y die kompletten Angaben zur entsprechenden Quelle aufgeführt sind.

Eigene Überlegungen anzustellen und daraus Schlüsse zu ziehen, deren Korrektheit entweder daran erkennbar wird, daß so der Zusammenhang von „Elementen", die bisher nur für sich, also, unverbunden in den Fokus genommen wurden, aufzudecken war, so daß bisher bloß isoliert „gesehene" Ungereimtheiten nicht mehr mit Sprüchen wie: „das ist nun einmal so" verkleistert werden müssen, oder deren Korrektheit daran erkennbar wird, daß sich bisher bestehende Widersprüche auflösen, ist der einzig spannend zu beschreitende Weg durch ein zu untersuchendes „Feld", an dessen Ende ein Buch steht.

Joachim Endemann

Editorische Notiz

In der Edition !_*scheuklappenfrei_*! sind bisher erschienen:

Bände 1-4:
Die *tri_*logische Sezierung des lobbykratischen Zeitalters, Band I: Es werde *mehr* Licht! Mehr Demokratie wagen in der Lobbykratie? Untersuchung über die Konsequenzen der bürgerlichen Real-Demokratie, Juni 2016, 2., revidierte Auflage, April 2018.

Band 5:
Die *tri_*logische Sezierung des lobbykratischen Zeitalters, Band II: Zwischenrufe in satirisch-politischen Variationen oder Reale Betrachtungen dadaistisch-surrealer Phänomene in der Lobbykratie, Dezember 2016, 2., revidierte Auflage, April 2018.

Band 6 (__6.1 + 6.2__):
Die *tri_*logische Sezierung des lobbykratischen Zeitalters, Band III, Tbb 1+2: „Ich stimme nicht zu!" — Gesellschaftspolitische Lesungen über den Neowilhelmoliberalismus und seine Konsequenzen, Januar 2018.

Band 7.1:
Dies ist ein Sonderband in englischer Sprache, der im September 2018 erschienen und eine Auskopplung des erst später erscheinen könnenden Bandes 7 der Edition !_scheuklappenfrei_! ist. Der Titel von Band 7.1 lautet: *Reading Nine* of The *tri_*logical Dissection of the Lobbycratic Era, volume III: "I do not agree!" Politico-economic Readings on The *neo_*Wilhelmo-liberalism and its Consequences.

Band 8:
„Ist der Monotheismus von seiner Anlage her ein elementarer Faktor der Gewalt?" Dieser Band liegt Ihnen vor. (_Siehe dazu die Bemerkung unter „Band 13".)

Band 12:
Dieser Band der Edition !_scheuklappenfrei_! ist in französischer Sprache verfaßte und wurde vom Autor in der Zeit vom 25. Dezember 2018 bis zum 17. Januar 2019 geschrieben. *Le rayon des Lumières — Quelques remarques sur* « l'Empire de la paix » *orwellien, nommé l'UE* wurde dann erstmals am 17. Januar 2019 im PDF-Format veröffentlicht. Diese Datei konnte bis zum 9. September 2019 kostenlos von der Site „endemannverlag.com" gedownloadet werden, da der Text bis zu diesem Zeitpunkt noch nicht korrigiert werden konnte und dieses Buch auch ein Ausdruck der Solidarität des Autors mit der Gilets-Jaunes-Bewegung ist, für die der Autor bis heute tiefes Mitgefühl hat.

Das bedeutet, daß die Ursache für das Schreiben dieses Manifestes das Aufkommen der Gilets-Jaunes-Bewegung am 17. November 2018 war, sowie das brutale Vorgehen der französischen Staatsmacht gegen diese Bewegung, die hauptsächlich aus normalen Franzosen aller Altersschichten besteht. Dies ist bemerkenswert und sicherlich der Grund dafür, wieso diese Bewegung nicht von den politischen Tamtam-Parteien und Gewerkschaften und anderen für das lobbykratische System typischen Tamtam-Organisationen im Sinne dieses Systems kanalisiert werden kann.

Tatsächlich ist das Entstehen der Gilets-Jaunes-Bewegung auf die von der neoliberalen Doktrin der EU auferlegte Politik zurückzuführen. Denn in Frankreich, wie in allen anderen EU-Mitgliedstaaten, wird eine Politik verfolgt, die Teil des neoliberalen Projekts namens EU ist, das 1992 / 93 seinen Anfang nahm, und diese Politik richtet sich gegen die Interessen der Masse der Bevölkerungen in der EU. Auf der *anti_*demokratischen Basis dieses Projektes soll dann im Jahre 2025 eine „politische Union" entstehen. Aus Sicht des Autors ist die Gilets-Jaunes-Bewegung die erste schwerwiegende Reaktion auf die zutiefst verfehlte Politik der Funktionselite dieses antidemokratischen politischen Gebildes namens „EU".

Der Autor freut sich sehr, einer ehrwürdigen Dame dafür danken zu können, daß sie sich großherzig bereit erklärt hat, seinen Text mit ihrer Fachkompetenz Korrektur zu lesen, obwohl sie selbst sehr beschäftigt ist. Dies ist der Grund, wieso dieses Buch schließlich am 17. Januar 2020 als Buch erscheinen konnte.

Le rayon des Lumières — Quelques remarques sur « l'Empire de la paix » *orwellien, nommé l'UE* ist ein veritables Manifest, das alles enthält, das notwendig zu wissen ist, um eine konstruktive Politik zu praktizieren, die *_ohne_* neoliberale Glaubenssätze auskommt, und damit erst eine demokratische Entwicklung eröffnet.

Band 13:
Dieser Band behandelt ein Thema, das für das Verständnis der europäischen Sichtweise auf die Welt elementar ist, gezeigt an einem von **Prof. Prodosh Aich** erläuterten Beispiel, nämlich der „europäischen Herangehensweise" an das „Vedische Erbe", den daraus resultierenden Konsequenzen und dem bis heute nachwirkenden Umgang damit. Dieser Band ist im September 2019 erschienen. Wegen seiner allgemeinen Bedeutung kann dieser Band als eBook (_PDF-Format_) kostenfrei über die AutorenSite von Joachim Endemann (_https://endemannverlag.com/_) und als Print-Ausgabe zum Selbstkostenpreis über die Books on Demand GmbH in Norderstedt bezogen werden. *Dieser von Joachim Endemann aus dem Englischen übertragene Text steht im Zusammenhang mit dem in Kapitel 7 behandelten Aspekt von* **Band *8*** *der* Edition !_scheuklappenfrei_!

Band 14:
Die Frage dieses Buches: « Sie fragen noch, wie die ›Verhältnisse‹ liegen? » zu beantworten ist Ihnen nach seiner Lektüre unschwer möglich, da sie sich über seine Perspektivische *An_*Sicht, seine drei Perspektiven mit ihren 53 Aspekten, seine Perspektivische *Ab_*Sicht mit ihren neun Aspekten, seine Hinführung zum *über_*sichtenden Aspekt, seinen *über_*sichtenden wie *nach_*sichtenden Aspekt

*sowie* über seine zuletzt gesetzten, aber nicht at least, vier Quintessenz-Aspekte blindfleckfrei erschließt.

Band 15:
« Begegnungen mit Realsatiristen » Dieses Buch liegt Ihnen vor.